权威·前沿·原创

皮书系列为
"十二五""十三五"国家重点图书出版规划项目

BLUE BOOK

智库成果出版与传播平台

中国社会科学院创新工程学术出版资助项目

工业化蓝皮书

BLUE BOOK OF
INDUSTRIALIZATION

中国工业化进程报告
（1995~2020）

REPORT ON CHINESE INDUSTRIALIZATION
(1995-2020)

"十三五"回顾与"十四五"展望

黄群慧　李芳芳 等／著

社会科学文献出版社
SOCIAL SCIENCES ACADEMIC PRESS (CHINA)

图书在版编目（CIP）数据

中国工业化进程报告：1995－2020："十三五"回
顾与"十四五"展望 / 黄群慧等著. －－北京：社会科
学文献出版社，2020.12
（工业化蓝皮书）
ISBN 978－7－5201－7467－1

Ⅰ.①中…　Ⅱ.①黄…　Ⅲ.①工业化－研究报告－中
国－1995－2020　Ⅳ.①F424

中国版本图书馆 CIP 数据核字（2020）第 199948 号

工业化蓝皮书

中国工业化进程报告（1995~2020）
——"十三五"回顾与"十四五"展望

著　　者／黄群慧　李芳芳 等

出 版 人／王利民
组稿编辑／邓泳红
责任编辑／宋　静

出　　版／社会科学文献出版社·皮书出版分社（010）59367127
　　　　　地址：北京市北三环中路甲29号院华龙大厦　邮编：100029
　　　　　网址：www.ssap.com.cn
发　　行／市场营销中心（010）59367081　59367083
印　　装／天津千鹤文化传播有限公司

规　　格／开　本：787mm×1092mm　1/16
　　　　　印　张：45.5　字　数：760千字
版　　次／2020年12月第1版　2020年12月第1次印刷
书　　号／ISBN 978－7－5201－7467－1
定　　价／258.00元

本书如有印装质量问题，请与读者服务中心（010－59367028）联系

作者简介

黄群慧　中国社会科学院经济研究所所长、研究员、博士生导师,《经济研究》主编、《经济学动态》主编,兼任中国企业管理研究会副会长、理事长,国家"十四五"规划专家委员会委员,国家制造强国建设战略咨询委员会委员,国务院反垄断委员会专家咨询组成员。享受国务院颁发的政府特殊津贴,入选"百千万人才工程"国家级人选,荣获"国家级有突出贡献的中青年专家"称号、文化名家暨"四个一批"人才等。主要研究领域为产业经济、企业管理等。曾主持国家社会科学基金重大项目3项及其他研究项目多项。迄今为止,已在《中国社会科学》《经济研究》等学术刊物公开发表论文300余篇,撰写《新时期全面深化国有经济改革研究》《工业化后期的中国工业经济》《企业家激励约束与国有企业改革》《新工业革命:理论逻辑与战略视野》等专著30余部。其成果曾获孙冶方经济科学奖、张培刚发展经济学奖、蒋一苇企业改革与发展学术基金奖、"三个一百"原创图书奖、中国社会科学院优秀科研成果二等奖等。

李芳芳　北京林业大学经济管理学院国际贸易系副教授。2015年毕业于中国社会科学院研究生院,获经济学博士学位。2015 - 2017年在中国社会科学院工业经济研究所从事博士后研究工作。主要研究方向为产业经济、国际贸易理论与政策。目前主要的学术兼职有:中国企业管理研究会理事、中国林业经济学会林产品贸易专业委员会副秘书长、国家林业和草原局林产品国际贸易研究中心对外投资室主任、国家林业和草原局木材安全国家科技创新联盟副秘书长、中央财经大学国际投资研究中心特约研究员等。曾在《经济管理》、《国际贸易》、《宏观经济研究》、《城市发展研究》、《经济评论》、*Journal of Sustainable Forestry* 等国内外核心期刊发表学术论文20余篇,出版学术专著4部,主持并参与国家自然科学基金项目、政府或企业委托项目近20项。其成果曾获第十届梁希林业科学技术奖二等奖、2018 年中国循环经济协会科学技术奖二等奖等。

前言 "十四五"深化中国工业化进程的重大挑战与战略选择[*]

2020年是中国全面建成小康社会和"十三五"规划的收官之年，中国也将基本实现工业化，这是一个伟大的成就，是近代以来多少仁人志士的伟大梦想。接下来的"十四五"时期中国即将开启全面建设社会主义现代化强国的征程，这就要求中国必须继续深化自己的工业化进程，从基本实现工业化走向全面实现工业化。当今世界正处于百年未有之变局，国际经济形势波谲云诡，我国经济已由高速增长阶段转向高质量发展阶段，正处在转变发展方式、优化经济结构、转化经济增长动力的攻关期，我国经济发展中的结构性矛盾依然还十分突出。"十四五"时期深化工业化面临着巨大新挑战，中国工业化战略也面临着从高速工业化向高质量工业化的转变，进一步推进中国制造业高质量发展成为"十四五"时期中国深化工业化进程的关键。

一 新中国70年工业化的进程与成就

中国最早的工业化思想甚至可以追溯到1840年鸦片战争失败之后以洋务思想为代表的近代工业思想，洋务运动标志着中国工业化的开端。虽然辛亥革命后中国也逐步形成了一些现代工业基础，但是，几经战争破坏，到1949年几乎没有留给新中国多少经济遗产，当时中国的经济基础甚至还落后于同期的印度。实际上，真正的意义上的中国大规模工业化进程是在新中国成立以后。

新中国成立以后，中国开始了自己的伟大的社会主义工业化进程。1949～1978年是新中国计划经济体制下社会主义工业化道路时期，这个时期工业化

---

[*] 前言部分的主要内容以《"十四五"时期深化中国工业化进程的中国重大挑战和战略选择》为题发表于《中共中央党校(国家行政学院)学报》2020年第1期，这里以此文代前言。

战略的核心是政府作为投资主体、国家指令性计划作为配置资源手段的封闭型的重工业优先发展。虽然这个时期经济政策极不稳定，经过了数次投资扩张和紧缩调整阶段，工业化进程也多次因政治运动而受阻，但是，经过了近30年的工业化建设，新中国在工业建设中取得了重大成就，逐步建立了独立的比较完整的工业体系和国民经济体系，打下了较好的工业基础特别是重工业基础。改革开放以后，中国工业化进程进入中国特色社会主义工业化建设时期，积极探索确立了社会主义市场经济体制下新型工业化道路，工业化战略重心逐步转向市场在配置资源中发挥决定性作用、低成本出口导向、建设开放经济、基于产业演进规律不断促进产业结构优化升级。党的十八大以来，中国工业化进程进入中国特色社会主义建设的新时代，在习近平新时代中国特色社会主义思想指导下，工业化战略更加强调新型工业化、新型城镇化、信息化和农业现代化"四化"同步发展，更加强调满足创新驱动、包容和可持续的发展要求，中国经济正从高速增长逐步转向高质量发展。

70年工业化建设取得巨大的成就，新中国发生了天翻地覆的变化。从经济总量看，1952年我国国内生产总值仅为679亿元，1978年我国国内生产总值增加到3679亿元，占世界经济的比重为1.8%，居全球第11位，2018年达到900309亿元，占世界经济的比重接近16%，居全球第2位。按不变价计算，2018年国内生产总值比1952年增长175倍，年均增长8.1%，其中，1979~2018年年均增长率为18%左右。2018年我国人均国民总收入达到9732美元，高于中等收入国家平均水平；从产业结构看，结构持续优化，我国实现了由以农业为主向工业主导，进而向服务业占比最高的高级化转变。新中国成立之初，我国产业基础十分薄弱，1952年农业增加值占GDP比重为50.5%，农业吸纳了83.5%的就业人口。1978年农业增加值比重降至27.7%，就业比重降至70.5%。2011年，第三产业就业比重提高到35.7%，首次超过第一产业成为就业最多的产业；2012年，第三产业增加值比重提高至45.5%，首次超过第二产业成为增加值比重最大的产业。2018年，第一、二、三产业增加值比重分别为7.2%、40.7%、52.2%；就业比重分别为26.1%、27.6%、46.3%；从工业经济看，工业跨越发展推动我国由一个贫穷落后的农业国成长为世界第一工业大国。工业增加值从1952年的120亿元增加到2018年的305160亿元，按不变价格计算增长970.6倍，年均增长11.0%。世界银行数据显示，按现价美元测算，2010 年我国制造业增加值首次超过美国，我国成为全球制造业第一大国，自此以后连续多年稳居世界第一，2017 年我国制造业增加值占世界的份额高达 27.0%，成为驱动全球工业增长的重要引擎；从城市化进程来看，2018 年末我国常住人口城镇化率达到 59.58%，比 1949 年末提高 48.94 个百分点，年均提高 0.71 个百分点。2018 年末我国城市个数达到 672 个，比 1949 年末增加了 540 个。1981～2017 年，全国城市建成区面积从 7438 平方公里增加到 56225 平方公里，增加了 48787 平方公里，增长了 6.6 倍。

在上述一系列"壮丽"的经济社会发展统计数据背后，是新中国工业化进程给中国这个古老国度带来的历史性巨变。这可以具体归结为两方面历史性成就，一方面是中国工业化实现了从工业化初期到工业化后期的历史性飞越，另一方面是中国的基本经济国情实现了从落后农业大国向世界工业大国的历史性转变。这两大历史性成就放在"两个一百年"目标下进行检视，这意味着我国第一个百年目标即将顺利实现和在实现第二个百年目标——实现伟大"中国梦"征程上迈出了决定性的步伐。

从工业化水平来看，基于工业化水平评价指标体系，2011 年以后中国工业化就进入工业化后期，到 2015 年工业化水平达到工业化后期的后半阶段水平。与此同时，中国经济运行也逐步呈现工业化后期应该具有的特征——产业结构由重化工主导转向技术密集型主导、相应的经济增速由高速转向中速，这也正是近些年中国经济运行所呈现的经济新常态特征。这也就印证了中国已经步入工业化后期的判断。在考虑工业化后期速度下降趋势下，进一步基于工业化水平综合指数预测，到 2020 年中国会基本实现工业化，这与党的十八大报告提出的目标基本吻合。这也意味着达到了党的十六大提出的全面建成小康社会的一个重要经济标志——基本实现工业化。这表明单纯从工业化标准衡量的全面建成小康社会目标，党的第一个百年目标能够顺利实现。

从基本经济国情来看，新中国成功的工业化进程使中国从一个落后的农业大国转变为世界工业大国。1949 年新中国成立时，当时基本经济国情是一个"一穷二白"的落后的农业大国。现在我国已经成为世界第一大工业产出国，已拥有包括 41 个工业大类 207 个中类 666 个小类的世界最完整的现代工业体系，非农产业增加值占比已经超过 90%，500 种主要工业品中中国有 220 多种产量位居全球第一，世界 230 多个国家和地区都能见到"中国制造"的身影。

由于中国制造业的快速发展，世界制造业的格局发生了巨大的变化，近20年高收入国家制造业增加值比重不断下降，中国占全球制造业增加值的比重从1970年的可忽略不计上升到2016年占据全球1/4。经过两个多世纪的迁移，世界制造业的中心已经转移到中国。考虑到工业的创新溢出效应、产业关联效应和外汇储备效应，制造业是强国之基、兴国之器、立国之本，世界工业大国的基本经济国情带动中国成为世界第二大经济体、货物贸易第一大国、商品消费第二大国、外资流入第二大国，我国外汇储备连续多年位居世界第一，这有力地支撑了"两个一百年"目标的逐步实现，正如习近平总书记2018年12月18日在庆祝改革开放40周年大会上的讲话指出："中国人民在富起来、强起来的征程上迈出了决定性的步伐！"

新中国成功开启并快速推进的社会主义工业化进程，具有伟大的世界意义。其一，新中国的工业化，是世界头号人口大国的工业化，70年工业化进程的成功推进，解决了8.5亿人口脱贫问题，这无疑对整个人类社会持续发展贡献巨大。不仅如此，从工业化史看，经过200多年的发展，现在世界上也只有约10亿人成为工业化人口，而对于具有十几亿人口的中国而言，一旦实现工业化，意味着世界工业化人口将翻倍，也就是说，中国的工业化进程对全世界的工业化进程具有"颠覆性"的贡献。其二，伴随着中国"一带一路"全球化倡议的推出，中国这个人均占有资源稀少的和平崛起的大国，其工业化进程正在产生更大的全球"外溢"效应，为后发国家提供新的工业化经验，促进"一带一路"国家产业升级、经济发展和工业化水平的进一步提升，这对世界工业化进程的推进意义巨大。其三，新中国开启并成功推进的是中国共产党领导的社会主义的工业化道路，在国家主权完整和坚持共产党领导的前提下，有效推进了社会主义与市场经济的有机结合，建立了社会主义市场经济体制，成功解决了计划经济体制下社会主义工业化模式所遗留的问题，纠正了苏联不曾解决的重工业化优先发展战略造成的经济结构失衡弊端，这不仅对世界社会主义理论和实践做出重大贡献，而且对当今世界主流经济学中的经济理论创新发展也具有重大指导意义。

二　"十四五"时期深化中国工业化进程的重大挑战

虽然到2020年我国将全面建成小康社会，基本实现工业化，但是我国工业化进程还存在不平衡不充分的问题，这包括：存在区域工业化不平衡，一些区域的工业化水平不充分，区域经济发展水平差距过大；产业发展的结构不平衡，创新能力和高端产业发展不充分，低水平产能过剩与高端产业、产业价值链高端环节占有不足的供给侧结构问题突出，关键装备、核心零部件和基础软件等严重依赖进口和外资企业；工业化速度与资源环境承载力不平衡，绿色经济发展不充分，14亿人口大国的快速工业化进程，给资源环境的承载提出了极大挑战。因此，2020年后我们并未进入真正意义的"后工业化时代"，还需要进一步深化工业化进程，解决工业化的不平衡不充分问题，从而推进工业化进程从基本实现工业化到全面实现工业化，开启全面建设社会主义现代化强国的新征程。如果基于各方面指标，我们判断再经过10~20年的工业化深化过程，中国这些指标值都会处于后工业化阶段，从各个省级区域看，绝大多数省份都会步入后工业化阶段，这意味着中国在2030年以后会全面实现工业化。党的十九大确定了分两阶段实现第二个百年目标——2035年基本实现现代化的战略目标，而2030年以后全面实现工业化就为实现这个目标提供了更加坚实的经济基础和保证。"十四五"时期是深化工业化进程的第一个五年，对全面实现工业化非常关键。但是，与历史上任何一个全面实现工业化国家一样，深化工业化进程不会一帆风顺，一定会出现这样那样的障碍和挑战，中国也不会例外。具体而言，"十四五"时期深化工业化进程值得关注的重大挑战至少包括以下三个大的方面。

1. "去工业化"趋势的挑战

发达国家工业化经验是制造业就业人数和人均收入呈现"倒U形"的关系，随着工业化进程推进，人均收入不断提升，人均收入达到一定水平后，制造业就业占比和增加值占比就会下降。20世纪60年代以后，工业化国家制造业就业总体减少了约2500万个岗位，欧盟国家制造业就业至少减少了约1/3，制造业和第二产业在三次产业增加值中的比重逐步降低，这被认为是"去工业化"。而且，随着时间的推移，后发国家相对于早期工业化国家而言，会呈现在更低的经济发展水平出现"去工业化"的典型特征事实。如果说当一个国家人均收入达到一定水平，制造业所带来的创新溢出效应、产业关联效应和外汇储备效应都已经得到充分体现，服务业效率提高能够承担支持经济增长的引擎，此时制造业占比降低被认为是"成熟地去工业化"。反之，则是"过早

去工业化"。如果说存在相对于"成熟去工业化"一段时期制造业占比下降速度过快，这可以被认为是"过快去工业化"。在"过早去工业化"或者"过快去工业化"情况下，取代制造业的可能是低技能、低生产率、低贸易度类型的服务业，这些服务业无法作为经济增长的新引擎来替代制造业的作用，无法保证经济的可持续增长，这极可能会导致发展中国家陷入"中等收入陷阱"。

近年来，我国产业结构发生了显著的变化，如图1所示，第二产业比重已从2006年最高的47.6%下降到2017年的40.5%，同期第三产业比重从41.8%提高到51.9%。其中，工业比重从2006年的42%下降到2017年的33.9%，呈现一种"过快去工业化"倾向。虽然第二产业和工业比重下降、服务业比重提高是经济发展的一般规律，但我国工业比重的下降既有经济发展一般规律的作用，也有经济"脱实向虚"的不利影响。近几年中国服务业占比提升速度的确过快。1978~2011年，中国服务业占比年均增长约0.6个百分点；2011~2016年，中国服务业占比年均增长约1.5个百分点。应该说，服务业占比快速增长是前所未有的。同样，世界上也少有如此速度的结构变迁。英国经济学家阿德里安·伍德（2017）的研究表明，1985~2014年，中国服务业占GDP的比例增长了21.3%，而同期土地稀缺OECD国家、其他东亚国家、印度、其他南亚国家、土地富足OECD国家、苏联组成国、拉丁美洲、中东与北非、次撒哈拉非洲、世界平均、发展中国家平均的变动分别为10.6%、7.5%、14.1%、9.1%、7.0%、18.0%、12.5%、-0.3%、1.9%、6.0%和7.0%，中国是服务业占比增速最快的。基于国际上的经验，多数文献基本认为中国已经出现了"过早去工业化"以及"过快去工业化"问题，而近些年中国经济"脱实向虚"问题日趋严重也强化了对此的判断。

因此，对于中国当前制造业下滑过快、服务业占比上升过快的"过快去工业化"倾向，应该高度重视并采取有效措施预防。按照世界银行的数据，2017年德国人均GDP为44470美元，制造业占GDP比重为20.7%；2016年日本人均GDP为38972美元，制造业占GDP的比重为21.0%；2017年韩国人均GDP为29743美元，制造业占GDP比重为27.6%。而中国2017年的人均GDP仅为8827美元，制造业占GDP的比重为29.3%，仅略高于韩国。我国作为一个还未实现工业化、处于工业化进程中的发展中国家，必须坚定不移地推动以制造业为核心的实体经济的发展，避免"脱实向虚"，并将制造业比重稳定在

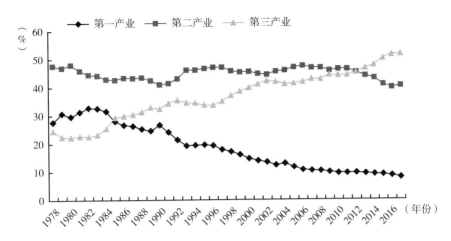

图1 改革开放以来我国三次产业结构变化情况（1978～2017）

资料来源：国家统计局。

一个合适水平。考虑到中国人均 GDP 不到 1 万美元的发展水平并参照德国《国家工业战略 2030》制定的 25% 的目标以及韩国接近 28% 的制造业比重，在 2025 年之前的整个"十四五"期间，中国制造业占 GDP 的比重应保持在约 30% 的水平为宜，到 2030 年之后中国制造业占比至少应保持在 25%。

2. "逆全球化"趋势的挑战

中国工业化进程与经济全球化进程密切相关，中国充分发挥了自己的比较优势，深度参与全球制造业价值链分工，在促进自身工业化进程的同时，也为世界经济增长和经济全球化进程做出重要贡献，积极推进全球包容、可持续工业化进程。2009 年，中国制造业规模超过美国，成为世界第一制造大国。根据联合国工业发展组织（UNIDO）的数据，在 2017 年世界制造业增加值中，工业化国家占 55.3%，新兴工业化国家占 16.3%，而中国达到 24.8%，其他发展中国家为 2.8%，最不发达国家为 0.8%。与 2005 年相比，我国在全球制造业增加值中的占比提高了 13.2 个百分点，比重翻了一番有余（见表1）。在国际标准产业分类 22 个制造业行业中，中国有 14 个行业的增加值居世界第一，7 个行业居世界第二，1 个行业居世界第五，有些行业的增加值遥遥领先于第二位的国家。

表1　占全球制造业增加值的分布趋势

单位：%

国家类别	2005年	2010年	2015年	2016年	2017年
工业化国家	69.6	61.8	56.8	56.0	55.3
新兴工业化国家	16.0	16.6	16.5	16.4	16.3
中国	11.6	18.5	23.3	24.1	24.8
其他发展中国家	2.3	2.5	2.7	2.8	2.8
最不发达国家	0.5	0.6	0.7	0.7	0.8

资料来源：联合国工业发展组织（UNIDO）。

伴随着中国制造业的崛起，全球化也出现了一些重大的变革趋势。基于合作、互惠、协商的多边主义全球治理规则正在受到侵害，多边主义贸易体系正在受到严重挑战，WTO的效率和权威性受到极大影响；以美国为代表的贸易保护主义和"逆全球化"的势力正在增强，2017年7月英国经济政策研究中心（CEPR）发布的《全球贸易预警》报告显示，2008年11月至2017年6月，二十国集团（G20）的19个成员国（不包括欧盟）总计出台了6616项贸易易和投资限制措施，相比而言，贸易和投资自由化措施仅为2254项。美国成为全球保护主义措施的主要推手。金融危机后美国累计出台贸易和投资限制措施1191项，居全球首位，占G20成员国家保护主义措施总数的18%，比排名第二的印度多462项。全球价值链出现了重大结构性调整趋势，中国制造业价值链崛起，同时全球价值链扩张态势逐步停滞，区域价值链分工作用日益凸显，正在重塑国际生产和贸易体系，区域内"零关税、零补贴、零壁垒"谈判日益增多。但丹尼·罗德里克给出全球化的"不可能三角形"——超级全球化、民主政治与国家主权不可能同时兼得，三者最多得其二，这又在一定程度上说明了这种"三零"从长远看的不可持续性。尤其是美国发起的中美贸易摩擦，正在打破基于高效全球价值链分工的全球供应链、产业链和创新链，这将对全球化和全球经济增长带来巨大的影响。这种全球化"大变局"对未来中国工业化进程会带来极大不确定性，要实现第二个百年目标，中国要在坚决维护多边主义治理机制前提下，使未来工业化战略能够引领和适应这种全球化"大变局"。

3. "新工业革命"的挑战

自20世纪下半叶以来，以信息化和工业化融合为基本特征的"新工业革命"正在孕育发展。从技术经济范式角度分析,这一轮工业革命呈现以信息技术的突破性应用为主导驱动社会生产力变革、以信息(数据)为核心投入要素提高社会经济运行效率、以智能制造为先导构造现代产业体系等特征。

从近几年发展趋势来看,"十四五"时期,5G、人工智能技术的加快突破及其大规模的商业化应用已经成为"新工业革命"的主战场,也必然是中国深化工业化进程的主战场,5G 将成为制造业和整个国民经济最重要的基础设施和底层技术,而人工智能作为使能技术的加速突破和应用将大大提升 5G 的商业应用价值,大大提高工业的研发效率、生产效率、工程化效率和商业模式的创新突破,成为改变制造业形态和结构的最重要动力。未来 5G 及其商业应用将成为中国经济增长的重要新动能。按照产业间的关联关系测算,如图 2 所示,2020 年,5G 间接拉动 GDP 增长将超过 4190 亿元;2025 年,间接拉动的 GDP 将达到 2.1 万亿元;2030 年,5G 间接拉动的 GDP 将进一步增长到 3.6 万亿元。而随着人工智能从专用智能向通用智能发展,从人工智能向人机混合智能发展,以及人工智能加速与其他学科领域交叉渗透,人工智能创新创业如火如荼,人工智能产业将蓬勃发展。2016 年 9 月,咨询公司埃森哲发布报告指出,人工智能技术的应用将为经济发展注入新动力,可在现有基础上将劳动生产率提高 40%;到 2035 年,美、日、英、德、法等 12 个发达国家的年均经济增长率可以接近翻一番,具体如表 2 所示。

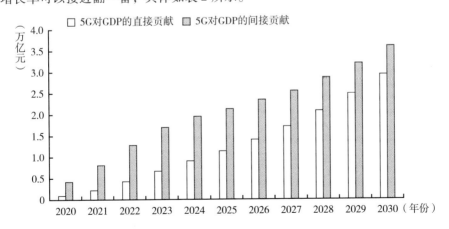

图 2 2020~2030 年 5G 的直接和间接经济增加值贡献

资料来源:中国信息通信研究院(2018)。

表2 未来人工智能带来的经济增长

单位：%，百分点

国　家	2035年经济增长率（基数）	2035年经济增长率（人工智能）	提升率
美　国	2.6	4.6	2.0
芬　兰	2.1	4.1	2.0
英　国	2.5	3.9	1.4
瑞　典	1.7	3.6	1.9
荷　兰	1.6	3.2	1.6
德　国	1.4	3.0	1.6
奥地利	1.4	3.0	1.6
法　国	1.7	2.9	1.2
日　本	0.8	2.7	1.9
比利时	1.6	2.7	1.1
意大利	1.0	1.8	0.7

资料来源：Mark Purdy and Paul Daugherty（2017）。

　　全球产业界充分认识到5G和人工智能技术引领新一轮产业变革的重大意义，世界主要发达国家均把发展5G和人工智能作为提升国家竞争力、维护国家安全的重大战略。而美国一方面出台了一系列政策和措施打压中国企业、破坏中国的供应链体系和技术体系，另一方面通过制度创新和政策加强强化其技术和产业优势，给中国在新工业革命背景下的深化工业化进程带来极大挑战。在5G领域，美国政府和企业为重塑其在5G领域的领导力，试图以"开源、开放、白盒化"的技术路线，在5G时代重构全球ICT（信息与通信网络）产业生态，体现了美国的大国博弈战略意图，即促进CT（通信技术）价值向IT（信息技术）价值转移，利用其底层硬件芯片（x86架构）和基础操作系统（Linux）的雄厚优势，重新夺回失去的通信产业领袖地位。这必将对我国基于5G技术的网络强国建设和国家安全体系建设构成严重的威胁。该技术路线特别针对我国华为、中兴等传统电信运营商的一体化技术和业务优势，通过推进通信设备产品的模块化和标准化，促使通信设备的关键性能和功能由美国企业具有优势的底层芯片和基础软件定义，而不是由华为等一体化通信设备企业定义。在人工智能方面，2019年2月11日，美国国家科技政策办公室发布了由总统唐纳德·J.特朗普亲自签署的《美国人工智能倡议》（American AI Initiative）。白宫网站上，《美国人工智能倡议》被视为"行政命令"，并以《维护美国人工智能领导力的行政命令》为题向全美民众发布，提出美国是人工智能研发和部署的全球领导者，美国在人工智能领域的持续领导，对于维护美国的经济和国家安全以及以符合美国国家的价值观、政策和优先事项的方式塑造人工智能的全球演变至关重要。必须看到，"新工业革命"给中国工业化进程带来巨大的机遇，但这种机遇也是一个巨大挑战，必须积极迎接这种挑战，在这种大国博弈中深化中国工业化进程，加速全面建设社会主义现代化强国。

三 中国工业化进程的不平衡不充分问题与 "十四五"时期战略选择

新中国成立以来，中国共产党领导中国人民积极探索自己的工业化道路，先后提出了工业化、"四个现代化"、新型工业化、"四化同步"等相联系又有区别的发展战略。尤其是改革开放以来，在中国特色社会主义理论指导下，中国推动了快速的工业化进程，创造了人类工业化史的奇迹，利用40多年的时间使中国这个十几亿人口大国从工业化初期步入基本实现工业化时期，在一个积贫积弱的大国基础上全面建成了小康社会。但是，以"后发赶超"为战略导向的中国70年工业化进程是高速工业化，中国的高速工业化进程在取得巨大成就的同时，也产生了发展的不平衡不充分问题。具体而言，这至少表现为以下几个方面。

一是工业化进程的区域发展不平衡，一些区域的工业化水平不充分。由于梯度发展战略，以及各个区域资源禀赋、工业发展基础差异等，中国的工业化进程在不同地区发展极不平衡，总体上呈现东部、中部和西部逐步降低的梯度差距。到2015年，上海、北京、天津已经步入后工业化阶段，其他大部分东部省份处于工业化后期，而大部分中西部省份基本还处于工业化中期。

　　二是产业发展的结构不平衡，创新能力和高端产业发展不充分。由于长期的低成本出口导向工业化战略主导，中国自主创新能力还有待提升，这造成我国产业结构高端化水平不够。一方面，钢铁、石化、建材等行业的低水平产能过剩问题突出并长期存在，而且我国存在大量的"僵尸企业"；另一方面，高端产业发展不够和产业价值链高端环节占有不足，关键装备、核心零部件和基础软件等严重依赖进口和外资企业，例如，2015年中国芯片进口额高达2307亿美元，是原油进口额的1.7倍。

　　三是实体经济与虚拟经济发展不平衡，高质量实体经济供给不充分。随着中国工业化步入后期阶段，近些年中国经济开始呈现"脱实向虚"的倾向，实体经济在国民经济中占比日益降低，2011～2016年作为实体经济核心的制造业增加值占GDP比重下降了近2个百分点，而同期金融业增加值占GDP比重迅速提高了2.1个百分点。2015年和2016年金融业增加值占GDP比重连续两年都达到8.4%，这已经超过美国金融危机时的历史上最高点。实体经济不仅增速下降，而且整体供给质量也亟待提升。虽然快速的工业化进程积累了大量的中国制造产品，但是，产品档次偏低，标准水平和可靠性不高，高品质、个性化、高复杂性、高附加值的产品供给不足，制造产品总体处于价值链的中低端，我国缺乏世界知名品牌。实体经济的这种供给质量无法有效满足城市化主导的消费转型升级，造成实体经济供需失衡，这又进一步加大了实体经济与虚拟经济发展的不平衡。

　　四是工业化速度与资源环境承载力不平衡，绿色经济发展不充分。中国这个14亿人口国家的快速工业化进程，给资源环境的承载提出了极大挑战。虽然我国一直倡导实施环境友好型的新型工业化道路，但客观上资源环境还是难以承受如此快速的大国工业化进程，环境污染问题比较突出，资源约束日趋紧张。为了解决工业化带来的环境资源问题，大力发展绿色经济是必然的选择。绿色经济的本质是生态环境与经济发展相协调的可持续发展经济，强调从社会及其生态条件出发，将环保技术、清洁生产工艺等众多有益于环境的技术转化为生产力，是一种环境可承受的经济发展模式。中国在绿色经济发展方面，无论技术水平还是产业规模，都还有很大的发展空间。

　　五是工业化与信息化的深度融合、与城镇化良性互动、与农业现代化相互协调还不充分。工业化与信息化还需要进一步融合，互联网、大数据、人工智能和实体经济融合深度需要加强，制造业信息化水平、智能制造能力都有待提升，中国工业软件水平严重落后、多数工业软件主要依靠国外企业供给的局面亟待改变；城镇化与工业化良性互动发展还不充分，产业和城市发展之间存在"时间上不同步"和"空间上无互动"的双重错位，存在产业因缺乏城市而孤岛化、城市因缺乏产业而空心化的趋势；农业现代化成为制约我国现代化进程的短板，无论是农业的机械化、科学化、水利化和电气化水平，还是农业的产业化水平，以及农业的绿色化、信息化水平都亟待提升，与中国总体工业化水平已经发展到后期阶段是不相协调的，农业供给结构性失衡问题、农业发展方式粗放问题、农业面源污染和农产品质量安全风险等问题都有待农业现代化水平进一步提升来解决。

面对工业化发展的这些不平衡不充分问题，以及第三部分我们论述的中国工业化进程面临的"去工业化"趋势、"逆全球化"趋势和"新工业革命"三大方面挑战，"十四五"时期深化中国工业化面临新的工业化战略的选择，即我国需要推动工业化战略从高速工业化向高质量工业化转型。党的十九大做出了新时代中国特色社会主义发展的战略部署，提出以创新、协调、绿色、开放和共享新发展理念为指导，从全面建成小康社会到基本实现现代化，再到全面建成社会主义现代化强国的战略目标。高质量工业化战略，一定体现出五大发展理念要求，具有创新是第一动力、协调成为内生需要、绿色成为普遍形态、开放成为必由之路、共享成为根本目的的基本特征。高质量工业化战略应该重点满足三方面要求，一是满足应对新工业革命挑战，通过技术创新实现产业结构高级化、智能化、服务化、绿色化的要求；二是满足联合国2030可持续发展议程提出的包容和可持续的工业化要求；三是满足与信息化、新型城镇化和农业现代化的同步协调发展的要求。具体而言，实现从高速度工业化进程向高质量工业化进程的转变，实施高质量工业化战略，要求在以下几个方面着力。

一是实现从投资驱动向创新驱动的工业化动力转变。中国的工业化进程总体已经步入工业化后期，产业结构正面临从资本密集型主导向技术密集型主导转变，再加之在新一轮工业革命的背景下，世界各国也正在加速竞争高端产业的主导权，无论是中国自身现代化进程还是大的国际环境，都要求中国转变经济发展方式，实现创新驱动的经济发展。具体而言，这要求通过深化供给侧结

构性改革和大力实施创新驱动战略,建立工业化的创新驱动机制,促进中国产业高端化,进而形成创新驱动的高质量发展的现代化经济体系。

二是围绕实体经济供给质量提升推动高质量工业化进程。快速的工业化进程,使我国成为一个世界性实体经济大国,但我国还不是实体经济强国,从企业、产业和产品各个层面我国实体经济供给质量都有待提高,这还加重了近年来我国经济"去实向虚"的倾向。因此,从快速的工业化进程向高质量工业化进程转变,必须把着力点放在提高实体经济供给质量上,这也正是供给侧结构性改革的主攻方向,而建设现代化经济体系所要求的实体经济、科技创新、现代金融、人力资源协同发展的产业体系,也要求以提高实体经济供给质量为核心。

三是实现新型工业化与信息化、城市化和农业现代化的协同发展。高质量的工业化进程,必须是与信息化深度融合、促进农业现代化水平实现、与城市化协调发展的新型工业化。坚持把创新作为发展第一动力,牢牢把握信息化这个大的创新发展方向,推动智能化、数字化、网络化制造技术创新和扩散;把握融合创新发展大趋势,以融合创新促进"四化"协调发展。融合创新发展要求重视对通用和共性技术的创新,重视对通用和复合型人才的培养,当前制约我国融合创新发展的主要是竞争前技术的共性技术供给不足,复合型人才缺乏,"四化同步"发展要求在这方面加大投入力度;进一步加快完善社会主义市场经济体制,以市场化导向深入推进体制机制改革,形成有利于提升"四化同步"水平的要素市场化配置机制。

四是以大力发展绿色制造业为先导推进可持续工业化。绿色制造将绿色设计、绿色技术和工艺、绿色生产、绿色管理、绿色供应链、绿色就业贯穿于产品全生命周期中,实现环境影响最小、资源能源利用率最高,获得经济效益、生态效益和社会效益协调优化。绿色制造对于绿色经济发展和可持续工业化具有重要的推动作用,是现代化经济体系中重要支撑部门。因此,推进高质量工业化,一定要通过开发绿色产品、建设绿色工厂、发展绿色园区、打造绿色供应链、壮大绿色企业、强化绿色监管等措施构建现代绿色制造体系,进而带动整个工业化进程的可持续性。

五是通过区域协调发展战略促进工业化进程的包容性。协调各区域生产要素配置,促进生产要素跨区域的有效流动,化解资源配置在地区间不平衡、不协调的结构性矛盾,是工业化进程包容性的基本要求,也是现代化经济体系区域布局的基本内容。党的十九大报告在实施区域协调发展战略部分中,首先强调加大力度支持革命老区、民族地区、边疆地区、贫困地区加快发展,强化举措推进西部大开发形成新格局,这无疑对提高中国工业化进程包容性具有重要意义。另外,随着京津冀协同发展、长江经济带保护发展和东北老工业基地振兴、中部地区崛起等重大区域发展战略的有效推进,资源要素在各区域配置更为合理,区域要素供给质量不断提升,现代化经济体系区域布局将逐步形成。

四 "十四五"时期促进制造业高质量发展的政策建议

制造业发展是工业化进程的决定性因素和核心要求。"十四五"时期围绕我国深化工业化进程、实施高质量发展,最为核心和关键的是推进制造业高质量发展,围绕制造业高质量发展和核心技术突破来构建我国高质量工业化战略及其政策体系。

1. "十四五"规划体系中需要专门制定制造业高质量发展战略规划,推进制造业从高速增长向高质量发展转型

在总体战略导向上,要弱化"对标"或"赶超"欧美日,强化突出通过统筹部署构筑中国制造业的核心能力,为全球制造业发展做出中国的原创性贡献。强调在新工业革命浪潮中"构筑中国制造业核心能力"的政策导向,对外体现了中国通过原始创新与全球工业国家共同推动人类技术进步和产业发展的愿景,对内容易凝聚各级政府和广大企业形成实现中国制造业更高质量发展的战略抱负。

在总体发展思路上,弱化重点产业和领域选择,突出新一轮工业革命背景下的通用技术创新和产业统筹部署。新技术浪潮和新工业革命是当前世界各国面临的共同挑战。我国制造业高质量发展战略规划应借鉴美、德、日等国家的经验和普遍做法,在战略任务的拟定方面,更加强调推进制造业数字化、智能化、网络化应用所涉及通用技术和使能技术的原始创新和技术突破,更加强调对于新技术创新和应用(而非产业)的统筹部署。例如,在促进5G技术创新

和应用方面，应当避免使用支持特定 5G 领域的发展等表述，而强调通过促进 5G 应用场景发展、基础设施投资、参考架构建设等内容，完善 5G 创新链和产业生态的任务导向。

在具体重点任务上，相对弱化技术创新导向的智能制造、绿色制造和高端制造，更加突出管理创新导向的服务型制造和制造业品质革命。在当今新工业革命的背景下，中国制造业高质量发展的方向无疑也是制造业的智能化、绿色化和高端化，这需要我们不断通过科技创新、提高科技创新能力，大力发展智能制造、绿色制造和高端制造，促进中国制造业抓住当今世界新工业革命的重大机遇。但是，对于中国大多数制造业的发展而言，德国工业 4.0 所倡导的物理信息系统（CPS）还相对遥远，很多产业的技术基础还不具备，而推进制造业与服务融合的服务型制造以及推进中国制造业品质提升的任务则相对更有紧迫性和现实意义。在当今时代，制造服务化也是制造业转型升级的一个重要方向，制造企业从注重生产和产品逐步向注重"产品 + 服务"的趋势发展和演进，这极大地促进了制造业附加值的提升，进而促进了制造业的全要素生产率的提升和高质量发展。另外与国外发达工业国家不同，中国的制造业品质问题还没有实质性地全面解决，通过制造业品质革命全面提升制造业产品和服务的品质，还是中国成为制造强国所必须补上的重要一课。

2. 着力完善现代制造业创新体系，努力提高制造业创新能力

一方面，加快促进产业政策向创新政策转型，将政策资源配置的指向由特定的产业逐渐转向技术创新。目前我国产业政策的基本指向仍然是产业或产业领域，而反观美、日、德等国家的产业政策，其税收、财政等结构性措施，都是指向这些产业或领域特定的技术研发环节。产业政策与产业挂钩还是与这些产业的技术创新挂钩，会产生完全不同的效果。如果是与产业挂钩，就会诱导企业扩大生产性的投资，而这也正是近年来我国光伏甚至工业机器人等新兴产业产能过剩的重要原因。

另一方面，加快部署与战略性前沿技术、通用技术和共性技术的技术经济要求相适应的科技设施和机构。随着我国产业结构的日益完备和技术水平向国际前沿的逼近，旨在促进产业发展的公共政策资源应当更多地配置到公共服务体系建设上，而不是税收优惠和财政补贴上。加大对基础研

究的投入力度，构建开放、协同、高效的共性技术研发平台，健全以需求为导向、以企业为主体的产学研一体化创新机制，抓紧布局国家实验室，重组国家重点实验室体系。另外要努力弥补我国在公共科技服务体系建设方面存在的不足，这方面不足主要表现在，科技服务体系的特定主体和功能缺失。建议通过建设"制造业创新网络"、进行中小企业技术咨询师和管理顾问认证等做法，为中小企业提供质量管理、现场管理、流程优化等方面的咨询与培训，从生产工艺而不是生产装备的层面切实提高我国的生产制造水平和效率。

3. 实施产业基础再造工程，在核心基础零部件(元器件)、关键基础材料、先进基础工艺、产业技术基础上力求实现突破

一是努力完善试验验证、计量、标准、检验检测、认证、信息服务等基础服务体系。我国国家产业基础服务体系相比国外发达工业国的水平还存在差距，存在管理软、体系乱、水平低的问题。未来要从国家战略高度重视产业基础服务体系尤其是国家质量基础设施的完善，积极推进标准、计量、认证认可和检验检测工作，不断完善政府质量监督管理体系，创新政府质量治理体制，围绕产业升级的需要，加快制定和实施与国际先进水平接轨的产业质量、安全、卫生和环保节能标准，发挥标准引领作用，提升在国际领域标准话语权，进一步提高我国校准测量能力，强化我国认证在国际上的影响力和对贸易规则的主导能力，提升我国检验检测国际竞争力。

二是拓展和深化制造强国战略的"工业强基"工程。围绕关键基础材料、核心基础零部件（元器件）、先进基础工艺等制造环节的关键瓶颈和"卡脖子"问题，寻求全社会范围协同攻关的体制机制。持续协同推进产业链上下游企业的技术合作攻关，锲而不舍地协同推动企业的技术创新、管理创新和制度创新，不断协同推动培育持续创新、不畏风险的企业家精神与弘扬精益求精、专心致志的工匠精神，坚决协同推进社会文化环境改善与经济激励机制完善，切实解决"脱实向虚"导致的"虚实失衡"结构问题，在职业培训体系、职业社会保障、薪酬和奖励制度等方面改革完善，形成有利于培育现代产业工人"工匠精神"的激励体系。

三是以确立竞争政策基础地位为主线培育激发颠覆性技术创新的环境。迭代性技术创新和颠覆性技术创新存在路径差异，迭代性技术易存在路径依赖，

难以实现技术重大突破，面对新工业革命的机遇，要创造有利环境激发颠覆性技术创新。中小企业在颠覆性创新方面具有重要意义，要加大对中小企业创新支持力度。进一步加强知识产权保护和运用，完善反垄断等竞争政策，形成有效的创新激励机制。这归根结底是加快推进竞争政策的基础性地位确立，建立竞争政策与产业政策协调机制。必须认识到，竞争政策的基础性地位确立是保证产业基础再造工程根本有效的制度环境。需要指出的是，面对新工业革命的机遇和挑战，近些年一些发达国家纷纷大力推进先进制造业发展的战略，这包括2018年的《美国先进制造业领导战略》、2019年的《德国工业2030战略》等。这被有的人解读为发达国家通过产业政策的政府力量干预制造业发展，但实际上，这些所谓产业政策实施的范围、力度和机制都是在反垄断等竞争政策严格约束下的，发达国家长期以来形成的竞争政策的市场基础作用并没有因此而受到损害。

四是建立产业基础能力评估制度。首先建立产业基础能力评估体系，然后基于该体系对产业链、供应链和关键技术进行全面调查评估，每年进行两次，准确把握和评估我国产业链、供应链和关键技术的现状，分析产业的创新链、供应链、产业链和价值链分布，这不仅对于产业基础再造具有重要意义，同时也有利于在中美贸易摩擦中掌握主动，积极应对美国对我国产业链、供应链和技术创新的"卡脖子"行为。

五是借鉴日本"母工厂"制度建设工业基础能力再造的核心工厂。所谓"母工厂"是在本国建立的在制造体系中发挥开发试制、技术支持和维护本国技术先进性地位的企业载体和现代工厂，具有在生产制造层面不断优化技术、改进能力的功能，可以认为是一个关键核心技术和工艺集成并能不断自我优化的现代核心工厂，境外的工厂一般是"母工厂"的技术和管理的应用复制。借鉴这种制度，中国企业应该在中国境内建造覆盖各个产业链和产业关键环节的"母工厂"，使之成为一个提高工业基础能力的核心工厂。这种核心工厂，一方面有利于在生产制造层面围绕"工业四基"集成要素、优化流程、培育人才，从而在专业集成、久久为功下提高中国的工业基础能力，另一方面在中国企业"走出去"和"雁阵"转移的大背景下，可以降低"制造业空心化"对产业安全的负面影响。即使发生产业转移，但产业的核心技术和基础能力仍保留在核心工厂，本国产业安全不会受到重大影响。

参考文献

阿德里安·伍德、顾思蒋、夏庆杰：《世界各国结构转型差异（1985～2015）：模式、原因和寓意》，《经济科学》2017年第1期。

巴里·诺顿：《中国经济：转型与增长》，上海人民出版社，2010。

陈佳贵、黄群慧：《工业发展、国情变化与经济现代化战略——中国成为工业大国的国情分析》，《中国社会科学》2005年第4期。

丹尼·罗德里克：《贸易的真相——如何构建理性的世界经济》，中信出版集团，2018。

国家统计局城市司：《城镇化水平不断提升 城市发展阔步前进——新中国成立70周年经济社会发展成就系列报告之十七》，2019年8月15日。

国家统计局综合司：《沧桑巨变七十载 民族复兴铸辉煌——新中国成立70周年经济社会发展成就系列报告之一》，2019年7月1日。

国家统计局综合司：《经济结构不断升级 发展协调性显著增强——新中国成立70周年经济社会发展成就系列报告之二》，2019年7月8日。

国家统计局工业司：《工业经济跨越发展 制造大国屹立东方——新中国成立70周年经济社会发展成就系列报告之三》，2019年7月10日。

黄群慧：《论新时期中国实体经济的发展》，《中国工业经济》2017年第9期。

黄群慧：《从高速度工业化向高质量工业化转变》，《人民日报》2017年11月26日。

黄群慧：《新中国70年工业化进程的历史性成就与经验》，《光明日报》（理论版）2019年7月9日。

黄群慧：《百年目标视域下的中国工业化进程》，《经济研究》2019年第9期。

黄群慧、贺俊：《未来30年中国工业化进程与产业变革的重大趋势》，《学习与探索》2019年第8期。

《5G经济社会影响白皮书》，中国信息通信研究院，2018。

《帕尔马："去工业化、'过早去工业化'与荷兰病"》，王豪译，载史蒂文·N. 杜尔劳夫、劳伦斯·E. 布鲁姆《新帕尔格雷夫经济学大辞典》（第二版），中译本，经济科学出版社，2016。

渠慎宁、杨丹辉：《美国对华关税制裁及对美国在华投资企业的影响》，《国际贸易》2018年第11期。

魏后凯、王颂吉：《中国"过度去工业化"现象剖析与理论反思》，《中国工业经济》2019年第1期。

习近平：《在改革开放40周年庆祝大会上的讲话》，新华网，2018年12月8日。

谢伏瞻:《论新工业革命加速拓展与全球治理变革方向》,《经济研究》2019 年第 7 期。

约翰·伊特韦尔、默里·米尔盖特、彼得·纽曼:《新帕尔格雷夫经济学大辞典》(中译本),经济科学出版社,1992。

张培刚:《农业与工业化》,华中工学院出版社,1984。

赵晓雷:《中国工业化思想及发展战略研究》,上海财经大学出版社,2010。

Mark Purdy and Paul Daugherty, Why Artificial Intelligence is the Future of Growth, Working Paper, 2017.

目　录

V 中部地区工业化进程

VI 大西南地区工业化进程

VII 大西北地区工业化进程

Ⅷ 东三省工业化进程

皮书数据库阅读 **使用指南**

总　论

General Principle

B.1
中国"十三五"时期的工业化进程

国民经济和社会发展五年规划作为中国目前最重要的宏观经济和社会管理工具，不仅规定了社会发展的远景目标和方向，而且对国家生产力布局、重大建设项目和社会事业等要素指标的发展进程做出了详细规划。工业化不仅意味着工业产业自身的发展，其本质是一国经济发展和现代化进程的全方位推进①。对我国每个五年规划的工业化进程都进行总结、分析和评价，无疑有助于我们总结经验、认清问题、找准下一步的发展方向。

截至"十二五"末，我国已全面进入工业化后期发展阶段②。历史教训和国际经验表明，工业化后期阶段的道路往往是曲折的，"十三五"时期我国经济的发展也深刻地诠释着这一规律。面对全球经济增速放缓、贸易保护主义抬头，新一轮科技革命下科学范式、技术范式转变的不确定性以及国内结构转型的迫切性等复杂环境，我国经济正向速度趋缓、结构趋优的新常态迈进。中国的工业化进程在此期间于曲折中艰难前进，并在诸多层面取得了巨大成就，为

---

① 黄群慧：《中国工业化进程：阶段、特征与前景》，《经济与管理》2013 年第 27 卷第 7 期。
② 相应计算结果详见附表 2-1。

详细梳理"十三五"时期中国的工业化成果，并为下一阶段持续推进工业化提供参考，本报告主要针对中国工业化总体发展水平及各地区、各部门涉及的各分项指标数据的进展情况分别加以考察，力求还原"十三五"时期中国工业化发展的全貌。

一　经济增长减速趋稳

1. 整体经济增速与国际地位

受国际金融危机的不利影响，自 2008 年下半年起，世界经济开始进入深度调整时期，如图 1、图 2 所示，2008 年之后，中国整体经济和工业增速均开始呈现下行趋势。对此人们逐渐意识到，由于长期积累的历史原因，中国经济已经出现了关键性的阶段转变，并由此进入一个全新的发展时期，而该时期的首要表现即 GDP 由此前保持的高速增长换挡为当前的中高速增长。在"十三五"期间，基于"稳增长、调结构、促改革"的思路指导，虽然 GDP 增速、工业增速和工业对 GDP 增长的拉动作用仍然呈现下降态势，但在宏观调控政策的干预下已有明显减缓。单纯就工业而言，其总体增长减速趋缓的态势早在 2015 年前后已基本形成，但中国工业化的追赶进程并未由于"新常态"而结束，反而在后期其增长质量有了明显提高。图 3 利用中国自 2000 年至今的最新工业年度增速数据进行滤波分析后发现，中国工业增长在 2019 年前总体表现为周期向上的波动态势，处于经济周期的上行时期，而潜在增速下滑则反映出中国工业经济依然处于结构性调整时期。与此同时，受新冠肺炎疫情的不利影响，2020 年，中国 GDP 增速首次降为负值，其中工业增速及对 GDP 的拉动作用也均有较大幅度下滑。以上情况将对"十三五"时期中国总体经济增长目标的实现造成压力，并在一定程度上阻碍下一阶段国内经济的持续健康发展。

"十三五"期间，在世界经济仍处于深度调整和再平衡的大背景下，中国（工业）经济增长势头依然稳居前列。从总量来看，如表 1 所示，2019 年，中国按现价美元计算的 GDP 占世界经济总量比重由 2016 年的 14.72% 上升到16.34%，充分体现出中国对"十三五"时期世界经济复苏的贡献。此外，中国人均 GDP 由 2016 年的 8148 美元增加到 2019 年的 10262 美元，且人均 GDP

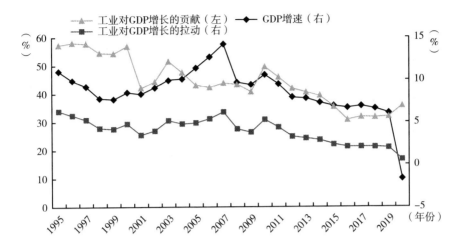

图1 1995年至2020年上半年GDP增速、工业对GDP增长的拉动及贡献

资料来源:《中国统计年鉴》。

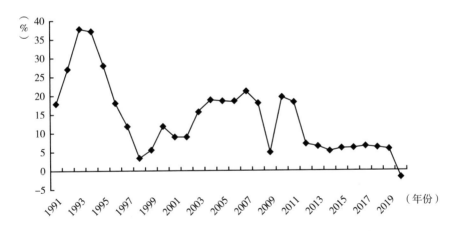

图2 1991年至2020年上半年中国工业增加值同比增速

资料来源:Wind数据库。

排名在该时期内由第101位上升到第78位,上升幅度位居所列国家首位。而从增速来看,如图4、图5所示,"十三五"时期,世界经济始终处于周期性萧条阶段,其复苏进程缓慢且分化,表明此前延续数十年的全球经济增长黄金期或将终止,未来世界各国,尤其是多数发达经济体将普遍进入低增长时

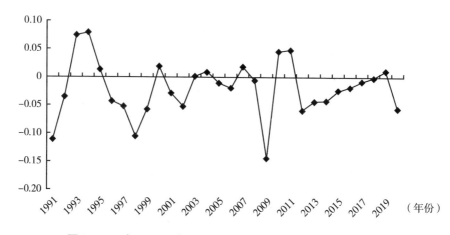

图3　1991年至2020年上半年中国工业增速HP滤波（周期项）

资料来源：Wind数据库。

期。目前，各国经济内部扩张的原动力面临严重不足的问题，欲推动进一步发展亟须新旧增长动能的转换。

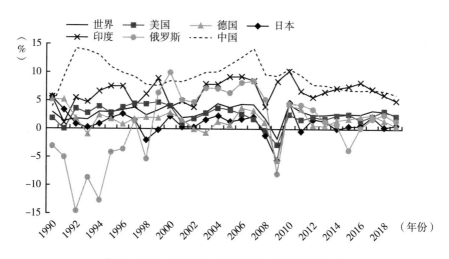

图4　1990~2019年主要国家和世界GDP增速

资料来源：World Bank Database。

2. 三次产业与制造业增速

数十年来，中国三次产业增速整体都呈现周期性波动下降趋势。如图6所

表1 2016年和2019年世界主要国家GDP和人均GDP比较

排名	GDP(现价, 亿美元)				人均GDP(现价, 美元)						排名
	区域	2016年	区域	2019年	区域	2016年	世界排名	区域	2019年	世界排名	
	世界	763358	世界	877515	世界	10282	—	世界	11436	—	
1	美国	187072	美国	214277	美国	57928	11	美国	65281	7	1
2	中国	112333	中国	143429	澳大利亚	49971	18	澳大利亚	54907	12	2
3	日本	49225	日本	50818	加拿大	42322	25	德国	46259	18	3
4	德国	34668	德国	38456	德国	42099	26	加拿大	46195	19	4
5	印度	26943	印度	28751	英国	41064	29	英国	42300	25	5
6	英国	24713	英国	28271	日本	38762	32	法国	40494	28	6
7	法国	22948	法国	27155	法国	37037	36	日本	40247	29	7
8	意大利	18758	意大利	20012	意大利	30940	43	意大利	33190	33	8
9	巴西	17957	巴西	18398	韩国	29289	45	韩国	31762	37	9
10	加拿大	15282	加拿大	17364	西班牙	26505	49	西班牙	29614	39	10
11	韩国	15001	俄罗斯	16999	墨西哥	8740	95	俄罗斯	11585	71	11
12	俄罗斯	12768	韩国	16424	巴西	8710	96	中国	10262	78	12
13	西班牙	12321	西班牙	13941	俄罗斯	8705	98	墨西哥	9863	81	13
14	澳大利亚	12088	澳大利亚	13927	中国	8148	101	巴西	8717	90	14
15	墨西哥	10779	墨西哥	12583	印度	1733	194	印度	2104	164	15

资料来源：World Bank Database。

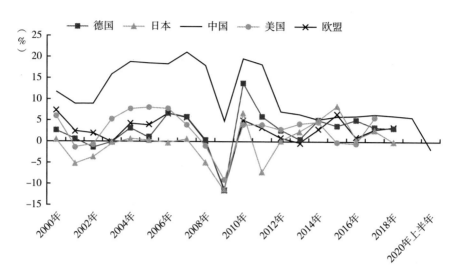

图5 2000年至2020年上半年主要国家和地区工业增加值增速

资料来源：OECD database。

示，经历了世界金融危机引起的短暂低谷和"十二五"时期新常态背景下的经济下行震荡过后，"十三五"期间，中国三次产业及制造业增加值同比增速前期总体保持了相比此前较低水平下的稳定增长态势；而2020年前半年，受疫情影响，各产业经济增速均有较大下滑，并自21世纪以来首次表现为负增长。

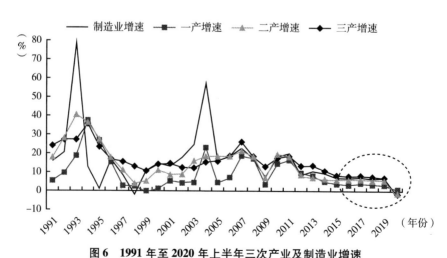

图6 1991年至2020年上半年三次产业及制造业增速

资料来源：《中国统计年鉴》、Wind数据库。

二 产业结构改善明显

1. 三次产业结构演变

"十三五"时期中国的产业发展主要表现出工业规模大幅度增长与所占比重明显下降并存的特征,如图7所示,2013年第三产业产值的GDP占比达到46.7%,首次超过第二产业所占比重。但需要注意的是,由于仅从统计角度来判断主导产业并不科学,且工业对国民经济的作用也不仅表现为当期的生产流量,更体现在工业生产和积蓄的物质财富存量等多个方面,因而上述产业结构的调整并不意味着工业在国民经济中的地位下降。此外,国际经验和历史经验均表明,由工业产品复杂程度所反映出的制造业水平是决定一个经济体发展水平的关键[①]。因此,总体来看,目前,中国工业化进程远未结束,工业经济仍是国民经济稳增长的重要推动力。

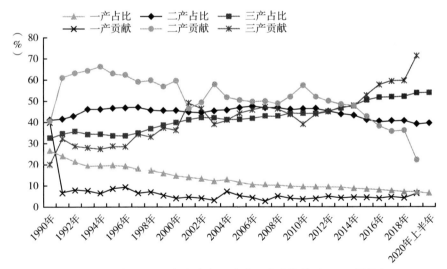

图7 1990年至2020年上半年三次产业占比及其对GDP贡献率

资料来源:《中国统计年鉴2019》。

---

① 黄群慧:《"新常态"、工业化后期与工业增长新动力》,《中国工业经济》2014年第10期。

2. 工业内部结构演变

从工业内部结构来看，"十三五"时期中国工业发展主要表现出传统产业"去产能"和新兴产业"快增长"的格局，且行业间彼此分化情况较为严重。中国经过 70 多年的发展虽已形成了庞大的工业体系，但由于长期依靠规模化投资，产能快速扩张、市场需求逐渐饱和而导致的产能过剩问题在"新常态"经济下逐渐显现，其中钢铁、建材、石化等重工行业存在的问题异常突出。据统计，2012 年底，中国钢铁、水泥、船舶、电解铝和平板玻璃的产能利用率分别为 72%、73.7%、75%、71.9% 和 73.1%，均明显低于国际 80%～85% 的一般产能利用水平。针对上述情况，在新时期国家政策的引导下，各地纷纷出台政策促进工业转型升级，并大力发展战略性新兴产业以不断优化产业结构，如图 8 所示，"十三五"期间，三种典型的传统重工行业产品的产量增速都出现了一定程度的下降趋势。图 9 将所有工业行业界定为非技术密集型行业、中技术密集型行业和高技术密集型行业，如图 9 可知，高技术密集型行业多为生产最终产品和消费品的行业，受金融危机的影响最早、程度最大，但也恢复得最快，自 2009 年起即开始缓慢回升，2012 年之后资产占比已有明显提高，而利润所占比重自 2008 年之后总体持续增长，但在"十三五"期间增速略有下降。以上情况深刻反映出"去产能"和"调结构"是中国工业在"十三五"时期的主要发展任务，而在下一阶段，产业结构调整和优化进程仍将持续，且将逐步成为影响工业未来发展的重要问题。

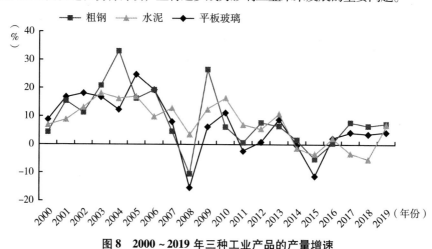

图 8　2000～2019 年三种工业产品的产量增速

资料来源：《中国统计年鉴》相关年份。

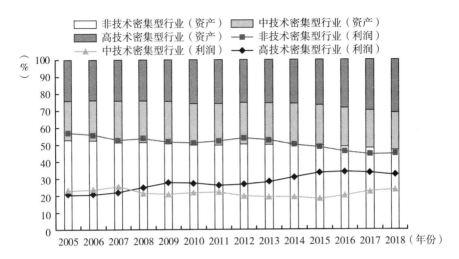

图9 2005～2018年中国不同技术密集程度行业资产及利润结构

注：根据《中国科技统计年鉴2011》，将R&D经费占主营业务收入比重大于1.0%的行业称为高技术密集型行业，主要包括电气机械及器材制造业、仪器仪表及文化办公用机械制造业、交通运输设备制造业、通信设备计算机及其他电子设备制造业、专用设备制造业、医药制造业六大类；将R&D经费占主营业务收入比重处于0.6%～1.0%的行业称为中技术密集型行业，主要包括有色金属冶炼及压延加工业、黑色金属冶炼及压延加工业、饮料制造业、化学原料及化学制品制造业、化学纤维制造业、通用设备制造业六大类，其余行业归为非技术密集型行业。

资料来源：《中国统计年鉴》相关年份。

三 科技创新成为重中之重，生产效率提升任重道远

1. 创新驱动发展成果

在新时期下，科技仍将牢牢占据第一生产力的地位。2008年世界金融危机之后，许多国家开始推行"再工业化"战略，如美国的《制造业行动计划》、德国的"工业4.0计划"、欧盟的"未来工厂计划"等，这些国家和地区都将创新提升为国家战略，并将投资高技术领域、打造制造业高附加值环节作为其走出经济衰退、重塑竞争优势的重要举措。在此背景下，全球科技产业面临新一轮变革，信息、生物、能源技术等领域的颠覆性创新不断涌现。而据统计，包括美国、日本、韩国等国在内的20余个创新型国家的科技创新对

GDP 的贡献率达到 70% 以上，其中美国、德国更高，达 80%，而中国同期的科技创新占比不及 40%①。

与此同时，中国经济当前面临的新常态也迫切要求中国转变经济增长方式。"十三五"阶段，中国积极探索由传统要素驱动向创新驱动转变的现实路径，并提出了《"十三五"国家科技创新规划》《关于进一步推进中央企业创新发展的意见》等多项支撑性政策文件。在创新驱动发展战略的引领下，国内科技进步持续加快，以数字化、信息化、网络化为特征的智能制造业开始兴起，逐渐成为制造业的新生力量，并产生出一大批具有国际影响力的标志性成果。

创新投入是获取创新成果的重要保障，如图 10 所示，全社会 R&D 经费支出从 2015 年的 14170 亿元增加到 2019 年的 21737 亿元，增长超过 50%；而研发经费支出占 GDP 的比重也从 2015 年的 2.07% 提高到 2019 年的 2.19%。如表 2 所示，中国高技术产业研发机构数自 2015 年以来显著增加，科技成果产出规模持续扩大，高技术产业专利申请数和有效发明专利数在 2017 年和 2018

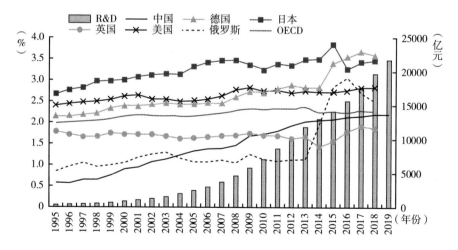

图 10 1995～2019 年部分国家研发经费支出占 GDP 的比重及中国研发经费支出

资料来源：OECD database。

---

① 庞瑞芝、范玉、李扬：《中国科技创新支撑经济发展了吗?》，《数量经济技术经济研究》2014 年第 10 期。

年也均有明显上涨。面对全球经济复苏乏力的严峻考验,"十三五"时期中国高技术产品进出口额总体仍然保持增长趋势,但增幅明显放缓;而从研发主体角度来看,在此前很长时间内,中国的研发投入主体均主要集中在高等院校、大中型企业以及部分由政府主导的研发机构中,但随着市场化进程的推进,逐利厂商逐渐替代政府,其研发支出占全国研发经费的比重也日益提升。显然,科技创新已逐步成为中国经济发展的主要内生动力。

表2 2010～2018年高技术产业基本情况

年份	2010	2015	2016	2017	2018	2015 /2010	2018 /2015
企业数(家)	28189	29631	30798	32027	—	1.05	
主营业务收入(亿元)	74483	139969	153796.3	159375.8	—	1.88	
出口交货值(亿元)	37002	50923	52444.6	—	—	1.38	
研发机构数(个)	3184	5572	6456	7018	16052	1.75	2.88
R&D人员全时当量(万人·年)	39.9	59	58	59	85.2	1.48	1.44
R&D经费(亿元)	967.8	2219.7	2437.6	2644.7	3416.2	2.3	1.54
新产品开发经费(亿元)	1006.9	2574.6	3000.4	3421.3	4639	2.56	1.80
专利申请数(件)	59683	114562	131680	158354	264736	1.92	2.31
有效发明专利数(件)	50166	199728	257234	306431	425137	3.98	2.13
高技术产品进口额(亿元)	4127	5493	5237	5867	6655	1.33	1.21
高技术产品出口额(亿元)	4924	6553	6042	6708	7430	1.33	1.13

资料来源:Wind数据库。

2. 生产效率提升成果

劳动生产率的提升效率直接影响着科技创新成果在实际产出中的应用效果。如图11所示,1990～2018年,中国劳动生产率大幅度提高,但与前期相比,自2008年以来国内劳动生产率增长率总体表现为下降趋势。对此,中国社会科学院经济研究所张平研究员认为,中国在大规模工业化时期所表现出的劳动生产率迅速提升现象,主要得益于外部资本等要素诱发的资本深化过程,而在此过程中实现的全要素生产率提升则主要源于"干中学"效应发挥作用的结果①。

_____

① 李扬、张平等主编《中国经济增长报告(2015～2016)》,社会科学文献出版社,2016。

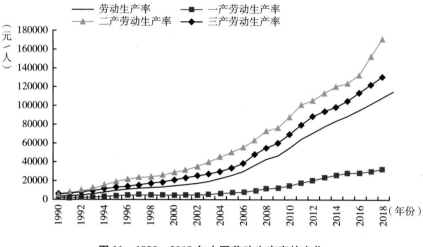

图 11　1990～2018 年中国劳动生产率的变化

资料来源:《中国统计年鉴 2019》。

如今,利用产业升级和技术创新提升中国劳动生产率的现实路径依然有很大发展空间,如表 3 所示,目前中国劳动生产率总体水平依然不高,2019 年数值仅为欧美发达国家的 1/6 左右。为此,2017 年 10 月,习近平总书记在十九大报告中强调进行的供给侧结构性改革,其关键就在于通过重新配置社会资源、增强创新力度等措施提升企业效益,进而促进全社会生产效率的提升。此外,如图 11 所示,中国三产劳动生产率明显低于二产劳动生产率,这显然有悖于发达国家二、三产业劳动生产率发展逐渐趋同的一般规律;与此同时,2019 年中国城镇化率达到 60.6%,服务业接替农业部门成为新的劳动力"蓄水池",而在下一阶段中国经济的进一步发展中,中国仍将有大量劳动力从农业部门转到非农部门,或从工业部门转向服务业部门,而中国传统服务业虽占比较高,劳动生产率却低于工业部门,使得资本和劳动力在面向服务业部门的配置过程中难以实现总体劳动生产率的提升。以上情况表明,依靠科技创新实现中国生产效率的提升仍然任重道远。

3. 节能减排效果

在气候变化的现实困境和日益严厉的资源环境约束下,作为高耗能产业和环境污染罪魁祸首的重化工业也在"十三五"期间逐渐加快了绿色转型升级

表3 2019年全球部分国家或地区劳动生产率

单位：美元/人

高收入国家	中等偏高收入国家	中等偏低收入国家	低收入国家
美国：114003	墨西哥：23840	摩洛哥：11319	朝鲜：852
日本：93851	马来西亚：26341	埃及：10961	阿富汗：2270
平均（65个国家和地区）：91708	平均（48个国家和地区）：17954	平均（49个国家和地区）：6383	平均（30个国家和地区）：1602
韩国：51755	巴西：24870	尼日利亚：8725	津巴布韦：2648
俄罗斯：24242	中国：15332	印度：6460	埃塞俄比亚：1286

资料来源：OECD，International Labour Organization。

步伐。多年来，中国的工业化进程始终伴随着相当高昂的环境成本，而进入工业化后期以来，节能环保问题便成为工业转型背景下老生常谈却又亟待解决的问题。对此，我们不可能采用不发展实体产业的方式解决资源环境问题；相反，只有更先进、更强大的工业才能有效应对日益增加的资源环境压力①。

"十三五"时期，节能环保仍是总体发展工作的重中之重。2015年，工信部发布《2015年工业绿色发展专项行动实施方案》，旨在引领中国工业的绿色、健康、稳定及永续发展；2017年1月，国务院印发《"十三五"节能减排综合工作方案》，将节能减排作为优化经济结构、加快生态文明建设的重要突破口。如图12所示，在2004年之前，财政支出中的节能环保一项尚未被单独列出，而2004年，统计的财政节能环保支出总计为93.69亿元，此后国家持续加大节能环保支出，使该数值在2007年获得明显提高，到2010年已增加到2441.98亿元，是2004年的26.1倍，到2018年继续增加至6298亿元，是2010年的近2.6倍。国内工业污染治理完成投资额在2007~2012年总体保持稳定且额度较低，但在2013年后获得较大提高，从2012年的500.46亿元上升到2017年的682亿元；与此同时，中国开始从战略层面出台并实施多项治理方案，使得环境污染治理投资总额也相应增加，由2012年的8253.5亿元提升至2017年的9539亿元。

---

① 金碚：《稳中求进的中国工业经济》，《中国工业经济》2013年第8期。

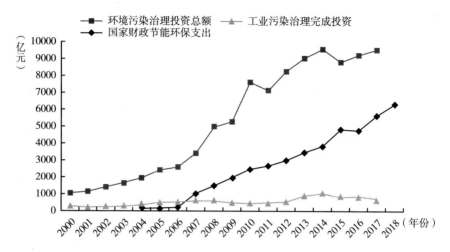

图12　2000~2018年污染治理投资情况和国家财政节能环保支出

资料来源：《中国统计年鉴》相关年份。

能源是工业发展的主要消耗品。按2010年可比价格计算，2015~2018年，中国亿元GDP能耗从0.71万吨标准煤下降到0.57万吨标准煤。如表4所示，除工业固体废物综合利用率指标外，"十三五"期间，中国基本完成了"十三五"规划制定的节能减排目标，2018年及部分2019年最新数据显示，国内单位GDP能源消耗已累计降低9.6%（规划降低15%），单位工业增加值用水量累计下降35%（规划降低23%），主要污染物排放总量的降低幅度也均远超"十三五"规划中设定的目标。需要注意的是，在工业领域大力推进去产能背景下，全国能源消耗总量仍从2015年的425806万吨标准煤增加到2018年的464000万吨标准煤，且仍呈现逐年增加趋势，表明在下一阶段，节能环保问题依然是工业转型升级绕不开的重点话题。

表4　"十三五"期间主要资源、环境指标实现情况

指标	实际值	规划目标		实现情况	
	2015年	2020年	年均增速 ［累计］	2018年	年均增速 ［累计］
能源消耗总量（万吨标准煤）	425806	<500000		464000	
单位GDP能源消耗降低（%）	—		［15］	—	［9.6］
非化石能源占一次能源消费比重（%）	12	15	—	14.3	—

续表

指标		实际值	规划目标		实现情况	
		2015 年	2020 年	年均增速 [累计]	2018 年	年均增速 [累计]
单位国内生产总值二氧化碳排放降低(%)		—	—	[18]	—	[13.2]
单位工业增加值用水量降低(%)		—	—	[23]	—	[35]
农业灌溉用水有效利用系数		0.532	0.55	—	0.559	—
工业固体废物综合利用率(%)		65	73	—	55	—
主要污染物排放总量减少(%)	化学需氧量	—	—	[10]	—	[54.0]
	二氧化硫	—	—	[15]	—	[53]
	氨氮	—	—	[10]	—	[39.4]
	氮氧化物	—	—	[15]	—	[32.0]
森林覆盖率(%)		21.66	23.04	—	22.96	—

资料来源:《中国统计年鉴》《中国水资源公报》《"十三五"节能减排综合工作方案》《农业资源与生态环境保护工程十三五规划》《"十三五"控制温室气体排放工作方案》。

四 区域经济指标协调发展,就业结构仍大有可为

1. 区域城镇化发展水平

改革开放以来,除金融危机影响时期以外,中国各区域城镇化发展水平数十年间始终呈现稳步提升态势。如图 13 所示,"十三五"期间,中国总体城镇化水平由 2015 年的 56.1% 上升至 2019 年的 60.6%,农村人口比重进一步下降,体现出中国该时期内工业化、城镇化进程的持续发展成果。其中,东部地区依然居全国首位,目前城镇化水平已接近 70%;中部和东北部地区则均经历了城镇化水平的短暂下降,西部地区则在相对较低水平上实现了稳步增长。而在下一阶段,随着区域协调发展战略及诸多配套乡村振兴政策的逐步实施,中国的城镇化建设也将持续迈上新台阶。与此同时,现有研究表明,中国城镇化进程仍远落后于工业化进程[1],为加快提升中国工业化发展水平,现有劳动力就业难、落户难等国内劳动力迁移的深层次问题仍需得到进一步关注和妥善处理。

---

[1] 张军、陆前进等:《中国经济未尽的改革》,东方出版社,2013。

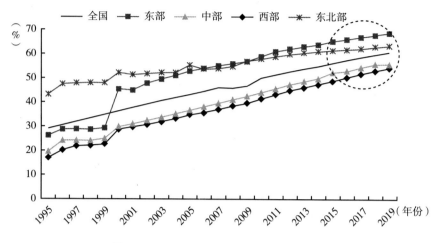

图13　1995~2019年中国区域城镇化进程

资料来源:《中国统计年鉴》相关年份。

2. 区域经济发展水平

从区域结构来看,为扭转此前工业分布"东重西轻"及各区域内工业发展不平衡的二元性问题,中国选择区域经济平衡发展模式,先后实施了西部大开发、中部崛起等战略,并通过多项优惠举措扶持落后地区发展。"十三五"时期,中国跨区域经济布局取得进一步成效。经验表明,"区域经济带"建构政策是改变当前区域分化情况的有力举措。近年来,"一带一路"、"长江经济带"等区域开发战略先后启动,旨在形成区域协调发展新格局,为中部和西部发展持续带来新机遇。如表5所示,"十三五"期间,国内多数省区市经济增速呈现下滑态势,但与此前相比,现阶段增长速度较快的省区市多位于西部地区和中部地区,2019年经济增长最快的省区是位于西部地区的贵州、云南和西藏等,且位于中部地区的湖北、湖南等省份也位列前十;而在生产模式粗放和重工行业产能严重过剩的大背景下,以发展能源和重工业为主的东北地区由于未能实现工业结构转型,其增长率相对较低,经济呈现较为明显的下行趋势。图14则进一步显示了经济发展相对差距的减小。如图14所示,2006年之后的多数年份中,中西部地区的经济增速均高于东部地区,2019年东、中、西部的经济增长速度分别为5.88%、8.92%和11.33%。这种经济增速的变化在很大程度上归因于各地区工业经济发展状况的差异,而随着与国家区域协调政策相配套的各区域规划与相关文件的出台，以及城市群、经济带效应的逐步显现，中国跨区域经济布局的优化进程将进一步加快。

表5 2015年和2019年全国主要地区经济增速比较

单位：%

指标	经济增速				指标	经济增速			
排名	2015年		2019年		排名	2015年		2019年	
1	重 庆	11	贵 州	8	31	甘 肃	-1	吉 林	3
2	西 藏	11	云 南	8	30	山 西	0	黑龙江	4
3	贵 州	11	西 藏	8	29	辽 宁	0	天 津	5
4	福 建	8	江 西	8	28	黑龙江	0	内蒙古	5
5	湖 北	8	福 建	8	27	内蒙古	0	辽 宁	6
6	北 京	8	湖 南	8	26	新 疆	1	山 东	6
7	江 苏	8	安 徽	8	25	河 北	1	海 南	6
8	广 东	7	湖 北	8	24	陕 西	2	上 海	6
9	广 西	7	四 川	8	23	吉 林	2	广 西	6
10	湖 南	7	河 南	7	22	青 海	5	陕 西	6

资料来源：《中国统计年鉴》相关年份。

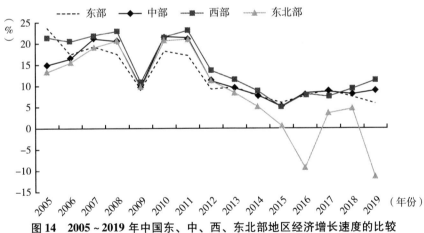

图14 2005～2019年中国东、中、西、东北部地区经济增长速度的比较

资料来源：《中国统计年鉴》相关年份。

3. 区域就业结构变化情况

与中国的城镇化进程相对应，中国就业结构在数十年的演变中同样表现出各区域第一产业就业人员占比持续下降，而二、三产业就业占比则均有不同程度上升的态势。分区域来看，中部和西部地区第三产业就业比重在研究时段内持续

上升，而第二产业就业前期占比不断上升，至"十三五"时期逐渐趋于稳定；东部和东北部地区第二产业就业比重在"十三五"时期出现明显下降，其中东北部地区降幅尤为显著。针对以上情况，结合各地区工业化进程可知，东部地区由于率先进入后工业化时期，进而已表现出第三产业较为发达、工业智能化水平和生产效率较高等诸多重要特征；而这些特征都会影响该地区的就业结构；而中西部地区由于此前平均发展水平相对较低、提升空间较大，因而在新时期的诸多政策倾斜下二、三产业得以迅速发展，进而极大地吸引了劳动力的部门间转移，且在"三去一降一补"政策的协调下，工业结构及发展质量也有了明显改善，使得二、三产业就业规模得以平稳发展；对于东北部地区而言，工业结构转型无疑对当地的传统重工业生产体系造成重大打击，而一产就业占比的居高不下和面向服务业的就业迁移瓶颈更加剧了现有的区域劳动力困境，使"老工业基地"振兴的阶段性阵痛和工业规模的相对萎缩将在未来较长时期内持续存在（见图15）。

总体来看，"十三五"时期的中国就业结构相比此前已有明显改善，但第一产业所占比重较高等问题依然存在，而工业就业结构性调整进程也远未终结。因此在下一阶段，欲形成有效服务于中国经济高质量发展及工业化进程的就业结构仍面临诸多挑战。

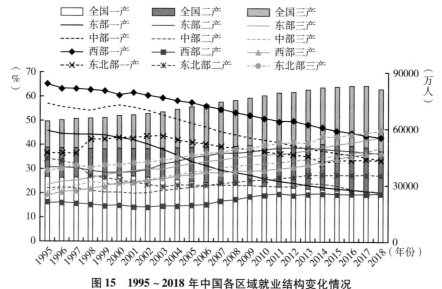

图15　1995～2018年中国各区域就业结构变化情况

资料来源：中国及各省份统计年鉴。

五 对外开放迎难而上，投资贸易逆势攀升

1. 国际贸易发展

自 20 世纪 90 年代中国正式大规模开启对外开放以来，中国进出口总额及占世界总贸易额比重整体均保持上升态势，但其间增长速度则经历了数次较大波动。具体来看，如图 16 所示，"十三五"时期中国进口贸易总额变动不明显，而出口贸易总额则受世界经济增速趋缓和国际贸易摩擦增多的不利影响而出现了较大幅度下滑；与之相对应的，中国同期进出口贸易增速也呈现明显的波谷，此后又迅速回升至原有水平，体现出中国对外贸易的强劲韧性；而中国贸易额的世界占比在"十三五"期间略有下降，但总体仍占有超过世界总贸易额 10% 的份额，并仍然保持全球第一大贸易国地位。

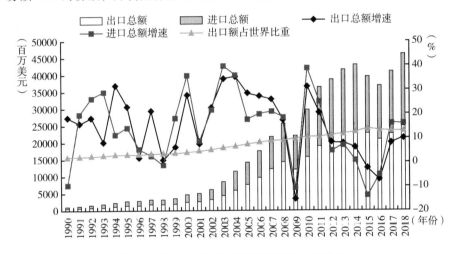

图 16　1990 ~ 2018 年中国对外贸易基本情况

资料来源：《中国贸易外经统计年鉴》。

从"十三五"阶段中国细分行业贸易情况来看，出口商品中工业制成品总额由 2015 年的 22735 百万美元上升到 2018 年的 24867 百万美元，而进口商品中工业制成品的占比则由 71.89% 下降至 67.14%（见表 6），出口规模的上涨和进口比重的减小同时反映出中国工业产品自给率的提升和贸易竞争力的提升；此外，进出口贸易中各类工业产品所占比重间的差距总体来看有所减小，

体现出中国工业在对外贸易中的支柱行业和产品分布正向着更加均衡、更可持续的方向积极发展。

表6 2015~2018年中国国际贸易发展情况

单位：%

指标	出口商品构成				进口商品构成			
年份	2015	2016	2017	2018	2015	2016	2017	2018
总额	100	100.00	100.00	100.00	100	100.00	100.00	100.00
一、初级产品	4.57	5.01	5.20	5.43	28.11	27.78	31.44	32.86
食品及活动物	2.56	2.91	2.77	2.63	3.01	3.10	2.95	3.03
饮料及烟类	0.15	0.17	0.15	0.15	0.34	0.38	0.38	0.36
非食用原料(燃料除外)	0.61	0.62	0.68	0.72	12.49	12.76	14.16	12.74
矿物燃料、润滑油及有关原料	1.23	1.28	1.56	1.88	11.82	11.12	13.54	16.36
动植物油、脂及蜡	0.03	0.03	0.04	0.04	0.45	0.42	0.42	0.36
二、工业制成品	95.43	94.99	94.80	94.57	71.89	72.22	68.56	67.14
化学成品及有关产品	5.7	5.81	6.24	6.73	10.2	10.34	10.51	10.47
按原料分类的制成品	17.2	16.74	16.28	16.27	7.92	7.68	7.33	7.09
机械及运输设备	46.59	46.92	47.82	48.57	40.63	41.43	39.86	39.31
杂项制品	25.84	25.24	24.20	22.75	8.02	7.94	7.29	6.73
未分类的其他商品	0.1	0.27	0.25	0.25	5.13	4.84	3.58	3.54

资料来源：《中国贸易外经统计年鉴》。

2. 国际投资发展情况

在全球经济增长乏力、国际经贸摩擦加剧的大背景下，"十三五"时期，中国利用外商投资金额始终稳步上升，而对外直接投资净额虽于2017年首次下跌，但仍处于历史第二高位，且当年投资流量规模仅次于美国和日本，位居世界第三；2018年则重回全球第二位，占全球对外直接投资的比重为14.1%，为历史最高值；并连续7年对外直接投资流量位列全球前三。具体来看，中国工业部门的外商直接投资额由2015年的435.9亿美元上升到2018年的483.1亿美元，涉及项目数由4981个上升至7931个，累计增长0.59倍，相比之下，2018年服务业部门的外商直接投资项目则为51861个。同时，第三产业也依然是中国对外直接投资最主要的产业。2018年占比达到77%。

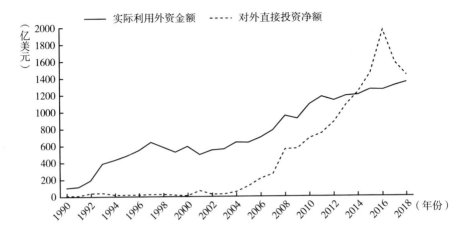

图17　1990～2018年中国参与国际投资情况

资料来源:《中国贸易外经统计年鉴》。

自2020年上半年以来,疫情的不利影响对中国工业对外经贸发展产生了巨大冲击,也考验了中国工业生产的弹性与韧性。与此同时,针对新时期下中国全面进入新常态后在工业领域取得巨大成就的同时表现出的经济增速减缓、产业结构欠佳、动能转换步履维艰、区域协调不尽如人意等多方面困境和特征,习近平总书记提出逐步构建"以国内大循环为主体、国内国际双循环相互促进"的新发展格局,强调立足国内市场全面推进对外开放、强化国内产业优势以促进中国经济的高质量发展,在充分发挥中国超大规模市场优势和内需潜力基础上,进一步拓展外资外贸工作。而在下一阶段,中国工业部门将在以双循环理念为引导的诸多支持性举措及各层次主体的共同努力下,进一步扩大对外交流,为产业竞争力攀升和中国总体经济的持续健康发展做出更为积极的贡献。

参考文献

黄群慧:《"新常态"、工业化后期与工业增长新动力》,《中国工业经济》2014年第10期。

黄群慧：《中国的工业化进程：阶段、特征与前景》，《经济与管理》2013年第7期。

金碚：《稳中求进的中国工业经济》，《中国工业经济》2013年第8期。

李扬、张平等：《中国经济增长报告（2015~2016）》，社会科学文献出版社，2016。

庞瑞芝、范玉、李扬：《中国科技创新支撑经济发展了吗?》，《数量经济技术经济研究》2014年第10期。

张军、陆前进等：《中国经济未尽的改革》，东方出版社，2013。

《农业资源与生态环境保护工程十三五规划（2016~2020年)》，2017。

《"十三五"节能减排综合工作方案》，2017。

《"十三五"控制温室气体排放工作方案》，2016。

《2019年中国贸易外经统计年鉴》，2019。

《2019年中国水资源公报》，2020。

《2018年中国统计年鉴》，2019。

《2019年中国国民经济和社会发展统计公报》，2020。

B.2
中国工业化进程评价与特征分析

改革开放 40 多年来，中国经济取得了举世瞩目的伟大成就，中国从一个农业国迅速成长为世界第一工业大国，并构建了全球最完整、规模最大的工业体系，形成了强大的生产能力，尤其是在 2020 年新冠肺炎疫情冲击下，展现出其他国家无法比拟的韧性和弹性。与此同时，（工业）经济增长的动力也实现了由要素、投资驱动向创新驱动的转变，在数字化、自动化和人工智能技术逐渐普及的时代，业已深度融入全球技术价值链。而与先行工业化国家不同，中国工业化是世界第一人口大国的工业化，一系列成就的取得背后面临的是更为错综复杂的国内外环境。可以说，中国工业化进程的推进是大国工业化进程基本共性规律与自身的个性化国情背景的有效结合，亦可谓工业化的"中国方案"，而对该方案的理论和实践探寻则对于加快建设工业强国具有重要意义。

在遵循代表性原则、可行性原则和可比性原则的前提下，陈佳贵等①考虑中国工业化进程的共性与个性，基于经典工业化理论，提出了一套综合评价国家或者地区工业化水平的科学指标体系和方法。本报告沿用该评价体系，分别测度了 2019 年中国工业发展的各项衡量指标，以系统评价中国整体和各地区工业化水平。同时，为了动态反映中国工业化的进程，研究也对 1995 年、2000 年、2005 年、2010 年和 2015 年五个年份的工业化水平进行了评价，并将各时期进行对比，以全面展示中国工业化的演进历程。

一 工业化水平评价方法及对象说明

1. 工业化水平评价方法简介

研究选取人均 GDP 来衡量地区的经济发展水平，选取一、二、三产业产

---

① 陈佳贵、黄群慧、钟宏武、王延中等：《中国工业化进程报告——1995～2005 年中国省域工业化水平评价与研究》，社会科学文献出版社，2007。

值比来衡量产业结构，选取制造业增加值占总商品生产部门（第一产业和第二产业）增加值的比重来衡量工业结构，选取城镇人口占总人口的比重来衡量空间结构，同时选取第一产业就业占总就业的比重来衡量就业结构。各个指标在不同的工业化阶段表现出不同的取值范围，其对应的标志值如表1所示。

表1　工业化不同阶段的标志值

基本指标		前工业化阶段（1）	工业化实现阶段			后工业化阶段（5）
			工业化初期（2）	工业化中期（3）	工业化后期（4）	
人均GDP（经济发展水平）	1964年美元	100~200	200~400	400~800	800~1500	1500以上
	1995年美元	610~1220	1220~2430	2430~4870	4870~9120	9120以上
	1996年美元	620~1240	1240~2480	2480~4960	4960~9300	9300以上
	2000年美元	660~1320	1320~2640	2640~5280	5280~9910	9910以上
	2002年美元	680~1360	1360~2730	2730~5460	5460~10200	10200以上
	2004年美元	720~1440	1440~2880	2880~5760	5760~10810	10810以上
	2005年美元	745~1490	1490~2980	2980~5960	5960~11170	11170以上
	2010年美元	827~1654	1654~3308	3308~6615	6615~12398	12398以上
三次产业产值比（产业结构）		A＞I	A＞20%　A＜I	A＜20%	A＜10%　I＞S	A＜10%　I＜S
制造业增加值占总商品增加值比重（工业结构）		20%以下	20%~40%	40%~50%	50%~60%	60%以上
城镇人口占总人口比重（空间结构）		30%以下	30%~50%	50%~60%	60%~75%	75%以上
第一产业就业占总就业比重（产业结构）		60%以上	45%~60%	30%~45%	10%~30%	10%以下

注：A表示第一产业，I表示第二产业，S表示第三产业。

资料来源：参见陈佳贵、黄群慧、钟宏武、王延中等《中国工业化进程报告——1995~2005年中国省域工业化水平评价与研究》，社会科学文献出版社，2007。

将各测量值与标准值相比较，确定各个指标所对应的工业化阶段，并利用阶段阈值法对各指标值进行无量纲化处理，以对每个指标进行标准化打分。阶段阈值法的公式为：

$$\begin{cases} \lambda_{ik} = (j_{ik} - 2) \times 33 + (X_{ik} - \min_{kj})/(\max_{kj} - \min_{kj}) \times 33, & j_{ik} = 2,3,4 \\ \lambda_{ik} = 0, & j_{ik} = 1 \\ \lambda_{ik} = 100, & j_{ik} = 5 \end{cases}$$

式中，i 表示第 i 个国家或地区，k 表示第 k 个指标，λ_{ik} 表示第 i 个国家或地区的第 k 个指标的评测值，j_{ik} 表示第 i 个国家或地区第 k 个指标所处的工业化阶段（1，2，3，4，5）。由阶段阈值法的公式可以看出，当第 i 个国家或地区第 k 个指标处于第一阶段即前工业化时，相应的评测值为0，当第 i 个国家或地区第 k 个指标处于第五阶段即工业化后期时，相应的评测值为100，而当处于第二、三、四个阶段时，则满足 $\lambda_{ik} = (j_{ik} - 2) \times 33 + (X_{ik} - \min_{kj}) / (\max_{kj} - \min_{kj}) \times 33$，其中 X_{ik} 代表实际值，$\max_{kj}$ 代表第 k 个指标在 j 阶段的最大参考值，$\min_{kj}$ 代表第 k 个指标在 j 阶段最小参考值。各指标在各阶段的参考值如表2所示。

表2 工业化各指标在各阶段的参考值

符号	基本指标	工业化实现阶段		
		工业化初期 $k = 2$	工业化中期 $k = 3$	工业化后期 $k = 4$
$j_k = 1$	人均 GDP （2010 年美元）	$\min_{12} = 1654$ $\max_{12} = 3308$	$\min_{13} = 3308$ $\max_{13} = 6615$	$\min_{14} = 6615$ $\max_{14} = 12398$
$j_k = 2$	三次产业产值结构（%）	$\min_{22} = 33$ $\max_{22} = 20$	$\min_{23} = 20$ $\max_{23} = 10$	$\lambda_{ik} = 66 + S/(I + S) \times 33$
$j_k = 3$	制造业增加值占总商品增加值比重（%）	$\min_{32} = 20$ $\max_{32} = 40$	$\min_{33} = 40$ $\max_{33} = 50$	$\min_{34} = 50$ $\max_{34} = 60$
$j_k = 4$	人口城市化率（%）	$\min_{42} = 30$ $\max_{42} = 50$	$\min_{43} = 50$ $\max_{43} = 60$	$\min_{44} = 60$ $\max_{44} = 75$
$j_k = 5$	第一产业就业占总就业比重（%）	$\min_{52} = 60$ $\max_{52} = 45$	$\min_{53} = 45$ $\max_{53} = 30$	$\min_{54} = 30$ $\max_{54} = 10$

资料来源：参见陈佳贵、黄群慧、钟宏武、王延中等《中国工业化进程报告——1995～2005年中国省域工业化水平评价与研究》，社会科学文献出版社，2007。

在确定了地区每个指标的评测值之后，采用加成合成法来计算反映地区工业化水平的综合指数 K，即 $K = \sum_{i=1}^{n} \lambda_i w_i / \sum_{i=1}^{n} w_i$，其中 w_i 表示各评价指标的权重。权重的计算采用层次分析法，并最终得到人均 GDP 的权重为36%，三次产业产值结构权重为22%，制造业增加值占总商品增加值比重的权重为22%，人口城市化率权重为12%，第一产业就业占总就业比重权重为8%。

2. 数据说明

在评价中国整体工业化水平的同时，本报告还希望对大陆31个省区市以

及四大经济板块、九大区域的工业化水平进行评价。四大经济板块即东部、中部、西部及东北地区，九大经济区域所含省区市分别为：①京津冀地区：北京、天津、河北；②长江经济带：上海、江苏、浙江、安徽、江西、湖南、湖北地区、重庆、四川、贵州、云南；③环渤海地区：北京、天津、河北、山东；④长三角地区：上海、江苏、浙江；⑤珠三角地区：广东、海南、福建；⑥中部地区：山西、安徽、江西、河南、湖北、湖南；⑦大西北地区：陕西、甘肃、青海、宁夏、新疆、内蒙古；⑧大西南地区：重庆、广西、四川、贵州、云南、西藏；⑨东三省：黑龙江、吉林、辽宁。

以2010年不变价美元衡量的人均GDP的核算采用汇率 - 平价法，即汇率法和购买平价法的平均值，各省区市该项指标通过各省区市人均GDP（以元计价）和全国人均GDP（以元计价）的对比获得，全国人均GDP以汇率法核算的人均GDP和以购买力平价法核算的人均GDP均来自世界银行。各省区市的各项指标分别来自《中国统计年鉴2019》、各省区市2019年统计年鉴和统计公报。其中需要说明的是：①部分省区市（如上海、浙江、山东等）并没有对制造业增加值进行专项统计，对于这些省区市制造业增加值的获取，我们采用制造业增加值＝工业增加值×（规模以上制造业总产值/工业总产值）的方式；②部分省区市（如河北等）2019年统计年鉴未发布，对于这些省区市第一产业就业占比数据的获取，我们采用各省区市2018年统计年鉴相应数据进行替代。以上两点会对综合得分产生一些影响，但由于规模以下制造业总产值占工业总产值比重较小，且就业结构相邻两年变化并不大，因此这种影响在工业化阶段判断方面应该不大。同时，四大经济板块和九大经济区域的各项指标通过所含省区市相关指标计算所得。

3. 工业化阶段的划分标准

基于上述方法和数据，可以得到全国、各省区市、各经济板块及各经济区域工业化综合指标数值。在本报告、后续报告及附录中我们用"一"来表示前工业阶段（ $K = 0$ ），"二"来表示工业化初期（ $0 < K < 33$ ），"三"来表示工业化中期（ $33 \leqslant K < 66$ ），"四"来表示工业化后期（ $66 \leqslant K < 100$ ），"五"来表示后工业化阶段（ $K \geqslant 100$ ），同时，每个阶段又可以划分为前、后两个阶段，分别用Ⅰ、Ⅱ来表示，比如"二（Ⅰ）"表示工业化初期的前半阶段，"二（Ⅱ）"表示工业化初期的后半阶段。而进一步，每个阶段又可以细划分为前、中、后段，分别用Ⅰ′、Ⅱ′、Ⅲ′表示，比如"二（Ⅰ′）"表示

工业化初期的前段，"二（Ⅱ′）"表示工业化初期的中段，"二（Ⅲ′）"表示工业化初期的后段。前、中、后段的细化更能显示中国工业化进程的快慢程度。具体的划分标准和表示方法如表3所示。

表3　工业化各阶段的划分标准与表示方法

阶段	前工业化	工业化初期		工业化中期		工业化后期		后工业化
K值	0	(0,33)		[33,66)		[66,100)		100
符号	一	二		三		四		五

阶段	前工业化	工业化初期		工业化中期		工业化后期		后工业化
		前半	后半	前半	后半	前半	后半	
K值	0	(0,17)	[17,33)	[33,50)	[50,66)	[66,83)	[83,100)	100
符号	一	二（Ⅰ）	二（Ⅱ）	三（Ⅰ）	三（Ⅱ）	四（Ⅰ）	四（Ⅱ）	五

阶段	前工业化	工业化初期			工业化中期			工业化后期			后工业化
		前	中	后	前	中	后	前	中	后	
K值	0	(0,11)	[11,22)	[22,33)	[33,44)	[44,55)	[55,66)	[66,77)	[77,88)	[88,100)	100
符号	一	二(Ⅰ′)	二(Ⅱ′)	二(Ⅲ′)	三(Ⅰ′)	三(Ⅱ′)	三(Ⅲ′)	四(Ⅰ′)	四(Ⅱ′)	四(Ⅲ′)	五

二　基于单项指标的工业化水平评价

1. 基于人均GDP的评价

根据附录二的计算结果，如表4和表5所示，从人均GDP衡量的经济发展水平来看，中国整体从2015年以来一直处于工业化后期后半阶段，并接近后工业化阶段。与2015年相比，2019年四大经济板块之间的差距有所缩小，东部地区率先进入后工业化阶段，其他三个经济板块均已进入工业化后期阶段，其中东北地区处于工业化后期的后半阶段，中部和西部地区步伐加快，次于东北地区而处于工业化后期的前半阶段。2015年，东部、东北和中部的人均GDP分别是西部的1.9倍、1.3倍和1.0倍，而到2019年，东部、东北和中部的人均GDP分别是西部的1.8倍、1.1倍和1.0倍，表明区域发展差距有所减小。

在九大区域中，京津冀、环渤海和长三角发展最快，在2015年的时候已经进入后工业化阶段，珠三角在2015年的时候处于工业化后期的后半阶段，但在2019

年已经跨入后工业化阶段，4年内人均GDP均增长了1.2倍。大西北和东三省紧随其后，进入工业化后期的后半阶段，中部地区和大西南也有了较大的发展。

在31个省区市中，较2015年，已进入后工业化阶段的省区市数量有所下降，即辽宁省由后工业化阶段倒退回工业化后期的后半阶段。此外，陕西、宁夏和湖南纷纷进入工业化后期的后半阶段，海南、河南、新疆、四川、河北、安徽、青海、江西、山西、西藏、黑龙江、广西、贵州、云南14个省区市进入工业化后期的前半阶段，甘肃仍处于工业化中期的后半阶段，但人均GDP指标得分由2015年的51上升到2019年的61，由于人均GDP水平是最重要的反映工业化水平的指标，从这个角度上来讲，甘肃在实现工业化方面仍然任重道远。

综合来看，就人均GDP衡量的经济发展水平来说，2015～2019年中国整体和各个地区以及多数省区市都有了较大的发展，除甘肃省之外，其他省区市均位于工业化后期和后工业化阶段，地区差距虽有明显缩小，但省级区域的人均GDP差距仍十分明显，2019年人均GDP处于前三位的是北京、上海、天津人均GDP分别为25505美元、24554美元和21958美元，而处于末三位的贵州、云南、甘肃仅仅为7502美元、6755美元和5700美元（详见附录一）。

表4　中国工业化水平——基于人均GDP（汇率－平价法）的评价（2019年）

阶段＼区域		全国	四大板块	九大区域	31个省区市
后工业化阶段（五）			东部	京津冀、环渤海、长三角、珠三角	北京、天津、内蒙古、上海、江苏、浙江、福建、山东、广东
工业化后期（四）	后半阶段	全国（95）	东北（83）	长江经济带（98）、大西北（84）、东三省（83）	湖北（97）、重庆（97）、陕西（94）、辽宁（88）、吉林（86）、宁夏（84）、湖南（83）
	前半阶段		西部（79）、中部（78）	中部地区（78）、大西南（76）	海南（82）、河南（81）、新疆（80）、四川（79）、河北（78）、安徽（78）、青海（78）、江西（77）、山西（75）、西藏（73）、黑龙江（73）、广西（71）、贵州（71）、云南（67）
工业化中期（三）	后半阶段				甘肃（61）
	前半阶段				
工业化初期（二）	后半阶段				
	前半阶段				
前工业化阶段（一）					

表5　中国工业化水平——基于人均GDP（汇率–平价法）的评价（2015年）

阶段 ＼ 区域	全国	四大板块	九大区域	31个省区市
后工业化阶段（五）		东部	京津冀、环渤海、长三角	北京、天津、内蒙古、辽宁、上海、江苏、浙江、福建、山东、广东
工业化后期（四）　后半阶段	全国（84）	东北（87）	珠三角（94）、长江经济带（88）、东三省（87）	重庆（87）、吉林（86）、湖北（85）
工业化后期（四）　前半阶段		西部（74）、中部（73）	大西北（79）、中部地区（73）、大西南（68）	陕西（82）、宁夏（77）、湖南（76）、青海（75）、海南（74）、河北（73）、新疆（73）、黑龙江（73）、河南（72）、四川（70）、江西（69）、安徽（69）、广西（68）、山西（67）
工业化中期（三）　后半阶段				西藏（63）、贵州（59）、云南（57）、甘肃（51）
工业化中期（三）　前半阶段				
工业化初期（二）　后半阶段				
工业化初期（二）　前半阶段				
前工业化阶段（一）				

2. 基于三次产业产值比的评价

根据附录二的计算结果，如表6和表7所示，从三次产业结构来看，中国整体自2015年已进入后工业化阶段。值得注意的是，与2015年相比，2019年中部地区产业结构转型较快，由2015年的工业化中期的后半阶段跨入2019年的后工业化阶段，但西部和东北板块则表现不佳，自2015年以来一直处于工业化中期的后半阶段，尤其是东北地区，2015年其第一产业占比为11.4%，到2019年第一产业占比有所上升，为23.4%。在九大区域中，京津冀、环渤海、长三角、珠三角和长江经济带地区在2015年就已进入后工业化阶段，中部地区由2015年的工业化中期后半阶段进入2019年的后工业化阶段。大西北、东三省和大西南自2015年以来一直分别处于工业化中期的后半阶段和前半阶段。

在31个省区市中，较2015年，已进入后工业化阶段的省区市数量明显增多，2015年仅有北京、上海等9个省区市，但2019年除以上地区外，辽宁、湖北、山东、河南、湖南、安徽、宁夏7个省区市也均进入后工业化阶段，其中辽宁、山东、宁夏在2015年均处于工业化后期的前半阶段，而湖北、湖南、河南、安徽则处于工业化中期的后半阶段。可以看出,2015~2019年以上地区的产业结构转型进程有所加快。福建、陕西两个省区市自2015年就处于工业化后期的前半阶段,2019年7个省区市产业结构得分略有下降,仍然处于工业化后期的前半阶段。四川、吉林、甘肃三个省份自2015年就处于工业化中期的后半阶段,2019年仍处于该阶段,广西自2015年以来一直处于工业化中期前半阶段。需要注意的是,黑龙江在2015年处于工业化中期的前半阶段,到2019年产业结构有所退化,黑龙江三次产业比由2015年的17.5∶31.8∶50.7转变为2019年的23.0∶26.6∶50.0,第二产业占比有明显缩小。海南则由于资源条件形成的农业比例较高,同时自然资源条件又形成了较为发达的旅游业,其第二产业相对落后,因此始终处于工业化初期的后半阶段和各省区市产业结构得分末位。

综合来看,2019年以三次产业结构衡量的中国工业化水平处于后工业化阶段,高于以人均GDP衡量的工业化水平(工业化后期后半阶段),表明从整体来看,中国产业结构的变化仍领先于经济增长。但从省域来看,结果却大大相反,部分省区市以三次产业结构衡量的工业化水平仍处于工业化中期阶段,且明显落后于以人均GDP衡量的工业化水平,表明"十三五"期间中国经济发展的结构性失衡问题依然严峻。

表6 中国工业化进程——基于三次产业产值比的评价(2019年)

阶段 \ 区域		全国	四大板块	九大区域	31省区市
后工业化阶段(五)		全国	东部、中部	京津冀、环渤海、长三角、长江经济带、珠三角、中部地区	天津、上海、江苏、广东、北京、重庆、辽宁、湖北、山东、浙江、河南、湖南、安徽、宁夏、山西、西藏
工业化后期(四)	后半阶段				
	前半阶段				福建(82)、陕西(82)、江西(83)、河北(66)
工业化中期(三)	后半阶段		西部(63)、东北(55)	大西北(66)、大西南(61)、东三省(55)	四川(65)、青海(65)、内蒙古(63)、吉林(63)、甘肃(59)、云南(56)、新疆(56)、贵州(54)
	前半阶段				广西(46)
工业化初期(二)	后半阶段				海南(32)、黑龙江(24)
	前半阶段				
前工业化阶段(一)					

表7　中国工业化进程——基于三次产业产值比的评价（2015年）

阶　段＼区　域		全国	四大板块	九大区域	31个省区市
后工业化阶段（五）		全国	东部	京津冀、环渤海、长三角、长江经济带、珠三角	北京、上海、天津、浙江、广东、江苏、重庆、山西、西藏
工业化后期（四）	后半阶段				
	前半阶段				辽宁（82）、山东（82）、宁夏（82）、福建（81）、内蒙古（81）、陕西（81）、青海（81）
工业化中期（三）	后半阶段		中部（63）、东北（61）、西部（59）	中部地区（63）、大西北（63）、东三省（61）、大西南（57）	江西（64）、湖北（62）、吉林（62）、安徽（62）、河北（61）、湖南（61）、河南（61）、四川（59）、甘肃（53）
	前半阶段				广西（49）、云南（49）、贵州（47）、新疆（44）、黑龙江（41）
工业化初期（二）	后半阶段				海南（25）
	前半阶段				
前工业化阶段（一）					

3. 基于工业结构指标的评价

根据附录二的计算结果，如表8和表9所示，从工业结构的变动来看，中国整体由2015年的工业化后期后半阶段进入2019年的后工业化阶段。与2015年相比，2019年四大板块该指标有明显退化，其中中部由2015年的后工业化阶段掉入2019年的工业化中期后半阶段，东北在2015年的时候处于工业化后期的后半阶段，但2019年掉入工业化后期前半阶段，西部则始终处于工业化中期的后半阶段。

在九大区域中，京津冀、珠三角、长三角仍处于后工业化阶段，其他几大区域均有所退化，如2015年环渤海和长江经济带均处于后工业化阶段，但2019年两者分别掉入工业化后期的后半阶段和前半阶段，而2015年大西南处于工业化后期的前半阶段，2019年其仍处于工业化后期的前半阶段，但该指标有所下降。大西北地区则由2010年和2015年所处的工业化中期的前半阶段

上升到工业化中期的后半阶段。

在31个省区市中，较2015年，已进入后工业化阶段的省市数量有所减少，其中天津、河北、辽宁、上海、江苏、广东、重庆、福建8个省市在2015年和2019年均处于后工业化阶段，浙江、山东、湖北、河北、江西、湖南6个省市在2015年时处于后工业化阶段，2019年却分别掉入工业化后期和工业化中期，四川2019年仍处于工业化后期的后半阶段且指标大小没有改变，陕西该项地位提升，由2015年的工业化中期后半阶段进入2019年的工业化后期前半阶段。2019年内蒙古、甘肃和青海仍处于工业化中期的前半阶段，黑龙江、云南、贵州、宁夏仍处于工业化初期的后半阶段，海南、山西处于工业化初期的前半阶段。西藏由于制造业占比太低，工业结构指标仍处于前工业化阶段。

对比其他指标的衡量结果，可以看到，基于工业结构的工业化水平表现明显欠佳，且部分省区市的该项指标出现了明显的倒退现象。发达国家工业化的经验是，随着工业化进程推进，人均收入不断提升，当人均收到达到一定水平后，工业（或制造业）就业占比和增加值占比就会下降，这被认为是"去工业化"或"去制造业化"[1]。该现象成为众多发达国家经济发展进程中普遍存在的现象，现如今，该现象已并非完成工业化进程的发达国家所特有的专利，很多中等收入国家甚至低收入国家也正在经历"去工业化"或"去制造业化"，其程度与发达国家相仿。从这个角度上来讲，随着我国工业化进程整体推进到后工业化门槛，工业结构指标的表现欠佳似乎也能有了依据，这说明，在省级层面上近年来我国同样表现出了明显的"去工业化"特征，追踪该现象的典型省份（如附表一所示），可以看到，我国绝大多数省区市的第二产业增加值占GDP的比重都有所下降。同时，2015年北京的制造业增加值占一、二产业的比重为60%，2019年则下降到57.2%，吉林省该指标由2015年的59.3%下降到2019年的40.1%，呈现类似特征的还有浙江省、山东省等。究其原因，①部分省份呈现积极的"去制造业化"。当前我国经济发展正在经历

---

① 有些学者将"去工业化"界定为制造业部门就业份额和产出份额的不断下降，也有些学者将其界定为工业部门就业份额和产出份额的不断下降，而将制造业部门产出份额的下降称为"去制造业化"。为了与工业化水平综合指标的评价相区别，在工业结构分项指标的分析中，我们将制造业产出份额的不断下降称为"去制造业化"。

经济结构服务化的过程，这是经济发展的自然规律，但该过程不仅是服务业比重提高的过程，更是制造业和服务业之间形成相互促进的良性循环的过程，而两者的相互融合既在某种程度上显示了传统产业分类方法的缺陷，也说明了真正代表制造业竞争力的技术水平、设计能力和品牌的价值含量在实际经济活动统计中未必表现为制造业的产值；②部分省区市被动地"去制造业化"。随着我国要素成本的不断上升，制造业低成本比较优势逐渐弱化，部分以传统劳动密集型产业和能源资源密集型产业为主的省区市，呈现订单转移和产能转移同步进行的特点，转移目的地也从周边省区市、东南亚扩大到东欧、非洲甚至美国各地。还有一些省区市的制造业产业向外转移是为了消化过剩的产能。③这同时也显示了部分省区市工业转型的迫切性。从省级区域来看，制造业仍主要集中于东部和中部，因此，用该指标衡量处于后工业化阶段的多属于东部和中部省份，以黑龙江、山西、内蒙古、新疆为代表的西部、中部和东北一些省区市的工业中能源、资源型产业占很大比重，因而在中国整体由粗放型向集约型经济转变的过程中首当其冲，以工业结构衡量的工业化水平出现明显下滑，尤其是山东省，"十三五"时期是其新旧动能转换的关键期，众多传统制造业正浴火重生，制造业向服务化、数字化、智能化的转变仍任重道远。而西藏、海南等省区的低工业结构指标水平则主要是因为制造业体系的相对薄弱。

表 8　中国工业化进程——基于工业结构指标的评价（2019 年）

阶　段 ＼ 区　域		全国	四大板块	九大区域	31 个省区市
后工业化阶段（五）		全国	东部	京津冀、珠三角、长三角	天津、河北、辽宁、上海、江苏、广东、重庆、福建
工业化后期（四）	后半阶段			环渤海（89）	河南（96）、北京（90）、四川（86）
	前半阶段		东北（70）	长江经济带（82）、东三省（70）大西南（69）、珠三角（67）	湖北（75）、湖南（73）、陕西（70）

续表

阶段＼区域		全国	四大板块	九大区域	31 个省区市
工业化中期（三）	后半阶段		西部(64)、中部(61)	中部地区(61)、大西北(53)	山东(60)、江西(56)、浙江(56)
	前半阶段				甘肃(49)、安徽(42)、内蒙古(39)、广西(38)、青海(36)、吉林(33)
工业化初期（二）	后半阶段				宁夏(32)、贵州(32)、黑龙江(30)、新疆(28)、云南(18)
	前半阶段				山西(12)、海南(5)
前工业化阶段（一）					西藏

表 9　中国工业化进程——基于工业结构指标的评价（2015 年）

阶段＼区域		全国	四大板块	九大区域	31 个省区市
后工业化阶段(五)			东部、中部	京津冀、环渤海、长三角、珠三角、长江经济带	北京、上海、天津、浙江、江苏、广东、辽宁、福建、重庆、山东、湖北、河北、江西、湖南
工业化后期（四）	后半阶段	全国(91)	东北(86)	中部地区(94)、东三省(86)	安徽(98)、吉林(97)、河南(95)、四川(86)、广西(84)
	前半阶段			大西南(72)	
工业化中期（三）	后半阶段		西部(58)		陕西(61)
	前半阶段			大西北(39)	内蒙古(46)、甘肃(44)、青海(43)
工业化初期（二）	后半阶段				黑龙江(31)、云南(31)、贵州(27)、宁夏(19)
	前半阶段				新疆(12)、海南(7)、山西(6)
前工业化阶段（一）					西藏

4. 基于城镇化率指标的评价

根据附录二的计算结果，如表 10 和表 11 所示，从城镇化率指标来看，中国整体从 2015 年的工业化中期后半阶段进入 2019 年的工业化后期前半阶段。在四大板块中，东部和东北地区城镇化程度一直领先，2015 年两者均处于工业化后期前半阶段到 2019 年，东部地区进入工业化后期后半阶段。东北地区虽仍在工业化后期前半阶段，但该指标得分有了明显提升。其次为中部地区，由 2015 年的工业化中期前半阶段进入 2019 年的工业化中期后半阶段。西部地区由 2015 年的工业化初期后半阶段进入 2019 年的工业化中期前半阶段。在九大区域中，珠三角、长三角地区领先，于 2019 年进入工业化后期后半阶段。京津冀、东三省地区 2019 年仍处于工业化后期前半阶段，长江经济带由 2015 年的工业化中期后半阶段转入 2019 年的工业化后期前半阶段。中部地区和大西北地区 2015 年处于工业化中期前半阶段，但 2019 年也均进入工业化中期后半阶段。相应地，大西南地区由 2010 年的工业化初期后半阶段进入 2015 年的工业化中期前半阶段。

在 31 个省区市中，较 2015 年，已进入后工业化阶段的省区市数量未变，仍然只有北京、上海和天津三个直辖市。广东自 2015 年以来一直处于工业化后期后半阶段，接近后工业化阶段。辽宁、浙江、江苏三省由 2015 年的工业化后期前半阶段进入 2019 年的工业化后期后半阶段，山东、湖北、黑龙江、宁夏进入工业化后期前半阶段。山西、海南仍处于工业化中期后半阶段，除此之外，陕西、河北、吉林、江西、湖南、安徽和青海 7 个省也纷纷进入工业化中期后半阶段，四川、河南、广西和新疆 4 个省区均由 2015 年的工业化初期后半阶段进入 2019 年的工业化中期前半阶段。贵州、云南、甘肃三省 2015 年和 2019 年均处于工业化初期后半阶段，西藏由 2015 年的前工业化阶段进入 2019 年的工业化初期前半阶段，但 2015 年和 2019 年均居所有省区市城镇化率末位。

综合来看，无论是中国整体还是在省级层面，基于城镇化率的工业化水平评价仍是前 4 个工业化水平评价指标中得分最低的，有 2/3 的省区市仍处于工业化初期和中期阶段，表明中国的城镇化进程明显落后于经济的发展和整体的工业化进程。

表 10　中国工业化进程——基于城镇化率指标的评价（2019 年）

阶段 ＼ 区域	全国	四大板块	九大区域	31 个省区市
后工业化阶段（五）				北京、天津、上海
工业化后期（四）　后半阶段		东部(85)	长三角(95)、珠三角(87)	广东(91)、江苏(89)、浙江(88)、辽宁(84)
工业化后期（四）　前半阶段	全国(67)	东北(73)	京津冀(81)、环渤海(75)、东三省(73)、长江经济带(67)	重庆(81)、福建(80)、内蒙古(73)、山东(69)、湖北(68)、黑龙江(68)、宁夏(66)

续表

阶段＼区域	全国	四大板块	九大区域	31个省区市
工业化中期（三） 后半阶段		中部(52)	大西北(54)、中部地区(52)	山西(65)、陕西(64)、海南(63)、吉林(60)、河北(58)、江西(57)、湖南(57)、安徽(52)、青海(51)
工业化中期（三） 前半阶段		西部(47)	大西南(43)	四川(46)、河南(44)、新疆(39)、广西(37)
工业化初期（二） 后半阶段				贵州(31)、云南(31)、甘肃(31)
工业化初期（二） 前半阶段				西藏(2)
前工业化阶段（一）				

表11 中国工业化进程——基于城镇化率指标的评价（2015年）

阶段＼区域	全国	四大板块	九大区域	31个省区市
后工业化阶段（五）				北京、上海、天津
工业化后期（四） 后半阶段			长三角(87)	广东(85)
工业化后期（四） 前半阶段		东部(77)、东北(69)	珠三角(80)、京津冀(72)、东三省(69)、环渤海(66)	辽宁(82)、江苏(80)、浙江(79)、福建(72)、重庆(68)、内蒙古(67)
工业化中期（三） 后半阶段	全国(53)		长江经济带(51)	黑龙江(62)、山东(59)、湖北(56)、吉林(51)、宁夏(50)、山西(50)、海南(50)
工业化中期（三） 前半阶段		中部(40)	中部地区(40)、大西北(38)	陕西(46)、江西(38)、河北(37)、湖南(36)、安徽(35)、青海(34)
工业化初期（二） 后半阶段		西部(31)	大西南(29)	四川(29)、河南(28)、广西(28)、新疆(28)、甘肃(22)、云南(22)、贵州(20)
工业化初期（二） 前半阶段				
前工业化阶段（一）				西藏(0)

5. 基于第一产业就业比例的评价

根据附录二的计算结果，如表12和表13所示，从第一产业就业比例指标来看，中国整体自2015年以来一直处于工业化后期前半阶段，且第一产业就业占比从2015年的28.3%下降到2019年的26.1%。在四大板块中，东部地区自2015年来一直处于工业化后期前半阶段。其次是东北和中部，两地在

2015 年以来均处于工业化中期后半阶段。西部由 2015 年的工业化初期后半阶段进入 2019 年的工业化中期前半阶段。

在九大区域中,长三角处于领先地位,2019 年处于工业化后期后半阶段,并接近后工业化阶段。珠三角、京津冀和环渤海地区仍处于工业化后期前半阶段,但该项指标得分都有所上升,大西南地区 2015 年处于工业化初期后半阶段,但 2019 年进入工业化中期前半阶段,该项指标得分有所提升,东三省和中部地区 2019 年仍处于工业化中期后半阶段,长江经济带 2019 年正式迈入工业化后期前半阶段,大西北地区 2019 年仍处于工业化中期前半阶段但指标得分有些许提升。

在 31 个省区市中,2019 年已进入后工业化阶段的省市仍只有北京、天津和上海。与 2015 年相比,浙江、江苏两省仍处于工业化后期后半阶段,且该项指标得分均有所提高。2019 年广东、福建、重庆、江西、山东处于工业化后期前半阶段。安徽、河北、山西、青海和吉林 2010 年和 2015 年均处于工业化中期后半阶段。陕西、海南、湖南、新疆、内蒙古 2015 年和 2019 年均处于工业化中期前半阶段;湖北 2015 年处于工业化中期前半阶段,2019 年进入工业化中期后半阶段;西藏由 2015 年的工业化中期前半阶段转入 2019 年的工业化中期后半阶段,宁夏和广西则均处于工业化初期后半阶段,甘肃、贵州两省同属于工业化初期的前半阶段且两省该指标有了较大提升。

综合来看,无论是中国整体还是在省级层面,依据就业结构指标的工业化水平评价得分均较低,众多省份的一产就业占比均在 30% 以上,从而反映出中国产业结构和就业结构的不协调性,这不仅不利于农村人均收入水平的提高和人力资本的积累,也会直接影响工业和服务业的发展。

表 12　中国工业化进程——依据就业结构指标的评价（2019 年）

阶段 \ 区域		全国	四大板块	九大区域	31 个省区市
后工业化阶段（五）					北京、天津、上海
工业化后期（四）	后半阶段			长三角(95)	浙江(97)、江苏(89)
	前半阶段	全国(72)	东部(82)	珠三角(79)、京津冀(77)、环渤海(73)、长江经济带(66)	广东(81)、福建(81)、重庆(71)、江西(70)、山东(70)

续表

阶 段 \ 区 域		全国	四大板块	九大区域	31 个省区市
工业化中期（三）	后半阶段		中部(60)、东北(58)	中部地区(60)、东三省(58)	安徽(64)、辽宁(63)、吉林(61)、河北(61)、青海(59)、山西(58)、湖北(57)、河南(54)、四川(53)、西藏(52)、黑龙江(50)
	前半阶段		西部(38)	大西南(38)、大西北(38)	陕西(48)、海南(48)、湖南(46)、新疆(42)、内蒙古(38)
工业化初期（二）	后半阶段				云南(25)、广西(24)、宁夏(20)
	前半阶段				贵州(14)、甘肃(13)
前工业化阶段（一）					

表 13　中国工业化进程——依据就业结构指标的评价（2015 年）

阶 段 \ 区 域		全国	四大板块	九大区域	31 个省区市
后工业化阶段（五）					北京、上海、天津
工业化后期（四）	后半阶段			长三角(92)	浙江(94)、江苏(85)
	前半阶段	全国(69)	东部(78)	珠三角(77)京津冀(76)环渤海(70)	广东(79)、福建(79)、辽宁(68)、江西(66)
工业化中期（三）	后半阶段		东北(59)中部(50)	长江经济带(60)东三省(59)中部地区(50)	重庆(64)、山东(64)、安徽(61)、河北(59)、山西(54)、青海(53)、吉林(51)
	前半阶段			大西北(35)	湖北(48)、陕西(48)、四川(47)、内蒙古(46)、黑龙江(46)、湖南(42)、河南(42)、西藏(41)、海南(41)、新疆(35)
工业化初期（二）	后半阶段		西部(31)	大西南(30)	宁夏(32)、广西(18)
	前半阶段				云南(14)、甘肃(4)、贵州(1)
前工业化阶段（一）					

三　中国工业化水平的综合评价

1. 基于横向对比

在单项指标分析的基础上，我们得到 2019 年全国、四大经济板块、九大区域和 31 个省区市的工业化综合指数，如表 14 至表 16（更详细分类）所示。为更好地描述 2019 年的工业化水平，我们在做横向区域间对比的同时，还将 2019 年和 2015 年的结果进行对比，如表 16 所示。可以看出，自 2015 年以来中国整体仍处于工业化后期后半阶段，并逐渐接近后工业化阶段，即实现工业化。如果将工业化的每一个阶段更加细分为三段的话，如表 15 所示，2019 年中国整体已进入工业化后期的 Ⅲ′段位置。

从四大经济板块来看，东部地区发展速度最快，目前已十分接近后工业化阶段。其次为中部地区，其 2015 年和 2019 年一直处于工业化后期前半阶段，但综合指数由 2015 年的 71 提高到 2019 年的 75，从更细化分类来看，中部地区在 2015 年和 2019 年仍位于同一阶段，即工业化后期的 Ⅰ′段。自 2015 年以来东北地区一直处于工业化后期前半阶段，西部地区同期则始终处于工业化中期后半阶段。

从九大经济区域来看，珠三角和长三角地区工业化水平最高，其工业化综合指数一直处于工业化后期后半阶段，京津冀、环渤海和长江经济带地区 2015 年和 2019 年也都一直处于工业化后期后半阶段，从细化分类来看，以上三地分别处于工业化后期的 Ⅲ′段和 Ⅱ′段，中部地区和东三省地区自 2015 年以来一直处于工业化后期前半阶段且综合指标有所下降。大西南地区同期始终处于工业化中期后半阶段但综合得分有所提升，大西北地区则在 2019 年上升至工业化后期前半阶段。

从省级区域来看，2019 年多数省区市工业化综合指数都有较大提高。具体来看，2015 年上海、天津和北京三个直辖市的工业化进程得分为 100，表明其已进入后工业化阶段，即已基本实现工业化。但到 2019 年，只有上海、天津两个直辖市工业化进程得分为 100，由于北京市工业结构指标得分由 2015 年的 100 下降到 90（具体分析见单项指标部分），致使

其最终工业化进程得分也有所下降，最终得分为98。与北京市相类似，由于浙江省工业结构指标得分由2015年的100下降到56，致使其最终工业化进程得分也由2015年的97下降到2019年的89。与此同时，江苏和广东两省人均GDP、产业产值比和工业结构三个单项指标得分自2015年以来就为100，虽然后两个单项指标（城镇化率和产业就业比）得分均有所上升，但最终的工业化进程得分与2015年相比，并未发生变化，江苏省仍为98，广东省仍为97，即自2015年这些省份就处在后工业化阶段的边缘。值得探讨的是，①工业化进程是否可逆？从众多发达国家经济发展过程中普遍存在的"去工业化"现象来看似乎是肯定的。这同时与我国目前部分省份所表现出来的"去工业化"（第二产业占比下降）和"去制造业化"（制造业占比下降）趋势相一致（详见分项指标的分析）。事实上，我国工业化进程的推进伴随着明显的不平衡、不充分问题，而在这个过程中需要正视的是，对于某些省份来讲，"去工业化"是经济发展的自然结果，而并不一定是需要解决的病态经济现象，相反，也只有当经济水平发展到一定阶段的时候，才有可能出现积极的"去工业化"的内在动力，我们要警惕的是"过度去工业化"、"过早去工业化"或"过快去工业化"，即在积极矫正传统发展模式弊端的同时，试图通过政策刺激实现服务业"赶超式"发展，并客观上造成了"制造业空心化""经济脱实向虚""金融风险累积"等问题；②我们应该用什么样的标准来评价一个国家（或地区）是否已进入后工业化阶段？在前面工业结构分项指标的分析中，我们也提到，与第一产业向第二产业转移不同，经济结构服务化的过程更多是制造业和服务业融合发展的过程，两者的相互融合在某种程度上显示了传统产业分类方法的缺陷，很显然，对于那些积极去工业化的省份，其制造业的竞争力已不能单纯由统计意义上的数量标准来衡量了，应该更多地关注工业或制造业在整个省份经济运行中所发挥出来的功能和效应。从这个角度来讲，钱纳里等人的工业化阶段理论、以此为基础我们所构建的工业化进程评价体系都应属于狭义工业化概念的范畴。也可以这样理解，一旦某个国家（或地区）工业化进程推进到一定程度，基于这种狭义工业化概念的所做出的数量评价体系可能不再适用。综合各分项指标的表现，我们将这个一定程度界定为工业化进程水平达到95分以上。因此，事实上我

们可以认为上海、天津、北京、浙江、江苏、广东这 6 个省市已基本实现
工业化①。

一半以上省市处于工业化后期阶段，其中重庆、辽宁、福建、山东 4 省
市在 2015 年就已进入工业化后期后半阶段，已十分接近后工业化阶段，湖
北 2015 年处于工业化后期前半阶段，2019 年也进入工业化后期后半阶段；
而按照细化分类来看，湖北和山东（工业化后期 II' 段）的工业化水平略低
于重庆、辽宁、福建三个省市（工业化后期 III' 段）。河南、陕西、湖南、
河北、江西、安徽和内蒙古 7 省区自 2015 年到 2019 年一直处于工业化后期
的前半阶段，但其工业化综合指数均有一定提高，尤其是河南，综合指标提
高较多，由 2015 年的 67 上升到 2019 年的 82，即将踏入工业化工期后半阶
段。宁夏和四川由 2015 年的工业化中期后半阶段转入 2019 年的工业化后期
前半阶段；有 11 个省区处于工业化中期阶段，其中青海、山西、广西和黑
龙江自 2015 年起即处于工业化中期后半阶段。西藏和甘肃由 2015 年的工业
化中期前半阶段转入 2019 年的工业化中期后半阶段；而按细化分类来看，
新疆、西藏、甘肃、黑龙江、广西 5 省区（工业化中期 II' 段）则略逊于其
他省份（即工业化中期 III' 段）。贵州、海南、云南三省自 2015 年以来一直
处于工业化中期前半阶段。

总体来看，到 2019 年全国各省区市均已脱离工业化初期阶段，进入工
业化中期和后期阶段。不同的省区市在"十三五"期间表现出不同的工业
化发展速度，对于浙江、江苏、福建等原本就经济发达的地区，其工业化在
新常态经济下仍然保持了较快的发展速度，而对于一些经济欠发达地区，如
甘肃、云南、宁夏等地，其"十三五"期间的工业化进程推进缓慢，与
2015 年相比，2019 年的工业化综合指数基本没有发生变化，总体呈现显著
的省际差异。

---

① 几大区域内各省区市发展不一，例如，2019 年京津冀地区工业化综合指标得分为 96，其内
部北京和天津均已进入后工业化阶段（得分 100），但河北才处于工业化后期的前半阶段，
得分仅为 76，因此区域工业化综合指标得分 95 以上，我们不做"其已进入后工业化阶段"
的判断。

工业化蓝皮书

表14　中国各地区工业化阶段的比较（2019年）

阶段 ＼ 区域		全国	四大板块	九大区域	31个省区市
后工业化阶段（五）					上海、天津、北京、江苏、广东、浙江
工业化后期（四）	后半阶段	全国（92）	东部（97）	长三角（99）、珠三角（97）、京津冀（96）、环渤海（93）、长江经济带（89）	重庆（94）、辽宁（91）、福建（92）、湖北（86）、山东（85）
	前半阶段	中部（75）、东北（71）		中部地区（75）、东三省（71）、大西北（66）	河南（82）、陕西（79）、湖南（79）、河北（76）、江西（71）、安徽（71）、四川（71）、内蒙古（70）、宁夏（69）
工业化中期（三）	后半阶段		西部（65）	大西南（64）	吉林（64）、山西（64）、青海（61）、新疆（55）、西藏（53）、甘肃（51）、黑龙江（50）、广西（50）
	前半阶段				贵州（49）、海南（49）、云南（46）
工业化初期（二）	后半阶段				
	前半阶段				
前工业化阶段（一）					

注：括号中的数字为相应的工业化综合指数。

表15　中国各地区工业化阶段的细化比较（2019年）

阶段 ＼ 区域		全国	四大板块	九大区域	31个省区市
后工业化（五）					上海、天津、北京、江苏、广东、浙江
工业化后期（四）	后段（Ⅲ′）	全国（92）	东部（97）	长三角（99）、珠三角（97）、京津冀（96）、环渤海（93）、长江经济带（89）	重庆（94）、辽宁（91）、福建（92）
	中段（Ⅱ′）				湖北（86）、山东（85）、河南（82）、陕西（79）、湖南（79）
	前段（Ⅰ′）	中部（75）、东北（71）		中部地区（75）、东三省（71）、大西北（66）	河北（76）、江西（71）、安徽（71）、四川（71）、内蒙古（70）、宁夏（69）

阶段＼区域		全国	四大板块	九大区域	31个省区市
工业化中期（三）	后段（Ⅲ′）		西部(65)	大西南(64)	吉林(64)、山西(64)、青海(61)
	中段（Ⅱ′）				新疆(55)、西藏(53)、甘肃(51)、黑龙江(50)、广西(50)、贵州(49)、海南(49)、云南(46)
	前段（Ⅰ′）				
工业化初期（二）	后段（Ⅲ′）				
	中段（Ⅱ′）				
	前段（Ⅰ′）				
前工业化（一）					

注：括号中的数字为相应的工业化综合指数。

表16　中国各地区工业化阶段的比较（2015年）

阶段＼区域		全国	四大板块	九大区域	31个省区市
后工业化阶段（五）					北京、上海、天津
工业化后期（四）	后半阶段	全国(84)	东部(95)	长三角(98)、京津冀(95)、环渤海(94)、珠三角(94)、长江经济带(87)	浙江(97)、广东(97)、江苏(96)、辽宁(91)、福建(91)、重庆(89)、山东(88)
	前半阶段		东北(77)、中部(71)	东三省(77)、中部地区(70)	湖北(77)、吉林(76)、内蒙古(76)、河北(71)、江西(71)、湖南(70)、陕西(70)、安徽(69)、河南(67)
工业化中期（三）	后半阶段		西部(59)	大西南(59)、大西北(58)	四川(64)、青海(63)、广西(59)、宁夏(59)、山西(58)、黑龙江(53)
	前半阶段				西藏(48)、新疆(45)、海南(43)、甘肃(43)、云南(42)、贵州(40)
工业化初期（二）	后半阶段				
	前半阶段				
前工业化阶段（一）					

注：括号中的数字为相应的工业化综合指数。

2. 基于纵向对比

如表 17 所示，1995 年时，中国整体工业化综合指数为 14，处于工业化初期前半阶段。全国处于前工业化阶段的省区有 1 个，即西藏。绝大部分省区市处于工业化初期，其中工业化初期前半阶段有 21 个，后半阶段有 4 个。处于工业化中期和后期的省区市数量均为 2 个，工业化发展水平最高的是上海（综合指数为 81）和北京（综合指数为 75），没有省区市进入后工业化时期；到 2000 年，中国整体工业化综合指数为 26，处于工业化初期后半阶段。全国各省区市中，已经没有一个省区市处于前工业化阶段，处于工业化初期的省区市仍占很大比例，其中有 17 个省区市处于工业化初期前半阶段，有 6 个省区市处于后半阶段。处于工业化中期和后期的省区市数量有所增加，分别为 5 个和 2 个。其中工业化发展水平最高仍是上海（综合指数为 100），其次为北京（综合指数为 91）和天津（综合指数为 79），其中上海已成功进入后工业化时期；到 2005 年，中国整体工业化综合指数为 49，处于工业化中期前半阶段，可以看出在这一时期中国工业化进程得到快速推进。在全国省区市中，处于工业化初期的省区市仍占全部省区市的一半以上，其中处于工业化初期前半阶段的省区市有 4 个，后半阶段的省区市增加到 12 个。工业化中期和后期的省区市数量也明显增多，分别为 9 个和 4 个。工业化发展水平最高的两个直辖市为上海和北京（综合指数均为 100）；到 2010 年，工业化进程得到更快地推进，中国整体工业化综合指数为 69，跨入工业化后期前半阶段。此时，绝大部分省区市已进入工业化中期和后期阶段，仍然处于工业化初期的省区市只剩下 2 个，且都已处于工业化初期后半阶段，它们是海南和西藏两省区。处于工业化中期的省区市有 16 个，工业化后期的省区市有 11 个。在上海和北京跨入后工业化时期之后，天津（综合指数为 95）也紧随其后，不久也跨入后工业化阶段；到 2015 年，中国整体工业化综合指数为 84，进入工业化后期后半阶段，可以看出，"十二五"期间中国工业化进程明显放缓。即便如此，在全国所有省区市中，已经没有省区市处于前工业化阶段和工业化初期阶段。但继西藏、海南和新疆之后，贵州、云南和甘肃在"十二五"期间表现欠佳，工业化综合指数排名相对落后。工业化中期和后期仍是主流，其中处于工业化中期的省区市有 12 个，处于工业化后期的省区市有 16 个，并在前后两个半段内大体平均分布。天津成功进入后工业化阶段，与北京和上海共同构成后工业化阶段的

三个省区市；到 2019 年，中国整体工业化综合指数为 92，正逐渐接近后工业
化阶段，工业化中期和后期省区市数量由 28 变为 25，处于工业化中期的省区
市有 11 个，处于工业化后期的省区市有 14 个。进入后工业化阶段的省区市数
量由 3 个增加到 6 个。

从 1995 年到 2019 年中国整体和全国各个省区市所处工业化阶段的变化可
以看出，中国工业化进程的演变路径和规律，在接下来的论述中我们将具体分
析不同时期中国工业化进程所呈现的主要特征。

表 17　工业化不同阶段的省区市数量

单位：个

年份		1995	2000	2005	2010	2015	2019
前工业化阶段（一）		1	0	0	0	0	0
工业化初期（二）	整体	25	23	16	2	0	0
	前半阶段	21	17	4	0	0	0
	后半阶段	4	6	12	2	0	0
工业化中期（三）	整体	2	5	9	16	12	11
	前半阶段	1	4	6	4	6	3
	后半阶段	1	1	3	12	6	8
工业化后期（四）	整体	2	2	4	11	16	14
	前半阶段	2	1	3	7	9	9
	后半阶段	0	1	1	4	7	5
后工业化阶段（五）		0	1	2	2	3	6

注：重庆市 1995 年尚未被列入直辖市，因此只参加 2000 年以后的统计。

四　中国工业化进程的特征分析

以上分析表明，在整个"十三五"时期，中国处于工业化后期的跨越和
奋进阶段。通过归纳中国自 2015 年进入工业化后期后半阶段以来的表现，并
将其与 1995~2010 年中国的工业化水平进行比较分析，可以动态地总结"九
五"到"十三五"时期中国工业化进程的主要特征。

1. 中国"十三五"时期的经济表现总体仍符合新常态发展阶段的客观规律

本报告建立的工业化评价体系对不同工业化阶段的重要特征给予了详细描

述，而各国发展过程中的诸多经验事实则为其进一步提供了事实依据。多方面证据表明，工业化后期阶段往往是各国经济发展过程中的一个重要转折期，同时又是曲折和极富挑战性的阶段。

对中国而言，进入"十三五"时期以来，此前工业化中期阶段依靠高需求、低成本驱动主导的工业和经济高速增长将难以为继，郭克莎将中国进入工业化后期所呈现的经济增速减缓解释为，进入工业化后期阶段后，在国内工业品市场饱和、产能相对过剩、劳动力成本上升等因素的影响下，工业增长速度出现下行趋势，而结构转变带来的三产增速加快并不能抵消这一影响，因而导致整体经济增速的下行。[1] 此外，从收入角度来看，工业化后期阶段所对应的人均 GDP 往往属于中等收入阶段，国际经验表明，进入中等收入国家行列往往会使快速增长的经济体增长减速，Eichengreen 等认为这种放缓往往发生在当人均 GDP 为 16740 美元左右的时候（以购买力平价计算的 2005 年不变国际价格），[2] 而2019 年中国以同期购买力平价计算的人均 GDP 为 11759 美元，其中东部地区指标值为 16278 美元，已基本接近上述中等收入陷阱限制值，这进一步体现了经济发展客观规律的重大影响。

除经济增速下滑以外，工业化后期的来临也伴随着产业结构和工业内部结构的重大转变。综观世界工业发展历史，劳动密集型、资本密集型和知识技术密集型工业共同组成了工业化初期、中期和后期工业结构的演进轨迹。类似地，罗斯托将社会经济发展进程划分为传统社会、起飞前提条件、起飞、走向成熟、大规模高消费时代和追求生活质量时代六个阶段，而中国目前已经完成了成熟阶段，正进入大规模高消费时代，在这一阶段，社会主导产业部门将由重工业部门转向高品质工业品、耐用消费品和服务业。而随着生产过程和生产工艺的复杂化，研发将逐步取代资本成为工业化后期的稀缺资源，进而推动经济发展方式和增长动力的改变。

以上特征在"十三五"时期的中国经济发展过程中均有所体现，表明工

---

① 郭克莎：《中国经济发展进入新常态的理论根据——中国特色社会主义政治经济学的分析视角》，《经济研究》2016 年第 9 期。

② B. J. Eichengreen, D. Park, K. Shin, "When Fast Growing Economies Slow Down: International Evidence and Implications for China", NBER Working Paper No. 16919, 2011.

业化后期的基本特征以及中国进入工业化后期后的表现与中国经济新常态特征相吻合，从而使工业化呈现多维度、非线性的动态演进过程，并衍生出不同的具体演化路径。

2. 新时期中国工业化进程进一步放缓，中西部地区表现相对突出

"十三五"期间，全国和几乎所有区域、省区市的工业化进程都出现了明显放缓。总体来看，1995～2015年全国工业化水平综合指数（以下简称"K值"）持续攀升，年均提高3.50。其中"十五"期间是工业化水平提高最快的时期，2006～2010年年均提高4.60，其次是"十一五"期间，2001～2005年年均提高4.00，然而经历了"十二五"时期，虽然1995～2019年仍然保持了年均提高3.30的水平，但2015～2019年年均提高仅为2.00，较"十二五"期间年均增长速度降低1.00。

就四大板块而言，新常态经济的转型对东部地区冲击最小，东北地区表现最差，板块之间的差距得以进一步缩小。具体来看，"十三五"期间，工业化速度的快慢依次为西部、中部、东部和东北，其K值年均增长幅度分别为1.5、1.0、0.5和－1.5。可以看出，从"九五"到"十二五"时期，东部地区K值年均增长幅度都位居首位，而在"十三五"时期，中部和西部地区的工业化速度超过东部地区，东北地区在"十三五"期间则表现最差，"十三五"比"十二五"K值年均增幅降低了2.50，下降幅度位列四大板块之首；相比较而言，三大板块"十三五"期间K值增长幅度较"十二五"期间都有明显下降，工业化进程相对放缓，只有西部地区由于"十二五"时期工业化速度有了明显减缓，因而新常态经济的转型对其冲击最小，K值年均增幅反而有些许提升，东北地区最大。

就九大经济区而言，各地工业化进程也都明显放缓，但中西部地区工业化速度则呈赶超态势。具体来看，"十三五"期间工业化速度排序依次为：大西北（2.0）、大西南（1.3）、中部地区（1.3）、珠三角（0.8）、长江经济带（0.5）、京津冀（0.3）、长三角（0.3）、环渤海（－0.3）、东三省（－1.5）。①"十三五"时期K值增幅较"十二五"时期分别提高：大西北

---

① 括号中的数字是工业化水平综合指数年均增幅或增长数，下同。

（0.6）、大西南（0.1）、中部地区（-0.7）、珠三角（-1.8）、京津冀（-0.7）、长三角（-0.9）、环渤海（-2.1）、东三省（-2.5）；其中，东三省在"十二五"时期工业化速度就明显放缓，其 K 值年均增幅由"十一五"时期的 5.60 下降为"十二五"时期的 1.00，位居八个经济区的末位，"十三五"时期仍居末位；环渤海、长三角和京津冀在"十二五"时期工业化速度都已有明显放缓，"十三五"时期以上经济区的 K 值年均增幅与东三省同处于九大经济区的后四位；在"九五"和"十五"时期，中部的 K 值年均增幅分列八大经济区的第 6 位和第 5 位，"十一五"时期跃居九大经济区之首，K 值年均增幅达到 6.4，"十二五"和"十三五"时期工业化进程均有所放缓，但均在九大经济区居位第二；与以上地区相对的，大西北"十三五"期间的 K 值年均增幅排名较此前有了明显的提高，"十三五"时期 K 值年均增幅居九大经济区首位。这说明近几年，大西北地区工业化的后劲较强，也从另一个角度反映了东、西部地区经济发展水平差距的缩小。从理论上讲，缩小地区差距需要经过三个阶段，第一个阶段是缩小经济增长速度的差距阶段，在该阶段，东、西部经济发展水平的差距继续扩大，但扩大的程度会逐步降低；第二个阶段是东、西部同速增长阶段，在该阶段，东、西部经济发展水平的差距会保持不变；第三个阶段是西部经济发展速度超过东部的经济发展速度，这一阶段才是真正的东、西部经济发展水平差距逐步缩小的过程；大西南地区"十二五"期间 K 值年均增幅达到 1.2，排名位列九大经济区第五，但"十三五"时期排名跃升至第二，K 值年均增幅有小幅度提升，至 1.3。

就 31 个省区市来说，在"十三五"期间多数省区市工业化进程都有所放缓，但西部一些本来就比较落后的地区放缓程度相对较小。较"十二五"时期，K 值年均增幅下降最少的 10 个省区市是：宁夏（2.9）、甘肃（2.4）、河南（2.0）、贵州（1.5）、云南（1.2）、湖南和湖北（都为 0.1）、山西和河北（都为 -0.1）、陕西（-0.5）。K 值年均增幅下降最多的 9 个省区市是：广东（-2.2）、江西（-2.4）、西藏（-2.5）、内蒙古（-2.9）、山东（-3.0）、福建（-1.9）、浙江（-3.6）、广西（-4.1）、吉林（-4.6）。可以看出，"十三五"期间工业化进程放缓程度较小的基本为中西部地区。其中宁夏在"十二五"时期 K 值年均增幅为 -0.4，排名第 28，"十三五"时期其 K 值年均增幅提高到2.5，排名上升到第2，陕西两个时期排名变化幅度最小，"十二五"时期排名第3，"十三五"时期排名第4;① K值平均增幅下降最大的9个省区市基本为东部和西部地区，其中广东K值年均增幅（即工业化速度）由"十二五"时期的排名第7位下降到"十三五"时期的第19位，江西由"十二五"时期的第4位下降到"十三五"时期的第19位，西藏由"十二五"时期的第1位下降到"十三五"时期的第12位。若看1995年以来的24年间，工业化速度最快的11位是：湖南、湖北、河南和福建（都为3.2），山东、江西和陕西（都为2.9），广东、江苏、安徽和内蒙古（都为2.8）。工业化速度后10位是：山西、广西、海南和贵州（都为2.0），天津和甘肃（都为1.5），黑龙江（1.4），云南（1.3），北京（1.0）和上海（0.8）。可以看出，1995~2019年，工业化速度最快的省区市仍集中于东部地区，而工业化速度最慢的省区市主要集中在西部地区；同时还可以看出，1995年工业化排名前10的省区市的工业化水平综合指数平均值为39.1，排名后10的省区市的工业化水平综合指数平均值为2.7，两者相差36.4，到2000年、2005年、2010年、2015年和2019年两项差距分别为48.1、54.9、44.6、45.9和41.7，如表18所示，这种差距经历了先扩大后缩小的过程，也符合理论上缩小地区差距所要经历的三个阶段，同时还表明了经历了"十三五"时期，省区市之间的工业化水平差距得到进一步缩小。

表18 工业化进程的地区差距（1995~2019年）

年份	1995	2000	2005	2010	2015	2019
排名前10的省区市的平均工业化综合指数	39.1	55.4	73.2	87.0	94.9	94.5
排名后10的省区市的平均工业化综合指数	2.7	7.3	18.3	42.4	49.0	52.8
两项差距	36.4	48.1	54.9	44.6	45.9	41.7

资料来源：笔者自行计算。

① 上海于2000年、北京于2005年、天津于2015年分别实现了工业化，因此仅参加工业化实现之前的排序；重庆市1995年尚未被列入直辖市，因此只参加2000年以后的排序。且由于上海、北京的工业化综合指数很可能是在1996~2005年的某一年达到100，所以上海、北京两地的1996~2019年以及1995~2005年的工业化速度可能偏低；天津则很可能是2011~2015年的某一年达到100，所以天津1996~2019年以及2011~2015年的工业化速度也可能偏低。上述四个地区不参与1996~2019年工业化速度的排名。

表19　中国各地区的工业化速度（1995～2019年）

地区	工业化进程（工业化水平综合指数）						工业化速度（工业化水平综合指数年均增长）												工业化加速度（"十三五"年均速度减去"十二五"年均速度）		
	1995年	2000年	2005年	2010年	2015年	2019年	1996~2019年	排名	1996~2000年	排名	2001~2005年	排名	2006~2010年	排名	2011~2015年	排名	2016~2019年	排名	加速度	加速/减速	排名
全国	14	26	49	69	84	92	3.3	—	2.4	—	4.6	—	4.0	—	3.0	—	2.0	—	-1.0	减速	—
四大板块																					
中部	6	12	28	60	71	75	2.9	1	1.2	3	3.2	2	6.4	1	2.2	1	1.0	1	-1.2	减速	3
东部	31	48	75	87	95	97	2.8	2	3.4	1	5.4	1	2.4	4	1.6	2	0.5	3	-1.1	减速	2
西部	5	9	23	52	59	65	2.5	3	0.8	4	2.8	3	5.8	2	1.4	3	1.5	1	0.1	加速	1
东北	22	34	44	72	77	71	2.0	4	2.4	4	2.0	4	5.6	3	1.0	4	-1.5	4	-2.5	减速	4
九大经济区																					
珠三角	23	44	70	81	94	97	3.1	1	4.2	2	6.0	1	2.2	7	2.6	1	0.8	4	-1.8	减速	6
中部地区	6	12	28	60	70	75	2.9	2	1.2	6	3.2	5	6.4	1	2.0	2	1.3	2	-0.7	减速	3
环渤海	27	42	70	85	94	93	2.8	3	3.0	3	5.6	2	3.0	6	1.8	3	-0.3	8	-2.1	减速	7
京津冀	34	48	71	90	95	96	2.6	4	2.8	4	4.6	3	3.8	5	1.0	7	0.3	6	-0.7	减速	3
大西北	4	9	24	51	58	66	2.6	4	1.0	7	3.0	6	5.4	4	1.4	4	2.0	1	0.6	加速	1
长三角	40	62	83	92	98	99	2.5	6	4.4	1	4.2	4	1.8	6	1.2	8	0.3	6	-0.9	减速	5
大西南	6	9	22	53	59	64	2.4	7	0.6	8	2.6	7	6.2	2	1.2	5	1.3	5	0.1	加速	2
东三省	22	34	44	72	77	71	2.0	8	2.4	5	2.0	8	5.6	3	1.0	5	-1.5	7	-2.5	减速	8
长江经济带	—	—	—	—	87	89	—	—	—	—	—	—	—	—	—	—	0.5	5	—	加速	—
31个省区市																					
湖南	2	10	25	59	70	79	3.2	4	1.6	15	3.0	14	6.8	3	2.2	7	2.3	7	0.1	加速	7

续表

31个省区市

地区	工业化进程（工业化水平综合指数）						工业化速度（工业化水平综合指数年均增长）												工业化加速度（"十三五"年均速度减去"十二五"年均速度）		
	1995年	2000年	2005年	2010年	2015年	2019年	1996~2019年	排名	1996~2000年	排名	2001~2005年	排名	2006~2010年	排名	2011~2015年	排名	2016~2019年	排名	加速度	加速/减速	排名
湖北	10	27	36	66	77	86	3.2	2	3.4	5	1.8	22	6.0	10	2.2	7	2.3	4	0.1	加速	7
河南	6	10	26	58	67	82	3.2	2	0.8	21	3.2	12	6.4	8	1.8	14	3.8	1	2.0	加速	3
福建	16	34	54	80	92	87	3.2	2	3.6	3	4.0	6	5.2	15	2.2	7	0.3	18	-1.9	减速	18
山东	16	32	63	77	83	85	2.9	5	3.2	6	6.2	1	2.8	25	2.2	7	-0.8	24	-3.0	减速	25
江西	2	8	23	59	71	71	2.9	5	1.2	19	3.0	14	7.2	2	2.4	4	0.0	19	-2.4	减速	22
陕西	10	14	28	56	73	79	2.9	5	0.6	23	3.0	14	5.6	13	2.8	3	2.3	4	-0.5	减速	12
广东	30	54	77	86	97	97	2.8	8	4.8	1	4.6	5	1.8	28	2.2	7	0.0	19	-2.2	减速	21
江苏	30	44	74	89	96	98	2.8	8	2.8	9	6.0	2	3.0	23	1.4	20	0.5	16	-0.9	减速	14
安徽	4	7	24	57	69	71	2.8	8	0.6	23	3.4	11	6.6	6	2.4	4	0.5	16	-1.9	减速	18
内蒙古	4	12	36	69	76	70	2.8	8	1.6	15	4.8	4	6.6	6	1.4	20	-1.5	26	-2.9	减速	24
四川	4	7	23	53	64	71	2.7	13	0.6	23	3.2	12	6.0	10	2.2	7	1.8	9	-0.4	减速	11
河北	11	23	36	64	71	76	2.5	14	2.4	11	2.6	18	5.6	13	1.4	20	1.3	12	-0.1	减速	9
浙江	28	46	74	89	97	89	2.4	15	3.6	3	5.6	3	3.0	23	1.6	17	-2	27	-3.6	减速	26
辽宁	33	42	60	82	91	91	2.4	15	1.8	14	3.6	8	4.4	19	1.8	14	0.0	19	-1.8	减速	17
宁夏	11	14	32	61	59	69	2.3	17	0.6	23	3.6	8	5.8	12	-0.4	28	2.5	2	2.9	加速	1
青海	7	14	27	61	53	61	2.3	17	1.4	17	2.6	18	6.8	3	0.4	25	-0.5	22	-0.9	减速	14
西藏	0	1	7	29	48	53	2.2	19	0.2	28	1.2	28	4.4	19	3.8	1	1.3	12	-2.5	减速	23
吉林	13	23	37	68	76	64	2.1	19	2.0	13	2.8	17	6.2	9	1.6	17	-3.0	29	-4.6	减速	28
新疆	5	16	24	34	45	55	2.1	19	2.2	12	1.6	24	2.0	26	2.2	7	2.5	2	0.3	加速	6
山西	15	21	40	50	58	64	2.0	21	1.2	19	3.8	7	2.0	26	1.6	17	1.5	17	-0.1	减速	9
广西	2	4	16	50	59	50	2.0	21	0.4	23	2.4	20	6.8	3	1.8	14	-2.3	28	-4.1	减速	27

续表

地区	工业化进程（工业化水平综合指数）								工业化速度（工业化水平综合指数年均增长）										工业化加速度（"十三五"年均速度减去"十二五"年均速度）		
	1995年	2000年	2005年	2010年	2015年	2019年	1996~2019年	排名	1996~2000年	排名	2001~2005年	排名	2006~2010年	排名	2011~2015年	排名	2016~2019年	排名	加速度	加速/减速	排名
海南	2	9	15	31	43	49	2.0	21	1.4	17	1.2	28	3.2	22	2.4	4	1.5	10	-0.9	减速	14
贵州	2	6	13	36	40	49	2.0	21	0.8	21	1.4	26	4.6	18	0.8	24	2.3	4	1.5	加速	4
天津	65	79	90	95	100	100	1.5	25	2.8	9	2.2	21	1.0	29	1.0	23	—	—	—	—	—
甘肃	15	11	19	45	43	51	1.5	25	-0.8	30	1.6	24	5.2	15	-0.4	28	2.0	8	2.4	加速	2
黑龙江	17	32	35	53	53	50	1.4	27	3.0	8	0.6	30	3.6	21	0.0	26	-0.8	24	-0.8	减速	13
云南	15	12	19	43	42	46	1.3	28	-0.6	29	1.4	26	4.8	17	-0.2	27	1.0	15	1.2	加速	5
北京	75	91	100	100	100	98	1.0	29	3.2	6	1.8	22	—	—	—	—	-0.5	22	—	—	—
上海	81	100	100	100	100	100	0.8	30	3.8	2	—	—	—	—	—	—	—	—	—	—	—
重庆	—	14	32	72	89	94	—	—	2.8	—	3.6	8	8.0	1	3.4	2	1.3	12	-2.1	减速	20

31个省区市

3. "十三五"时期中国工业化进程呈现新的"S"形轨迹

黄群慧、李芳芳等得出结论，中国工业化各阶段的跨越速度呈现"S"形轨迹，这一结论在此前发布的"十二五"阶段工业化研究中已有所体现。进入新时期以来，我们在此基础上进一步将分析对象扩展至"十三五"末，如表20、表21所示，可以发现，在经济新常态的影响下，中国工业化各阶段的跨越速度较当时所测算的"S"形轨迹有所偏离，很多地区或省区市出现了在工业化前几个阶段就开始降速的现象，并形成了新的"S"形发展轨迹。从全国数据来看，将研究对象扩展到"十三五"末之后，全国工业化速度仍经历先增速后减速的历程，1995～2019年，由工业化初期前半阶段向工业化初期后半阶段跨越的速度为2.4，由工业化初期后半阶段向工业化中期前半阶段跨越的速度为4.6，工业化中期前半阶段到工业化后期前半阶段速度为4.0，工业化后期前半阶段到工业化后期后半阶段的速度下降到3.0。从四大板块来看，东部、东北、中部和西部工业化最快的时期分别为：工业化中期前半阶段到工业化后期前半阶段（年均增长数为5.40）、工业化中期前半阶段到工业化后期前半阶段（年均增长数为5.60）、工业化初期后半阶段到工业化中期后半阶段（年均增长数为6.40）、工业化初期后半阶段到工业化中期后半阶段（年均增长数为5.80），九大经济区域的表现也是如此。

31个省区市的变化更能清晰地反映出工业化各阶段的跨越速度。如表20所示，考察工业化阶段变化最为集中的几个区间，并将1995～2019年和1995～2015年的计算结果相比较，可以看出，在两个考察期内结果相同的是，有19个省次在5年间保持了工业化初期前半阶段，K值年均增长数为0.98，有19个省次在5年间由工业化初期前半阶段发展到工业化初期后半阶段，K值年均增长数有所上升，为2.79，有10个省次在5年间由工业化初期后半阶段到工业化中期后半阶段，K值增长数达到6.22。在所有的区间内，K值平均增长数最高的是由工业化初期后半阶段向工业化后期前半阶段的跨越，增速达到8.00，且过了这个阶段之后，其他区间的K值年均增长数都不断下降，尤其是越到工业化后期阶段，工业化的速度越慢，这也很好地诠释了前述的"S"形路径；但两个考察期内结果不同的是，在工业化后期阶段中跨越或行进的省次明显增多，且速度也较1995～2015年考察期下降很多，如在1995～2019年考察期内，有12个省次在5年间由工业化中期后半阶段到工业化后期前半阶

段，K 值年均增长数为 2.94，而在 1995~2015 年考察期内，只有 11 个省次，但 K 值年均增速较高，为 2.98。在 1995~2019 年考察期内，有 10 个省次由工业化后期前半阶段到工业化后期后半阶段，K 值年均增速为 2.51，但在 1995~2015 年考察期内有 9 个，K 值年均增速也较高，为 2.53。同样情况还有在 1995~2019 年考察期内保持工业化后期后半阶段不变的省次。这正如图 1 所示，说明在工业化后半段"S"形轨迹的下移。

表20　工业化不同阶段的5年平均工业化速度

阶段	速度	数量（个）	阶段	速度	数量（个）	阶段	速度	数量（个）
根据1995~2015年数据计算而得								
一二（Ⅰ）	0.20	1	二（Ⅱ）三（Ⅰ）	3.13	12	三（Ⅱ）三（Ⅱ）	0.93	6
二（Ⅰ）二（Ⅰ）	0.98	19	二（Ⅱ）三（Ⅱ）	6.22	10	三（Ⅱ）四（Ⅰ）	2.98	11
二（Ⅰ）二（Ⅱ）	2.79	19	二（Ⅱ）四（Ⅰ）	8.00	1	四（Ⅰ）四（Ⅰ）	1.73	3
二（Ⅰ）三（Ⅰ）	4.33	3	三（Ⅰ）三（Ⅰ）	1.80	6	四（Ⅰ）四（Ⅱ）	2.53	9
二（Ⅰ）三（Ⅰ）	6.80	1	三（Ⅰ）三（Ⅱ）	3.76	5	四（Ⅱ）四（Ⅱ）	1.55	4
二（Ⅱ）二（Ⅱ）	3.00	1	三（Ⅰ）四（Ⅰ）	6.08	5	四（Ⅰ）五	2.20	2
根据1995~2019年数据计算而得								
一二（Ⅰ）	0.20	1	二（Ⅱ）三（Ⅰ）	3.13	12	三（Ⅱ）三（Ⅱ）	0.27	1
二（Ⅰ）二（Ⅰ）	0.98	19	二（Ⅱ）三（Ⅱ）	6.22	10	三（Ⅱ）四（Ⅰ）	2.94	12
二（Ⅰ）二（Ⅱ）	2.79	19	二（Ⅱ）四（Ⅰ）	8.00	1	四（Ⅰ）四（Ⅰ）	1.39	10
二（Ⅰ）三（Ⅰ）	4.33	2	三（Ⅰ）三（Ⅰ）	1.66	10	四（Ⅰ）四（Ⅱ）	2.51	10
二（Ⅰ）三（Ⅱ）四（一）	6.80	2	三（Ⅰ）三（Ⅱ）	3.16	7	四（Ⅱ）四（Ⅱ）	0.26	11
二（Ⅱ）二（Ⅱ）	3.00	1	三（Ⅰ）四（Ⅰ）	6.08	5	四（Ⅰ）五	1.83	2

资料来源：笔者自行计算。

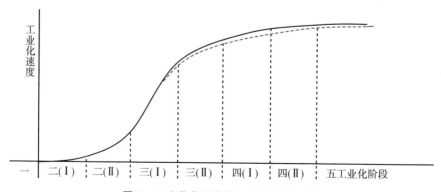

图1　工业化各阶段的工业化速度示意

表21 地区工业化进程综合评价结果的序列分析（1995～2019年，按照2019年综合得分排序）

分类	地区	1995年 指数	1995年 阶段	1995年 排名	2000年 指数	2000年 阶段	2000年 排名	2005年 指数	2005年 阶段	2005年 排名	2010年 指数	2010年 阶段	2010年 排名	2015年 指数	2015年 阶段	2015年 排名	2019年 指数	2019年 阶段	2019年 排名
	全国	14	二（Ⅰ）	—	26	二（Ⅱ）	—	49	三（Ⅰ）	—	69	四（Ⅰ）	—	84	四（Ⅱ）	—	92	四（Ⅱ）	—
四大板块	东部	31	二（Ⅱ）	1	48	二（Ⅰ）	1	75	四（Ⅰ）	1	87	四（Ⅱ）	1	95	四（Ⅰ）	1	97	四（Ⅱ）	1
四大板块	中部	6	二（Ⅰ）	3	12	二（Ⅰ）	3	28	二（Ⅱ）	3	60	三（Ⅱ）	3	71	四（Ⅰ）	3	75	四（Ⅰ）	2
四大板块	东北	22	二（Ⅱ）	2	34	三（Ⅰ）	2	44	三（Ⅰ）	2	72	四（Ⅰ）	2	77	四（Ⅰ）	2	71	四（Ⅰ）	3
四大板块	西部	5	二（Ⅰ）	4	9	二（Ⅰ）	4	23	二（Ⅰ）	4	52	三（Ⅱ）	4	59	三（Ⅱ）	4	65	三（Ⅱ）	4
九大区域	长三角	40	三（Ⅰ）	1	62	三（Ⅱ）	1	83	四（Ⅱ）	1	92	四（Ⅱ）	1	98	四（Ⅱ）	1	99	五	1
九大区域	珠三角	23	二（Ⅱ）	4	44	三（Ⅰ）	4	70	四（Ⅰ）	3	81	四（Ⅰ）	4	94	四（Ⅰ）	3	97	五	2
九大区域	京津冀	34	三（Ⅰ）	2	48	三（Ⅰ）	2	71	四（Ⅰ）	2	90	四（Ⅱ）	2	95	四（Ⅱ）	2	96	四（Ⅱ）	3
九大区域	环渤海	27	二（Ⅰ）	3	42	三（Ⅰ）	3	70	四（Ⅰ）	3	85	四（Ⅱ）	3	94	四（Ⅱ）	3	93	四（Ⅱ）	4
九大区域	长江经济带	—	—	—	—	—	—	—	—	—	—	—	—	87	四（Ⅱ）	5	89	四（Ⅱ）	5
九大区域	中部地区	6	二（Ⅰ）	6	12	二（Ⅰ）	6	28	二（Ⅱ）	6	60	三（Ⅱ）	6	70	四（Ⅰ）	7	75	四（Ⅰ）	6
九大区域	东三省	22	二（Ⅱ）	5	34	三（Ⅰ）	5	44	三（Ⅰ）	5	72	四（Ⅰ）	5	77	四（Ⅰ）	6	71	三（Ⅱ）	7
九大区域	大西北	4	二（Ⅰ）	8	9	二（Ⅰ）	8	24	二（Ⅱ）	7	51	三（Ⅱ）	7	58	三（Ⅱ）	9	66	三（Ⅱ）	8
九大区域	大西南	6	二（Ⅰ）	6	9	二（Ⅰ）	6	22	二（Ⅰ）	7	53	三（Ⅱ）	8	59	三（Ⅱ）	8	64	三（Ⅱ）	9
31个省区市	上海	81	四（Ⅰ）	1	130	五	1	100	五	1	100	五	1	100	五	1	100	五	1
31个省区市	天津	65	三（Ⅱ）	3	79	四（Ⅰ）	3	90	四（Ⅱ）	3	95	四（Ⅱ）	3	100	五	1	100	五	1
31个省区市	江苏	30	二（Ⅱ）	5	44	三（Ⅰ）	5	74	四（Ⅰ）	6	89	四（Ⅱ）	4	96	四（Ⅱ）	6	98	五	3
31个省区市	广东	30	二（Ⅱ）	5	54	三（Ⅱ）	5	77	四（Ⅰ）	4	86	四（Ⅱ）	6	97	四（Ⅱ）	5	97	四（Ⅱ）	5
31个省区市	北京	75	四（Ⅰ）	2	91	四（Ⅱ）	2	100	五	2	100	五	1	100	五	1	98	五	3
31个省区市	重庆	—	—	—	14	二（Ⅰ）	16	32	二（Ⅱ）	16	72	四（Ⅰ）	15	89	四（Ⅰ）	10	94	四（Ⅱ）	6
31个省区市	辽宁	33	三（Ⅰ）	4	42	三（Ⅰ）	4	60	三（Ⅱ）	7	82	四（Ⅰ）	8	91	四（Ⅱ）	7	91	四（Ⅱ）	8
31个省区市	福建	16	二（Ⅰ）	9	34	三（Ⅰ）	9	54	三（Ⅱ）	8	80	四（Ⅰ）	9	91	四（Ⅱ）	8	92	四（Ⅱ）	7

续表

地区	1995年指数	1995年阶段	1995年排名	2000年指数	2000年阶段	2000年排名	2005年指数	2005年阶段	2005年排名	2010年指数	2010年阶段	2010年排名	2015年指数	2015年阶段	2015年排名	2019年指数	2019年阶段	2019年排名
湖北	10	二（Ⅰ）	17	27	二（Ⅱ）	11	36	三（Ⅰ）	12	66	四（Ⅰ）	13	77	四（Ⅰ）	11	86	四（Ⅱ）	10
山东	16	二（Ⅰ）	9	32	二（Ⅱ）	9	63	四（Ⅰ）	7	77	四（Ⅰ）	9	88	四（Ⅱ）	10	85	四（Ⅱ）	11
浙江	28	二（Ⅱ）	7	46	三（Ⅰ）	5	74	四（Ⅰ）	5	89	四（Ⅱ）	4	97	四（Ⅱ）	4	89	五	9
河南	6	二（Ⅰ）	20	10	二（Ⅰ）	23	26	二（Ⅱ）	20	58	三（Ⅱ）	19	67	四（Ⅰ）	19	82	四（Ⅰ）	12
湖南	2	三（Ⅰ）	25	10	二（Ⅰ）	23	25	二（Ⅱ）	21	59	三（Ⅱ）	17	70	四（Ⅰ）	16	79	四（Ⅰ）	13
陕西	10	二（Ⅰ）	17	14	二（Ⅱ）	16	28	二（Ⅱ）	18	56	三（Ⅱ）	21	70	四（Ⅰ）	16	79	四（Ⅰ）	13
河北	11	二（Ⅰ）	15	23	二（Ⅱ）	12	36	二（Ⅱ）	12	64	三（Ⅱ）	14	71	四（Ⅰ）	14	76	四（Ⅰ）	15
江西	2	三（Ⅰ）	25	8	二（Ⅰ）	26	23	二（Ⅱ）	24	59	三（Ⅱ）	17	71	四（Ⅰ）	14	71	四（Ⅰ）	16
安徽	4	二（Ⅰ）	21	7	二（Ⅰ）	27	24	二（Ⅱ）	22	57	三（Ⅱ）	20	69	四（Ⅰ）	18	71	四（一）	16
四川	4	二（Ⅰ）	21	7	二（Ⅰ）	27	23	二（Ⅱ）	24	53	三（Ⅱ）	22	64	三（Ⅱ）	20	71	四（Ⅰ）	16
内蒙古	4	二（Ⅰ）	21	12	二（Ⅱ）	20	36	三（Ⅰ）	12	69	四（Ⅰ）	11	76	四（Ⅰ）	12	70	三（Ⅱ）	19
宁夏	11	二（Ⅰ）	15	14	二（Ⅰ）	16	32	二（Ⅱ）	17	61	三（Ⅱ）	15	59	三（Ⅱ）	22	69	四（Ⅰ）	20
吉林	13	二（Ⅰ）	14	23	二（Ⅱ）	12	37	三（Ⅰ）	11	68	四（Ⅰ）	12	76	四（Ⅰ）	12	64	三（Ⅱ）	21
山西	15	二（Ⅰ）	11	21	二（Ⅰ）	14	40	三（Ⅰ）	10	50	三（Ⅰ）	24	58	三（Ⅱ）	24	64	三（Ⅱ）	21
青海	7	二（Ⅰ）	19	14	二（Ⅰ）	16	27	二（Ⅱ）	19	61	三（Ⅱ）	15	63	三（Ⅱ）	21	61	三（Ⅱ）	23
新疆	5	二（Ⅰ）	21	16	二（Ⅰ）	15	24	二（Ⅱ）	22	34	三（Ⅰ）	29	45	三（Ⅰ）	27	55	三（Ⅱ）	24
西藏	0	一	30	1	一	31	7	一	31	29	二（Ⅱ）	31	48	三（Ⅰ）	26	53	三（Ⅱ）	25
甘肃	15	二（Ⅰ）	11	11	二（Ⅰ）	22	19	二（Ⅰ）	26	45	三（Ⅰ）	26	43	三（Ⅰ）	28	51	三（Ⅱ）	26
广西	2	二（Ⅰ）	25	4	二（Ⅰ）	30	16	二（Ⅰ）	28	50	三（Ⅱ）	24	59	三（Ⅱ）	22	50	三（Ⅱ）	27
黑龙江	17	二（Ⅱ）	8	32	二（Ⅱ）	9	35	三（Ⅰ）	15	53	三（Ⅱ）	22	53	三（Ⅰ）	25	50	三（Ⅱ）	27
海南	2	二（Ⅰ）	25	9	二（Ⅰ）	25	15	二（Ⅰ）	29	31	三（Ⅰ）	30	43	三（Ⅰ）	28	49	三（Ⅰ）	29
贵州	2	二（Ⅰ）	25	6	二（Ⅰ）	29	13	二（Ⅰ）	30	36	三（Ⅰ）	28	40	三（Ⅰ）	31	49	三（Ⅰ）	29
云南	15	二（Ⅰ）	11	12	二（Ⅰ）	20	19	二（Ⅱ）	26	43	三（Ⅰ）	27	42	三（Ⅰ）	30	46	三（Ⅰ）	31

31个省区市

4. 城镇化率和就业结构改善持续乏力，去工业化现象逐渐凸显

表 22 反映了全国及四大板块的各个工业化指标对其工业化综合指数增长的贡献度。表 23 反映了各个工业化指标与其所对应的工业化综合指数的偏离程度。① 由两表均可以看出，全国及四大板块各分项指标之间发展不平衡，因此各分项指标对工业化水平的贡献程度不同，与工业化综合指数得分的偏离程度也不同。

具体来讲，在六大时间段内，城镇化率和产业就业比两个指标对全国及四大板块工业化综合指数增长的贡献度在各个区间内基本均低于其他指标的贡献度，且两项指标的偏离系数也基本为负，表明两项指标滞后于整体工业化进程，也表明城镇化率和就业结构依然是未来工业化进程推进的重点。而对于人均 GDP 而言，除了在 2016 ~ 2019 年对东部地区的贡献度为 0 之外，在其他几个区间内，人均 GDP 对工业化综合指数增长的贡献度一直保持较高水平，尤其是在"十二五"时期，人均 GDP 对东部、中部、西部和东北地区的贡献度分别达到 31.50%、62.18%、113.14% 和 115.20%。但在 2015 年之前，全国人均 GDP 指标的偏离系数都为负值，说明人均 GDP 指标一直滞后于工业化进程，2015 年之后除了全国整体人均 GDP 指标的偏离系数为 0 之外，东部、中部、西部和东北地区人均 GDP 指标的偏离系数都转为正值。

就产业结构而言，对全国来说，在"十一五"期间产业产值比对工业化综合指数增长的贡献度最高，为 49.87%，"十二五"期间该指标的贡献度有了明显的下滑，但"十三五"时期其贡献度又回升至 19.18%。就四大板块来说，各地区产业产值比对其工业化进程的贡献度大体呈现先上升后下降的趋势，到"十三五"时期，东北地区产业产值比对其工业化进程的贡献度为 22.00%，中部地区该贡献度达到 203.50%。1995 年、2000 年、2005 年三个年度全国和四大板块的产业产值比偏离系数都为正值，说明产业产值比指标要快于工业化进程，但 2010 年和 2015 年，中部和东北地区产业结构转变缓慢，相较于工业化进程，这两个地区的产业产值比出现明显滞后。与此同时，在"十二五"之前，工业结构指标对全国工业化进程的贡献度较高，对四大板块工业化进程的贡献度也大体呈上升趋势，但"十

---

① 按照陈佳贵、黄群慧等（2012）的定义，指标偏离系数满足：$E_i = P_i/P_0 - 1$。其中 P_i 代表第 i 个指标的得分，P_0 则代表该分项指标所对应的工业化综合指数得分。$E_i > 0$ 表示第 i 个指标的得分高于综合得分，即该指标的进程要领先于工业化进程，反之则滞后于工业化进程。

二五"时期以来，工业结构表现较差，"十三五"时期，该指标对全国工业化进程的贡献度为24.75%，对西部地区贡献度为22.00%，没有贡献东部地区的工业化进程，且严重拖了中部地区工业化进程的后腿，贡献度下降至-214.5%。但有一点需要注意，2010年东北地区工业结构指标对其工业化进程实现赶超，在2010年和2015年均快于东北地区的工业化进程，但于2019年再次表现出一定的滞后性。以上情况表明，中国多数区域在评测工业化阶段的各个指标中，产业产值比指标贡献度增速相对较快，而工业结构指标在工业化进程中的影响则明显滞后，从而体现出前述的"去工业化"现象和"去创造业化"现象并存。研究显示，由于全球化带来的技术进步、需求变化和竞争加剧[1]，很多中等收入国家甚至低收入国家也正在经历过早的"去工业化"阶段。对中国而言，当前国内整体虽尚未表现出明显的"去工业化"趋势，但现有的区域发展不平衡问题还会引起结构性"去工业化"，即局部发达地区的"去工业化"现象[2]，而由"过度去工业化"、"过早去工业化"和"过快去工业化"等现象所能引发的产业空心化和经济"脱实向虚"问题则应引起高度警惕。

全国及四大板块是31个省区市的缩影，由于篇幅问题，本部分不对31个省区市的各项指标进行逐一分析，但从31个省区市的数据中（附录三中附表3到附表8）中仍可以直观地看出，因为具体发展情况不同，31个省区市各分项指标之间得分不平衡，各分项指标对工业化进程的贡献大小也不尽相同，但在绝大部分省区市中，城镇化率和就业结构仍是其工业化进程中的软肋，而产业结构和工业结构在"十三五"转型时期表现欠佳。

表22　各指标对工业化综合指数增长的贡献度（1996~2019年）

指标		人均GDP（%）	产业产值比（%）	工业结构（%）	城镇化率（%）	产业就业比（%）	工业化指数累计增加值
指标权重(%)		36	22	22	12	8	
1996~2000年	全国	48.00	27.50	9.17	10.00	3.33	12
	东部	50.82	19.41	11.65	17.65	0.47	17
	中部	54.00	58.67	-7.33	0.00	-1.33	6
	西部	27.00	77.00	-22.00	0.00	0.00	4
	东北	75.00	31.17	-14.67	18.00	-12.67	12

① Dani Rodrik, "Premature Deindustrialization," Journal of Economic Growth, Vol.21, No.1, 2016, pp.1-33.

② 郑宇：《全球化、工业化与经济追赶》，《世界经济与政治》2019年第11期。

续表

指标		人均GDP（%）	产业产值比（%）	工业结构（%）	城镇化率（%）	产业就业比（%）	工业化指数累计增加值
2001～2005年	全国	32.87	9.57	47.83	5.74	3.83	23
	东部	22.67	16.30	48.07	7.56	6.81	27
	中部	42.75	16.50	23.38	8.25	8.00	16
	西部	54.00	22.00	17.29	6.86	6.29	14
	东北	39.60	2.20	41.80	12.00	3.20	10
2006～2010年	全国	48.60	9.90	29.70	7.20	7.20	20
	东部	60.00	1.83	5.50	20.00	8.67	12
	中部	29.25	8.25	52.25	4.50	5.25	32
	西部	34.76	11.38	44.00	4.55	4.41	29
	东北	33.43	5.50	57.36	3.43	3.14	28
2011～2015年	全国	38.40	49.87	-13.20	16.00	9.60	15
	东部	31.50	49.50	-0.00	22.50	5.00	8
	中部	62.18	14.00	0.00	18.55	5.82	11
	西部	113.14	9.43	-56.57	20.57	4.57	7
	东北	115.20	-13.20	-61.60	26.40	17.60	5
2016～2019年	全国	49.50	0.00	24.75	21.00	3.00	8
	东部	0.00	0.00	0.00	48.00	16.00	2
	中部	45.00	203.50	-214.50	36.00	20.00	4
	西部	30.00	14.67	22.00	32.00	9.33	6
	东北	24.00	22.00	58.67	-8.00	1.33	-6
1996～2019年	全国	42.00	19.18	23.13	10.31	5.64	78
	东部	37.09	18.00	2.15	15.45	5.58	66
	中部	40.70	26.78	1.51	9.04	6.26	69
	西部	47.40	18.33	19.43	9.40	5.07	60
	东北	54.37	7.18	2.20	12.49	0.98	49

资料来源：作者自行计算。

表23 全国的工业化指标偏离系数（1995～2019年）

年份	地区	人均GDP	产业产值比	工业结构	城镇化率	产业就业比
1995	全国	-0.71	1.29	0.29	-1.00	0.21
	东部	0.03	0.48	-0.06	-1.00	0.16
	中部	-1.00	1.67	0.50	-1.00	0.00
	西部	-1.00	1.60	1.20	-1.00	-1.00
	东北	-0.59	0.77	-0.27	0.00	1.36

续表

年份	地区	人均GDP	产业产值比	工业结构	城镇化率	产业就业比
2000	全国	-0.23	0.81	-0.12	-0.62	-0.15
	东部	0.17	0.27	-0.21	-0.48	-0.23
	中部	-0.25	1.67	-0.42	-1.00	-0.58
	西部	-0.67	2.00	-0.22	-1.00	-1.00
	东北	0.00	0.65	-0.76	0.18	-0.03
2005	全国	-0.16	0.16	0.49	-0.57	-0.33
	东部	-0.03	0.08	0.29	-0.44	-0.20
	中部	0.00	0.57	-0.14	-0.61	-0.25
	西部	0.04	0.78	-0.22	-0.65	-0.52
	东北	0.02	0.30	-0.39	0.14	-0.16
2010	全国	-0.01	-0.04	0.45	-0.52	-0.26
	东部	0.07	-0.06	0.15	-0.29	-0.16
	中部	-0.10	-0.07	0.67	-0.62	-0.30
	西部	0.00	0.08	0.46	-0.63	-0.48
	东北	-0.01	-0.11	0.39	-0.19	-0.33
2015	全国	0.00	0.19	0.08	-0.37	-0.18
	东部	0.05	0.05	0.05	-0.19	-0.18
	中部	0.03	-0.11	0.41	-0.44	-0.30
	西部	0.25	0.00	-0.02	-0.47	-0.47
	东北	0.13	-0.21	0.12	-0.10	-0.23
2019	全国	0.03	0.09	0.09	-0.27	-0.22
	东部	0.03	0.03	0.03	-0.12	-0.15
	中部	0.04	0.33	-0.19	-0.31	-0.20
	西部	0.22	-0.03	-0.02	-0.28	-0.42
	东北	0.17	-0.23	-0.01	0.03	-0.18

资料来源：作者自行计算。

参考文献

陈佳贵、黄群慧等：《中国工业化进程报告（1995～2010）》，社会科学文献出版社，2012。

陈佳贵、黄群慧、钟宏武、王延中等：《中国工业化进程报告——1995～2005年中国省域工业化水平评价与研究》，社会科学文献出版社，2007。

郭克莎：《中国经济发展进入新常态的理论根据——中国特色社会主义政治经济学的分析视角》，《经济研究》2016 年第 9 期。

黄群慧、李芳芳：《中国工业化进程报告（1995~2015）》，社会科学文献出版社，2017。

李辉：《东北地区人口城市化水平的特殊性分析》，《人口学刊》2008 年第 2 期。

郑宇：《全球化、工业化与经济追赶》，《世界经济与政治》2019 年第 11 期。

朱争鸣、王秦：《我国产业结构研究》，《中国工业经济》1988 年第 3 期。

B. J. Eichengreen, D. Park, K. Shin, When Fast Growing Economies Slow Down: International Evidence and Implications for China, NBER Working Paper No. 16919, 2011.

Dani Rodrik, Premature Deindustrialization, Journal of Economic Growth, Vol. 21, No. 1, 2016, pp. 1 – 33.

B.3
中国经济发展的内外部环境和
"十四五"展望

当前世界经济仍处于 2008 年金融危机后的深度调整期，总体上呈现两大特点，一是经济增长难以达到潜在经济增长率，二是贸易增速低于世界经济增速。国务院发展研究中心宏观经济研究部研究员张立群认为："目前我国经济实际增长率显著低于潜在经济增长率，正面临严重的通货紧缩格局。"关于贸易增速显著低于经济增速的原因，一种观点认为中国在国际贸易中的作用发生变化即国家优势转变，即随着中国贸易发展的不断深入，中国的比较优势产生变化，并由"低价"优势的丧失造成了世界贸易增速的下降。还有观点认为经济增速高于贸易增速，与国际贸易价值链规模过于庞大、科技革命与全球经济规则形成的动力机制衰竭、贸易结构与经济结构相背离有关。

2019 年，保护主义、单边主义和逆全球化对全球产业链运行的干扰不断放大，全球的贸易、投资、工业生产等活动放缓态势明显。2020 年，突如其来的新冠肺炎疫情席卷全球，整个世界都面临严重的全球健康安全危机和严峻挑战，世界经济也受到了前所未有的负面冲击。IMF 最新发布的《世界经济展望》预计，全球经济 2020 年将萎缩 4.9%，而在过去的 150 年中，全球经济只有三次衰退达到 5% 以上。

当前，中国经济进入新时代和新常态，经济下行压力逐步显现，经济增速放缓，使中国经济面临着前所未有的问题与挑战，而中美贸易摩擦和全球性新冠肺炎疫情所带来的不确定性又对我国经济产生了重大影响。弗里德曼表示："以后的历史划分只有公元前、公元后和新冠前、新冠后。"后疫情时代，中国经济面对的是怎样变化的外部环境，又将朝着什么样的方向发展？本报告将用 SWOT 分析模型对当前中国经济发展内外部环境进行简要分析，并尝试展望中国"十四五"时期经济发展的未来走向。

一 中国经济发展面临的内外部环境

（一）威胁和劣势（Threats & Weaknesses）

1. 出口导向型经济发展受限

长期以来，我国经济发展重心之一是以出口为导向的外向型经济，依赖于我国劳动力成本较低的资源禀赋优势，以及较为宽松的国际环境，我国向欧美等发达国家出口物美价廉的产品，并在较短时间内迅速占据了较大的市场份额。金融危机以后，由于国内的高失业率和经济复苏缓慢等，各发达经济体纷纷采取以保护国内产业、提高贸易壁垒为主要内容的逆自由化措施，频繁对我国出口产品实施反倾销、绿色壁垒、技术壁垒等贸易保护政策，我国面临的宽松贸易环境逐渐发生变化。

自 2018 年起，美国利用国内法对华发动单边贸易制裁，施压人民币升值，对华实施严格的高科技出口管制，并通过 WTO 对华发起反倾销、反补贴和特别保障措施的调查以及反复利用中国入世协议中"非市场经济地位"和"特别保障"问题牵制中国，中国已被美国定位为战略和经济对手（rival）而非竞争者（competitor）。进入 2020 年，中美贸易摩擦的影响更是超出人们的想象，华为被美制裁，人们一致认为是由其核心技术的领先导致的，然而近日来 Tik Tok 这样一个泛娱乐化的软件也被美国以"国家安全"为理由加以打击，美国传统保守主义实力愈发强势，中美冲突日益白热化。疫情之后美国常有"中国病毒""索赔中国"的声音传出，预示着中美关系来到了一个很艰难的时刻。可以预见，美国在今后一段时间都会在贸易和投资领域减少对华往来，并着重在高科技领域有意与中国"切割"，以限制我国的技术发展，这必然会导致我国的贸易、科技和投资受到限制。

除此之外，未来几年内国际贸易和国际投资大幅萎缩也会对我国经济发展的模式提出挑战。全球化步伐和国际产业链趋短化、地区化，都会在客观上减少贸易量，放慢国际投资活动的步伐。联合国下属机构统计活动协调委员会（CSSA）的监测报告显示，国际货物贸易量将因疫情和衰退而下降 27%，据联合国贸易和发展会议（UNTCAD）的预测，2020～2021 年的全球外商直接

投资（FDI）将下降30%~40%，未来几年的国际直接投资前景暗淡。国内、国际的交通管制措施以及欧美大批企业的停工停运，对我国及全球制造业造成了系统性的打击，新冠肺炎疫情下我国对外贸易遭受不利影响。2020年1~6月，我国货物贸易进出口总值为14.24万亿元，同比下降3.2%，其中，出口7.71万亿元，下降3%；进口6.53万亿元，下降3.3%。2020年1~6月，我国境内投资者对全球159个国家和地区开展非金融类直接投资，投资总额3621.4亿元，同比下降0.7%，对外承包工程营业额4259.9亿元，同比下降10.6%。2020年1~6月，我国实际使用外资4721.8亿元，同比下降1.3%。

2. 经济复苏的不确定性

疫情若不结束，世界经济无法恢复正常，这已形成共识。然而由于疫情本身仍在不断变化，没有经济学家可以确切描述未来世界经济的前景。当前疫情远未达到可控制状态，尚无法给出确定的结束日期。在这样的不确定性下，全球经济政策、秩序和规则将发生深远变化，也会对我国的经济政策造成较大冲击。同时较难通过模型构建来预判世界经济形势，有学者认为"世界经济的前景不会那么惨淡黑暗，疫情只是一种外生变量，它不会对经济的微观基础造成大的破坏，它并不会把世界经济彻底击垮"。我们认同这一观点的可能性，同时承认目前尚无法提供经济衰退与复苏的具体时间线，所有事物都在发生变化，疫情在全球开始蔓延时，国内外经济预测分析机构做的众多经济模型在疫情蔓延3个月后全部失效，为了应对这种全球复杂经济形势，自2020年5月以来，我国一直强调，要加快形成以国内大循环为主体、国内国际双循环相互促进的新发展格局。但这种全球经济复苏的不确定性却始终是摆在我国经济发展面前的一个难题！

3. 逆全球化、保护主义和单边主义的崛起

伊恩·布莱默认为，"逆全球化"就是"每个国家都为自己"的模式行事，其根源在于资本的逻辑和民族国家的利益诉求——资本追求的成本最小化和利益最大化势必要求全球范围内广泛的分工与协作，而民族国家则主张以本国利益为先，当两者相背离时，则会阻碍经济全球化的发展。而疫情之下，各国的经济困境都被放大，民粹主义思潮再度崛起，贸易保护主义重新抬头，许多国家采取号召制造业回流、隔离和封锁边境等防护措施，导致人流、物流中断，国际贸易体系严重受损。可以预见，未来的全球化可能走向"有限的全

球化",国际贸易和投资规模可能会有所下降,或者被区域性的全球化所替代。应该看到,未来经济全球化并不是出现逆转而是出现转型。长期来看,目前国际社会盛行的民粹主义最终导致的结果是缺乏效率的"闭关锁国 + 霸权主义"。对此,转型的关键依然是全球经济治理体系的完善。现行的规则大多是在二战期间建立起来的,与当时的全球经济体系大体适应;而在 2008 年金融危机和当前疫情的影响下,全球经济格局已然发生深刻变化,呼唤着新的全球经济治理体系的到来。

中国经济的繁荣和快速发展与上一轮国际产业分工和资源配置有直接关系,作为全球化重要的建设者、参与者和受益者,如果真如悲观论者所预言的全球供应链出现普遍大面积脱钩现象,那么中国在全球供应链中的地位必将受到影响。与西方跨国企业的断链和切割,甚至重新回到封闭的内循环式时期都是我们不希望看到的,为此,我们需要尽早规划,并全力做好各种应对方案及有力措施。

(二)机遇和优势(Opportunities & Strengths)

1. 世界经济格局发生重大变化

疫情反映出了不同国家应对危机的能力。据亚洲开发银行的预测,在疫情传播下,东亚地区将是全世界唯一可以出现经济增长的次区域。东亚地区经济快速复苏和经济地位提升,有利于中国经济地位的较快提升。据统计,2019年亚洲对全球经济增长的贡献率超过 2/3,其中中国对全球经济增长的贡献率达到 39%,持续成为推动世界经济增长的主要动力源。

原有的国际经济秩序在这时更容易被打破,如何利用好这一时期,加快对现行国际秩序的改善和恢复,是中国等新兴经济体需要考虑的重要问题,解决好这一问题,有助于促进更有利于自身的全球经济格局和秩序的建立和重塑。

2. 新的科技革命进程加快

危机的反面是创造。疫情总体上造成了巨大的破坏,但同时也激活了诸多创新的因素,加快了新的科技革命的进程。在疫情与危机之中,数字新技术得到了巨大的发展空间,远程办公、远程医疗、线上教育、流媒体等行业迎来了大发展时期,并进一步催生了移动互联网、计算机软件、通信网络、5G 应用等领域的发展。后疫情时代,以医药健康和数字技术为代表的科技创新会大放

异彩，也会催生很多无法预料的新行业。我国在上述行业中具有优势，如5G、移动互联网等，拥有世界领先的技术是我们未来发展的制胜武器，新行业的出现及传统行业的创新和蓬勃发展也为我国诸多创新企业带来了新的机会和市场。

二 "十四五"时期中国经济发展展望

（一）宏观增长

"十三五"时期的中国经济总体呈现稳步增长态势。而2020年初开始，在疫情影响下，第一季度我国GDP增速降至-6.8%，经过多方共同努力，我国疫情防控取得重大成果，第二季度同比增长3.2%，经济发展呈稳定向好态势，中国成为新冠肺炎疫情发生以来第一个恢复增长的主要经济体。在世界银行、经济合作与发展组织（OECD）和国际货币基金组织预测2020年全球经济大概率萎缩的前提下，中国是少数几个有望在2020年实现经济增长的经济体。2020年3月，我国国家统计局开展的中国百名经济学家信心调查中，对于我国经济增速主要有两种观点，一种观点认为年内经济增长将主要依靠第三季度和第四季度由投资拉动的反弹，全年的增长率应在3%~4%；另一种观点则认为全年增速应为2.5%左右。进入第三季度，经济将会出现恢复性的反弹，然而疫情并未结束，大连、乌鲁木齐等局部地区出现的较多病例，以及国外不容乐观的抗疫形势，都对国内经济的恢复造成了很大的压力。如何抵住外部风险，防控好国际疫情的影响和冬季疫情的反扑，是近期内保障经济增长的重点问题。此外，2020年也是全面实现小康社会和脱贫攻坚的决胜年，面对纷繁复杂的国际国内局势，政府和各经济主体应加大宏观调控力度以促进下一阶段经济社会平稳健康发展，实现国家长期战略目标。

（二）产业发展

作为"十三五"时期的收官之年和向"十四五"时期的关键过渡阶段，2020年受到疫情冲击最严重的行业当属服务业，其中旅游、餐饮、电影、商品零售、金融业等在2020年春节期间遭受了巨大冲击，交通运输及房地产行业也受到不同程度的影响，制造业受到较大的冲击，农牧渔业也被波及。

但也应该看到，新生业态和行业受到刺激迅速发展，新的发展动能持续壮大。2020年上半年，中国高技术制造业增加值同比增长4.5%，高技术制造业投资和高技术服务业投资分别同比增长了5.8%和7.2%，实物商品网上销售额同比增长14.3%，占社会消费品零售总额的比重较上年同期提高了5.6个百分点。数字经济全面提速，数据成为社会经济发展的新生产要素，智能型、科技型产品较快发展，远程办公、在线教育、网络问诊迅速扩张，无人零售、直播带货等新模式不断涌现，深刻改变了人们的生活模式和经济的发展方向。国家发展改革委等13个部门近日出台《关于支持新业态新模式健康发展 激活消费市场带动扩大就业的意见》，明确了加快推动产业数字化转型的一系列举措。而在下一阶段，政府将继续加大对5G、人工智能、大数据、区块链、医疗健康、在线消费等行业的支持力度，促进远程教育和办公平台建设的繁荣发展，实现以战略引领新兴产业的发展，并进一步加快传统行业的改造提升，推动"十四五"时期产业结构的进一步优化。

（三）企业发展

在重点关注宏观层面发展的同时，还应详细考察国内各微观主体在"十四五"时期的未来发展空间。就目前来看，在疫情冲击下，一方面，相当一批大企业，尤其是科技类的大公司并未在疫情中"伤筋动骨"，甚至市场规模反倒扩大，少数大企业的行业控制力有所上升。另一方面，中小企业尤其是服务行业中小企业损失惨重，在疫情冲击下充分暴露出复产复工难、收入利润降、人才流失严重等诸多问题。在疫情影响之下，大量线下消费受限，依赖线下消费的餐饮、住宿、休闲等行业的中小企业和作坊式的制造业企业受打击较大。许多小微企业由于体量偏小、资金储备不足，在经历疫情冲击后，面临现金流断裂和破产倒闭的困局。

中小企业的发展体现了整个经济体系的活力与弹性，与基层民生的联系也最为紧密，疫情冲击之后中小企业的生存状态和发展蜕变在很大程度上昭示着国民经济恢复和增长的前景。目前，中央和地方政府都已出台固定支出减负支持、财税支持、金融支持和就业稳岗支持等多层面纾困惠企政策以缓解中小企业的生存困难，也鼓励众多中小企业把握变化环境中的诸多机遇，实现创新和

变革。未来，中小企业应以持续创新为核心发展要素，向大公司学习，实现商业模式、组织运行模式和社会沟通模式上的数字化变革。在企业内广泛推广远程办公、智能协同的全新工作模式，积极转换企业信息传播和沟通方式，保持自身变革与消费者需求提升和技术进步的步调一致性，带动国内整体创新驱动发展水平的提升。

（四）区域发展

中国的区域发展不平衡问题由来已久，而当前的疫情虽然对中国宏观经济、产业发展和企业经营产生了较大冲击，但不会导致中国区域经济格局出现根本性变化。分区域来看，疫情中心地区、疫情防控和经济发展统筹力度较弱地区、中小微企业较多地区、生活服务业占比较大地区、数字经济技术基础薄弱地区、经济发展处于转折越坎阶段地区在常态化疫情防控环境下很容易出现经济波动和下滑。因此，疫情后的产业链布局应进一步收缩并减少对外依赖；此外，消费发力、新基建、新技术的应用也需要依托大城市和城市群。

现阶段，中国的区域经济发展已基本形成了以中心城市为节点、以交通枢纽和互联网平台为集束的区域空间；但与此同时，区域经济发展也面临产业发展慢于空间发育、后疫情时代逆全球化冲击影响国际产业分工体系等问题。在即将到来的"十四五"阶段，相关部门应着眼于已形成的区域经济框架，推动做好主体省份的相关工作以创造国内市场大循环，把国内市场大循环和区域经济调整结合起来，形成国内制造业的大循环，利用好国内完备的制造业体系，修复断裂的产业链部分，以加速实现"以国内大循环为主体、国内国际双循环相互促进"的新发展格局。

参考文献

黄宇杰：《试析如何应对新冠肺炎疫情下的全球经济寒冬》，《山西农经》2020 年第 14 期。

刘志彪：《新冠肺炎疫情下经济全球化的新趋势与全球产业链集群重构》，《江苏社会科学》2020 年第 8 期。

沈国兵、徐源晗：《疫情全球蔓延对我国进出口和全球产业链的冲击及应对举措》，

《四川大学学报》（哲学社会科学版）2020 年第 4 期。

　　唐珏岚：《新冠肺炎疫情将逆转经济全球化吗》，《上海市经济管理干部学院学报》2020 年第 4 期。

　　肖金成、沈体雁、凌英凯：《疫情对区域经济发展的影响及对策——"中国区域经济 50 人论坛"第十五次专题研讨会纪要》，《区域经济评论》2020 年第 4 期。

　　徐康宁：《疫情影响下的世界经济：变局与重塑》，《华南师范大学学报》（社会科学版）2020 年第 8 期。

　　张二震：《全球贸易增速为何低于经济增速》，《新华日报》2016 年 9 月 6 日。

　　朱武祥、张平、李鹏飞、王子阳：《疫情冲击下中小微企业困境与政策效率提升——基于两次全国问卷调查的分析》，《管理世界》2020 年第 4 期。

长三角地区工业化进程

Industrialization Process of Changjiang Delta

B.4
长三角地区

广义的长三角地区包括上海市、江苏省和浙江省。狭义的长三角地区是指上海市和江苏省、浙江省的16个地级以上城市，即上海、南京、苏州、无锡、常州、镇江、扬州、南通、泰州、杭州、宁波、嘉兴、湖州、绍兴、舟山、台州。长三角区域面积21.07万平方公里，地处我国东部沿海与长江流域的结合部，集"黄金海岸"与"黄金水道"于一身，拥有面向国际、连接南北、辐射中西部的密集立体交通网络和现代化港口群，经济腹地广阔，对长江流域乃至全国发展具有重要的带动作用，是我国综合经济实力最强的区域。

一 "十三五"长三角地区经济社会发展基本情况

长三角地区经济发展水平高，如表1所示，2019年长三角地区生产总值已经超过20万亿元，占全国GDP的比重已经达到20.2%，比2015年增加0.15个百分点，比2010年减少0.74个百分点，比2005年减少1.83个百分点。如表2所示，从区域的角度看，1995～2019年，长三角地区经济总量占全国GDP比重一直领先于京津冀、环渤海以及珠三角地区。从1999年到"十一五"期间，长三角地区经济总量占全国GDP比重一直领先于中部地区，从

"十二五"开始到 2019 年,落后于中部地区一到两个百分点。长三角地区经济外向型特征明显,在国际环境恶化、中美贸易摩擦和经济结构调整等压力下,地区经济总量占全国经济总量的比重有所提高,反映出长三角地区采取了相应的措施应对压力,例如优化产业结构并采取高质量的发展方式,减少对外部的依赖,提高抵御风险的能力。

对外贸易水平进一步提高。2019 年,长三角地区货物进出口总额达到 15706 亿美元,占到全国总量的 34.32%,从 2016 年开始,已连续四年年均保持在 34% 以上。其中出口总额 9284 亿美元,进口总额 6422 亿美元,分别占到全国总量的 37.15% 和 31.92%,货物进出口总额、出口总额、进口总额分别比 2015 年增长 17.07%、14.49% 和 21.02%。对外引资方面,2018 年,长三角地区实际利用外商直接投资总额达到 615.3 亿美元,比 2015 年增长 3.59%。长三角地区在复杂严峻的外部环境下,抓住机遇,进一步提高对外开放水平,落实"一带一路"建设、长江经济带发展、长三角区域一体化发展三大国家战略,提高国际化水平。

城镇化推进速度加快。2019 年长三角地区的人口城镇化率已经达到 73.0%,在九大区域中排名第一,上海市城镇化率在全国排名第一,达到 88.1%,比 2015 年提高 0.5 个百分点,江苏省、浙江省城镇化率在全国省区市中的排名仅次于北京、天津、广东,分别位列第五和第六,分别为 70.6% 和 70.0%,分别比 2015 年城镇化率提高 4.1 个百分点和 4.2 个百分点。长三角地区城市多,分布广,经济发展迅速,产业分工合理,集聚优势明显,城镇化速度快。一、二线城市发展迅速,无锡等二线城市升级为新一线城市,进一步激发城市活力,促进城市群的发展。

切实保障和改善民生。2019 年,上海市、浙江省和江苏省的居民人均可支配收入分别达到 69441.56 元、49898.84 和 41399.71 元,增长率分别达到 8.19%、8.85% 和 8.67%。长三角地区人均 GDP 在九大区域中排名第一,大幅度领先第二名的珠三角地区。长三角地区民营企业发达,均采取措施全面落实大规模减税降费政策,降低成本。采取多种措施保民生、促就业、稳定物价,保障人民生活水平。教育、文化、医疗、体育、旅游等事业蓬勃发展,公共服务能力有所提高,推进社会治理创新,推进扫黑除恶专项斗争,大力推进实行乡村振兴,促进发展现代农业,改善农村居住环境,推进深化农业农村改革。

表1   1995～2019年长三角地区经济总量及其占全国GDP比重

单位：亿元，%

年份	上海市	江苏省	浙江省	长三角合计	占全国比重
2019	38155.32	99631.52	62351.74	200138.58	20.20
2018	36011.82	93207.55	58002.84	187222.21	20.37
2017	30632.99	85869.76	51768.26	168271.01	20.22
2016	28178.65	77388.28	47251.36	152818.29	20.47
2015	25123.45	70116.38	42886.49	138126.32	20.05
2014	23567.70	65088.32	40173.03	128829.05	20.02
2013	21818.15	59753.37	37756.59	119328.11	20.12
2012	20181.72	54058.22	34665.33	108905.27	20.22
2011	19195.69	49110.27	32318.85	100624.81	20.62
2010	17165.98	41425.48	27722.31	86313.77	20.94
2009	15046.45	34457.30	22990.35	72494.10	20.80
2008	14069.86	30981.98	21462.69	66514.53	20.83
2007	12494.01	26018.48	18753.73	57266.22	21.20
2006	10572.24	21742.05	15718.47	48032.76	21.89
2005	9247.66	18598.69	13417.68	41264.03	22.03
2004	8072.83	15003.60	11648.70	34725.13	21.46
2003	6694.23	12442.87	9705.02	28842.12	20.99
2002	5741.03	10606.85	8003.67	24351.55	20.01
2001	5210.12	9456.84	6898.34	21565.30	19.45
2000	4771.17	8553.69	6141.03	19465.89	19.41
1999	4188.73	7697.82	5443.92	17330.47	19.14
1998	3801.09	7199.95	5052.62	16053.66	18.84
1997	3438.79	6680.34	4686.11	14805.24	18.57
1996	2957.55	6004.21	4188.53	13150.29	18.31
1995	2499.43	5155.25	3557.55	11212.23	18.28

资料来源：国家统计局网站。

表2   1995～2019年八大地区经济总量占全国比重GDP排名

年份	京津冀	环渤海	长三角	珠三角	中部地区	大西北	大西南	东三省
2019	6	3	2	4	1	7	5	8
2018	6	3	2	4	1	7	5	8
2017	6	3	2	4	1	7	5	8
2016	6	3	2	4	1	7	5	8

续表

年份	京津冀	环渤海	长三角	珠三角	中部地区	大西北	大西南	东三省
2015	6	3	2	4	1	8	5	7
2014	6	3	2	4	1	8	5	7
2013	6	3	2	4	1	8	5	7
2012	6	3	2	4	1	8	5	7
2011	6	3	2	4	1	8	5	7
2010	6	3	1	4	2	8	5	7
2009	6	2	1	4	3	8	5	7
2008	6	2	1	4	3	8	5	7
2007	6	2	1	4	3	8	5	7
2006	5	2	1	4	3	8	6	7
2005	5	2	1	4	3	8	6	7
2004	6	2	1	4	3	8	5	7
2003	6	2	1	4	3	8	5	7
2002	6	2	1	4	3	8	5	7
2001	6	3	1	4	2	8	5	7
2000	6	3	1	4	2	8	5	7
1999	7	3	1	4	2	8	5	6
1998	7	3	2	4	1	8	5	6
1997	7	3	2	4	1	8	5	6
1996	7	3	2	4	1	8	5	6
1995	7	3	2	4	1	8	5	6

资料来源：国家统计局网站。

二 长三角地区工业化水平评价

表3比较了2019年长三角地区与全国和其他区域的各项工业化水平指标的数据，表4列示了1995年、2000年、2005年、2010年、2015年和2019年长三角地区与全国和其他区域的工业化水平评价结果的比较情况。基于以上两表，我们可以对长三角地区的工业化进程进行分析。

表3 2019年长三角地区工业化的原始数据

单位：美元，%

地区		人均GDP	产业产值比			制造业增加值占比	人口城镇化率	产业就业比		
			一	二	三			一	二	三
	全国	11759.0	7.1	39.0	53.9	61.6	60.6	26.1	27.6	46.3
四大板块	东部	16278.2	4.6	39.0	56.4	62.8	68.5	20.4	36.6	42.9
	中部	8750.1	7.8	43.6	49.1	48.5	55.7	32.6	29.6	37.8
	西部	8832.7	11.0	37.9	51.1	49.3	54.1	42.6	19.5	36.4
	东北	9526.9	13.2	34.4	52.4	51.4	63.2	33.7	20.5	45.8
九大区域	京津冀	13742.1	4.5	28.7	66.8	66.7	66.7	23.2	29.4	47.4
	环渤海	13790.7	5.7	33.8	60.5	57.0	64.3	25.5	32.3	42.2
	长三角	20361.9	3.2	40.8	55.9	60.4	73.0	12.5	42.0	45.5
	长江经济带	12243.4	6.7	40.0	53.3	54.8	60.6	30.0	29.4	40.7
	珠三角	15465.9	5.2	42.0	52.8	71.2	69.5	21.9	36.5	41.3
	中部地区	8750.1	7.8	43.6	49.1	48.5	55.7	32.6	29.6	37.8
	大西北	9759.4	10.1	40.6	49.4	46.0	56.3	42.9	16.1	36.3
	大西南	8360.5	11.4	36.5	52.1	51.0	52.9	42.5	21.1	36.4
	东三省	9526.9	13.2	34.4	52.4	51.4	63.2	33.7	20.5	45.8
长三角地区	上海	24553.9	0.3	27.0	72.7	75.3	88.1	3.0	30.7	66.3
	江苏	20949.6	4.3	44.4	51.3	64.0	70.6	16.1	42.8	41.1
	浙江	17943.6	3.4	43.6	53.0	46.8	70.0	11.4	45.1	43.5

资料来源：参见附录一。

表4 1995～2019年长三角地区工业化进程：分项及综合得分

年份	地区	人均GDP	产业产值比	工业结构	城镇化率	产业就业比	综合得分	所处阶段
1995	京津冀	34	49	34	0	40	34	三（Ⅰ）
	环渤海	29	41	26	0	26	27	二（Ⅱ）
	长三角	41	55	44	0	47	40	三（Ⅰ）
	长江经济带	—	—	—	—	—	—	—
	珠三角	17	40	21	0	41	23	二（Ⅱ）
	中部地区	0	16	9	0	6	6	二（Ⅰ）
	大西北	0	12	5	0	0	4	二（Ⅰ）
	大西南	0	14	15	0	0	6	二（Ⅰ）
	东三省	9	39	16	22	52	22	二（Ⅱ）

年份	地区	人均GDP	产业产值比	工业结构	城镇化率	产业就业比	综合得分	所处阶段
2000	京津冀	61	64	30	15	42	48	三（Ⅰ）
	环渤海	54	57	28	14	28	42	三（Ⅰ）
	长三角	71	80	52	32	49	62	三（Ⅱ）
	长江经济带	—	—	—	—	—	—	—
	珠三角	40	59	42	37	38	44	三（Ⅰ）
	中部地区	9	32	7	0	5	12	二（Ⅰ）
	大西北	7	25	1	2	1	9	二（Ⅰ）
	大西南	0	29	11	0	0	9	二（Ⅰ）
	东三省	34	56	8	40	33	34	三（Ⅰ）
2005	京津冀	81	100	54	32	54	71	三（Ⅱ）
	环渤海	76	80	79	28	49	70	四（Ⅰ）
	长三角	85	80	100	56	75	83	四（Ⅰ）
	长江经济带	—	—	—	—	—	—	—
	珠三角	52	81	100	56	57	70	四（Ⅰ）
	中部地区	28	44	24	11	21	28	二（Ⅱ）
	大西北	31	40	10	11	11	24	二（Ⅱ）
	大西南	16	41	24	6	12	22	二（Ⅱ）
	东三省	45	57	27	50	37	44	三（Ⅰ）
2010	京津冀	100	100	93	53	68	90	四（Ⅱ）
	环渤海	98	82	100	43	62	85	四（Ⅱ）
	长三角	100	82	100	72	89	92	四（Ⅱ）
	长江经济带	—	—	—	—	—	—	—
	珠三角	75	81	100	71	70	81	四（Ⅰ）
	中部地区	54	56	100	23	42	60	三（Ⅱ）
	大西北	62	60	46	24	28	51	三（Ⅱ）
	大西南	43	52	98	16	27	53	三（Ⅱ）
	东三省	71	64	100	58	48	72	四（Ⅰ）
2015	京津冀	100	100	100	72	76	95	四（Ⅱ）
	环渤海	100	100	100	66	70	94	四（Ⅱ）
	长三角	100	100	100	87	92	98	四（Ⅱ）
	长江经济带	88	100	100	51	60	87	四（Ⅱ）
	珠三角	94	100	100	80	77	94	四（Ⅱ）
	中部地区	73	63	94	40	50	70	四（Ⅰ）
	大西北	79	63	39	38	35	58	三（Ⅱ）
	大西南	68	57	72	29	30	59	三（Ⅱ）
	东三省	87	61	86	69	59	77	四（Ⅰ）

续表

年份	地区	人均GDP	产业产值比	工业结构	城镇化率	产业就业比	综合得分	所处阶段
	京津冀	100	100	100	81	77	96	四（Ⅱ）
	环渤海	100	100	89	75	73	93	四（Ⅱ）
	长三角	100	100	100	95	95	99	四（Ⅱ）
	长江经济带	98	100	82	67	66	89	四（Ⅱ）
2019	珠三角	100	100	100	87	79	97	四（Ⅱ）
	中部地区	78	100	61	52	60	75	四（Ⅰ）
	大西北	84	66	53	54	38	66	四（Ⅰ）
	大西南	76	61	69	43	38	61	三（Ⅱ）
	东三省	83	55	70	73	58	71	四（Ⅰ）

资料来源：参见附录二。

从人均收入指标来看，2019年长三角地区人均GDP超过两万美元，已经达到20362美元，远超全国其他区域，在九大区域中排名第一，大幅领先全国平均水平。长三角地区人均GDP从2015年的17658美元增加到2019年的20362美元，增长了15.3%，增长速度快。2019年该指标得分为100，达到后工业化阶段。

从三次产业产值比指标看，2019年长三角地区的三次产业结构为3.2∶40.8∶55.9，其中，第一产业比重已经低于全国平均水平的一半，在九大区域中最低；第三产业比重超过第二产业，长三角的产业结构演变成"三二一"；第三产业比重达到55.9%，高于全国平均水平。2019年长三角地区该指标的工业化评分为100，进入后工业化阶段。

从工业结构指标看，长三角地区该指标的工业化评分从"十五"到"十二五"期间均为100，达到后工业化阶段。2019年长三角地区制造业增加值占比为60.4%，低于全国平均值61.6%，2015年长三角地区制造业增加值占比为74.9%，降低了14.5个百分点。"十三五"期间长三角地区该指标的工业化评分为100，处于后工业化阶段。

从城镇化率指标看，2019年长三角地区人口城镇化率已经超过70%，达到73%，大幅领先于全国平均水平的60.6%，在九大区域中居首位，比排名第二的珠三角地区高出3.5个百分点，较2015年与珠三角地区相差3.1个百分点来看，城镇化的差距进一步扩大。长三角地区是九大区域唯一城镇化率超过 70% 的地区。2019 年长三角地区该指标的工业化评分为由 2015 年的 87 分变为 95 分，从 2015 年的工业化后期中段进入工业化后期后半阶段。

从三次产业就业结构看，2019 年长三角地区第一、二、三次产业就业人数的比重为 12.5∶42.0∶45.5，第一、第二产业就业与 2015 年相比，比重下降，第三产业就业比重上升。第一产业就业比重较全国平均水平 26.1% 低 13.6 个百分点，在九大区域中最低，比珠三角地区的 21.9% 低 9.4 个百分点；第三产业就业比重在九大区域中排名第三，低于京津冀以及东三省。三次产业就业结构的工业化评分为 95，在九大区域中排名第一，高出第二名珠三角地区 16 分，处于工业化后期后半阶段。

总体来看，"十三五"期间，长三角地区综合评分为 99，2015 年长三角地区的工业化综合指数达到 98，依然保持在工业化后期的后半阶段。长三角地区工业化进程的迅速推进，有效地带动全国的工业化进程，与全国九大区域中的京津冀、珠三角、环渤海和长江经济带同时位于工业化后期的后半阶段，并且综合评分位列各大区域首位。图 1 对 2019 年长三角地区工业化主要指标评价值及综合指数与全国平均水平进行了对比。可以看到，长三角地区的各个指标均领先于全国平均水平。

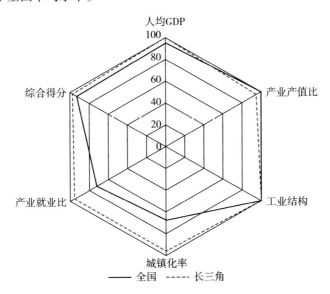

图 1　2019 年长三角地区工业化雷达

三　长三角地区工业化进程的特征

基于对长三角地区的工业化水平评价以及经济社会发展状况的分析，我们认为长三角地区的工业化进程有如下特征。

1. 工业化阶段保持在工业化后期的后半阶段

1995~2019 年的数据变化显示，长三角地区的工业化水平每个五年就实现一阶段的提升，1995 年是工业化初期后半阶段，2000 年提升到工业化中期前半阶段，2005 年进入工业化后期的前半阶段，2010 年升级到工业化后期的中段，2015 年已经进入工业化后期的后半阶段，2019 年保持在工业化后期的后半阶段。从 1995 年到 2019 年均在全国区域内位列第一。

表5　1995~2005 年长三角地区工业化指数

地区		1995 年			2000 年			2005 年		
		工业化指数	工业化阶段	全国排名	工业化指数	工业化阶段	全国排名	工业化指数	工业化阶段	全国排名
全　国		14	二（Ⅰ）	—	26	二（Ⅱ）	—	49	三（Ⅰ）	—
珠三角		23	二（Ⅱ）	4	44	三（Ⅰ）	3	70	四（Ⅰ）	3
长三角		40	三（Ⅰ）	1	62	三（Ⅱ）	1	83	四（Ⅱ）	1
京津冀		34	三（Ⅰ）	2	48	三（Ⅰ）	2	71	四（Ⅰ）	2
环渤海		27	二（Ⅱ）	3	42	三（Ⅰ）	4	70	四（Ⅰ）	3
中　部		6	二（Ⅰ）	6	12	二（Ⅰ）	6	28	二（Ⅱ）	6
东三省		22	二（Ⅱ）	5	34	三（Ⅰ）	5	44	三（Ⅰ）	5
大西北		4	二（Ⅰ）	8	9	二（Ⅰ）	7	24	二（Ⅱ）	7
大西南		6	二（Ⅰ）	6	9	二（Ⅰ）	7	22	二（Ⅱ）	8
长三角地区	上海	81	四（Ⅰ）	1	100	五	1	100	五	1
	江苏	30	二（Ⅱ）	5	44	三（Ⅰ）	6	74	四（Ⅰ）	5
	浙江	28	二（Ⅱ）	7	46	三（Ⅰ）	5	74	四（Ⅰ）	5

资料来源：参见附录二。

表 6　2010～2019 年长三角地区工业化指数续表

地区		2010 年			2015 年			2019 年		
		工业化指数	工业化阶段	全国排名	工业化指数	工业化阶段	全国排名	工业化指数	工业化阶段	全国排名
全国		69	四（Ⅰ）	—	84	四（Ⅱ）	—	92	四（Ⅱ）	—
珠三角		81	四（Ⅰ）	4	94	四（Ⅱ）	3	97	四（Ⅱ）	2
长三角		92	四（Ⅱ）	1	98	四（Ⅱ）	1	99	四（Ⅱ）	1
京津冀		90	四（Ⅱ）	2	95	四（Ⅱ）	2	96	四（Ⅱ）	3
环渤海		85	四（Ⅱ）	3	94	四（Ⅱ）	3	93	四（Ⅱ）	4
长江经济带		—	—	—	87	四（Ⅱ）	5	89	四（Ⅱ）	5
中部地区		60	三（Ⅱ）	6	70	四（Ⅰ）	7	75	四（Ⅰ）	6
东三省		72	四（Ⅰ）	5	77	四（Ⅰ）	6	71	四（Ⅰ）	7
大西北		51	三（Ⅱ）	8	58	三（Ⅱ）	9	66	四（Ⅰ）	8
大西南		53	三（Ⅱ）	7	59	三（Ⅱ）	8	61	三（Ⅱ）	9
长三角地区	上海	100	五	1	100	五	1	100	五	1
	江苏	89	四（Ⅱ）	4	96	四（Ⅱ）	6	98	五	3
	浙江	89	四（Ⅱ）	4	97	四（Ⅱ）	4	89	五	9

资料来源：参见附录二。

分指标看，长三角地区人均 GDP、产业产值比、工业结构、城镇化率、产业就业比指标的评分均处于领先地位，其中，城镇化率和产业就业比指标的工业化水平领先其他八大区域的优势尤其明显。

表 7　2019 年九大区域工业化指标的比较

地区	人均 GDP	产业产值比	工业结构	城镇化率	产业就业比	综合得分	工业化阶段
京津冀	100	100	100	81	77	96	四（Ⅱ）
环渤海	100	100	89	75	73	93	四（Ⅱ）
长三角	100	100	100	95	95	99	四（Ⅱ）
长江经济带	98	100	82	67	66	89	四（Ⅱ）
珠三角	100	100	100	87	79	97	四（Ⅱ）
中部地区	78	100	61	52	60	75	四（Ⅰ）
大西北	84	66	53	54	38	66	四（Ⅰ）
大西南	76	61	69	43	38	64	三（Ⅱ）
东三省	83	55	70	73	58	71	四（Ⅰ）

资料来源：参见附录二。

2. 工业化速度进一步放缓

1996～2019 年，长三角地区工业化进程保持了 2.5 的年均增速，在九大区域中排名第 6。分阶段来看，1996～2000 年，长三角地区工业化进程保持了 4.4 的年均增速，在九大区域中排名第 1；"十五"期间长三角地区工业化的年均增速为 4.2，排名第 4；"十一五"期间为 1.8，排名第 8，年均增速下降明显；"十二五"期间为 1.2，排名第 5，而在"十三五"期间为 0.3，排名第 6。可以看出长三角地区在进入工业化后期阶段以后，工业化速度开始明显放缓。

表8 中国各地区工业化速度（1995～2019 年）

地区		工业化进程(100 分制)			年均增速					
		1995 年	2000 年	2005 年	1996～2019 年	排名	1996～2000 年	排名	2001～2005 年	排名
全国		14	26	49	3.3	—	2.4	—	4.6	—
四大板块	中部	6	12	28	2.9	1	1.2	3	3.2	2
	东部	31	48	75	2.8	2	3.4	1	5.4	1
	西部	5	9	23	2.5	3	0.8	4	2.8	3
	东北	22	34	44	2.0	4	2.4	2	2.0	4
九大区域	珠三角	23	44	70	3.1	1	4.2	2	6.0	1
	中部地区	6	12	28	2.9	2	1.2	6	3.2	5
	环渤海	27	42	70	2.8	3	3.0	3	5.6	2
	京津冀	34	48	71	2.6	4	2.8	4	4.6	3
	大西北	4	9	24	2.6	4	1.0	7	3.0	6
	长三角	40	62	83	2.5	6	4.4	1	4.2	4
	大西南	6	9	22	2.4	7	0.6	8	2.6	7
	东三省	22	34	44	2.0	8	2.4	5	2.0	8
	长江经济带	—	—	—	—	—	—	—	—	—
长三角地区	江苏	30	44	74	2.8	8	2.8	9	6.0	2
	浙江	28	46	74	2.5	14	3.6	3	5.6	3
	上海	81	100	100	0.8	30	3.8	2	—	—

续表

地区		工业化进程（100 分制）			年均增速						
		2010 年	2015 年	2019 年	2006～2010 年	排名	2011～2015 年	排名	2016～2019 年	排名
	全国	69	84	92	4.0	—	3.0	—	2.0	—
四大板块	中部	60	71	75	6.4	1	2.2	1	1.0	2
	东部	87	95	97	2.4	4	1.6	2	0.5	3
	西部	52	59	65	5.8	2	1.4	3	1.5	1
	东北	72	77	71	5.6	3	1.0	4	-1.5	4
九大区域	珠三角	81	94	97	2.2	7	2.6	1	0.8	4
	中部	60	70	75	6.4	1	2.0	2	1.3	2
	环渤海	85	94	93	3.0	6	1.8	3	-0.3	8
	京津冀	90	95	96	3.8	5	1.0	7	0.3	6
	大西北	51	58	66	5.4	4	1.4	4	2.0	1
	长三角	92	98	99	1.8	8	1.2	5	0.3	6
	大西南	53	59	64	6.2	2	1.2	5	1.3	2
	东三省	72	77	71	5.6	3	1.0	7	-1.5	9
	长江经济带	—	87	89	—	—	—	—	0.5	5
长三角地区	江苏	89	96	98	3	23	1.4	20	0.5	16
	浙江	89	97	89	3	23	1.6	17	-2.0	27
	上海	100	100	100	—	—	—	—	—	—

资料来源：参见附录三。

从九大区域的工业化加速度对比中可以看出，"十五"期间，长三角地区加速度已经为负数，加速度排名第七，除长三角外，只有东三省的加速度为负数，其他地区工业化发展迅速；"十一五"期间，长三角地区的工业化速度放缓明显，加速度为 -2.4，排名第六，珠三角以及环渤海地区工业化速度也明显放缓，加速度分别为 -3.8 和 -2.6，东三省、大西南、中部地区、大西北均保持较高的加速度，工业化速度明显加快；"十二五"期间，长三角地区的工业化速度放缓平稳，为 -0.6，排名第二，珠三角地区加速度为 0.4，排名第一，九大区域只有珠三角的加速度为正值；"十三五"期间九大区域除大西北外，加速度均为负值，长三角地区的工业化加速度为 -0.9，排名第五，工业化速度进一步放缓。

表9 长三角地区工业化加速度（1996～2019年）

	地区	1996～2000年年均增速	2001～2005年年均增速	2006～2010年年均增速	"十五"加速度	排序	"十一五"加速度	排序
	全国	2.4	4.6	4.0	2.2	—	-0.6	—
四大板块	西部	0.8	2.8	5.8	2.0	1	3.0	3
	东部	3.4	5.4	2.4	2.0	1	-3.0	4
	中部	1.2	3.2	6.4	2.0	1	3.2	2
	东北	2.4	2.0	5.6	-0.4	4	3.6	1
九大区域	大西北	1.0	3.0	5.4	2.0	2	2.4	4
	京津冀	2.8	4.6	3.8	1.8	5	-0.8	5
	长三角	4.4	4.2	1.8	-0.2	7	-2.4	6
	大西南	0.6	2.6	6.2	2.0	2	3.6	1
	中部地区	1.2	3.2	6.4	2.0	2	3.2	3
	珠三角	4.2	6.0	2.2	1.8	5	-3.8	8
	环渤海	3.0	5.6	3.0	2.6	1	-2.6	7
	东三省	2.4	2.0	5.6	-0.4	8	3.6	1
	长江经济带	—	—	—	—	—	—	—
长三角地区	江苏	2.8	6.0	3.0	3.2	1	-3.0	28
	浙江	3.6	5.6	3.0	2.0	11	-2.6	26
	上海	3.8	—	—	—	—	—	—

	地区	2011～2015年年平均增速	2016～2019年年平均增速	"十二五"加速度	"十二五"加速度排序	"十三五"加速度	"十三五"加速度排序
	全国	3.0	2.0	-1.0	—	-1.0	—
四大板块	西部	1.4	1.5	-4.4	3	0.1	1
	东部	1.6	0.5	-0.8	1	-1.1	2
	中部	2.2	1.0	-4.2	2	-1.2	3
	东北	1.0	-1.5	-4.6	4	-2.5	4

地区		2011 ~ 2015 年年平均增速	2016 ~ 2019 年年平均增速	"十二五" 加速度	"十二五" 加速度排序	"十三五" 加速度	"十三五" 加速度排序
九大区域	大西北	1.4	2.0	-4.0	5	0.6	1
	京津冀	1.0	0.3	-2.8	4	-0.7	3
	长三角	1.2	0.3	-0.6	2	-0.9	5
	大西南	1.2	-1.3	-5.0	8	-0.1	2
	中部地区	2.0	1.3	-4.4	6	-0.7	3
	珠三角	2.6	0.8	0.4	1	-1.8	6
	环渤海	1.8	0.3	-1.2	3	-2.1	7
	东三省	1.0	1.5	-4.6	7	-2.5	8
	长江经济带	—	0.5	—	—	—	—
长三角地区	江苏	1.4	0.5	-1.6	9	-0.9	14
	浙江	1.6	-3.3	-1.4	8	-4.9	26
	上海	—	—	—	—	—	—

资料来源：参见附录三。

2000 年全国工业化综合指数与长三角地区的差距最大为 36，到 2010 年缩小为 23，到 2019 年已经缩小到 5。与九大区域的差距对比中，2019 年，除与东三省地区与环渤海的差距有所扩大外，其他地区与长三角地区的差距都在缩小。

表 10　长三角地区与其他地区工业化水平的差距

年份	1995	2000	2005	2010	2015	2019
全国	26	36	34	23	14	5
珠三角	17	18	13	11	4	0
京津冀	6	14	12	2	3	1
环渤海	13	20	13	7	4	5
长江经济带	—	—	—	—	11	10
中部地区	34	50	55	32	28	22
东三省	18	28	39	20	21	26
大西北	36	53	59	41	40	31
大西南	34	53	61	39	39	36

资料来源：参见附录三。

3. 工业结构、城镇化率对工业化进程产生重要影响

"九五"期间，长三角地区的工业化进程主要依靠人均 GDP 增长的贡献，达到49.09%，其次是产业产值比，工业结构和产业就业比对工业化进程的贡献非常小。"十五"期间，人均 GDP 的贡献明显下降，工业结构的贡献迅速增加，达到50以上，成为这一时期长三角地区工业化的主要推动力；城镇化率和产业就业比两个指标对工业化进程的贡献较小，产业产值比的贡献为 0。"九五"和"十五"期间工业化指数累计增加值均达到20以上，工业化发展迅速。"十一五"期间，长三角地区经济增长依然迅速，人均 GDP 增长对工业化进程的贡献度较"十五"期间增加较大，达到60.00%，可以看出人均 GDP 增长成为"十一五"时期推动长三角地区工业化进程的主导力量；工业结构的贡献值下降为 0，产业产值比和城镇化率对工业化进程的贡献明显加强，产业就业比的贡献增加较少。"十二五"期间，产业产值比是工业化进程加快的主要推动力，其贡献度为 66.00%，其次为城镇化率，达到30.00%。"十三五"期间，城镇化率是工业化指数增加的主要原因，其贡献度为96.00%，其次是产业就业比，为24.00%，人均 GDP、产业产值比和工业结构没有影响。可以看出，1996～2015 对长三角地区工业化进程贡献度较大的指标主要是人均 GDP、产业产值比和工业结构，城镇化率从 2011 年开始对工业化的进程产生了较大的影响。

表 11　长三角地区工业化综合指数增长的贡献度（1996～2019 年）

年份	人均 GDP（%）	产业产值比（%）	工业结构（%）	城镇化率（%）	产业就业比（%）	工业化指数累计增加值
1996～2000	49.09	25.00	8.00	17.45	0.73	22
2001～2005	24.00	0.00	50.29	13.71	9.90	21
2006～2010	60.00	4.89	0.00	21.33	12.44	9
2011～2015	0.00	66.00	0.00	30.00	4.00	6
2016～2019	0.00	0.00	0.00	96.00	24.00	1

资料来源：参见附录三。

四 长三角地区工业化推进存在的主要问题

长三角工业化发展速度快，进入工业化后期时间早，一直保持较高的工业化水平，但工业化发展过程中也存在许多问题。

1. 产业结构趋同

区域产业结构趋同有利于推动产业集聚、带来集聚效应，产生规模经济。但是，产业结构趋同也存在负面的影响，会引起地区之间同质化竞争和重复建设，阻碍区域之间产业分工，难以形成产业升级转移。长三角地区制造业产业结构同构程度越来越高，区域之间产业同构程度过高，导致重复建设、资源浪费，导致招商引资方面的不良竞争，不利于区域整体产业发展。

2. 要素市场一体化存在障碍

长三角市场一体化水平已经走在了全国的前列，产品市场一体化水平较高，但要素市场一体化进程仍有需要改进的地方。以劳动力市场为例，不同城市或地区之间的户籍壁垒和公共服务供给不均等，阻碍了劳动力自由流动，导致地区间劳动力市场呈现较为严重的分割状态。户籍制度没有实行有效的改革方案以及区域公共服务未实现真正的一体化，地区之间以及城乡之间公共服务质量差距较大，导致劳动力市场分割的问题难以得到有效解决。

3. 环境污染和资源浪费

在工业化快速发展的同时，弊端逐渐显现，经济发展质量差、效率低，能耗高，区域发展不平衡，生态环境恶化，资源稀缺是我国面临的一个严重问题。工业化的过程中采取传统的方法方式，大力建设资源密集型尤其是矿产资源密集型的产业，大肆开发自然资源，造成环境的破坏和资源的严重浪费。

4. 区域协同机制不完善

长三角区域缺少国家层面协调，缺乏协同发展的长期统筹规划，难以高效、持续地实现协同。区域发展缺乏相关法律和规范协调，长三角未建立有效完善的立法协调机制。市场化机制欠缺，当前长三角的区域协同大多数仅限于政府之间的合作，缺少企业和社会力量的参与，没有形成政府协调与市场机制的良性互动。

五 进一步推进长三角地区工业化进程的建议

针对上述问题，对长三角地区在"十四五"期间的经济发展提出以下建议。

1. 制订长三角区域层面的产业规划

长三角区域一体化发展上升为国家战略，长三角区域的产业规划必须从整体角度出发，制订符合长三角整体发展规律的产业规划，合理进行产业布局，减少产业同构，避免恶性竞争，推动各个地区有效发挥本地比较优势，形成地方特色，促进地区间合理的产业分工和协调发展，促进产业集群发展，形成基于产业链的合理分工体系。发挥核心城市上海的引领作用，促进上海形成具有较强集聚优势和辐射能力的主导产业，对区域发展产生辐射带动作用，促进地区经济的发展。

2. 促进产业结构优化，以科技创新引领区域经济发展

调整产业结构，进行产业转型升级。加快去产能，加快区域过剩产业转型，推动区域产业升级。以科技创新促进区域经济发展，健全区域协同创新的政策体系，建立长三角地区创新协调机制，促进区域科技创新法规建设，强化法治保障。促进地区创新主题合作以及科技创新资源的流动。提高制造业全球产业链位置，提高核心竞争力，提高自主研发能力，减少核心技术的外部依赖性，增强对区域经济的促进作用。

3. 推进要素市场一体化发展

建立长三角地区统一的市场，推进基础设施互联互通，建立区域信息交流和共享机制，促进地区之间要素流动、信息共享。完善区域市场规则体系，建立区域统一的产权交易制度。深化区域人力资源协作，提高人力资源配置效率，消除区域劳动力流动的制度性障碍，推进户籍制度改革，建立长三角地区人才自由流动机制。促进生产要素跨区域优化配置，提高区域之间资源配置效率，提升区域整体经济竞争力。

4. 强化生态保护意识，加强区域合作

建立完善区域生态文明制度体系。保护生态环境资源从源头开始，不搞大开发。在使用自然资源过程中，要建立健全自然资源资产管理体制，规范自然

资源的开发利用，提倡节约资源，高效利用自然资源。在保护生态环境上，健全法律法规体系，严惩任何破坏生态环境的行为，健全生态保护和修复制度。在生态环境监管上，建立环境保护责任制度，落实生态环境损害赔偿制度，将环境保护纳入考核，制定合理的奖惩机制。

5. 建立有效、多样的协同发展体制机制

建立和完善全方位、多层次的区域协作机制。建立区域法规协调机制，引入市场化协同机制，充分发挥企业和社会组织在区域协同发展中的作用，形成政府协调与市场机制的良性互动，鼓励非官方的跨区域合作交流，支持区域合作和交易平台建设。

长三角地区人口众多，地域面积跨度大，工业化进程开始早，发展速度快，工业化水平高，工业化体系较完善。随着近年来发展方式的转变，工业化发展速度放缓，要把握转型的机遇，解决工业化发展过程中出现的问题，大力推进产业转型升级，实现长三角地区的高质量发展。在我国经济已由高速增长阶段转向高质量发展阶段的大背景下，推动长三角地区高质量发展，对引领我国经济高质量发展，促进经济发展具有重大意义。

参考文献

金瑶梅：《新形势下推进长三角更高质量一体化发展面临的挑战及其对策探析》，《理论与评论》2020 年第 2 期。

王慧娟、兰宗敏、工锡朝：《长三角区域协同发展的特征、问题与政策建议》，《经济研究参考》2018 年第 59 期。

张学良、李丽霞：《长三角区域产业一体化发展的困境摆脱》，《改革》2018 年第 12 期。

张月友、方瑾：《如何推动东部地区率先高质量发展》，《经济研究参考》2019 年第 8 期。

B.5

上海市

上海，集经济、交通、科技、工业、金融、会展和航运优势于一体，经济规模和面积位居世界城市前列，是重要的大都会区，拥有面积6340.5平方公里，人口2400余万人。2018年上海GDP位居中国城市第一、亚洲城市第一。上海港口的贸易总额荣登世界城市榜首，上海有着良好海滨城市的美誉。上海港的集装箱吞吐量高达4330.3万标准箱，10年持续领先世界。"十三五"期间，国内外风险挑战加剧，上海迎难而上，不忘初心，坚持稳增长的硬要求，实现高质的发展，有效应对外部环境的不确定性。全市经济继续保持总体平稳、稳中有进、进中固稳的发展态势，在高基数和经济下行压力加大的情况下，全市生产总值增长6.5%，上海率先进入后工业化阶段。

一 "十三五"上海市经济社会发展基本情况

"十三五"期间，上海市积极转变经济发展方式，合理调整经济产业结构。面对国内经济增速放缓与自身转型的双重压力，上海市贯彻落实中央的宏观调控政策，积极采取各项有力措施，保持经济稳步增长。全市预计生产总值年均增长达6.5%以上，政府的公共预算收入与经济保持同步增长。到2020年，预期人均生产总值达到15万元左右，力争居民人均可支配收入相较于2010年翻一番，基本建成更加开放文明的国际大都市。

经济发展质量和效益明显改善。2019年，全市大规模地实行减税降费政策，使得地方财政收入增加了11个百分点，地方一般公共预算收入增长0.8%。全市第三产业增加值占生产总值的72.7%，相比于2015年的67.8%增长了4.9个百分点，位居全国第二。与此同时，战略性新兴产业制造业部分产值占规模以上工业总产值的比重提高到32.4%，"十三五"经济结构目标超额完成。

产业结构调整和产业转型升级加快。2019 年，以服务型经济为导向的产业结构基本形成，第三产业增加值占生产总值的比重为 72.7%，比全国平均水平 53.9% 多 18.8 个百分点，仅次于北京市，比"十二五"末提高了 5.1 个百分点；加快"四新"经济培育进度，制定出本市关于推进"互联网＋"行动、推进大数据发展等的实施意见，加快发展机器人、3D 打印、车联网、云计算等新兴产业，加快融合旅游、文化、教育等领域的线上线下服务；大力发展科学研发，全市生产总值的 4% 部分用于科研经费支出，提高发明专利占有率，每万人口拥有 53.5 件发明专利；继续保持新产业、新业态、新模式的快速增长，实现新能源产业产值增长 17.7%。

"五个中心"功能全面提升。"十三五"期间，积极创新金融市场产品，推出了"沪伦通"、沪深 300 股指期权等金融产品，新增持牌的金融机构有 54 家，丰富了金融市场结构和产品类型，金融市场的交易总额高达 1934.3 万亿元，比"十二五"期间增长了 16.6%。2019 年，上海市的电子商务交易额增长了 14.7%，口岸贸易总额持续增加，上海继续保持世界城市之首地位。上海港集装箱吞吐量达到 4330.3 万标准箱，持续 10 年位居世界首位。科技体制机制大力改革，智慧城市不断实施，建成运营科学设施，开工建设重点项目。

重大项目全面实施，重点区域建设全面推进。"十三五"期间，积极落实国务院批准的总体方案和规划部署，正式设立上海自贸试验区临港新片区。在新片区，优先进行试点和重大改革，优先布局重大项目，优先适用重大政策。2019 年，在新片区新设了 4025 家企业，签约了 168 个重点项目，累计总投资高达 821.9 亿元。在自贸试验区，不断深化"三区一堡"的地方建设，将更大的改革自主权赋予浦东新区，进一步推动浦东新区的改革开放和经济高质量发展。在工业投资领域，不断加大投资力度，实现投资增长了 11.3%，21 个月内持续保持两位数的快速增长。加大交通领域重大项目的投产，建设有轨道交通机场联络线、崇明线和沿江通道浦东段等重大项目，同时加快建成周家嘴路越江隧道等重要基础设施。

就业和社会保障体系不断完善。"十三五"期间，不断完善有关创业扶持、技能培训、就业援助等稳定就业的措施，实现 100.7 万人次补贴性职业技能培训，帮助 8698 名长期失业青年实现就业创业，新增 206 个户外职工"爱心接力站"。2019 年，政府进行合并实施生育保险和职工基本医保，不断提高

养老金、低保和最低工资等保障标准。同时，对猪肉等农产品积极实施保供稳价措施，及时向 33 万困难群众和低保人员发放价格临时补贴；上海大力推进旧区和老城区改造，完成了 55.3 万平方米以及 2.9 万户中心城区成片房屋改造，综合改造了 1184 万平方米旧住房，修缮保护了 104 万平方米里弄房屋，新增供应了各类保障房 6.3 万套；积极落实房地产市场调控一城一策的常态长效机制，保持房地产市场的平稳健康发展。

垃圾分类成为新时尚。"十三五"期间，国家大力实施垃圾分类管理条例，上海市首个贯彻落实该条例，初步建成垃圾全程分类收运体系和保障制度，实现垃圾资源化管理利用。2019 年，在居民区垃圾的分类达标率从起初的 15% 提高到 90%，涨幅巨大。不同类型的垃圾分类越来越合理高效，平均每天分出的可回收物增长 431.8%，湿垃圾增长 88.8%，干垃圾减少 17.5%，有害垃圾增长 504.1%，垃圾填埋比例从 41.4% 下降到 20%。垃圾分类取得了推进快、成效大的好成绩。

二　上海市工业化水平评价

表 1 反映了 1995 年、2000 年、2005 年、2010 年、2015 年和 2019 年上海市与长三角地区、东部和全国的各项工业化水平指标的数据；表 2 列示了同期上海市的工业化水平评价结果及其与全国、东部、长三角地区和北京市的比较情况。

表 1　上海市工业化主要指标（1995～2019 年）

单位：美元，%

年份	地区	人均 GDP	产业产值比			制造业增加值占比	人口城镇化率	产业就业比		
			一	二	三			一	二	三
1995	全国	1857.8	20.5	48.8	30.7	30.7	29.0	52.2	23.0	24.8
	东部	3246.2	16.2	49.8	34.0	37.5	26.2	43.5	29.7	26.8
	长三角	4145.1	13.2	53.5	33.3	43.4	27.2	38.6	34.8	26.6
	北京市	4857.0	5.8	44.1	50.1	60.2	55.7	10.6	40.1	49.3
	上海市	6515.1	2.5	57.3	40.2	69.8	65.1	9.2	51.4	39.3

年份	地区	人均GDP	产业产值比			制造业增加值占比	人口城镇化率	产业就业比		
			一	二	三			一	二	三
2000	全国	2681.4	16.4	50.2	33.4	33.7	36.1	50.0	22.5	27.5
	东部	5638.4	11.5	49.1	39.4	41.5	45.3	43.3	27.3	29.5
	长三角	7549.2	9.3	51	39.7	45.8	49.6	37.7	31.4	30.9
	北京市	8508.8	3.6	38.1	58.3	64.8	77.5	11.7	32.4	55.9
	上海市	13087.8	1.8	47.5	50.6	67.3	88.3	13.1	42.8	44.1
2005	全国	4144.1	12.6	47.5	39.9	52.0	43.0	44.8	23.8	31.4
	东部	7897.0	7.9	51.6	40.5	59.4	52.8	32.9	33.2	33.9
	长三角	9973.6	6.0	53.7	40.3	64.8	57.1	24.3	39.9	35.8
	北京市	13107.6	1.4	29.5	69.1	66.6	83.6	6.8	24.6	68.6
	上海市	14846.6	0.9	48.6	50.5	86.2	89.1	7.1	38.7	54.2
2010	全国	6902.1	10.1	46.8	43.1	60.4	49.9	36.7	28.7	34.6
	东部	11379.4	6.3	49.4	44.3	77.9	58.8	25.6	37.1	37.3
	长三角	13488.8	4.7	50.1	45.2	84.1	62.9	16.1	45.7	38.2
	北京市	17014.0	0.9	24.0	75.1	75.6	85.9	4.9	20.9	74.1
	上海市	17043.3	0.7	42.1	57.3	90.1	88.6	3.9	37.6	58.5
2015	全国	9835.6	8.9	40.9	50.2	57.6	56.1	28.3	29.3	42.4
	东部	15032.2	5.6	43.5	50.8	75.3	65.0	25.1	36.2	38.7
	长三角	17657.1	4.3	43.3	52.5	74.9	69.5	14.3	43.9	41.7
	北京市	20937.4	0.6	19.74	79.7	60.0	86.5	4.2	17	78.8
	上海市	20406.4	0.4	31.8	67.8	84.5	87.6	3.3	34.9	61.8
2019	全国	11759.0	7.1	39.0	53.9	61.6	60.6	26.1	27.6	46.3
	东部	16278.2	4.6	39.0	56.4	62.8	68.5	20.4	36.6	42.9
	长三角	20361.9	3.2	40.8	55.9	60.4	73.0	12.5	42.0	45.5
	北京市	25505.0	0.3	16.2	83.5	57.2	86.6	3.7	14.7	81.6
	上海市	24553.9	0.3	27.0	72.7	75.3	88.1	3.0	30.7	66.3

资料来源：参见附录一。

表2 1995～2019年上海市工业化进程：分项及综合得分

年份	地区	人均GDP	产业产值比	工业结构	城镇化率	产业就业比	综合得分	工业化阶段
1995	全国	4	32	18	0	17	12	二（Ⅰ）
	东部	32	46	29	0	36	19	二（Ⅱ）
	长三角	41	55	44	0	47	40	二（Ⅱ）
	北京市	48	100	100	52	98	75	四（Ⅰ）
	上海市	65	80	100	83	100	81	四（Ⅰ）

年份	地区	人均 GDP	产业产值比	工业结构	城镇化率	产业就业比	综合得分	工业化阶段
2000	全国	20	47	23	10	22	26	二（Ⅱ）
	东部	56	61	38	25	37	48	三（Ⅰ）
	长三角	71	80	52	32	49	62	三（Ⅰ）
	北京市	77	100	100	100	96	91	四（Ⅰ）
	上海市	100	100	100	100	94	100	四（Ⅱ）
2005	全国	41	57	73	21	33	49	三（Ⅰ）
	东部	73	81	97	42	60	75	三（Ⅱ）
	长三角	85	80	100	56	75	83	四（Ⅰ）
	北京市	100	100	100	100	100	100	四（Ⅱ）
	上海市	100	100	100	100	100	100	四（Ⅱ）
2010	全国	68	66	100	33	51	69	四（Ⅰ）
	东部	93	82	100	62	73	87	四（Ⅰ）
	长三角	100	82	100	72	89	92	四（Ⅱ）
	北京市	100	100	100	100	100	100	五
	上海市	100	100	100	100	100	100	五
2015	全国	84	100	91	53	69	84	四（Ⅱ）
	东部	100	100	100	77	78	95	四（Ⅱ）
	长三角	100	100	100	87	92	98	四（Ⅲ）
	北京市	100	100	100	100	100	100	五
	上海市	100	100	100	100	100	100	五
2019	全国	95	100	100	67	72	92	四（Ⅱ）
	东部	100	100	100	985	82	97	四（Ⅱ）
	长三角	100	100	100	95	95	97	五
	北京市	100	100	90	100	100	98	五
	上海市	100	100	100	100	100	100	五

资料来源：参见附录二。

从人均收入指标看，"十三五"期间，上海市的人均 GDP 继续稳定增长，跻身全国第二，该项得分继续保持 100 分，稳定于后工业化阶段。2019 年，北京市的人均 GDP 达到 25505.0 美元，依然位居全国第一，上海市人均 GDP

突破 2 万美元，达到 24553.9 美元，比全国人均收入水平高出了近 1.3 万美元，位居全国第二，与此同时，天津市人均 GDP 达到 21957.9 美元，排名全国第三。全国仅这三个市的人均 GDP 突破 2 万美元，并且该指标得分均为 100 分。

从三次产业产值比指标来看，2000 年，上海市就已经进入后工业化阶段。"十二五"期间上海市的三次产业结构不断地优化调整，取得了明显效果。2015 年，上海市三次产业产值比为 0.4 : 31.8 : 67.8，第一产业比重比全国 8.9% 的平均水平低，比长三角地区 4.3% 的平均水平低 3.9 个百分点，比东部 5.6% 的平均水平低 5.1 个百分点。2019 年上海市三次产业产值比是 0.3 : 27.0 : 72.7，第一产业比重相较于全国 7.1% 的平均水平低很多，比长三角地区 3.2% 的平均水平低 2.9 个百分点，比东部 4.6% 的平均水平低 4.3 个百分点。就综合得分来看，该项均达到 100 分。

从工业结构指标来看，1995 年，上海市就已进入后工业化阶段。"十二五"期间，上海市制造业增加值占比进一步提高，虽然相比于"十一五"期间有些许下降，但依旧远远高于全国 57.6% 的平均水平；而在"十三五"期间，上海市的制造业增加值占比达到 75.3%，与 2015 年相比虽然有所下降，但仍然高于全国 61.6% 的平均水平，该项综合得分均达到 100 分。

从城镇化率指标来看，2000 年，上海市就已进入后工业化阶段。2015 年，上海市的城镇化率达到 87.6%，比"十一五"期间下降了 1 个百分点，但是远远高于全国 56.1% 的平均水平，并且比长三角地区平均水平高 18.1 个百分点，领先于东部平均水平达 22.6 个百分点，比北京市多出了 1.1 个百分点。2019 年，上海市的城镇化率达到 88.1%，相比于"十二五"期间上升了 0.5 个百分点，同时远远高于全国 60.6% 的平均水平，领先长三角地区平均水平达 15.1 个百分点，领先东部平均水平达 19.6 个百分点，领先于北京市 1.5 个百分点。

从三次产业就业结构来看，2005 年，上海市就已进入后工业化阶段。"十二五"期间，上海市三次产业的就业结构进一步优化，三次产业就业结构从 2010 的 3.9 : 37.6 : 58.5 积极调整为 2015 年的 3.4 : 34.9 : 61.8，相比较而言，第一产业就业比重不断下降，第二产业就业比重基本保持稳定状态，而第三产业就业的比重稳步上升。在"十三五"期间，上海市三次产业的就业结构继

续保持进一步优化，三次产业就业结构开始从 2015 年的 3.3∶34.9∶61.8 转变为 2019 年的 3.0∶30.7∶66.3，第一产业就业比重进一步下降，第二产业就业比重下降不明显，第三产业就业比重稳步上升。

综合分析，"十三五"时期，上海市五项工业化指标的得分都达到 100，上海全面进入后工业化阶段，而此时，全国和东部地区都还处于工业化后期的后半阶段，拉大了与上海市的差距。图 1 是对 2019 年上海市与全国工业化主要指标评价值及综合指数情况进行了对比，全国的产业产值比和工业结构综合得分较高，都已经达到 100，但是城镇化率比较低，只有 67，与上海市相差较大。如图 1 可以看到除产业产值比和工业结构外，上海市均高于全国平均水平。

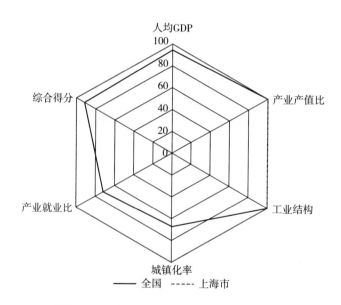

图 1　2019 年上海市工业化各指标得分雷达图

三　上海市工业化进程的特征

根据上海市工业化水平的评价结果和对上海市经济社会发展状况的分析，我们总结"十三五"期间上海市后工业化阶段发展的基本特征如下。

1. 经济发展质量改善较快

"十二五"和"十三五"时期，上海市积极转变经济发展方式，优化产业结构，将各年的经济增长率稳定在中高速阶段。"十三五"期间，经济发展已经跌破7%的大关，实现了前所未有的经济平稳发展。2015 年，人均 GDP 已经突破 2 万美元，达到20406.4 美元，相比之下，2019 年达到24553.9 美元，比 2015 年有所增长，与全国平均水平的绝对差距由 2015 年的10570.8 美元，进一步扩大为2019 年的12794.9 美元。与东部和长三角的差距也在不断加大，2015 年，与东部差额为5374.2 美元，与长三角地区的差距是2749.3 美元，而到 2019 年与东部差额已经到达8275.7 美元，但与长三角的差额上升到了4192 美元（见表3）。

表3 上海市人均 GDP 与全国、东部和长三角地区的比较（2000～2019 年）

单位：美元

年份	上海	全国	东部	长三角
2000	13087.8	2681.4	5638.4	7549.2
2005	14846.6	4144.1	7897.0	9973.6
2010	17043.3	6902.1	11379.4	13488.8
2015	20406.4	9835.6	15032.2	17657.1
2019	24553.9	11759.0	16278.2	20361.9

资料来源：参见附录一。

2. 产业结构调整加快

"十三五"期间，上海市形成了以服务型经济为导向的稳定产业结构，第三产业增加值占全市生产总值比重达到72.7%，比"十二五"末提高4.9 个百分点。2019 年，三个最早进入工业化后期的直辖市中，第三产业比重北京市增速最快，达到83.5%，比上海高 10.8 个百分点，而同期天津市只有63.5%，比北京低了20 个百分点（见表4）。但就增速来看，"十三五"期间，上海市提高了4.9 个百分点，而北京市则只有3.8 个百分点，天津增加了11.3 个百分点，是增速最快的城市。就我国四个直辖市的制造业增加值占生产总值的比重来说，重庆市占比最小，北京占比最高，就涨幅来说，天津市在"十二五"到"十三五"的涨幅是最大的，达到11.3 个百分点，高于上海市的4.9 个百分点。

表4 1995~2019年第三产业增加值占比的变化

单位：%

年份	1995	2000	2005	2010	2015	2019
全国	30.7	33.4	39.9	43.1	50.8	53.9
东部	34.0	39.4	40.5	44.3	45.2	56.4
长三角	33.3	39.7	40.3	45.2	52.5	55.9
北京市	50.1	58.3	69.1	75.1	79.7	83.5
天津市	38.7	45.5	41.5	46.0	52.2	63.5
重庆市	—	40.8	43.9	36.4	47.7	53.2
上海市	40.2	50.6	50.5	57.3	67.8	72.7

资料来源：参见附录一。

3. 城镇化率稳中有升

在2000年以前，上海市的城镇化率增长速度快。"九五"时期城镇化率是88.3%，上海市城镇化水平在这一时期扩大了领先全国和东部平均水平的优势。2000年，上海市城镇化率得分达到100，已经达到后工业化阶段的要求。"十一五"和"十二五"期间，上海市城镇化率基本保持稳定。"十三五"期间，上海的城镇化率基本保持稳定，综合得分为100分，北京市城镇化率也保持稳定，综合得分也是100分，但是长三角地区城镇化率为73.0%，较2015年增加3.5个百分点，综合得分也从87增加到95，全国和东部地区城镇化率增幅不大（见表5）。

表5 1995~2019年城镇化率变化

地区	1995年		2000年		2005年		2010年		2015年		2019年	
	数值(%)	分值	数值(%)	分值	数值(%)	分值	数值(%)	分值	数值(%)	分值	数值(%)	分值
全国	29	0	36.2	10	43	21	49.9	33	56.1	53	60.6	67
东部	26.2	0	45.3	25	52.8	42	58.8	62	65.0	77	68.5	85
长三角	27.2	0	49.6	32	57.1	56	62.9	72	69.5	87	73.0	95
北京市	55.7	52	77.5	100	83.6	100	85.9	100	86.5	100	86.6	100
上海市	65.1	83	88.3	100	89.1	100	88.6	100	87.6	100	88.1	100

资料来源：参见附录一、二。

四 上海市工业化推进存在的主要问题

上海市的经济社会发展十分迅速，并且保持高质量稳定发展，长期位居全国前列。在"十三五"期间，上海的人均 GDP 突破 2.4 万美元，领先于全国其他地方。但是，当我国经济逐渐步入新常态，面对的内外部环境变化莫测，上海市的经济发展开始需要由传统模式转向以创新驱动为主体的模式。上海自新中国成立以来，大力发展第二产业，实力强劲，一直被称为我国的核心工业城市，在全国的经济结构中长期居于主体地位。步入 20 世纪 90 年代，上海市不断深化工业化水平，第二产业稳步增长，第一产业比重急剧下降，第三产业比重飞快增长。伴随着上海市重点实施发展第三产业的"三二一"产业序列发展战略，第三产业在经济结构中的地位日益凸显。早在 2000 年前后，上海市的三次产业结构已经基本具备了工业化的结构特征，同时其第二、三产业比重进入相持的发展阶段。到了"十五"时期，国际产业加速转移，我国工业化进程加快，工业结构重化工化趋势更加明显，上海市的资本密集型与技术密集型的先进制造业出现了加速发展的态势，致使其第二产业比重重新上升。同期，第三产业对经济增长的贡献程度有所下降。深入研究分析表明，传统服务业对经济增长的贡献程度相对稳定，而新兴的生产性服务业对经济的贡献程度仍有待提高。"十三五"期间，第三产业占比已经超过 70%，高达 72.7%，同时制造业增加值占比达到 75.3%，由此可见，上海市经济发展结构已经逐渐趋于成熟。

但是经济社会发展仍面临一些问题和挑战。主要表现在如下方面。

1. 经济稳定发展仍然压力巨大

地区经济发展水平十分重要，但是经济发展速度更为关键。"十三五"期间，上海市的经济发展过程中仍然面临许多未知和不确定性因素。企业经营过程中综合成本的刚性日益上升，带给小微企业更多的是融资难、融资贵的硬性问题，工业生产者的出厂价格指数开始持续下降，使制造业企业的经济效益不断下滑，部分企业的投资能力和意愿直线下降。面对内外环境的变化莫测和经济的下行压力，上海市要想保持经济运行在合理区间，促进经济平稳增长，需要付出加倍的努力，不断迎接新的挑战，直面未来的经济压力。

2. 城市协调管理仍然存在短板

城市管理升级是治理城市的一门学问。"十三五"期间，面对上海市的工业化水平建设，该城市经济发展稳步上升，但城市治理方面仍然存在诸多制约因素。城市等级地位和核心竞争力存在短板，需要不断加强提升，"四大功能"方面不够完善，需要进一步强化，新旧动能转换出现问题，需要加快转换速率，对于城市人口的综合服务和调控需进一步改善，低效建设用地减量化问题突出，大力加强整治城市生态环境任务依然繁重。需要不断解决在综合交通、城市安全和社会治理等领域的问题。深化落实三项新的重大战略任务，纵向推进改革开放的政策，大大改善营商环境和空间。面对城市协调治理，管理效能仍需提升，城市安全和生产安全需要维护，环境保护和污染防治的任务依然严峻。

3. 民生合理改善任务依然严峻

"三民"问题是国家经济发展的重中之重，而解决民生问题是关键一环。"十三五"期间，上海市仍然面对"老小旧远"等民生难题，需要大力解决。在经济发展的增速放缓和结构调整加快双重压力背景下，我国又出现了青年就业困难、转岗就业麻烦和离土农民就业结构性失调等问题，致使民生矛盾十分突出。要想居民收入保持较快增长的难度加大，城乡经济发展出现不平衡、不协调的问题，推进基本公共服务均等化任务更加艰巨。同时，房价快速上涨，压力依然较大，土地和住房供应结构有待进一步调整优化。

4. 政府职能转变仍然不够到位

城市的良性发展离不开政府的宏观调控。政府在进行城市问题治理时，积极采取各种有效手段。城市治理体系和治理能力现代化还需进一步推进和深化，政府的职能还需要不断转化升级。面对城市发展的问题挑战，我们需要敢于直面，善于抓住主要矛盾和矛盾的主要方面，聚力不断突破，推动经济的高质量发展，不断增强城市的外在吸引力和内在创造力，提高城市的核心竞争力，努力增强群众的获得感、幸福感、安全感。

五　进一步加快上海市工业化进程的建议

针对以上问题，对上海市在"十四五"期间的经济发展提出以下建议。

1. 强化消费作用，构建消费型城市

在城市发展过程中，消费作为拉动经济增长的三驾马车之一，对城市的影响巨大。"十三五"期间，上海市的经济发展中消费动能不足，需要突破消费供给不充分不均衡的问题，积极加强消费的供给侧结构性改革，提升消费能力和水平，升级消费需求，满足消费欲望。涉及消费领域，首先既需要提高消费质量，也要扩充消费容量。不同于我国其他的次级城市消费模式，上海市需要加强高端产品和高端服务领域的消费，积极吸纳和融合优质的企业产品、文化和科研等高端服务，强化品牌效应，集聚知名品牌的新兴群落，广泛吸引从上海市外的消费以及由本市居民国外带来的消费回流。其次从另一个角度来说，我们仍需要加快转变消费环境，促进消费的创新升级。不断加快推进商圈、商街、商店从传统模式创新转型成新型模式，加强试点消费环境建设，将静安区、黄浦区建设为示范区，打造国际品牌的消费城市；与此同时，政府要促进"互联网＋消费"的模式创新，鼓励服务模式更新换代；将国内外知名的消费大品牌进行产业集聚，努力挖掘城市存在的潜在消费需求。

2. 强化产业功能，构建服务型体系

产业发展和产业体系的完美构建，有利于一个城市工业化的完美推进。"十三五"期间，上海市的城市规划中提出了构建打造并不断完善"以现代服务业为主、战略性新兴产业引领、先进制造业支撑"的立体产业体系。我们需要不断结合城市产业发展的有利趋势和发展态势，总结"十三五"规划中存在的问题和不足，为"十四五"规划的进一步发展做出合理布局和高效对策。面对未来城市的发展前景，我们要与时俱进地丰富产业体系的潜在内涵，深入强化"两个重点"的战略布局，也就是重点发展产业的核心功能，重点发展产业的关键环节。换言之，以"现代服务业为主体、先进制造业为支撑，重点发展产业的核心功能，重点发展产业的关键环节"为主要规划。

第一，重点发展生产性服务业领域。积极推动科学技术研发和设计、信息技术、文化创意、知识产权、总集成总承包、检验检测认证、现代供应链、人力资本服务等生产性服务业专业化拓展，为上海市先进制造业在全球价值链中持续升级提供支撑。

第二，强化专项资金的功能作用，创新发展服务业制造业。服务业制造，也就是促使制造业模式转变的重要内容，由原本单一的生产制造向广义产品的

生产服务转变，合理建议生产性服务业的专项资金功能转化，在使用上越来越关注高端化、智能化生产性服务能力的培养，结合制造业企业服务化程度的评价指标，支持其服务化转型。

第三，要扩大生产性服务业的辐射范围。上海市的生产性服务业不仅局限于服务上海，更要服务长三角和全国的广大地区。因此，我们建议继续培育总集成总承包领域的"上海服务"供应商，通过其在共建"一带一路"国家开展产能合作，来带动产业链上下游的企业实现"走出去"，迈出新的步伐，构建全球化市场体系和规范化的服务网络。

3. 强化产业方针，构建战略新优势

产业方针的合理规划有利于城市的高效发展，有利于突出"高端引领、创新变革、开放融合"，形成产业战略新优势。"十三五"期间，上海市的传统产业发展方针更加偏向于产业发展的综合趋势，而常常忽视了产业发展的新要求。展望"十四五"时期，产业发展环境开始产生巨大的变化，产业发展的方针也不断地进行转变，既要有"趋势导向"的优势，更要有"形势导向""问题导向""目标导向"的多重利好。

"十四五"规划中的产业发展方针需要突出"高端引领、创新变革、开放融合"综合一体。高端引领，意思是需要占据产业链、价值链的高端地位；创新变革，也就是要以科技创新为根本，大力进行产业发展，从"要素驱动""投资驱动"根本性地转变为"创新驱动"，实现产业发展的伟大变革；而开放融合，顾名思义是要在面向产业跨界融合趋势和世界产业格局变化形势时，积极发挥开放优势，不断配置全球产业资源，促进新技术在产业中的最广泛应用。

4. 强化产业目标，贯彻"两高"战略

产业目标是城市经济发展的风向和指引，对于城市工业化水平有着一定的指引作用。"十三五"期间，上海市的产业目标存在一定的问题，我们需要不断淡化产业比重限制，积极合理地优化产业功能结构，更加关注提升产业的质量能级。在发展方向上，大力实施"生产性服务业高端化发展、生活性服务业高品质发展"的"两高"战略。在总的目标上，要力争在2025年基本形成"实体经济、科技创新、现代金融、人力资源"协同发展的现代化都市型产业体系，努力走出一条符合超大城市规律的产业高质量发展新路。

5. 强化品牌优势，打造"新六大制造业"

产品的品牌优势对于城市经济发展起到至关重要的作用。"十三五"期间，上海市的制造业品牌存在一定的劣势，很多问题日益暴露。展望"十四五"规划，我们应当加快调整制造业的发展，重点创新制造业的行业门类，努力形成"新六大制造业"的重点发展行业框架，尽快形成"上海制造"的新优势、新品牌。

"十四五"时期，上海要以更加夯实有力的产业基础能力来打造重点产业集群为主攻方向，加快形成基于科技、人才、知识产权的现代化制造业体系。第一，上海市要力争在关键核心技术领域积极取得重大突破。深度聚焦"卡脖子"领域，大力发挥上海的大都市优势，加快扭转核心关键零部件受制于人的局面。同时要围绕价值链控制力、创新链支撑力、产业链协同力、供应链整合力和生态链渗透力，在技术突破中提升产业基础能力。第二，加快打造新一代支柱产业集群。上海市提出六大支柱产业的历史已有20多年，"十四五"时期必须要加快推进新一代支柱产业的建成，实力打造若干万亿级、千亿级的新兴产业集群。以"战略基础制造业"（包括集成电路制造业、新汽车制造业、航空装备制造业、美丽健康产业）＋"新兴数字赋能产业"（"新六大制造业"）、"硬核科技创新"为核心，重塑"上海制造"新优势新品牌。第三，超前布局未来前沿产业。更多地关注前沿引领或颠覆创新技术，优化创新环境，强化精准扶持，抢占未来产业发展先机。

6. 强化服务业发展，追求高质量生活

服务业的有效发展对于城市的高质量生活和高品质追求至关重要。"十三五"期间，上海市在城市发展中存在生活质量低下的问题。展望"十四五"规划，需要大力提升全球资源配置中服务业发展能级的作用。一方面，我们需要不断提升服务业发展能级水平，积极强化全球资源的合理配置功能，合理顺应服务业开放趋势，大力吸引知识密集型服务业和品牌型服务业，推动服务业进一步增强联通性和枢纽度。另一方面，我们要围绕经济高质量发展要求和高品质生活需求，积极推进生产性服务业高端化、生活性服务业高品质化发展，要加快制造—服务融合发展进程，进一步推动数字技术、信息技术向生产制造过程的渗透和融合，要鼓励创新技术在服务业中的应用，从制度环境上为企业打造良好应用场景，鼓励服务企业科技创新、产品创新、市场创新和商业模式创新。

参考文献

《2018 年上海统计年鉴》，2019。

《2019 年上海市国民经济和社会发展统计公报》，2020。

黄明明：《从地方两会看金融高质量发展》，http：//www. xjbxw. org. cn/Article_ Show. asp? ArticleID = 45639。

李知矫：《会展成各地政府工作报告"关键词"》，《中国会展》2020 年第 3 期。

宋薇萍：《2020 年上海要基本建成四大国际中心》，http：//www. xinhuanet. com/ local/2020 – 01/16/c_ 1125468062. htm。

谈燕：《老与小，用心做好民生必答题》，《解放日报》2020 年 1 月 20 日。

胥会云：《"五个中心"交卷之年　上海预期经济增长约 6%》，http：//news. hexun. com/2020 – 01 – 16/199985030. html。

应勇：《2020 年上海市政府工作报告——2020 年 1 月 15 日在上海市第十五届人民代表大会第三次会议上》，上海市统计局，2020。

B.6

江苏省

"十三五"时期，江苏省坚持以习近平新时代中国特色社会主义思想为指导，深入贯彻党的十九大、十九届二中三中四中全会精神和习近平总书记重要指示要求，全面落实党中央、国务院和省委决策部署，坚持稳中求进工作总基调，深入贯彻新发展理念，统筹做好稳增长、促改革、调结构、惠民生、防风险、保稳定各项工作，全力推动高质量发展，经济运行总体平稳、稳中有进，高水平全面建成小康社会取得新的进展，"强富美高"新江苏建设迈出新的步伐，为开启现代化建设新征程打下坚实基础。

一 "十三五"江苏省经济社会发展基本情况

江苏省地处长江三角洲，有着优越的自然条件、良好的经济发展基础。"十三五"时期，江苏省经济发展速度较快，经济大省的地位进一步巩固。在中美贸易摩擦、产业结构调整升级和经济下行的巨大压力和挑战下，江苏省迎难而上，采取各种积极有效的措施，全面推进"六稳"工作，促进经济平稳健康发展，努力实现由经济大省到经济强省、由经济高速增长向高质量发展转变。2019 年，江苏省地区生产总值达到 9.96 万亿元，年均增长 6.1%，人均地区生产总值达到 12.36 万元，位于各省区市第一。社会消费品零售总额同比增长 6.2%，消费对经济增长的贡献率超过 60%。税收占一般公共预算收入的占比达到 83.4%，同比增长 2 个百分点，实现一般公共预算收入 8802 亿元。固定资产投资稳中有进，年均增长 5.1%。金融机构的人民币贷款余额达到 15.3 亿元，同比增长 9.4%。人民币贷款余额达到 13.3 万亿元，同比增长 15.2%。

江苏省产业结构进一步调整优化升级，坚持巩固、增强、提升、畅通方针，进一步实现供给侧结构性改革，提升在全球价值链中的地位，努力向中高端攀升。高新技术产业和战略性新兴产业发展迅速，其产值分别占规上工业的

32.8%和44.4%。工业化和信息化的融合趋势进一步增强,智能车间、智能工厂和标杆工厂在现代化工业体系中的角色越来越突出。生产性服务业借助互联网平台和"双百"工程发展迅速,服务业增加值占GDP的比重达到51.3%,规上服务业的营业收入实现年均增长8%。

深入贯彻落实创新驱动发展战略,掌握核心关键技术,将科学技术与市场经济有效结合,将科技成果向产业绩效转变。2019年江苏省全社会研发投入达到2700亿元,占国民生产总值的2.72%。企业研发投入增长迅速,占比超过80%。高新技术企业和战略性新兴企业的数量激增,达到2.4万家,净增长6000家。江苏省区域创新能力位居全国前列,科技进步对经济增长的贡献率达到64%,每万人拥有的发明专利数达到30.2件。一大批科创设施建设取得突破性进展,如纳米真空互联实验站、高效低碳燃气轮机试验装置等。数字规模经济巨大,达4万亿元,江苏省出现了一大批在孵企业且国家级孵化器数量位居全国第一。市场主体数量快速增加,2019年新登记184.1万户,其中企业54.3万户,平均每天新增市场主体5044户,新增企业1488户。

防范化解重大风险、精准脱贫、污染防治工作取得突破性进展。江苏省积极落实中央环保督察和"回头看"意见措施,加大整改力度,及时反馈问题。积极推进全国人大常委会水污染防治法执法检查整改要求,明显改善了长江、淮河等重点流域的水质。水域治理取得显著成效以外,土地污染防治工作也在有力推进,四项主要化学污染物浓度和减排强度均达到国家规定的标准。此外,进一步加强经济、金融、社会、科技等领域的风险排查和化解,牢牢守住不发生区域性系统性风险底线。贯彻落实脱贫致富工程,巩固"两不愁三保障"成果,早日全面建成小康社会。

城乡区域发展差距进一步缩小,统筹发展取得新的成效。努力实施乡村振兴战略,重点推进新时代"三农"工作,以十项重点工程为依托,促进城乡一体发展,农业和农村保持良好的发展势头。2019年新增高标准农田350万亩,粮食总产量达到741亿斤,农业机械化水平不断提高,农业科技进步率达到69.1%,远远高于全国平均水平。苏南、苏中、苏北联动协调发展,建成综合交通设施网络体系,苏北五市集体进入"高铁时代"。南京禄口机场、苏南硕放机场改扩建等工程进展顺利。

人民生活质量不断改善,把老百姓过上好日子作为一切工作的重中之重,想群众之所想，切实解决人民群众的各种琐事、难事和烦事。2019 年减税降费政策惠及更多的人民群众，新增减税降费 2200 亿元，超过 350 万家企业和 2700 万人享受这一政策的好处。政府工作重点仍然集中在民生领域，采取各种措施保障民生，全年民生支出增长 8.5%，城镇和农村居民人均可支配收入分别达到 5.1 万元和 2.3 万元，同比增长 8.2% 和 8.8%。新增就业人数 148.3 万人，城镇登记失业率和调查失业率分别达到 3% 和 4.4%，低于全国平均水平。社会保障体系进一步完善，社会保障网络切实扎牢，为 352.5 万低收入和医疗救助对象提供超过 10 亿元的资金补助，更多的人享受医疗保险和保障资金，医保市级统筹制度基本建立。

二 江苏省工业化水平评价

表 1 给出了 1995 年、2000 年、2005 年、2010 年、2015 年和 2019 年江苏省与长三角、东部和全国的各项工业化水平指标的数据；表 2 列示了同期江苏省的工业化水平评价结果及其与全国、东部和长三角地区的比较情况。

表 1 江苏省工业化主要指标

单位：美元，%

年份	地区	人均 GDP	产业产值比			制造业增加值占比	人口城镇化率	产业就业比		
			一	二	三			一	二	三
1995	全国	1857.8	20.5	48.8	30.7	30.7	29.0	52.2	23.0	24.8
	东部	3246.2	16.2	49.8	34.0	37.5	26.2	43.5	29.7	26.8
	长三角	4145.1	13.2	53.5	33.3	43.4	27.2	38.6	34.8	26.6
	江苏省	2801.3	16.5	52.7	30.9	41.1	24.9	41.7	33.8	24.5
2000	全国	2681.4	16.4	50.2	33.4	33.7	36.1	50	22.5	27.5
	东部	5638.4	11.5	49.1	39.4	41.5	45.3	43.3	27.3	29.5
	长三角	7549.2	9.3	51.0	39.7	45.8	49.6	37.7	31.4	30.9
	江苏省	4460.1	12.0	51.7	36.3	43.5	41.5	42.2	29.7	28.1
2005	全国	4144.1	12.6	47.5	39.9	52.0	43.0	44.8	23.8	31.4
	东部	7897.0	7.9	51.6	40.5	59.4	52.8	32.9	33.2	33.9
	长三角	9973.6	6.0	53.7	40.3	64.8	57.1	24.3	39.9	35.8
	江苏省	7083.8	8.0	56.6	35.4	64.0	50.0	27.8	38.5	33.7

续表

年份	地区	人均GDP	产业产值比			制造业增加值占比	人口城镇化率	产业就业比		
			一	二	三			一	二	三
2010	全国	6902.1	10.1	46.8	43.1	60.4	50.0	36.7	28.7	34.6
	东部	11379.4	6.3	49.4	44.3	77.9	58.8	25.6	37.1	37.3
	长三角	13488.8	4.7	50.1	45.2	84.1	62.9	16.1	45.7	38.2
	江苏省	11838.1	6.1	52.5	41.4	82.6	60.6	18.7	45.3	36.1
2015	全国	9835.6	8.9	40.9	50.2	57.6	56.1	28.3	29.3	42.4
	东部	15032.2	5.6	43.5	50.8	75.3	65.0	25.1	36.2	38.7
	长三角	17657.1	4.3	43.3	52.5	74.9	69.5	14.9	44.4	40.7
	江苏省	17299.9	5.7	45.7	48.6	73.4	66.5	18.4	43.0	38.6
2019	全国	11759.0	7.1	39.0	53.9	61.6	60.6	26.1	27.6	46.3
	东部	16278.2	4.6	39.0	56.4	62.8	68.5	20.4	36.6	42.9
	长三角	20361.9	3.2	40.8	55.9	60.4	73.0	12.5	42.0	45.5
	江苏省	20949.6	4.3	44.4	51.3	64.0	70.6	16.1	42.8	41.1

资料来源：参见附录一。

表2 1995~2019年江苏省工业化进程：分项及综合得分

年份	地区	人均GDP	产业产值比	工业结构	城镇化率	产业就业比	综合得分	工业化阶段
1995	全国	4	32	18	0	17	14	二（Ⅰ）
	东部	32	46	29	0	36	31	二（Ⅱ）
	长三角	41	55	44	0	47	40	三（Ⅰ）
	江苏	23	45	37	0	40	30	二（Ⅱ）
2000	全国	20	47	23	10	22	26	二（Ⅱ）
	东部	56	61	38	25	37	48	三（Ⅰ）
	长三角	71	80	52	32	49	62	三（Ⅰ）
	江苏省	44	59	45	19	39	44	三（Ⅰ）
2005	全国	41	57	73	21	33	49	三（Ⅰ）
	东部	73	81	97	42	60	75	四（Ⅰ）
	长三角	85	80	100	56	75	83	四（Ⅰ）
	江苏省	69	79	100	33	70	74	四（Ⅰ）
2010	全国	68	66	100	33	51	69	四（Ⅱ）
	东部	93	82	100	62	73	87	四（Ⅱ）
	长三角	100	82	100	72	89	92	四（Ⅱ）
	江苏省	96	81	100	67	85	89	四（Ⅱ）

年份	地区	人均GDP	产业产值比	工业结构	城镇化率	产业就业比	综合得分	工业化阶段
2015	全国	84	100	91	53	69	84	四（Ⅱ）
	东部	100	100	100	77	78	95	四（Ⅱ）
	长三角	100	100	100	87	92	98	四（Ⅱ）
	江苏省	100	100	100	80	85	96	四（Ⅱ）
2019	全国	95	100	100	67	72	92	四（Ⅱ）
	东部	100	100	100	85	82	97	四（Ⅱ）
	长三角	100	100	100	95	95	99	四（Ⅱ）
	江苏省	100	100	100	89	89	98	五

资料来源：参见附录二。

从人均收入指标看，2019年江苏省人均GDP 20949.6美元，远高于全国的人均GDP（11759.0美元）和东部人均GDP（16278.2美元），略高于长三角地区平均水平，在长三角地区中高于浙江省的人均GDP（17943.6美元）。该指标的工业化指数为100，与东部地区、长三角地区的平均水平相同，已经进入后工业化时期，高于全国的平均水平。

从三次产业产值比指标来看，2019年江苏省三次产业结构为4.3∶44.4∶51.3，第一产业比重低于全国平均水平2.8个百分点，低于东部平均水平0.3个百分点，高于长三角地区平均水平1.1个百分点；第二产业比重高于全国、东部和长三角地区的平均水平。该指标的工业化得分为100，与全国、东部地区、长三角地区相同，已经进入后工业化时期。

从工业结构指标来看，"十三五"期间，江苏省制造业增加值占比由2015年73.4%下降到2019年的64.0%，继续保持领先于全国平均水平的形势，接近长三角地区的平均水平。该指标工业化评分为100，已经进入后工业化阶段。

从城镇化率指标来看，2019年江苏省人口城镇化率为70.6%，高于全国平均水平10个百分点，高于东部平均水平2.1个百分点，比长三角地区平均水平低2.4个百分点。"十三五"时期，江苏省城镇化率指标工业化得分提升迅速，由2015年的80上升到了2019年的89，进入工业化后期的中段。

从三次产业就业结构看，2019 年，江苏省第一、二、三产业的就业人数比重为 16.1∶42.8∶41.1，其中，第一产业比重由 2015 年的 18.4% 下降到 2019 年的 16.1%，低于全国和东部的平均水平，但高于长三角地区的平均水平。该指标的工业化评分为 89，处于工业化后期的中段。

综合计算，2019 年江苏省的工业化综合指数为 98，进入后工业化阶段。图 1 对 2019 年江苏省与全国工业化主要指标评价值及综合指数情况进行了对比。从发展变化来看，"九五"末的 2000 年，江苏省工业化指数为 44，"十五"末的 2005 年为 74，"十一五"的 2010 年为 89，"十二五"的 2015 年为 96，"十三五"的 2019 年为 98，二十年跨越了两个阶段。分指标来看，江苏省城镇化率、产业就业比、人均 GDP 领先全国的优势更为明显。

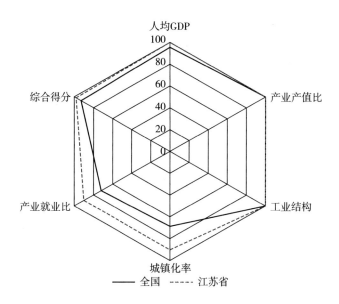

图 1 2019 年江苏省工业化雷达图

三 江苏省工业化进程的特征

根据对江苏省工业化水平的评价结果和江苏省经济社会发展状况的分析，总结"十三五"期间江苏省工业化进程的基本特征如下。

1. 工业化进程在全国和东部处于前列，在长三角地区中落后于上海

"十三五"期间，江苏省工业化综合指数由 2015 年的 96 上升到 2019 年的 98，已经进入后工业化阶段。同期全国平均水平也进入工业化后期的后半阶段，东部的工业化综合指数由 95 提高到 97，也是进入工业化后期的后半阶段。珠三角地区进入工业化后期后半阶段，略落后于江苏省工业化程度。整体来看，江苏省的工业化水平较高，工业化进程领先全国，接近长三角地区的平均水平（见表 3）。

表3　2010~2019 年各地区工业化进程比较

年份	地区	人均 GDP	产业产值比	工业结构	城镇化率	产业就业比	工业化指数	工业化阶段
2010	全国	68	66	100	33	51	69	四（Ⅰ）
	东部	93	82	100	62	73	87	四（Ⅱ）
	长三角	100	82	100	72	89	92	四（Ⅱ）
	珠三角	75	81	100	71	70	81	四（Ⅰ）
	江苏省	96	81	100	67	85	89	四（Ⅱ）
2015	全国	84	100	91	53	69	84	四（Ⅱ）
	东部	100	100	100	77	78	95	四（Ⅱ）
	长三角	100	100	100	87	92	98	四（Ⅱ）
	珠三角	94	100	100	80	77	94	四（Ⅱ）
	江苏省	100	100	100	80	85	96	四（Ⅱ）
2019	全国	95	100	100	67	72	92	四（Ⅱ）
	东部	100	100	100	85	82	97	四（Ⅱ）
	长三角	100	100	100	95	95	99	四（Ⅱ）
	珠三角	100	100	100	87	79	97	四（Ⅱ）
	江苏省	100	100	100	89	89	98	五

资料来源：参见附录二。

2. 工业化速度继续放缓，低于全国平均水平

2010 年江苏省工业化评价的得分为 89，2015 年得分为 96，2019 年得分为 98。"十一五"期间年均增速达到 3.0，"十二五"期间年均增速放缓至 1.4，"十三五"期间年均增速继续放缓至 0.5，低于全国平均水平，但高于东部平均水平（见表 4）。"十一五"期间江苏省工业化年均增速全国排名第 23，"十二五"期间排名第 20，"十三五"期间排名第 15，年均增速开始放缓。

表4 各地区工业化速度的比较（2005～2019年）

地区	工业化进程（100分制）				"十一五"年均增长速度	"十二五"年均增长速度	"十三五"年均增长速度
	2005年	2010年	2015年	2019年			
全国	49	69	84	92	4.0	3.0	2.0
东部	75	87	95	97	2.4	1.6	0.3
长三角	83	92	98	99	1.8	1.2	0.3
江苏省	74	89	96	98	3.0	1.4	0.5

资料来源：参见附录三。

3. 工业化综合指数高于全国和东部平均水平，城镇化率和产业就业比等指标优势明显

2015年，江苏省工业化综合指数领先全国和东部的平均水平，到2019年，这种领先优势继续保持。从分项指标来看，几乎所有指标均高于或持平于全国、东部地区。其中，城镇化率和产业就业比仍然保持着较大的领先优势（见表5）。

表5 2010～2019年江苏省工业化水平与全国、东部平均水平的比较

年份	地区	人均GDP	产业产值比	工业结构	城镇化率	产业就业比	工业化指数
2010	与全国差距	28	15	0	34	34	20
	与东部差距	3	-1	0	5	12	2
2015	与全国差距	16	0	9	27	16	12
	与东部差距	0	0	0	3	7	1
2019	与全国差距	5	0	0	22	17	6
	与东部差距	0	0	0	4	7	1

资料来源：参见附录二。

4. 城镇化率和产业就业比指标对工业化进程的贡献最大

"十三五"期间，江苏省产业结构优化升级取得成效。从"十三五"时期江苏省各项指标对工业化综合指数增长的贡献来看，城镇化率指标贡献度高达54%，产业就业比指标的贡献度达到16%，二者合计70%。其中，人均GDP增长的贡献度低于全国的平均水平，产业产值比的贡献度和全国、东部以及长三角地区的平均水平相当。工业结构的贡献度低于全国的平均水平。城镇化率

的贡献度高于全国、东部的平均水平，产业就业比的贡献度高于全国平均水平，持平于东部平均水平，两个指数却低于长三角地区的平均水平。

表6 各指标对江苏省工业化综合指数增长的贡献度（2016～2019年）

地区	人均GDP（％）	产业产值比（％）	工业结构（％）	城镇化率（％）	产业就业比（％）	工业化指数累计增加值
全国	49.50	0.00	24.75	21.00	3.00	8
东部	0.00	0.00	0.00	48.00	16.00	2
长三角	0.00	0.00	0.00	96.00	24.00	2
江苏省	0.00	0.00	0.00	54.00	16.00	2

资料来源：参见附录三。

四 江苏省工业化推进存在的主要问题

"十三五"期间，江苏省经济稳定快速发展，致力于高水平建设全面小康社会，经济发展方式从规模速度型向质量效率型转变，一直处于工业化后期的后半阶段，但工业化在不断推进的过程中仍然存在一些问题和障碍，主要表现在以下几个方面。

1. 实体经济发展困难

中美贸易摩擦加剧，经济下行压力加大，导致实体经济发展困难。虽说江苏省是传统的制造业大省，工业基础较为完善，但"大而不强"、发展质量不高的问题仍然很突出，大多数制造业企业缺乏核心科技，实际收益在整个产业链中占据很小的一部分，处于产业链的低端，大多依靠薄利多销的经营模式，国际品牌缺乏，出口产品大多是代工制造，国际影响力较小，缺乏自主知识产权的技术。伴随着我国人口红利的消失和劳动力成本的不断提高，传统制造业发展面临更大的困境，低成本的竞争优势不复存在。同时我国融资体系不完善，很多中小企业的发展面临融资难的问题，导致企业的生产经营面临困境。加之中美贸易摩擦的不断加剧，给实体经济蒙上了一层阴影。

2. 自主创新能力不足

缺乏核心关键技术，企业自主创新能力还不够强，建设自主可控的现代化

产业体系任重道远。关键核心技术短板问题凸显，拥有自主知识产权的品牌还不多，在部分关键领域，大多依赖进口，制造业对外依存度为60%左右。科技成果转化率还不高，江苏省专利申请量和授权量全国领先，但是科技成果转化率只有10%左右。产业结构总体仍处于全球价值链的中低端。

3. 生态问题亟待改善

经济社会发展与生态环境保护的不平衡、不协调和不可持续问题仍然很突出，经济增长方式粗放的状况未得到根本性的转变，生态环境保护和污染防治任务艰巨而繁重。资源环境面临巨大的压力和约束，大气、水、土壤等污染防治工作依然困难重重，防控形势严峻。总的来说，江苏省还没有迈过高污染、高风险的阶段，生态环境全面性、根本性好转的拐点尚未出现。

4. 社会民生领域存在短板

人均社会公共服务供给量具有很大的上升空间，教育、医疗、养老、托育、住房等民生领域还有许多短板。公共服务需求的上升以及对紧缺专业的服务供给矛盾进一步加剧。城乡区域发展不够平衡，经济发展较快，但是社会建设和居民收入水平落后于经济发展水平，存在明显的差距。很多领域仍然存在较多的安全隐患，生产安全事故多发。

5. 城乡建设和治理面临新挑战

随着城市人口的不断增加和聚集，城市的资源承载力几近极限，资源环境约束加大，城乡宜居环境需要进一步改善。在高度城镇化的江苏省以及过于集中的资源堆积下，城市治理难度很大，空气质量每况愈下，雾霾形势严峻，严重影响了城市居民的生活水平以及城市形象。城乡居民对城镇化发展要求提高，民生建设和公共安全责任加重。日益庞大的人口规模和不断增加的家庭车辆保有量，使城市公共交通压力巨大，出行体验受到一定影响。

五 进一步推进江苏省工业化进程的建议

针对工业化进程中存在的问题，我们一定要高度重视，采取有力措施切实加以解决。"十四五"时期，江苏省应该稳定经济增长，推进转型升级，深化改革开放，保障改善民生。对于进一步推进工业化进程的着力点应该放在以下几个方面。

1. 深入实施创新驱动发展战略，增强经济发展活力

江苏省作为全国的教育大省，有着众多"985""211"高校，要充分发挥科教人才的优势，认真落实"人才新政26条"等政策措施，坚持把科技创新作为第一动力，把人才作为第一资源，提高产业核心竞争力，全面提升科技实力，着力攻破重点领域核心关键技术，集中力量开展技术攻关。建设自主可控的现代化产业体系，以企业为主体、以市场为导向、产研学结合，解决"痛点"、"堵点"和"卡脖子"等关键问题。同时要加强基础科学的研究，加大科技对经济增长的贡献度，致力于前瞻性产业技术创新，深入实施前沿引领技术基础研究。充分发挥企业创新主体的作用，大力培育企业创新文化，加大企业创新投入力度，增强技术创新能力，打好创新基础，提高资源整合能力，实现源头创新。同时鼓励企业和高校联合，在更多专业的领域进行合作，建立科研院所、高水平技术中心和工程技术研究中心，构建高层次的开放、协同、高效、共性技术研发平台，让科研人员放开手脚，让全社会创新创造活力充分迸发，加快建设大科学装置，为合作中出现的技术难题提供保障。重点加大对高新科技企业的扶持力度，增强其综合影响力。加快科技成果转化，营造鼓励创新、包容失败的研发环境。继续推进"大众创业、万众创新"，激发社会整体创新能力，打造创新人才高地，在创新"高原"上竖起更多的"高峰"，让更多创新成果在江苏落地生根。

2. 持续深化供给侧结构性改革，加快推动产业转型升级

进一步加强供给侧结构性改革，将产业结构调整作为重要方向，巩固淘汰煤炭、钢铁落后产能成果，进一步加大"僵尸企业"的出清力度。聚焦于打造先进制造业集群，加快制造业高质量发展，在全球价值链中的地位由低端向高端迈进。集中精力向新能源、人工智能、装备制造、新材料、生物制药、集成电路、物联网等先进制造业倾斜，促进产能优胜劣汰，提升产业基础能力和产业链现代化水平。深入推进"百企引航""千企升级"行动计划，促进一大批"专精特新"的特色企业崛起。对于落后产能，要加大技术改造力度，以"三化一补两提升"为方向，加大科技创新投入，丰富企业创新文化内涵，激发企业内生动能。促进信息化与工业化深度结合，加强人工智能、大数据、区块链等技术创新与产业应用，实施智能制造工程和制造业数字化转型行动，优先发展5G和物联网等战略性新兴产业，大力发展数字经济，以新产业、新业

态、新模式为高质量发展增添新动能，促进"江苏制造"向"江苏智造"转变。

3. 大力推进乡村振兴，坚持农业农村优先发展

加快发展现代农业，促进农业供给侧结构性改革，全面改善农村人居环境，深化农业农村改革，以乡村振兴十项重点工程为基础，坚决打赢脱贫攻坚战。第一，推进农村产业结构融合发展，培育具有当地特色的农产品品牌，因地制宜，打造千亿级别的特色优势产业。建设现代化高标准农田和农业农村示范区，提高农业耕作的机械化水平，完善农村社会化服务体系，加大科技对农业的支持力度，增强农业综合生产能力。第二，稳定粮食生产，落实"米袋子"省长负责制和"菜篮子"市长负责制，加大生猪供应，稳定农产品的市场价格，切实保障人民群众的日常生活。第三，深化家庭联产承包责任制，推进集体产权制度和宅基地制度改革。第四，加大力度扶持乡镇龙头企业，发挥其引导支持作用，进一步提高农民的综合素质，为现代化新农村建设储备实用人才。第五，对特殊贫困人口给予政策保障支持，进一步巩固提升"两不愁三保障"和江苏省脱贫致富奔小康工程成果，建立健全返贫监测预警和动态帮扶制度，探索建立解决相对贫困长效机制，加大对口支援和扶贫协作工作力度，高质量打赢脱贫攻坚战。第六，继续实施乡村振兴战略，努力使各个要素流入农村，坚持以工补农，以城带乡，培育新型农业经营主体，发展休闲农业、旅游农业、农产品加工业等，拓宽农民增收渠道。第七，加快城乡融合一体化，推进基础设施与公共服务共享，提高农村高素质人才的待遇水平，吸引更多的人才投入新农村建设。

4. 全面加强生态文明建设，加快发展壮大绿色产业

"十三五"期间，江苏省生态环境持续改善，出现了稳中向好的态势，但任务仍然艰巨，污染物排放量大、生态环境质量差、环境风险突出等一系列问题突出，与全面建成小康社会的目标相去甚远，必须毫不动摇地贯彻新时代习近平生态文明思想，牢固树立"绿水青山就是金山银山"的理念。在工业化进程中，必须坚持生态优先、绿色发展的理念，进一步推进精准治污、科学治污、依法治污等要求，坚决打好蓝天、碧水、净土保卫战。第一，要统筹资金，加大财政保障力度。生态环保领域的治理要算总账和长期账，早期治理可以花费最小的代价实现最大的治理效果，否则不仅花费巨额财政资金，还会导

致效果大打折扣。所以要集中财力优先治理重点防治领域，集中投入，综合治理。统筹利用民间资本，引导进入环境基础设施领域，创新运营模式管理，建设一批见效快、有影响力的标志性污染防治工程。第二，要创新生产技术，培育发展壮大绿色产业。出台促进绿色产业发展的政策意见，推动产业结构优化升级，加快发展信息、环保、旅游、金融等文化产业。培育一批耗能低、排放少、效率高的品牌绿色企业，发挥其市场主体作业，激发节能环保市场需求。第三，加快转变传统生活方式，形成绿色生态文明理念。生态文明建设与每个人息息相关，人人都应该自觉参与实践，推动全社会形成勤俭节约、绿色低碳的生活消费方式。

5. 推动长三角高质量区域一体化发展，共建全国发展强劲活跃增长极

长三角区域在国家经济社会发展过程中发挥着重大的作用，必须贯彻落实党中央关于长三角区域一体化发展战略，坚持目标导向与问题导向相统一，牢固树立"一体化"意识和"一盘棋"思想，加大在科创产业、基础设施、生态环境、公共服务等领域的一体化发展。第一，加快交通基础设施建设。实现长三角高质量区域一体化，交通设施互联互通是基础，要推动公铁水空基础设施建设，形成高层次、高质量、高水平的现代综合交通运输体系，统筹推进多层次轨道交通有机衔接、融合发展，与沪浙皖携手打造"轨道上的长三角"。第二，加快重点功能区建设，发挥核心城市的辐射带动能力。落实全省"1 + 3"区域发展战略，共建南北园区，促使资源要素向配置效率高、发展态势好、经济和人口承载力强的中心城市倾斜，进一步发挥区域中心城市和城市群的辐射带动力。

6. 提高对内、对外开放水平，培育国际竞争新优势

继续坚持"引进来"与"走出去"相结合，优化开放布局，拓展开放领域。实现更大范围、更宽领域、更高层次的开放。继续保持同香港、澳门、台湾的经济贸易往来与合作，培育发展壮大新兴非洲市场，拓展欧洲等传统市场。加大外资吸引力度，进一步放宽市场准入，更加合理有效地利用外资，加强外商投资促进和保护，并且营造一视同仁、公平竞争的市场环境。优化进出口结构，由出口大国向进口大国转变。积极参与第三届中国国际进口博览会，利用博览会的溢出效应，更加积极主动地参与国际竞争与合作。推动共建"一带一路"，坚持共商共建共享，加强国际产能合作，拓展沿线市场，加强

友好合作。

7. 切实保障和改善民生, 织密扎牢社会保障网络

民生是社会之本, 让老百姓过上好日子是党和国家一切工作的出发点和落脚点。要切实完善社会保障体系, 改善民生, 解决城乡居民的后顾之忧, 努力使人民群众获得幸福感、安全感。实施更加积极有效的就业政策, 把稳就业作为重中之重, 出台更多鼓励创业的措施, 切实保障农民工、高校毕业生和下岗失业人员等群体的就业, 深入开展职业技能提升行动, 提升劳动者素质, 提高就业质量, 实现多渠道就业创业, 维护社会稳定。完善医疗保险和社会保障制度, 扩大低保保障范围, 把更多的人纳入参保计划, 实现全民参保, 对特困人员、低保对象、低收入家庭及时给予基本生活保障, 完善覆盖各类困难群体的救助体系。上调退休人员基本养老金, 提高城乡居民基础养老金最低标准。同时也要改善老旧小区的住房问题, 稳定房价, 大力发展租房租赁市场, 使居民住得舒心和放心。实施物价上涨挂钩联动机制, 确保困难群众基本生活水平不因物价上涨而降低。

参考文献

《2018 年江苏统计年鉴》, 2019。

《2019 年江苏省国民经济和社会发展统计公报》, 2020。

本刊编辑部:《在危机中育新机 于变局中开新局——聚焦 2020 全国两会, 展望制造业发展新趋势》,《中国设备工程》2020 年第 11 期。

吴政隆:《2020 年江苏省政府工作报告——2020 年 1 月 15 日在江苏省第十三届人民代表大会第三次会议上》, 江苏省统计局, 2020。

B.7
浙江省

　　浙江省位于中国东南沿海、长江三角洲南翼。陆地面积 10.55 万平方千米，地理位置优越，交通便利；海域面积 26 万平方千米，海运发达。"十三五"期间，面对国际经贸摩擦加剧、国内经济增长压力大等一系列国内外复杂局面，浙江省在经济发展过程中坚持稳中求进工作总基调，坚持以供给侧结构性改革为主线，坚持"八八战略"再深化，深入实施富民强省十大行动计划，经济总量突破 6 万亿元，企业效益稳步提升，人民生活福祉持续增进，生态环境质量总体改善。"十四五"时期，浙江省在保持原有传统优势产业的基础上，要更加注重创新发展，突破传统要素禀赋优势有所减弱的发展约束，增强企业技术创新能力，着力打造国内领先、有国际影响力的工业强省。

一　"十三五"浙江省经济社会发展基本情况

　　"十三五"时期，浙江省经济发展取得新成果，经济实力进一步增强。2019 年，全省生产总值达到 62352 亿元，比上年增长 6.8%，人均生产总值达到 17943.6 美元。其中，第一产业增加值 2097 亿元，同比增长 2.0%；第二产业增加值 26567 亿元，同比增长 5.9%；第三产业增加值 33688 亿元，同比增长 7.8%，第三产业对 GDP 增长的贡献率为 58.9%。全年固定资产投资比上年增长 10.1%，增速比上年提高 3.0 个百分点；非国有投资增长 6.8%，占 66.0%；民间投资增长 7.2%，占 61.5%。规模以上工业企业产能利用率为 81.3%。数字经济核心产业增加值 6229 亿元，比上年增长 14.5%。全年货物进出口总额 30832 亿元，比上年增长 8.1%。全年新增城镇就业人口 125.7 万人，年末城镇登记失业率为 2.52%，比上年下降 0.08 个百分点。

　　需求保持韧性，投资增速加快。全年固定资产投资比上年增长 10.1%，增速高于上年 3.0 个百分点，高于全国 4.7 个百分点。消费稳步增长，社会消

费品零售总额 27176 亿元，增长 8.7%，增速高于全国的 8.0 个百分点。餐饮收入增长 9.4%。出口份额继续提高，主动应对经贸摩擦，出台实施稳外贸 20 条政策措施，全年货物贸易进出口总额突破 3 万亿元（30832 亿元），比上年增长 8.1%；出口 23070 亿元，增长 9.0%，进口 7762 亿元，增长 5.8%；出口增速高于全国（5.0%），占全国的份额为 13.3%，比上年提高 0.4 个百分点。引进外资有序发展，全年实际使用外资 135.6 亿美元，增长 8.7%，占全国的 9.8%。

数字经济深入发展，新动能加速成长。"城市大脑"、数字大湾区等标志性项目建设有序推进。首个国家新型互联网交换中心试点落户浙江，获批国家数字经济创新发展试验区。2019 年，数字经济核心产业增加值 6229 亿元，占地区生产总值的 10%。率先开展 5G 商用，建设 5G 基站 15770 个。在规模以上工业中，数字经济核心产业、文化、节能环保、健康产品、高端装备、时尚制造业增加值分别增长 14.3%、4.4%、5.7%、8.3%、5.2% 和 4.2%；高技术、高新技术、装备制造、战略性新兴产业增加值分别增长 14.3%、8.0%、7.8%、9.8%，占比分别为 14.0%、54.5%、40.9% 和 31.1%；人工智能产业增长 21.3%。在战略性新兴产业中，新一代信息技术、新能源、生物、新材料产业增加值分别增长 18.4%、11.9%、11.6% 和 8.8%。

精神文明建设扎实推进，文化事业加快发展。"十三五"期间，浙江省全面开展新时代爱国主义教育，大力弘扬正能量，增强群众凝聚力。新时代文明实践中心全国试点建设毫不放松，文明城市创建取得新进展，"最美浙江人"主题活动为社会文明新风尚的建设添砖加瓦。在精神文明建设有序开展的同时，浙江省文化事业也取得新成就。为加快推进浙江文化产业发展，2019 年，浙江省文化产业投资基金正式组建，首期规模为 20 亿元。截至 2019 年底，浙江省已基本实现每个市、县（市）建有一座国有公共博物馆的目标，并基本形成以省级博物馆为龙头、以市级为骨干、以县级为基础、以国有为主体、以非国有为补充、以行业为特色的博物馆体系。2019 年文化产业增加值 4600 亿元，增长 10%，共完成 107 个重点乡镇 1228 个薄弱村公共文化服务标准化均等化的建设任务，新增全国重点文物保护单位 50 处，送书下乡 345 万册。扎实推进之江文化产业带建设。4 家企业跻身"全国文化企业 30 强"，国家级短视频基地落户杭州。

城乡居民收入稳步增长，社会保障有效加强。2019 年，浙江省全省居民人均可支配收入 49899 元，比上年增长 8.9%，扣除价格因素增长 5.8%，是全国平均水平（30733 元）的 1.6 倍，位居全国第 3、省区第 1。城镇常住居民人均可支配收入为 60182 元，增长 8.3%，连续 19 年位居全国第 3、省区第 1。农村常住居民人均可支配收入为 29876 元，增长 9.4%，位居全国第 2，连续 35 年位居省区第 1。与此同时，城乡居民收入比进一步缩小，由上年的 2.04 缩小至 2.01。建成乡镇居家养老服务中心 387 个，新增机构养老床位 3.7 万张。基本医疗保险参保人数达到 5461 万人，增长 1.7%，参保率达 99.61%。基本养老保险参保人数达到 4230 万人，比上年增长 3.7%，参保率（96.68%）比上年上升 2.34 个百分点；棚户区改造新开工 22.2 万套，建成 11.95 万套，提前完成国家棚改新三年攻坚任务。

二 浙江省工业化水平评价

表 1 给出了 1995 年、2000 年、2005 年、2010 年、2015 年和 2019 年长三角地区、东部和全国的各项工业化水平指标的数据；表 2 列示了同期浙江省的工业化水平评价结果及其与全国、东部和长三角地区的比较情况。

表 1 1995～2019 年浙江省工业化主要指标

单位：美元，%

年份	地区	人均GDP	产业产值比			制造业增加值占比	人口城镇化率	产业就业比		
			一	二	三			一	二	三
1995	全国	1857.8	20.5	48.8	30.7	30.7	29.0	52.2	23.0	24.8
	东部	3246.6	16.2	49.8	34.0	37.5	26.2	43.5	29.7	26.8
	长三角	4145.1	13.2	53.5	33.3	43.4	27.2	38.6	34.8	26.6
	浙江省	3119.0	15.9	52.0	32.1	30.5	18.6	42.7	31.4	25.9
2000	全国	2681.4	16.4	50.2	33.4	33.7	36.1	50.0	22.5	27.5
	东部	5638.4	11.5	49.1	39.4	41.5	45.3	43.3	27.3	29.5
	长三角	7549.2	9.3	51.0	39.7	45.8	49.6	37.7	31.4	30.9
	浙江省	5099.6	11.0	52.7	36.3	36.5	48.7	37.8	30.9	31.3

续表

年份	地区	人均GDP	产业产值比			制造业增加值占比	人口城镇化率	产业就业比		
			一	二	三			一	二	三
2005	全国	4144.1	12.6	47.5	39.9	52.0	43.0	44.8	23.8	31.4
	东部	7897.0	7.9	51.6	40.5	59.4	52.8	32.9	33.2	33.9
	长三角	9973.6	6.0	53.7	40.3	64.8	57.1	24.3	39.9	35.8
	浙江省	7990.3	6.6	53.4	40.0	53.9	56.0	24.7	41.8	33.5
2010	全国	6902.1	10.1	46.8	43.1	60.4	50.0	36.7	28.7	34.6
	东部	11379.4	6.3	49.4	44.3	77.9	58.8	25.6	37.1	37.3
	长三角	13488.8	4.7	50.1	45.2	84.1	62.9	16.1	45.7	38.2
	浙江省	11585.1	4.9	51.6	43.5	83.6	61.6	15.9	48.0	36.1
2015	全国	9835.6	8.9	40.9	50.2	57.62	56.1	28.3	29.3	42.4
	东部	15032.2	5.6	43.5	50.8	75.3	65.0	22.6	35.7	41.7
	长三角	17657.1	4.3	43.3	52.5	74.9	69.5	14.3	43.9	41.7
	浙江省	15264.9	4.3	46.0	49.7	73.8	65.8	13.2	48.3	38.5
2019	全国	11759.0	7.1	39.0	53.9	61.6	60.6	26.1	27.6	46.3
	东部	16278.2	4.6	39.0	56.4	62.8	68.5	20.4	36.6	42.9
	长三角	20361.9	3.2	40.8	55.9	60.4	73.0	12.5	42.0	45.5
	浙江省	17943.6	3.4	43.6	53.0	46.8	70.0	11.4	45.1	43.5

资料来源：参见附录一。

表2 浙江省工业化进程：分项及综合得分（1995～2019年）

年份	地区	人均GDP	产业产值比	工业结构	城镇化率	产业就业比	综合得分	工业化阶段
1995	全国	4	32	18	0	17	14	二（Ⅰ）
	东部	32	46	29	0	36	31	二（Ⅱ）
	长三角	41	55	44	0	47	40	三（Ⅰ）
	浙江省	29	47	17	0	38	28	二（Ⅱ）
2000	全国	20	47	23	10	22	26	二（Ⅱ）
	东部	56	61	38	25	37	48	三（Ⅰ）
	长三角	71	80	52	32	49	62	三（Ⅱ）
	浙江省	51	63	27	31	49	46	三（Ⅰ）
2005	全国	41	57	73	21	33	49	三（Ⅰ）
	东部	73	81	97	42	60	75	四（Ⅰ）
	长三角	85	80	100	56	75	83	四（Ⅰ）
	浙江	74	80	79	53	75	74	四（Ⅰ）

续表

年份	地区	人均GDP	产业产值比	工业结构	城镇化率	产业就业比	综合得分	工业化阶段
2010	全国	68	66	100	33	51	69	四（Ⅰ）
	东部	93	82	100	62	73	87	四（Ⅱ）
	长三角	100	82	100	72	89	92	四（Ⅱ）
	浙江省	94	81	100	69	89	89	四（Ⅱ）
2015	全国	84	100	91	53	69	84	四（Ⅱ）
	东部	100	100	100	77	78	95	四（Ⅱ）
	长三角	100	100	100	87	92	98	四（Ⅱ）
	浙江	100	100	100	79	94	97	四（Ⅱ）
2019	全国	95	100	100	67	72	92	四（Ⅱ）
	东部	100	100	100	85	82	97	四（Ⅱ）
	长三角	100	100	100	95	95	99	四（Ⅱ）
	浙江	100	100	56	88	97	89	五

资料来源：参见附录二。

从人均收入指标看，2019 年浙江省人均 GDP 为 17943.6 美元，高于全国（11759.0 美元）和东部（16278.2 美元）的平均水平，但低于长三角地区的平均水平（20361.9 美元）。该指标的工业化评分为 100，高于全国平均水平（95），与东部及长三角地区的平均水平持平，处于后工业化时期。

从三次产业产值比指标来看，2019 年浙江的三次产业结构为 3.4∶43.6∶53.0，第一产业比重低于全国平均水平 3.7 个百分点，低于东部平均水平 1.2 个百分点，高于长三角地区平均水平 0.2 个百分点；第二产业比重高于全国、东部和长三角地区的平均水平；第三产业比重低于全国东部和长三角地区的平均水平。该指标工业化评分为 100，进入后工业化时期。从第一产业远低于全国平均水平，第二、三产业高于全国平均水平来看，浙江省农业体量并不大，且大部分都已经向工业和服务业转化。与 2015 年三次产业产值比（4.3∶46.0∶49.7）对比可以看出，"十三五"期间，浙江省的第一产业占比在下降，第二产业比重在上升。该指标的工业化评分为 100，处于后工业化时期。

从工业结构指标看，2019 年浙江省制造业增加值占比为 46.8%，与 2015 年相比，该指标在 2019 年有明显下行，低于全国、东部和长三角地区的平均水平。2010 年，浙江省制造业增加值占比为 83.6%，达到自"九五"时期开

始的最高峰。从"十二五"时期开始出现下滑，2015年为73.8%，依旧显著高于全国平均水平。"十三五"期间该指标工业化得分为56，从得分上处于工业化中期的后半阶段。该指标下降的原因一方面是浙江省出现了一定程度上的"去工业化"现象，另一方面也反映出浙江省制造业的发展已经达到一个瓶颈期，必须依靠产业转型升级来扭转。

从城镇化率指标来看，2019年浙江省城市人口占全部人口的70.0%，高于全国平均水平9.4个百分点，但低于东部平均水平1.5个百分点，低于长三角地区平均水平3个百分点。该指标工业化评分为88，处于工业化后期后半阶段。

从三次产业就业结构来看，2019年浙江省三次产业的就业人数比重为11.4∶45.1∶43.5。第一产业就业比重由2015年的13.2%下降到2019年的11.4%，不但远远低于全国和东部的平均水平，也低于长三角地区的平均水平；第二产业就业比重（45.1%）远高于全国平均水平，第三产业就业比重依旧持续增长。该指标的工业化评分为97，处于工业化后期后半阶段。

综合计算，2019年浙江省工业化综合指数为89，这主要受工业结构指标的影响。虽然其从指数上相比于2015年有所下降，但综合上述各项指标的分析，仍认定浙江省基本实现了工业化，进入后工业化时期。在"十二五"期间，浙江省就已经步入工业化后期的后半阶段，"十三五"期间其工业化进程有些许放缓，但相对于整个中国来讲依然保持了较快的发展速度。图1对2019年浙江省工业化主要指标评价值及综合指数与全国平均水平进行了对比。可以看出，除工业结构外，浙江省的各个指标与全国平均水平相比均具有较大的优势。

三　浙江省工业化进程的特征

根据浙江省工业化水平的评价结果和对浙江省经济社会发展状况的分析，我们总结"十三五"期间浙江省工业化进程的基本特征如下。

1. 工业化综合指数首次落后于全国平均水平

"十三五"期间，浙江省工业化综合指数由2015年的97下降至2019年的89，与此同时，全国平均水平由"十二五"时期的后期中期阶段进入"十三

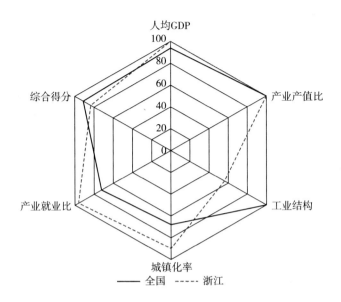

图1 2019年浙江省工业化各指标得分雷达图

五"时期的后期后半阶段，东部及长三角地区的平均水平相比于"十二五"期间也有进一步的发展，且都高于浙江省的工业化水平（见表3）。2015年浙江省的工业化水平在全国和东部都处于领先地位，略低于长三角地区，但2019年的数据显示，无论是相对于东部地区、长三角地区，还是相对于全国平均水平，浙江省都不再具备明显优势。

表3 2005～2019年各地区工业化进程比较

年份	地区	人均GDP	产业产值比	工业结构	城镇化率	产业就业比	综合得分	工业化阶段
2005	全国	41	57	73	21	33	49	三（Ⅰ）
	东部	73	81	97	42	60	75	四（Ⅰ）
	长三角	85	80	100	56	75	83	四（Ⅰ）
	浙江	74	80	79	53	75	74	四（Ⅰ）
2010	全国	68	66	100	33	51	69	四（Ⅰ）
	东部	93	82	100	62	73	87	四（Ⅱ）
	长三角	100	82	100	72	89	92	四（Ⅱ）
	浙江省	94	81	100	69	89	89	四（Ⅱ）

续表

年份	地区	人均GDP	产业产值比	工业结构	城镇化率	产业就业比	综合得分	工业化阶段
2015	全国	84	100	91	53	69	84	四（Ⅱ）
	东部	100	100	100	77	78	95	四（Ⅱ）
	长三角	100	100	100	87	92	98	四（Ⅱ）
	浙江	100	100	100	79	94	97	四（Ⅱ）
2019	全国	95	100	100	67	72	92	四（Ⅱ）
	东部	100	100	100	85	82	97	四（Ⅱ）
	长三角	100	100	100	95	95	99	四（Ⅱ）
	浙江	100	100	56	88	97	89	五

资料来源：参见附录二。

2. 工业化速度逐年放缓，年均增速呈现负值

1995~2005年浙江省工业化发展势头迅猛，"十一五"期间工业化指数的年均增速达到3.0，"十二五"期间的年均增速放缓至1.6，依然高于长三角地区1.2的平均水平，与东部平均水平持平。但"十三五"期间，随着浙江省工业化进程的不断推进，浙江省的年均增长速度降至 -3.3，在全国所有省份中排名倒数。工业化综合指数也由2015年的97下降至2019年的89，退至工业化后期的中期阶段。可见，伴随着进入工业化后期，浙江省工业化进程的推进速度开始放缓，并于"十三五"期间年均增速出现负值（见表4）。

表4　各地区的工业化速度（2010~2019年）

地区	工业化进程(100分制)			"十二五"年均增长速度	"十三五"年均增长速度
	2010年	2015年	2019年		
全国	69	84	92	3.0	2.0
东部	87	95	97	1.6	0.5
长三角	92	98	97	1.2	0.3
浙江省	89	97	89	1.6	-3.3

资料来源：参见附录三。

3. 人口城镇化率稳步上升，远高于全国平均水平

"十五"期间，浙江省城镇化率由48.7%提高到56%，年均增长1.5个百分点，2000年，全国及东部地区的城镇化率分别为36.2%和45.3%，浙江省

的城镇化水平虽略低于长三角地区，但领先于全国及东部地区。"十一五"和"十二五"期间，浙江省城镇化率一直持续上升，2015 年城镇化率达 65.8%，高于全国平均水平 56.1%。其中，"十一五"期间年均增长 1.1 个百分点，"十二五"期间年均增长 0.8 个百分点。2019 年浙江省城镇化率为 70.0%，得分达到 88，已经达到工业化后期后半阶段的水平（见表 5）。

表 5 2000~2019 年浙江省城镇化率变化

地区	2000 年		2005 年		2010 年		2015 年		2019 年	
	数值（%）	分值	数值（%）	分值	数值（%）	分值	数值（%）	分值	数值（%）	分值
全国	36.2	10	43.0	21	49.9	33	56.1	53	60.6	67
东部	45.3	25	52.8	42	58.8	62	65.0	77	68.5	85
长三角	49.6	32	57.1	56	62.9	72	69.5	87	73.0	95
浙江省	48.7	31	56.0	53	61.6	69	65.8	79	70.0	88

资料来源：参见附录一和附录二。

4. 工业结构指标的下降是促使工业化综合指标下降的主要因素

"十三五"期间，浙江省工业化综合指数由 2015 年的 97 下降至 2019 年的 89，累计增加值 -8，在全国排名倒数，这主要是受工业结构指标下降的影响。浙江省制造业增加值在总商品生产部门增加值中的占比由 2015 年的 73.8% 下降至 2019 年的 46.8%，下降幅度明显，其对浙江省工业化指数增长的贡献率为 121.20%。而工业结构对全国工业化综合指数的贡献率为 24.75%，对东部地区的贡献率为 0%，对长三角地区的贡献率为 0。

表 6 各指标对浙江省工业化综合指数增长的贡献度（2016~2019 年）

单位：%

地区	人均 GDP	产业产值比	工业结构	城镇化率	产业就业比	工业化指数累计增加值
全国	49.50	0.00	24.75	21.00	3.00	8
东部	0.00	0.00	0.00	48.00	16.00	2
长三角	0.00	0.00	0.00	96.00	24.00	1
浙江	0.00	0.00	121.20	-13.50	-3.00	-8

资料来源：参见附录三。

四　浙江省工业化推进存在的主要问题

"十三五"期间，浙江省工业化持续发展，经济总量突破6万亿元，新动能不断增强。浙江省工业化水平不断提升的同时，也暴露出许多亟待解决的问题，如制造业发展面临新挑战，企业自主创新力度不够，支撑工业发展的人才优势不明显等，主要表现在以下几个方面。

1. 企业技术创新能力不足

当前，浙江省制造业总体仍处于价值链的中低端，具有竞争优势的产业主要是纺织、服装、电气机械、塑料制品等劳动密集型产业，增值能力有限，附加值较低。新能源、人工智能、装备制造、新材料、生物医药等高技术产业才刚刚兴起，正处于艰苦的爬坡期。加之近年来，受国际贸易摩擦的影响，浙江省在劳动力、主要原材料等生产要素上更加受到制约。

制造业是实体经济的根基，是推动实体经济高质量发展的重要支撑力量。浙江省是制造业大省，但在"十三五"期间，浙江省制造业"大而不强"、发展质量不高的问题依旧突出。主要表现在三方面。一是制造业技术创新能力整体不足。一些关键核心技术尚未取得突破性进展，在部分重要行业领域上，仍十分依赖进口零部件，缺乏自主知识产权的技术和品牌。在近年日渐尖锐的中美贸易摩擦中，先进制造业受到前所未有的重视。浙江省也应吸取教训，着力解决关键核心领域"卡脖子"的问题。二是制造业与服务业融合进程缓慢。制造业与服务业的融合发展不仅可以增强企业产品的竞争力，而且有利于制造企业的升级改造，提升其在全球产业链的位置。目前来看，浙江省乃至全国制造业在这方面做得还远远不够，大部分企业的主营业务仍是简单的组装加工，对客户、售后、品牌的自主意识淡薄，产业链单一，严重抑制了服务化给制造企业带来的裨益。三是先进制造业集群尚未建立。培育和拥有世界级先进制造业集群是经济高质量发展的标志。经过改革开放40多年的发展，浙江省制造业在空间布局上已呈现专业化集聚的态势，但不可否认的是，先进制造业集聚度依旧不高，5G、人工智能、航空航天等新兴产业集群还需要进一步发展壮大。

2. 产业数字化发展尚不成熟

我国实体经济正经历由要素驱动向创新驱动转型升级的关键期，传统的生产方式已经不能满足当前企业的发展需求。由数字化、网络化、智能化引导的"新工业革命"既为实体经济的转型升级划定了全新方向，也为这种转型提供了有力的技术支持。

2019 年，浙江省数字经济核心产业增加值达 6229 亿元，比上年增长 14.5%。数字经济对 GDP 增长的贡献率达 19.6%，成为拉动经济增长的重要力量。在蓬勃发展的同时，浙江省数字化也暴露出一些不足。一是部分企业对产业数字化的认知依旧不足。中小企业是产业数字化的主体，浙江省是中小企业集聚发展的承载地，部分企业目前仍然存在"数字经济是高科技，与现实生产无法接轨"的畏难情绪，对产业数字化对企业发展的效用缺乏长远的认知。二是区域、行业发展不均衡现象依旧突出。从区域来看，杭州、宁波、嘉兴等地区的产业数字化发展较快，远远超越其他城市，大多数地级市的数字经济增加值在 GDP 中的占比不足 30%；从行业来看，以电子商务、移动支付为代表的服务业融合发展水平较高，而大部分农业、制造业数字化水平总体不高。三是产业数字化转型的服务支撑能力不强。行业大数据管理平台缺失、企业间数据传递出现断层、信息安全隐患等问题都在一定程度上阻碍着浙江省产业数字化进程。

3. 制造业劳动力供需失衡

受国际贸易摩擦导致的工业经济下行压力加大和长期劳动力供给结构性、素质性矛盾的叠加影响，浙江省规模以上工业企业平均用工人数呈现逐年下降的趋势。2018 年，规模以上工业企业平均用工人数为 669.45 万人，相比于 2015 年减少 35.72 万人。自省内规模以上工业企业平均用工人数增速在 2018 年 10 月持续降至负值以来，用工人数负增长现象一直存在，特别是在一些具有前瞻性的核心产业上，地方和企业对于中高级技术工人、科研工作者的需求还难以得到满足。出现这种状况的原因如下。一是生产技术的进步和城市生活成本的不断提高，对浙江省普通的劳动力从业者形成了挤出效应；二是目前发达的高铁交通系统加剧了区域间人才的流动性，使得各省市之间的"人才争夺战"愈演愈烈。浙江省在经济发达程度上尚不能达到同处于长三角地区的上海的水平，因此，在人才吸引力和招工上明显不具备优势；三是城市公共服务上依旧存在的短板弱化了对中高端人才的吸引力，在教育、医疗、文体设施方面要做进一步跟进。因此，加强对制造业人才的引

进、全面优化制造业劳动力供需关系是当前浙江省工业化进程中一个亟待解决的问题。

五 进一步推进浙江省工业化进程的建议

详细分析"十三五"期间浙江省工业化推进存在的主要问题后，为进一步推进浙江省工业化进程，在"十四五"期间，建议重点做好以下几方面的工作。

1. 加快推进先进制造业与服务业深度融合

"十三五"期间，浙江省第二产业就业比重由 2015 年的 48.3% 降至 2019 年的 45.1%，第三产业就业比重由 38.5% 提升至 43.5%，在这种情况下，制造业在容纳就业方面的优势逐渐消失，而服务业在持续升高。因此，推进先进制造业与现代服务业融合发展是当前产业发展的一个重要趋势，生产性服务业是提升产业价值链的关键环节。面对目前浙江省生产性服务业总体规模不大，对制造业的支撑带动作用不强的现状，一方面，要做好顶层设计，对先进制造业与现代服务业的融合发展路径做出规划，着力破除目前制约两个产业融合发展中所面临的体制机制障碍，加快生产性服务业公共服务平台的建设，积极发展对产品以及市场的监测、预测等服务，为生产性服务业与制造业的有效对接奠定基础；另一方面，鼓励龙头企业延伸服务范围，与产业链上下游企业之间做好衔接，以加快发展研发设计、提高金融服务、知识产权服务等生产性服务，形成一批具有影响力的生产性服务业集群。

2. 继续加快产业数字化转型

浙江是数字经济发展的先发地，从长远的角度来看，产业数字化所释放的经济效益是我国在当今智能时代实现弯道超车、提升国际竞争力的关键。加快产业数字化转型，一是要突出政府在产业数字化进程中的重要地位，打造数字政府。政府既要发挥主体作用，为发展产业数字化转型创造条件，提高企业数字化转型的积极性、主动性、创造性，也要做好监管工作，加强对数字化转型试点示范的监督把关，加强对各方权益的依法保护，为中小企业产业数字化转型打造良好的环境。二是大力推进"互联网＋""5G＋"、"智能＋""机器人＋"，建设"1＋N"工业互联网平台体系，打造传统制造业改造升级 2.0 版本。三是提升产业数字化的服务支撑能力。依托大型互联网企业和先进制造业企业，建立面向中小企业的数字化服务平台，推动工业设计模型、产品制造等资源的开放共享，同时针对数据安全保障问题要提高监管水平，加强网络风险管理，保障数据安全。

3. 加强创新体系建设，提高发展质量

创新是引领发展的第一生产力。"十四五"期间，企业应聚力创新驱动，着力突破重点领域核心关键技术，构建以企业为主体、以市场为导向、产学研结合的技术创新体系。一方面，要打造一批先进制造业集群。浙江省制造业发展并不均衡，每个地级市在创新发展速度及最终目标上都存在差异，而现代科技革命的技术融合性要求创新集聚，单一个体的创新发展难以实现巨大经济价值。为此，在消费品制造、机械装备制造等传统优势领域，培养一批主导产业鲜明、产业链协同能力强的优势制造业集群；在新能源、生物医药、集成电路等新兴产业领域，积极运用互联网、人工智能等新一代信息技术优化产业集群的生产、服务体系。另一方面，要培育大型龙头企业，挖掘其在关键技术突破中的中坚力量。另外，依靠创新带动经济发展不单要求企业技术的创新，而且要求整个创新体系的构建。在创新体系中，除了企业创新、产业创新外，还要建立具有领导指挥作用的创新型政府，协调解决重大问题。

4. 全方位多渠道吸引高技术人才

社会的进步、企业的发展关键在于人才。加强对制造业人才引进，一是加强与国家高层次人才计划的对接，大力引进培育一批高层次创新创业人才和创新团队；二是注重提升城市化水平和质量，补齐社会领域建设短板，以现代化的教育医疗服务、交通通信设施、居住及消费环境来提升城市人才吸引力；三是创新人才激励机制，提高对高技术产业人才的收益分配比例；四是挖掘本土人力资源优势，推动全省职业院校、技工学校与制造企业深度合作，依托教育资源打造一批高技术人才。

参考文献

《2018 年浙江统计年鉴》，2019。

《2019 年浙江省国民经济和社会发展统计公报》，2020。

傅吉青、黄洪琳：《2019 年浙江经济运行情况》，《政策瞭望》2020 年第 2 期。

兰健：《以高水平开放推进浙江经济高质量发展》，《浙江经济》2019 年第 24 期。

孙晓波：《浙江经济发展中就业质量的测度与提升对策》，《现代营销》2019 年第 10 期。

周世锋：《深入推进"四大"建设 优化浙江区域经济格局》，《浙江经济》2019 年第 24 期。

珠三角地区工业化进程

Industrialization Process of Zhujiang Delta

B.8

珠三角地区

珠三角是珠江三角洲的简称，有广义和狭义之分，广义上的珠三角地区指的是"泛珠江三角洲地区"，包括云南、贵州、广西、四川、湖南、江西、福建、海南及香港、澳门等区域。狭义上的珠三角地区指珠江流域的周边地区，位于广东省中南部，范围包括广州、佛山、肇庆、深圳、东莞、惠州、珠海、中山、江门等9个城市。本课题研究省域工业化水平，而由于各地区间差异较大，工业化水平不一，为了反映地方工业化总体趋势，本研究所指的珠三角地区特指广东、福建和海南三省，该区是目前我国工业化水平比较高的地区之一。

改革开放后，珠三角成为我国开放前沿，珠三角是我国外资经济、民营经济最发达区域，经济发展迅速，工业化起步早，工业体系完善。随着港珠澳大桥建成通车，珠三角与香港、澳门的联系更便捷、通畅，大湾区将成为我国经济的重要创新高地。

但是，珠三角地区三省虽然地处我国东南沿海，但三省之间的工业化进程因地理位置、产业政策等原因而存在较大差距：广东省得益于改革开放中"特区建设"及港澳的带动，工业起步在我国属于最早区域，工业基础强，在

我国各省区市的工业化进程中处于领先地位，2019年已实现了工业化。而海南省以农业为主，工业化发展起步较晚，在珠三角地区排名靠后。2020年6月1日，中共中央、国务院印发了《海南自由贸易港建设总体方案》，在海南全岛建设自由贸易试验区和中国特色自由贸易港；福建省经过"十一五"到"十三五"时期的快速发展，轻工业在全国具有重要地位，工业化进程排名与广东省差距缩小，2019年福建省地区生产总值超过台湾。到2019年末，珠三角地区的工业化指标得分为97，处于工业化后期的前半阶段，在全国九大区域中位列第二。

一 "十二五"珠三角地区经济社会发展基本情况

珠三角地区三省陆地总面积为33.4万平方公里，约占全国陆地面积的3.5%，2019年末人口为16439万人，占全国总人口的11.74%。自21世纪以来，珠三角地区经济发展虽然在2010年后受金融危机拖累及我国经济发展周期"三期叠加"的影响，经济增速有所降低，但其整体发展依然走在全国前列，生产总值持续增加。2019年，珠三角地区生产总值达到15.54万亿元，是2015年的1.52倍；其人均生产总值为94516元，在九大区域中居第二位，与长三角地区还有近3万元差距，但比环渤海地区高1.2万元，比中部地区高4.7万元，在我国属于经济发达区域。珠三角地区近年工业发展有"去工业化"倾向。2019年，第一产业占比为5.2%，与2015年相比下降了1个百分点；第二产业占比为42.0%，与2015年相比下降了3.4个百分点；第三产业占比为52.8%，与2015年相比上升了4.4个百分点。总体上看，珠三角工业占比从2005年达到最高值50.3%以后，工业占比就开始下降，从2015年至2019年工业占比下降速度特别快。一方面是产业升级、服务业增加值不断提高的结果，另一方面也显示珠三角地区工业发展后劲不足，新兴产业没有成为主导产业，传统的加工制造业占比高，附加值偏低。

珠三角地区经济发展主要得益于改革开放，通过引进外资、促进民营经济大力发展工业实现了经济起飞，并奠定了足够的实力向中高端产业迈进，制造业水平总体较高。珠三角地区的广东和福建是中国外贸出口的主要工业基地，出口总额占全国的10%以上，多数工业产品在国际市场具有较高的市场份额，

表1 1995~2019年珠三角产业发展概况

单位：元，%

年份	人均GDP	产业产值比			制造业增加值占比	人口城镇化率	产业就业比		
		一	二	三			一	二	三
1995	6573	17.9	49.0	33.1	32.6	26.0	41.4	27.1	31.5
2000	10460	12.1	48.4	39.5	42.7	51.2	42.9	25.7	31.4
2005	17984	7.8	50.3	41.9	60.5	57.0	34.3	30.8	34.9
2010	36197	6.7	49.5	43.8	77.8	62.2	27.9	34.4	37.8
2015	58762	6.2	45.4	48.4	69.7	66.4	23.3	38.2	38.5
2019	94516	5.2	42.0	52.8	71.2	69.5	21.9	36.5	41.3

并形成了规模庞大的产业集群。广东的家电、电子产业与纺织业，福建的服装纺织业、建材等已成为全国重要产业，并形成了完整的产业链与产业集群。近年来，福建的电子工业发展和深圳的创新高地建设也颇具成效，福建和深圳成为我国新兴产业发展基地。

广东省作为全国对外开放最早的地区，得益于毗邻香港、澳门的区位优势，中国最早成立的四个特区有三个在广东，一个在福建，特区建设对区域经济发展起到了巨大的带动作用。以外资主导的产业迅速带动工业化发展，工业化进程在全国处于领先水平。福建省与广东省的经济具有一定的相似性，也以外贸经济为主，但福建省早期由于台海关系及中国产业布局政策，工业发展基础薄弱，经济发展晚于广东省，经济总量也较低。福建省在早期的引进外资中落后于广东省，外资经济没有广东发达，但福建省的民营经济活跃，拥有众多的民营上市企业，纺织、服装产业竞争力较强，在全国乃至全世界具有重要地位。海南省受地理位置边缘化的影响，与大陆经济联系不够紧密，运输成本较高，而中国工业发展是外贸替代奠定工业基础，所以导致工业基础薄弱。在改革开放中呈现独特的岛屿经济特点，海南省在三省中工业化起步最晚，目前的工业化进程也较为落后，2019年第二产业比重只有20.7%，与农业接近，只有服务业较高，达到59%，这主要得益于国家对海南旅游业的扶持政策，使海南省的旅游业发展较快。而国家把海南作为自由贸易港的战略也将大大加大海南旅游及第三产业发展。但海南产业结构并不是产业高端化的结果，没有经历工业化高度发展阶段，而是跳过工业发展直接进入第三产业，所以在基础设

施及二、三产业融合发展中存在一定的短板。

"十三五"期间，珠三角地区经济发展趋缓，由于国际、国内环境的不确定性，经济增速下降，工业化进程也由于触顶而降速，使2016~2019年工业化指数增长缓慢，由94分增长到97分。由于福建、海南的快速发展，在"十三五"期间，珠三角地区生产总值占全国的比重呈现提高的趋势，2019年占全国的比重为15.68%（见表2），比2015年上升了1.5个百分点，接近2010年的水平，表明珠三角内部发展趋于均衡，随着海南的国家政策效应显现，发展日益提速，在全国经济发展中的地位将更重要，对珠三角地区的经济发展更关键。

表2　1995~2019年珠三角地区经济总量及其占全国比重的变化趋势

单位：亿元，%

年份	广东省	福建省	海南省	珠三角合计	全国	占全国比重
1995	5733.97	2160.52	364.17	8258.66	58478.1	14.12
2000	9662.23	3920.07	518.48	14100.78	89403.6	15.77
2005	22366.54	6568.93	894.57	29830.04	183084.8	16.29
2010	46013.06	14737.12	2064.50	62814.68	401202.0	15.66
2015	72812.55	25979.82	3702.76	102495.13	722767.9	14.18
2019	107671.07	42395.00	5308.93	155375.00	990865.1	15.68

资料来源：《中国统计年鉴》相关年份。

"十三五"期间，珠三角地区在国际经济形势错综复杂的背景下，尤其是在美国不断打压我国经济及外贸的背景下，实现了经济平稳发展、稳步升级，在经济社会发展方面仍取得突出成绩。第一，珠三角地区基础设施建设逐渐完善，区域间经济联系互动增多，大湾区建设将紧密广东与香港、澳门的联系。海南的高铁线基本完成，东南沿海高铁网陆续建成，珠三角与长三角的联通将更便捷。第二，三省在"十三五"期间都形成了独特的经济优势。2020年6月1日，国务院颁布《海南自由贸易港建设总体方案》，海南省以旅游、商品贸易为龙头的现代服务业将快速发展，成为拉动经济的重要引擎。广东省与福建省在2014年成立了自由贸易试验区，对外开放与贸易新水平将上新台阶。随着"一带一路"建设的推进，珠三角与东南亚及欧美的经济往来更频繁，更具活力。

珠三角地区作为我国对外开放发展的"南大门"，也作为我国深化改革开放的先行区和我国对外交往的重要国际门户，随着我国"一带一路"倡议及建设海洋大国举措的推进，珠三角地区的区位发展优势日益显现，外部互动性、内部协调性的发展格局将促进区域差异化、均衡化发展，不仅为地区经济高质量发展奠定了基础，也使珠三角地区逐渐成为我国重要的经济区块与增长极并迈进世界先进制造业基地以及现代服务业中心。

二 珠三角地区工业化水平评价

表3提供了2019年珠三角地区与全国及其他区域各项工业化水平指标的各项数据，表4列出了1995年、2000年、2005年、2010年、2015年和2019年珠三角地区、东部和全国工业化水平评价结果的比较情况。基于这两个表，我们可以对珠三角地区工业化水平进行具体分析。

表3 珠三角工业化的原始数据（2019年）

指标\地区	GDP（亿元）	人均GDP		产业产值比(%)			制造业增加值占比(%)	人口城镇化率(%)	产业就业比(%)		
		人民币（万元）	美元（汇率-平价法计算）	一	二	三			一	二	三
全国	990865.10	7.02	11759.0	7.1	39.0	53.9	61.6	60.6	26.1	27.6	46.3
长三角	200138.6	12.24	20361.9	3.2	40.8	55.9	60.4	73.0	12.5	42	45.5
京津冀	84580.08	7.48	13742.1	4.5	28.7	66.8	66.7	66.7	23.2	29.4	47.4
珠三角	155375.00	9.45	15465.9	5.2	42.0	52.8	71.2	69.5	21.9	36.5	41.3
环渤海	155647.61	7.28	13790.7	5.7	33.8	60.5	57.0	64.3	25.5	32.3	42.2
中部地区	218737.79	7.92	8750.1	7.8	43.6	49.1	48.5	55.7	32.6	29.6	37.8
大西北	72035.54	5.59	9759.4	10.1	40.6	49.4	46.0	56.3	42.9	16.1	36.3
大西南	87721.00	5.26	8360.5	11.4	36.5	52.1	51.0	52.9	42.5	21.1	36.4
东三省	133149.64	6.66	9526.9	13.2	34.4	52.4	51.4	63.2	33.7	20.5	45.8
广东	107671.07	9.35	15718.8	4.0	40.5	55.5	74.8	71.1	20.7	39.3	39.4
海南	5308.93	10.67	9450.9	20.3	20.7	59.0	23.0	59.2	38.3	11.7	50.0
福建	42395.00	5.62	16589.2	6.1	48.6	45.3	67.7	66.5	21.0	35.2	43.8

资料来源：参见附录一。

表4　珠三角工业化进程：分项及综合得分（1995～2019年）

年份	地区	人均GDP	产业产值比	工业结构	城镇化率	产业就业比	综合得分	工业化阶段
1995	全国	4	32	18	0	17	14	二（Ⅰ）
	东部	32	46	29	0	36	31	二（Ⅱ）
	珠三角	17	40	21	0	41	23	二（Ⅱ）
2000	全国	20	47	23	10	22	26	二（Ⅱ）
	东部	56	61	38	25	37	48	三（Ⅰ）
	珠三角	40	59	42	37	38	44	三（Ⅰ）
2005	全国	41	57	73	21	33	49	三（Ⅰ）
	东部	73	81	97	42	60	75	四（Ⅰ）
	珠三角	52	81	100	56	57	70	四（Ⅰ）
2010	全国	68	66	100	33	51	69	四（Ⅰ）
	东部	93	82	100	62	73	87	四（Ⅱ）
	珠三角	75	81	100	71	70	81	四（Ⅰ）
2015	全国	84	100	91	53	69	84	四（Ⅱ）
	东部	100	100	100	77	78	95	四（Ⅱ）
	珠三角	94	100	100	80	77	94	四（Ⅱ）
2019	全国	95	100	100	67	72	92	四（Ⅱ）
	东部	100	100	100	85	82	97	四（Ⅱ）
	珠三角	100	100	100	87	79	97	四（Ⅱ）

资料来源：参见附录二。

　　从人均收入指标来看，2019年，珠三角地区人均生产总值为94516元，高于全国平均水平（70188元），在九大区域中位居第二，仅仅低于长三角地区，珠三角地区成为中国经济最发达区域之一。从历年变化情况看，1995年、2000年、2005年、2010年、2015年和2019年珠三角地区人均生产总值分别相当于全国平均水平的1.54倍、1.58倍、1.62倍、1.4倍、1.31倍和1.35倍，分别相当于东部人均生产总值的1.05倍、0.987倍、0.96倍、0.76倍、0.925倍和0.95倍。

　　数据显示，珠三角地区人均GDP与全国整体水平相比仍然比全国高35%，属于经济发达区域。但是相比于东部平均水平而言，珠三角地区由1995年高于东部 5% 变为 2019 年低于东部平均水平 5%。可见珠三角 GDP 增长相对缓慢，从 1995 年后相对于东部来说是不断下降的，直到 2010 年下降到 0.76 最低点后陆续上升。而在"十二五"和"十三五"期间，珠三角地区创新发展相对成功，与东部地区的差距开始缩小，说明珠三角的外贸工业发展到 2010 年出现瓶颈期，需要转型发展，而 2010 年后的由第二产业向第三产业提升战略有了重大成就，人均 GDP 开始提速。2019 年，珠三角地区人均 GDP 指标的工业化得分为 100，处于后工业化阶段。

从三次产业产值结构指标来看，2019 年珠三角地区三次产业结构比为 5.2∶42.0∶52.8。其中第一产业与第三产业比重分别低于全国平均水平 1.9 个和 1.1 个百分点，第二产业占比高于全国平均水平 3 个百分点，珠三角地区三省的工业强省地位仍然存在。在珠三角地区中，三个省的产业结构比存在一定的差异，海南省的第一产业明显高出全国平均水平 13.2 个百分点，属于农业占据重要地位的省份，工业发展前景良好。而广东和福建两省农业都低于全国平均水平，广东只有不到全国平均水平的一半，广东的工业在珠三角地区最发达，福建比全国平均水平略低。珠三角地区的第二产业高于全国平均水平，说明珠三角的工业比较发达。但珠三角内部非常不均衡，广东最发达，福建次之，而海南省的第二产业比重明显低于全国平均水平 18.3 个百分点。所以，珠三角内部工业化进程存在较大差距，尤其是海南与另外两省差距大，海南的工业化发展还拥有广阔的空间，需要在科技创新前提下强化现代高端制造业发展。2019 年，珠三角地区该指标的工业化得分为 100，处于后工业化阶段。

从工业结构指标看，2019 年珠三角地区制造业占比为 71.2%，高于全国平均水平 9.6 个百分点，但三省中海南省明显低于全国平均水平 38.6 个百分点，是全国工业化发展比较滞后的区域，从总体上影响了珠三角工业化总体进程。但珠三角在九大区域中，制造业占比仍然位列第一。2019 年，珠三角地区该指标的工业化评分为 100，处于后工业化阶段。

从城镇化率指标看，2019 年珠三角地区的城市人口比重为 69.5%，因为工业发达，城市人口承载力强，城市化水平远高于全国平均水平（60.6%），在九大区域中位居第二，比长三角落后 3.5 个百分点。2019 年，珠三角该指标的工业化得分为 87，处于工业化后期的中段。

从三次产业就业结构看，2019 年珠三角第一、二、三产业就业人数的比重为 21.9∶36.5∶41.3。珠三角地区的第二产业就业比重明显高于全国平均水平 8.9 个百分点，第二产业就业人口多也相应地促进了城市化的发展。第一产业和第三产业的就业比重低于全国平均水平，说明珠三角地区通过工业发展带动服务业高速发展是未来经济发展的重要方向之一。2019 年，珠三角地区产业就业比的工业化得分为 79，在全国处于第二位，处于工业化后期的中段。

综合五项分析，2019 年，珠三角工业化综合指数得分为 97，处于工业化后期的后段。通过对 2019 年珠三角地区与全国的工业化各主要指标评得分及综合指数进行对比可以看出（见图 1），珠三角与全国的产业产值比与工业结构评分都是 100，珠三角地区的人均 GDP 评分也为 100。珠三角地区的产业就业比与城镇化率三项工业化指标均明显高于全国平均水平。其中，城镇化率指标高于全国 20，产业就业比高于全国 5。但这两个指标离 100 还存在较大的差距，从未来的发展方向分析，城镇化率与产业就业比提升空间较大，这也应当是"十四五"期间工业化发展的重点。

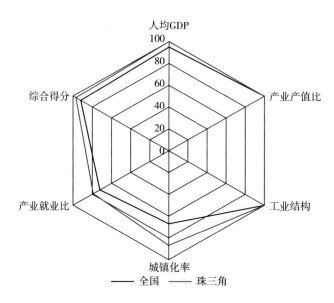

图 1 2019 年珠三角工业化雷达图

三　珠三角地区工业化进程的特征

从上面对珠三角地区工业化进程的发展变化过程及工业化各分指标的得分情况，本研究总结了珠三角地区的经济社会发展状况及珠三角工业化进程特点，如下。

1. 工业化进程总体全国第一，其中三项指标100分，其他指标全国靠前

如表5所示，2019年，珠三角的工业化指数为97，处于工业化后期的后段，在九大区域位列第二，在"十三五"期间工业化总体得分由94上升到97，由2015年低于长三角和京津冀地区上升至全国第二，仅次于长三角，说明其工业化发展速度在全国处于前列。同期，全国整体已经进入工业化的后期中段，在九大区域中，有五个区域已经进入工业化后期的后半段。但整体上看，从"十一五"开始，珠三角的工业化进程速度有所放缓，"十一五"增长11，"十二五"增长13，"十三五"增长3，相对于"九五"和"十五"分别提高21和26来说工业化速度开始下降。

从珠三角的三个省份来分析，各省工业化进程存在较大差距，其中，广东省发展最早也最为成功，是全国最重要的工业强省，在1995年远远高于福建和海南，但正是因为广东省工业发展比较早，工业化进程比较成熟，所以近年广东工业化速度有所趋缓，提升速度较慢，1995年在全国排第5，2019年也排名第5。福建省在工业化发展中起步要晚于广东，但是福建的追赶比较成功，工业化得分由1995年的16上升到2019年的92，24年上升了76，排名由第9名上升到第7名，目前与广东省同属工业化后期后段。海南省工业发展起步较晚，但是海南省由于引进外资和促进民营经济发展都不是特别成功，所以海南省工业化发展一直比较滞后，从1995年到2019年都是工业化得分较低的省份，与珠三角的广东、福建的差距仍然较大，2019年工业化进程得分仅仅为49，在全国垫底，仅高于云南，24年间海南工业得分只上升了47，而广东和福建分别提高67和76，海南省工业化发展由于一直没有准确的定位，主导产业不明确，没能实现工业腾飞。

从工业化的五个分指标看（见表6），在全国的九大区域中，珠三角地区的人均GDP、产业产值比和工业结构的得分都是满分，已进入后工业化阶段，

表5 珠三角工业化指数（1995～2019年）

地区	1995年			2000年			2005年			2010年			2015年			2019年		
	工业化指数	工业化阶段	全国排名	工业化指数	工业化阶段	全国排名	工业化指数	工业化阶段	全国排名	工业化指数	工业化阶段	全国排名	工业化指数	工业化阶段	全国排名	工业化指数	工业化阶段	全国排名
全国	14	二（Ⅰ）	—	26	二（Ⅱ）	—	49	三（Ⅲ）	—	69	四（Ⅰ）	—	84	四（Ⅱ）	—	92	四（Ⅱ）	—
长三角	40	三（Ⅰ）	1	62	三（Ⅱ）	1	83	四（Ⅱ）	1	92	四（Ⅱ）	1	98	四（Ⅱ）	1	99	四（Ⅱ）	1
京津冀	34	三（Ⅰ）	2	48	三（Ⅰ）	2	71	四（Ⅰ）	2	90	四（Ⅰ）	2	95	四（Ⅱ）	2	96	四（Ⅱ）	3
珠三角	23	二（Ⅱ）	4	44	三（Ⅰ）	4	70	四（Ⅰ）	3	81	四（Ⅰ）	4	94	四（Ⅱ）	3	97	四（Ⅱ）	2
环渤海	27	二（Ⅱ）	3	42	三（Ⅰ）	3	70	四（Ⅰ）	4	85	四（Ⅱ）	3	94	四（Ⅱ）	3	93	四（Ⅱ）	4
东三省	22	二（Ⅱ）	5	34	三（Ⅰ）	5	44	三（Ⅰ）	5	72	四（Ⅰ）	5	77	四（Ⅰ）	6	71	四（Ⅰ）	7
中部地区	6	二（Ⅰ）	6	12	二（Ⅰ）	6	28	二（Ⅱ）	6	60	三（Ⅱ）	6	70	三（Ⅱ）	7	75	四（Ⅰ）	6
大西北	4	二（Ⅰ）	8	9	二（Ⅰ）	8	24	二（Ⅱ）	7	51	三（Ⅱ）	7	58	三（Ⅱ）	9	66	四（Ⅰ）	8
大西南	6	二（Ⅰ）	6	9	二（Ⅰ）	6	22	二（Ⅱ）	7	53	三（Ⅱ）	8	59	三（Ⅱ）	7	64	三（Ⅱ）	9
珠三角地区																		
广东	30	二（Ⅱ）	5	54	三（Ⅱ）	4	77	四（Ⅰ）	4	86	四（Ⅱ）	6	97	四（Ⅱ）	4	97	五	5
海南	2	二（Ⅰ）	25	9	二（Ⅰ）	25	15	二（Ⅰ）	25	31	二（Ⅱ）	30	43	三（Ⅰ）	28	49	三（Ⅰ）	29
福建	16	二（Ⅰ）	9	34	三（Ⅰ）	9	54	三（Ⅱ）	8	80	四（Ⅰ）	8	91	四（Ⅱ）	7	92	四（Ⅱ）	7

资料来源：参见附录二。

与京津冀、长三角相同；但珠三角地区由于大量的山区及部分落后农村的影响城镇化率落后于长三角地区，该项指标处于工业化进程后期前段，具有一定的提升空间；而产业就业比只有79，与长三角地区有16的差距，这是珠三角工业化进程的短板，也是"十四五"发展的重点方向，该项指标处于工业进程后期前段。

表6　2019年九大区域工业化指标的比较

地区	人均GDP	产业产值比	工业结构	城镇化率	产业就业比	工业化指数	工业化阶段
长三角	100	100	100	95	95	99	四（Ⅱ）
京津冀	100	100	100	81	77	96	四（Ⅱ）
珠三角	100	100	100	87	79	97	四（Ⅱ）
环渤海	100	100	89	75	73	93	四（Ⅱ）
东三省	83	55	70	73	58	71	四（Ⅰ）
长江经济带	98	100	82	67	66	89	四（Ⅱ）
中部地区	78	100	61	52	60	75	四（Ⅰ）
大西北	84	66	53	54	38	66	四（Ⅰ）
大西南	76	61	69	43	38	64	三（Ⅱ）

资料来源：参见附录二。

2. 工业化速度趋缓，但相比其他地区工业优势仍然明显

珠三角地区在全国属于工业化发展较早区域，虽然1995年工业化指数仅为23，在全国位列第四，但到了2019年，珠三角地区工业化指数上升到97，24年间上升了74，为1995年的4.2倍，目前仅次于长三角地区，位列全国第二，是我国工业化进程最高的区域。但从我国九大区域的工业化指数的增长速度看，珠三角地区在全国工业化进程中的速度开始趋缓，经济发展已经由数量型转化为质量型。珠三角地区在"九五""十五"期间工业化增速最快，是工业化腾飞阶段，年均增速分别为4.2和6.0，远远高于全国同期平均水平2.4和4.6，在全国的工业化增速排名中分别排名第2和第1。珠三角地区工业化具有典型的外贸型经济特征，所以到"十一五"时期，由于全球危机的影响，工业化增速下降到2.2，在全国排名下降到倒数第二，在此背景下，珠三角地区充分认识到中国经济发展已经由要素驱动转变为创新驱动，所以在"十二五"期间加大了创新投入，创新能力迅速提高，工业化进程又重新提速，

"十二五"期间，珠三角工业化进程速度为2.6，在全国排名又到了第一的位置，说明珠三角地区强大的工业基础为其由数量型发展向质量型发展的转变提供了条件，大量国际化企业应对国际国内形势变化反应速度较快，产业转型与创新发展相对成功。2016～2019年工业化增速由于触顶原因降为0.8，在全国排名第四。但珠三角地区是我国工业化最成功的区域，1995～2019年珠三角的工业化年均速度为3.1，在九大区域中排名第一。"十三五"期间珠三角发挥快速转型发展的优势，在高新技术产业与自主创新发展方面比较成功，赶上长三角的工业化进程。在中国九大区域中，2016～2019年年均增速为0.8，在全国排第三位。

分省来看，广东省工业化指数年均增速在"九五"和"十五"期间增长较快，年均增加4.8和4.6，在全国排名靠前，但"十一五"和"十二五"期间年均增速下降到1.8和2.2，"十三五"期间则停留在97。总体上显示广东的工业化发展已经由数量型向质量型转变是经济发展的重要方向。而福建省的工业化发展从"九五"到"十一五"都较快，年均速度分别为3.6、4.0和5.2，但"十二五"和"十三五"期间工业化速度下降较快，年均速度只有2.2和0.3。海南省由于工业基础较差，1995～2019年的工业化进程都较缓慢，最快的时期为"十一五"和"十二五"期间，年均速度为3.2和2.4，其余各年总体较类似。在"十三五"期间，广东省的工业化加速度为-2.2，福建省加速度为-1.9，降速较大，海南省工业化加速度为-0.9（见表8）。这与全国的总体情况比较一致，全国多数地区的工业化加速度都在下降。虽然加速度在下降，但全国多数省区市的工业化总体得分是提高的，而福建省的工业化得分由91提到92，工业化速度有所放缓。

3. 人均GDP和城镇化率对工业化进程的贡献最大，城镇化率和产业就业比有提升空间

珠三角地区在工业化过程中不同时期各个指标对工业化进程得分的影响不同（见表9）。"九五"时期，人均GDP增长对工业化进程的贡献最高，其他各指标比较均衡。"十五"时期，人均GDP、产业产值比的增长和工业结构的调整对推进工业化的贡献较大，但产业就业比贡献较小，仅为5.85%，城镇化率对工业化进程的贡献也较小，为8.77%，但是珠三角地区的工业化综合指数增长非常快，"十五"期间增长26。"十一五"期间，珠三角地区工业化进程最大的

表7 中国各地区的工业化速度（1996～2019表）

地区	工业化进程（100分制）						年均增长速度									
	1995年	2000年	2005年	2010	2015年	2019年	1996～2000年	排名	2001～2005年	排名	2006～2010年	排名	2011～2015年	排名	2016～2019年	排名
全国	14	26	49	69	84	92	2.40	—	4.60	—	4.00	—	3.00	—	2.00	—
九大区域																
珠三角	23	44	70	81	94	97	4.20	2	6.00	1	2.20	7	2.60	1	0.80	4
长三角	40	62	83	92	98	99	4.40	1	4.20	4	1.80	8	1.20	5	0.30	6
京津冀	34	48	71	90	95	96	2.80	4	4.60	3	3.80	5	1.00	7	0.30	6
环渤海	27	42	70	85	94	93	3.00	3	5.60	2	3.00	6	1.80	3	-0.30	8
中部地区	6	12	28	60	70	75	1.20	6	3.20	5	6.40	1	2.00	2	1.30	2
东三省	22	34	44	72	77	71	2.40	5	2.00	8	5.60	3	1.00	7	-1.50	9
大西北	4	9	24	51	58	66	1.00	7	3.00	6	5.40	4	1.40	4	2.00	1
大西南	6	9	22	53	59	64	0.60	8	2.60	7	6.20	2	1.20	5	1.30	2
长江经济带	—	—	—	—	87	89	—	—	—	—	—	—	—	—	0.50	5
珠三角地区																
广东	30	54	77	86	97	97	4.80	1	4.60	5	1.80	28	2.20	7	0	19
海南	2	9	15	31	43	49	1.40	18	1.20	28	3.20	22	2.40	4	1.50	10
福建	16	34	54	80	91	92	3.60	3	4.00	6	5.20	15	2.20	7	0.3	18

资料来源：参见附录三。

143

表8 珠三角地区的工业化加速度（1996～2019年）

地区	1996~2001年 年均增速	2001~2005年 年均增速	2006~2010年 年均增速	2011~2015年 年均增速	2016~2019年 年均增速	工业化加速度	"十三五"加速/减速	加速度排序
全国	2.40	4.60	4.00	3.00	2.00	-1.00	减速	—
九大区域								
大西南	0.60	2.60	6.20	1.20	1.30	0.10	加速	2
中部地区	1.20	3.20	6.40	2.00	1.30	-0.70	减速	3
大西北	1.00	3.00	5.40	1.40	2.00	0.60	加速	1
东三省	2.40	2.00	5.60	1.00	1.50	-2.50	减速	8
环渤海	3.00	5.60	3.00	1.80	0.30	-2.10	减速	7
长三角	4.40	4.20	1.80	1.20	0.30	-0.90	减速	5
珠三角	4.20	6.00	2.20	2.60	0.80	-1.80	减速	6
京津冀	2.80	4.60	3.80	1.00	0.30	-0.70	减速	3
长江经济带	—	—	—	—	0.50	—	—	—
珠三角地区								
广东	4.80	4.60	1.80	2.20	0	-2.20	减速	21
海南	1.40	1.20	3.20	2.40	1.50	-0.90	减速	14
福建	3.60	4.00	5.20	2.20	-1.00	-1.90	减速	18

资料来源：参见附录三。

推进指标还是人均 GDP 的增长,贡献率达到 75.27%。"十二五"期间,珠三角地区工业化进展顺利,人均 GDP 与产业产值比对工业进程贡献最大,尤其是人均 GDP 贡献达 52.62%。

"十三五"期间,珠三角地区工业化进程得分最高的重要影响因素是人均 GDP 的增长,2016~2019 年人均 GDP 增长对工业化指数的贡献率达到 72.00%,而"十一五"和"十二五"期间人均 GDP 的贡献度更是达到了 75.27% 和 52.62%。在工业化进程的五个指标中,产业产值比、城镇化率和产业就业比的贡献比较低,部分产业就业比不合理,全要素劳动生产率较低,影响了区域的高质量发展。目前,海南省、粤北地区和闽西地区的城镇化率也相对低,在"十四五"期间需要通过新型城镇化促进人口合理流动,实现高质量发展。

表 9 工业化指标对珠三角工业化进程的贡献度 (1996~2019 年)

时段＼指标	人均 GDP (%)	产业产值比 (%)	工业结构 (%)	城镇化率 (%)	产业就业比 (%)	工业化综合指数增加量
"九五"	39.43	19.90	22.00	21.14	-1.14	21
"十五"	16.62	18.62	49.08	8.77	5.85	26
"十一五"	75.27	0.00	0.00	16.36	9.45	11
"十二五"	52.62	32.15	0.00	8.31	4.31	13
2016~2019 年	72.00	0.00	0.00	28.00	5.33	3

资料来源:参见附录三。

四 珠三角工业化存在的主要问题

1. 区域内部工业化进程不均衡,整体性差

珠三角地区不同于长三角地区,长三角各省市经济发展比较均衡,人均 GDP 都在 10 万元以上,区域间的互动也比较充分,经济协同性与互补性强。但是珠三角三个省经济发展水平差距较大,经济结构也不尽相同。其中,福建省人口不到 4000 万,2019 年人均 GDP 在珠三角地区最高,达到 10.67 万元,广东省由于人口基数大,人均 GDP 达到 9.35 万元,海南省人口虽然少,但主要产业为农业,农业在整个经济中占比较高,2019 年产业结构比为20.3∶20.7∶59.0,

工业发展比较滞后，所以人均 GDP 只有 5.62 万元。由于海南省工业基础比较弱，现在又是产业结构升级、向第三产业发展的重要时期，所以，海南省工业化进程各指标中产业产值比、工业结构和产业就业比都难以有较大的提高，海南省工业化进程缓慢将导致整个珠三角地区工业化速度放缓。

2. 区域间经济联系不充分，协同性低

广东是我国的工业强省，其通信、电子、家电、服装、纺织行业在全国处于前列，尤其是家电及通信行业，拥有我国最大的市场份额。福建省是我国轻工业重要省份，在服装、纺织、食品等领域具有重要的地位。海南省由于发展起步较晚，工业发展没有形成独特的地域优势，各产业均不是很突出。由于地理因素的原因，珠三角三个省份之间的经济联系没有长三角充分，区域间协同性也比较低。海南省由于受独立岛屿的自然条件影响，与其他各省的交通不够便利，与广东省的经济往来较少，两省间的经贸合作不充分。福建省位于长三角和珠三角的中间位置，与浙江省的产业联系比较频繁，承接了大量浙江加工制造转移产业。福建省西部与广东省东部接壤，但广东省东部与福建西部经济都不是特别发达，导致两省之间的经贸往来偏少。珠三角三省的经济往来关系不紧密，形成各自独立发展的格局，区域间分工不合理影响了工业化发展，同质化竞争给工业高质量协同发展带来了一定的问题。

3. 珠三角区域创新不足，部分产业处于价值链低端

创新驱动、建设创新型国家是我国新时代经济社会发展的主要目标，区域发展质量也主要由创新水平决定。但整个珠三角地区创新能力不足、创新水平差异大。2018 年规模以上企业研发投入经费占 GDP 比重都不高，福建省为1.4%，广东省为2.1%，海南省只有0.2%，与发达国家存在较大差距。珠三角地区民营经济发达，但大量企业为中小企业，企业间模仿创新突出，产业竞争激烈，由于规模较小，企业研发投入强度低，企业经营模式相似度高、产品雷同。由于创新相对不足，核心技术突破不力，大量工业产品是为外国企业贴牌生产的 OEM、ODM 模式或只是加工制造，产品附加值低，自主品牌影响力弱，尤其是纺织服装产业最为典型。珠三角地区近年的就业产业比一直较低，说明产业处于价值链低端，向两端攀升乏力。这种生存模式一方面导致企业对工人的需求量高，而在经济转型背景下区域经济后劲不足；另一方面由于我国

近年服务业发展迅速，企业"用工荒"在一定程度上影响了企业正常经营，并提高了企业成本导致利润下降。

五　进一步推进珠三角工业化进程的建议

"十三五"期间，珠三角地区的工业化进程年均增速为 0.75，在全国八大区域中排第三名，低于大西北和中部，总体表明珠三角的工业化在全球经济不景气环境下仍然比较成功，但因为工业化进程得分 97，接近 100，由于触顶，接下来的工业化将重点由数量转向质量。在全球经济技术群发态势下要坚持五大发展理念，以创新发展、绿色发展、协调发展、开放发展提升工业质量，为"两个一百年"奋斗目标及中华民族伟大复兴提供坚实的基础。

"十四五"时期国际环境不确定性提高，以美国为首的西方集团对中国企业的打压将长期存在，全球供应链将面临重新调整风险，国际贸易保护主义抬头趋势明显，珠三角需要加大创新力度，提升在核心技术领域的话语权，不断向价值链高端攀升。珠三角工业发展已具备了较强的基础，并且已经开始向后工业社会转型，但区间不平衡问题突出，根据前面对珠三角地区工业化进程特征的分析可以看出，"十四五"期间珠三角地区的工业化进程将主要依靠新型城镇化、创新驱动实现工业化与信息化高度融合，提升区域的工业化质量，重点需要在新型城镇化、生产性服务业、对外开放发展及提升创新能力方面下功夫。

1. 坚持创新作为发展第一动力，重点发展高新技术产业

珠三角地区制造业数量大，2019 年，珠三角地区制造业增加值占比已达到 71.2%，在全国九大区域排名中位列第一。"十四五"期间珠三角工业发展要由数量向质量转变，提高工业质量，提升在全球价值链中的地位，实现高质量发展。一要加大企业创新投入力度。珠三角目前已经形成了在全国乃至全世界有影响力的创新型企业，如华为、格力等，珠三角企业创新投入强度在全国处于相对较高位置，但内部不均衡。2018 年广东规模以上企业研发投入占区域 GDP 比重为 2.1%，福建为 1.4%，海南为 0.2%，全区域为 1.8%，高于全国 1.4% 的平均水平。但我国企业研发强度与西方发达国家还存在一定的差距，珠三角要实现工业高质量发展需要继续加大创新投入，尤其要加大企业创

新投入，加强基础研究，打好创新基础，实现源头创新。二要发挥龙头企业在创新发展中的引领作用。现代企业技术创新都是基于系统集成的全方位技术提升，大型企业在产业发展中由于集成能力强，对产品架构、供应商整合能力高，能够创建完善的创新生态系统，所以成为现代创新发展的主力军，欧美等发达国家和地区在重点科技领域的创新多数由大型企业完成。中国的企业规模相比欧美都比较小，企业在技术根本性创新平台搭建方面存在一定的劣势。广东省的通信、电子、家电、汽车领域在全国具有比较强的优势，拥有一批较大的企业，而福建和海南省的大型制造企业比较少，在颠覆性技术创新突破方面比较弱。所以珠三角地区实现创新、协调、绿色、开放、共享发展，必须通过整合当地企业，通过市场力量进行兼并重组，实现产业内企业合理布局，建立有益于市场竞争与技术创新的市场结构，形成有市场竞争力的主体。三要选择性地确立主导工业。由于科技革命的推动，在不同时期世界经济有不同的主导产业，每一次工业革命和科技革命都带动了相关产业的高速发展。紧紧抓住现代产业发展的趋势，采取"有所为，有所不为"的产业发展战略，重点发展与现代科技革命紧密相关的新兴产业，是区域经济发展的重要方向。基于信息技术的互联网在经济各领域得到了迅速发展和应用，所以区域经济发展过程要紧密结合我国经济现状，在与国计民生紧密相关的消费互联网和关系未来经济发展潜力的工业互联网领域进行重大创新与前瞻性布局，为未来的经济发展奠定坚实基础。另外，我国是人口大国，也将逐渐进入老年化社会，所以居民消费将出现更多新特征，针对中国人口特征及居民消费倾向有针对性地布局相关产业是保证区域经济持续发展的重要条件，在产业发展中可以加大对医疗、康养、人工智能等领域的扶持与政策倾斜。

2. 推进新型城镇化，促进城乡协调发展

2019年珠三角工业化进程中的前三个指标都达到100分，只有后两个指标较低，所以"十四五"期间，珠三角地区工业化进程的主要着力点在于推进新型城镇化及优化就业结构。在城市化发展过程中，要根据居民就业、求学、医疗等方面的要求，合理布局大型城市及中等城市发展，创建有特色、有浓郁地方风味的小城镇，有力推进产城融合，切忌"一刀切"推进农村城市化，否则将形成新的城镇空心化问题。对于有产业发展条件、有产业发展资源的中小城市，可以通过产业发展拉动当地居民进城务工，并在城市定居生活，打造具有竞争力的新型产城融合发展的特色城市。地方政府需要配套居民户口迁移、子女就学、医疗保险异地迁转等政策体系，打破农民进城务工生活的藩篱，促进城市化有序发展。在城市发展中，要合理布局大中小城市的结构与位置，促进中小城市公共服务产品均等化，弱化居民都向大中城市迁移的倾向，降低大型城市发展压力，促进居民生活工作便利。在城市化发展过程中，要大力促进城市协同发展，加强城市间资源的调配与共享，促进同城化建设。

整个珠三角地区就业产业比都不高，与长三角还有较大的差距，所以在工业化进程中要促进制造业高端化发展，提高产业附加值，有序推进工业互联网发展现代智能制造，通过大力发展生产性服务业，促进制造业与服务业协调发展。一方面，要提高高科技产业在工业发展中的比重，通过创新驱动提高产业附加值，不断向价值链高端攀升。另一方面，要加大对技术工人的培训，大力发扬工匠精神，提高工人的技术能力及技术水平，提高工业发展质量，实现高质量发展。

3. 大力发展新型工业化，促进"两化"融合

工业化在经历了200多年的发展以后，已经由原来的资源依赖型转向创新驱动型，新型工业化道路是未来工业发展的重要方向。新型工业化的一个重要特征就是通过利用信息技术的植入提高工业生产效率，加强与市场的无缝对接，从而提高企业的资源使用效率，降低企业成本，生产适销对路的产品，满足消费者的需求，提高企业竞争力。我国在未来的工业发展中需要有力地促进工业化与信息化融合，通过信息化建设新型工业化，通过工业化促进信息化高质量发展，确保"两化"融合是人口大国及资源贫乏发展中国家的未来发展方向。我国虽是人口大国、劳动力大国，但随着我国经济发展、服务业的快速提升及人口老龄化趋势，我国珠三角和长三角地区都不同程度地出现了"用工荒"现象，所以充分利用现代信息技术发展先进智能制造是珠三角工业化后期发展的重点方向。大型企业可以通过工业互联网技术实现工业机器人替代人工制造，解决企业"用工荒"并有效降低企业成本。有实力的企业可以通过自主研发智能制造平台，通过行业技术标准把更多的中小企业纳入生产体系，促进企业之间的合理分工，提高单位劳动力的产值。珠三角工业化进程中产业就业比得分比较低，说明单个劳动力所创造的产值不高，需要通过智能化制造有效提高单位劳动力的产值，实现集约化、持续化发展。

B.9
广东省

广东省位于南岭以南、南海之滨，与广西、湖南、江西、福建、香港及澳门接壤，面积为 17.42 万平方公里，2019 年末广东常住人口 1.15 亿人。广东省拥有发达的交通网络体系，是全国经济发达、物产丰富、城镇化水平高的地区之一。自 1989 年起，广东生产总值连续居全国首位。"十三五"时期，面对国内外经济上行压力大、贸易风险高的复杂局面，广东省坚持稳中求进工作总基调，坚持新发展理念，推进经济又好又快发展。经国家统计局统一核算，广东 2019 年实现地区生产总值 10.77 万亿元；在三大产业中，第三产业增加值为 59773.38 亿元，其对广东生产总值增长的贡献率高达 63.8%；2019 年广东省工业化进程总分为 97，是除去北京、江苏、天津与上海外工业化程度最高的省份。①

一 "十三五"广东省经济社会发展基本情况

"十三五"期间，广东省不断调整经济结构，以新经济为引领，不断夯实发展"土壤"。2019 年，全省生产总值达到 107671.07 亿元，较 2018 年增长 6.2%②，占全国 GDP 的 10.87%；新经济增加值为 27232.81 亿元，较上年增长 8.0%；地方财政一般公共预算收入为 12651.46 亿元，增长 4.5%。2019 年广东省税收收入 10062.35 亿元，其中，增值税完成 3977.03 亿元，增长 1.4%；企业所得税完成 1999.68 亿元，增长 6.6%；个人所得税完成 656.19 亿元，增长 -24.4%。

2015 年广东省地区生产总值为 72812.55 亿元，2019 年该数值为 107671.07 亿元，较 2015 年增长了 47.87%，在 2015~2019 年，地区生产总值环比增长率在 2018 年达到峰值，为 11.41%，如图 1 所示。

---

① 《2019 年广东省国民经济和社会发展统计公报》。
② 文中地区生产总值、三次产业及相关增加值绝对数按现价计算，增长速度按可比价计算。

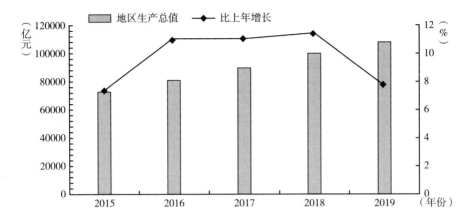

图1 2015～2019年广东省地区生产总值及增长速度

资料来源：国家统计局。

产业结构继续优化，创新成为新引擎。三次产业结构由2015年的4.6：44.8：50.6，调整为2019年的4.0：40.5：55.5，工业、农业占比下降，第三产业超过第二产业，产业基础较好，产业结构优化趋势明显。2019年广东省第二产业增加值为43546.43亿元，较2018年增长4.7%。2019年广东省高技术制造业①增加值比2018年高技术制造业增加值增长7.3%，占规模以上工业增加值的32.0%，比2018年提高0.5个百分点，其中航空、航天器及设备制造业增长速度最快，为17.1%。由此可见，广东省工业质量逐步提高，地区创新能力稳定增强。

对外开放合作踏上新台阶，改革创新走出新的道路。"十三五"期间，广东对外开放合作成果显著，2015年其货物出口总额为39983亿元，2019年广东省货物出口总额达43379亿元，较2015年增长了8.5%（见图2）。2019年广东省对共建"一带一路"国家与地区的进出口额高达17144.2亿元，该数值较2018年增长了6.3%。除此之外，广东省纳入统计的跨境电子商务进出口1264.3亿元，较2018年增长了66.4%。

居民生活水平稳步提高，社会保障体系逐渐完善。"十三五"期间，广东

① 高技术制造业包括医药制造业，航空、航天器及设备制造业，电子及通信设备制造业，计算机及办公设备制造业，医疗仪器设备及仪器仪表制造业，信息化学品制造业。

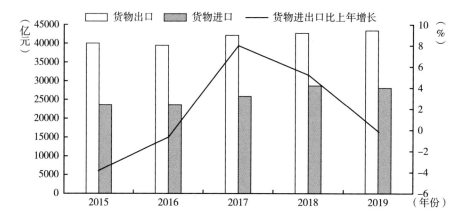

图 2　广东省 2015～2019 年货物进出口总额及增长速度

资料来源：2019 年广东省国民经济和社会发展统计公报。

省将重点放在生态文明建设方面，努力完成节能减排任务。2019 年广东省居民人均可支配收入为 39014 元（见图 3），农村常住居民人均可支配收入达 18818 元，城镇常住居民人均可支配收入为 48118 元。农村常住居民人均可支配收入较 2018 年增长了 9.6%，城镇常住居民人均可支配收入相较 2018 年增长了 8.5%，根据数据可知，农村居民收入增长速度迅速，城乡差距逐渐缩小。2019 年末，广东省共有 4633 万人参加城镇职工基本养老保险（含离退休），4376 万人参加职工基本医疗保险；共有 2642 万人参加城乡居民基本养老保险，6408 万人参加城乡居民基本医疗保险。由此可知，广东省社会保障各项事业保持和谐稳定。

二　广东省工业化水平评价

表 1 列出了广东省 2000 年、2005 年、2010 年、2015 年和 2019 年的工业化主要指标情况。从人均 GDP 指标来看，2000～2019 年全国人均 GDP、东部地区人均 GDP 和广东人均 GDP 数据均稳定增长。从各年的变化情况来看，2000 年、2005 年、2010 年、2015 年和 2019 年广东人均 GDP 分别是全国平均水平的 1.67 倍、1.70 倍、1.45 倍、1.35 倍和 1.34 倍。

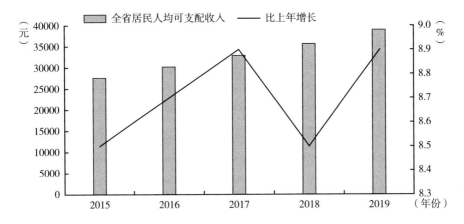

图3　2015～2019年广东省居民人均可支配收入及其增长速度

资料来源:《2019年广东省国民经济和社会发展统计公报》。

这组数据说明广东省相较于全国,其增长优势正在缩小。从产业产值比指标来看,2000～2019年,广东省从以第二产业为主转向以第三产业为主,其2019年三次产业结构为4.0:40.5:55.5,但2019年广东第三产业产值比仍低于东部地区,说明广东仍须继续发展第三产业,夯实第二产业,优化产业结构。从制造业增加值占比指标来看,2019年广东制造业增加值占比为74.8%,高于全国平均水平(61.6%)和东部地区平均水平(62.8%),这得益于广东省2019年聚力发展先进制造业①、装备制造业②和高技术制造业。从人口城镇化指标来看,2019年广东人口城镇化率达71.4%,分别高于东部地区和全国平均水平2.9个百分点和10.8个百分点。从产业就业比指标来看,2000～2019年,广东第一产业就业占比从41.1%降到20.7%,第三产业就业占比从32.7%上升到39.4%,第三产业成为吸纳劳动力的最大产业。

---

① 先进制造业包括高端电子信息制造业、先进装备制造业、石油化工产业、先进轻纺制造业、新材料制造业、生物医药及高性能医疗器械。
② 装备制造业包括金属制品业,通用设备制造业,专用设备制造业,汽车制造业,铁路、船舶、航空航天和其他运输设备制造业,电气机械和器材制造业,计算机、通信和其他电子设备制造业,仪器仪表制造业。

表 1　广东省工业化主要指标（2000～2019 年）

单位：美元，%

年份	地区	人均GDP	产业产值比			制造业增加值占比	人口城镇化率	产业就业比		
			一	二	三			一	二	三
2000	全国	2681.4	15.9	50.9	33.2	33.7	36.2	50.0	22.5	27.5
	东部	5638.4	11.5	49.1	39.4	41.5	45.3	43.3	27.3	29.5
	广东	4481.4	10.4	50.4	39.3	47.9	55.0	41.1	26.2	32.7
2005	全国	4144.1	12.6	47.5	39.9	52.0	43.0	44.8	23.8	31.4
	东部	7897.0	7.9	51.6	40.5	59.4	52.8	32.9	33.2	33.9
	广东	7047.7	6.4	50.7	42.9	63.9	60.7	32.9	30.7	36.4
2010	全国	6902.1	10.1	46.8	43.1	60.4	49.9	36.7	28.7	34.6
	东部	11379.4	6.3	49.4	44.3	77.9	58.8	25.6	37.1	37.3
	广东	10022.5	5.0	50.0	45.0	80.7	66.2	25.7	34.9	39.4
2015	全国	9835.6	8.9	40.9	50.2	57.6	56.1	28.3	29.3	42.4
	东部	15032.2	5.6	43.5	50.8	75.3	65.0	22.6	35.7	41.7
	广东	13271.2	4.6	44.8	50.6	73.9	68.7	22.1	41.0	36.9
2019	全国	11759.0	7.1	39.0	53.9	61.6	60.6	26.1	27.6	46.3
	东部	16278.2	4.6	39.0	56.4	62.8	68.5	20.4	36.6	42.9
	广东	15718.8	4.0	40.5	55.5	74.8	71.4	20.7	39.3	39.4

资料来源：参见附录一。

表 2 给出了 2000 年、2005 年、2010 年、2015 年和 2019 年广东省与全国、东部的工业化指数比较情况。从人均 GDP 指标来看，2000 年、2005 年和 2010 年东部地区的人均 GDP 的工业化评分最高，但广东省该指标的工业化评分与东部地区的差距逐步缩小，从 2000 年的 7 之差发展到 2019 年广东省该指标工业化评分与东部地区持平，并高于全国平均水平。从产业产值比指标来看，在 2015 年后，全国、东部地区和广东的该指标工业化评分均为 100，其证明不管是全国还是广东省，产业结构及其创新能力均在 2015 年后有了很大的改进和增强。从工业结构指标来看，2005 年后，广东工业结构指标的工业化评分达到 100，属于后工业化阶段，并且该评分高于或持平于全国和东部地区平均值。从城镇化率指标来看，2019 年广东省的城镇化率仅低于北京、天津和上海，但与全国及东部地区的优势正在缩小。2019 年，广东该指标工业化评分为 91，处于工业化后期后半阶段。从产业就业比指标来看，该指标的工业化

评分是最低值，2019 年广东省该指标的工业化评分仅为 81，低于东部地区，虽然广东省第三产业已经超过第二产业成为最具有发展潜力的产业，但是仍要继续推进战略性新兴服务业和高技术服务业的发展。

表 2　广东省及全国、东部的工业化指数比较（2000～2019 年）

年份	地区	人均 GDP	产业产值比	工业结构	城镇化率	产业就业比	综合得分	工业化阶段
2000	全国	20	47	23	10	22	26	二（Ⅱ）
	东部	56	61	38	25	37	48	三（Ⅰ）
	广东	49	65	59	50	41	54	三（Ⅱ）
2005	全国	41	57	73	21	33	49	三（Ⅰ）
	东部	73	81	97	42	60	75	四（Ⅰ）
	广东	68	81	100	67	60	77	四（Ⅰ）
2010	全国	68	66	100	33	51	69	四（Ⅰ）
	东部	93	82	100	62	73	87	四（Ⅱ）
	广东	85	82	100	80	73	86	四（Ⅱ）
2015	全国	84	100	91	53	69	84	四（Ⅱ）
	东部	100	100	100	77	78	95	四（Ⅱ）
	广东	100	100	100	85	79	97	四（Ⅱ）
2019	全国	95	100	100	67	72	92	四（Ⅱ）
	东部	100	100	100	85	82	97	四（Ⅱ）
	广东	100	100	100	91	81	97	五

资料来源：参见附录二。

根据测算可得，2019 年广东省工业化综合得分为 97，综合来看，已实现工业化。图 4 对比了广东省与全国工业化五大主要指标评价得分及其综合得分。从图 4 可知，除产业产值比指标评分和工业结构指标工业化评分外，广东省人均 GDP、产业就业比、城镇化率的工业化评分与综合得分均明显高于全国平均水平，其中，城镇化率指标的工业化评分远远高于全国平均水平。

三　广东省工业化进程的特征

基于对广东省工业化水平的分析，广东省在推进工业化进程中有以下四个重要特征。

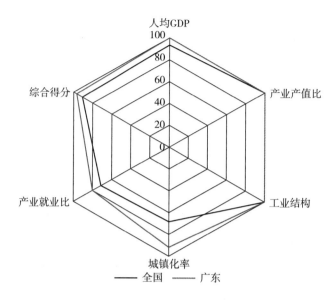

图 4 2019 年广东省工业化雷达图

1. 工业化水平高，指标得分不均衡

总体来看，广东的工业化综合指数高于全国平均水平 5，在全国各省市中排名第五，仅次于天津、上海、北京和江苏（见表 3）。广东工业化进程与全国一样，均步入工业化后期的后半阶段。在人均 GDP、产业产值比、工业化结构指标方面，2019 年广东省这些指标的工业化评分均为100，处于后工业化阶段。在城镇化率指标方面，虽然广东省在该指标的工业化评分低于天津、上海和北京，但均高于其他省份，处于工业化后期的后半阶段。

根据表 2 和表 3 可知，广东省各指标得分不均衡。在 2000 年，在广东省各指标的工业化评分中，其产业产值比指标的评分为 65，产业就业比指标的评分为 41，最高分与最低分相差 24；2019 年广东省各指标工业化评分的最高分与最低分相差 19，虽然差距逐渐缩小，但相较江苏省来讲（2019 年最高分与最低分相差 11），广东省各指标得分仍不均衡，这也导致了 2019 年广东省工业化综合指数低于江苏省。

表3 2019年全国工业化综合指数得分排名

地区	人均GDP	产业产值比	工业结构	城镇化率	产业就业比	工业化综合指数	工业化阶段
天津	100	100	100	100	100	100	五
上海	100	100	100	100	100	100	五
江苏	100	100	100	89	89	98	五
广东	100	100	100	91	81	97	五
北京	100	100	90	100	100	98	五
重庆	97	100	100	81	71	94	四（Ⅱ）
辽宁	88	100	100	84	63	91	四（Ⅱ）
福建	100	82	100	80	81	92	四（Ⅱ）
湖北	97	100	75	68	57	86	四（Ⅱ）
山东	100	100	60	69	70	85	四（Ⅱ）
全国	95	100	100	67	72	92	四（Ⅱ）

资料来源：参见附录二。

2. 工业化发展速度呈倒"V"形，工业化速度下降

2019年，广东省的工业化进程仍然处在工业化后期后半阶段，比2005年的工业化指数高20。从工业化速度上看，2005～2010年，广东省工业化综合指数年均增速为1.8，2011～2015年，广东省工业化进程出现了增速，工业化综合指数年均增速为2.2，2016～2019年，广东省工业化综合指数年均增速为0.0（见表4），位列全国各省区市第21。由此可知，广东省工业化发展速度呈倒"V"形。

2005～2019年，广东省工业化速度低于全国平均水平。广东省在"十二五"期间，其工业化加速度为0.4，高于全国平均水平（全国"十二五"期间工业化加速度为 -1.0），在各省区市中位列第一（见附表4）；"十三五"期间，广东省工业化加速度为 -2.2，低于全国平均水平（全国"十三五"期间工业化加速度为 -1.0），在各省区市中排名第21。可见，在"十三五"时期后，广东省工业化速度明显下降。

表4　中国各地区的工业化速度（2005～2019年）

地区	工业化进程（100分制）				2006～2010年年均增长速度	2011～2015年年均增长速度	2016～2019年年均增长速度
	2005年	2010年	2015年	2019年			
全国	49	69	84	92	4.0	3.0	2.0
东部	75	87	95	97	2.4	1.6	0.5
珠三角	70	81	94	97	2.2	2.6	0.8
广东	77	86	97	97	1.8	2.2	0.0

资料来源：参见附录三。

3. 工业结构与城镇化达到顶峰，需要提高产业就业比

如表5所示，从工业结构单项指标来看，2000年与2005年广东的工业结构均优于环渤海地区、长三角地区和东部地区，但其优势在2010年之后明显消失，虽在2019年广东省工业结构优势又有所露头，但是较2000年，这种优势并不明显。2019年，广东省优势传统产业增加值较2018年增长4.7%，六大高耗能行业①增加值比2018年增长4.2%，其传统产业与高耗能产业增加速度仍然较高，优势传统产业增长速度快于广东省工业增加值增长速度（4.6%），从而对广东工业结构造成影响。

从城镇化率单项指标来看，2000年广东省城镇化率指标的工业化评分别高于环渤海地区、长三角地区、东部地区36、18和25。但到2019年，广东省该指标的工业化评分低于长三角地区4，仅高于东部地区6。根据表6所示，广东省年均城镇化增长率呈现下滑趋势，其在1995～2000年的年均增长率最高，达13.2%，但在2000～2005年，该指标年均增长率出现了断崖式下降，虽2015～2019年该指标年均增长率略有提高，但提高数值过小，这也证明了广东省城镇化水平进入瓶颈期。

在五大指标中，广东省产业就业比的工业化评分最低，低于天津、上海、江苏和北京。具体分析，1996～2000年，广东产业就业比对其工业化指数增长的贡献率为－3%，2001～2005年，该贡献率为6.61%，2006～2010年该

---

① 六大高耗能行业包括石油、煤炭及其他燃料加工业，化学原料及化学制品制造业，非金属矿物制品业，黑色金属冶炼及压延加工业，有色金属冶炼及压延加工业，电力热力的生产和供应业。

贡献率达到峰值,为11.56,但2011~2015年该数值又降至4.36。由此可见,产业就业比对广东省工业化的贡献程度较低,并且有下降趋势。与其他地区相比,这种不平衡在2019年更加凸显并最终影响了广东工业化发展进程,所以广东应在战略性新兴服务业、高技术服务业、高技术制造业方面有所突破。

表5 广东省相对于环渤海地区、长三角地区工业化的优势比较（2000~2019年）

年份	地区	人均GDP	产业产值比	工业结构	城镇化率	产业就业比	综合得分
2000	与环渤海比较	-5	8	31	36	13	12
	与长三角比较	-22	-15	7	18	-8	-8
	与东部比较	-7	4	21	25	4	6
2005	与环渤海比较	-8	1	21	39	11	7
	与长三角比较	-17	1	0	11	-15	-6
	与东部比较	-5	0	3	25	0	2
2010	与环渤海比较	-13	0	0	37	11	1
	与长三角比较	-15	0	0	8	-16	-6
	与东部比较	-8	0	0	18	0	-1
2015	与环渤海比较	0	0	0	19	9	3
	与长三角比较	0	0	0	-2	-13	-1
	与东部比较	0	0	0	8	1	2
2019	与环渤海比较	0	0	12	16	8	5
	与长三角比较	0	0	9	-4	-14	0
	与东部比较	0	0	0	6	-1	0

资料来源：参见附录二。

表6 广东省人口城镇化率及其年均增长率

单位：%

年份	人口城镇化率	年均增长率	
1995	29.6	1995~2000年年均增长率	2010~2015年年均增长率
2000	55.0	13.2	0.7
2005	60.7	2000~2005年年均增长率	2015~2019年年均增长率
2010	66.2	2.0	1.0
2015	68.7	2005~2010年年均增长率	—
2019	71.4	1.7	—

4. 人均 GDP 和工业结构对工业化进程的贡献程度较大

从表 7、表 8 可知，广东在不同时期的工业化进程中其不同指标的贡献程度不同，1996～2000 年，人均 GDP、工业结构和城镇化率占据最大的贡献，这三个指标对广东省工业化指数增长的贡献度累计达 86.17%；2001～2005 年，则是人均 GDP 和工业结构，仅这两个指标对广东工业化综合指数增长的累计贡献度就近 70%；2006～2010 年则是人均 GDP，其贡献度高达 68%。2011～2015 年，对广东工业化进程贡献最大的是人均 GDP 和产业产值比，这两项占了 85.09%。目前，前三个指标的工业化得分都已达 100，已经没有增长空间，工业化推进将主要依靠城镇化率与产业就业比提高。在 1996～2019 年 23 年的时间内，对广东工业化进程贡献率从高到低排序依次是：人均 GDP、工业结构、产业产值比、城镇化率和产业就业比。

表 7　各指标对广东省工业化综合指数增长的贡献度（1996～2019 年）

单位：%

指标	人均 GDP	产业产值比	工业结构	城镇化率	产业就业比	工业化指数累计增加值
全国	42.00	19.18	23.13	10.31	5.64	78
东部	37.09	18.00	2.15	15.45	5.58	66
广东	38.15	17.73	24.63	16.30	3.70	67

资料来源：参见附录三。

表 8　各指标对广东省工业化综合指数增长的贡献度（1996～2019 年）

单位：%

时段	人均 GDP	产业产值比	工业结构	城镇化率	产业就业比	工业化指数累计增加值
1996～2000	30.00	17.42	31.17	25.00	－3.00	24
2001～2005	29.74	15.30	39.22	8.87	6.61	23
2006～2010	68.00	2.44	0.00	17.33	11.56	9
2011～2015	49.09	36.00	0.00	5.45	4.36	11
1996～2019	38.15	17.73	24.63	16.30	3.70	67

资料来源：参见附录三。

四　广东省工业化进程存在的主要问题

1. 产业就业结构不完善

从表3可知，江苏省工业化综合指数最终高于广东省的原因就在于其产业就业比的工业化评分高于广东。2019年，江苏省三产就业比为16.1∶42.8∶41.1，而广东省则为20.7∶39.3∶39.4，其第二产业与第三产业就业比均低于江苏省，再加上广东省生产性服务业发展较为滞后，工业以外贸加工型为主，这就使广东第三产业吸纳劳动力数量较少且工业高新技术就业人数少而从事外贸加工制造业的人数多，最终导致广东就业结构不完善。

2. 发展动力不足

具体来讲，2005年，全国三产产值比为12.6∶47.5∶39.9，三产就业比为44.8∶23.8∶31.4；广东产业产值比为6.4∶50.7∶42.9，产业就业比为32.9∶30.7∶36.4。2019年，广东省第二产业和第三产业产值占比与就业占比均高于全国平均水平。全国三产产值比为7.1∶39.0∶53.9，三产就业比为26.1∶27.6∶46.3；广东产业产值比为4.0∶40.5∶55.5，产业就业比为20.7∶39.3∶39.4。全国三大产业调整速度快于广东省，并且2019年全国第三产业就业比高于广东，三大产业结构不完善也可能造成广东发展动力不足。除此之外，广东省规模以上工业增加值的增长速度也放缓，从2014年的8.4%下降到2019年的4.7%，这些因素均导致广东省工业化发展动力不足。

3. 工业结构与城镇化优势丧失

广东省工业结构逐渐升级，但是仍有高技术制造业主体地位不突出，小企业发展相对不足等问题。与浙江省相比，2019年浙江省高技术、装备制造业增加值分别较2018年增长14.3%、7.8%，而广东省高技术制造业增加值较2018年增长7.3%，装备制造业增加值较2018年增长4.9%，可以看出，广东高技术制造业发展相对缓慢。2019年广东省工业大型企业工业增加值较2018年增长5.7%，中型企业工业增加值增长4.1%，而小微型企业的工业增加值仅增长了3.5%。这些因素均导致广东工业结构优势的丧失。

根据上文分析可知，城镇化在2000年、2005年与2010年一直是广东省最具有优势的单项指标，但在2015年，广东省城镇化率的工业化评分较长三角

地区平均水平低了2；在2019年，广东省城镇化率的工业化评分较长三角地区低4，其城镇化优势完全丧失并且转向劣势。2000年，环渤海地区人口城镇化率为38.5%，长三角地区人口城镇化率为49.6%，而广东省人口城镇化率为55.0%，分别高于环渤海地区和长三角地区16.5个百分点和5.4个百分点。2019年，环渤海地区的人口城镇化率为64.3%，长三角地区的人口城镇化率为73.0%，而广东省的人口城镇化率为71.4%，高于环渤海地区7.1个百分点，低于长三角地区1.6个百分点。由此可以看出，广东省城镇化发展步入瓶颈期。"十三五"期间广东省工业化进程的推进将主要从城镇化率和产业就业比上进行拓展，寻找经济发展新引擎，继续调整工业结构，完善城镇规模布局。

4. 高质量发展不突出

广东省工业高质量发展虽然已取得初步成效，但与江苏等地区相比，仍可以发现广东省工业经济在高质量发展方面出现一些短板。1996～2019年，广东省各指标对工业化综合指数增长的贡献度与江苏相比，人均GDP与产业就业比的贡献程度较低（见附表10）。具体分析，广东多数地区的产业均为"被动加工"且加工链较短、加工比例不高、产品精深加工较少，这一方面导致工业利润无法提高，从而影响人均GDP的提高；另一方面因加工链短和产品精深加工少导致制造业无法容纳更多的劳动力，从而也降低了广东省的产业就业容量。广东省工业高质量发展的考核机制不健全、营商环境优势不够突出、人才发展机制不够成熟也是影响其工业高质量发展的重要因素。除此之外，随着人口规模和海外产业承接规模的扩大，广东省环境问题需要重视，生态补偿机制不完善、绿色发展政策落实不到位、污染环境惩罚成本低等问题亟须解决。

五　进一步推进广东省工业化进程的建议

"十三五"时期是完成我们党确定的全面建成小康社会任务、实现"两个一百年"奋斗目标的第一个百年奋斗目标的决胜阶段，将为实现第二个百年奋斗目标、实现中华民族伟大复兴的中国梦奠定更加坚实的基础，也是广东省全面完成后工业化阶段任务的最关键时期。2019年广东继续推进工业化进程，落实绿色发展、循环发展理念，统筹做好稳增长、促改革、调结构、惠民生、防风险、保稳定各项工作，在稳定增长的同时，提升创新能力，使广东做好"排头兵"。

"十四五"期间，广东省在推进工业化进程中仍面临诸多挑战：一是经济增长压力不断加大，工业结构调整任务依旧艰巨，现代产业体系建设任重道远；二是传统产业转型升级仍需发力，新兴产业尚未挑起大梁；三是工业经济仍在低位运行，企业生产困难加大；四是城乡发展依旧不平衡，解决城乡二元结构仍需努力。

1. 推动制造业升级，提高科技创新支撑能力

在推动制造业升级方面，广东要支持制造业高质量发展，发展工业互联网，推进智能制造，培育新兴产业群。广东省相关部门要继续出台支持政策，加大关键核心技术攻关力度，全面推进"互联网＋"，培育新一代信息技术、智能家电、汽车制造等世界级先进制造业集群，打造经济新引擎。深化供给侧结构性改革，落实"巩固、提高、增强、提升、畅通"十字方针，聚焦"六大工程"①，筑牢实体经济发展根基，全面提升制造业整体竞争力。在科技创新方面，发挥好科技创新的支撑能力。稳定支持基础研究和应用研究，引导企业增加研发投入，推进产学研融通创新。要加快国家实验室建设，优化国家重点实验室体系，发展社会研发机构。加快科技成果转化，改革科技成果转化机制，营造鼓励创新、宽容失败的研发环境。要继续推进"大众创业、万众创新"，打造创新人才高地。增加创业担保贷款，创建一批双创示范基地，实施"珠江人才计划""广东特支计划""扬帆计划"，激发社会整体创造能力。

2. 推进工业可持续发展、绿色发展

广东省要把壮大和优化投资作为经济发展后劲，加快推进新一代信息技术、装备制造业、高技术产业等项目建设，促进珠三角核心区、沿海经济带、北部生态发展区的区域工业协调发展。首先，相关部门要大力推动简政放权。提高工业投资项目和准备案效率，加强服务，提高审批效率。其次，大力推动招商引资。加强广东省工业领域境内外招商引资工作的统筹与协调，加强产业链招商，要加大力度引进新一代信息技术、高端装备制造、绿色低碳、生物医

---

① 六大工程指强强核工程、立柱工程、强链工程、优化布局工程、品质工程、培土工程。

药、数字经济、新材料、海洋经济方面的项目。围绕特色产业引进一批辐射带动能力强的龙头项目。除此之外，要加大招商引资奖补力度，对重大项目给予财政支持。最后，狠抓重点项目和重大产业基地建设。要推动广东省重点建设项目计划实施。严格落实年度目标任务，加强对项目的检测控制，加快升级改造传统工业。提升绿色发展水平。要依法依规关停能耗、环保不达标的产业，为新兴产业腾出空间。开展"散、乱、污"转向治理，依法关停、取缔、整合、搬迁各类"散、乱、污"工业企业。推动产业链和产品生命周期绿色发展，推广一批绿色技术工艺。

3. 积极发展生产性服务业，挖掘海洋经济增长潜力

积极发展生产性服务业，为其工业生产过程的连续性、产业升级、效率提高做好保障。要完善现代金融制度，促进地方法人金融机构做优做强；要加快推动广东省现代物流服务体系的建设，完善城乡配送网络，推进批发市场、零售和商贸集市的转型升级；要加大对电子商务、工业设计、供应链管理、科技服务等生产性服务业的支持力度，培育一批专业化高、能力强的服务企业和品牌服务机构。

大力发展海洋经济，挖掘海洋经济增长潜力，广东省海洋资源丰富，产业基础较为完善。所以，要借助优势加快对海洋生物、海工装备、传播制造、海洋电子信息、海洋能源等产业的发展；要抓紧开发海洋油气资源，支持建设国家海洋高技术产业基地，建立海风电厂，推进南方海洋科学与工程实验室建设。

4. 继续推进城乡协调发展

广东省仍存在城乡差别突出问题。2019年广东省农村常住居民人均可支配收入为18818元，城镇常住居民人均可支配收入为48118元，城镇常住居民人均可支配收入是农村常住居民人均可支配收入的2.56倍，所以两者的绝对差仍是较大的。城乡之间不协调的发展会阻碍广东省工业化进程，前文已述，在工业化进程中，广东省城镇化优势已消失。因此继续推进城乡协调发展有利于其工业化进程。第一，继续实施乡村振兴战略，努力使各个要素流入农村；坚持以工补农，城市带动乡村，实现农村现代化。第二，深化农业供给侧改革，推进"一县一园、一镇一业、一村一品"；壮大农业龙头企业，培育新型农业经营主体；发展休闲农业、旅游农业、观光农业、农产品加工业，加快农

业三大产业融合，使广东省特色农业"走出去"，拓宽农民增收渠道。第三，健全城乡融合发展机制。除此之外，广东省还要加快城乡基础设施互联互通，公共服务共惠共享；举办"万企帮万村""三师下乡"[①] 活动；要建立健全人才激励机制，使更多的人才流入乡村；要加快新型城镇化步伐，做强做优县域经济，提升县城的人口承载能力。

参考文献

《2018 年广东统计年鉴》，2019。
《2019 年广东省国民经济和社会发展统计公报》，2020。

---

① "三师"指建筑师、规划师、工程师。

B.10
海南省

海南省全省常住总人口 944.72 万人（至 2019 年末），总面积约为 3.4 万平方公里，位于我国南端，是我国陆地面积最大的岛屿。由于诸多的历史原因及区位条件限制等地理原因，海南省的工业化进程比我国其他省份起步较晚。海南省的工业化进程基本起步于"十一五"期间，而在"十二五"期间进程稳步推进，区域经济逐步进入较快的发展阶段。2015 年海南省工业化综合指数为 43，处于工业化初期的后半段，属于珠三角地区中工业化起步最晚、进程相对落后的地区。2019 年海南省工业化综合指数为 49，属于工业化中期前段，与贵州相同，仅高于云南，与全国其他省份相比，海南省在全国仍然居于较后位置。

一 "十三五"海南省经济社会发展基本情况

"十三五"期间，海南省综合经济实力大幅提升。2019 年，海南省地区生产总值达 5308.94 亿元，是 2015 年的 1.43 倍；人均 GDP 达到 56507 元。全年地方一般公共预算支出 1859.08 亿元，是 2015 年的 1.49 倍，财政增长速度相较于"十二五"时期由下降变为上升。2019 年海南省常住居民人均可支配收入为 26679 元，是 2015 年的 1.41 倍；其中城镇常住居民人均可支配收入为 36017 元，是 2015 年的 1.90 倍；农村常住居民人均可支配收入为 15113 元，是 2015 年的 1.39 倍。①

海南在"十三五"期间构建了由热带特色现代农业、高新技术产业、现代服务业等八大支柱产业组成的经济结构。2019 年海南省的三次产业产值比重为 20.3∶20.7∶59.0，与 2015 年的 23.1∶23.7∶53.3 相比，第三产业增长明

---

① 海南省统计局：《2019 年海南省国民经济和社会发展统计公报》，2020。

显，而第一、二产业分别出现 2.8 个和 3 个百分点的下降。

"十三五"期间，海南省的基础设施建设进展顺利，对全省的经济具有重要推进意义。海南省编制了"五网"基础设施提质升级规划，并积极推动落实；在"智慧海南"建设方面，5G 网络规模化部署、商业化应用，信息基础设施建设迈入全国中上水平，在全国率先实现县县通 5G；在交通方面，文昌—琼海与万宁—洋浦的高速公路已建成通车，"田"字形高速公路已组网完成；海南省内 20278 个具备硬化条件的自然村全部通上硬化路，海南在全国各省区市中率先实现了所有具备条件自然村通硬化路的目标，全省 2560 个具备条件的建制村 100% 通客车目标顺利实现；南方主网与海南电网二回联网工程投产运行；加快推进气网环岛主干网建设；一大批基础灌区工程加快建设，水网脉络日趋完善。

"十三五"期间，海南省改革开放深入推进。深化省域"多规合一"改革，创造商事登记"全省通办"等多项"全国第一"；国务院将海南省推行的"六个试行"审批做法列入地方优化营商环境典型。充分发挥国家赋予的各项开放政策红利，合理利用保税港区、离岛免税、邮轮游艇、体育彩票、离岸金融、航权开放、落地免签等优势，融入"21 世纪海上丝绸之路"的建设中，积极开展中国（海南）自由贸易试验区（港）的建设工作，扎实落实空港、海港基础设施建设，提升综合配套能力；在打造临港产业集群的同时加强与南海周边区域的合作，尤其是邮轮旅游、体育交流、市场拓展等领域。

"十三五"期间，全省生态文明建设取得重大进展，国际旅游岛建设不断深化，带来了新的发展机遇。各项政策红利不断释放，催生以"国际旅游岛 +"为代表的产业发展新模式。海南省委、省政府提出"全域旅游""美丽海南百千工程"战略，加快"五网"建设等具体举措，为旅游消费品制造、热带特色产品加工、旅游装备制造、新型网络化制造、海洋新兴产业、信息产业等带来巨大的发展空间。

二 海南省工业化水平评价

表 1 提供了海南省、全国以及东部地区在 2000 年、2005 年、2010 年、2015 年和 2019 年的各项工业化指标数据，表 2 列示了海南省、全国以及东部

地区 2000 年、2005 年、2010 年、2015 年和 2019 年工业化水平评价结果的比较情况。我们可以基于这两个表对海南省工业化水平进行分析。

表 1　海南省工业化主要指标（2000～2019 年）

单位：元，%

年份	地区	人均GDP	产业产值比			制造业增加值占比	人口城镇化率	产业就业比		
			一	二	三			一	二	三
2000	全国	7078	15.9	50.9	33.2	33.7	36.2	50.0	22.5	27.5
	东部	11364	11.5	49.1	39.4	41.5	45.3	43.3	27.3	29.5
	海南	6894	37.9	19.8	42.3	16.4	40.1	61.2	9.6	29.1
2005	全国	14040	12.6	47.5	39.9	52.0	43.0	44.8	23.8	31.4
	东部	23697	7.9	51.6	40.5	59.4	52.8	32.9	33.2	33.9
	海南	10871	33.6	24.6	41.8	21.3	45.2	57.0	10.6	32.4
2010	全国	29992	10.1	46.8	43.1	60.4	49.9	36.7	28.7	34.6
	东部	45798	6.3	49.4	44.3	77.9	58.8	25.6	37.1	37.3
	海南	23831	26.1	27.7	46.2	33.3	35.4	49.8	12.0	38.2
2015	全国	49992	8.9	40.9	50.2	57.6	56.1	28.3	29.3	42.4
	东部	71019	5.6	43.5	50.8	75.3	65.0	22.6	35.7	41.7
	海南	40818	23.1	23.7	53.3	23.9	55.1	41.4	12.6	46.1
2019	全国	70188	7.1	39.0	53.9	61.6	60.6	26.1	27.6	46.3
	东部	94371	4.6	39.0	56.4	62.8	68.5	20.4	36.6	42.9
	海南	56179	20.3	20.7	59.0	23.0	59.2	38.3	11.7	50.0

资料来源：参见附录一。

表 2　海南省及全国、东部的工业化指数比较（2000～2019 年）

年份	地区	人均GDP	产业产值比	工业结构	城镇化率	产业就业比	综合得分	工业化阶段
2000	全国	20	47	23	10	22	26	二（Ⅱ）
	东部	56	61	38	25	37	48	三（Ⅰ）
	海南	19	0	0	17	0	9	二（Ⅰ）
2005	全国	41	57	73	21	33	49	三（Ⅰ）
	东部	73	81	97	42	60	75	四（Ⅰ）
	海南	30	0	2	25	7	15	二（Ⅰ）
2010	全国	68	66	100	33	51	69	四（Ⅰ）
	东部	93	82	100	62	73	87	四（Ⅱ）
	海南	53	17	23	9	22	31	二（Ⅱ）

续表

年份	地区	人均 GDP	产业产值比	工业结构	城镇化率	产业就业比	综合得分	工业化阶段
2015	全国	84	100	91	53	69	84	四（Ⅱ）
	东部	100	100	100	77	78	95	四（Ⅱ）
	海南	74	25	7	50	41	43	三（Ⅰ）
2019	全国	95	100	100	67	72	92	四（Ⅱ）
	东部	100	100	100	85	82	97	四（Ⅱ）
	海南	82	32	5	63	48	49	三（Ⅰ）

资料来源：参见附录二。

通过人均 GDP 指标对比，我们发现，海南省的人均 GDP，由 2015 年的 40818 元增长为 2019 年的 56179 元，增长幅度达到 37.6%，但与 2019 年全国和东部的人均 GDP 相比，还是存在较大的差距。从历年变化情况来看，2000 年、2005 年、2010 年、2015 年和 2019 年，海南省人均 GDP 只有全国平均水平的 97%、77%、79%、81.6% 和 80%，只有东部平均水平的 60.67%、45.88%、52.03%、57.4% 和 59.7%。可以看出，海南省的人均 GDP 与东部平均水平相比，存在较大差距，与全国各省份进行对比也处于中下水平。但在"十五""十一五""十二五""十三五"期间，海南省与东部地区在人均 GDP 上的差距正在缩小。2019 年海南省人均 GDP 指标的工业化评分为 82。

从三次产业产值结构指标看，2019 年海南省三次产业结构为 20.3∶20.7∶59.0，全国三次产业结构为 7.1∶39.0∶53.9，对比发现，海南省的农业比重较大，仍然是一个重要的农业省。第二产业的比重与全国和东部地区相比仍然较低。而海南省第三产业的比重高于全国 5.1 个百分点，高于东部地区 2.6 个百分点，主要因为海南省以旅游业为代表的服务业发达，工业发展相对落后，其他产业基础较为薄弱。2019 年海南省三次产业产值比的得分比 2015 年提高 7，达到 32，但仍为工业化中期前段水平。

从工业结构指标来看，2019 年全国制造业占比的平均水平为 61.6%，东部制造业占比的平均水平为 62.8%，而海南省的制造业占比仅为 23.0%，海南制造业占一、二产业比重太少，4 年时间下降约 1 个百分点。该指标的工业化评价得分仅仅为 5，而 2015 年则为 7。可以看出，海南省

制造业在"十三五"期间没有得到明显的发展,依然处于工业化初期的前段。由于海南省的服务业在"十三五"期间高速发展,造成工业比重下降。

在城镇化率方面,2019年海南省城镇化率为59.2%,与2015年相比增加4.1个百分点,城镇化率提升速度较快,但与全国平均水平相比,低于全国平均水平1.4个百分点,低于珠三角平均水平10.3个百分点。在全国各省份范围内,海南省城镇化率提升明显,属于全国城镇化进程中等省份。

在三次产业就业结构方面,2019年海南省三次产业就业人数的比重为38.3∶11.7∶50.0,第一产业就业比重达到38.3%,远高于全国平均水平的26.1%和东部平均水平的20.4%。相比而言,第二产业就业比重为11.7%,在全国所有省份中占比最低。而第三产业就业比重达到50%,远远高于全国平均水平,在各省份排名上也仅次于北京、上海、天津三个直辖市,位列第四。该数据符合海南省以旅游业为主导产业的基本情况。但对比明显的是上海,上海的服务业就业比重高是由金融、保险、信息等服务业占比高所致。因此海南省该指标的工业化得分为48。

总体来看,2019年,海南省的工业化综合指数为49,比2015年高出6,处于工业化中期的前段。图1以2019年海南省工业化主要指标评价值及综合指数与全国的相关情况进行了对比。可以发现,海南省的各项指标均低于全国平均水平。工业结构、产业产值比指标与全国平均水平的差距较大,全国水平已达到100满分,而海南的工业结构得分只有5,2019年海南省只有城镇化率水平和人均GDP与全国平均水平接近,综合得分、产业就业比、产业产值比都存在一定的差距。

三 海南省工业化进程的特征

本研究基于对海南省工业化水平的评价及经济社会发展状况分析,得出,目前海南省工业化进程发展较慢,产业发展基础不强,具有如下特征。

1. 工业化进程起步晚、发展慢,在全国处于底层位置

表3显示了海南省在全国、各省市以及珠三角、东部的工业化进程排名情况。2019年,海南省的综合工业化指数49,仅高于云南,落后于广西和黑

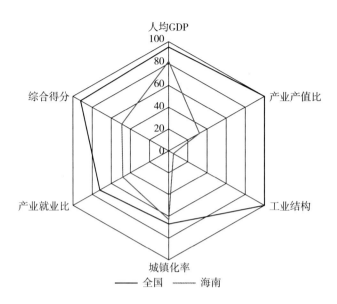

人均GDP

产业产值比

综合得分

工业结构

产业就业比

城镇化率

—— 全国　—— 海南

图 1　2019 年海南省工业化雷达图

龙江。此指数远低于全国平均水平 92，仅位于工业化中期的前段。一方面是由于海南省发展重心偏向服务业，另一方面由于海南工业发展没能紧紧对接现代科技及工业革命的成果，主导产业不突出，产业附加值低。

海南省作为农业比较发达的一个独立岛屿省份，工业发展相对比较迟缓，在 2000 年海南省工业化指数只有 9，而全国水平为 26，东部 48，珠三角 44，广东 54，福建 34，可见，海南省工业化发展相对于中国东南沿海地区起步相当晚。而在"十五"期间，海南省的工业化指数相比全国也显得落后很多，海南省工业化进程由 9 升至 15，每年提升 1 多，而全国上升 23，每年 4.6。同期在中国东部地区、广东、福建也都上升了 20 多。"十一五"期间，海南省工业化进程得到了较快的发展，由 15 上升到 31，增速较快，但与全国或东部及珠三角相比还是处于相当低的水平。"十二五"期间，海南省工业化发展速度接近全国及东部水平，上升了 12，与全国的水平相差比较大，只有全国的一半左右。"十三五"期间，海南省工业化进程指数上升了 6，低于全国的平均水平。

总体上看，海南省工业化进程在全国起步较晚，远远落后于东部地区。其

次，海南省在 2000 年以后工业化速度比较慢，落后于全国及东部平均水平。目前，海南省工业化指数在全国处于垫底水平，只比云南高，属于工业化比较落后的区域。

表 3 海南省工业化水平在全国的排名情况（2000～2019 年）

地区	2000 年			2005 年			2010 年			2015 年			2019 年		
	指数	阶段	排名	指数	阶段	排名	指数	阶段	排名	指数	阶段	排名	指数	阶段	排名
全国	26	二（Ⅱ）	—	49	三（Ⅰ）	—	69	四（Ⅰ）	—	84	四（Ⅱ）	—	92	四（Ⅱ）	—
东部	48	三（Ⅰ）	1	75	四（Ⅱ）	1	87	四（Ⅱ）	1	95	四（Ⅱ）	1	97	四（Ⅱ）	1
珠三角	44	三（Ⅰ）	3	70	四（Ⅰ）	3	81	四（Ⅰ）	4	94	四（Ⅱ）	3	97	四（Ⅱ）	1
海南	9	二（Ⅰ）	9	15	二（Ⅰ）	29	31	二（Ⅱ）	30	43	三（Ⅰ）	28	49	三（Ⅰ）	29
广东	54	三（Ⅱ）	4	77	四（Ⅰ）	4	86	四（Ⅱ）	6	97	四（Ⅱ）	4	97	五	5
福建	34	三（Ⅰ）	8	54	三（Ⅱ）	9	80	四（Ⅰ）	8	91	四（Ⅱ）	7	92	四（Ⅱ）	7

资料来源：参见附录二。

2. 工业化速度趋缓，在工业化发展中没有后发优势

从工业化速度上看（见表 4），海南省 2016～2019 年工业化综合指数年均增长 1.5，低于全国平均增速。"十一五"期间，海南省的工业化综合指数年均增速为 3.2。但是海南省此指数远高于东部和珠三角地区的年均增速。"十二五"期间海南工业化速度下降，且低于全国及珠三角工业化速度，主要是由于海南省的工业发展受地理位置的影响，交通不便利，主导产业不明确，工业发展定位不够清晰。海南经济发展的重点集中于旅游业，但由于工业基础差，旅游业发展也存在诸多瓶颈。"十三五"期间海南工业化速度持续下降，这是因为海南进行产业转型、工业化与信息化融合、优先发展高新技术产业方面成效不突出。从表 5 可以看出，"十三五"期间全国的工业化都在减速，但海南作为工业较落后的省份也没有发挥后发优势。另外，2019 年海南的工业化综合指数与全国的差距为 43，比 2015 年 41 分差距扩大 2 分，表明海南在工业化发展上没有形成主导产业与工业核心竞争力，在全国的工业化进程中持续下滑。

表4 中国各地区的工业化速度（2000～2019年）

地区	工业化进程（100分制）					"十五"年均增速	"十一五"年均增速	"十二五"年均增速	"十三五"年均增速
	2000年	2005年	2010年	2015年	2019年				
全国	26	49	69	84	92	4.6	4.0	3.0	2.0
东部	48	75	87	95	97	5.4	2.4	1.6	0.5
珠三角	44	70	81	94	97	6.0	2.2	2.6	0.8
海南	9	15	31	43	49	1.2	3.2	2.4	1.5

资料来源：参见附录三。

表5 海南省与全国、东部工业化加速度的对比（2001～2019年）

地区 \ 指标	"十五"工业化加速度	"十一五"工业化加速度	"十一五"加速/减速	排序	"十二五"工业化加速	"十二五"加速/减速	排序	"十三五"工业化加速	"十三五"加速/减速	排序
全国	2.2	-0.6	减速	—	-1.0	减速	—	-1.0	减速	—
东部	2.0	-3.0	减速	4	-0.8	减速	1	-1.1	减速	2
海南	-0.2	2.0	加速	19	-0.8	减速	7	-0.9	减速	14

资料来源：参见附录三。

3. 人均GDP对工业化进程贡献最大，工业结构不合理

如表6所示，1996～2019年，海南人均GDP对工业化综合指数的贡献度最大，为58.21%。在"十三五"期间，人均GDP对全国和东部、珠三角地区的工业化进程都是最重要的指标。以上数据说明中国经济已经出现了"去工业化"倾向，提高居民收入水平的方式变为发展现代服务业和高端制造业。海南省由于人均GDP较低，所以收入提高对工业化进程的贡献最大。另外，海南产业产值比、城镇化率的贡献度为14.98%和16.09%，两个指标比较接近。但是产业就业比的贡献度只有8.17%，工业结构对工业化进程贡献为2.34%，总体上显示海南省工业发展滞后，产值和附加值较低，处于价值链底端，高新技术产业发展缓慢。海南省的八大支柱产业分别为农副食品加工业，造纸及纸制品业，石油加工业，化学原料和化学制品制造业，医药制造业，非金属矿物制品业，汽车制造业，电力、热力的生产和供应业，这些产业中只有医药制造业发展前景较好，其他产业都属于传统加工制造业，不能结合现代产业发展趋势通过信息技术提升产业竞争力。

表6 各指标对海南工业化综合指数增长的贡献度（1996～2019年）

指标	人均GDP（%）	产业产值比（%）	工业结构（%）	城镇化率（%）	产业就业比（%）	工业化指数累计增加值
全国	42.00	19.18	23.13	10.31	5.64	78
东部	37.09	18.00	2.15	15.45	5.58	66
珠三角	40.38	17.84	2.14	14.11	4.11	74
海南	58.21	14.98	2.34	16.09	8.17	47

资料来源：参见附录三。

四 海南省工业化进程存在的主要问题

1. 人才需求量大，人才引进难度大，劳动力素质较低

"十三五"期间，海南省经济稳定快速发展，但由于海南省工业基础薄弱，工业发展水平与全国平均水平，特别是东部地区差距仍然十分明显。海南省着力发展的"十二个重点产业"对专业人才需求极大，特别是互联网产业、新能源产业、新材料、汽车制造业等高新行业需求更大。海南省的高新产业发展迫切需要进行数量大、质量高的人才引进，但海南省现有基础条件在人才引进方面具备一定的难度，与东部地区、珠三角地区相比，海南省经济发展较为弱后，高新产业发展水平较低，物质条件较差，物价水平较高。在全国各省份积极引进高新技术人才的大背景下，海南省所具备的基础条件很难对高素质技术人才产生足够的吸引力。这是海南省在高素质人才引进时需要面对的主要问题，与此同时，海南省内教育发展缓慢，教育资源分配不均，优质教育资源较为集中，省内高校数量少，岛内人才长期外流，造成海南省的工业发展缺乏高素质劳动力的支持。

2. 海南省县域经济发展较差，产业结构升级缓慢

海南省县域经济实力仍较为薄弱。自改革开放以来，相较于先进省份，海南的县域经济虽然得到了较快的发展，但是经济实力依旧薄弱。主要是投入不足，外加人才短缺，也有思想不够解放、体制机制不活等深层次的原因。此外由于自然条件、思想观念和地域影响，海南省部分县域对外开放程度很低，经济外向度较低。

海南省城市金融机构集中度过高，且县域金融机构对经济发展的支持力度不足。四大国有商业银行金融机构主要集中于海口、三亚，其他县市及地区银行网点分布较少。县级及以下银行分支机构的主要业务是吸纳存款，导致海南省信贷资金投放的集中度高。此外，海南省农村金融市场体系不健全。大部分经济落后地区的县域商业银行经营网点稀少且规模较小。作为农村金融主力的农村信用社，难以支持"三农"和其他信贷业务。农村金融服务这种格局长期以来一直制约着县域经济的健康发展。

3. 海南一直没有形成具有独特优势的主导产业，工业竞争优势不明显

海南省在工业化发展过程中，由于独特的地理位置及人力资源结构，没有能够通过大规模引进外资促进工业发展，导致工业基础比较落后。海南省的民营经济也不活跃，到目前为止，虽然海南省形成了八大支柱产业，但产业规模较小，诸多产业属于资源依赖型产业，附加值较低，国际竞争力较弱。2019年海南省的建筑业、批发零售业、交通运输业、居民服务业、公共管理和社会保障业等投资都出现了大幅下滑，部分行业投资下降一半。相关行业投资下滑主要是由于实体经济份额较低，产业基础薄弱，尤其是制造业对其他行业的拉动作用不明显，会进一步影响海南省的工业化进程。

五　推动海南省工业化进一步发展的建议

"十三五"期间，海南省的工业化进程稳步推进。"国际旅游岛"基本建成，海南成为国际旅游消费中心、中国邮轮特区和世界一流海岛休闲度假旅游目的地。海南全岛成为中国（海南）自由贸易试验区，设立海南自由贸易港，都为海南的发展带来巨大的推动力。但是海南省的工业化进程在"十三五"时期仍存在问题。经济发展受制约的原因在于第三产业比重持续攀升，而第二产业比重继续降低，第三产业缺乏第二产业支撑，受新冠肺炎疫情影响，海南旅游业发展受到较大冲击。海南经济总量较小，产业基础薄弱，区域之间、城乡之间差距较大。总体营商环境有待提高，市场体系不完善，对外开放不高。

"十四五"时期是海南省工业化进程重要阶段，是由工业化中期的前段向工业化后期迈进的关键时期，推动海南跨越式发展的核心是重点发展工

业经济且尽快做强。但新冠肺炎疫情的影响在全球持续蔓延，由其引发的全球性经济问题正在逐渐显现，全球经济不确定因素增加。全球贸易保护主义抬头，以美国为首的西方国家对中国经济打压进一步加剧了外部环境的复杂性及不确定性。我国全面建成小康社会基本实现，脱贫攻坚取得重要成就，供给侧结构性改革背景下海南更需要提高工业发展质量，充分利用国家促进海南发展的政策优势，通过"两化"融合提高工业质量，紧紧抓住新科技革命为经济发展带来的机遇，重点发展高科技产业，通过新型城镇化提高居民收入水平，充分发挥自由贸易港和旅游岛的地域优势带动经济上新台阶。

1. 发挥政策优势，加快基础设施建设

海南第一产业比重高，2019年达20.3%，仅次于黑龙江的23.4%，在我国是农业占比较高的省份，海南省的服务业占比59%，仅次于北京、天津和上海，在全国排名第四。但海南省的服务业发展不是通过产业升级逐步发展的结果，而是绕过第二产业的高质量发展阶段，导致第三产业发展基础不牢固、基础设施不完善，制约了第三产业的健康快速发展。

在海南全岛成为中国（海南）自由贸易试验区、设立海南自由贸易港等诸多有利政策环境及"国际旅游岛"基本建成的背景条件下，"十四五"期间，海南需加快基础设施建设，从而为海南省的经济发展提供基础。海南省在未来发展的过程中可以以基础设施为发展保障、以港口优势为基本依托、以高科技产业为发展引领、以节能环保产业为发展前提，从而发展成为具有生态环境优美、工业整体发展质量高、旅游业发达等特点的省份。海南可以以5G商用起步为发展背景，以5G基础建设和商用推广为依托，以世界领先的ICT基础设施吸引新兴高新技术企业入驻海南开展研发创新业务。在交通发展中，稳步推进目前在建及待建机场的建设工作，在航行运营方面，增加海南前往全球主要客源地的国际航线，从而对旅游业发展提供必要支撑。此外，海南应当充分整合所具备的港口资源，重点发展海口、洋浦港。需要进一步完善水利设施网络。围绕"五网"等重点领域持续完善基础设施，稳步推进迈湾水利枢纽工程、天角潭水利枢纽工程和琼西北供水工程开工建设，推进昌江核电二期、昌江小堆示范项目等稳步建设。

2. 基于地域优势，持续深化供给侧结构性改革，着力培育壮大12个重点产业

海南新型工业正处于加速发展的重要阶段。"十三五"期间，海南在减少经济对房地产依赖、扎实推动产业转型升级的同时，不断培育壮大实体经济。稳步推进"三去一降一补"工作，着力培育海南省12个重点产业的发展，从而为推进供给侧结构性改革提供纵深的发展动力。"十三五"期间，海南由12个重点产业构成的产业结构对海南省的 GDP 增长的贡献率达到70% 左右。互联网产业、医药产业等热门产业都保持着高速增长的态势。具有海南特点的"三年成形，五年成势"的重点产业态势正在逐渐形成。第二产业目前是海南省综合发展中最大的短板，海南省的第二产业需要在"十四五"期间实现发展。以陆（以南繁育种为代表的热带高效农业）、海（深海科技及产业）、空（航天科技及产业）高科技产业，形成一批先进制造业、高端研发、科普教育、信息应用等新兴产业，加快规划建设文昌航天科技城、三亚深海科技城和南繁育种科技城。

"十四五"期间，海南旅游产业需要在省级层面进行统筹从而优化海南省全省的旅游产业规划整体布局，从而在旅游产业上实现优势资源利用效率最大化，在旅游产业发展中构建以"两核、三带、五区、九组团"为核心的空间格局。在医疗健康产业的发展规划中，着力打造以"三集群、五中心、多点分布"为核心的产业发展空间规划。国务院为博鳌乐城提供的优惠政策及发展支持将对海南省医疗健康产业引入国内外优质医疗资源提供了必要的政策支持，这将对琼海博鳌特许医疗集群的建设提供发展动力，从而打造世界一流的博鳌乐城国际医疗旅游先行区；金融业可以以资本运作、财富管理和企业服务为主，着力推动金融产品创新与金融服务整体能力的发展，构建海口金融机构总部集聚区。互联网产业是海南十二大产业中发展最快的产业之一，应加快推进腾讯生态村、中国游戏数码港、中国智力运动产业基地、新金融生态村、军民融合生态村等百亿级产业项目建设发展，创新创业氛围浓厚，构建海南生态软件园。建成琼北、琼南两大互联网产业基地，实现"四个突破"。

3. 利用环境优势，促进生态环境保护与工业协调发展

海南拥有全国最好的生态环境，良好的生态环境是海南的核心竞争力。海南经济发展需要以"绿色"做底，拓宽海南高质量发展的潜力和空间。在"十四五"期间，海南应理解与贯彻国家所赋予的"两区三地一平台"与开放

之岛、绿色之岛、文明之岛、和谐之岛的全新定位。探究自贸试验区（港）基础建设及工业发展与生态立省等重大战略之间的关系与平衡。突出"集约、环保、高技术"的发展准则，从而构成"南北两极带动、东西两翼加快发展、中部山区生态保育"的符合海南省发展需求的总体空间格局。

"十四五"期间海南省需要探究海洋生态文明建设与海洋产业发展之间的平衡，从而构建有特色的海洋经济结构。可以以海南授权管辖南海的优势，依托南海所具备的丰富的资源优势，推进海南省的海洋产业快速发展。中船重工深远海服务保障中心已经入驻海南三亚，这为海南在海洋高端制造与海洋科技等项目的研究与研发提供了发展基础，如何配套及延伸产业链并为其服务保障体系进行招商引资，从而建设我国南海资源，开发军民融合示范区将是海南省海洋发展的重点研究课题。

在工业发展方面，海南省可以以园区为发展基础，发展新型工业及战略性新兴产业。以高新技术产业和信息产业园区组成的海南省重点建设八大工业、高新技术及信息产业园区为依托，加快发展现代工业，鼓励有一定基础的中部绿色产业园等产业园区继续加快建设和发展，加强园区统筹发展，积极发展"飞地经济"。在集聚发展的同时，鼓励各市县在保护生态环境的前提下，发挥特色资源优势，规划建设产业集聚区，活跃地方经济社会发展，助力脱贫攻坚。加快完善产业园区功能，发展配套的研发设计、物流服务、节能环保、检验检测、电子商务、服务外包、创业孵化等服务，促进制造业高质量发展。

参考文献

《2018 年海南统计年鉴》，2019。
《2019 年海南省国民经济和社会发展统计公报》，2020。

B.11
福建省

福建省位于中国东南沿海，与台湾地区隔海相望，海上运输便利，海域面积13.6万平方公里，占全国海域面积的2.9%，土地面积12.4万平方公里，占全国土地面积的1.3%，2018年末常住人口为3941万人，人口城镇化率达到65.8%。"十三五"期间，实施工业强基工程，支持工业设计中心建设。认真落实中央支持海峡西岸经济区建设和福建加快发展的重大决策部署，以保持经济稳定较快增长为目标，以转型升级为主线，以提高发展质量和效益为中心，加快形成引领经济发展新常态的体制机制和发展方式。2019年，福建省工业化综合指数为92，已经进入工业化后期后半阶段。福建省工业化综合指数与全国平均水平持平。未来一段时期，是福建省提升综合实力、促进工业化和信息化融合发展的关键时期。

一 "十三五"福建省经济社会发展基本情况

"十三五"时期，福建省社会各方面都得到快速的发展，其中经济发展尤为突出。地区生产总值由2015年的25979.82亿元提升至2018年的35804.04亿元，增幅达37.8%，人均GDP由2015年的67966元提升至2018年的91197元，增幅达34.2%。除去直辖市，福建省人均GDP排名仅次于江苏省和浙江省。对于"十三五"期间所提出的生产总值和城乡人均收入比2010年翻一番的目标，福建省均已经在2017年顺利完成。一般公共预算总收入为5045.49亿元，相比于2015年的4144.03亿元，增幅达21.8%，地方一般公共预算收入3007.36亿元，收入质量稳中有升。

能源建设与发展不断完善。福建资源禀赋相对不足，缺油、缺气、少煤，原有能源保障基础薄弱。经过近70年特别是改革开放以来的大力发展，全省在能源建设、能源生产、能源供应和节能降耗等方面取得了长足的进步，形成

了煤、油、气、电、可再生能源多轮驱动的能源生产体系，能源基础保障作用显著增强。2018 年底，全省累计并网陆上风电 280 万千瓦，超序时进度 29 万千瓦；建成风电总装机 300 万千瓦，平均利用小时 2587 小时，持续保持全国领先；光伏发电并网装机 148 万千瓦，已超额完成 2020 年 90 万千瓦的规划目标。电网建设方面，按照电网与电源和负荷发展相协调的原则，进一步加强电网建设，扩大电网规模，优化电网结构。2018 年全省外送电量 149.4 亿千瓦时，比 2014 年外送电量 16.9 亿千瓦时增长近 8 倍，极大地提高了福建省核电和煤电机组利用小时数，跨省市场化电力消纳经济和社会效益显著。①

农业生产朝向全面高质量发展。"十三五"期间，福建省高度重视生态农业建设和农业绿色发展工作，建立国家级农业可持续发展试验示范区，实施畜牧业绿色发展试点，积极探索与环境协调发展的新模式。农业科技创新不断推进，农业综合生产力提高，农产品数量与种类不断增加。2018 年，全省茶叶总产量达 41.83 万吨，位居全国第一。全省植树造林面积 120.83 万亩，超额完成当年计划任务的 20.8%，森林覆盖率位居全国第一。福建省生态质量因绿色植被覆盖率高，所以在环境评比中连续多年处于全国前列，是全国生态环境、空气质量均为优的省份。渔业逐步向高优化、生态化发展。2018 年福建省渔业产值为 13182040 万元，同比增长 5.1%。

基础设施水平不断提高。2018 年，福建省持续推进"四个交通、两个体系"建设，保持了交通运输高位运行、稳中有进的发展态势，为推动高质量发展夯实基础。全省公路、水路交通建设投资连续两年突破 900 亿元，达 907 亿元，位居全国第九，"十三五"前三年完成投资超过序时进度 4.4 个百分点，对全社会固定资产投资保持稳定发挥了积极作用。运输行业改革创新步伐加快，客运出行更趋多元，货运结构优化调整。沿海港口完成货物吞吐量 5.58 亿吨，集装箱 1647 万标准箱，增速均高于全国平均水平；厦门港集装箱吞吐量达 1070 万标准箱，进一步巩固对高雄港和大连港的领先优势。高速公路联网加密。新增通车里程 116 公里，全省高速公路通车里程达 5344 公里。普通公路网络持续优化。加快福州、厦门、泉州全国性现代综合交通枢纽建设，积极推进区

---

① 福建省统计局：《绿色低碳促发展　节能减排惠民生——新中国成立 70 周年福建经济社会发展成就系列分析之二十一》。

域性综合交通枢纽建设，新开工平潭高铁中心站综合交通枢纽等 7 个项目。

人民生活水平不断提高。"十三五"期间，福建省民生相关支出持续增加，民生相关支出占一般公共预算的比重继续保持在七成以上。省政府拨款新建公办幼儿园，并且通过政府购买的服务方式支持普惠性民办幼儿园的发展，在支持企业大力发展的同时满足社会对幼儿教育的需求，"十三五"期间新建幼儿园超 300 所。落实义务教育经费保证机制，小学学龄儿童入学率一直保持在 99.9% 以上，小学升学率达 98% 以上，初中升学率一直保持在 85% 以上。支持职业教育院校的建设，提升高校的办学水平。2018 年普通高等学校本科在校生人数达 505489 人，相比 2015 年增长了 13710 人，普通高等专科院校在校生人数达 266872 人。在完善教育体制的同时，加强人民医疗保险的建设，落实城乡居民基本医疗保险补助政策，城乡居民基本医疗保险财政补助标准不断上升，基层医疗卫生机构数量由 2015 年的 25875 个增长至 2018 年的 26421 个，每千人口拥有医疗卫生机构床位数与医护人员数量不断增加至 4.9 张与 2.3 人。文化方面，截至 2018 年，博物馆增加 30 个，公共图书馆图书总藏量增加近万本。人均可支配收入由 2015 年的 25404 元增长至 2018 年的 32644 元，其中城乡人均可支配收入分别增加 8846 元和 4028 元，增长率分别为 26.6% 和 29.2%。

二 福建省工业化水平评价

表 1 列示了 2000 年、2005 年、2010 年、2015 年以及 2019 年福建省各项工业化指标值以及全国、东部相应指标值的对比情况，表 2 比较了全国、东部以及福建省的工业化进程评价结果。

表 1 福建省工业化主要指标（2000~2019 年）

单位：元，%

年份	地区	人均 GDP	产业产值比			制造业增加值占比	城镇化率	产业就业比		
			一	二	三			一	二	三
2000	全国	7078	15.9	50.9	33.2	33.7	36.2	50.0	22.5	27.5
	东部	11364	11.5	49.1	39.4	41.5	45.3	43.3	27.3	29.5
	福建	11601	16.3	43.7	40.0	29.8	41.6	46.9	24.5	28.6

续表

年份	地区	人均GDP	产业产值比			制造业增加值占比	城镇化率	产业就业比		
			一	二	三			一	二	三
2000	全国	14040	12.6	47.5	39.9	52.0	43.0	44.8	23.8	31.4
	东部	23697	7.9	51.6	40.5	59.4	52.8	32.9	33.2	33.9
	福建	18646	12.8	48.7	38.5	49.8	47.3	37.6	31.2	31.2
2010	全国	29992	10.1	46.8	43.1	60.4	49.9	36.7	28.7	34.6
	东部	45798	6.3	49.4	44.3	77.9	58.8	25.6	37.1	37.3
	福建	40025	9.3	51.0	39.7	74.4	57.1	29.2	37.4	33.4
2015	全国	49992	8.9	40.9	50.2	57.6	56.1	28.3	29.3	42.4
	东部	71019	5.6	43.5	50.8	75.3	65.0	22.6	35.7	41.7
	福建	67966	8.1	50.9	41.0	64.9	62.9	22.3	37.1	40.6
2019	全国	70188	7.1	39.0	53.9	61.6	60.6	26.1	27.6	46.3
	东部	94371	4.6	39.0	56.4	62.8	68.5	20.4	36.6	42.9
	福建	106708	6.1	48.6	45.3	67.7	66.5	21.0	35.2	43.8

资料来源：参见附录一。

表2　福建省及全国、东部的工业化指数比较（2000～2019年）

年份	地区	人均GDP	产业产值比	工业结构	城镇化率	产业就业比	综合得分	工业化阶段
2000	全国	20	47	23	10	22	26	二（Ⅱ）
	东部	56	61	38	25	37	48	三（Ⅰ）
	福建	44	45	16	19	29	34	三（Ⅰ）
2005	全国	41	57	73	21	33	49	三（Ⅰ）
	东部	73	81	97	42	60	75	四（Ⅰ）
	福建	54	57	65	29	49	54	三（Ⅱ）
2010	全国	68	66	100	33	51	69	四（Ⅰ）
	东部	93	82	100	62	73	87	四（Ⅱ）
	福建	79	80	100	56	67	80	四（Ⅰ）
2015	全国	84	100	91	53	69	84	四（Ⅱ）
	东部	100	100	100	77	78	95	四（Ⅱ）
	福建	100	81	100	72	79	91	四（Ⅱ）
2019	全国	95	100	100	67	72	92	四（Ⅱ）
	东部	100	100	100	85	82	97	四（Ⅱ）
	福建	100	82	100	80	81	92	四（Ⅱ）

资料来源：参见附录二。

从人均GDP指标进行分析对比，2019年福建省人均GDP为106708元，明显高于全国平均水平（70188元），高于东部94371元的平均水平。从历年的变化情况来看，福建省人均GDP一直高于全国平均水平，自2005年起福建省人均GDP增长速度高于全国的增速水平，"十三五"期间福建省人均GDP再次超越东部地区平均水平。2000年、2005年、2010年、2015年、2019年福建省人均GDP分别是东部平均水平的1.02倍、0.79倍、0.87倍、0.96倍、1.13倍。这说明自2005年以来，福建省人均GDP增长速度要高于东部人均GDP的增长速度，二者差距不断减小，"十三五"期间福建省人均GDP发展速度快于东部地区人均GDP发展速度。福建省该指标的工业化评分为100，处于后工业化阶段。

从产业产值比指标进行对比分析，福建省2019年三次产业结构为6.1∶48.6∶45.3，自2005年以来，福建省第一产业比重持续下降，第三产业比重持续增加。2019年，福建省第一产业高于东部平均水平4.6%，低于全国平均水平7.1%；第二产业高于东部平均水平39.0%，也高于全国平均水平39.0%；第三产业低于东部平均水平56.4%，也低于全国平均水平53.9%。其中，第二产业比重在全国位居第一。该指标的工业化指标得分为82，处于工业化后期前半阶段。

从工业结构指标进行对比分析，福建省制造业增加值占比从2015年64.9%升至2019年67.7%。该比值高于东部平均水平62.8%，也高于全国平均水平61.6%。该指标工业化指标评分100分。处于工业化后期前半阶段。

从城镇化率指标进行对比分析，福建省城镇化率由2015年62.9%提升至2019年66.5%，增长了3.6个百分点。2019年福建省城镇化率低丁东部平均水平68.5%，但是高于全国平均水平60.6%。该指标在全国人口城镇化率排名中，除去直辖市外排名第五；包括直辖市在内排名第九，在全国处于中等偏上水平。该指标的工业化得分为80，处于工业化后期前半阶段。

从产业就业比指标进行对比分析，2019年福建省第三产业就业所占比重最大，达到43.8%，第二产业就业所占比重位居第二，为35.2%，第一产业就业所占比重最少，为21.0%，三大产业就业比排名顺序与东部地区、全国排名顺序相同。相比于福建省2015年三大产业就业比值来看，第一产业与第二产业就业比均有所下降，第三产业就业比提升了3.2个百分点。该指标的工

业化得分为81，处于工业化后期前半阶段。

总体来看，福建省工业化水平综合得分为92，处于工业化后期后半阶段。与全国综合得分持平，与东部地区综合得分97相比，落后5。福建省综合得分处于全国第七的位置，与同处于珠三角地区的广东相比，福建省落后广东省5。福建省工业化水平与东部地区工业化水平相比于2015年差距扩大1，主要体现在产业产值比上面，该指标得分落后于东部地区18，福建省综合得分相比于2015年只上升1。图1将2019年福建省与全国工业化主要指标放在同一雷达图中进行直观比较，福建省人均GDP、产业就业比、城镇化率均高于全国平均水平，但是产业产值比相比于全国落后较多，导致综合得分与全国平均水平持平。

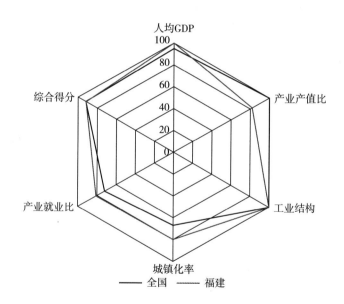

图1　2019年福建省工业化雷达图

三　福建省工业化进程的特征

基于对福建省工业化水平的评价及对福建省经济社会发展状况的分析，我们认为目前福建省工业化进程有如下特征。

1. 工业化进程全国排名靠前，与发达地区差距呈现扩大趋势

如表3所示，福建省2019年工业化综合指数得分为92，处于后工业化时期后半阶段，全国排名为第八，属于较为靠前的位置。与2019年全国工业化综合指数得分相同，相比于2019年东部和珠三角工业化综合指数得分，均落后5。2005年、2010年和2015年福建省工业化综合指数得分均高于全国平均水平。"十二五"末，福建省工业化综合指数得分为91，"十三五"末福建省工业化综合指数得分为92。

表3 2005～2019年福建省工业化水平在全国的排名情况

地区	2005年			2010年			2015年			2019年		
	指数	阶段	排名	指数	阶段	排名	指数	阶段	排名	指数	阶段	排名
全国	49	三（Ⅰ）	—	69	四（Ⅰ）	—	84	四（Ⅱ）	—	92	四（Ⅱ）	—
东部	75	四（Ⅰ）	1	87	四（Ⅱ）	1	95	四（Ⅱ）	1	97	四（Ⅱ）	1
珠三角	70	四（Ⅰ）	3	81	四（Ⅰ）	4	94	四（Ⅱ）	3	97	四（Ⅱ）	2
福建	54	三（Ⅱ）	9	80	四（Ⅰ）	8	91	四（Ⅱ）	7	92	四（Ⅱ）	7

资料来源：参见附录二。

2. 福建省工业化进程年均增速下降，全国排名靠后

表4列示了近年福建省与全国、东部和珠三角地区工业化速度的对比情况。由表4中可以看出，从2010年至2019年，全国、东部以及珠三角地区的工业化进程得分均在上升，增速先快后慢。福建省工业化进程得分也呈现上升趋势，由2010年的80上升至2015年的91后再至2019年的92，2015～2019年年均增速0.25，全国排名由2015年的第7跌至2019年的第18，下降了11名。这说明福建省工业化速度出现下降趋势，不仅要从产业产值比与工业结构上进行调整，还要加强数量与质量的同步提升。我国经济由高速度发展转向高质量发展，因此工业发展也必须调整产业的发展模式，提升创新能力，掌握核心技术。根据表5可以看出，"十一五"至"十三五"期间全国工业化加速度为负数，东部地区工业化加速度为负数，加速度下降较小，福建省工业化加速度由正转负，并且下降的幅度较大。"十三五"期间加速度排名处于全国第18，位置靠后。

表4　中国各地区的工业化速度

地区	工业化进程（100分制）			年均增速					
	2010年	2015年	2019年	2006～2010年	排名	2011～2015年	排名	2016～2019年	排名
全国	69	84	92	4	—	3	—	2	—
东部	87	95	97	2.4	4	1.6	2	0.5	3
珠三角	81	94	97	2.2	7	2.6	1	0.8	4
福建	80	91	92	5.2	15	2.2	7	0.25	18

资料来源：参见附录三。

表5　福建省与全国、东部和珠三角工业化加速度的对比

地区	"十一五"加速度	"十一五"加速度排序	"十二五"加速度	"十二五"加速度排序	"十三五"加速度	"十三五"加速度排序
全国	-0.6	—	-1	—	-1	—
东部	-3	4	-0.8	1	-1.1	2
珠三角	-3.8	8	0.4	1	-1.8	6
福建	1.2	21	-3	12	-1.9	18

资料来源：参见附录三。

3. 工业结构成为工业化进程的最大贡献指标

表6展示了2016～2019年福建省与全国、东部和珠三角地区各指标贡献度，并且进行横向比较，表7对福建省自2000年以来各项指标的变化进行了纵向比较。从表6中可以看出，"十三五"期间，城镇化率对福建省工业化进程的贡献最大，达到96.0%，与全国、东部地区和珠三角地区指标贡献度差异较大，工业化指数累计增加值为1。从表7可以看出，"十五"期间与"十一五"期间工业结构对福建省工业化水平综合指数增长的贡献度最大，"十一五"与"十二五"期间人均GDP对福建省工业化水平综合指数增长的贡献度最大。工业化指数累计增加值逐渐减少。从1996年到2019年总体来看，人均GDP贡献度最大，工业化指数累计增加值为76。

表6　各指标对福建省及其他地区工业化综合指数增长的贡献度（2016～2019）

地区	人均GDP（%）	产业产值比（%）	工业结构（%）	城镇化率（%）	产业就业比（%）	工业化指数累计增加值
全国	49.5	0.0	24.8	21.0	3.0	8
东部	0.0	0.0	0.0	48.0	16.0	2
珠三角	72.0	0.0	0.0	28.0	5.3	3
福建	0.0	22.0	0	96.0	16.0	1

资料来源：参见附录三。

表7　各指标对福建省工业化综合指数增长的贡献度

年份	人均GDP（%）	产业产值比（%）	工业结构（%）	城镇化率（%）	产业就业比（%）	工业化指数累计增加值
2001～2005	18.00	13.20	53.90	6.00	8.00	20
2006～2010	34.62	19.46	29.62	12.46	5.54	26
2011～2015	68.73	2.00	0.00	17.45	8.73	11
2016～2019	0.00	22	0	96	16	1
1996～2019	39.32	15.92	26.34	12.63	6.32	76

资料来源：参见附录三。

四　福建省工业化进程存在的主要问题

根据"十三五"期间福建省的发展情况以及与不同地区的发展情况对比，认为福建省在工业化进程中存在以下三个问题。

1. 企业核心竞争力弱，创新力度不足

企业的核心竞争力在于其创新能力，福建省2018年规模以上企业研究与试验发展经费支出为5433601万元，全国规模以上企业研究与试验发展经费支出为129548263.7万元，为全国的4.2%，企业在科研创新上的经费不充裕。2018年规模以上工业企业研究与试验发展人员为172832人，占福建省研究与试验发展人员的71%，占全国规模以上工业企业研究与试验发展人员的5.8%。人员占比高于经费支出占比，说明企业人均创新经费较低，创新试验的条件不充足。2018年福建省地区生产总值为35804.04亿元，占国内生产总

值的 3.9%，说明目前福建省的创新结果对地区生产总值的贡献力度不强，核心竞争力较弱。

2. 工业结构与产业产值比不协调

2019 年福建省三大产业就业比为 21.0∶35.2∶43.8，产业产值比分别为 6.1∶48.6∶45.3。其中第一产业的就业占比明显高于第一产业的产值占比，说明第一产业的资源整合能力有待提高，存在浪费劳动力的情况。第二产业产值占比高于第二产业就业占比，说明第二产业的内部协调能力较好；第三产业就业比与产值比较均衡。与东部地区相比，福建省第三产业产值占比较低，2019 年福建省第三产业产值比低于东部地区第三产业产值比 11.1 个百分点，但是福建省第三产业就业比却高于东部地区第三产业就业比 0.9 个百分点，由此可见，福建省第三产业的发展程度在东部地区处于拖后腿的状态。相比浙江、广东、江苏等沿海省份，福建省第三产业发展势头不强劲，动力不足，处于较为滞后的状态，不适应经济发展与人民生活水平提高的需求，需要加快发展步伐。

3. 工业化发展动力不足

"十三五"时期福建省工业化指数综合得分只上升 1，工业化发展动力不足。人均 GDP 对福建省工业化综合指数增长的贡献度为 0，说明福建省 GDP 增长速度缓慢，经济下行使工业发展存在一定的阻力。福建省城镇化率的贡献度为 96%，可见福建省的城镇化进程对工业化发展起到巨大推动作用，人口城镇化会给各个产业带来更多的人口以及物质资本，是推动工业化的重要因素。产业结构改变也是经济发展中的一个重要过程，由于各部门间生产效率不同，生产要素会从生产效率低的部门转向高的部门，从而促进经济发展，2019 年产业结构各指标对福建省工业化综合指数增长的贡献度达 22%，说明福建省在进行产业结构调整上取得积极成果。产业就业比的贡献度达 16%，表明就业结构也较优。但福建工业化动力总体较弱。

五 推动福建省经济社会进一步发展的建议

"十三五"期间，福建省经济平稳较快发展，数字经济成为全省经济增长新引擎。福建省工业化水平依旧保持在工业化后期后半阶段，但是福建省工业化水平综合指数得分下降，低于全国平均水平并且与东部、珠三角地区的差异越来越大。根据发达国家的经验,福建省也出现了制造业就业人数呈现"倒U形"关系,与此同时,第二产业产值比也出现了"倒U形"关系,福建省正在面临"去工业化"趋势的挑战。福建省工业化综合指数得分最高仅为91后就开始下降出现了"去工业化"趋势,由此可见,福建省的工业化发展并不成熟,还未达到后工业化阶段就出现"过早去工业化"和"过快去工业化"的情况,那么经济增长的引擎被别的动力不足的产业甚至是劳动密集型产业所取代,那么以后的经济发展将会失去强劲的动力与扎实的根基。我国经济发展由高速度发展转向高质量发展,经济增速减缓对各行业造成不同程度的压力。福建省近年来的经济发展不协调、动力不足、不可持续等问题较为突出,创新能力不足使得经济增长没有稳定的推动器。"十三五"期间,国际局面越来越不稳定,"逆全球化"的风声也越来越大,许多国家单边贸易保护主义措施使国际经济交流愈发困难,全球价值链扩张态势基本陷于停滞,我国的经济发展在国际国内两个舞台上都面临挑战。所以,在未来的"十四五"期间,首先,必须以有力的政策规划产业转型,弱化重点产业和领域选择,突出新工业革命背景下的产业基础能力和产业链水平的提升,强调通用技术创新和产业统筹部署,达到高质量发展的目标;其次,要着力完善现代化体系,努力提高各行各业的创新能力,将更多的政策资源由特定的产业逐渐转向技术创新;最后,建立完整的行业评估体系,准确把握福建省各行业的发展情况与技术现状,更有针对性地进行资源整合。①

在新的时代背景与工业发展条件下,福建省可以从以下四个方面进行战略规划。一是加强数字经济建设,完善产业智能化升级;二是加快人才队伍发展,加大创新力度;三是发挥具有竞争力产业的优势,补齐短板;四是利用地理位置优势,提升开放型经济发展水平。

1. 加强数字经济建设,完善产业智能化升级

依托政府门户网站、闽政通App优化线上政务服务,提升政府办公效率,减少企业主体的办事流程,减少审批报备等时间,给企业提供便利。同时,为了实现数字经济领跑全面提速,将推进数字经济企业向重点产业园区集聚,打

---

① 黄群慧:《"十四五"时期深化中国工业化进程的重大挑战与战略选择》,《中央党校(国家行政学院)学报》2020年第2期。

造 10 个以上省级示范数字经济园区和省级成长型数字经济园区。推动显示、光电芯片、物联网、大数据、信息软件等产业基地提速发展。构建人工智能、"互联网＋"、北斗应用、"5G＋"、虚拟现实等产业生态链条。深化人工智能、5G、工业互联网等新一代信息技术与工业制造业融合发展，对制造业进行全要素、全流程、全产业链的改造，推动制造业加速向数字化、网络化、智能化方向转型升级。以智能、绿色、质量、安全等为重点，持续推进企业技术改造和设备更新，加快传统产业提质增效升级。①

2. 加快人才队伍发展，加大创新力度

目前，我国经济已进入新常态，经济下行趋势给各行业带来压力，产能过剩、产量下降、雷同技术规模扩张等一系列问题的发生给工业发展形成新的阻碍。资源问题、环境问题、技术问题、创新问题等新的挑战亟须解决。制度创新、技术创新、管理理念创新等都需要专业人才完成。完善人才引进制度，招纳行业优秀人才，用科技创新推动技术装备及产品升级，调整产业结构。在理论基础上对材料、产业、工艺技术装备、工程和生产技术、节能减排、废气废水处理等多方面进行创新，以此提高产品质量适应市场需求，减少企业的能源浪费与不合理利用，建成环保型企业，为可持续发展奠定基础。目光投向世界，"工业 4.0"的浪潮扑面而来，制造基础上的智造，比以往任何时候都需要创新，但是我国掌握高尖技术的"创新工匠"十分紧缺。全面落实"十三五"规划，让中国制造业走上发展的快车道，应在全国掀起学习"工匠精神"的热潮，积极借鉴"工业 4.0"的经验，推动"全球制造大国"向"全球智造强国"的转变，依靠创新形成独特的智造技术和制造业升级路径，注重培养适应产业发展需要的智能制造人才，通过加快中国创造创新型"高级蓝领"人才队伍的发展，并设立"工士"学位的方式，给技术技能人才一份更高的荣誉感。② 政府搭桥与高校、科研院所进行交流学习，建立学习平台、研究机构，在最新的理论基础上进行市场调研，了解市场需求，生产适应市场、满足消费群体的产品。

① 《2019 国家制造强国建设专家论坛（泉州）开幕》，《福建日报》2019 年 11 月 19 日。
② 《中国（泉州）创新工匠暨"一带一路"产业发展高峰论坛召开》，中国工业新闻网，2020 年 1 月 2 日。

3. 发挥具有竞争力产业的优势，补齐短板

新一轮的工业革命正在兴起，智能制造、工业 4.0 以及工业互联网等的兴起，新技术与传统制造的结合催生出大量新型应用，市场的需求更加广泛，这些客观条件倒逼福建省工业部门必须扩大其本身的优势，补齐短板。福建省各地区均有支柱产业，福州的电子信息行业、汽车行业；泉州的纺织鞋服行业；漳州的农业与花卉行业；宁德的电机行业等都已经成为地区的经济支撑，但是放眼全国，很多品牌知名度不足、行业竞争力度不够，更无法在国际市场上与低成本的替代品竞争。工业部门应该重视产品开发、集成、管理等全过程，多方面、全方位进行资源整合，提高劳动效率。补齐工业短板，还要提升工业园区的承载力与可持续力，可通过国家部门的政策落实与标准化园区建设等实现。

4. 利用地理位置优势，提升开放型经济发展水平

福建省位于大陆东南沿海、台湾海峡西岸，是大陆沿海主枢纽港之一、沿海主要外贸口岸及闽台贸易重要港口，福建省被定位为"21 世纪海上丝绸之路核心区"。"一带一路"建设是中国构建开放型经济新体制的重要组成部分，也是中国和有关国家双边合作进行经济文化交流的重要渠道，致力于打造陆海内外联动、东西双向开放的新格局。福建省作为中国的东南沿海省份，海陆交通便利，与沿线有关国家和地区开展多方面多领域的沟通合作，既契合了当地的现实发展需要，也可带动国内产业结构的优化升级和发展方式转变，创造更多的就业机会，稳定提升就业率，提高人民的收入和生活水平，增强人民生活的幸福感。发展内陆开放型经济，不仅可以发挥中西部地区的区位和人力资源以及物质资源优势，也为我国产业梯度转移、促进区域协调发展、推动区域交流合作、促进产业聚集发展和拓展战略空间提供了有力支撑。推进供给侧结构性改革对解决我国面临的中长期经济增长问题具有普适性意义。沿共建"一带一路"国家推进国际产能和装备制造合作是优化供给侧结构的重大举措。供给侧结构性改革迎来深化之年，中央经济工作会议提出要进一步深化改革，重点任务之一就是继续推动钢铁、煤炭行业化解过剩产能。化解过剩产能，除了分类处置"僵尸企业"、就地淘汰落后产能、遏制产能盲目扩张之外，一种更为积极有效的做法，就是推动这些优势产能向外转移，实施"走出去"战略，特别是用好国家战略，加强与共建"一带

一路"国家的合作,把握优势产能输出、产业跨境合作的战略契机,以缓解国内的供需矛盾。①

参考文献

《2018 年福建统计年鉴》,2019。

《2019 年福建省国民经济和社会发展统计公报》,2020。

《2019 国家制造强国建设专家论坛(泉州)开幕》,《福建日报》2019 年 11 月 19 日。

福建省统计局:《绿色低碳促发展　节能减排惠民生——新中国成立 70 周年福建经济社会发展成就系列分析之二十一》,2019 年 9 月 10 日。

侯彦全、程楠:《做好"一带一路"与供给侧改革的有效衔接》,《中国经济时报》2017 年 7 月 19 日。

黄群慧:《"十四五"时期深化中国工业化进程的重大挑战与战略选择》,《中共中央党校(国家行政学院)学报》2020 年第 2 期。

《中国(泉州)创新工匠暨"一带一路"产业发展高峰论坛召开》,搜狐网,2019 年 12 月 30 日。

---

① 侯彦全、程楠:《做好"一带一路"与供给侧改革的有效衔接》,《中国经济时报》2017 年 7 月 19 日。

环渤海地区工业化进程

Industrialization Process of Circum-Bohai-Sea Delta

B.12
环渤海地区

环渤海地区亦称"环渤海经济圈"，狭义上是指京津冀、辽东半岛、山东半岛环渤海滨海经济带，同时辐射辽宁、山东、山西和内蒙古中东部。本报告为了统计方便，认为环渤海地区包括京津冀两市一省和山东、辽宁、内蒙古和山西三省一区，总面积约112万平方公里，人口2.6亿人。该地区主要包括北京、天津、石家庄、唐山、保定、沧州、沈阳、大连、济南、青岛、烟台、秦皇岛、葫芦岛等多座城市。在工业化进程方面，自2015年以来，环渤海地区工业化进程速度持续提升，到2019年已经进入工业化后期的后半阶段。

一 "十三五"期间环渤海地区经济
社会发展基本情况

进入"十三五"以来，伴随着"一带一路""京津冀一体化"等国家战略相继出台，环渤海经济总量不断扩大。2019年环渤海地区工业增加值11485.64亿元，相比2015年工业增加值10614.70亿元，增长8.2%。

2019 年，环渤海地区生产总值 155647.61 亿元，其中北京 35371.28 亿元，天津 14104.28 亿元，河北 35104.52 亿元，山东 71067.53 亿元（见表 1），山西 17026.68 亿元，内蒙古 17212.5 亿元，辽宁 24909.5 亿元，低于长三角地区和珠三角地区。目前，环渤海地区仍然是中国第三大规模区域制造中心，其中长三角地区和珠三角地区仍排第一和第二，是名副其实的中国经济发展的第三增长极。2019 年末环渤海地区生产总值占全国 GDP 的比重为 15.71%，与 2015 年末相比有下降趋势，下降 3.85 个百分点。

在产业结构方面，环渤海内部表现出统一趋势、产业结构梯度差异明显。相对于全国而言，环渤海地区服务业所占比重较大，总体呈现"三二一"型产业结构特征。北京最早完成这一过程，天津这一结构趋势明显，其他省份正在朝这一产业结构转化，形成了统一的产业格局。并且环渤海地区工业化速度较快，产业结构调整相对合理，这些使该地区在全国的经济地位得以提高。另外，环渤海产业就业比基本与全国情况一致。如上结果有可能会向好的方向转变，因为就业结构调整一般滞后于产值结构变化，环渤海地区第三产业在产值结构中已经超越第一和第二产业，但是就业结构调整结果尚需等待一段时间才有结果，就业比应该是向好的。在结构梯度上环渤海地区差异明显，有利于协调发展。北京服务业主导的产业结构特征明显，山东和辽宁第三产业比重略高于第二产业，呈现二、三产业并重的特点，天津第一产业极弱，第二和第三产业成为经济增长的主要动力，河北第三产业仅高出第二产业 1 个百分点，因此工业大省身份特征突出。总体而言，环渤海地区的产业结构自 20 世纪 50 年代至今一直保持持续优化。早在 1952 年，产业产值比中第一产业为占比最大的产业，达 50.66%，第二、三产业的占比分别是 27.71%、21.63%。到 1960 年，第一产业的占比出现急剧下降至 17.58%，在三次产业中所占比重降为最小，之后两年占比出现快速上升，在 1962 年恢复到 1957 年的水平，随后进入持续缓慢下降通道。2014 年，第一产业产值占比为 7.19%，直到 2019 年占比最低，为 4.7%。第二产业占比在 1957 年首次超过第一产业，占比快速上涨。到 1960 年达到最高点之后，开始出现缓慢下降，但仍然持续保持在高位，一直为环渤海地区的主导产业。第三产业占比则一直处于持续增长阶段，产值在 1985 年首次超过第一产业，之后占比出现快速增长。至 2014 年，环渤海地区的第三产业产值基本上与第二产业相当，第二、三产业占比分别为 46.43%、46.37%。2019 年，环渤海地区第二、三产业占比分别为 32.5%、62.8%，第三产业占比已远超第二产业占比。按照我国 2003 年 5 月制定的《三次产业划分规定》，产业升级可以被理解为产业重点的依次转移，也即产业占比最优依次从第一产业向第二、三产业转移。据上描述，环渤海地区的产业变化符合产业升级的转移规律①。

环渤海地区随着工业化发展，对外贸易也得到了整体发展和变化。首先，对外贸易额方面，从 2015 年到 2019 年，河北省对外贸易总额从 514.82 亿美元增长到 570.63 亿美元；天津从 1143.47 亿美元下降到 1047.54 亿美元；北京从 3194.20 亿美元增长为 7281.62 亿美元；山东从 2417.49 亿美元增长为 2907.70 亿美元；辽宁从 1034.58 亿美元增长到 1995.48 亿美元；内蒙古从 2015 年 127.84 亿美元增长到 156.25 亿美元。其次，利用外商直接投资方面，从 2015 年到 2019 年，河北从 98.5 亿美元增长到 160.28 亿美元；天津从 211.34 亿美元下降为 47.32 亿美元；北京从 142.1 亿美元增长为 272.06 亿美元；山东从 163 亿美元下降为 146.9 亿美元；辽宁从 51.9 亿美元下降为 33.2 亿美元；内蒙古从 33.66 亿美元下降为 20.6 亿美元。总体而言，"十三五"期间，五省二市除天津外，对外贸易总额都有不同程度的提升，但是在利用外商直接投资方面，除河北和北京有增长外，其他省区都有较大幅度的降低。

总之，"十三五"期间，环渤海地区作为北方最大的经济区域，增长显著，对中国经济发展至关重要。这一区域在地理位置、自然资源、工业基础和高端人才等方面具有较强的竞争力和优势，但也面临一系列挑战，比如在中国经济南北差距拉大的背景下如何有效缓解环渤海地区省份的经济下行压力，尤其是新冠肺炎疫情后快速恢复环渤海地区的经济状况，围绕国企进一步改制、激发活力、营商环境建设、体制机制改革等诸多方面深度挖潜，转移生产力，打造环渤海北方经济增长带等。

---

① 黄群慧、李芳芳等：《中国工业化进程报告（1995~2015）》，社会科学文献出版社，2015。

表1 1995~2019年环渤海地区经济总量及其占全国比重的变化趋势

单位：亿元，%

年份	北京	天津	河北	山东	环渤海合计	占全国比重
1995	1394.89	920.11	2849.52	3872.18	9036.70	15.78
2000	2478.76	1639.36	5088.96	8542.44	17749.52	19.85
2005	6886.31	3697.62	10096.11	18516.87	39196.91	21.41
2006	8117.78	4462.74	11467.60	21900.19	45948.31	21.24
2007	9846.81	5252.76	13607.32	25776.91	54483.80	20.50
2008	11115.00	6719.01	16011.97	30933.28	64779.26	20.63
2009	12153.03	7521.85	17235.48	33896.65	70807.01	20.77
2010	14113.58	9224.46	20394.26	39169.92	82902.22	20.66
2015	23014.59	16538.19	29806.11	63002.33	132361.22	19.56
2016	25669.13	17885.39	32070.45	68024.49	143649.46	19.24
2017	28014.94	18549.19	34016.32	72634.15	153214.6	18.14
2018	33105.97	13362.92	32494.61	66648.87	145612.37	15.84
2019	35371.28	14104.28	35104.52	71067.53	155647.61	15.71

资料来源：《中国统计年鉴》相关年份。

二 环渤海地区工业化水平评价

表2列出了2019年全国及八大区域的工业化现状，主要从人均GDP、产业产值比、制造业增加值占比、城镇化率和产业就业比五项指标进行了对比和描述。表3对环渤海地区及全国、其他经济区的工业化进程进行了分项（人均GDP、产业产值比、工业结构、城镇化率和产业就业比）打分和综合打分，并且对相应指标值进行了对比，最后对每个区域的工业化水平进行评价。从表2和表3可以看出，环渤海地区的各项指数在全国八大区域中处于中等偏上水平，第一产业占比较低，仅高于长三角、京津冀和珠三角，第二产业仅高于京津冀地区，第三产业占比较高，仅次于京津冀，排名第二。和东三省、中部以及大西南和大西北等地区相比各项指标都呈现显著领先，尤其是在以往不太明显的城镇化率以及经济总量上均得到显著改善和提高。并且除制造业增加值占比外，各项指标均明显偏高，也高于全国平均水平。

表2 环渤海地区工业化现状（2019年）

单位：美元，%

地区 \ 指标	人均GDP	产业产值比			制造业增加值占比	人口城镇化率	产业就业比		
		一	二	三			一	二	三
全国	11759.0	7.1	39.0	53.9	61.6	60.6	26.1	27.6	46.3
环渤海	13790.7	5.7	33.8	60.5	57	64.3	25.5	32.3	42.2
长三角	20361.9	3.2	40.8	55.9	60.4	73	12.5	42	45.5
长江经济带	12243.4	6.7	40	53.3	54.8	60.6	30	29.4	40.7
珠三角	15465.9	5.2	42	52.8	71.2	69.5	21.9	36.5	41.3
京津冀	13742.1	4.5	28.7	66.8	66.7	66.7	23.2	29.4	47.4
中部地区	8750.1	7.8	43.6	49.1	48.5	55.7	32.6	29.6	37.8
大西北	9759.4	10.1	40.6	49.4	46	56.3	42.9	16.1	36.3
大西南	8360.5	11.4	36.5	52.1	51	52.9	42.5	21.1	36.4
东三省	9526.9	13.2	34.4	52.4	51.4	63.2	33.7	20.5	45.8
环渤海地区									
北京	25505.0	0.3	16.2	83.5	57.2	86.6	3.7	14.7	81.6
天津	21957.9	1.3	35.2	63.5	81.2	83.5	6.7	31.8	61.5
河北	8690.0	10.0	38.7	51.3	63.1	57.6	32.5	33.2	34.3
山东	13873.3	7.2	39.8	53.0	48.1	61.5	27.8	35.3	36.9
山西	8245.4	4.8	48.3	51.4	27.3	59.6	33.7	23.1	43.2
辽宁	10551.9	8.7	38.3	53.0	64.3	68.1	31.5	23.6	44.9
内蒙古	12424.5	10.8	39.6	49.6	41.8	63.4	42.8	16.8	40.4

资料来源：参见附录一。

表3 环渤海地区工业化进程：分项及综合得分（2000~2019年）

年份	地区	人均GDP	产业产值比	工业结构	城镇化率	产业就业比	综合得分	工业化阶段
2000	全国	20	47	23	10	22	26	二（Ⅱ）
	环渤海	54	57	28	14	28	42	三（Ⅰ）
2005	全国	41	57	73	21	33	49	三（Ⅰ）
	环渤海	76	80	79	28	49	70	四（Ⅰ）
2010	全国	68	66	100	33	51	69	四（Ⅰ）
	环渤海	98	82	100	43	62	85	四（Ⅱ）
2015	全国	84	100	91	53	69	84	四（Ⅱ）
	环渤海	100	100	100	66	70	94	四（Ⅱ）
2019	全国	95	100	100	67	72	92	四（Ⅱ）
	环渤海	100	100	100	93	86	93	四（Ⅱ）

资料来源：参见附录二。

从人均收入指标看，2019年，环渤海地区人均生产总值13790.7美元，高于全国平均水平（11759.0美元）11.28%，在八大区域中仍然位居第三（不含京津冀），低于长三角17.22%。从变化趋势来看，2000年环渤海地区是全国的2.04倍，2005年为2.02倍，2010年为1.77倍，2015年为1.59倍，2019年为1.49倍，增长率呈逐年小幅下降趋势。据相关指标判断，2019年，环渤海地区处于后工业化阶段。

从三次产业产值比指标来看，2000年比率为12.7∶48.3∶39.0，2010年为7.7∶48.5∶43.8，2015年为6.6∶42.4∶51.0，2019年为5.7∶33.8∶60.5。整体来看，第一产业和第二产业产值2010～2019年持续下降，第三产业产值相反持续上升，比重持续加大，从2015年超越第二产业，2019年保持增长，也充分说明第三产业在环渤海地区的经济增长中的支撑作用越来越明显。和全国的数据对比发现，2019年该地区第一产业比重明显低于全国平均水平，第二产业比重略低于全国平均水平，第三产业比重略高于全国平均水平，尤其是第三产业产值比重在全国排名第二。该地区产值结构的工业化评分为100，处于后工业化阶段。

从工业结构指标看，2019年环渤海地区制造业占比为57.0%，略低于全国平均水平的61.6%。该指标的工业化评分为100，已经完成工业化后期的工业化任务，呈现后工业化社会的工业结构形态特征。

从城镇化率指标看，2019年环渤海地区城镇人口占地区人口的64.3%，高于全国平均水平的60.6%达3.7个百分点，在八大区域中排在第四位，比排名第一的长三角低8.7个百分点。该指标的工业化评分为93，处于工业化进程的后期阶段。

从三次产业就业结构看，2019年环渤海地区第一产业就业比重低于全国平均水平0.6个百分点，在八大区域中排名第六，相比2010年的第三，2019年位次明显降低。三次产业就业结构指标的工业化评分为86，处于工业化进程中的后期阶段。

综合上述5个指标，2019年环渤海地区工业化综合指数为93，已处于工业化后期的后段。图1对2019年环渤海地区与全国工业化主要指标评价值及综合指数情况进行了对比。从该图可以看出，环渤海地区的各个指标均领先于全国平均水平，但略低于长三角地区。

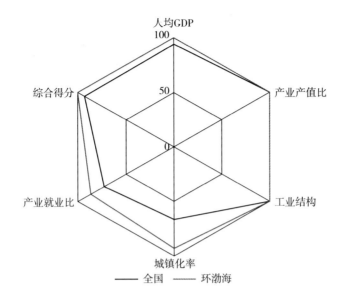

图1 2019年环渤海工业化雷达图

三 环渤海地区工业化进程的特征

基于对环渤海地区工业化水平的评价及环渤海地区经济社会发展状况的分析，可以看到环渤海地区工业化进程具有如下一些重要特征（见表4）。

表4 八大区域和环渤海地区工业化指数及全国排名情况（2000~2019年）

地区	1995年			2000年			2005年		
	工业化指数	工业化阶段	全国排名	工业化指数	工业化阶段	全国排名	工业化指数	工业化阶段	全国排名
全国	14	二（Ⅰ）	—	26	二（Ⅱ）	—	49	三（Ⅰ）	—
长三角	40	三（Ⅰ）	1	62	三（Ⅱ）	1	83	四（Ⅱ）	1
珠三角	23	二（Ⅱ）	4	44	三（Ⅰ）	3	70	四（Ⅰ）	3
京津冀	34	三（Ⅰ）	2	48	三（Ⅰ）	2	71	四（Ⅰ）	2
环渤海	27	二（Ⅱ）	3	42	三（Ⅰ）	4	70	四（Ⅰ）	3
东三省	22	二（Ⅱ）	5	34	三（Ⅰ）	5	44	三（Ⅰ）	5
中部地区	6	二（Ⅰ）	6	12	二（Ⅰ）	6	28	二（Ⅱ）	6
大西北	4	二（Ⅰ）	8	9	二（Ⅰ）	7	24	二（Ⅱ）	7
大西南	6	二（Ⅰ）	6	9	二（Ⅰ）	7	22	二（Ⅱ）	8

续表

地区		1995年			2000年			2005年		
		工业化指数	工业化阶段	全国排名	工业化指数	工业化阶段	全国排名	工业化指数	工业化阶段	全国排名
环渤海地区	北京	75	四（Ⅰ）	2	91	四（Ⅱ）	2	100	五	1
	天津	65	三（Ⅱ）	3	79	四（Ⅰ）	3	90	四（Ⅱ）	3
	山东	16	二（Ⅰ）	9	32	二（Ⅱ）	9	63	四（Ⅰ）	7
	河北	11	二（Ⅰ）	15	23	二（Ⅱ）	12	36	三（Ⅰ）	12
	内蒙古	4	二（Ⅰ）	21	12	二（Ⅰ）	20	36	三（Ⅰ）	12
	山西	15	二（Ⅰ）	11	21	二（Ⅱ）	14	40	三（Ⅰ）	10
	辽宁	33	三（Ⅰ）	4	42	三（Ⅰ）	7	60	三（Ⅱ）	8

地区		2010年			2015年			2019年		
		工业化指数	工业化阶段	全国排名	工业化指数	工业化阶段	全国排名	工业化指数	工业化阶段	全国排名
全国		69	四（Ⅰ）	—	84	四（Ⅱ）	—	92	四（Ⅱ）	—
长三角		92	四（Ⅱ）	1	98	四（Ⅱ）	1	99	四（Ⅱ）	1
珠三角		81	四（Ⅰ）	4	94	四（Ⅱ）	3	97	四（Ⅱ）	2
京津冀		90	四（Ⅱ）	2	95	四（Ⅱ）	2	96	四（Ⅱ）	3
环渤海		85	四（Ⅱ）	3	94	四（Ⅱ）	3	93	四（Ⅱ）	4
东三省		72	四（Ⅰ）	5	77	四（Ⅰ）	6	71	四（Ⅰ）	7
中部地区		60	三（Ⅱ）	6	70	四（Ⅰ）	7	75	四（Ⅰ）	6
大西北		51	三（Ⅱ）	8	58	三（Ⅱ）	9	66	四（Ⅰ）	8
大西南		53	三（Ⅱ）	7	59	三（Ⅱ）	8	64	三（Ⅱ）	9
环渤海地区	北京	100	五	1	100	五	1	98	五	3
	天津	95	四（Ⅱ）	3	100	五	1	100	五	1
	山东	77	四（Ⅰ）	9	88	四（Ⅱ）	10	85	四（Ⅱ）	11
	河北	64	三（Ⅱ）	14	71	四（Ⅰ）	14	76	四（Ⅰ）	15
	内蒙古	69	四（Ⅰ）	11	76	四（Ⅰ）	12	70	四（Ⅰ）	19
	山西	50	三（Ⅱ）	24	58	三（Ⅱ）	24	64	三（Ⅱ）	21
	辽宁	82	四（Ⅰ）	7	91	四（Ⅱ）	7	91	四（Ⅱ）	8

资料来源：参见附录二。

1. 工业化指标继续领先全国，已经进入工业化后期的后半阶段

2019年，环渤海地区的工业化指数为93，在八大区域中处于第四位，与珠三角并列第三，但落后于长三角和京津冀地区。自2005年进入工业化后期阶段以来，直到2019年一直保持全国领先的工业化水平。与2015年比较，2019年环渤海地区工业化指数降低了1，工业化水平依然是工业化后期的后半阶段。

分指标来看，2019年，工业结构指标综合得分为89，产业产值比指标与长三角和珠三角并列排名第一；人均生产总值指标与长三角、珠三角并列第一；产业就业比指标排名第4，城镇化率指标排名第4（见表5），工业化指数排第4位。

表5　八大区域工业化指标的比较（2019年）

地区	人均GDP	产业产值比	工业结构	城镇化率	产业就业比	工业化指数	工业化阶段
长三角	100	100	100	95	95	97	四（Ⅱ）
珠三角	100	100	100	87	79	97	四（Ⅱ）
环渤海	100	100	89	75	73	92	四（Ⅱ）
京津冀	100	100	100	81	77	96	四（Ⅱ）
东三省	83	55	70	73	58	71	四（Ⅰ）
中部地区	78	100	61	52	60	75	四（Ⅰ）
大西北	84	66	53	54	38	66	四（Ⅰ）
大西南	76	61	69	43	38	61	三（Ⅱ）

资料来源：参见附录一。

2. 工业化综合指数逐年增长，但"十三五"期间增长速度逐年下降

环渤海地区相对其他地区而言，工业化基础优势明显，较早受到重视。从工业化综合指数评分来看，2015年为94，2019年为93，略有下降，且2015～2019年年均增长-0.3，低于于同期全国平均2.0的增速。分时期看，"十五"时期指数提高28，"十一五"时期提高15，"十二五"时期提高9，"十三五"时期下降1（见表6），年均增长速度从5.6到3，到1.8，再到-0.3，在"十三五"期间年均增长速度逐年下降，2019年加速度指标仅在全国排到第七（见表7）。

表6 八大区域和环渤海地区工业化速度（2000～2019年）

地区		工业化进程（100分制）					年均增长速度							
		2000年	2005年	2010年	2015年	2019年	2001～2005年	排名	2006～2010年	排名	2011～2015年	排名	2016～2019年	排名
全国		26	49	69	84	92	4.6	—	4.0	—	3.0	—	2.0	—
八大经济区	珠三角	44	70	81	94	97	6.0	1	2.2	7	2.6	1	0.8	4
	长三角	62	83	92	98	99	4.2	4	1.8	8	1.2	5	0.3	6
	京津冀	48	71	90	95	96	4.6	3	3.8	5	1.0	7	0.3	6
	环渤海	42	70	85	94	93	5.6	2	3.0	6	1.8	3	-0.3	8
	中部地区	12	28	60	70	75	3.2	5	6.4	1	2.0	2	1.3	2
	东三省	34	44	72	77	71	2.0	8	5.6	3	1.0	7	-1.5	9
	大西北	9	24	51	58	66	3.0	6	5.4	4	1.4	4	2.0	1
	大西南	9	22	53	59	64	2.6	7	6.2	2	1.2	5	1.3	2
四省市	北京	91	100	100	100	98	1.8	22	—	—	—	—	-0.5	22
	天津	79	90	95	100	100	2.2	21	1.0	29	1.0	23	—	—
	河北	23	36	64	71	76	2.6	18	5.6	13	1.4	20	1.3	12
	山东	32	63	77	88	85	6.2	1	2.8	25	2.2	7	-0.8	24

资料来源：参见附录三。

表7 环渤海地区的工业化加速度（2006～2019年）

	地区	2006～2010年年均速度	2011～2015年年均速度	2016～2019年年均增速	"十二五"加速度	加速度排序	"十三五"加速度	加速度排序
全国		4.0	3.0	2.0	-1.0	—	-1.0	—
八大区域	珠三角	2.2	2.6	0.8	0.4	1	-1.8	6
	长三角	1.8	1.2	0.3	-0.6	2	-0.9	5
	环渤海	3.0	1.8	0.3	-1.2	3	-2.1	7
	京津冀	3.8	1.0	0.3	-2.8	4	-0.7	3
	中部地区	6.4	2.0	1.3	-4.4	6	-0.7	3
	东三省	5.6	1.0	1.5	-4.6	7	-2.5	8
	大西北	5.4	1.4	2.0	-4.0	5	0.6	1
	大西南	6.2	1.2	1.3	-5.0	8	0.1	2
四省市	北京	—		-1.3	—	—	—	—
	天津	1.0	1.0	—	0	3	—	—
	河北	5.6	1.4	1.3	-4.2	17	-0.1	9
	山东	2.8	2.2	-0.8	-0.6	5	-3.0	25

资料来源：参见附录三。

3. "十三五"期间城镇化和产业就业成为推进环渤海地区工业化水平的主要因素，但是人均GDP、产业产值比和工业结构的贡献几乎为零，成为工业化进程中的短板

如表8所示，从总体上按照时间纵向来看（1996～2019年），在影响环渤海工业化进程指标中，人均GDP和工业结构优化的贡献排第一和第二。其中，人均GDP为38.73%，工业结构优化为21.00%，而产业产值比、城镇化率和产业就业比分别为19.67%、13.64%和5.7%。但从"十三五"期间数据来看，城镇化率和产业就业比两项贡献明显呈负，分别为-108%和-2%。人均GDP和产业产值比对工业化进程的贡献为0。因此，人均GDP、产业产值比和工业结构优化有巨大的提升和改进空间，做得好会成为环渤海工业化进程重要的体现。

表8　各工业化指标对环渤海地区工业化进程的贡献度

指标 时段	人均 GDP（%）	产业产值比 （%）	工业结构 （%）	城镇化率 （%）	产业就业比 （%）	工业化综合 指数增加量
"十五"	28.29	18.07	40.07	6.00	6.00	28
"十一五"	52.80	2.93	30.80	12.00	6.93	15
"十二五"	8.00	44.00	0.00	30.67	7.11	9
"十三五"	0.00	0.00	242.00	-108.00	-2.00	-1
1996~2019年	38.73	19.67	21.00	13.64	5.70	66

资料来源：参见附录三。

4. 环渤海地区五省两市一区工业化进程发展不均衡，呈梯度分布，是工业化整体水平提升的主要影响因素

由于发展基础、产业结构、禀赋条件等存在巨大差别，环渤海地区五省两市一区其工业化水平落差明显，北京、天津处于领头羊的位置。以天津为参照点（2019年，天津继北京市之后也完成了工业化，进入后工业化时期）。河北落后天津24，处于工业化后期前段；山东落后天津15，处于工业化后期后半阶段；山西落后天津36，处于工业化中期的后半阶段；辽宁落后天津9，处于工业化后期后半段；内蒙古落后天津30，处于工业化后期前半阶段。总体来看，2019年，环渤海地区整体的工业化水平处于工业化后期中半阶段，高于全国平均水平，但低于长三角地区。环渤海地区工业化水平的区域差距，说明该地区推进的一体化协同效应还未完全释放出来（见表9）。

表9　2019年环渤海地区工业化进程比较

地区	人均GDP	产业产值比	工业结构	城镇化率	产业就业比	综合得分	工业化阶段
全国	95	100	100	67	72	92	四（Ⅱ）
环渤海	100	100	89	75	73	93	四（Ⅱ）
北京	100	100	90	100	100	98	五
天津	100	100	100	100	100	100	五
河北	78	66	100	58	61	76	四（Ⅰ）
山东	100	100	60	69	70	85	四（Ⅱ）
山西	75	100	12	65	58	64	三（Ⅱ）
辽宁	88	100	100	84	63	91	四（Ⅱ）
内蒙古	100	63	39	73	38	70	四（Ⅰ）

资料来源：参见附录二。

四 环渤海地区工业化进程深入发展存在的问题与对策

环渤海地区工业化进程总体向好，但仍然存在一些问题，具体表现为如下三个方面。首先，从整体水平相关指标体系来判断，环渤海地区离实现工业化还有一定距离。尽管工业化水平高于全国平均水平，但仍然低于长三角地区，尚处于工业化后期的后半阶段。其次，环渤海地区工业化发展变缓，工业化增长速度（增长率）持续降低。最后，环渤海工业化进程在各市和地区之间的差异比较大，呈梯次分布。具体围绕本报告工业化发展水平5项指标讨论发现，影响环渤海地区工业化水平提高的因素主要可归纳如下。①整体5个指标需要全面优化和提高，以长三角为标杆全面改进。②人均GDP、工业结构以及产业产值比的提高和改进速度过慢，造成了整个工业化进程的加速度变缓。③从地区来看主要是区域内五省两市一区之间工业化水平发展不均衡，北京是祖国首都，处于工业化后期后半阶段，天津已经提前进入后工业化阶段，河北、内蒙古和辽宁工业化水平低（仅处于工业化后期的前段），山西最为缓慢，目前仍处于工业化中期的后半阶段，任重道远。④从产业相关指标分析，环渤海各省区市间缺乏明确分工、进一步清晰定位以及一体化协作机制。总之，进一步加快环渤海地区工业化进程，需要在系统解决各方面问题基础上，重点突破人均GDP、工业结构以及产业产值比过低的问题。同时，加快推动环渤海区域经济一体化进程，形成协作发展、均衡发展的良好局面。另外，要从不断提高非农产业的劳动力就业吸纳能力、持续推动产业结构优化升级和发展方式转型。

1. 以Web 4.0为标志的新一代互联网技术破解环渤海一体化进程中的难题

行政体制和封闭的观念是环渤海地区工业化发展的重要制约因素。目前包含京津冀地区在内，正在积极推进的交通基础设施一体化、资本市场一体化、区域服务业一体化、区域科技创新一体化等，尽管取得了较大进展，但效果仍不够完美。值得庆幸的是，以Web 4.0为标志的新一代互联网技术正在迅猛发展，包含了互联网、大数据和人工智能等新技术在各行各业的广泛融合应用，互联网的超时空性、开放沟通特征恰好能够弥补和解决区域间行政割据和观念封闭的固有缺陷。具体表现在：一方面，新一代互联网技术如何改变环渤海地

区传统上高度依赖现实物质资源的状况，转型为对信息和知识等无形的高级资源的强烈需求。另一方面，新一代互联网技术在资源配置方面没有严格的行政区域的概念，比如，以共享经济为例，网络跨越了传统的行政地域的限制。总之，新一代互联网技术所具有的共享、共创、生态、及时、迅速重视服务等特征，都从根本上颠覆了传统的体制所固有的一些缺陷，从而加速推动环渤海一体化进程。环渤海地区整体定位上应该依托互联网、大数据和人工智能技术，构建起以首都北京为中心的世界级知识经济带，使环渤海区域真正体现知识与经济的完美统一，最终实现将该地区建设成为全国知识经济驱动工业发展的标杆示范区域。因此，新型的以互联网等新技术为依托、以知识经济为特征的区域发展模式，会加速生产要素在区域内和区域间自由流动，改变五省两市一区的产业结构比例失调现状，大大提高环渤海地区工业化发展速度。

2. 以"自主创新"为引领，构造环渤海地区新型工业化体系，将环渤海地区打造成东北亚地区最大的制造研发基地

未来环渤海新型工业化体系的构建应该在三个方面得以体现，首先，要体现工业化和信息化的互动、融合和共演，工业化是内容，信息化是平台，体现两者之间的深度结合和共同促进发展的关系。其次，要体现经济、人口和资源的可持续发展，新型的工业化一定是低能耗、高清洁、环境友好的工业化，以互联网支撑的工业化，一定能很好地体现这些特征，比如共享经济等。最后，新型工业化一定是伴随着人力资源充分利用特征的。未来环渤海新型工业化体系必须是以"自主创新"为引领的新型工业化，对区域新型工业化发展起导向作用。第一，自主创新的先导作用，必须以促进和优化产业结构转型升级为目标，形成以高新技术产业为核心以基础产业和制造业为支撑、服务业全面发展的产业新格局和发展态势。第二，通过世界产业转移，整合已有资源，扩大制造业规模，加强自主研发和技术引进，建成东北亚最大的制造研发基地。世界制造业沿着产业梯度从欧美日韩向中国大陆转移，环渤海的区位优势明显，可以进行充分的资源整合。第三，环渤海地区围绕产业建特色，聚焦优势造品牌，多方合作促创新。比如，在信息技术、现代装备、交通运输和生物医药等重点领域构建起一批环渤海特色产业集群。围绕优势突出、具有市场竞争力的企业集团，打造一批拥有自主知识产权的区域乃至全国和世界知名品牌。建成

完善的政府支持、企业主导、产学研结合的开发体系，把技术引进和消化吸收与创新结合起来，使区域自主创新能力得到全面提升。

3. 促进一、二、三产业协同发展，优化产业结构，加快工业化进程

环渤海地区存在不同的产业集群，这些产业集群具有以下特点。第一，产业同构现象突出，比如大多围绕钢铁、石油、汽车等传统重工业产业发展。第二，各区域间产业竞争多于互补合作，导致发展形不成合力。第三，产业链不完整，集中在链条（价值链）中间环节，附加值较低，而处于上游的研发和下游的市场服务环节竞争力不足等问题。环渤海应该以长三角为标杆，在区域内部不仅要继续发展大型企业，还要完善上下游和配套厂商的建设和发展，比如，发展中小型企业，完善配套和链条。以汽车制造企业为例，第一，要实现在区域内，占较大比例的零部件都可以便利地找到服务提供商和配套商，从而形成一定规模的大中小企业构成的完整产业集群。第二，围绕一、二、三产业的系统发展问题，对传统的重工业进行服务转型，从而在发展第二产业的基础上，进一步促进第三产业发展。比如，大型传统的资源型产业，可以进行制造业服务化，以及通过新的合作模式进行服务转型和升级，从而加大二、三产业的协同发展。通过发展基于互联网技术的不同行业（农业、旅游和生活服务等）的现代服务业，保障第一产业（农业）转型和升级。第三，伴随着国家经济"双循环"战略的提出，环渤海着力从深入挖掘内需出发，以内需拉动供给侧的改革和发展。尤其是现代服务业内需（包括教育、医疗、社保等），从而促进第三产业的发展，平衡和优化三次产业结构。

4. 借助国家战略，抓重点区域和城市，有针对性地进行产业结构优化

首先，大力发展北京科技创新在环渤海产业发展中的带动作用。北京是国家政治、文化、国际交往和科技创新领域的中心，同时又处在环渤海区域，理所当然应该在带动环渤海科技创新、引领产业发展方面发挥重要作用。其次，鉴于环渤海地区内部科技创新产业经济贡献度各不相同，产业发展悬殊，因此，必须发挥北京的中心城市作用尤其是在科技创新产业方面的带动作用，密切北京与其他省市的科创产业联系，使得环渤海五省二市一区共同发展。另外，借助京津冀协同发展的国家战略，结合北京的带动，连点成线，以线带面，进而带动环渤海地区整个"区域面"的大发展、大进步。京津冀目前大力发展绿色生态创新产业，北京的非首都功能正在向周边进行转移，势必会对

环渤海地区的发展产生带动、联动和溢出等效应。最后，环渤海整体产业应进行分类发展，结合城市特色和专业优势、构建产业特色和发展思路，形成以特色城市为中心的特色产业带。一级城市强调服务业升级，比如，北京、大连和青岛。二级城市重点强调发展先进制造业，比如天津、沈阳、长春、哈尔滨和济南。三级、四级城市应紧密围绕地区中心城市进行转型升级。

B.13
京津冀地区

京津冀地区包括北京市、天津市和河北省一个省和两个直辖市，面积25.18万平方公里，占国土总面积的2.62%，截至2019年底，人口总量达到1.11亿人，占全国总人口的8.13%。2019年地区生产总值为84580.08亿元，约占全国8.54%，人均地区生产总值为300939元，是全国平均水平的4.25倍。京津冀是环渤海区域的核心层，处于东北亚经济圈中心地带，还是欧亚大陆桥的东部"桥头堡"和战略要地，更是"一带一路"发展的重要枢纽，承载着环渤海经济圈的核心功能。进入"十三五"以来，京津冀地区的工业化进程快速推进，到2019年已经进入工业化后期的后半阶段。

一 "十三五"京津冀经济和社会发展概要

"十三五"以来，京津冀积极贯彻落实中央一体化国家战略部署，落实《"十三五"时期京津冀国民经济和社会发展规划》，经济一体化稳中提质，协同发展取得新的进展和成效。2019年北京生产总值为35371.28亿元，天津生产总值为14104.28亿元，河北35104.52亿元。从增长变化趋势看，2000年京津冀地区生产总值占全国GDP的比重为9.98%，到2005年上升到11.33%，比"九五"末提高1.35个百分点；"十一五"期间这一比例出现窄幅下滑，2010年为10.89%；"十二五"期间保持平稳，2015年为10.24%，2019年为8.50%，占比再次出现下滑（见表1）。

首先，京津冀区域经济稳步发展，三地功能定位日益明确。除上述地区生产总值的基本状况表现稳步增长外，从城镇化率指标看，2019年京津冀地区城镇人口占地区人口的66.7%，高于全国平均水平60.6%6.1个百分点，在九大区域中排在第一位。在功能定位方面，三地定位日益明晰。北京加强文化中心、科技创新中心、国际交往中心的建设，2019年在文化产业、科技创新中

心、发明专利量和国际交流中心建设方面均取得很好的效果。天津围绕全国先进制造研发基地建设攻坚克难，在高新制造业投资、规模以上企业中装备制造业带动作用等方面均有大幅提升，同时，天津的北方国际航运核心区功能持续强化，改革开放先行区建设取得重要成果，自贸试验区改革创新持续优化。河北省 2019 年物流业增加值占 GDP 比重达到 7.6%，积极构建全国现代物流商贸基地；另外在快递行业发展、产业转型升级试验区建设、重点行业去产能、生态环境支撑的京津冀一体化建设方面加大推进力度，取得了显著的成效。雄安新区加强产业集聚与协同布局，与中关村签订科技园合作协议，一批高科技企业入驻雄安中关村科技产业基地。

表 1 京津冀地区经济总量及其占全国比重的变化趋势（1995～2019 年）

单位：亿元，%

年份	北京	天津	河北	京津冀合计	占全国比重
1995	1507.70	931.97	2849.52	5289.19	8.70
2000	3161.70	1701.88	5043.96	9907.54	9.98
2005	6969.50	3905.64	10096.11	20971.25	11.33
2010	14113.60	9224.46	20394.26	43732.32	10.89
2011	16251.90	11307.28	24515.76	52074.94	11.01
2012	17879.40	12893.88	26575.01	57348.29	11.03
2013	19800.80	14442.01	28442.95	62685.76	11.01
2014	21330.80	15726.93	29421.15	66478.88	10.45
2015	23014.59	16538.11	29806.11	69358.89	10.24
2016	25669.13	17885.39	32070.45	75624.97	10.12
2017	28014.94	18549.19	34016.32	80580.45	9.70
2018	33105.97	13362.92	32494.61	78963.50	8.60
2019	35371.28	14104.28	35104.52	84580.08	8.50

资料来源：《中国统计年鉴》相关年份。

其次，在疏解北京非首都功能、进行产业转移方面成效明显，新兴产业发展迅速，创新驱动效果明显。北京坚持疏控并举，严格执行新增产业禁止和限制目录，北京城市副中心规划逐步实施，一批重大工程项目加快推进。天津和河北两地精准承接北京转移项目，天津积极打造承接平台，积极推进京津合作示范区以及科技城的各项工作。河北依托区位优势、产业基础和市场要素等资源，承接京津产业转移项目。在新兴产业发展、创新驱动方面，京津冀成效显著。北京瞄准"高精尖"，在高技术制造业、战略性新兴产业、现代服务业和高技术服务业等产业方面都有较好增长。天津加快发展各类新型产业，在智能制造、新服务、高技术服务、战略性新兴服务业等方面发展迅速，同时在新技术、新能源和新药研发等方面稳步推进，经国家批准建设新一代人工智能创新发展试验区。河北省新动能不断聚集，其中，风能原动设备、城市轨道交通均有较大的增幅；在科技创新、综合创新生态体系等方面有长足发展，国家级高新技术企业数量超过 2000 家，新增科技型中小企业 1.1 万家，共建升级创新平台 98 家、产业技术创新联盟 76 家。

最后，在社会发展和民生方面，京津冀地区取得了长足进步。2019 年京津冀三地居民可支配收入分别为 67756 元、42404 元和 25665 元；生态环境持续改善，京津冀污染防治成效显著；生态环境持续改进，在污水治理和大气质量提升方面均实现或提前实现了任务指标。在交通建设方面，京津冀地区扎实推进，在区域内建成了一批高速铁路、城际铁路等项目。

总的来看，进入"十三五"以来，伴随着京津冀协同发展作为国家战略的提出和推进，京津冀地区由于地理位置特殊，与首都经济圈的特殊历史渊源等，成为环渤海经济圈的核心，在带动北方腹地经济发展、促进产业协同和一体化方面势必起到关键作用；但相对于长三角和珠三角而言，仍然存在较大的提升空间。

二　京津冀地区工业化水平评价

表 2 列出了 2019 年京津冀地区工业化现状及其与全国、其他经济区相应指标值的对比情况，表 3 列示了京津冀地区工业化进程评价值。可以看出，京津冀地区的人均 GDP 已经得到了较大提升，仅次于长三角、珠三角和环渤海，是第四大区域，远高于全国平均水平。其余各项指数在全国八大区域中处于领先水平，高于全国平均水平，仅在人口城镇化率低于长三角地区和珠三角地区。

表2　京津冀地区工业化现状（2019 年）

地区＼指标	人均 GDP（美元）	产业产值比			制造业增加值占比（%）	人口城镇化率（%）	产业就业比（%）		
		一	二	三			一	二	三
全国	11759.0	7.1	39.0	53.9	61.6	60.6	26.1	27.6	46.3
环渤海	13790.7	5.7	33.8	60.5	57.0	64.3	25.5	32.3	42.2
长三角	20361.9	3.2	40.8	55.9	60.4	73.0	12.5	42.0	45.5
长江经济带	12243.4	6.7	40.0	53.3	54.8	60.6	30.0	29.4	40.7
珠三角	15465.9	5.2	42.0	52.8	71.2	69.5	21.9	36.5	41.3
京津冀	13742.1	4.5	28.7	66.8	66.7	66.7	23.2	29.4	47.4
中部地区	8750.1	7.8	43.6	49.1	48.5	55.7	32.6	29.6	37.8
大西北	9759.4	10.1	40.6	49.4	46.0	56.3	42.9	16.1	36.3
大西南	8360.5	11.4	36.5	52.1	51.0	52.9	42.5	21.1	36.4
东三省	9526.9	13.2	34.4	52.4	51.4	63.2	33.7	20.5	45.8
京津冀地区									
北京	25505.0	0.3	16.2	83.5	57.2	86.6	3.7	14.7	81.6
天津	21957.9	1.3	35.2	63.5	81.2	83.5	6.7	31.8	61.5
河北	8690.0	10.0	38.7	51.3	63.1	57.6	32.5	33.2	34.3

资料来源：参见附录一。

表3　京津冀地区工业化进程：分项及综合得分（2000～2019 年）

年份	地区	人均 GDP	产业产值比	工业结构	城镇化率	产业就业比	综合得分	工业化阶段
2000	全国	20	47	23	10	22	26	二（Ⅱ）
	京津冀	61	64	30	15	42	48	三（Ⅰ）
2005	全国	41	57	73	21	33	49	三（Ⅰ）
	京津冀	81	100	54	32	54	71	三（Ⅱ）
2010	全国	68	66	100	33	51	69	四（Ⅰ）
	京津冀	100	100	93	53	68	90	四（Ⅱ）
2015	全国	84	100	91	53	69	84	四（Ⅱ）
	京津冀	100	100	100	72	76	95	四（Ⅱ）
2019	全国	95	100	100	67	72	92	四（Ⅱ）
	京津冀	100	100	100	81	77	96	四（Ⅱ）

资料来源：参见附录二。

从人均 GDP 指标看，京津冀地区 2019 年为 13742.1 美元，高于全国平均水平，在七大区域中位居第 4 位，低于长三角 32.51%。从变化趋势来看，2000 年京津冀地区人均 GDP 是全国平均水平的 2.27 倍，2005 年为 2.23 倍，2010 年为 1.92 倍，2015 年为 1.70 倍，2019 年为 1.17 倍，上述数据表明，从 2000 年开始相对增长率出现下滑。2019 年京津冀地区工业化评分为 96，处于后工业化阶段。

从三次产业产值指标看，2000 年京津冀地区三次产业产值比为 10.7 : 47.0 : 42.3，到 2005 年演变为 8.3 : 45 : 46.7，2010 年为 6.5 : 43.3 : 50.2，2015 年为 5.5 : 38.4 : 56.1，2019 年 4.5 : 28.7 : 66.8。数据显示，一产和二产产值比重持续下降，三产比重持续上升，说明第三产业在经济发展中的作用正在由共同推动向主导发展转变，甚至成为地区经济的主体，与该地区处于工业化后期阶段是一致的。服务业发展水平处于全国领先水平，工业化评分为 100，位于第一，处于后工业化阶段。

从工业结构指标看，2019 年京津冀地区制造业占比为 66.7%，高于全国平均水平 61.6% 5.1 个百分点，在九大区域中位居第二。该指标的工业化评分为 100，处于后工业化阶段。

从城镇化率指标看，2019 年京津冀地区城镇人口占地区人口的 66.7%，高于全国平均水平 60.6% 6.1 个百分点，在九大区域中排在第一位。该指标的工业化评分为 100，说明京津冀地区的人口城镇化率指标已经超越工业化后期前半阶段，进入后工业化阶段。

从产业就业结构看，京津冀地区 2019 年三次产业就业人口的比重为 23.2 : 29.4 : 47.4，第一产业就业比重略低于全国平均水平，第二、三产业略高于全国平均水平。其中第一产业就业比重相对较低，产业就业比评分为 77，处于工业化后期的前半阶段。

基于上述分析，京津冀地区 2019 年工业化综合指数为 96，已处于工业化后期的后半阶段。图 1 对 2019 年京津冀地区与全国工业化主要指标评价值及综合指数情况进行了对比。从图 1 可以看出，京津冀地区的各个指标均领先于全国平均水平，但略低于长三角、珠三角地区。

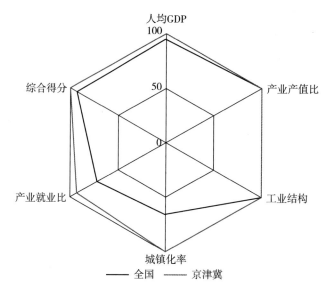

图1 京津冀工业化雷达图

三 京津冀地区工业化进程的特征

基于上文对京津冀地区经济社会发展状况和工业化水平评价的述评，京津冀地区工业化进程重要特征可概括如下。

1.“十三五”期间，津冀地区工业化指数继续增长，处于工业化后期的后半阶段

2019年，京津冀地区与全国平均工业化水平同步，工业化指数为96，相较“十二五”期间增长了1，处于工业化后期的后半阶段。

分指标看，京津冀地区的工业结构指标的得分最高，并与长三角和珠三角并列全国八大区域第一，产业产值比和人均GDP指标均处于全国八大区域之首，城镇化率指标和产业就业比名列第三（见表5）。

2.京津冀工业化持续增长，但增长呈递减趋势

相对于全国平均2.0的增速，京津冀2019年低于全国水平。从纵向工业化综合指数评分来看，2000年为48，2005年为71，2010年为90，2015年为95，2019年为96，实现了连续增长。从分时期工业化指数增长幅度来看，“十五”

表4 八大区域和京津冀地区工业化指数及全国排名情况（2000～2019年）

地区	2000年			2005年			2010年			2015年			2019年		
	指数	阶段	排名	指数	阶段	排名	指数	阶段	排名	指数	阶段	排名	指数	阶段	排名
全国	26	二(Ⅱ)	—	49	三(Ⅰ)	—	69	四(Ⅰ)	—	84	四(Ⅱ)	—	92	四(Ⅱ)	—
长三角	62	三(Ⅱ)	1	83	四(Ⅱ)	1	92	四(Ⅱ)	1	98	四(Ⅱ)	1	99	四(Ⅱ)	1
珠三角	44	三(Ⅰ)	3	70	四(Ⅰ)	3	81	四(Ⅰ)	4	94	四(Ⅱ)	3	97	四(Ⅱ)	2
京津冀	48	三(Ⅰ)	2	71	四(Ⅰ)	2	90	四(Ⅱ)	2	95	四(Ⅱ)	2	96	四(Ⅱ)	2
环渤海	42	三(Ⅰ)	4	70	四(Ⅰ)	3	85	四(Ⅱ)	3	94	四(Ⅱ)	3	93	四(Ⅱ)	3
东部省	34	三(Ⅰ)	5	44	三(Ⅰ)	5	72	四(Ⅰ)	5	77	四(Ⅰ)	6	71	四(Ⅰ)	7
中部地区	12	二(Ⅱ)	6	28	二(Ⅱ)	6	60	三(Ⅱ)	6	70	四(Ⅰ)	7	75	四(Ⅰ)	6
大西北	9	二(Ⅰ)	7	24	二(Ⅱ)	7	51	三(Ⅱ)	8	58	三(Ⅱ)	9	66	四(Ⅰ)	8
大西南	9	二(Ⅰ)	7	22	二(Ⅱ)	8	53	三(Ⅱ)	7	59	三(Ⅱ)	8	64	三(Ⅱ)	9
京津冀地区 北京	91	四(Ⅱ)	2	100	五	1	100	五	1	100	五	1	98	五	3
京津冀地区 天津	79	四(Ⅰ)	3	90	四(Ⅱ)	3	95	四(Ⅱ)	3	100	五	1	100	五	1
京津冀地区 河北	23	二(Ⅱ)	12	36	三(Ⅰ)	12	64	三(Ⅱ)	14	71	四(Ⅰ)	14	76	四(Ⅰ)	15

资料来源：参见附录二。

表5　八大区域工业化指标的比较（2019年）

地区	人均GDP	产业产值比	工业结构	城镇化率	产业就业比	工业化指数	工业化阶段
长三角	100	100	100	95	95	99	四（Ⅱ）
珠三角	100	100	100	87	79	97	四（Ⅱ）
京津冀	100	100	100	81	77	96	四（Ⅱ）
环渤海	100	100	89	75	73	93	四（Ⅱ）
东三省	83	55	70	73	58	71	四（Ⅰ）
中部地区	78	100	61	52	60	75	四（Ⅰ）
大西北	84	66	53	54	38	66	四（Ⅰ）
大西南	76	61	69	43	38	64	三（Ⅱ）

资料来源：参见附录二。

增长23，"十一五"增长19，"十二五"增长5，"十三五"（2015～2019年）增长1。从"十五"后呈递减趋势发展（见表6）。

2015～2019年工业化加速度为0.3，相比2010～2015的1有所下降。尽管如此，但由于各大区域普遍出现下降趋势，因此，"十三五"期间，京津冀的工业化加速度在全国仍相对领先（见表7）。

3. 人口城镇化率和产业就业比成为环渤海地区工业化水平发展的两大推动力，而人均GDP、产业产值比和工业结构贡献度不存在

"十三五"期间，人口城镇化率和产业就业比成为推动京津冀地区工业化进程的主要力量。这和"十二五"期间截然不同。"十二五"期间，人口城镇化率、工业结构优化和产业就业比贡献度较高，人均GDP贡献较弱。进入"十三五"人均GDP、产业产值比和工业结构的贡献度为0，人口城镇化率的贡献度为108%，产业就业比的贡献度为8%。

综合1996～2019年各指标贡献度来看，人均GDP为38.32%，为第一推动力。产业产值比为18.10%，位列第二，人口城镇化率变化的贡献率为15.68%，是京津冀地区工业化的第三推动力量，工业结构的贡献度为2.13%，产业就业比为4.77%，贡献度较小。因此，未来的主要措施仍然是集中抓城镇化建设、产业产值比（见表8），增强人均GDP、产业就业比和工业结构优化的贡献度。

表6　八大区域和京津冀地区工业化速度（2000～2019年）

地区		工业化进程（100分制）					年均增长速度							
		2000年	2005年	2010年	2015年	2019年	2001～2005年	排名	2006～2010年	排名	2011～2015年	排名	2016～2019年	排名
全国		26	49	69	84	92	4.6	—	4.0	—	3.0	—	2.0	—
八大经济区	珠三角	44	70	81	94	97	6.0	1	2.2	7	2.6	1	0.8	4
	长三角	62	83	92	98	99	4.2	4	1.8	8	1.2	5	0.3	6
	京津冀	48	71	90	95	96	4.6	3	3.8	5	1	7	0.3	6
	环渤海	42	70	85	94	93	5.6	2	3	6	1.8	3	-0.3	8
	中部地区	12	28	60	70	75	3.2	5	6.4	1	2	2	1.3	2
	东三省	34	44	72	77	71	2.0	8	5.6	3	1	7	-1.5	9
	大西北	9	24	51	58	66	3.0	6	5.4	4	1.4	4	2.0	1
	大西南	9	22	53	59	64	2.6	7	6.2	2	1.2	5	1.3	2
三省市	北京	91	100	100	100	98	1.8	22	—	—	—	—	-0.5	22
	天津	79	90	95	100	100	2.2	21	1	29	1	23	—	—
	河北	23	36	64	71	76	2.6	18	5.6	13	1.4	20	1.3	12

资料来源：参见附录二。

217

表7 京津冀地区的工业化加速度（1996～2015年）

地区		2006～2010年年平均速度	2011～2015年年平均速度	2016～2019年年平均增速	"十二五"加速度	排序	"十三五"加速度	排序
全国		4.0	3.0	2.0	-1.0	—	-1.0	—
八大区域	珠三角	2.2	2.6	0.8	0.4	1	-1.8	6
	长三角	1.8	1.2	0.3	-0.6	2	-0.9	5
	京津冀	3.8	1.0	0.3	-2.8	4	-0.7	3
	环渤海	3.0	1.8	0.3	-1.2	3	-2.1	7
	中部	6.4	2.0	1.3	-4.4	6	-0.7	3
	东三省	5.6	1.0	1.5	-4.6	7	-2.5	8
	大西北	5.4	1.4	2.0	-4.0	5	0.6	1
	大西南	6.2	1.2	1.3	-5.0	8	0.1	2
四省市	北京	—	—	-1.3	—	—	—	—
	天津	1.0	1.0	—	0.0	3	—	—
	河北	5.6	1.4	1.3	-4.2	17	-0.1	9

资料来源：参见附录二。

表8 各工业化指标对京津冀地区工业化进程的贡献度（1996～2019年）

单位：%

时段 \ 指标	人均GDP	产业产值比	工业结构	城镇化率	产业就业比	工业化综合指数增加量
"九五"	69.43	23.57	-6.29	12.86	1.14	14
"十五"	31.30	34.43	22.96	8.87	4.17	23
"十一五"	36.00	0.00	45.16	13.26	5.89	19
"十二五"	0.00	0.00	30.80	45.60	12.80	5
2016～2019年	0.00	0.00	0.00	108.00	8.00	1
1996～2019年	38.32	18.10	2.13	15.68	4.77	62

资料来源：参见附录二。

4. 京津工业化程度高，河北的差距相对较大

从分值上来看，2019年北京得分为98，天津为100，河北仅为76，差距显而易见。分析其原因，北京作为首都和直辖市，天津作为直辖沿海城市所拥有的发展基础、产业结构和资源禀赋都很优越，而河北相对比较薄弱，这是制约发展的主要因素。因此，京津冀如何平衡三地资源是改变河北发展现状、实现最终一体化工业发展的主要挑战（见表9）。

从 2019 年整体来看，京津冀进程还是处于全国领先地位，但低于长三角和珠三角，整体处于工业化后期后半阶段。

表 9　2019 年京津冀地区工业化进程比较

地区	人均 GDP	产业产值比	工业结构	城镇化率	产业就业比	综合得分	工业化阶段
全国	95	100	100	67	72	92	四（Ⅱ）
京津冀	100	100	100	81	77	96	四（Ⅱ）
北京	100	100	90	100	100	98	五
天津	100	100	100	100	100	100	五
河北	78	66	100	58	61	76	四（Ⅰ）

资料来源：参见附录二。

四　京津冀地区工业化进程中存在的问题以及推进建议

"十三五"期间，京津冀地区工业化进程取得了明显成效，但是仍然存在一些亟待解决的问题，具体表现如下。①京津冀地区整体工业化水平有待进一步提高。根据上文相关数据可知，京津冀高于全国平均水平，但和发达地区（比如长三角、珠三角）相比尚有差距。②人均 GDP、产业产值比和工业结构成为新的制约京津冀地区工业化水平提高的主要原因。③从地区来看主要是区域内工业化发展水平参差不齐，北京和天津在全国工业化进程中处于领先地位，基本进入后工业化时期。而河北工业化水平仍然处在工业化后期的前半阶段，客观上造成了工业化进程的梯度分布状况。④区域内产业分工和协同不足，阻碍了京津冀工业一体化发展进程。因此，结合京津冀协同发展国家战略和《"十三五"时期京津冀国民经济和社会发展规划》，进一步加快京津冀地区工业化进程，需要从体制机制优化、产业结构和布局调整、生态环境建设以及城镇化协调发展三个方面入手，系统推进京津冀工业化协同发展。

1. 进一步破除京津冀工业发展中的体制机制障碍，以制度创新推动一体化进程

以往京津冀地区受到"分灶吃饭"等传统体制和封闭观念等的制约，在制度创新和协调力度方面不够强，工业一体化合作进程相对滞后。"十三五"

以来，伴随着京津冀一体化国家战略的深入推进，三地在交通一体化、市场一体化和科技一体化方面有了较大改观，但仍然存在各主体参与度不高、角色扮演混乱等问题。首先，解决区域经济主体参与度不高的问题。相比长三角和珠三角，京津冀区域治理的成熟度不高，目前发挥主导作用的是各级党委和政府主导的国有大中型企业，一般的民营企业和公众参与程度较低。尽管国有企业在疏解北京非首都功能、产业转移以及雄安新区建设和发展中发挥着重要带头作用，极大地促进了京津冀一体化健康发展，但其他相关主体的积极性并没有完全调动起来。政府和各级党委应该加大对民营企业的支持平台建设力度（比如行业协会和商会），促进中小型企业参与到一体化工业进程中，补充产业链。积极引导和支持普通民众参与地区工业化进程，发挥民众在区域治理中的积极作用。其次，创新体制机制，构建科学合理的政府行政机制，打造政府卓越执行力。一方面，围绕地方保护主义和市场壁垒问题，构建基于人才自由流动、产业生产要素自由流动的公平竞争的市场环境。另一方面，完善利益共享机制。通过共享资源和利益来调动区域各方的积极性，进而构建起资源共享机制、利益共享机制和利益补偿机制。如上多措并举，从促进多方主体参与、要素自由流动的体制机制构建、缩小地区差距等方面，加速京津冀工业一体化进程。

2. 从生态治理入手，促进京津冀产业协同发展

据相关研究，北京、天津和河北三地在2011年之前进入生态文明和产业结构协调发展的转型关键阶段。但是仅北京市在2015年实现了协调发展，天津发展速度较快，并且于2012～2014年接近北京水平，但是进入2015年后上升速度变缓，河北于2013年上升速度较快，但是2014～2016年变缓，并且始终处于低水平徘徊的状况，与北京和天津有显著差异。因此，三地在生态治理、产业结构协调发展方面存在不均衡、发展速度不够快的问题，这一问题的解决和推进刻不容缓，应该从如下方面着手解决。首先，以《京津冀协同发展生态环境保护规划》的要求为目标和纲领，在区域可持续发展、绿色发展等方面加大落实和执行力度。依据三地出台的相关文件，在推进过程中实现三地的统一协调、统一规划、统一检测、统一标准等，从而严格落实责任和义务，最终实现三地协调一致。其次，围绕经济、社会、环境协调和可持续发展问题探索创新路径和新型合作机制，促进京津冀区域的绿色转型。最后，在推

进生态治理一体化进程中，加强顶层设计。从生态补偿、环保治理、大气污染和水资源治理协调机制等方面出台一系列管理和控制措施，确保做好生态治理和产业发展的协同，保证工业化良性发展。

3. 进一步优化京津冀产业结构布局，实现京津冀城镇化和工业化的协同发展

进入"十三五"以来，人口城镇化为京津冀地区工业化发展做出了重要贡献，但是产业结构不够合理成为发展不均衡不合理的主要原因，因此如何实现城镇化和工业化结构的协同互动发展成为一个重要的战略问题。首先，以推进京津两地优质、环境友好高端经济资源向河北转移为工作核心，推动京津冀一体化工业进程。《京津冀协同发展纲要》基于三地不同的比较优势，给出了明确定位，京津冀地区为"以首都为核心的城市群、区域整体协同发展改革区、全国创新驱动经济增长新引擎、生态修复环境改善示范区"；北京为"全国政治中心、文化中心、国际交往中心、科技创新中心"，天津为"全国新进制造研发基地、北方国际航运核心区、金融创新运营示范区、改革开放先行区"，河北为"全国现代商贸物流重要基地、产业转型升级试验区、新型城镇化与城乡统筹示范区、京津冀生态环境支撑区"。基于上述定位，强调北京的带动作用和产业转移，河北的承接和协同，从而实现产业结构优化。其次，按照世界城市发展通行做法，聚焦于北京城市非首都功能的疏解问题，通过人口、产业和功能的全方位疏解，解决北京城市负载过重的同时，平衡区域发展，并且通过卫星城的建设带动城镇化，同时合理布局工业化。最后，围绕城镇化和卫星城市建设，以及三地的资源和特色差异、互补、梯度等特点，系统合理布局产业体系，并且同时将基础设施和服务设施的水平充分提高，构建一批体现区域特色的新型卫星城市，从而体现集聚效应和辐射效应。

总之，在京津冀三地工业一体化进程受到诸多限制的前提下，要充分发挥创新、协同、互补和规划的作用，从体制机制变革、生态发展与工业发展的协调、城镇化和工业化的合理布局等方面进行全方位、系统化的思考和设计，这样才能打出"组合拳"，突破瓶颈，寻找到"路径"。

B.14

北京市

北京市土地面积 1.64 万平方千米，占全国土地总面积的 0.17%。2019 年末，北京市常住人口 2153.6 万人，是全国同期总人口的 1.5%；地区生产总值 35371.3 亿元，占全国 GDP 的 3.6%；居民人均可支配收入 67755.9 元，是全国居民人均可支配收入的 2.2 倍。经过"十三五"时期的快速发展，北京市已进入后工业化阶段，且工业化水平远高于全国平均水平。"十四五"时期是北京市经济结构持续优化、三次产业深度融合、经济总量稳步提升的关键时期。

一 "十二五"北京市经济社会发展基本情况

根据北京市经济社会以及各行业的统计数据，结合"十三五"规划北京的目标，2015～2019 年，在经济新常态的环境下以及国际环境波诡云谲的变化下，北京市在经济、环境、人文以及民生上整体平稳增长，呈现经济上保持中高速增长、就业形势稳定、产业发展及结构不断优化、社会民生多点开花、社会治理更加精细化的特点。

1. 经济发展

经济总量稳步上升，增速稍有放缓。根据北京市统计局数据，北京市生产总值从 2015 年的 23685.7 亿元增长至 2019 年的 35371.3 亿元，2015～2018 年，生产总值的增速稳定在 6.6%～7%，呈现逐渐放缓的趋势，基本达到"十三五"北京市的计划目标，2019 年，受国际经济环境整体下行的影响，增速下降至 6.1%。2020 年新冠肺炎疫情冲击了各行各业，上半年生产总值为 16205.6 亿元，相较于一季度，二季度环比回升，收窄了 3.4 个百分点。按常住人口计算，全市人均生产总值由 2015 年的 15.3 万元提高到 2019 年的 16.4 万元。

经济结构继续优化。在三大产业结构上，第三产业生产总值占北京市生产总值的比重由 2015 年的 79.7% 增长至 2018 年的 81%，其中，信息、金融、科学技术和技术服务业产值总和占地区生产总值综合的比重由 2015 年的 35.3% 增长至 2018 年的 40.1%，信息技术业生产总值增速维持在 10% 以上，并有逐渐加速的趋势，金融行业和科技服务业增速则稳定在 7% 和 10% 左右，是全市经济增长的重要组成部分。除此之外，"十三五"期间，教育行业、卫生社会行业投资力度和深度的加深，也使其年均增速超过第三产业产值增速。而针对产业结构提质增效的目标，基于新材料、人工智能、信息技术等战略性新兴产业领域的产业增加值在 2018 年为 4893 亿元，占比接近 16.1%。消费方面，2018 年，北京市全年实现市场总消费额 25405.9 亿元，其中，服务性消费额 13658.2 亿元，占比由 2015 年的 44.6% 增长至 53.8%，消费市场转型取得明显成效，需求结构持续优化。

财政收入逐步提高，增速放缓。2018 年，全市实现一般公共预算收入 5785.92 亿元，2015~2018 年同口径年均增长率接近 7.0%，占全市地区生产总值的比例较 2015 年略有轻微下滑，但财政收入总量上的稳步上升仍为经济的发展以及民生的改善注入了大量活力。

2. 科教创新

科研方面，经费投入以及专利产出数量不断提升。2018 年，专利申请量逾 21 万件，专利授权量逾 12 万件，数量分别是 2015 年的 1.35 倍和 1.31 倍。研究与试验发展（R&D）经费内部支出也由 2015 年的 1384 亿元增长至 1871 亿元，经费支出占地区生产总值的比重也上升至 6.185%，达到 6% 的预期；2018 年，技术合同数增长至 82486 项，是"十二五"期间平均技术合同数的 1.3 倍，技术合同成交总额达 4957.8 亿元，是"十二五"期间的 1.8 倍；作为全国性的科教中心以及信息技术中心，北京市在"十三五"期间的产出投入取得了显著的增长。

教育方面，高校招生规模及结构保持稳定，2018 年，研究生教育招生人数 11.7 万人，在学研究生 33.6 万人，毕业生达 8.7 万人。普通高等学校招收本、专科学生 15.6 万人，在校生 58.1 万人，毕业生达 14.7 万人。全市成人本专科招生 5.5 万人，在校生 14.4 万人，毕业生 6 万人。较"十二五"期间，北京市在校人数以及高校数量波动幅度较小，在招生方面并未显示出显著的教

育资源变化。

3. 人口

人口方面，北京市以《京津冀协同发展规划纲要》中严控增量、疏解存量、疏堵结合调控北京市人口规模为目标，严格控制常住人口增长势头，2018年末全市常住人口2154.2万人，比上年末减少16.5万人，完成常住人口小于2300万人的约束性要求。其中，常住外来人口764.6万人，占常住人口的比重为35.5%，较2017年下降3.7个百分点。在常住人口中，城镇人口1863.4万人，占常住人口的比重为86.5%。常住人口密度为每平方公里1313人，比上年少10人，常住人口出生率为8.24‰，死亡率为5.58‰，自然增长率为2.66‰。

人口分布趋于均衡。2015年末，城六区常住人口为1282.8万人，占全市的59.1%，2018年，城六区常住人口为1165.9万人，比重下降至54.1%。生态涵养发展区常住人口为204.2万人，占比上升0.7个百分点，北京市城市发展新区为783.9万人，较2015年占比提高4.2个百分点，常住人口分布向城市发展新区流动的趋势更加明显。

4. 城市能源、环境

"十三五"期间，北京市全力推进绿色生产方式和生活方式，低碳水平进一步提升。单位地区生产总值能耗、水耗持续下降，生态建设成效显著。

能源生产量上，全年一次能源合计611.3万吨标准煤，二次能源合计3523.4万吨标准煤，分别是2015年的1.12倍和1.01倍，2017年，能源消费总量上升了4.1%，达7132.84万吨标准煤，其中在构成上，煤炭直线式下降，由2015年的13.68%下降至2017年的5.65%，石油、天然气以及其他能源则有不同程度的小幅增长。在三大产业上，2017年，第一产业和第二产业资源消费总量占比为26.9%，较2015年下降2.1个百分点，第三产业资源消费总量占比为49.3%，较2015年上涨了1个百分点；同时万元地区生产总值能耗逐年下降，2017年达0.264%，较2015年下降21.9%。

水资源：2018年全年水资源总量35.5亿立方米，为2015年的1.32倍，人均水资源达164立方米，较2015年上涨32.3%，全年总供水量与全年用水总量皆为39.3亿立方米，低于43亿立方米的约束性要求，其中农业用水为4.2亿立方米，工业供水为3.3亿立方米，用水量呈现下降趋势；用水量整体上涨，万元地区生产总值水耗为12.96立方米，较2015年下降了22%，水耗下降率为 6.68%，总体呈加速趋势。

城市环境：全市污水处理率为 94.0%，离 95% 的污水处理率指标仍有一定的差距，其中城六区污水处理率达到 99.0%，分别比上年提高 1.6 个和 0.5 个百分点。全市生活垃圾无害化处理率（根据垃圾清运量计算）为 99.94%。

5. 社会民生

就业和价格形势稳定。居民消费价格总水平持续平稳，2018 年，居民消费价格指数为 102.5，商品零售价格指数为 101.1，工业生产者价格指数为 100，价格水平总体上波动幅度较小，居民消费价格涨幅低位运行。2018 年，城镇新增就业 42.3 万人，年末实有登记失业人员 10.24 万人，城镇登记失业率为 1.4%，远低于 4% 的失业率要求，就业形势保持稳定。

城乡居民收入稳步提高。2018 年，北京市居民人均可支配收入 62361 元，扣除通货膨胀影响，实际增长 6.3%，实现与经济发展同步；人均消费支出 39843 元，为"十二五"期间的 1.37 倍，全市居民恩格尔系数平稳下降，由 2015 年的 22.4% 下降至 2018 的 20.2%。2019 年末，参加企业职工基本养老 1591.5 万人，职工基本医疗 1628.9 万人，失业 1240.7 万人，工伤 1187 万人，生育保险 1104 万人，分别比 2015 年增加 167.3 万人、207.2 万人、158.4 万人、166.9 万人和 162.4 万人。与此同时，2018 年，职工最低工资为每月 2120 元，是"十二五"期间的 1.23 倍，失业保险金最低标准和城乡最低生活保障标准不断上升。

充沛的地方政府预算收入为社会民生的改善提供了有力的支撑。2018 年，北京市政府在教育、科学技术、医疗、交通领域的预算支出达 1025.51 亿元、425.87 亿元、490.09 亿元、462.99 亿元，分别是 2015 年的 1.2 倍、1.48 倍、1.32 倍和 1.57 倍。

6. 对外贸易与国际投资

对外贸易规模不断扩大。2018 年，北京地区货物进出口总值达 4124.3 亿美元，较"十二五"期间上涨了 5.1%，其中出口 741.7 亿美元，进口 3382.6 亿美元。

对外投资更趋谨慎，市场更趋开放。2018 年，我国境外投资额逾 64 亿美元，较"十二五"上升了 21.8%，对外经济合作合同数 230 份，实际利用外资直接投资额 173.198 万美元。

二 北京市工业化水平评价

表 1 给出了北京市 2000 年、2005 年、2010 年、2015 年和 2019 年各项工业化水平指标的数据,并将其与环渤海、东部和全国进行了比较;表 2 列示了同期北京市的工业化水平评价结果及其与全国、东部和环渤海地区的比较情况。

表 1 北京市工业化主要指标(2000～2019 年)

单位:美元,%

年份	地区	人均GDP	产业产值比			制造业增加值占比	人口城镇化率	产业就业比		
			一	二	三			一	二	三
2000	全国	2681.4	15.9	50.9	33.2	33.7	36.2	50.0	22.5	27.5
	东部	5638.4	11.5	49.1	39.4	41.5	45.3	43.3	27.3	29.5
	环渤海	5462.0	12.7	48.3	39.0	36.8	38.5	47.1	25.7	27.2
	北京	8508.8	3.6	38.1	58.3	64.8	77.5	11.7	32.4	55.9
2005	全国	4144.1	12.6	47.5	39.9	52.0	43.0	44.8	23.8	31.4
	东部	7897.0	7.9	51.6	40.5	59.4	52.8	32.9	33.2	33.9
	环渤海	8372.0	9.4	50.9	39.8	53.9	47.2	37.9	30.3	31.8
	北京	13107.3	1.4	29.5	69.1	66.6	83.6	6.8	24.6	68.6
2010	全国	6902.1	10.1	46.8	43.1	60.4	49.9	36.7	28.7	34.6
	东部	11379.4	6.3	49.4	44.3	77.9	58.8	25.6	37.1	37.3
	环渤海	12249.8	7.7	48.5	43.8	71.7	53.1	32.0	31.8	36.1
	北京	17014.0	0.9	24.0	75.1	75.6	85.9	4.9	20.9	74.1
2015	全国	9835.6	8.9	40.9	50.2	57.6	56.1	28.3	29.3	42.4
	东部	15032.2	5.6	43.5	50.8	75.3	65.0	22.6	35.7	41.7
	环渤海	15673.0	6.6	42.4	51.0	65.4	59.9	27.5	33.0	39.5
	北京	20937.4	0.6	19.7	79.7	60.0	86.5	4.2	17.0	78.8
2019	全国	11759.0	7.1	39.0	53.9	61.6	60.6	26.1	27.6	46.3
	东部	16278.2	4.6	39.0	56.4	60.1	68.5	20.4	36.6	42.9
	环渤海	13790.7	5.7	33.8	60.5	56.6	64.3	25.5	32.3	42.2
	北京	25505.0	0.3	16.2	83.5	57.2	86.6	3.7	14.7	81.6

资料来源:参见附录一。

表2　北京市工业化进程：分项及综合得分（2000～2019年）

年份	地区	人均GDP	产业产值比	工业结构	城镇化率	产业就业比	综合得分	工业化阶段
2000	全国	20	47	23	10	22	26	二（Ⅱ）
	东部	56	61	38	25	37	48	三（Ⅰ）
	环渤海	54	57	28	14	28	42	三（Ⅰ）
	北京	77	100	100	100	96	91	四（Ⅱ）
2005	全国	41	57	73	21	33	49	三（Ⅰ）
	东部	73	81	97	42	60	75	四（Ⅰ）
	环渤海	76	80	79	28	49	70	四（Ⅰ）
	北京	100	100	100	100	100	100	五
2010	全国	68	66	100	33	51	69	四（Ⅰ）
	东部	93	82	100	62	73	87	四（Ⅱ）
	环渤海	98	82	100	43	62	85	四（Ⅱ）
	北京	100	100	100	100	100	100	五
2015	全国	84	100	91	53	69	84	四（Ⅱ）
	东部	100	100	100	77	78	95	四（Ⅱ）
	环渤海	100	100	100	66	70	94	四（Ⅱ）
	北京	100	100	100	100	100	100	五
2019	全国	95	100	100	67	72	92	四（Ⅱ）
	东部	100	100	100	85	82	97	四（Ⅱ）
	环渤海	100	100	88	75	73	92	四（Ⅱ）
	北京	100	100	90	100	100	98	五

资料来源：参见附录二。

从人均收入指标看，2019年，北京市人均生产总值为25505美元，高于全国平均水平和东部平均水平。人均收入的工业化评分为100，实现了工业化。从2000年至2019年的历年变化情况看，北京市与全国及东部地区平均水平的相对优势逐渐缩小。2019年，北京市人均生产总值分别是全国平均水平及东部平均水平的2.17倍和1.57倍，与2015年相比，相对优势明显缩小。

从产业产值指标看，2019年北京市一、二、三产业的比例为0.3∶16.2∶83.5。农业仅占0.3%，低于全国及东部地区的平均水平；工业比重次之，占比达到16.2%，但依然显著低于全国及东部地区平均水平；服务业占83.3%，远高于全国及东部地区的平均水平。自2000年以来，北京市的产业产值指标就已经达到实现工业化的标准，且一直保持稳定。

从工业结构指标看,2019 年北京市制造业占比为 57.2%,但较东部平均水平低 2.9 个百分点,高出环渤海地区 0.6 个百分点,东部更低于全国平均水平 4.4 个百分点。自 1995 年以来,北京市工业结构就已实现工业化标准,且多年来一直保持稳定。2019 年虽呈现断崖式的下跌,跌至 90,但仍处于后工业化阶段。

从城镇化率指标看,2019 年北京市城市人口占全部人口的 86.6%,较全国平均水平高出 26 个百分点,较东部地区平均水平高出 18.1 个百分点。自 2000 年以来,北京市的城镇化率指标已达到实现工业化的标准,且一直保持稳定。

从三次产业就业结构看,2019 年北京市第一、二、三产业就业人数的比重为 3.7∶14.7∶81.6,农业就业仅占 3.7%,分别低于全国及东部地区平均水平 22.4 个和 14.4 个百分点;服务业就业比重最大,占比 81.6%,远高于工业就业比重。从变化趋势来看,北京市农业和工业的就业占比不断下降,服务业就业占比不断上升。2015~2019 年,北京市农业就业比重下降了 0.5 个百分点,工业就业比重下降了 2.3 个百分点,而服务业就业比重上升了 2.8 个百分点。2019 年,北京市的三次产业就业结构达到实现工业化的标准。

总的来看,2019 年,北京市工业化综合指数为 98,虽从 2015 年的 100 下降,但仍处于后工业化阶段。图 1 对 2015 年北京市与全国工业化主要指标评价值及综合指数情况进行了对比。"十三五"时期,北京市的工业化进程依然处于后工业化阶段,但发展都有所放缓,工业结构发展亟须优化。

三　北京市工业化进程的特征

根据北京市工业化水平的评价结果以及北京经济社会发展的变动状况,我们认为北京市工业化进程具有以下基本特征。

1. 工业化进程发展受阻,虽领先全国,但低于地区发展水平

北京市是中国工业化水平最高的地区之一。长期以来,北京市的工业化进程在全国各省区市中排名居于前列。表 3 的数据显示了 2000~2019 年北京市的工业化发展进程。从该表中可以看出,"十五"期间,北京市的工业化指数上升至 100,进入后工业化阶段。此后,北京市始终保持在后工业化阶段。但

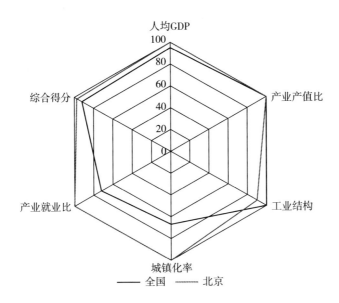

图1 2019年北京市工业化雷达图

是"十三五"期间,由于北京市工业结构指标下降,工业化进程发展停滞,在全国的工业化进程排名中由第一位降至第三。

表3 北京工业化指数排名变化情况(2000~2019年)

地区	2000年			2005年			2010年			2015年			2019年		
	指数	阶段	排名	指数	阶段	排名	指数	阶段	排名	指数	阶段	排名	指数	阶段	排名
全国	26	二(Ⅱ)	—	49	三(Ⅰ)	—	69	四(Ⅰ)	—	84	四(Ⅱ)	—	92	四(Ⅱ)	—
东部	48	三(Ⅰ)	1	75	四(Ⅰ)	1	87	四(Ⅱ)	1	95	四(Ⅱ)	1	97	四(Ⅱ)	1
环渤海	42	三(Ⅰ)	4	70	四(Ⅰ)	3	85	四(Ⅱ)	3	94	四(Ⅱ)	3	93	四(Ⅱ)	4
北京	91	四(Ⅱ)	2	100	五	1	100	五	1	100	五	1	98	五	3

资料来源:参见附录二。

2. 工业结构转型成效不足,工业化增速首次为负

从工业化的速度看,"十三五"时期,北京市工业化综合指数98,年均增速首次为负(见表4、表5)。自"十五"时期,北京市进入后工业化阶段之后,此后的10年,北京始终维持这一水平。但从细分指标来看,"十二五"期间,北京市工业结构转型升级已经存在问题。2015年,北京市制造业占比

为 60%，低于 2010 年的 75.6%，出现下降趋势，但工业结构指标并未受到影响；截至 2019 年，制造业占比降至 53.3%，工业结构指标下降，致使"十三五"阶段工业化进程的综合得分降至 98，年均增速 -0.5。

表 4 北京与各地区的工业化速度比较（2000~2019 年）

地区	工业化进程(100 分制)					"十二五"年均增长速度	"十三五"年均增长速度
	2000 年	2005 年	2010 年	2015 年	2019 年		
全国	26	49	69	84	92	3.0	2.0
东部	6	12	87	95	96	1.6	0.5
环渤海	42	70	85	94	93	1.8	-0.3
北京	91	100	100	100	98	—	-0.5
上海	100	100	100	100	100	—	—

资料来源：参见附录三。

表 5 北京和上海各项指标进入工业化的时间顺序比较

指标		人均 GDP	产业产值比	工业结构	城镇化率	产业就业比	综合得分
北京市	"十五"	77	100	100	100	96	91
	"十一五"	100	100	100	100	100	100
	"十二五"	100	100	100	100	100	100
	"十三五"	100	100	90	100	100	98
上海市	"十五"	100	100	100	100	94	100
	"十一五"	100	100	100	100	100	100
	"十二五"	100	100	100	100	100	100
	"十三五"	100	100	100	100	100	100

资料来源：参见附录三。

四 北京市工业化进程存在的主要问题

"十三五"时期，北京市由后工业化阶段退回到工业化后期的后半阶段，工业结构发展亟须优化，意味着北京市工业发展存在问题，在很大程度上制约了北京市经济社会的可持续发展。

1. 首都功能定位与"京津冀"区域协作不够

人口积聚以及城市功能集中导致北京市"大城市病"的情况愈发严重，

居民生活品质、生活环境受到一定影响，城市治理难度不断加大；京津冀地区行政区划意识较强，各自为政现象较严重，缺乏有效灵活的区域合作，北京对河北、天津的辐射力不足，对河北地区的虹吸效应显著，河北的经济发展水平和北京、天津形成明显差异，区域协作的利益协调机制不够健全。

2. 科技创新转化率不高

科技创新的引领效益并未完全发挥出来。我国正处于增速换挡、结构改变的阵痛期，但目前新兴产业的基数较小，短时期内无法弥补传统行业的下滑动力。首都的人才优势显著，科研水平虽居全国首位，创新体制却不够完善，关键核心技术以及自主知识产权数量没有形成绝对的优势，战略性新兴行业以及高附加值行业的企业不够多，高技术企业的集群效应不够明显。

3. 社会民生仍有明显短板

人均社会公共服务供给量具有较大的上升空间；医疗、文化、交通运输等领域资源集中在城市中心，其他地区的资源配置水平不足，具有显著的地域差异；公共服务需求的增加与紧缺专业的服务供给不足矛盾不断上浮，例如对于康复、儿童护理等服务的需求得不到很好地满足；政府主导下的公共服务同时也缺乏活力，社会反馈与条例的修改落实往往有较长的时间差，差异化的公共服务缺少标准与评判。

4. 城市治理难度加大

随着人口的大量聚集，城市的资源承载力几近极限，在高度城镇化的北京以及过于集中的资源堆积下，城市治理难度很大，空气质量每况愈下，雾霾形势严峻，严重影响了城市居民的生活水平以及城市形象；垃圾污染、土壤污染、水资源污染等情况仍有发生；同时，城市能源刚性需求持续上升，对资源的调配管控提出了更高的要求；交通方面，拥堵现象受人口规模庞大、家庭车辆保有量不断增加的影响，仍旧频繁，城市出行体验受到一定影响。

五 推动北京市经济社会进一步发展的建议

"十四五"时期是北京市经济社会发展再次进入后工业化阶段的新征程，北京市应采取以下对策。

1. 凸显"首都"定位、区域协调发展

京津冀整体定位是"以首都为核心的世界级城市群、区域整体协同发展改革引领全国创新驱动经济增长新引擎、生态修复环境改善示范区"。

北京市以疏解北京非首都功能为核心，坚持政府引导与市场机制相结合，充分发挥政府统筹兼顾、宏观调控的政策效力，同时鼓励市场发挥自身主体作用；严控增量、疏解存量、疏堵结合调控北京市人口规模，逐步解决"城市病"；在产业转移、产业对接方面，加强合同，打破要素壁垒。

全力支持河北雄安新区建设。全面落实与河北省签订的战略合作协议，就交通运输、生态环境协同保护等领域形成多产业合作格局，加强教育、医疗、社保等领域合作。

2. 提升高端制造业发展水平

继续推进高端技术行业的发展，加强全国性科技中心城市的建设。针对北京现有产业高端技术产业辐射力不足、产业协同效益不高等现象，可以引进和扶持相关高科技技术，优化产业链和供应链的架构，进一步加大在人工智能、医药、新材料等新兴领域的科研投入，同时就具体行业和领域广泛同其他城市深度合作。为更好地实施国家创新驱动战略，发挥科教中心的影响力，在科技基础设施建设和布局方面高瞻远瞩，积极争取国家产业项目以及国家科技计划中的重大项目。

加快建设"三城一区"主平台，创新管理体制机制，健全规划实施评价机制。中关村科学城要强化自主创新主阵地的作用，依托高校资源及地理优势，形成产城教相互结合、彼此推进的创新园区；怀柔科学城要构建定位清晰、高端先进的研发平台，吸引前沿技术骨干人才、创新型企业和团体及高校院所，打造成综合性国家科学中心；未来科学城要增强互联互通、加强创新氛围的营造和科研交流，围绕先进能源、先进制造、医药健康三大领域开展科技创新，不断汇集创新要素和科技要素；北京经济技术开发区要加大开放力度，顺义区要着力提高综合承载能力。

3. 城市治理现代化

扩大绿色生态空间。在疫情防控要求下，创新全民义务植树形式和方法，深入推进"互联网＋植树"，引导社会公众安全、有序履行植树义务；同时不断强化基层林业队伍的专业水平，利用视频、社交软件等方式进行技术指导，提高绿化质量；完善绿化经营维护制度与相关条例，确保绿化的可持续发展。

优化交通供给与需求，不断提升交通承载能力与服务水平。从加快轨道交通线建设、推动市郊铁路建设运营、持续优化公交线网等方面提升承载水平；通过精准降低机动车使用、社会调研等方面引导需求变化；通过建立交通重点领域违法违规行为信用监管机制，落实管理责任，实现法治与精治的结合。

4. 不断改善社会民生

提升教育质量和进行教育资源合理分配两手抓。继续推进义务教育均衡发展，树立科学的教学质量标准，全面实施素质教育；深化教育制度改革，引导教育资源的均衡流动，缩小区域差异；加大对乡村学校的支持力度，尤其是重点支持经济薄弱地区的义务教育，做到城乡教育质量双保障。

完善医疗卫生服务体系，优化医疗资源配置。调整医疗资源布局，推动医疗服务机构向基层不断渗入，继续加强以全科医生为重点的基层人才队伍建设；加强医疗机构间的信息互联沟通，逐步实现市民医疗、健康管理、医保等数据的云共享，提高医院的诊疗效率；进一步鼓励非营利民营医院、高品质医疗机构、健康管理机构的成立，促进医疗体系更加层次化、多样化。

提供更加健全、优质的养老服务。提升社区养老服务能力，进一步提高技能培训、医疗、文化娱乐方面的水平；构建信息化、智能化的社区养老系统，统筹管理北京市养老服务；落实养老服务相关条例法规，清晰界定养老基础设施标准以及功能。

参考文献

《2018 年北京统计年鉴》，2019。
《2019 年北京市国民经济和社会发展统计公报》，2020。

B.15

天津市

天津市是我国四大直辖市之一，也是环渤海地区的老工业基地和经济中心城市，土地面积 1.19 万平方公里，占国土总面积的 0.12%。2019 年末，天津市常住人口 1561.83 万人，占全国人口的 1.12%。2019 年，天津市地区生产总值 14104.28 亿元，占全国 GDP 的 1.42%；人均生产总值 90306 元，相当于全国人均 GDP 的 1.28 倍。经过"十二五"时期的快速发展，和"十三五"时期的稳步推进，天津市已经实现工业化发展，工业化水平与上海市相当。"十四五"时期将是天津市工业化发展的提质期。在此期间，天津市工业化进程中面临的主要任务是：进一步调整经济结构，加快产业优化升级；深化京津冀区域合作，为三地一体化发展打牢基础；培育新产业、新经济，巩固与强化"三区一基地"定位。

一 "十三五"天津市经济社会发展基本情况

"十三五"期间，天津市综合经济实力跨上新台阶。从 2015 年至 2019 年，全市地区生产总值从 16538 亿元下降到 14104.28 亿元，年均下降 3.13%；一般公共预算收入由 2667.11 亿元下降到 2410.25 亿元，年均下降 2.00%；进出口总额由 1143.47 亿美元增加到 7346.03 亿美元，增长了 45.07%。

天津市综合服务能力不断提升。自 2015 年 4 月中国（天津）自由贸易试验区正式运行以来，至 2019 年，天津市自贸试验区深改方案的 128 项任务已完成 122 项，其中有 27 项创新成果在全国进行复制推广，自贸试验区新登记市场主体累计超过 6.4 万户，注册资本超过 2.16 万亿元。天津市积极融入"一带一路"建设，2016 年提出与"一带一路"国家共建的"鲁班工坊"。至 2019 年 6 月，已在欧亚非三大洲 10 余个国家开设，成为我国职业教育"走出去""引进来"的国际知名品牌。

"十三五"期间，天津市营商环境实现优化提升，民营经济活力持续释放。截至 2019 年底，天津市企业开办整体时间压缩至 1 个工作日以内，一般社会投资项目全流程审批时间从获得土地到取得施工许可证的平均时间压缩至 75 天以内。天津市网上办事大厅建成，实现 96% 的政务服务事项"一网通办"，政府服务效率大幅提升。"十三五"期间，天津市充分释放民营经济活力。全市年新注册民营市场主体始终占全市年新登记企业总量的 90% 以上；全市年新注册民营市场主体从 2015 年的 14.02 万户上升至 2019 年的 26.49 万户，年均增长 12.41%；民营企业出口增长率由 2016 年的 2.4% 增至 2019 年的 5.5%，年均增长 23.04%，使得民营经济迸发活力。

污染防治攻坚战成效显著。"十三五"期间，天津市不断强化大气污染治理。2017 年，天津市环境空气质量综合指数为 6.53，在全国 74 个城市综合排名第 59，污染严重；2019 年，环境空气质量综合指数为 5.48，比 2017 年降低 1.05。2017 年达标天数 209 天，至 2019 年，增加了 10 天，全年达标天数升至 219 天，全年优良天数比例上升了 2.7 个百分点，升至 59.8%。重污染天数从 2017 年的 23 天，降至 2019 年的 15 天。天津市地表水质提高明显。2016 年天津市近岸海域水质优良比例为 33.3%，2019 年升至 80.7%，提升了 47.7 个百分点。

城市公共服务水平稳步提升。天津市公路质量不断提高。2016 年天津市公路里程 1.68 万公里，高速公路 1208 公里，高速公路占比 7.21%；2019 年全市公路里程 1.61 万公里，高速公路 1295 公里，占比 8.02%，年均增长 2.71%。"智慧天津"建设取得新进展。2016 年，天津市实现 3G 网络覆盖全市域，4G 网络覆盖城区和主要乡镇。"十三五"期间，天津积极推进互联网建设，实现从 3G、4G 向 5G 的转型升级。2019 年底，天津市成功实现 5G 网络转换发展，已建成 8532 个 5G 基站。5G 的大规模建设为推动天津市工业、旅游、文化、卫生、教育以及多产业升级奠定了数字化网络基础。

社会保障服务能力持续加强。"十三五"期间，天津市参加医疗保险的人数由 2016 年的 1066.78 万人升至 2019 年的 1136.98 万人，年均增速 1.61%；参加基本养老保险人数由 2016 年的 773.5 万人升至 2019 年的 860.06 万人，年均增速 2.69%；参加城镇职工工伤保险人数由 2016 年的 388.11 万人升至 2019 年的 400.22 万人，年均增速 0.78%；参加城镇职工失业保险人数由 2016 年的 302.5 万人升至 2019 年的 335.51 万人，年均增速 2.62%；参加城镇职工生育

保险人数由 2016 年的 284.96 万人升至 2019 年的 341.26 万人，年均增速
4.61%。其中，天津市 2016 年的养老和生育保险的参加人数占全国养老和生
育参保人数的比例，分别从 0.87% 和 1.55% 增至 2019 年的 0.89% 和 1.59%，
参保人数增长比例高于全国水平。

二 天津市工业化水平评价

表 1 给出了天津市 2000 年、2005 年、2010 年、2015 年和 2019 年各项工
业化水平指标的数据，并将其与环渤海、东部和全国进行比较；表 2 列示了同
期天津市的工业化水平评价结果及其与全国、东部和环渤海的比较情况。

表 1　天津市工业化主要指标

单位：美元，%

年份	地区	人均 GDP	产业产值比			制造业增加值占比	城镇化率	产业就业比		
			一	二	三			一	二	三
2000	全国	2681.4	15.9	50.9	33.2	33.7	36.2	50.0	22.5	27.5
	东部	5638.4	11.5	49.1	39.4	41.5	45.3	43.3	27.3	29.5
	环渤海	5462.0	12.7	48.3	39.0	36.8	38.5	47.1	25.7	27.2
	天津	6816.5	4.5	50.0	45.5	57.0	72.0	19.9	41.0	39.1
2005	全国	4144.1	12.6	47.5	39.9	52.0	43.0	44.8	23.8	31.4
	东部	7897.0	7.9	51.6	40.5	59.4	52.8	32.9	33.2	33.9
	环渤海	8372.0	9.4	50.9	39.8	53.9	47.2	37.9	30.3	31.8
	天津	10320.8	3.0	55.5	41.5	60.7	75.1	18.9	40.6	40.5
2010	全国	6902.1	10.1	46.8	43.1	60.4	49.9	36.7	28.7	34.6
	东部	11379.4	6.3	49.4	44.3	77.9	58.8	25.6	37.1	37.3
	环渤海	12249.8	7.7	48.5	43.8	71.7	53.1	32.0	31.8	36.1
	天津	16353.3	1.6	52.5	46.0	63.9	79.2	14.6	41.0	44.4
2015	全国	9835.6	8.9	40.9	50.2	57.6	56.1	28.3	29.3	42.4
	东部	15032.2	5.6	43.5	50.8	75.3	65.0	22.6	35.7	41.7
	环渤海	15673.0	6.6	42.4	51.0	65.4	59.9	27.5	33.0	39.5
	天津	21225.1	1.3	46.6	52.2	75.3	82.6	7.4	35.6	57.0
2019	全国	11759.0	7.1	39.0	53.9	61.6	60.6	26.1	27.6	46.3
	东部	16278.2	4.6	39.0	56.4	60.1	68.5	20.4	36.6	42.9
	环渤海	13790.7	5.7	33.8	60.5	56.6	64.3	25.5	32.3	42.2
	天津	21957.9	1.3	35.2	63.5	81.2	83.5	6.7	31.8	61.5

资料来源：参见附录一。

表 2　天津市工业化进程：分项及综合得分（2000～2019 年）

年份	地区	人均 GDP	产业产值比	工业结构	城镇化率	产业就业比	综合得分	工业化阶段
2000	全国	20	47	23	10	22	26	二（Ⅱ）
	东部	56	61	38	25	37	48	三（Ⅰ）
	环渤海	54	57	28	14	28	42	三（Ⅰ）
	天津	67	82	89	92	83	79	四（Ⅰ）
2005	全国	41	57	73	21	33	49	三（Ⅰ）
	东部	73	81	97	42	60	75	四（Ⅰ）
	环渤海	76	80	79	28	49	70	四（Ⅰ）
	天津	87	80	100	100	84	90	四（Ⅱ）
2010	全国	68	66	100	33	51	69	四（Ⅰ）
	东部	93	82	100	62	73	87	四（Ⅱ）
	环渤海	98	82	100	43	62	85	四（Ⅱ）
	天津	100	81	100	100	91	95	四（Ⅱ）
2015	全国	84	100	91	53	69	84	四（Ⅱ）
	东部	100	100	100	77	78	95	四（Ⅱ）
	环渤海	100	100	100	66	70	94	四（Ⅱ）
	天津	100	100	100	100	100	100	五
2019	全国	95	100	100	67	72	92	四（Ⅱ）
	东部	100	100	100	85	82	97	四（Ⅱ）
	环渤海	100	100	89	75	73	92	四（Ⅱ）
	天津	100	100	100	100	100	100	五

资料来源：参见附录二。

从人均收入指标看，2019 年天津市人均生产总值为 21957.9 美元，高于全国平均水平（11759.0 美元）和东部平均水平（16278.2 美元）。自 2015 年至今，天津市与全国及东部地区平均水平的相对优势逐渐缩小。2015 年，天津市人均生产总值分别是全国平均水平及东部平均水平的 2.16 倍和 1.41 倍，到 2019 年天津市人均生产总值分别是全国平均水平及东部平均水平的 1.87 倍和 1.35 倍，与 2015 年相比，相对优势缩小。自 2010 年以来，天津市的人均收入指标就已达到实现工业化的标准，且一直保持稳定。

从产业产值比指标看，2019 年天津市一、二、三产业的比例为 1.3∶35.2∶63.5，其中，农业比重仅占 1.3%，大大低于全国及东部地区的平均水平；工业比重次之，占比达 35.2%，略低于全国及东部地区的平均水平，服务业比重占

63.5%，则明显高于全国及东部地区的平均水平。自2015年以来，天津市的产业产值比指标就已达到实现工业化的标准，且一直保持稳定。

从工业结构指标看，2019年天津市制造业增加值占比为81.2%，高于全国平均水平，也高于环渤海地区平均水平，与东部地区的平均水平。从表2中我们可以看到，自2005年以来，天津市工业结构指标就已达到实现工业化的标准，具备了实现工业化的特征，且一直保持稳定。

从城镇化率指标看，2019年天津市城镇化率为83.5%，比全国平均水平高出22.9个百分点，较东部地区平均水平高出15个百分点。从历史情况看，"九五"和"十五"期间天津市城镇化率显著提升。自2005年以来，天津市城镇化率指标的工业化评分值已经达到100，具备了实现工业化的特征。

从三次产业就业结构看，2019年天津市第一、二、三产业就业人数的比重为6.7∶31.8∶61.5，农业就业比重仅占6.7%，分别低于全国及东部地区的平均水平19.4个和13.7个百分点；工业就业比重31.8%，高出全国平均水平4.2个百分点，却低于东部地区的平均水平4.8个百分点。从变化趋势来看，天津市第一产业和第二产业的就业占比呈下降走势，第三产业的就业占比呈上升趋势。从2000年至2019年，天津市农业就业比重下降了13.2个百分点，工业就业比重下降了9.2个百分点，服务业就业比重上升了22.4个百分点。自2015年以来，天津市产业就业比指标已达到实现工业化的标准，进入后工业化阶段。

总的来看，2019年，天津市工业化综合指数达到100，处于后工业化阶段。图1对2015年天津市与全国工业化主要指标评价值及综合指数情况进行了对比。从该图可以看出，天津市工业化指数大大高于全国工业化指数，其中城镇化率、产业就业比、综合得分等分项指标的得分更是遥遥领先于全国同类指标。

三 天津市工业化进程的特征

从天津市工业化水平的评价结果和天津经济社会的发展状况看，"十三五"期间天津市工业化进程具有以下一些重要特征。

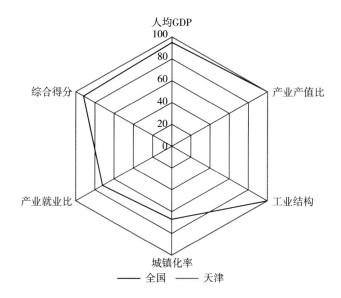

图 1　2019 年天津市工业化雷达图

1. 工业化水平全国领先，"十三五"时期稳步处于后工业化发展阶段

天津市是我国工业化水平最高的地区之一，多年来，天津市的工业化进程在全国各省区市中排名居于前三。表 3 的数据显示了 2000～2019 年天津市的工业化发展进程。从该表可以看出，2000 年，天津市工业化指数得分从 65 上升至 79，工业化发展阶段从工业化中期后半阶段跨越到工业化后期的前半阶段。到"十五"期末，天津市工业化指数得分又提高到 90，比"九五"末提高了 11，其工业化发展阶段也随之跨越到工业化后期的后半阶段。"十一五"期间，天津市工业化继续向前推进，但前进步伐有所放慢。2010 年，天津市工业化指数得分为 95，比"十五"末提高了 5，工业化水平在全国 31 个省区市中仍排在第三。2015 年，天津市工业化指数得分为 100，比"十一五"末提高了 5，工业化水平与北京、上海一起领先全国，正式进入后工业化发展阶段。2019年，天津市工业化指数得分为 100，与上海等稳步处于后工业化阶段。

2. 在后工业化实现期间，工业化状态保持稳定，与上海稳居工业化发展排头兵

从工业化的速度看，近年来，天津市工业化发展缓慢。如表 4 所示，"十二五"时期，天津市工业化综合指数提高了 5，年均增长了 1.0，增速在全国 31 个省区市中的排名第 23。"十三五"时期，天津市工业化综合指数与"十

表3　天津工业化指数排名变化情况（2000～2019年）

地区	2000年			2005年			2010年		
	指数	阶段	排名	指数	阶段	排名	指数	阶段	排名
全国	26	二（Ⅱ）	—	49	三（Ⅰ）	—	69	四（Ⅰ）	—
东部	48	三（Ⅰ）	1	75	四（Ⅰ）	1	87	四（Ⅱ）	1
环渤海	42	三（Ⅰ）	4	70	四（Ⅰ）	3	85	四（Ⅱ）	3
天津	79	四（Ⅰ）	3	90	四（Ⅱ）	3	95	四（Ⅱ）	3

地区	2015年			2019年		
	指数	阶段	排名	指数	阶段	排名
全国	84	四（Ⅱ）	—	92	四（Ⅱ）	—
东部	95	四（Ⅱ）	1	97	四（Ⅱ）	1
环渤海	94	四（Ⅱ）	3	93	四（Ⅱ）	4
天津	100	五	1	100	五	1

资料来源：参见附录二。

二五"时期相同，工业化发展水平与上海稳居全国首位。

从工业化年均增长速度增减幅度的变化趋势看，天津市工业化水平虽已位居首位，总体仍在不断上升。"十二五"时期，天津市工业化的加速度为1.0，在全国31个省区市中排名第三；北京市在2005年工业化进程达到100之后，2019年再次下滑至98，而天津和上海工业化发展经常始终保持领先。从2015年至2019年工业化进程的综合得分以及各项指标的数据来看，天津市从"十二五"阶段就一直保持在100水平，且制造业增加值占比、城镇化率等指标均呈现上升趋势。虽然天津市已经实现工业化，进入后工业化阶段，但是依然在向更好的方向发展（见表4）。

表4　天津与各地区的工业化速度比较（2000～2019年）

地区	工业化进程（100分制）					"十二五"年均增长速度	"十三五"年均增长速度
	2000年	2005年	2010年	2015年	2019年		
全国	26	49	69	84	92	3.0	2.0
东部	6	12	87	95	97	1.6	0.5
环渤海	42	70	85	94	93	1.8	−0.3
天津	79	90	95	100	100	1.0	—
北京	91	100	100	100	98	—	−0.5
上海	100	100	100	100	100	—	—

资料来源：参见附录三。

3. 工业化发展稳步推进，各项指标维持稳定

"十五"阶段，天津市工业化进程主要受人均 GDP、工业结构和城镇化率的推动；到"十五"末，天津市的工业结构和城镇化率指标均已经达到后工业化的标准，因此，"十一五"期间推动天津市工业化发展的潜力主要来自人均 GDP、产业产值比和产业就业比等指标。"十一五"末，人均 GDP 也达到后工业化标准，产业产值比与产业就业比成为"十二五"期间天津市工业化进程的重要推手。从表 5 可以看出，2011～2015 年，产业产值比提高对天津市工业化综合指数增长的贡献度为 83.60%，产业就业比的贡献度为 14.40%，这说明"十二五"期间，天津市实现后工业化最重要的推动力是产业产值比的提高。"十二五"末，天津市工业化进程的各项指标均已达到后工业化水平，天津市已实现了工业化发展。"十三五"期间，天津市稳抓工业化发展，保证工业化进程持续推进。

表 5   各指标对天津工业化综合指数增长的贡献度（2001～2019 年）

年份	人均 GDP（%）	产业产值比（%）	工业结构（%）	城镇化率（%）	产业就业比（%）	工业化指数累计增加值
2001～2005	65.45	-4.00	22.00	8.73	0.73	11
2006～2010	93.60	4.40	0.00	0.00	11.20	5
2011～2015	0.00	83.60	0.00	0.00	14.40	5
2016～2019	—	—	—	—	—	0

资料来源：参见附录三。

四   天津市工业化进程存在的主要问题

从对"十三五"期间天津市工业化进程的评估分析可以看到，目前，天津市在人均 GDP、产业产值比、工业结构、城镇化率和产业就业比这五项指标上都保持后工业化标准。尽管如此，在"十三五"时期，天津市工业化发展依然存在一些问题和短板。

"十三五"期间，天津市综合实力出现断崖式下跌。新一线城市研究所发布的《城市商业魅力排行榜》，连续第五年按商业资源集聚度、城市枢纽性、

城市人活跃度、生活方式多样性和未来可塑性五大维度为中国内地 337 个地级及以上城市的商业魅力指数排名。北京、上海、广州、深圳的一线城市地位不可动摇。在新一线城市排名中，天津从 2015 年仅次于成都、杭州、武汉的第四名，降至 2019 年的第六名，被重庆和西安赶超。

天津市经济发展依赖滨海新区建设，新的城市定位要求天津市坚定战略定位，加速转型升级。天津市发展对滨海新区的依赖程度高。2018 年滨海新区主动"挤掉"数据水分，不仅导致本区 GDP 大幅下降，同时导致天津 GDP 整体断崖式下跌，从 2017 年全国城市 GDP 排名的第六，降至 2019 年的第十位。2015 年 7 月，天津市在京津冀协同发展中的功能定位由"国际港口城市、北方经济中心和生态城市"转为"全国先进制造研发基地、北方国际航运核心区、金融创新运营示范区、改革开放先行区"；2017 年河北雄安新区设立，要求天津市必须坚定战略定位，加快转型升级。

天津市发展以投资驱动模式为主，亟须探索内生增长动力。自 2005 年以来，滨海新区为吸引企业设立总部或地区总部出台了诸多优惠政策，同时凭借其金融改革先行先试的优势，吸引了不少企业注册，但相当数量的企业实际生产、运营并不在滨海新区内，造成按注册地和口径统计的地区生产总值差距较大。天津的大投资、大项目模式，虽然能够在短期内拉动经济，但是过于依赖大型国有企业和外资企业投资，造成了民营企业活力的丧失，而缺少内生性、竞争性企业。2019 年 12 月 16 日，百亿保健品商业帝国权健的倒台，反映了天津市企业以资本运作为主，内生增长动力不足。

企业经营风险加大，生产经营持续性有待提升。2015 年 11 月，供给侧结构性改革提出之后，天津市加快在农业、商贸流通等领域改革布局。企业面临的经营环境发生变化，企业间的经营风险加大，经济效益降低。由于环境治理要求的提升，天津市关停了一大批高耗能、高污染的企业、园区，从而导致以重工业为基础的天津经济受到比较大的影响。具体包括渤海钢铁集团、天津房地产集团有限公司以及天津物产集团有限公司等天津龙头企业，由于经营性现金流问题而拆分与重组，生产经营持续性有待提升，职工社会保障水平降低。

第三产业规模扩张，但金融、互联网等战略性新兴产业占比不高。近年来，天津市第三产业产值不断增长，天津市 GDP 中第三产业占比由 2015 年的52.15% 涨至 2019 年的 63.45%。但第三产业产值变动不大，2015 年为

8625.15亿元，2019年也只有8949.87亿元。第三产业占比上升，主要是由于"十三五"期间，天津市传统重化工业受到冲击，第二产业产值下降。与上海、北京等一线城市相比，天津的第三产业主要依靠批发和零售业支撑，而第三产业中金融业、科学研发、技术服务业及信息行业占比较低。天津市"三区一基地"定位发展中的"全国先进制造研发基地、金融创新运营示范区"建设仍然任重道远。

五　推动天津市经济社会进一步发展的建议

"十四五"时期是天津市经济社会发展持续保持后工业化阶段的阶段，以供给侧结构性改革引领经济社会发展，把握好诸多历史机遇，天津市经济社会必将迎来更大的发展。

1. 实现城市新定位，打造城市新格局

通过建设"海绵城市"，打造智慧城市，实现城市更新，增加城市活力。以关注城市基础设施建设与对外宣传为重点，将提升城市绿化水平、河床整治、公园建设、老旧小区改造与互联网、云技术、人工智能等项目有效结合，协调推进城市更新。

打造几大标志性工程，积极承接北京市的非首都功能。具体通过主动对接科研院所、高等院校等教育机构，承接首都教育资源转移；通过积极引导中央企业、金融机构向天津转移，鼓励天津市金融产业升级，推动天津市国有企业改组；打通京津冀医疗合作限制，注重培养高科技的健康产业，打造智慧医疗城市。

2. 培育创新平台，强化项目支撑，助力战略性新兴产业发展

独角兽企业是城市发展新名片，不仅对人才具有较大吸引力，而且对经济转型升级具有重要推动作用。加强天津市优势产业与互联网行业结合，利用互联网技术对传统产业进行更新迭代，提升企业竞争力；完善独角兽企业的扶持政策，通过建立潜在独角兽企业培育数据库，根据企业特征精准制定帮扶政策，通过为高校、企业搭桥牵线，构建合作平台，促进企业与企业间、企业与高校间合作；完善企业发展的配套设施建设，根据产业发展特点，打造特色产业园区，加快生产性基础设施建设，坚持"海绵城市""智慧城市"建设理

念，从供水、供电、绿色、便利角度，整体推进园区基础设施建设。

3. 优化营商环境，提升社会治理水平，稳定企业经营环境，降低经营风险

优化市场营商环境，转变政府工作作风，进而提升社会治理能力，稳定企业经营环境，降低企业经营风险。营商环境以加强法治社会、信用体系建设为核心。通过推进覆盖城乡居民的公共法律服务体系建设，建立完备的法律服务体系；通过构建新型监管制度，以搭建信用为基础，强化事前、事中和事后管理的信用监管体系，完善守信、失信联合激励与惩戒机制。转变政府工作作风，强化"政府即是人民的公仆，又是守法的榜样"意识，深入推进社会治安综合治理，健全落实领导责任制。

4. 加大人才吸引力度，优化人才保障体系

持续强化人才支撑，保持现有人才稳定就业，以加大人才吸引力度，优化人才保障体系，实现人才"愿意来、留得住"。持续强化人才支撑，不仅要在"海河英才"计划的基础上持续升级，还要在"企业提名单、政府接单办"的背景下，放宽人才引进的政策条件，加大人才吸引力度；通过"创新人才队伍培育工程"以及"海河工匠"建设工程，提升高水平企业家、技能人才的留津意愿，加大人才吸引力度。随着人才引进力度加大，切实保障天津市现有人群的就业能力，是实现天津市人才保障的重要目标。通过建立实时、便利、可靠的高校毕业生信息共享平台，由高校直推毕业生在学校的真实表现，方便企业高效寻找对口人才；通过开展社会急需行业的职业技能培训，并根据学习表现直接上岗，进而解决退役军人、失业人员、农民工等重点群体的就业难题，同时解决社会部分重要岗位劳动力供给不足问题。

参考文献

《2018 年天津统计年鉴》，2019。
《2019 年天津市国民经济和社会发展统计公报》，2020。

河北省土地面积 18.8 万平方千米，占国土面积的 2.0%，2019 年末常住人口达 7592 万人，占全国总人口的 5.4%。2019 年，河北省地区生产总值 35104.52 亿元，占 GDP 的 3.5%；人均生产总值方面，2019 年为 46348 元，为全国人均 GDP 的 65.4%；城镇居民人均可支配收入方面，2019 年为 35737.68 元，为全国城镇居民人均可支配收入的 84.37%；农村居民人均可支配收入方面，2019 年为 15373.08 元，为全国农村居民人均可支配收入的 95.96%。"十三五"时期，经过转型发展，河北省已经从工业化初期的后半阶段跨越到工业化后期的前半段。"十三五"时期，河北省的工业化水平仍然落后于全国平均水平，也落后于东部平均水平。未来的"十四五"时期是河北省工业化高质量转型发展的关键时期①。

一 "十三五"时期河北省经济社会发展基本情况

"十三五"期间，河北省经济社会发展取得了新进展。河北省地区生产总值，从 2015 年的 29804.11 亿元提高到 2019 年的 35104.52 亿元；人均地区生产总值从 29806.11 元提至 46348 元。2019 年，河北省全部财政收入完成 5850.5 亿元，其中地方一般预算收入 3742.7 亿元，分别是 2015 年的 1.45 倍和 1.4 倍。2019 年，全部工业实现增加值 11503.0 亿元，比 2018 年增长 5.2%，其中规模以上工业增加值比 2018 年增长 5.6%；规模以上工业企业实现利润总额 2013.1 亿元，比 2018 年下降 8.0%。全社会固定资产投资完成 37359.03 亿元，比 2015 年增长 1.27 倍；社会消费品零售总额 2019 年为 17934.2 亿元，比 2015 年增长 1.54 倍②。

---

① 数据资料引自《河北省 2019 年国民经济和社会发展统计公报》，河北省统计局官网。
② 数据资料来源同上。

经济结构布局取得新进展。"十三五"期间,河北省三次产业产值结构由2015年的11.5：48.3：40.2调整为2019年的10.0：38.7：51.3。钢铁、采矿、水泥、装备制造、石化等传统产业改造升级步伐加快,战略性新兴产业加速发展,现代服务业不断壮大,科技创新能力稳步提升,新经济、新业态发展势头强劲。继续推进实施"6643"工程,化解过剩产能实现重大突破,共计压减1402.55万吨炼钢、334.3万吨水泥、1006万吨煤炭、660万重量箱平板玻璃、319.8万吨焦炭、50.6万千瓦火电。钢铁、水泥等六大高耗能行业增加值占规模以上工业比重较2015年大幅下降,全省单位GDP能耗累计下降23%以上①。

工业高质量发展的支撑条件更加坚实。现代综合立体交通网络初步形成,全省铁路营运里程、高速公路通车里程和港口通过能力稳居全国第二位。2019年,河北省高速公路通车里程达到7480公里,比2015年增加1147公里,位居全国第2,太行山高速公路建成通车,铁路通车里程达到8200公里,比2015年增加1034公里;京广客专、张唐等铁路建成投运,实现市市通高铁。全省港口吞吐量突破11.6亿吨;航空旅客吞吐量达到1315.5万人次。南水北调河北段等重点水利工程带来显著综合效益。覆盖城乡的信息网络基本形成。到2019年底,电话用户达到9020.8万户,其中,移动电话用户达到8315.6万户。移动电话普及率提升到110.0部/百人。固定电话用户达到705.2万户。固定互联网方面,宽带接入用户达到2359.7万户,比2018年增加了199.9万户,其中,固定互联网的光纤宽带,接入用户达到2242.9万户,比2018年增加了195.2万户。移动互联网方面,用户数量达到6915.6万户,比2018年增加了410.3万户;共计接入54.8亿G流量,比2018年增加了77.2%。手机上网方面,用户达到6898.8万人,比2018年增加了599.7万人②。

京津冀协同发展走向纵深。在交通领域,北京到张家口高速铁路正式通车,位于北京大兴的国际机场正式通航,北京延庆至张家口崇礼的高速公路主线建成,京津冀区域交通一体化网络更加完善。在生态环保领域,生态环境联建联防联治机制进一步深化,张家口市获批首都水源涵养功能区和生态环境支

---

① 数据资料引自《河北省2019年国民经济和社会发展统计公报》,河北省统计局官网。
② 数据资料引自《河北省2019年国民经济和社会发展统计公报》,河北省统计局官网。

撑区新职能。河北与北京、天津之间新一轮战略合作协议加快落实，开工建设北京大兴国际机场临空经济区，廊坊市"北三县"和北京市通州区之间的协同发展步伐加快，全面助力北京城市副中心建设。河北省133家医疗机构，与北京、天津的278家医院实现了检验结果的相互确认，有18家北京和天津医院的优质医疗资源进入河北省医保定点①。

雄安新区发展开启新篇章。党中央批准了雄安新区起步区控制规划和启动区控制规划，11项涉及扩大开放、金融体系、投资审批等领域的配套政策制订出台。启动开工北京至雄安新区城际铁路、北京至雄安新区高速公路等67个重点项目。清华大学智能实验室、中国电子科技集团等先进科研机构与大型企业集团先后落户雄安新区②。

北京冬奥会、北京冬残奥会的筹备工作有条不紊推进。36个冬奥项目已完成建设工作，76个冬奥项目已全部开工建设。河北省促进冰雪产业发展专项支持政策已制定出台，32个项目成功入驻张家口冰雪装备产业园。河北省成功举办了全省首届冰雪运动会，群众性冰雪活动迅速普及，1300万人次走进冰雪场地③。

扶贫脱贫取得新成绩。"两不愁三保障"等突出问题得以重点解决，脱贫攻坚力量进一步强化，对扶贫脱贫的资金支持不断加大，社会帮扶工作进一步增强，有效提高了贫困地区的自我发展能力，13个国家定点贫困县即将全部实现摘帽。东西部扶贫协作工作稳步推进，高质量地完成了28个受援县的协议任务。"十三五"规划制订的30.2万人易地扶贫搬迁的目标任务，已经提前顺利完成。与此同时，河北省还领先制定出台了《关于建立健全脱贫防贫长效机制的意见》④。

科技创新实现新突破。2019年，全社会研发经费支出占生产总值的比重达到1.62%。全省国家级高新技术企业突破7000家，比2016年增长3.5倍。承德市获批国家可持续发展议程创新示范区。在保定涿州市，作为国家重大科

---

① 数据资料引自河北省省长许勤《2020年政府工作报告》，新华网。
② 数据资料引源同上。
③ 数据资料引源同上。
④ 数据资料引源同上。

技基础设施项目的模式动物表型与遗传研究实验室正式开建①。

新经济、新产业发展进一步向好。生物医药、智能制造、大数据、物联网等河北省十大新兴产业正在加速成长，包括高新技术产业化在内的六大示范工程顺利推进，健康辅助器具、应急装备、被动房及冰雪运动等产业加速崛起，未来产业如太赫兹、超材料、氢能等正在有条不紊推进。高端技术与设施研发、信息技术服务等现代服务业发展迅速。数字经济加快发展，政策体系基本完善，直播电商等新业态发展势头强劲。推进河北省沿海经济、城市经济、县域经济等高质量发展的政策陆续制定出台，渤海新区、曹妃甸发展势头迅猛，张家口可再生能源示范区和北戴河生命健康产业创新示范区正在加速崛起。乡村振兴战略深入实施。河北省先后制订出台了县域特色产业振兴计划107个，培育壮大了白沟箱包、安平丝网、清河羊绒、安国中药等74个规模超过100亿元的特色产业集群②。

改革开放迈出新步伐。国有资产、国有企业、投资融资、财税金融、科技管理等领域的市场化改革取得新进展。落实减税降费政策，企业税负压力得到有效缓解。不断深化"放管服"改革，在全省开展了"三深化三提升"等活动，河北省一级政务服务大厅投入运营，行政许可事项得到了较大程度的精简。到2019年底，共有1484项服务事项实现了"指尖办"，全省新增了128.8万户市场主体，比2019年增长了14.4%。民营经济发展取得新突破。在"2019中国民营企业500强"排行榜中，新奥集团、长城汽车等33家企业成功入围，比2019年新增了9家，增长幅度排名全国第一。开放发展谋取新布局。主动应对中美贸易摩擦，实现了对外贸易的逆势增长。组织企业参加了博鳌亚洲论坛、夏季达沃斯论坛及中国国际进口博览会等高层次大型国际会议，成功举办了中国国际数字经济博览会、国际被动房大会、中国国际物流发展大会、"5·18"经洽会和世界冀商大会等高端展会与会议。河北自贸试验区建设有序推进，制度创新蹄疾步稳。河北省举办了招商推介活动，全省实现了"证照分离"改革的全覆盖。石家庄市申请全国跨境电子商务综合试验区成功获批③。

总体而言，"十三五"时期是河北省工业化努力实现高质量发展的五年，

① 数据资料引自河北省省长许勤《2020年政府工作报告》，新华网。
② 数据资料引源同上。
③ 数据资料引源同上。

是产业结构优化调整取得新进展的五年，是国家重大战略推进取得较大进展的五年，是新经济、新产业实现快速发展的五年。

二 河北省工业化水平评价

表1给出了河北省2000年、2005年、2010年、2015年和2019年工业化水平各项指标之数据，并将其与环渤海区域、东部区域及全国总体进行了对比；表2列出了同时期河北省工业化水平的评价结果，并将其与全国总体、东部区域和环渤海区域的数据进行了对比。

表1 河北省工业化主要指标

单位：元，%

年份	地区	人均GDP	产业产值比			制造业增加值占比	城镇化率	产业就业比		
			一	二	三			一	二	三
2000	全国	7078	15.9	50.9	33.2	33.7	36.2	50.0	22.5	27.5
	东部	14883	11.5	49.1	39.4	41.5	45.3	43.3	27.3	29.5
	环渤海	14418	12.7	48.3	39.0	36.8	38.5	47.1	25.7	27.2
	河北	7663	16.2	50.3	33.5	25.1	26.1	48.8	25.4	25.8
2005	全国	14368	12.6	47.5	39.9	52.0	43.0	44.8	23.8	31.4
	东部	27379	7.9	51.6	40.5	59.4	52.8	32.9	33.2	33.9
	环渤海	29026	9.4	50.9	39.8	53.9	47.2	37.9	30.3	31.8
	河北	14782	14.9	51.8	33.3	35.4	37.7	45.1	30.2	24.7
2010	全国	30808	10.1	46.8	43.1	60.4	49.9	36.7	28.7	34.6
	东部	50793	6.3	49.4	44.3	77.9	58.8	25.6	37.1	37.3
	环渤海	54678	7.7	48.5	43.8	71.7	53.1	32.0	31.8	36.1
	河北	28668	12.6	52.5	34.9	51.2	43.7	38.8	33.3	28.0
2015	全国	50028	8.9	40.9	50.2	57.6	56.1	28.3	29.3	42.4
	东部	76460	5.6	43.5	50.8	75.3	65.0	22.6	35.7	41.7
	环渤海	79720	6.6	42.4	51.0	65.4	59.9	27.5	33.0	39.5
	河北	40255	11.5	48.3	40.2	60.6	51.3	33.3	34.2	32.5
2019	全国	64644	7.1	39.0	53.9	61.6	60.6	26.1	27.6	46.3
	东部	96332	5.7	35.5	58.8	57.6	71.5	18.1	32.0	49.8
	环渤海	96240	4.7	32.5	62.8	61.4	72.3	17.7	28.8	53.6
	河北	47772	10.0	38.7	51.3	63.1	57.6	32.5	33.2	34.3

资料来源：参见附录一。

表2　河北省工业化进程：分项及综合得分（2000～2019年）

年份	地区	人均GDP	产业产值比	工业结构	城镇化率	产业就业比	综合得分	工业化阶段
2000	全国	20	47	23	10	22	26	二（Ⅱ）
	东部	56	61	38	25	37	48	三（Ⅰ）
	环渤海	54	57	28	14	28	42	三（Ⅰ）
	河北	25	46	8	0	25	23	二（Ⅰ）
2005	全国	41	57	73	21	33	49	三（Ⅰ）
	东部	73	81	97	42	60	75	四（Ⅰ）
	环渤海	76	80	79	28	49	70	四（Ⅰ）
	河北	43	50	25	13	33	36	三（Ⅰ）
2010	全国	68	66	100	33	51	69	四（Ⅰ）
	东部	93	82	100	62	73	87	四（Ⅱ）
	环渤海	98	82	100	43	62	85	四（Ⅱ）
	河北	64	58	100	23	47	64	三（Ⅱ）
2015	全国	84	100	91	53	69	84	四（Ⅱ）
	东部	100	100	100	77	78	95	四（Ⅱ）
	环渤海	100	100	100	66	70	94	四（Ⅱ）
	河北	73	61	100	37	59	71	四（Ⅰ）
2019	全国	95	100	100	67	72	92	四（Ⅱ）
	东部	100	100	100	85	82	97	四（Ⅱ）
	环渤海	100	100	89	75	73	93	四（Ⅱ）
	河北	78	66	100	58	61	76	四（Ⅰ）

资料来源：参见附录二。

在人均收入指标对比方面，2019年，河北省人均GDP为47772元，该值不仅低于全国平均水平，更显著低于环渤海地区（96240元）和东部（96332元）的平均水平。从进入"十三五"以来的数据变化看，河北省的人均GDP与环渤海地区和东部的相对差距还在进一步拉大。2015年，河北省人均GDP为40255元，分别相当于环渤海地区和东部平均水平的50.50%和52.65%，而到2019年，河北省人均GDP分别只相当于环渤海地区和东部平均水平的49.64%和49.59%，与"十二五"末相比，差距均有所扩大。人均收入指标的工业化评分，2019年为78，处于工业化后期的前半阶段①。

――――――――――

① 部分数据来源自罗振洲《河北工业化报告》，载《中国工业化进程报告（1995～2015）》，社会科学文献出版社，2017。

在三次产业产值指标对比方面，2019 年，河北省的三次产业结构分别为 10.0∶38.7∶51.3。农业比重高于全国平均水平2.9 个百分点，接近东部地区平均水平的 2 倍；第三产业的产值比不仅低于东部地区平均水平，也低于全国的平均水平。三次产业产值比指标的工业化评分，2019 年为 66，处于工业化中期的后半阶段。

在工业结构指标对比方面，2019 年，河北省制造业增加值占比为 63.1%，略高于全国平均水平 1.5 个百分点，略高于环渤海地区平均水平 1.7 个百分点。工业结构指标工业化评分，2019 年为 100，这也是河北省目前唯一实现工业化的指标。

在城镇化率指标对比方面，2019 年，河北省城镇化率为 57.6%，略低于全国平均水平（60.6%），远低于东部平均水平（71.5%）。从城镇化率指标看，河北省的城镇化率，在"十二五"时期提高了 7.6 个百分点，在"十三五"时期提高了 6.3 个百分点。2015 年，该指标的工业化评分为 37，处于工业化中期的前半段。城镇化率指标的工业化评分，2019 年已经提升至 58，即进入工业化中期的后半段。

在三次产业就业结构指标对比方面，2019 年，河北省一、二、三次产业的就业人数的比重为 32.5∶33.2∶34.3，其中，第一产业就业比高于全国平均水平 6.4 个百分点，高于东部平均水平 14.4 个百分点；第二产业就业比高于全国平均水平 5.6 个百分点，高于东部平均水平 1.2 个百分点；第三产业就业比却显著低于全国 12 个百分点，更低于东部平均水平 15.5 个百分点。三次产业就业结构指标的工业化评分，2019 年为 61，显示处于工业化中期的后半阶段。

综合计算，2019 年，河北省工业化的综合指数为 76，进入工业化后期的前半阶段。图 1 是河北省工业化与全国工业化平均水平的各指标分数比较。

三 河北省工业化进程的特征

从河北省工业化水平的评价结果以及与全国及部分区域相比较的结果看，"十三五"期间，河北省工业化仍处于工业化后期前半段，与全国及东部区域

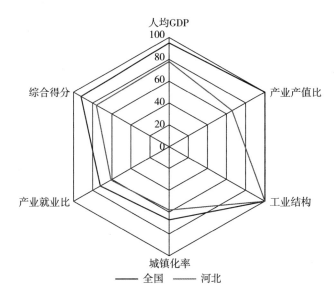

图1 2019年河北省工业化雷达图

的差距继续扩大，工业化各项指标增速放缓，城镇化对工业化的贡献最大，进程具有以下一些基本特征。

1. 处于工业化后期前半段，与全国及东部工业化平均水平的差距呈继续扩大态势

河北省工业化水平，在进入"九五"时期后，迈入跨越式发展阶段，工业化指数得到快速提升。表3中数据显示，在"九五"规划期末的2000年，河北省工业化指数只有23，处于工业化初期的前半阶段；到"十五"规划期末的2005年，河北省工业化指数提高至36，开始迈入工业化初期的后半阶段；到"十一五"规划期末的2010年，河北省的工业化指数又提升至64，正式迈入工业化中期的后半阶段；到"十二五"规划期末的2015年，河北省的工业化指数又提升至71，又迈进工业化后期的前半阶段。到"十三五"规划的2019年末，河北省的工业化指数又提升至76。20年间，河北省的工业化发展水平实现了跨越式发展，从工业化初期的前半阶段，迈入工业化后期的前半阶段。需要引起关注的是，近年来，河北省工业化指数与全国以及与东部之差距，不但未缩小，而且呈现逐步扩大之趋势。河北省工业化指数，在2015年

比全国平均水平低13，比东部平均水平低24。截至2019年末，河北省的工业化指数，与全国平均水平的差距，已经扩大至16①。

表3 河北工业化指数排名变化情况（2000～2019年）

地区	2000年			2005年			2010年		
	工业化指数	工业化阶段	全国排名	工业化指数	工业化阶段	全国排名	工业化指数	工业化阶段	全国排名
全国	26	二（Ⅱ）	—	41	三（Ⅰ）	—	69	四（Ⅰ）	—
东部	48	三（Ⅰ）	1	75	四（Ⅰ）	1	87	四（Ⅱ）	1
环渤海	42	三（Ⅰ）	4	70	四（Ⅰ）	3	85	四（Ⅱ）	3
河北	23	二（Ⅱ）	12	36	三（Ⅰ）	12	64	三（Ⅱ）	14

地区	2015年			2019年		
	工业化指数	工业化阶段	全国排名	工业化指数	工业化阶段	全国排名
全国	84	四（Ⅱ）	—	92	四（Ⅱ）	—
东部	95	四（Ⅱ）	1	96	四（Ⅱ）	1
环渤海	94	四（Ⅱ）	3	98	四（Ⅱ）	4
河北	71	四（Ⅰ）	14	76	四（Ⅰ）	15

资料来源：参见附录二。

2. 工业化各项指标发展增速放缓

在工业化速度方面，河北省的工业化综合指数，在"十二五"规划时期，年均增速为1.4；在"十三五"规划时期，为1.3，与"十二五"时期相比，略有放缓。近年来，受国内其他地区工业化的快速发展之影响，河北省工业化发展的速度排名，呈现明显下降的态势。工业化增速方面，"十三五"期间，河北省在全国31个省区市中居于第9位；工业化加速度为－0.1，河北省在全国31个省区市中居于第8位②。

---

① 部分数据来源自罗振洲《河北工业化报告》，载《中国工业化进程报告（1995～2015）》，社会科学文献出版社，2017。

② 部分数据来源自罗振洲：《河北工业化报告》，载《中国工业化进程报告（1995～2015）》，社会科学文献出版社，2017。

表 4　河北与各地区的工业化速度比较（2000～2019 年）

地区	工业化进程（100 分制）					"十二五"年均增长速度	"十三五"年均增长速度
	2000 年	2005 年	2010 年	2015 年	2019 年		
全国	26	49	69	84	92	3.0	2.0
东部	6	12	87	95	96	1.6	0.3
环渤海	42	70	85	94	98	1.8	1.0
河北	23	36	64	71	76	1.4	1.3

资料来源：参见附录三。

表 5　河北省与全国、东部工业化加速度的对比

地区	2006～2010 年平均速度	2011～2015 年平均速度	2016～2019 年平均增速	"十二五"加速	"十二五"排序	"十三五"加速	"十三五"排序
全国	4.0	3.0	2.0	-1.0	—	-1.0	—
东部	2.4	1.6	0.3	-0.8	1	-1.3	2
环渤海	3.0	1.8	1.0	-1.2	3	-0.8	5
河北	5.6	1.4	1.3	-4.2	17	-0.1	8

资料来源：参见附录三。

3. 城镇化率对工业化的贡献度最大，其他推动因素的作用呈现弱化态势

表 6 数据显示，就河北省工业化指数而言，"十三五"期间，累计只增加了 5。其中，工业结构指标方面，其对工业化综合指数增长的贡献度为 0，成为影响河北省工业化指数增长缓慢的最重要因素；城镇化率指标方面，其对工业化综合指数增长的贡献度为 50.40%，是推动河北省工业化指数上升的主要因素和第一大动力；人均 GDP 方面，其对工业化综合指数增长的贡献度为 36.00%，是推动河北省工业化指数上升的第二大动力；而产业产值比指标和产业就业比指标方面，两项指标的贡献度分别为 22.00% 和 3.20%，对工业化的拉动作用极其不明显。表 7 数据显示，与"九五"至"十二五"规划时期相比，"十三五"期间，河北省工业化发展的推动因素，已经呈现出单一化的趋势，人均 GDP 指标对工业化的推动力有所减弱，产业产值比指标的推动作用有所增加，工业结构指标对工业化发展的推动作用可以忽略不计，城镇化率指标对工业化发展的推动作用有所增强，产业就业比指标对工业化发展的推动作用有所减弱①。

————————

① 部分数据来源自罗振洲《河北工业化报告》，载《中国工业化进程报告（1995～2015）》，社会科学文献出版社，2017。

表6 各指标对河北工业化综合指数增长的贡献度（2015~2019年）

地区	人均GDP（%）	产业产值比（%）	工业结构（%）	城镇化率（%）	产业就业比（%）	工业化指数累计增加值
全国	49.50	0.00	24.75	21.00	3.00	8
东部	0.00	0.00	-198.00	168.00	64.00	1
环渤海	0.00	0.00	0.00	81.00	32.00	4
河北	36.00	22.00	0.00	50.40	3.20	5

资料来源：参见附录三。

表7 不同时期各指标对河北省工业化综合指数增长的贡献度比较

指标＼时段	人均GDP（%）	产业产值比（%）	工业结构（%）	城镇化率（%）	产业就业比（%）	工业化指数累计增加值
"九五"	72.00	34.83	-9.17	0.00	4.00	12
"十五"	49.85	6.77	28.77	12.00	4.92	13
"十一五"	27.00	6.29	58.93	4.29	4.00	28
"十二五"	46.29	9.43	0.00	24.00	13.71	7
"十三五"	36.00	22.00	0.00	50.40	3.20	5

资料来源：参见附录三。

四 河北省工业化存在的主要问题

1. 影响与制约工业企业的发展环境亟待优化

任何一个产业、一家企业的发展都离不开合适的发展环境。发展环境的优劣是造成企业盛衰的关键因素之一。从这个视角看，河北的工业企业所处的发展环境，与全国先进省市相比，仍有较大差距，这也是影响与制约河北工业企业高质量发展的重要因素。首先，河北工业企业面临较为严苛的环境保护政策约束，钢铁、煤炭、建材、玻璃等传统优势产业经过六七年的整治，大批中小微相关企业被关停或被并购，产业集中度有了较大提升，一批大型骨干工业企业仍然面临近乎严苛的环保监管压力，增加了企业成本，降低了企业市场竞争力。所以，时至今日，如何实现未来的转型发展，仍是摆在大多数河北工业企业面前的一道难题。其次，河北工业企业发展的政策环境有待优化。与北京、

天津相比，与江浙沪相比，与粤港澳相比，河北工业领域的相关政策、制度、营商环境等都还有较大差距，企业流失、项目流失、技术流失、人才流失、资本流失等问题仍时有发生。

2. 京津冀区域工业发展协同度偏低

2014年，京津冀协同发展成为国家战略。6年多来，京津冀在生态环境治理、非首都功能疏解等方面展开协作，取得了较为突出的成绩。与此同时，还要看到，京津冀三地在协同发展方面还存在很多亟待提升之处，三地之间存在的行政壁垒、政策壁垒、资源壁垒、教育壁垒、医疗壁垒、交通壁垒等仍有待进一步破除。在工业领域，北京研究、天津设计、河北制造的产业生态格局并未形成。北京、天津都已进入后工业化发展阶段，北京、天津、河北在工业领域展开协同与协作的新模式仍有待探索，阻碍科研、技术、人才、资本等要素在京津冀工业领域之间流动的因素有待进一步破除，一些体制机制仍有待进一步理顺，河北与北京、天津之间在工业领域的研发鸿沟、技术鸿沟、人才鸿沟、政策鸿沟等有待进一步填充。

3. 工业经济与新经济、新产业、新业态之间的融合度偏低

河北传统优势产业如钢铁、玻璃、水泥建材等，由于面临环保等外部压力，转型升级的要求更加迫切。对于河北上百个加工制造业优势产业集群而言，如何与新经济、新产业、新业态实现融合发展，如何利用好政策和市场两种力量，实现更高质量发展，依然是摆在企业面前的大问题。对于数量庞大的中小工业企业而言，由于缺乏资金、信用等，如何借助工业互联网的力量，实现企业数字化转型，更好地参与市场竞争，依然是一个绕不过去的坎。对于河北工业领域产业集群及其企业而言，如何利用以"大智移云"为代表的新技术，整合与重塑产业生态，全面提升企业竞争力，更好地参与全球竞争，仍有待于进一步破解。

五　进一步推动河北省工业化进程的建议

"十三五"时期是河北贯彻落实京津冀协同发展、乡村振兴、脱贫攻坚等重大战略的关键期，是河北工业转向高质量发展的起步期，也是工业经济与新经济、新产业、新业态深度融合的基础期。在这一时期，河北工业化发展取得

了较为显著的成效，也面临较为突出的制约因素。

回顾过去，展望未来，在即将到来的"十四五"时期，河北实现工业化高质量发展的任务依然艰巨，一是以美国为首的部分国家和地区牵头推行"逆全球化"，此举将对河北乃至我国工业发展带来较大阻碍；二是受新冠肺炎疫情的影响，对外贸易受到较大冲击，且这种影响何时结束尚存在较大不确定性；三是与我国发达省市相比，河北工业发展的软硬环境相对滞后，实现赶超尚需时日；四是全球政治、经济发展不确定性增大，国际大环境的波动必然会影响到河北工业化高质量发展进程。

在面对新挑战的同时，也要看到，在即将到来的"十四五"时期，河北工业化高质量发展还面临诸多新机遇，一是以"大智移云"为代表的新技术将极大地加速工业化发展进程，工业领域各行各业的现有格局将被重塑，一些新行业、新企业将脱颖而出；二是传统产业与新经济、新业态的深度融合发展将进一步加快，产业生态体系将被重新建构，河北传统优势产业以及相关企业在国内外的竞争力将有望得到极大提升；三是经济发展双循环格局的确立，对河北工业化发展提出了新任务和新要求，河北与北京、天津、长三角、粤港澳、川渝、西兰、东三省等区域的产业联动有望进一步强化。

展望即将到来的"十四五"，要实现河北工业化高质量发展，建议重点着手做好以下几个方面的工作。

1. 为河北工业高质量发展营造更佳环境

从国内区域发展趋势看，市场优质资源要素正在加速向长三角区域、粤港澳大湾区集中。与此同时，四川与重庆共同构建的川渝经济圈，以西安与兰州为主构建的西兰经济圈，武汉、合肥、长沙等长江中游经济圈，发展势头迅猛。虽然河北身处京津冀区域，但受制于工业领域协同度偏低、环保政策日益收紧等因素影响，河北在全国工业发展大格局中的竞争优势并不明显。正视差距，补齐短板，加速赶超，是河北工业高质量发展的基本思路。未来的"十四五"时期，要实现河北工业高质量发展，首先是营造更佳发展环境。一是要进一步优化硬环境，全面提升河北工业发展的"硬实力"，为企业、高精尖项目及各类人才来河北创业兴业，打造更加舒适的发展环境，进一步优化交通、教育、医疗等基础设施环境，让外来项目和人才留得住、干得好，让本土企业和人才舍不得走，让社会资本更愿意投资河北。二是要制定更加优惠的金

融、税收、技术改造等政策，全面提升河北工业发展的"软实力"，大幅降低企业负担与成本，帮助企业加快技术升级改造，全面提升河北工业企业在全国乃至全球的竞争力。三是要尽力争取中央政策、资金、研发、技术、人才等扶持，为河北工业企业发展提供更大、更多支持，积极营造更有活力与创新力的发展环境，为河北工业高质量发展强基固本。

2. 构建工业高质量发展新格局

构建河北工业高质量发展新格局，是一项庞大的系统工程，需要多措并举，多管齐下。一是着力构建河北工业高质量发展新体系。将之纳入河北省"十四五"规划，制定与完善河北工业高质量发展的政策体系，在传统产业转型升级、大数据等新技术应用、工业互联网、企业数字化转型、与新经济融合发展等方面重点谋篇布局，为河北工业高质量发展奠定坚实的基础。二是加快推进京津冀区域工业经济协同发展步伐。进一步完善京津冀协同发展政策体系，立足河北自身优势，以市场机制为主，充分发挥政府职能，坚持优势互补与错位竞争，借助雄安新区建设等机遇，利用政策等优势，吸引北京、天津等地优质市场资源如人才、技术、研发、资本等赋能河北工业高质量发展。三是加快与长三角、粤港澳大湾区、成渝、西兰、东三省等经济区的协同发展。站在更高的全国层面审视，河北与前述区域在项目、人才、技术、研发、资本、土地等方面的合作空间依然巨大，充分发挥各自的比较优势，站在全国产业生态体系重构的高度去谋篇布局，有望带来更多、更大的发展机遇。四是加快推进河北工业"一带一路"新战略。立足河北优势产能输出的优势，在更加广阔的世界舞台谋篇布局，鼓励河北企业家到对华友好、政局稳定的国家或地区去创业兴业，通过项目、技术、人才、资本等优质资源输出，赢取新兴市场国家、发展中国家等发展红利。

3. 加快推进工业经济与新经济、新业态深度融合发展

一、二、三产业融合发展，新经济、新业态、新技术等与传统产业深度融合，是全球产业发展的大势所趋。有鉴于此，在未来的"十四五"时期，强化工业与新经济、新业态、新技术的深度融合发展，就显得格外重要，这也是决定河北工业能否实现高质量发展的关键因素之一。一是要加快推进大数据、人工智能、移动互联网、云服务、工业互联网、产业互联网、物联网、虚拟产业集群等新技术落地生根，赋能河北工业企业转型升级。二是要加快推进新经

济、新业态与传统产业融合发展，积极探索直播电商与工业企业、产业园区、产业集群等融合发展的新路径、新模式，大力推动新经济重塑传统产业生态体系，整合、优化、提升与重塑传统产业的产业链、价值链、供应链等，进而提升河北工业企业在全国乃至全球的竞争力。三是借助石家庄都市圈、雄安新区、河北自贸区等重要战略发展机遇，赋能、整合、重塑、优化、提升与完善河北工业发展布局与产业生态体系，探索构建交通便利、设施完备、创新研发、技术先进、人才引领、资本齐聚、充满活力、竞争力强大的河北工业化高质量发展新格局。

参考文献

《2017 年河北经济年鉴》，2019。

《2019 年河北省国民经济和社会发展统计公报》，2020。

《2020 年河北省政府工作报告》，2020。

罗振洲：《"十三五"规划初期河北工业发展水平评价与对策研究》，《经济论坛》2019 年第 8 期。

B.17
山东省

山东省陆地总面积 15.7 万平方公里，近海海域 17 万平方公里。2019 年末，山东省常住总人口 10070 万人，占全国总人口的 7.2%，是中国第二人口大省。人均生产总值 13873.3 美元，是全国人均 GDP 的 1.18 倍。经过"十三五"期间的快速发展，山东省已经进入工业化后期的后半阶段。但是工业化增长加速度在下降，相应地提升工业化质量成为重要任务。在这一关键时期，山东省将在人均 GDP、产业产出比，城镇化率和产业就业比方面深化调整和协调发展，均衡目前的发展状况。加强各区域之间的协调与合作，推动区域经济一体化。

一 "十三五"山东省工业化进程概要

2019 年，山东省持续推动和实施一系列战略。新旧动能转换提质加速，对煤炭、生铁和粗钢产能进行了大幅压减。新登记市场主体、新增高新技术企业、新一代信息技术等"四新"经济增势强劲，实现增加值占比达到 28%。强化海洋强省战略，在海洋经济、新型海洋产业、海洋生物医药研发、海水淡化和综合利用方面均取得显著成效。脱贫攻坚成果有效巩固，产业扶贫项目增加，贫困人口降低，改造贫困户危房数量上有了显著提高。污染防治持续加力，重污染天数为 12.3 天，细颗粒物（PM2.5）平均浓度 $50\mu g/m3$，环境空气质量综合指数 5.42。基础设施建设全面提速，开工建设了一批高速铁路和公路，实现县县通高速。在新增油气管道、黄水东调等工程，新能源和可再生能源发电等重点工程上实现了较大突破。在开放型经济方面，货物进出口总额 20420.9 亿元，比上年增长 5.8%。其中，出口 11130.4 亿元，增长 5.3%；进口 9290.6 亿元，增长 6.4%。利用外资增长较快，新设立外商投资企业数量和实际利用外资均实现了 10% 以上增长。实际对外投资 423.1 亿元，比上年下降 9.0%，中国（山东）自由贸易试验区新注册企业 7758 家。

2015~2019 年，山东省经济综合实力迈上新台阶。2019 年，农业现代化水平稳步提高，农林牧副渔业增加值 5476.5 亿元，比上年增长 1.7%，粮食产量 1071.4 亿斤。工业发展稳中求进，全部工业增加值 22985.1 亿元，比上年增长 1.2%，其中，装备制造业增长 1.4%，高技术产业增长 1.7%，高新技术产业和装备制造业比重持续提高。服务业主引擎作用突出，服务业实现增加值 37640.2 亿元，比上年提高 1.7%，对经济增长的贡献率为 78.2%，规模以上服务业营业收入比上年增长 8.0%，成为吸引投资、吸纳就业、创造税收的主体。"两区一圈一带"（"两区"是指山东半岛蓝色经济区和黄河三角洲高效生态经济区，"一圈"是指省会都市圈，"一带"是指鲁南城市带）区域发展战略深入推进。山东省结构调整和产业升级步伐加快，新技术、新产业、新业态、新模式蓬勃发展。随着工业发展速度的加快，山东省工业总量不断扩大。工业生产平稳增长，2019 年山东省全部工业增加值 22985.1 亿元，比上年增长 2.1%，增长速度快于全国平均水平。上榜中国企业 500 强的企业 50 家，上榜中国制造业企业 500 强的工业企业 83 家。由于山东省处于工业化后期，在三次产业比重方面，第二产业占比较大，第三产业发展迅猛，第一产业产值比重较小。另外，"十三五"期间，在全国工业化速度普遍变缓的背景下，山东工业化进程也受到影响，出现负增长。但由于产业结构调整相对合理，山东省在全国的经济地位得以稳步提升。山东第三产业发展不够充分，导致三产就业比不够理想，基本和第二产业比例相当，在全国处于较低水平。

"十三五"期间，山东省在对外开放上积极作为，在融入"一带一路"基础上，增强了与世界各国以及世界 500 强领军企业的合作和联系，取得了重要进展。工业化平均增速得分为 22，在全国排名第 24。保证工业化发展的体制机制进一步完善。国企改革强力突破，省属国有企业混改三年行动计划启动实施，实现完成混改企业 187 户。营商环境加速优化，"一窗受理、一次办好"改革集中推进，市县乡"一窗受理"试点基本完成，帮办代办、吐槽找茬、窗口无权否决等机制全面推行。在反映人民生活水平分指标上，人均可支配收入（含城镇和农村）得到较大提高，城乡收入比由 2.44 缩小到 2.38。

总之，山东省"十三五"期间综合经济实力迈入新的台阶，但工业化速度和工业化水平显著落后于全国平均水平。新型的经济逐步形成，人民生活水

平大幅提高。但是山东也存在明显的不足，传统优势正在改变，实现新旧动力转换、引领经济发展仍然需要付出艰苦努力。产业结构调整效果较好，进一步加大人均 GDP、产业产值比和人口城镇化等一体化均衡发展。由于整体创新能力不足，大多数产业处于价值链中低端。城乡"二元结构"比较明显，城镇化道路比较曲折。

二 山东省工业化水平评价

表 1 给出了山东省 2000 年、2005 年、2010 年、2015 年和 2019 年各项工业化水平指标的数据，并将其与环渤海、东部和全国进行了比较。表 2 列示了同期山东省工业化水平的评价结果及其与全国、东部和环渤海地区的比较情况。

表 1　山东省工业化主要指标（2000～2019 年）

单位：美元，%

年份	地区	人均GDP	产业产值比			制造业增加值占比	城镇化率	产业就业比		
			一	二	三			一	二	三
2000	全国	2681.4	15.9	50.9	33.2	33.7	36.2	50.0	22.5	27.5
	东部	5638.4	11.5	49.1	39.4	41.5	45.3	43.3	27.3	29.5
	环渤海	5462.0	12.7	48.3	39.0	36.8	38.5	47.1	25.7	27.2
	山东	3619.8	14.9	49.7	35.5	35.4	38.0	53.1	23.6	23.3
2005	全国	4144.1	12.6	47.5	39.9	52.0	43.0	44.8	23.8	31.4
	东部	7897.0	7.9	51.6	40.5	59.4	52.8	32.9	33.2	33.9
	环渤海	8372.0	9.4	50.9	39.7	53.9	47.2	37.9	30.3	31.8
	山东	5796.3	10.6	57.4	32.0	60.5	45.0	40.2	30.5	29.3
2010	全国	6902.1	10.1	46.8	43.1	60.4	49.9	36.7	28.7	34.6
	东部	11379.4	6.3	49.4	44.3	77.9	58.8	25.6	37.1	37.3
	环渤海	12249.8	7.7	48.5	43.8	71.7	53.1	32.0	31.8	36.1
	山东	9209.2	9.2	54.2	36.6	71.7	49.7	35.4	32.5	32.0
2015	全国	9835.6	8.9	40.9	50.2	57.6	56.1	28.3	29.3	42.4
	东部	15032.2	5.6	43.5	50.8	75.3	65.0	22.6	35.7	41.7
	环渤海	15673.0	6.6	42.4	51.0	65.5	59.9	27.5	33.0	39.5
	山东	12615.5	7.9	46.8	45.3	66.4	57.0	30.7	34.7	34.6

年份	地区	人均GDP	产业产值比			制造业增加值占比	城镇化率	产业就业比		
			一	二	三			一	二	三
2019	全国	11759.0	7.1	39.0	53.9	61.6	60.6	26.1	27.6	46.3
	东部	16278.2	4.6	39.0	56.4	62.8	68.5	20.4	36.6	42.9
	环渤海	13790.7	5.7	33.8	60.5	57.0	64.3	25.5	32.3	42.2
	山东	13873.3	7.2	39.8	53.0	48.1	61.5	27.8	35.3	36.9

资料来源：参见附录一。

表2 山东省工业化进程：分项及综合得分（2000~2019年）

年份	地区	人均GDP	产业产值比	工业结构	城镇化率	产业就业比	综合得分	工业化阶段
2000	全国	20	47	23	10	22	26	二（Ⅱ）
	东部	56	61	38	25	37	48	三（Ⅰ）
	环渤海	54	57	28	14	28	42	三（Ⅰ）
	山东	36	50	25	13	15	32	二（Ⅱ）
2005	全国	41	57	73	21	33	49	三（Ⅰ）
	东部	73	81	97	42	60	75	四（Ⅰ）
	环渤海	76	80	79	28	49	70	四（Ⅰ）
	山东	58	64	100	25	44	63	三（Ⅱ）
2010	全国	68	66	100	33	51	69	四（Ⅰ）
	东部	93	82	100	62	73	87	四（Ⅱ）
	环渤海	98	82	100	43	62	85	四（Ⅱ）
	山东	81	79	100	32	54	77	四（Ⅰ）
2015	全国	84	100	91	53	69	84	四（Ⅱ）
	东部	100	100	100	77	78	95	四（Ⅱ）
	环渤海	100	100	100	66	70	94	四（Ⅱ）
	山东	100	82	100	59	64	88	四（Ⅱ）
2019	全国	95	100	100	67	72	92	四（Ⅱ）
	东部	100	100	100	85	82	99	四（Ⅱ）
	环渤海	100	100	89	75	73	93	四（Ⅱ）
	山东	100	100	60	69	70	85	四（Ⅱ）

资料来源：参见附录二。

2019年山东省人均生产总值为13873.3美元，比全国人均GDP（11759.0美元）水平高17.98%，略高于环渤海地区人均生产总值平均水平13790.7美元，比东部人均生产总值平均水平16278.2美元低14.77%。从变化趋势看，山东省的人均生产总值与环渤海地区和东部的相对差距不断缩小。2015年，

山东省人均生产总值为 12615.5 美元，分别相当于环渤海地区和东部平均水平的 80.49% 和 83.92%，而到 2019 年，山东省人均生产总值分别提高到环渤海和东部的平均水平的 100.6% 和 85.22%，与"十二五"末相比差距明显缩小。该人均收入指标的 2019 年最新工业化评分为 100，处于后工业化阶段。

从三次产业产值比指标看，2019 年为 7.2∶39.8∶53.0。第一产业高于全国平均水平 0.1 个百分点，比东部平均水平高 2.6 个百分点。第二产业高于全国平均水平 0.8 个百分点，比东部平均水平高 0.8 个百分点；第三产业不仅远低于东部平均水平，也落后于全国平均水平。但整体评价，该指标的工业化评分为 100，处于后工业化阶段。

从工业结构指标看，2019 年山东省制造业增加值比重为 48.1%，低于全国平均水平 13.5 个百分点，比东部平均水平低 14.7 个百分点。该项指标工业化评分 60，处于工业化后期阶段。

从城镇化率指标看，2019 年山东省城镇化率为 61.5%，大体与全国平均水平相当，但比东部平均水平 68.5% 低 7 个百分点。从历史发展情况看，"十二五"和"十三五"期间，山东省的城镇化水平有了较大提高，已经从 2015 年的 57.0% 提高到 2019 年的 61.5%，提高了 4.5 个百分点。2015 年，该指标的工业化评分为 59，但到 2019 年该指标的工业化评分已经上升到 69，进入工业化后期阶段。

从三次产业就业结构看，2019 年山东省第一、二、三次产业就业人数的比重为 27.8∶35.3∶36.9，第一产业高出全国平均 1.7 个百分点，高出东部平均水平 7.4 个百点，而第三产业就业比却远低于全国和东部的平均水平。该指标的工业化评为 70，处于工业化后期。

综合来看，2019 年山东省工业化综合指数为 85，处于工业化后期的后半阶段。图 1 是山东省工业化评分与全国平均水平的比较。

三　山东省工业化进程的特征

山东经济社会的发展状况和山东省工业化水平的评价结果，为我们总结山东省工业化进程特征提供了依据，主要特征归结如下。

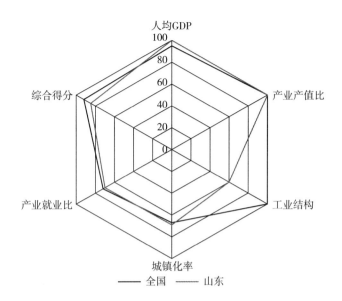

图1 2019年山东省工业化雷达图

1. 工业化水平稳步提升，略低于全国工业化平均水平

相对于"十五"工业化前期水平而言，到"十三五"时期，山东省的工业化指数已大幅提升，工业化水平有了质的飞跃。表3的数据从纵向发展得以体现：2000年，山东省工业化指数为32，进入工业化中期的前半阶段；2005年进入工业化中期的后半阶段（指数63）；2010年进入工业化后期的前半阶段（指数77）；2015年进入工业化后期的后半阶段（指数88），到2019年末仍处于工业化后期的后半阶段（指数85）。可见，从2000年至2019年的20年间，山东省的工业化发展水平实现了从工业化中期前半阶段向工业化后期后半阶段的历史性跨越。但是山东省工业化指数到2019年由于增速慢相对全国平均水平显得落后了。

表3 山东工业化指数排名变化情况（2000～2019年）

地区	2000年			2005年			2010年		
	指数	阶段	排名	指数	阶段	排名	指数	阶段	排名
全国	26	二（Ⅱ）	—	49	三（Ⅰ）	—	69	四（Ⅰ）	—
东部	48	三（Ⅰ）	1	75	四（Ⅰ）	1	87	四（Ⅱ）	1
环渤海	42	三（Ⅰ）	4	70	四（Ⅰ）	3	85	四（Ⅱ）	3
山东	32	二（Ⅱ）	9	63	四（Ⅰ）	7	77	四（Ⅰ）	9

续表

地区	2015 年			2019 年		
	指数	阶段	排名	指数	阶段	排名
全国	84	四（Ⅱ）	—	92	四（Ⅱ）	—
东部	95	四（Ⅱ）	1	97	四（Ⅱ）	1
环渤海	94	四（Ⅱ）	3	93	四（Ⅱ）	3
山东	88	四（Ⅱ）	10	85	四（Ⅱ）	10

资料来源：参见附录二。

2. 工业化发展速度出现了负值，在全国的发展速度排名出现下滑

从工业化发展速度上看，"十一五"、"十二五"和"十三五"三个时期山东省工业化发展速度波动幅度较大。"十一五"时期，山东省的工业化综合指数提高了 14，平均增速为 2.8，增速比"十五"期间低 3.4，也低于同期的全国平均增速，增速在全国 31 省区市中排名大幅度下滑至第 29 位，排名下滑了 27 位。"十二五"时期，山东省的工业化综合指数提高了 11，平均增速为 2.2，增速比"十一五"期间低 0.6，也低于同期的全国平均增速，增速在全国 31 省区市中排名大幅度上升至第 5 名，排名上升了 24 位。"十三五"时期，山东省的工业化综合指数下降了 3，平均增速为 -0.8，增速比"十二五"期间低 3.0，也低于同期的全国平均增速，增速在全国 31 省区市中排名大幅度下降至第 25 名，排名下降了 20 位（见表 4）。

表 4　山东与各地区的工业化速度比较（2000~2019 年）

地区	2006~2010 年平均速度	2011~2015 年平均速度	2016~2019 年平均增速	"十一五"加速度	排序	"十二五"加速度	排序	"十三五"加速度	排序
全国	4.0	3.0	2.0	-0.6	—	-1.0	—	-1.0	—
东部	2.4	1.6	0.5	-3.0	4	-0.8	1	-1.1	2
环渤海	3.0	1.8	0.3	-2.6	7	-1.2	3	-2	5
山东	2.8	2.2	-0.8	-3.4	29	-0.6	5	-3.0	25

资料来源：参见附录二。

3. 工业结构对山东工业发展的贡献最大，产业产值比、城镇化率和产业就业比出现了负贡献

从表 5 的数据可以看出，"十三五"期间，山东省工业化指数累计减少了

3，其中，产业产值比和城镇化率对山东省工业化综合指数增长的贡献度分别为 −132.00% 和 −40.00%，是导致山东省"十三五"工业化指数下降的两个主要因素，人均 GDP 的贡献度为 0，对工业化无推动作用，而工业结构对山东省"十三五"时期工业化的贡献度为 293.33%。"十五"时期，工业结构对山东省工业化的贡献度为 53.23%，人均 GDP 提高的贡献度为 25.55%；"十一五"时期，工业结构对山东省工业化的贡献度为 0%，人均 GDP 提高的贡献度为 59.14%；"十二五"时期，工业结构对山东省工业化的贡献度为 0%，而人均 GDP 的贡献度为 62.18%，城镇化率的提高对山东省工业化的贡献度为 29.45%，而到 2019 年工业结构呈现了一枝独秀（见表6）。

表5　各指标对山东工业化综合指数增长的贡献度（2016～2019 年）

地区	人均 GDP（%）	产业产值比（%）	工业结构（%）	城镇化率（%）	产业就业比（%）	工业化指数累计增加值
全国	49.50	0.00	24.75	21.00	3.00	8
东部	0.00	0.00	0.00	48.00	16.00	1
环渤海	0.00	0.00	242	−108.00	−24.00	4
山东	0.00	−132.00	293.33	−40.00	−16.00	−3

资料来源：参见附录三。

表6　不同时期各指标对山东省工业化综合指数增长的贡献度比较

指标	人均 GDP（%）	产业产值比（%）	工业结构（%）	城镇化率（%）	产业就业比（%）	工业化指数累计增加值
"十五"	25.55	9.94	53.23	4.65	7.48	31
"十一五"	59.14	23.57	0.00	6.00	5.71	14
"十二五"	62.18	6.00	0.00	29.45	7.27	11
2016～2019 年	0.00	−132.00	293.33	−40.00	−16.00	−3
1996～2019 年	46.43	21.68	13.39	12.00	6.72	69

资料来源：参见附录三。

四　山东省工业化发展中的问题及相应的对策建议

山东省"十三五"期间工业化进程总体表现不佳，从 2015 年的第 5 位下

降到全国第24位，工业化出现了负增长，尽管山东省经济社会各方面的综合表现较好，但是工业化进程中的问题依然比较严重。①山东省整体工业化进程（分项得分和整体排名）出现了较大的下滑。②尽管山东省在前期做了大量基础调整工作，比如产业结构的优化有比较显著的效果和贡献度，但是其他各方面的严重不足成为山东工业化发展的严重障碍。山东省工业化进程各项指标和工作上不够协调，服务业在产值和就业方面还落后于全国水平，对工业化进程的贡献度比较低。③在工业化道路上山东省仍然存在一些深层次的矛盾和问题。主要是综合经济实力和人均经济指标在全国的排序还未达到前列，原有的粗放型发展模式已难以为继，资源环境承载力接近饱和；传统产业优势正在减弱，发展新兴产业、加快新旧动力转换需要一定过程；创新驱动的引擎作用尚未得到充分发挥；人口老龄化趋势明显，支撑工业化发展的人才优势不明显；制约科学发展的体制机制障碍依然存在。

当前世界经济面临逆全球化和新冠肺炎疫情的威胁，中国政府积极应对，提出加快促进经济"双循环"新格局的形成，让这一战略成为各地区工业化发展的重要目标和着力点。黄群慧研究员认为，中国经济呈现深 V 形恢复变化态势，发展形势和恢复的速度都非常乐观，但是世界经济复苏之路会非常艰难，甚至可能会呈现 W 形恢复的基本趋势。双循环的经济战略和目标为中国经济发展描绘了清晰框架，加快国内经济循环、国内国际经济循环相互促进，经济发展从疫情冲击下的"被动型"转向政策驱动下的"主动型"。针对山东省具体形势，一方面，从需求侧入手，重视需求的引导和拉动。通过加快新基建、新型城镇化和重大工程建设方面的投资并积极出台针对居民的消费激励方案，从而实现更大程度上消费者需求满足，拉动经济发展。另一方面，通过技术和制度创新向"高精尖"发力，通过解决"卡脖子"问题，拉动经济高质量发展，同时破解体制和机制的障碍。其中深化国有企业改革，按照国家设计的国企改革三年行动方案，深化国企分类改革是一个重要工作内容。基于以上问题和宏观环境分析，山东省工业化发展应从如下几个方面着手。

1. 重视需求引导和挖掘效应，提升省域经济总量

按照《山东省数字基础设施建设指导意见》的方向和目标，聚焦省重大工程项目，培育消费新增长点，以市场需求为导向，将全省经济总量的提高作

为"十四五"时期的重中之重。在疫情背景下,国内经济的发展已经体现了以数字经济为核心,对信息消费、文化消费、健康消费和养老消费需求的倒逼之势,山东省应该加速发展"新基建",从而形成以5G、大数据、人工智能和物联网为特征的,对消费者需求的引导和倒逼,从而促进山东经济发展。具体而言,首先,将全省重大项目和技改项目,纵向层级分解,落实管理责任,横向拉动基础设施、现代产业、社会民生和重大平台建设,从而使重大项目落地推进,提高效率和质量。其次,实施重大基础设施建设突破行动,在交通、港航、能源、水利和新基建等行业领域抓重点和效益。另外,加大传统产业技术改造投入力度,在项目投资以及财政资金统筹方面加大支持力度,推动新旧动能转换。最后,大力挖掘消费需求潜力。培育信息消费,推广数字经济应用和转型。开展家政服务业城市试点,繁荣夜间经济,加快青岛、临沂国家物流枢纽布局建设,推进内陆港和物流枢纽建设等。

2. 全面实施创新驱动战略,增强科技在工业化进程的引领作用

创新是工业发展的第一动力。将创新置于工业化的核心位置和引领地位,从人才机制、利益分配、主体地位、知识保护、政策引导和文化环境多方面入手,确保创新驱动战略的有效实现。首先,从体制机制上构建有利于创新的政策体系和利益分配制度。人才机制着力点在完善人才使用、培养和引进机制上;利益分配遵循科学分配导向,促进科技成果的转换;创新主体地位要以建立市场化机制为突破口;知识产权保护要依托公平竞争的环境这一基础;政策上多使用财税和金融手段支持创新;环境上营造出勇于探索、鼓励创新、容忍失败的文化氛围。其次,完善重大创新平台布局。加快完善实验室支撑体系,推动和争取将海洋科学和技术试点国家级实验室落户山东,建成多家省级实验室,完成重点实验室重组等一系列基础创新平台的建设工作,包括研究院、"中国算谷"等项目的规划和建设。另外,大力提升关键技术攻击能力。聚焦攻克一批标志性、颠覆性技术,比如透明海洋、大洋钻探等大科学计划,超级计算、云计算等科学工程。将基础研究和重大科技创新工程项目等山东具有优势的技术纳入国家科技发展布局。在制度上进行先进性领先设计,确保企事业单位和高等院校协同攻克一批"卡脖子"关键共性技术。再次,要培育壮大科技型企业,优化创新创业生态。突出企业创新创业的主体地位,通过建设升级产业创新中心,甚至是国家级制造业创新中心,加快提升产业创新水平。加

快建设开放协同创新平台和网络，从而获取各种优质资源，为科技型小微企业的发展提供支撑。最后，以"大众创业、万众创新"为发展引擎，以众创、众包和众筹为手段实现生产模式和组织方式的变革。

3. 调整产业结构布局，提升其在工业化进程中的贡献度

从"十三五"时期山东省工业化发展的过程看，工业结构是工业化进程中唯一有重要贡献的指标，而其他方面的贡献为零，甚至是负向贡献，因此山东省在当前的重要任务是使得工业布局与其他比如人均 GDP、产业产值比、产业就业比以及城镇化率等协调发展，从而均衡各方面的工业化进程的贡献度。因此，要加快山东省的工业化进程，就必须加快产业结构的优化和均衡调整步伐。

首先，必须大力发展现代农业的产业化。农业产业化是根本，是小康社会和现代化实现的基础。要发展现代农业产业化，第一，要调整和深化农业结构，将农业做精，农田建设要高标准，在示范工程和粮食产能方面做文章，耕地质量提升方面遵循中央统一部署进行推进。第二，在实施农业提质增效，一、二、三产业融合方面多做文章，从而拓宽农民收入空间。发展农村电子商务，围绕提升农业产业化技术水平的体系构建方面进行平台建设，从而加快现代农业龙头企业的发展。第三，围绕农村土地流转、构建农村新型经营体系等方面，深化农村集体产权制度改革。健全农业保护和支持制度，从法律、金融、配套服务、标准化建设方面加大对农业方面的投入力度。

其次，以传统行业改造升级为契机，大力培育和发展战略性新兴产业。第一，全面提升产业整体素质。传统行业主要是指高耗能的行业，比如装备制造、冶金、石化和建材等，按照国家高质量发展方案要求，在创新驱动、优化结构、提升水平、绿色发展目标指引下，遵循做大做强、改造升级、调整优化和淘汰落后的原则，全面推进和落实。第二，结合国家"中国制造2025"战略，大力发展战略性新兴产业，一方面，在重点领域（比如，智能制造、绿色制造等）扶持发展一批优势特色骨干企业，培养产业领军企业，形成全省制造强省的新局面。另一方面，围绕园区建设培养产业集权，打造一批优势产业聚集区，瞄准优质产业，精选优质项目，转好领军企业，形成"产业集权＋领军企业＋特色园区"的推进态势。

最后，进一步推动制造业转型，强化现代服务业的经济地位，提高服务业在增加产值、解决就业方面的作用。制造业服务转型和消费需求的个性化是当今主流趋势，围绕生产性服务业和生活性服务业两大方向，使生产性服务业更专业，生活性服务业更具备高质量特征。从而提升现代服务业在整个经济中的地位，为广大人民群众提供更优质和高效的服务。要以市场化、产业化、社会化、国际化为方向，实现跨越发展为目标，加快体制机制创新，大力发展面向生产、面向生活、面向农村的服务业。另外，一方面为服务业发展构建"载体和平台"，比如城区平台、园区平台、企业平台和项目平台等。另一方面实施"互联网＋"战略，将电子商务、移动互联、数字技术等融入服务，提高服务技术含量和附加值。打造服务品牌，提高服务内涵，满足人民群众对多元、高质量服务的多层次需求。

4. 扎实推进区域发展战略，抓住国际战略机遇期，构建区域城乡协调发展新格局

从"十三五"期间山东省工业化发展进程看，尽管山东省城镇化水平与东部地区相比仍旧偏低，但已取得显著进展，较环渤海地区略低，但已超过全国平均水平。2015 年，山东人口城镇化率为57％，较广东、江苏、浙江、辽宁、福建等沿海经济发达省份仍旧偏低，同时也大大低于黑龙江、吉林、辽宁、内蒙古等内陆省区；从城镇化对工业化的贡献度来看，2015 年，城镇化率对山东省工业化的贡献度达到24.92％，较"十一五"期间的9.33％显著提高。但2019 年贡献度发生了较大逆转，形成了－40％的贡献度。具体而言，山东省围绕路南经济圈建设和发展，聚焦重点城市，从人口、财力方面统筹协调，建设城乡融合试点实验创新区域，提高城市品质，完善城市运营模式，极大地促进了城镇化发展。由此可以看出，进一步积极稳妥地推进城镇化，是推动山东省工业化协调发展的重要努力方向。

总之，山东省密切围绕国家高科技发展、京津冀一体化等重大发展战略，聚焦人民群众需求的挖掘和提升、国企的改制和发展、战略性新兴产业的布局和引领采取了一系列重大举措。最后围绕城乡统筹、分类指导、精准施策，结合工业化发展，加快落实和构建更加科学有效的区域协调、机制创新的新型工业化发展实施方案。

参考文献

《2018 年山东统计年鉴》，2019。

《2019 年山东省国民经济和社会发展统计公报》，2020。

中部地区工业化进程

Industrialization Process of Central China

B.18
中部地区

中部地区包括安徽、江西、山西、河南、湖北、湖南6省，土地面积91.6万平方公里，占国土面积的9.5%。2019年末人口为39693.72万，占全国总人口的28.35%。中部地区物质资源丰富，是全国最大的商品粮基地、重要的能源和原材料供应基地。在现阶段的中国经济发展格局中，中部地区属于欠发达的中间层次，是中国经济由东向西梯次发展的第二阶梯。中部地区承东启西、连南接北、交通网络发达、生产要素密集、人力和科教资源丰富、产业门类齐全、基础条件优越、发展潜力巨大，在全国区域发展格局中具有重要战略地位。进入21世纪以来，中部地区在自力更生的同时逐步承接东部省份的产业转移，加速推进自身的工业化进程。"十一五"末期中部地区处于工业化中期的后半阶段；"十二五"末期已经进入工业化后期的前半阶段；在"十三五"时期，中部地区的工业化水平继续保持在工业化后期的前半阶段。

一 "十三五"中部地区经济社会发展基本情况

2019年，中部地区生产总值达到218737.79亿元，占全国GDP的

22.08%，是 2015 年的 1.49 倍，年均增长率为 10.46%；人均 GDP 为 58105.54 元，为 2015 年的 1.44 倍，但在九大区域中仅高于大西南地区；三次产业结构比重为 7.8∶43.6∶49.1，农业占比略高于全国平均水平，在全国九大区域中仅低于大西南、大西北和东三省。工业占比高于全国平均水平，在全国九大区域中排名第一；服务业占比低于全国平均水平，在全国九大区域中排名最低。固定资产投资持续高速增长。

区域经济增长极更为突出。目前，中部地区的武汉城市圈、中原城市群、长株潭城市群、皖江城市带、环鄱阳湖城市群和太原城市圈等六大城市群保持高速发展，区域增长极地位得到巩固；各大城市群在中部地区经济社会发展中具有举足轻重的地位，有力地带动周边区域经济和社会协同发展。区域城镇化水平进一步提高。

"十三五"时期，中部地区城镇人口由 2015 年的 18696 万人增加到 2019 年的 20956.03 万人，城镇人口大幅增加；同时，城镇化率从 2015 年的 51.2% 增长到 2019 年的 55.7%，增速位于全国前列，这显示出中部地区城镇化水平的快速提高。

"三基地、一枢纽"地位进一步巩固，即粮食生产基地、能源原材料基地、现代装备制造及高技术产业基地和综合交通运输枢纽地位日益巩固。2019 年，中部地区粮食产量为 19968.34 万吨，占全国粮食总产量的比重稳定在 30% 左右。农村基础设施较大改善，特别是高标准农田建设取得积极进展。新一代信息技术、新能源汽车、先进轨道交通、航空航天、新材料、现代生物医药、现代种业等重点新兴产业发展壮大，在全国具有较强竞争力。现代化基础设施网络更加完善。

"十三五"期间，中部地区经济持续增长。从地区生产总值来看，河南拔得头筹，湖北、湖南分列第二、三位，安徽省、江西省、山西省分列第四、五、六位。从人均 GDP 来看，湖北省以 12117.76 美元排名第一，湖南省、河南省紧随其后，安徽省、江西省、山西省分列四、五、六位，湖北省人均 GDP 比山西省人均 GDP 高 3872.39 美元，山西省人均 GDP 为 8245.37 美元。从 GDP 增速来看，中部地区 2019 年增速在 6.2% ~ 8.0%，其中江西省增速最快，为 8.0%；湖南省以 7.6% 紧随其后，安徽省和湖北省以 7.5% 并列第三，河南省以 7.0% 排名第五。中部崛起战略实施以来，六省经济发展势头良好，已成为中国经济社会全面发展的重要支撑，成绩来之不易，我们要倍加珍惜，寻求新突破。

二 中部地区工业化水平评价

表 1 比较了 2019 年中部地区与全国其他区域的各项工业化水平指标的数据，表 2 列示了中部地区和全国的工业化水平评价结果的比较情况，以下基于这两个表对中部地区的工业化水平进行分析。

表1 2019 年中部地区工业化指标的原始数据

单位：美元，%

地区		人均 GDP	产业产值比			制造业增加值占比	城镇化率	产业就业比		
			一	二	三			一	二	三
	全国	11759.0	7.1	39.0	53.9	61.6	60.6	26.1	27.6	46.3
四大板块	东部	16278.2	4.6	39.0	56.4	62.8	68.5	20.4	36.6	42.9
	中部	8750.1	7.8	43.6	49.1	48.5	55.7	32.6	29.6	37.8
	西部	8832.7	11.0	37.9	51.1	49.3	54.1	42.6	19.5	36.4
	东北	9526.9	13.2	34.4	52.4	51.4	63.2	33.7	20.5	45.8
九大区域	京津冀	13742.1	4.5	28.7	66.8	66.7	66.7	23.2	29.4	47.4
	环渤海	13790.7	5.7	33.8	60.5	57.0	64.3	25.5	32.3	42.2
	长三角	20361.9	3.2	40.8	55.9	60.4	73.0	12.5	42.0	45.5
	长江经济带	12243.4	6.7	40.0	53.3	54.8	60.6	30.0	29.4	40.7
	珠三角	15465.9	5.2	42.0	52.8	71.2	69.5	21.9	36.5	41.3
	中部地区	8750.1	7.8	43.6	49.1	48.5	55.7	32.6	29.6	37.8
	大西北	9759.4	10.1	40.6	49.4	46.0	56.3	42.9	16.1	36.3
	大西南	8360.5	11.4	36.5	52.1	51.0	52.9	42.5	21.1	36.4
	东三省	9526.9	13.2	34.4	52.4	51.4	63.2	33.7	20.5	45.8
中部地区	山西	8245.4	4.8	48.3	51.4	27.3	59.6	33.7	23.1	43.2
	安徽	8679.0	7.9	41.3	50.8	42.7	55.8	30.9	28.8	40.3
	江西	8628.5	8.3	44.2	47.5	46.9	57.4	27.5	32.9	39.6
	河南	9188.4	8.5	43.5	48.0	59.1	53.2	35.4	30.6	34.0
	湖北	12117.8	8.3	41.7	50.0	52.8	61.0	34.0	23.5	42.6
	湖南	9631.7	9.2	37.6	53.2	52.1	57.2	39.1	22.4	38.5

表2　中部地区的工业化进程：综合及分项得分（1995～2019年）

年份	地区	人均GDP	产业产值比	工业结构	城镇化率	产业就业比	综合得分	所处阶段
1995	全国		32	18	0	17	14	二（Ⅰ）
	中部地区	0	16	9	0	6	6	二（Ⅰ）
2000	全国	20	47	23	10	22	26	二（Ⅱ）
	中部地区	9	32	7	0	5	12	二（Ⅰ）
2005	全国	41	57	73	21	33	49	三（Ⅰ）
	中部地区	28	44	24	11	21	28	二（Ⅱ）
2010	全国	68	66	100	33	51	69	四（Ⅰ）
	中部地区	54	56	100	23	42	60	三（Ⅱ）
2015	全国	84	100	91	53	69	84	四（Ⅱ）
	中部地区	73	63	94	40	50	70	四（Ⅱ）
2019	全国	95	100	100	67	72	92	四（Ⅱ）
	中部地区	78	100	61	52	60	75	四（Ⅰ）

从人均收入指标看，2019年中部地区的人均GDP为58105元，低于全国平均水平70892元，更低于长三角20361.9元和长江经济带78275元的平均水平。该指标的工业化评分为78，处于工业化后期的前半阶段，在九大区域中并列排名第7。从历年变化情况看，1995～2019年，中部地区人均GDP平均年增速高于全国平均增速，比全国平均增速快7.8个百分点。其中，1995～2000年，中部地区人均GDP增速高于全国平均增速，约为全国平均增速的1.5倍；2000～2005年，中部地区人均GDP增速低于全国平均增速，约为全国平均增速的86%；2005～2010年，中部地区人均GDP增速高于全国平均增速，约为全国平均增速的1.16倍；2010～2015年，中部地区人均GDP增速高于全国平均增速，约为全国平均增速的1.06倍；2015～2019年，中部地区人均GDP增速低于全国平均增速，约为全国平均增速的57%。

从三次产业产值结构指标看，2019年中部地区的三次产业结构为7.8∶43.6∶49.1。其中，农业比重高于全国平均水平，在九大区域中仅低于东三省、大西南、大西北地区。第二产业比重为43.6%，高于全国平均水平4.6个百分点，在九大区域中排名第一；服务业比重低于全国平均水平4.8个百分点，是九大区域中最低的区域。

从工业结构指标看，2019年中部地区制造业占比为48.5%，远低于全国平均水平61.6%，在九大区域中仅高于大西北地区。

从城镇化率指标看，2019年中部地区城镇化率为55.7%，低于全国平均水平，在九大区域中仅高于大西南地区平均水平52.9%。

从三次产业就业结构看，2019年中部地区第一、二、三产业就业人数的比重为32.6∶29.6∶37.8，第一产业就业比重高于全国平均水平26.1%，低于大西北地区、大西南地区和东三省的平均水平；第二产业就业比重略高于全国平均水平27.6%，在九大区域中居中，高于东三省地区、大西北地区和大西南地区，略高于长江经济带和京津冀地区；第三产业就业比重较低，低于全国平均水平46.3%，在九大区域中倒数第三，仅高于大西北地区和大西南地区。总体来看，2019年，中部地区工业化综合指数达到75，处于工业化后期前半阶段。而在1995年、2000年、2005年、2010年、2015年，中部地区的工业化综合指数分别为6、12、28、60、70，总体还处于工业化初期到后期的前半段。经过"九五"和"十五"，中部地区仍没有进入工业化中期，经过"十一五"时期的发展，中部地区已经进入工业化中期后半阶段。到"十二五"完成之后，中部地区已经进入工业化后期的前半阶段，而在"十三五"完成后，中部地区保持在工业化后期的前半段。图1则清楚地表明了2019年中部地区的各项工业化水平指数与全国的比较，除产业产值比指标外，中部地区各项指标仍明显低于全国平均水平。

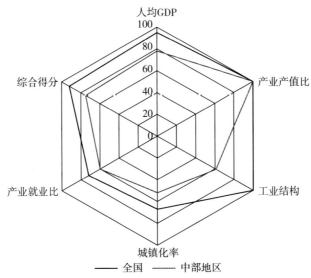

图1　中部地区工业化各指标得分雷达图（2019）

三 中部地区工业化进程的特征

根据以上对中部地区工业化水平的评价及其经济社会发展状况的分析，我们可以看到中部地区工业化水平具有以下特征。

1. 工业化进程落后于全国平均水平，处于工业化后期前半阶段

中部地区是我国工业化水平较低的地区，"九五"、"十五"和"十一五"期间一直在全国八大区域中排名第6。但是，从动态变化看，中部地区的工业化水平与全国平均水平的绝对差距呈先扩大后缩小的态势。1995年、2000年、2005年、2010年、2015年和2019年，中部地区工业化综合指数与全国平均水平的差距分别为8、14、21、9、14和17，表明"十一五"和"十二五"时期中部地区的工业化水平表现出较快的追赶能力。中部地区中，经过"九五"、"十五"、"十一五"、"十二五"和"十三五"时期，湖南省的工业化水平排名从全国第25提高到第13，江西省的工业化水平排名从第25提高到第16，安徽省的工业化水平排名从第21提高到第16，河南省的工业化水平排名从第20提高到第12，湖北省工业化水平排名从第17提高到第9，而山西省因为本省经济转型的影响，排名则从第11下降为第20。

表3 地区工业化进程综合评价结果的序列分析（1996~2019年）

地区		1995年			2000年			2005年		
		工业化指数	工业化阶段	全国排名	工业化指数	工业化阶段	全国排名	工业化指数	工业化阶段	全国排名
全国		14	二（Ⅰ）	—	26	二（Ⅱ）	—	49	三（Ⅰ）	—
四大板块	东部	31	二（Ⅱ）	1	48	三（Ⅰ）	1	75	四（Ⅰ）	1
	中部	6	二（Ⅰ）	3	12	二（Ⅰ）	3	28	二（Ⅱ）	3
	东北	22	二（Ⅱ）	2	34	三（Ⅰ）	2	44	三（Ⅰ）	2
	西部	5	二（Ⅰ）	4	9	二（Ⅰ）	4	23	二（Ⅱ）	4

续表

地区		1995 年			2000 年			2005 年		
		工业化指数	工业化阶段	全国排名	工业化指数	工业化阶段	全国排名	工业化指数	工业化阶段	全国排名
九大区域	珠三角	23	二（Ⅱ）	4	44	三（Ⅰ）	3	70	四（Ⅰ）	3
	长三角	40	三（Ⅰ）	1	62	三（Ⅱ）	1	83	四（Ⅱ）	1
	京津冀	34	三（Ⅰ）	2	48	三（Ⅰ）	2	71	四（Ⅰ）	2
	环渤海	27	二（Ⅱ）	3	42	三（Ⅰ）	4	70	四（Ⅰ）	3
	长江经济带	—	—	—	—	—	—	—	—	—
	中部地区	6	二（Ⅰ）	6	12	二（Ⅰ）	6	28	二（Ⅱ）	6
	东三省	22	二（Ⅱ）	5	34	三（Ⅰ）	5	44	三（Ⅰ）	5
	大西北	4	二（Ⅰ）	8	9	二（Ⅰ）	7	24	二（Ⅱ）	7
	大西南	6	二（Ⅰ）	6	9	二（Ⅰ）	7	22	二（Ⅱ）	8
中部地区	湖北	10	二（Ⅰ）	17	27	二（Ⅱ）	11	36	三（Ⅰ）	12
	河南	6	二（Ⅰ）	20	10	二（Ⅰ）	23	26	二（Ⅱ）	20
	湖南	2	二（Ⅰ）	25	10	二（Ⅰ）	23	25	二（Ⅱ）	21
	江西	2	二（Ⅰ）	25	8	二（Ⅰ）	26	23	二（Ⅱ）	24
	安徽	4	二（Ⅰ）	21	7	二（Ⅰ）	27	24	二（Ⅱ）	22
	山西	15	二（Ⅰ）	11	21	二（Ⅱ）	14	40	三（Ⅰ）	10

地区		2010 年			2015 年			2019 年		
		工业化指数	工业化阶段	全国排名	工业化指数	工业化阶段	全国排名	工业化指数	工业化阶段	全国排名
全国		69	四（Ⅰ）	—	84	四（Ⅱ）	—	92	四（Ⅱ）	—
四大板块	东部	87	四（Ⅱ）	1	95	四（Ⅱ）	1	97	四（Ⅱ）	1
	中部	60	三（Ⅱ）	3	71	四（Ⅰ）	3	75	四（Ⅰ）	2
	东北	72	四（Ⅰ）	2	77	四（Ⅰ）	2	71	四（Ⅰ）	3
	西部	52	三（Ⅱ）	4	59	三（Ⅱ）	4	63	三（Ⅱ）	4
九大区域	珠三角	81	四（Ⅰ）	4	94	四（Ⅱ）	3	98	四（Ⅱ）	1
	长三角	92	四（Ⅱ）	1	98	四（Ⅱ）	1	97	四（Ⅱ）	2
	京津冀	90	四（Ⅱ）	2	95	四（Ⅱ）	2	96	四（Ⅱ）	3
	环渤海	85	四（Ⅱ）	3	94	四（Ⅱ）	3	92	四（Ⅱ）	4
	长江经济带	—	—	—	87	四（Ⅱ）	5	87	四（Ⅱ）	5
	中部地区	60	三（Ⅱ）	6	70	四（Ⅰ）	7	75	四（Ⅰ）	6
	东三省	72	四（Ⅰ）	5	77	四（Ⅰ）	6	71	四（Ⅰ）	7
	大西北	51	三（Ⅱ）	8	58	三（Ⅱ）	9	66	四（Ⅰ）	8
	大西南	53	三（Ⅱ）	7	59	三（Ⅱ）	8	61	三（Ⅱ）	9

续表

地区		2010 年			2015 年			2019 年		
		工业化指数	工业化阶段	全国排名	工业化指数	工业化阶段	全国排名	工业化指数	工业化阶段	全国排名
中部地区	湖北	66	四（Ⅰ）	13	77	四（Ⅰ）	11	86	四（Ⅱ）	9
	河南	58	三（Ⅱ）	19	67	四（Ⅰ）	19	82	四（Ⅰ）	12
	湖南	59	三（Ⅱ）	17	70	四（Ⅰ）	16	79	四（Ⅰ）	13
	江西	59	三（Ⅱ）	17	71	四（Ⅰ）	14	71	四（Ⅰ）	16
	安徽	57	三（Ⅱ）	20	69	四（Ⅰ）	18	71	四（Ⅰ）	16
	山西	50	三（Ⅱ）	24	58	三（Ⅱ）	24	64	三（Ⅱ）	20

资料来源：参见附录二。

分指标看，2019 年，中部地区在人均 GDP 指标得分仅高于大西南地区，工业结构指标仅高于大西北地区，城镇化率指标仅高于大西南地区，产业就业比指标和综合得分高于大西北地区、大西南地区以及东三省地区（见表4）。

表4　2019 年九大区域的工业化进程：综合及分项得分

区域	人均 GDP	产业产值比	工业结构	城镇化率	产业就业比	综合得分	所处阶段
京津冀	100	100	100	81	77	96	四（Ⅱ）
环渤海	100	100	89	75	73	92	四（Ⅱ）
长三角	100	100	100	95	95	97	四（Ⅱ）
长江经济带	98	100	82	67	66	87	四（Ⅱ）
珠三角	100	100	100	87	79	97	四（Ⅱ）
中部地区	78	100	61	52	60	75	四（Ⅰ）
大西北	84	66	53	54	38	66	四（Ⅰ）
大西南	76	61	69	43	38	61	三（Ⅱ）
东三省	83	55	70	73	58	71	四（Ⅰ）

资料来源：参见附录二。

2. 中部地区在"十三五"时期工业化发展继续减速，是全国工业化水平提升较慢的地区

表5 列示了 1996～2019 年中部地区的工业化速度与全国的比较情况，从表中可以看到，1996～2019 年，中部地区工业化水平综合指数从 6 增长到 75，

表5 中部地区工业化速度的变化（1995~2019年）

地区		工业化进程（100分制）			年均增速					
		1995年	2000年	2005年	1996~2019年	排名	1996~2000年	排名	2001~2005年	排名
	全国	14	26	49	3.3	—	2.4	—	4.6	—
四大板块	中部	6	12	28	2.9	1	1.2	3	3.2	2
	东部	31	48	75	2.8	2	3.4	1	5.4	1
	西部	5	9	23	2.5	3	0.8	4	2.8	3
	东北	22	34	44	2.0	4	2.4	2	2.0	4
九大区域	珠三角	23	44	70	3.1	1	4.2	2	6.0	1
	中部地区	6	12	28	2.9	2	1.2	6	3.2	5
	环渤海	27	42	70	2.8	3	3.0	3	5.6	2
	京津冀	34	48	71	2.6	4	2.8	4	4.6	3
	大西北	4	9	24	2.6	4	1.0	7	3.0	6
	长三角	40	62	83	2.5	6	4.4	1	4.2	4
	大西南	6	9	22	2.4	7	0.6	8	2.6	7
	东三省	22	34	44	2.0	8	2.4	5	2.0	8
	长江经济带	—	—	—	—	—	—	—	—	—
中部地区	湖南	2	10	25	3.2	1	1.6	16	3.0	14
	湖北	10	27	36	3.2	2	3.4	5	1.8	22
	河南	6	10	26	3.2	2	0.8	22	3.2	12
	江西	2	8	23	2.9	5	1.2	20	3.0	14
	安徽	4	7	24	2.8	8	0.6	24	3.4	11
	山西	15	21	40	2.0	21	1.2	20	3.8	7

地区		工业化进程（100分制）			年均增速					
		2010年	2015年	2019年	2006~2010年	排名	2011~2015年	排名	2016~2019年	排名
	全国	69	84	92	4.0	—	3.0	—	2.0	—
四大板块	中部	60	71	75	6.4	1	2.2	1	1.0	1
	东部	87	95	97	2.4	4	1.6	2	0.5	3
	西部	52	59	65	5.8	2	1.4	3	1.5	1
	东北	72	77	71	5.6	3	1.0	4	-1.5	4
九大区域	珠三角	81	94	97	2.2	7	2.6	1	0.8	4
	中部地区	60	70	75	6.4	1	2.0	2	1.3	2
	环渤海	85	94	93	3.0	6	1.8	3	-0.3	8
	京津冀	90	95	96	3.8	5	1.0	7	0.3	6
	大西北	51	58	66	5.4	4	1.4	4	2.0	1

续表

地区		工业化进程(100分制)			年均增速					
		2010年	2015年	2019年	2006~2010年	排名	2011~2015年	排名	2016~2019年	排名
九大区域	长三角	92	98	99	1.8	8	1.2	5	0.3	6
	大西南	53	59	64	6.2	2	1.2	5	1.3	2
	东三省	72	77	71	5.6	3	1.0	7	-1.5	9
	长江经济带	—	87	89	—	—	—	—	0.5	5
中部地区	湖南	59	70	79	6.8	3	2.2	7	2.3	4
	湖北	66	77	86	6	10	2.2	7	2.3	4
	河南	58	67	82	6.4	8	1.8	14	3.8	1
	江西	59	71	71	7.2	2	2.4	4	0	19
	安徽	57	69	71	6.6	6	2.4	4	0.5	16
	山西	50	58	64	2	26	1.6	17	1.5	10

资料来源：参见附录三。

其中，"九五"期间增长6，"十五"期间增长16，"十一五"期间增长32，"十二五"期间增长10，"十三五"期间增长5；2016~2019年，中部地区工业化综合指数年均增长1.3，低于同期全国平均增速2.0，但仍是"十三五"期间全国工业化水平提升较快的地区，仅次于大西北。

表6 中部地区工业化速度的变化（1996~2019年）

地区		1996~2000年年平均增速	2001~2005年年平均增速	2006~2010年年平均增速	"十五"加速度	"十五"加速度排序	"十一五"加速度	"十一五"加速度排序
全国		2.4	4.6	4.0	2.2	—	-0.6	—
四大板块	西部	0.8	2.8	5.8	2.0	1	3.0	3
	东部	3.4	5.4	2.4	2.0	1	-3.0	4
	中部	1.2	3.2	6.4	2.0	1	3.2	2
	东北	2.4	2.0	5.6	-0.4	4	3.6	1
九大区域	大西北	1.0	3.0	5.4	2.0	2	2.4	4
	京津冀	2.8	4.6	3.8	1.8	5	-0.8	5
	长三角	4.4	4.2	1.8	-0.2	7	-2.4	6
	大西南	0.6	2.6	6.2	2.0	2	3.6	1
	中部地区	1.2	3.2	6.4	2.0	2	3.2	3

续表

	地区	1996~2000年年平均增速	2001~2005年年平均增速	2006~2010年年平均增速	"十五"加速度	"十五"加速度排序	"十一五"加速度	"十一五"加速度排序
九大区域	珠三角	4.2	6.0	2.2	1.8	5	-3.8	8
	环渤海	3.0	5.6	3.0	2.6	1	-2.6	7
	东三省	2.4	2.0	5.6	-0.4	8	3.6	1
	长江经济带	—	—	—	—	—	—	—
中部地区	河南	0.8	3.2	6.4	2.4	8	3.2	10
	湖南	1.6	3.0	6.8	1.4	16	3.8	6
	湖北	3.4	1.8	6.0	-1.6	29	4.2	3
	山西	1.2	3.8	2.0	2.6	6	-1.8	25
	安徽	0.6	3.4	6.6	2.8	5	3.2	10
	江西	1.2	3.0	7.2	1.8	14	4.2	3

	地区	2011~2015年年平均增速	2016~2019年年平均增速	"十二五"加速度	"十二五"加速度排序	"十三五"加速度	"十三五"加速度排序
	全国	3.0	2.0	-1.0	—	-1.0	—
四大板块	西部	1.4	1.5	-4.4	3	0.1	1
	东部	1.6	0.5	-0.8	1	-1.1	2
	中部	2.2	1.0	-4.2	2	-1.2	3
	东北	1.0	-1.5	-4.6	4	-2.5	4
九大区域	大西北	1.4	2.0	-4.0	5	-0.6	1
	京津冀	1.0	0.3	-2.8	4	-0.7	3
	长三角	1.2	0.3	-0.6	2	-0.9	5
	大西南	1.2	-1.3	-5.0	8	0.1	2
	中部地区	2.0	1.3	-4.4	6	-0.7	3
	珠三角	2.6	-0.8	0.4	1	-1.8	6
	环渤海	1.8	0.3	-1.2	3	-2.1	7
	东三省	1.0	-1.5	-4.6	7	-2.5	8
	长江经济带	—	0.5	—	—	—	—
中部地区	河南	1.8	3.8	-4.6	19	2.0	3
	湖南	2.2	2.3	-4.6	19	0.1	7
	湖北	2.2	2.3	-3.8	14	0.1	7
	山西	1.6	1.5	-0.4	4	-0.1	9
	安徽	2.4	0.5	-4.2	17	-1.9	18
	江西	2.4	0.0	-4.8	23	-2.4	22

资料来源：参见附录三。

表 6 列示了 1996～2019 年中部地区的工业化加速度与全国的比较情况，从表中可以看到，1996～2019 年，中部地区工业化加速度从 1.8 下降到 -5.20 再回升到 -1.5，其中，"十五"期间加速度为 2.0，"十一五"期间加速度为 3.2，"十二五"期间加速度为 -4.4，"十三五"期间加速度为 -0.7，其中，从"十五"到"十三五"期间加速度排名从第 2 下降到第 3。

3. 人均 GDP 和产业产值比在"十三五"期间的贡献更为突出

人均 GDP、产业产值比、工业结构、城镇化率、产业就业比等 5 个指标在不同的阶段对中部地区工业化发展的贡献是不同的。"九五"期间，对中部地区工业化综合指数贡献最大的指标是人均 GDP 和产业产值比，工业结构和产业就业比指标降低了工业化水平，而城镇化率对工业化综合指数没有贡献。"十五"期间，中部地区工业化动力发生了较大的变化。首先，工业结构和产业就业比指标摆脱负贡献；其次，城镇化率的贡献率也有所增加；最后，产业产值比贡献率大幅下降。中部地区工业化的主要动力依次为人均 GDP、工业结构、产业产值比、城镇化率、产业就业比。"十一五"期间，工业结构升级对中部地区工业化综合指数的贡献更为突出；人均 GDP、产业产值比、城镇化率的贡献度不同程度地下降；产业就业比的贡献度变化较小。"十二五"期间，人均 GDP 和城镇化率对中部地区工业化综合指数的贡献更为突出；工业结构的贡献度则经历了大幅下降甚至为负，产业就业比的贡献度有了小幅上升。"十二五"期间，人均 GDP 和产业产值比对中部地区工业化综合指数的贡献更为突出，尤其是产业产值比。

表 7　各指标对地区工业化综合指数增长的贡献度（1996～2000 年）

地区		人均 GDP(%)	产业产值比 (%)	工业结构 (%)	城镇化率 (%)	产业就业比 (%)	工业化指数累计增加值
全国		48.00	27.50	9.17	10.00	3.33	12
四大板块	东部	50.82	19.41	11.65	17.65	0.47	17
	东北	75.00	31.17	-14.67	18.00	-12.67	12
	中部	54.00	58.67	-7.33	0.00	-1.33	6
	西部	27.00	77.00	-22.00	0.00	0.00	4
八大区域	长三角	49.09	25.00	8.00	17.45	0.73	22
	珠三角	39.43	19.90	22.00	21.14	-1.14	21

地区		人均GDP(%)	产业产值比(%)	工业结构(%)	城镇化率(%)	产业就业比(%)	工业化指数累计增加值
八大区域	环渤海	60.00	23.47	2.93	11.20	1.07	15
	京津冀	69.43	23.57	−6.29	12.86	1.14	14
	东三省	75.00	31.17	−14.67	18.00	−12.67	12
	中部地区	54.00	58.67	−7.33	0.00	−1.33	6
	大西北	50.40	57.20	−17.60	4.80	1.60	5
	大西南	0.00	110.00	−29.33	0.00	0.00	3
中部地区	湖北	44.47	38.82	0.00	12.00	2.82	17
	湖南	45.00	68.75	−8.25	0.00	0.00	8
	山西	36.00	55.00	−3.67	16.00	−9.33	6
	江西	24.00	62.33	0.00	0.00	10.67	6
	河南	72.00	38.50	5.50	0.00	0.00	4
	安徽	48.00	95.33	−51.33	0.00	0.00	3

资料来源：参见附录三。

表8　各指标对地区工业化综合指数增长的贡献度（2001～2005年）

地区		人均GDP(%)	产业产值比(%)	工业结构(%)	城镇化率(%)	产业就业比(%)	工业化指数累计增加值
全国		32.87	9.57	47.83	5.74	3.83	23
四大板块	东部	22.67	16.30	48.07	7.56	6.81	27
	中部	42.75	16.50	23.38	8.25	8.00	16
	西部	54.00	22.00	17.29	6.86	6.29	14
	东北	39.60	2.20	41.80	12.00	3.20	10
八大区域	环渤海	28.29	18.07	40.07	6.00	6.00	28
	珠三角	16.62	18.62	49.08	8.77	5.85	26
	京津冀	31.30	34.43	22.96	8.87	4.17	23
	长三角	24.00	0.00	50.29	13.71	9.90	21
	中部地区	42.75	16.50	23.38	8.25	8.00	16
	大西北	57.60	22.00	13.20	7.20	5.33	15
	大西南	44.31	20.31	22.00	5.54	7.38	13
	东三省	39.60	2.20	41.80	12.00	3.20	10

续表

地区		人均GDP（%）	产业产值比（%）	工业结构（%）	城镇化率（%）	产业就业比（%）	工业化指数累计增加值
中部地区	山西	56.84	18.53	16.21	7.58	2.95	19
	安徽	27.53	22.00	33.65	6.35	9.41	17
	河南	54.00	19.25	19.25	0.75	5.00	16
	湖南	40.80	5.87	36.67	9.60	7.47	15
	江西	40.80	26.40	17.60	9.60	6.93	15
	湖北	48.00	−9.78	48.89	6.67	11.56	9

资料来源：参见附录三。

表9　各指标对地区工业化综合指数增长的贡献度（2006～2010年）

地区		人均GDP（%）	产业产值比（%）	工业结构（%）	城镇化率（%）	产业就业比（%）	工业化指数累计增加值
全国		48.60	9.90	29.70	7.20	7.20	20
四大板块	中部	29.25	8.25	52.25	4.50	5.25	32
	西部	34.76	11.38	44.00	4.55	4.41	29
	东北	33.43	5.50	57.36	3.43	3.14	28
	东部	60.00	1.83	5.50	20.00	8.67	12
八大区域	中部地区	29.25	8.25	52.25	4.50	5.25	32
	大西南	31.35	7.81	52.52	3.87	3.87	31
	东三省	33.43	5.50	57.36	3.43	3.14	28
	大西北	41.33	16.30	29.33	5.78	5.04	27
	京津冀	36.00	0.00	45.16	13.26	5.89	19
	环渤海	52.80	2.93	30.80	12.00	6.93	15
	珠三角	75.27	0.00	0.00	16.36	9.45	11
	长三角	60.00	4.89	0.00	21.33	12.44	9
中部地区	江西	27.00	10.39	53.78	3.67	4.00	36
	湖南	29.65	11.00	48.53	5.65	3.53	34
	安徽	32.73	8.67	48.67	4.73	5.82	33
	河南	25.88	8.25	53.63	5.25	5.75	32
	湖北	34.80	8.07	44.00	4.00	7.47	30
	山西	82.80	0.00	−8.80	7.20	9.60	10

资料来源：参见附录三。

表 10　各指标对地区工业化综合指数增长的贡献度（2011～2015 年）

	地区	人均GDP(%)	产业产值比(%)	工业结构(%)	城镇化率(%)	产业就业比(%)	工业化指数累计增加值
	全国	38.40	49.87	-13.20	16.00	9.60	15
四大板块	中部	62.18	14.00	0.00	18.55	5.82	11
	东部	31.50	49.50	0.00	22.50	5.00	8
	西部	113.14	9.43	-56.57	20.57	4.57	7
	东北	115.20	-13.20	-61.60	26.40	17.60	5
八大区域	珠三角	52.62	32.15	0.00	8.31	4.31	13
	中部地区	68.40	15.40	-13.20	20.40	6.40	10
	环渤海	8.00	44.00	0.00	30.67	7.11	9
	大西北	87.43	9.43	-22.00	24.00	8.00	7
	大西南	150.00	18.33	-95.33	26.00	4.00	6
	长三角	0.00	66.00	0.00	30.00	4.00	6
	东三省	115.20	-13.20	-61.60	26.40	17.60	5
	京津冀	0.00	0.00	0.00	30.80	45.60	12.80	5
中部地区	江西	63.00	12.83	0.00	15.00	11.33	12
	安徽	66.00	16.50	-3.67	13.00	11.33	12
	湖北	75.27	14.00	0.00	26.18	-13.82	11
	湖南	68.73	20.00	0.00	8.73	9.45	11
	河南	68.00	22.00	-12.22	17.33	8.00	9
	山西	36.00	57.75	-33.00	36.00	6.00	8

资料来源：参见附录三。

表 11　各指标对地区工业化综合指数增长的贡献度（2016～2019 年）

	地区	人均GDP(%)	产业产值比(%)	工业结构(%)	城镇化率(%)	产业就业比(%)	工业化指数累计增加值
	全国	49.50	0.00	24.75	21.00	3.00	8
四大板块	中部	45.00	203.50	-214.50	36.00	20.00	4
	西部	30.00	14.67	22.00	32.00	9.33	6
	东部	0.00	0.00	0.00	48.00	16.00	2
	东北	24.00	22.00	58.67	-8.00	1.33	-6
九大区域	大西北	22.50	8.25	38.50	24.00	3.00	8
	中部地区	36.00	162.80	-145.20	28.80	16.00	5
	珠三角	72.00	0.00	0.00	28.00	5.33	3
	大西南	57.00	17.60	-13.2	33.60	12.80	5

续表

地区		人均GDP(%)	产业产值比(%)	工业结构(%)	城镇化率(%)	产业就业比(%)	工业化指数累计增加值
九大区域	京津冀	0.00	0.00	0.00	108.00	8.00	1
	长江经济带	180.00	0.00	-198.00	96.00	24.00	2
	长三角	0.00	0.00	0.00	96.00	-24.00	1
	环渤海	0.00	0.00	132.00	-54.00	-12.00	-1
	东三省	24.00	22.00	58.67	-8.00	1.33	-6
中部地区	河南	21.60	57.20	1.47	12.80	6.40	15
	湖北	48.00	92.89	-61.11	16.00	8.00	9
	湖南	28.00	95.33	-66.00	28.00	3.56	9
	山西	48.00	0.00	22.00	30.00	5.33	6
	安徽	162.00	418.00	-616.00	102.00	12.00	2
	江西	—	—	—	—	—	0

资料来源：参见附录三。

表12 各指标对地区工业化综合指数增长的贡献度（1996～2019年）

地区		人均GDP(%)	产业产值比(%)	工业结构(%)	城镇化率(%)	产业就业比(%)	工业化指数累计增加值
全国		42.00	19.18	23.13	10.31	5.64	78
四大板块	中部	40.70	26.78	1.51	9.04	6.26	69
	东部	37.09	18.00	2.15	15.45	5.58	66
	西部	47.40	18.33	19.43	9.40	5.07	60
	东北	54.37	7.18	2.20	12.49	0.98	49
八大区域	珠三角	40.38	17.84	2.14	14.11	4.11	74
	中部地区	40.70	26.78	1.51	9.04	6.26	69
	环渤海	38.73	19.67	21.00	13.64	5.70	66
	京津冀	38.32	18.10	2.13	15.68	4.77	62
	大西北	48.77	19.16	1.55	10.45	4.90	62
	长三角	36.00	16.78	2.88	19.32	6.51	59
	大西南	47.17	17.83	20.48	8.90	5.24	58
	长江经济带	54.37	7.18	24.24	12.49	0.98	49
中部地区	湖南	38.81	27.14	20.00	8.88	4.78	77
	湖北	45.95	23.74	15.92	10.74	3.89	76
	河南	38.37	23.45	25.76	6.95	5.68	76
	江西	40.17	24.87	1.62	9.91	6.96	69
	安徽	41.91	29.55	11.16	9.31	7.64	67
	山西	55.10	23.35	1.35	15.92	3.59	49

资料来源：参见附录三。

四　中部地区工业化进程存在的主要问题

"十三五"期间，中部地区工业化水平偏低，其工业化水平综合得分76，低于全国平均水平16。且工业化加速度由正转负，加速度在此期间不断放缓。根据"十三五"期间工业化单项指标得分情况，中部地区工业化进程发展存在如下问题。

1. 中部地区经济发展水平偏低

人均GDP水平低于全国平均水平，以2019年为例，中部地区的人均GDP为58105元，低于全国平均水平70892元，更低于长三角20361.9元和长江经济带78275元的平均水平。该指标的工业化评分为78，在九大区域中并列排名第7。具体各省情况，中部地区只有湖北省人均GDP略高于全国平均水平，其他省份均低于全国平均水平，且山西省人均GDP只有全国平均水平的70%。人均GDP在一定程度上衡量地区经济总量水平，而地区经济总量水平从供给和需求为工业化进程的发展提供了要素市场和商品市场，工业化提升资源配置效率从而提供经济总量水平，二者之间是螺旋上升的发展关系。经济发展水平偏低会限制中部工业化发展进程。

2. 中部地区产业结构二产比重高，而制造业占比不高

根据产业定义，第二产业即工业部门，是指对初级产品进行在加工的部门，在我国包括采矿业，制造业，建筑业和电力、热力、燃气及水的生产和供应业。而制造业是指对制造资源（物料、能源、设备、工具、资金、技术、信息和人力等），按照市场要求，通过制造过桎，转化为可供人们使用和利用的大型工具、工业品与生活消费产品的行业。中部地区产业产值比中二产占比在九大区域中排名第一，但是制造业增加值排名第六。中部地区产业产值比中二产产值比例高，制造业增加值低，说明工业中的其他部门或者建筑业的产值更大，或者制造业处于低质量发展。而制造业作为直接体现生产力水平的因素，对工业化水平起到重要作用。具体到六省的情况可以看到，产业产值比指标仅湖南省二产的占比低于全国平均水平，山西省比全国平均水平高9.3；制造业增加值占比低于全国平均水平，河南省制造业增加值占比比全国平均水平低2.5，是差距最小的省份；湖北省制造业增加值占比比全国平均水平低8.8，

位列第二；山西省制造业增加值占比比全国平均水平低34.3，是差距最大的省份。在工业化综合得分中，差距最小的河南省在中部地区排名第二。由此可见，制造业增加值占比对工业化水平的影响很大。

3. 中部地区城镇化率偏低

工业化与城镇化二者之间应该是螺旋上升的发展关系，因为工业化本身的集聚效应和乘数效应使得区域经济得以发展，从而促进城市规模的扩大，其高效的生产方式和先进技术为新型城镇化发展提供了巨大动力，实现了资源的优化配置；同时，城镇化的快速发展，具备完善的公共服务体系和优质的生活资源吸引着农村的劳动力，从而解决了工业发展过程中的人口成本问题，同时也为新型工业化提供了资金、技术和市场。"十三五"期间，中部地区的城镇化水平低于全国平均水平4.9个百分点，在九大区域中仅高于大西南地区。中部地区的城镇化水平不能有效促进工业水平的发展。六省城镇化率与全国平均水平的差距在 -0.4 ~ 7.4 个百分点，仅湖北省城镇化率略高全国平均水平 0.4个百分点，其他省份的城镇化进程还有待加速。

4. 中部地区产业就业比偏低

产业就业比失衡是城镇化发展滞后于工业化发展的结果之一。已有研究表明，随着经济不断发展，农业的产值和就业比重将逐渐下降，而服务业则不断增加，与此同时，劳动力也随之在产业间发生转移，从农业转移到服务业，从而提高了城镇化率。"十三五"期间中部地区就业集中在第一产业，一产就业占比远高于全国平均水平6.5个百分点，在九大区域中排名第六，仅低于大西南地区和大西北地区，符合中部粮产区的现实特征。但是二产、三产就业占比低于全国平均水平，不利于产业结构转型发展，也不利于工业化进程发展。具体到六省，一产就业占比均高于全国平均水平，三产就业占比均低于全国平均水平，二产就业占比与全国平均水平存在省份之间的差异。安徽、江西、河南三省二产就业占比高于全国平均水平，湖北、湖南、山西三省二产就业占比低于全国平均水平。

五　推动中部地区经济社会进一步发展的建议

中部地区具有重要战略地位。中部地区的崛起与发展事关我国发展的全局。然而，与此同时，中部地区也存在农业科技现代化水平较低、制造业企业大而不强、与东部地区仍有差距、内部资源配置机制不协调、城镇化水平较低还有待进一步发展等问题。为进一步促进区域经济发展，中部地区应该采取以下措施。

1. 积极发展现代农业，促进农业现代化水平进一步提高

中部地区农村人口占全国的30%，耕地面积占全国的23.8%，粮食产量占全国的30%，棉花、油料等主要农产品产量占全国的40%，为全国的粮食安全和农产品供给做出了重大贡献，素有"湖广熟、天下足"的美誉。河南省是我国的大粮仓，在黄河流域中占据特殊地位。通过大力发展现代农业，改造基本农田，培育优良品种，中部地区能实现农业现代化，继续为国家粮食安全和全国农产品供给提供有力保障。因此，我们应该继续采取措施加大对"三农"的投入，努力解决小微企业贷款难等问题，加大对农业机械相关的企业的研发补助，用更加先进、具有高生产力的机械设备，促进农业生产力的提高和提升农业产出水平。

2. 推进制造业高质量发展

深化供给侧结构性改革，强化创新引领，提升产业基础能力和产业链现代化水平，促进制造业高质量发展。启动新一轮重大技术改造升级工程，促进汽车、食品等重点产业向数字化、网络化、智能化、绿色化发展。实施智能制造工程和制造业数字化转型行动，加强对制造业龙头企业支持，打造先进制造业集群。聚焦四大国家级产业基地和十大重点产业，瞄准集成电路、新型显示、光通信、新能源和智能网联汽车等细分领域，培植一批龙头企业，集聚更多第二总部和独角兽企业。实施产业基础再造工程，编制"四基"创新突破项目库，推动协同攻关和应用示范。推动产业链上下游企业协同配套，建立产业协作联盟。

3. 提升科技创新支撑能力

围绕产业链部署创新链，统筹科技创新和产业优化升级。完善体制机制，让市场引领"国字号"和省级重大创新平台与产业转型升级融合发展。引导中部地区的国家自主创新示范区建设一批共性关键技术创新与转化平台。依托高校和科研院所实施重大公益专项，开展共性技术协同创新攻关，并鼓励高校与市州合作办学、建设产业研究院。发展市场化的新型研发机构，支持各类孵

化器和众创空间提升服务能力。建立企业创新主体梯次培育工作机制，培育引进一批具有全国影响力的科技领军企业。继续实施企业研发财政奖补、技术改造税收增量奖补政策。对发展贡献大的企业，实行"一企一策"对口服务和政策激励。

4. 稳步推进城镇化建设

以人为核心推进新型城镇化，强化中心城市带动，加快构建现代城镇体系，构筑高质量发展重要动力源。加快实施以促进人的城镇化为核心、以提高质量为导向的新型城镇化战略，促进城市群、大中小城市和小城镇合理布局、协调发展。统筹城市地上地下空间开发利用、城市特色风貌营造和历史文化保护，加大对城市公共基础设施建设改造力度，推进停车设施、地下综合管廊、智慧城市管理建设。支持县域特色发展、错位发展，加快建成一批新型工业强县、特色农业大县、魅力文旅名县。加强跨省交流协作，拓展长江中游城市群合作重点事项，支持市县参与汉江生态经济带、三峡生态经济合作区、洞庭湖生态经济区、淮河生态经济带协同发展。加大对重点生态功能区、农产品主产区和民族地区、困难地区支持力度。加快构建全民覆盖、普惠共享、城乡一体的基本公共服务体系，推动农业转移人口有序市民化。

参考文献

刘纪兴：《炎黄文化的生态思想与中部地区生态文明建设协同发展》，《社会科学动态》2020 年第 5 期。

B.19
安徽省

安徽，简称"皖"，位于华东腹地，东连江苏，西接河南、湖北，东南接浙江，南邻江西，北靠山东，总面积 14.01 万平方千米。2019 年末全省户籍人口 7119.4 万人，比上年增加 36.5 万人；户籍人口城镇化率为 34.65%，比上年提高 2 个百分点。常住人口 6365.9 万人，增加 42.3 万人；常住人口城镇化率为 55.81%，提高 1.12 个百分点。"十三五"期间，面对风险挑战明显上升的复杂局面，全省上下积极努力、开拓进取，全省经济社会保持平稳健康发展，经济结构不断优化，发展质效稳步提升，全面建成小康社会取得新的重大进展。

一 "十三五"安徽省经济社会发展基本情况

"十三五"期间，面对风险挑战明显上升的复杂局面，安徽省抢抓推动长三角一体化发展、促进中部崛起等战略机遇，坚持稳中求进工作总基调，全面贯彻新发展理念，大力推动高质量发展，全省经济社会保持平稳健康发展，经济结构不断优化，发展质效稳步提升，三大攻坚战取得关键进展，人民生活明显改善，"十三五"规划主要指标进度符合预期，全面建成小康社会取得新的重大进展。

"十三五"期间，安徽省经济发展持续保持在较高水平。全省地区生产总值由 2015 年的 22005.6 亿元增加到 2019 年的 37114 亿元，年平均增速高达 13.9%。分产业看，第一产业增加值由 2015 年的 2456.7 亿元增加到 2019 年的 2915.7 亿元；第二产业增加值由 2015 年的 11342.3 亿元增加到 2019 年的 15337.9 亿元；第三产业增加值由 2015 年的 8206.6 亿元增加到 2019 年的 18860.4 亿元，经济结构持续优化。财政收入由 2015 年的 4012 亿元增加到 2019 年的 5710 亿元，年平均增速高达 9.2%。人均国内生产总值由 2015 年的

35997 元增加到 2019 年的 58496 元，年平均增速高达 12.9%。国民收入分配结构持续向居民部门倾斜，人民收入生活水平持续提高。

工业结构调整加快，经济新动能加快成长。2019 年末全省规模以上工业企业 19367 家。全年规模以上工业增加值比上年增长 7.3%，增速居全国第 10 位。在规模以上工业中，高新技术产业、装备制造业增加值比上年分别增长 13.7% 和 10.1%，占比分别为 40.1% 和 32.2%。战略性新兴产业产值增长 14.9%，其中新一代信息技术产业、高端装备制造产业、新材料产业、生物产业、新能源汽车产业、新能源产业、节能环保产业分别增长 16.4%、11.6%、13.2%、21.4%、10.5%、17.7% 和 18.1%。24 个战略性新兴产业集聚发展基地产值增长 13.6%。

固定资产投资持续增长，助推经济再跨新台阶。2019 年末安徽省固定资产投资比上年增长 9.2%，增速居全国第 8 位。其中，技术改造投资增长 14.4%，基础设施投资增长 13.1%，民间投资增长 10.2%。分产业看，第一产业投资下降 26.2%，第二产业投资增长 8.3%，第三产业投资增长 10.9%。工业投资增长 8.7%，其中制造业投资增长 10.1%。房地产开发投资由 2015 年的 4424.9 亿元增加到 2019 年的 6670.5 亿元，年均增长率 10.8%。

社会融资规模持续增长，金融机构人民币各项存贷款余额持续提高。2019 年末安徽省社会融资规模由 2015 年的 3574.6 亿元增长到 2019 年的 7255.4 亿元，年均增长率为 19.4%。金融机构人民币各项存款余额由 2015 年的 34482.9 亿元增长到 2019 年的 54377.9 亿元，年均增长率为 12.1%。金融机构人民币各项贷款余额由 2015 年的 25489 亿元增长到 2019 年的 44289.3 亿元，年均增长率为 14.8%。

国内国际贸易进一步发展，经济开放程度持续提高。在国内贸易方面，安徽省全年社会消费品零售总额由 2015 年的 8908 亿元增加到 2019 年的 13377.7 亿元，年平均增速高达 10.7%。在国际贸易方面，安徽省 2019 年全年进出口总额 687.3 亿美元。其中，出口 404 亿美元；进口 283.3 亿美元。相较而言，2015 年全年进出口总额为 488.0 亿美元。其中，出口 331.1 亿美元，进口 156.9 亿美元。国内国际贸易的持续发展显示出安徽省 2016～2019 年经济开放度的不断提升和产品市场竞争力的持续提高。

人民生活水平持续改善，社会保障服务水平进一步提高。2019 年末，安徽省全省常住居民人均可支配收入由 2015 年的 18363 元增长到 2019 年的 26415 元，年均增长率 9.5%。其中，城镇常住居民人均可支配收入由 2015 年的 26936 元增长到 2019 年的 37540 元。农村常住居民人均可支配收入由 2015 年的 10821 元增长到 2019 年的 15416 元。2019 年末全省参加城镇职工养老保险人数为 1217.06 万人。城乡居民养老保险参保人数为 3501.72 万人。参加失业保险人数为 518.79 万人，全年为 14.49 万名失业人员发放了不同期限的失业保险金。全年参加工伤、生育保险人数分别为 639.96 万人和 622.28 万人。参加基本医疗保险人数为 6732.17 万人。

二 安徽省工业化水平评价

在本节中，我们首先在表 1 中列出 1995～2019 年安徽省各项工业化水平的指标数据，并与中部地区及全国同期水平进行比较；然后在表 2 中给出同期安徽省的工业化水平评价结果和其与中部地区及全国平均水平的对比情况。

表 1 安徽省工业化主要指标

单位：美元，%

年份	地区	人均GDP	产业产值比			制造业增加值占比	城镇化率	产业就业比		
			一	二	三			一	二	三
1995	全国	1857.8	20.5	48.8	30.7	30.7	29	52.2	23	24.8
	中部地区	1263.6	26.8	43.7	29.4	25.2	19.6	57.1	19.7	23.1
	安徽	1175.0	29.0	46.9	24.1	24.9	17.4	60.7	17.9	21.4
2000	全国	2681.4	15.9	50.9	33.2	33.7	36.2	50.0	22.5	27.5
	中部地区	2091.6	20.2	44.6	35.2	24.2	29.7	57.8	17.0	25.2
	安徽	1843.8	24.1	42.7	33.2	20.3	27.8	59.8	15.8	24.4
2005	全国	4144.1	12.6	47.5	39.9	52.0	43.0	44.8	23.8	31.4
	中部地区	3067.6	16.7	46.8	36.6	34.8	36.5	50.5	21.1	28.4
	安徽	2502.1	18.0	41.3	40.7	36.2	35.5	51.0	21.9	27.1
2010	全国	6902.1	10.1	46.8	43.1	60.4	49.9	36.7	28.7	34.6
	中部地区	5432.7	13.0	52.4	34.6	62.0	43.9	40.7	27.5	31.7
	安徽	4679.7	14.0	52.1	33.9	60.2	43.2	40.0	29.4	30.6

续表

年份	地区	人均GDP	产业产值比			制造业增加值占比	城镇化率	产业就业比		
			一	二	三			一	二	三
2015	全国	9835.6	8.9	40.9	50.2	57.6	56.1	28.3	29.3	42.4
	中部地区	7869.7	10.8	46.8	42.4	58.4	51.2	37.2	27.6	35.2
	安徽	7077.1	11.2	49.7	39.1	59.8	50.5	32.2	28.4	39.5
2019	全国	11759.0	7.1	39.0	53.9	61.6	60.6	26.1	27.6	46.3
	中部地区	8750.1	7.8	43.6	49.1	48.5	55.7	32.6	29.6	37.8
	安徽	8679.0	7.9	41.3	50.8	42.7	55.8	30.9	28.8	40.3

资料来源：参见附录一。

表2　安徽省工业化进程：综合及分项得分

年份	地区	人均GDP（权重=36）	产业产值比（权重=22）	工业结构（权重=22）	城镇化率（权重=12）	产业就业比（权重=8）	综合得分	工业化阶段
1995	全国	4	32	18	0	17	14	二（Ⅰ）
	中部地区	0	16	9	0	6	6	二（Ⅰ）
	安徽	0	10	8	0	0	4	二（Ⅰ）
2000	全国	20	47	23	10	22	26	二（Ⅱ）
	中部地区	9	32	7	0	5	12	二（Ⅰ）
	安徽	4	23	1	0	0	7	二（Ⅰ）
2005	全国	41	57	73	21	33	49	三（Ⅰ）
	中部地区	28	44	24	11	21	28	二（Ⅱ）
	安徽	17	40	27	9	20	24	二（Ⅱ）
2010	全国	68	66	100	33	51	69	四（Ⅰ）
	中部地区	54	56	100	23	42	60	三（Ⅱ）
	安徽	47	53	100	22	44	57	三（Ⅱ）
2015	全国	84	100	91	53	69	84	四（Ⅱ）
	中部地区	73	63	94	40	50	70	四（Ⅰ）
	安徽	69	62	98	35	61	69	四（Ⅰ）
2019	全国	95	100	100	67	72	92	四（Ⅱ）
	中部地区	78	100	61	52	60	75	四（Ⅰ）
	安徽	78	100	86	52	64	71	四（Ⅰ）

资料来源：参见附录二。

首先，依据表1对于安徽省工业化主要指标的汇报结果，从人均GDP指标来看，2019年全国人均GDP水平为11759.0美元，中部地区人均GDP水平为8750.1美元，而安徽省人均GDP水平为8679.0美元，低于同期中部地区及全国平均水平，显示出其总体经济发展水平无论是与中部地区还是与全国相比，都处于相对落后的水平，经济发展的潜力仍然很大。同时，从1995年至2019年的纵向时间序列来看，安徽省人均GDP水平慢慢接近中部地区省份的平均水平，但是与全国平均水平的差距正在逐步拉大，经济追赶形势依然严峻。

从产业产值比数据来看，2019年安徽省三次产业结构为7.9:41.3:50.8，第三产业在国内生产总值中占据主要地位。然而与全国水平相比，第一产业产值比相较于全国水平高出0.8个百分点；第二产业相较于全国水平高出2.3个百分点；第三产业相较于全国水平低3.1个百分点。与中部地区平均水平相比，第一产业产值比相较于中部地区平均水平高出0.1个百分点；第二产业相较于中部地区平均水平低2.3个百分点；第三产业相较于中部地区平均水平高出1.7个百分点。总体而言，在产业产值比方面，安徽省相较于中部省份产业结构更为优化，但与全国平均水平相比，还有不小的差距。同时，从1995年至2019年的纵向时间序列来看，安徽省产业产值比数据显示出安徽省第一产业和第二产业占比逐步降低、第三产业占比逐步升高的趋势，这体现出安徽省在经济发展过程中经济结构的不断优化，也符合经济发展的客观规律。

从制造业增加值占比数据来看，安徽省2019年制造业增加值占比水平为42.7%，低于中部地区平均水平5.8个百分点，也低于全国平均水平18.9个百分点。这显示出安徽省整体经济增长相较于中部地区以及全国而言，对制造业的依赖性更低。与上面的产业产值比数据相互印证，显示出安徽省经济增长的主导力量开始由第二产业转向第三产业的发展趋势。同时，从1995年至2019年的纵向时间序列来看，在全国制造业增加值占比水平不断上升的大背景下，中部地区及安徽省的制造业增加值占比水平表现出一种先上升后下降的趋势，并且在这个趋势中安徽省走在了前列。这总体说明相较于全国而言，中部地区当下在经历一个去工业化的过程，并且以安徽省最为明显。

从人口城镇化率水平来看，安徽省2019年的城镇化水平为55.8%，高于中部地区55.7%的平均水平，但低于全国60.6%的平均水平。从1995年至2019年的纵向时间序列来看，一直以来安徽省的城镇化率水平是低于中部地区的平均水平的，同时也低于全国平均水平。但在2019年，安徽省城镇化水平实现了对于中部地区平均水平的反超，并且与全国平均水平的差距在不断缩小，显示出与中

部地区以及全国范围相比，安徽省城镇化发展都处于较高速率水平。

从产业就业比水平来看，安徽省 2019 年三大产业的产业就业比为 30.9∶28.8∶40.3。与中部地区以及全国水平相比：在第一产业就业占比方面，安徽省第一产业就业占比略高于全国平均水平同时低于中部地区平均水平；在第二产业就业占比方面，安徽省第二产业就业占比略高于全国平均水平同时低于中部地区平均水平；在第三产业就业占比方面，安徽省第三产业就业占比低于全国平均水平同时高于中部地区平均水平；这个指标与产业产值比数据相对照，说明安徽省产业发展处于中部地区中发展较好的梯队，同时，与全国平均水平还有差距。同时，从 1995 年至 2019 年的纵向时间序列来看，安徽省第一产业就业占比呈现不断下降的趋势；安徽省第二产业就业占比呈现先上升再下降的趋势；安徽省第三产业就业占比呈现不断上升的趋势；就业结构侧面展现出安徽省产业发展稳中向优的发展趋势。

综合各项指标计算，在表 2 的结果汇报中我们可以看出，2019 年安徽省工业化水平综合指数为 71，处于工业化后期的前半阶段。与中部地区工业化水平综合指数基本持平，处于相同的工业化阶段；但与全国工业化水平综合指数有较大差距，工业化进程仍处于发展期。从 1995 年至 2019 年的纵向时间序列来看，安徽省全国工业化水平综合指数一直处于中部地区的平均水平附近，与全国工业化水平综合指数并没有缩小，反而有所拉大。在 2016～2019 年，安徽省的工业化进程一直处于工业化后半段的前半阶段，工业化发展程度与中部省份的平均水平持平，但是与全国平均水平仍有较大差距。

三　安徽省工业化进程的特征

依据上述我们对于安徽省工业化水平的评价结果及其简单分析和安徽省经济社会发展的实际成果，我们总结"十三五"期间安徽省工业化进程的基本特征如下。

1. 工业化水平持续提高，全国排名继续攀升

从表 3 可以看出，2019 年安徽省工业化水平综合指数为 71，处于工业化后半段的前半阶段。相较于"十二五"结束的 2015 年，工业化水平综合指数持续提高。同时，工业化水平综合指数的全国排名也由 2015 年的第 18 位上升

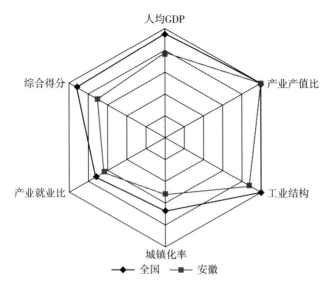

图1 2019年安徽省工业化各指标得分雷达图

为2019年的第16位，显示出工业化发展持续向好的势头。然而，从1995年至2019年的纵向时间序列来看，相较于"十二五"期间安徽省工业化综合指数和全国排名的提高幅度，"十三五"期间安徽省工业化综合指数和全国排名的提高幅度都显著放缓，这是一个值得警惕的现象。

表3 安徽省工业化进程综合评价结果排名变化情况

地区	1995年			2000年			2005年		
	工业化指数	工业化阶段	全国排名	工业化指数	工业化阶段	全国排名	工业化指数	工业化阶段	全国排名
全国	14	二（Ⅰ）		26	二（Ⅱ）	—	49	三（Ⅰ）	—
中部地区	6	二（Ⅰ）	6	12	二（Ⅰ）	6	28	二（Ⅱ）	6
安徽	4	二（Ⅰ）	21	7	二（Ⅰ）	27	24	二（Ⅱ）	22

地区	2010年			2015年			2019年		
	工业化指数	工业化阶段	全国排名	工业化指数	工业化阶段	全国排名	工业化指数	工业化阶段	全国排名
全国	69	四（Ⅰ）	—	84	四（Ⅱ）	—	92	四（Ⅱ）	—
中部地区	60	三（Ⅱ）	6	70	四（Ⅰ）	7	75	四（Ⅰ）	6
安徽	57	三（Ⅱ）	20	69	四（Ⅰ）	18	71	四（Ⅰ）	16

资料来源：参见附录二。

2. 工业化速度持续放缓，工业可持续发展压力较大

从表4可以看出，2019年安徽省工业化进程评分为71，低于中部地区平均水平的75，也远低于全国平均水平的92，显示出安徽省工业化发展仍有待进一步深化。就年均增速而言，相较于"十二五"期间年均增速2.4，全国排名第4的增速而言，"十三五"期间，安徽省工业化进程评分年均增速仅为0.5，全国排名第16。而2015~2019年，中部地区工业化进程评分年均增速为1.3，在全国诸多区域中排名第2。这说明安徽省工业化速度与自身相比较显著放慢的同时，也远远落后于同期中部地区的其他省份，显示出工业化速度持续放缓的趋势。

表4 安徽省工业化速度

地区	工业化进程（100分制）			年均增速					
	1995年	2000年	2005年	1996~2019年	排名	1996~2000年	排名	2001~2005年	排名
全国	14	26	49	3.3	—	2.4	—	4.6	—
中部地区	6	12	28	2.9	2	1.2	6	3.2	5
安徽	4	7	24	2.8	8	0.6	24	3.4	11
地区	工业化进程（100分制）			年均增速					
	2010年	2015年	2019年	2006~2010年	排名	2011~2015年	排名	2016~2019年	排名
全国	69	84	92	4.0	—	3.0	—	2.0	—
中部地区	60	70	75	6.4	1	2.0	2	1.3	2
安徽	57	69	71	6.6	6	2.4	4	0.5	16

资料来源：参见附录三。

从表5汇总的工业化加速度情况可以看出，和"十二五"期间相同，"十三五"期间安徽省工业化加速度仍展现出负增长趋势，但是相较于"十二五"-4.2的低水平，"十三五"期间-1.9的工业化加速度水平显示出安徽省工业化速度增长减缓趋势有所缓和。与中部地区的平均水平相比，"十三五"期间安徽省工业化加速度显著低于中部地区的平均水平，工业可持续发展压力较大。

表5　安徽省工业化加速度

地区	1996～2000年平均增速	2001～2005年平均增速	2006～2010年平均增速	"十五"加速度	"十五"加速度排序	"十一五"加速度	"十一五"加速度排序
全国	2.4	4.6	4.0	2.2	—	-0.6	—
中部地区	1.2	3.2	6.4	2.0	2	3.2	3
安徽	0.6	3.4	6.6	2.8	5	3.2	10
地区	2010～2015年平均增速	2016～2019年平均增速	"十五"加速度	"十五"加速度排序	"十一五"加速度	"十一五"加速度排序
全国	3.0	2.0	-1.0	—	-1.0	—
中部地区	2.0	1.3	-4.4	6	-0.7	3
安徽	2.4	0.5	-4.2	17	-1.9	18

资料来源：参见附录三。

3. 人均GDP和产业产值比对于工业化水平提高的贡献更为突出

从表6可以看出，2016～2019年，安徽省人均GDP和产业产值比对于工业化水平提高的贡献度分别达到162.0％0和418.00％，在各项影响工业化水平的诸多因素里名列前茅。与中部地区以及全国的平均水平相比，均处于较高水平。2016～2019年，中部地区人均GDP和产业产值比对于工业化水平提高的贡献度分别为36.00％和162.80％；全国层面而言，人均GDP和产业产值比对于工业化水平提高的贡献度分别为49.50％和0；同时，如表7所示，从1995年至2019年的纵向时间序列来看，人均GDP和产业产值比一直是助推安徽省工业化水平提高的"两驾马车"，贡献最大。

表6　各指标对地区工业化综合指数增长的贡献度

年份	地区	人均GDP（％）	产业产值比（％）	工业结构（％）	城镇化率（％）	产业就业比（％）	工业化指数累计增加值
1996～2000	全国	48.00	27.50	9.17	10.00	3.33	12
	中部地区	54.00	58.67	-7.33	0.00	-1.33	6
	安徽	48.00	95.33	-51.33	0.00	0.00	3
2001～2005	全国	32.87	9.57	47.83	5.74	3.83	23
	中部地区	42.75	16.50	23.38	8.25	8.00	16
	安徽	27.53	22.00	33.65	6.35	9.41	17
2006～2010	全国	48.60	9.90	29.70	7.20	7.20	20
	中部地区	29.25	8.25	52.25	4.50	5.25	32
	安徽	32.73	8.67	48.67	4.73	5.82	33

续表

年份	地区	人均 GDP（%）	产业产值比 （%）	工业结构 （%）	城镇化率 （%）	产业就业比 （%）	工业化指数 累计增加值
	全国	38.40	49.87	-13.20	16.00	9.60	15
2011～2015	中部地区	68.40	15.40	-13.20	20.40	6.40	10
	安徽	66.00	16.50	-3.67	13.00	11.33	12
	全国	49.50	0.00	24.75	21.00	3.00	8
2016～2019	中部地区	36.00	162.80	-145.20	28.80	16.00	5
	安徽	162.00	418.00	-616.00	102.00	12.00	2

表7　各指标对地区工业化综合指数增长的贡献度

年份	地区	人均 GDP（%）	产业产值比 （%）	工业结构 （%）	城镇化率 （%）	产业就业比 （%）	工业化指数 累计增加值
	全国	42.00	19.18	23.13	10.31	5.64	78
1996～2019	中部地区	40.70	26.78	1.51	9.04	6.26	69
	安徽	41.91	29.55	11.16	9.31	7.64	67

资料来源：参见附录三。

另外，我们还应注意到，1996～2019年安徽省工业结构转变对于工业化综合指数增长的贡献度一直处于较低水平。在2019年甚至达到 -616.00% 的新低，低于同期中部地区 -145.20% 的平均水平，更低于24.75%的全国平均水平，说明安徽省工业化持续发展的同时，结构转变的压力仍然较大，这是下一阶段工业化发展过程中必须审视的重要问题。

四　安徽省工业化进程存在的主要问题

与较为发达的东部省份相比，安徽省作为传统的农业大省，一方面，现有的工业条件、资源环境、科技革命和国内外产业转移都使其工业化进程存在实现自动推进的机制；另一方面，资金短缺、人才流失严重、城乡二元结构明显、生态环境逐渐被破坏以及经济外向度较低等固有条件也使较为落后的安徽省在工业化进程中存在一系列的问题。具体内容如下。

1. 工业化发展尚不充分，而"去工业化"迹象却已显现

首先，从产业产值比数据来看，安徽省产业产值比数据显示出安徽省

第一产业和第二产业占比逐步降低、第三产业占比逐步升高的趋势。其次，从制造业增加值占比数据来看，在全国制造业增加值占比水平不断上升的大背景下，中部地区及安徽省的制造业增加值占比水平表现出一种先上升后下降的趋势，并且在这个趋势中安徽省走在了前列。这总体说明相较于全国而言，中部地区当下在经历一个"去工业化"的过程，并且以安徽省最为明显。最后，从产业就业比水平来看，安徽省第二产业就业占比呈现先上升再下降的趋势；安徽省第三产业就业占比呈现一种不断上升的趋势。种种迹象表明，安徽省在第二产业发展尚不成熟、工业化发展尚不充分的阶段，却开始在产值、增加值以及就业等多个方面展现出"去工业化"的迹象。

2. 工业化发展增速放缓，后续增长乏力

相较于"十二五"期间安徽省工业化综合指数和全国排名的提高幅度，"十三五"期间安徽省工业化综合指数和全国排名的提高幅度都显著放缓，这主要体现在两个方面：一是安徽省工业化速度与自身相比较显著放慢的同时，也远远落后于同期中部地区的其他省份，显示出工业化速度持续放缓的趋势；二是与中部地区的平均水平相比，"十三五"期间安徽省工业化加速度显著低于中部地区的平均水平，显示出其工业化增速下降幅度更大，工业可持续发展压力较大。工业化发展增速放缓，后续增长乏力，这成为当下安徽省工业化发展所显现出来的重要问题之一。

3. 工业结构贡献度过低，产业结构调整压力较大

结构调整是工业经济发展的重要内容，结构优化水平也是判断一个国家工业经济发展质量的重要指标。改革开放以来，我国工业结构不断调整，实现了从一个工业化初期的落后国家向工业大国的转变，各种结构指标都表现出我国已经进入工业化后期发展阶段，并开始从工业大国向工业强国的转型升级。然而数据分析表明，1996～2019年安徽省工业结构转变对于工业化综合指数增长的贡献度一直处于较低水平。在2019年甚至达到-616.0%的新低，低于同期中部地区的平均水平，更低于全国平均水平，显示出安徽省工业结构转型存在某种障碍，转型效果尚未凸显，阻碍着工业化的深入发展和工业化程度的持续提高。

五　进一步推动安徽省工业化进程的建议

结合以上的分析结果，以及安徽省在工业化发展过程中可能存在的若干问题，笔者认为安徽省的工业发展要做以下几个方面的调整，以满足地区工业化的可持续发展要求。

1. 强化工业首位意识，努力发展工业经济

工业是支撑全省经济增长的主要力量，工业化是实现现代化不可逾越的历史阶段，要充分认识工业是安徽省国民经济发展的主导力量，工业转型升级是安徽省转变经济发展方式的关键所在、主攻方向，牢固树立工业强省思想，增强推进工业转型升级、做大做强安徽省工业的自觉性、主动性。在安徽省现有产业基础上，将优先发展战略性新兴产业作为全省经济发展的战略思想，着力推动新一代信息技术产业、新能源、智能制造等产业的发展。要努力投入建设一批重点工业项目以及项目园区，坚持招商项目和技改项目双头并进，着眼长远发展，建设一批产业型项目；立足全民创业，发展一批富民型项目；围绕改善民生，落实一批基础型项目，形成多轮驱动、结构优化、支撑有力的项目建设局面。对于重点工业项目以及项目园区建设，用抓实干，真抓落实，坚持把工业首位意识落到实处，进而推动地区工业经济不断发展和进步。

2. 继续优化工业结构，加快经济转型升级

从当前的发展趋势来看，以产业结构升级带动经济结构升级，进而促进整体经济发展是安徽省未来继续保持快速、健康、协调发展的必然选择。大力扶持战略性新兴产业，从全产业链出发开展关键环节建链、补链、增链、强链活动，实现高新技术产业的从无到有、从有到优。重点围绕如智能装备、工业机器人、新能源汽车等核心产业，打通"关键零部件—整机生产—示范应用"等若干全产业链条，推动安徽省工业企业实现"做大、做强、做优"三重任务。其中"做优"包含产业结构优、产品结构优和企业效益优三个层面：产业结构优，是指产业层次不断向高端延伸，产业链更加完善；产品结构优，是指产品结构不断向高科技、高附加值、绿色环保方向转变；企业效益优，是指企业生产效率不断提高。在今后相当长时间内，第二产业尤其是其中的制造业仍将是经济增长的发动机，要聚焦人工智能、新能源、智能电网、移动互联

网、电动汽车等重点产业、重点技术，细化各产业技术路线图、产业发展路线图和市场培育路线图，推动制造业绿色化、精致化、高端化、信息化和服务化发展。

3. 积极推进新型城镇化建设，助力工业化深入发展

经济发展史表明，城市化发展到一定程度也会促进工业化的发展。城市就业人口持续增加，城市规模逐步扩大，为工业发展提供良好的外部环境，城市化开始加速并吸引工业企业进一步向城市集中，聚集经济得到进一步发展，城市化由工业化驱动后又借助需求拉动促进工业化的发展。2019 年末安徽省户籍人口 7119.4 万人，比上年增加 36.5 万人；户籍人口城镇化率 34.65%，比上年提高 2 个百分点。城镇常住人口 3552.8 万人，常住人口城镇化率为 55.81%，同比提高 1.12 个百分点。这离全国平均水平尚有很大差距，恐将成为地区工业持续发展的拖累。因此，要多措并举推进新型城镇化建设，提高地区城镇化率，助力工业化深入发展。这需要安徽省深入开展包括深化户籍制度改革、全面实行居住证制度、积极为农业转移人口提供就业创业机会、建立满足新市民需求的住房制度、加大农业转移人口随迁子女教育保障力度、提升农业转移人口社会保障水平、健全农业转移人口医疗卫生服务体系等一整套的制度建设和政策配套。

4. 加大对外开放力度，统筹区域共同发展

安徽省国际竞争力较差，且在周围省份中发展较为落后。然而长三角一体化发展国家战略的实施，为安徽发展注入强大动力。牢牢把握长三角一体化发展上升为国家战略的重大机遇，在上海龙头带动下，联手苏浙，扬皖所长，为长三角高质量发展贡献安徽力量。加快落实长三角地区一体化发展行动计划，完成编制长三角科技创新圈规划，积极推进 G60 科创走廊宣芜合段建设，高标准规划建设长三角科技创新共同体和产业合作示范区。随着长江经济带、新丝绸之路经济带战略的大力推行，安徽省积极扩大对外开放，做好承接国内外产业的梯度转移，选择性地引进先进技术型产业和联动性较强的产业，与省内产业相融合，促进产业间、区域间、国内外共同发展和地区工业化水平的不断提高。

参考文献

丁婕：《产业转移视角下安徽省城市化路径研究》，安徽大学硕士学位论文，2012。

丁英宏：《安徽省新型工业化与信息化关系统计研究》，安徽财经大学硕士学位论文，2015。

胡亭亭：《欠发达地区走新型工业化道路的路径选择与创新——以安徽省为例》，《华东经济管理》2007年第5期。

李慧、廖宜静：《基于VAR模型的安徽省城镇化与工业化以及金融发展的关系分析》，《宁夏师范学院学报》2018年第4期。

李菁菁：《安徽省工业化与城镇化的协调发展研究》，安徽工业大学硕士学位论文，2016。

李云：《城镇化、工业化、信息化与农业现代化包容性发展研究——以安徽省为例》，《长江大学学报》（自然科学版）2015年第21期。

刘菊：《农业省新型工业化道路的路径选择——以安徽省为例》，《农业经济问题》2009年第7期。

刘若愚：《安徽省新型工业化和新型城镇化关系的实证研究》，安徽大学硕士学位论文，2014。

罗靖娴、郑美华：《安徽省新型工业化水平的测度及评价》，《广西科技师范学院学报》2017年第1期。

林斐：《长三角一体化格局下安徽创新经济发展的路径选择》，《上海城市管理》2020年第4期。

郑德高：《长三角地区转型发展新观察——以安徽省工业化与城镇化发展为例》，《城市规划》2011年第S1期。

邹俊、张雨欣：《促进安徽融入长三角创新网络体系的对策》，《湖北经济学院学报》（人文社会科学版）2020年第7期。

《2018年安徽统计年鉴》，2019。

《2019年安徽省国民经济和社会发展统计公报》，2020。

B.20
江西省

江西，简称"赣"，位于中国东南部，长江中下游南岸，属于华东地区，东邻浙江、福建；南连广东；西靠湖南；北毗湖北、安徽而共接长江，自古有"文章节义之邦，白鹤鱼米之国"之美称。截至 2019 年末，全省常住人口 4666.1 万人，其中，城镇常住人口 2679.3 万人，占总人口的比重为 57.4%。户籍人口城镇化率为 40.7%。"十三五"期间，全省坚持高质量跨越式发展首要战略，坚持以供给侧结构性改革为主线，扎实做好稳就业、稳金融、稳外贸、稳外资、稳投资、稳预期工作，全省经济总量稳步增加，经济结构持续优化，动力活力持续释放，质量效益持续改善。

一 "十三五"江西省经济社会发展基本情况

"十三五"期间，在江西省委、省政府坚强领导下，全省上下坚持以习近平新时代中国特色社会主义思想为指导，深入贯彻党的十九大和十九届二中、三中、四中全会精神，全面落实习近平总书记视察江西重要讲话精神，统筹做好稳增长、促改革、调结构、优生态、惠民生等各项工作，取得了经济社会持续发展的良好成绩。

经济总量迈上新台阶，人均国民收入快速增长。经国家统计局统一核算，2019 年末江西省全省地区生产总值（GDP）24757.5 亿元，相较 2015 年的 16723.8 亿元大幅增长，年均增长率为 10.3%。其中，第一产业增加值 2057.6 亿元，第二产业增加值 10939.8 亿元，第三产业增加值 11760.1 亿元。人均国内生产总值 53164 元，按年平均汇率计算，折合 7707 美元，增长 7.4%。对比之下，2015 年江西省人均生产总值 36724 元，按年均汇率折算为 5898 美元，实现了人民收入稳定增加的目标。

政府预算收支水平不断提高，社会公共服务支出显著增加。2019 年全省

财政总收入由 2015 年的 3021.5 亿元增加到 4001.5 亿元，年均增长率为 7.3%，其中，一般公共预算收入由 2015 年的 2165.5 亿元增加到 2019 年的 2486.5 亿元。2019 年江西省全年一般公共预算支出为 6402.6 亿元。比上一年增长 13.0%，增速比上年加快 2.1 个百分点。其中，教育支出 1149.1 亿元，比上一年增长 9.0%，社会保障和就业支出 820.1 亿元，比上一年增长 7.8%；城乡社区支出 1081.6 亿元，比上一年增长 60.0%。

产业结构不断优化，高新技术产业蓬勃发展。在保持总体经济持续稳定增长的同时，2019 年江西省三次产业结构为 8.3∶44.2∶47.5，对比之下，2015 年江西省的三次产业结构为 10.6∶50.3∶39.1。第一产业和第二产业所占比重逐步下降，第三产业所占比重不断上升，体现出江西省在保持经济总体快速增长的同时产业结构不断优化升级的过程。在产业结构不断优化的同时，江西省高新技术产业也走上了蓬勃发展的道路。2019 年江西省 38 个工业大类行业中，26 个大类行业增加值实现增长，增长率为 68.4%，其中 11 个行业实现两位数增长。高新技术产业增加值增长 13.4%，高于全省平均水平 4.9 个百分点，占规上工业增加值的比重为 36.1%，比上年提高 2.3 个百分点。装备制造业增加值增长率为 18.2%，高于全省平均水平 9.7 个百分点，占比为 27.7%，比上年提高 1.4 个百分点。战略性新兴产业增加值增长 11.4%，高于全省平均水平 2.9 个百分点，占比为 21.2%，比上年提高 4.1 个百分点。

固定资产投资持续增长，为经济可持续发展注入持续动力。2019 年江西省全省固定资产投资比上年增长 9.2%。分产业看，第一产业投资下降 22.5%，占全部投资的 1.9%；第二产业投资增长 10.7%，占全部投资的 49.7%；第三产业投资增长 9.5%，占全部投资的 48.4%。分经济类型看，国有投资增长 14.1%，占全部投资的 24.2%；非国有投资增长 7.8%，占全部投资的 75.8%，其中，民间投资增长 9.6%，占全部投资的 68.1%。从投资主要构成看，基础设施投资增长 8.9%，占全部投资的 17.2%；工业投资增长 10.9%，占全部投资的 49.7%，其中，工业技改投资增长 45.6%，占全部投资的 36.3%。

国内国际贸易持续发展，与国内外人员、货物和服务的交流日益增多。在国内贸易方面，2019 年江西省实现社会消费品零售总额由 2015 年的 5896.0 亿元增长到 8421.6 亿元，年均增长 9.3%。其中城镇市场零售额由 2015 年的 4885.5 亿元增长到 2019 年的 7120.7 亿元，年均增长 9.9%。乡村市场零售额由 2015 年的 1010.4 亿元增长到 2019 年的 1300.9 亿元，年均增长 6.5%。在对外经济方面，2019 年江西省进出口总额由 2015 年的 2641.5 亿元增长到 3511.9 亿元，年均增长 7.4%。其中，出口值由 2015 年的 2060.9 亿元增长到 2019 年的 2496.5 亿元，年均增长 4.9%；进口值由 2015 年的 580.6 亿元增长到 2019 年的 1015.5 亿元，年均增长 15%。

人民生活持续改善，社会保障水平进一步提高。2019 年末江西省居民人均可支配收入由 2015 年的 18437 元增长到 26262 元，年均增长 9.2%。其中，城镇居民人均可支配收入由 2015 年的 26500 元增长到 2019 年的 36546 元，年均增长率为 8.4%；农村居民人均可支配收入由 2015 年的 8486 元增长到 2019 年的 15796 元，年均增长率为 16.8%。2019 年末，江西省参加城镇职工基本养老保险人数 1096.9 万人，参加失业保险人数 289.7 万人，参加工伤保险人数 539.4 万人，其中参加工伤保险的农民工 112.8 万人。社会保障对于居民生活的保障能力进一步增强。

二　江西省工业化水平评价

在本节中，我们首先在表 1 中列出 1995～2019 年江西省各项工业化水平的指标数据，并与中部地区及全国同期水平进行比较；然后在表 2 中给出同期江西省的工业化水平评价结果和其与中部地区及全国平均水平的对比情况。

表 1　江西省工业化主要指标

单位：美元，%

年份	地区	人均 GDP	产业产值比			制造业增加值占比	城镇化率	产业就业比		
			一	二	三			一	二	三
1995	全国	1857.8	20.5	48.8	30.7	30.7	29	52.2	23	24.8
	中部地区	1263.6	26.8	43.7	29.4	25.2	19.6	57.1	19.7	23.1
	江西	1108.4	31.1	37.4	31.5	20.2	20.2	55.4	18.1	26.5

续表

年份	地区	人均GDP	产业产值比			制造业增加值占比	城镇化率	产业就业比		
			一	二	三			一	二	三
2000	全国	2681.4	15.9	50.9	33.2	33.7	36.2	50.0	22.5	27.5
	中部地区	2091.6	20.2	44.6	35.2	24.2	29.7	57.8	17.0	25.2
	江西	1837.8	24.2	35.0	40.8	19.0	27.7	51.9	14.4	33.7
2005	全国	4144.1	12.6	47.5	39.9	52.0	43.0	44.8	23.8	31.4
	中部地区	3067.6	16.7	46.8	36.6	34.8	36.5	50.5	21.1	28.4
	江西	2722.7	17.9	47.3	34.8	27.4	37.0	45.9	22.0	32.1
2010	全国	6902.1	10.1	46.8	43.1	60.4	49.9	36.7	28.7	34.6
	中部地区	5432.7	13.0	52.4	34.6	62.0	43.9	40.7	27.5	31.7
	江西	4761.4	12.8	54.2	33.0	70.3	44.1	37.6	29.7	32.7
2015	全国	9835.6	8.9	40.9	50.2	57.6	56.1	28.3	29.3	42.4
	中部地区	7869.7	10.8	46.8	42.4	58.4	51.2	37.2	27.6	35.2
	江西	7220.0	10.6	50.3	39.1	64.9	51.6	30.0	32.5	37.5
2019	全国	11759.0	7.1	39.0	53.9	61.6	60.6	26.1	27.6	46.3
	中部地区	8750.1	7.8	43.6	49.1	48.5	55.7	32.6	29.6	37.8
	江西	8628.5	8.3	44.2	47.5	46.9	57.4	27.5	32.9	39.6

资料来源：参见附录一。

表2　江西省工业化进程：综合及分项得分

年份	地区	人均GDP（权重=36）	产业产值比（权重=22）	工业结构（权重=22）	城镇化率（权重=12）	产业就业比（权重=8）	综合得分	工业化阶段
1995	全国	4	32	18	0	17	14	二（Ⅰ）
	中部地区	0	16	9	0	6	6	二（Ⅰ）
	江西	0	5	0	0	10	2	二（Ⅰ）
2000	全国	20	47	23	10	22	26	二（Ⅱ）
	中部地区	9	32	7	0	5	12	二（Ⅰ）
	江西	4	22	0	0	18	8	二（Ⅰ）
2005	全国	41	57	73	21	33	49	三（Ⅰ）
	中部地区	28	44	24	11	21	28	二（Ⅱ）
	江西	21	40	12	12	31	23	二（Ⅱ）
2010	全国	68	66	100	33	51	69	四（Ⅰ）
	中部地区	54	56	100	23	42	60	三（Ⅱ）
	江西	48	57	100	23	49	59	三（Ⅱ）

续表

年份	地区	人均GDP （权重=36）	产业产值比 （权重=22）	工业结构 （权重=22）	城镇化率 （权重=12）	产业就业比 （权重=8）	综合 得分	工业化 阶段
2015	全国	84	100	91	53	69	84	四（Ⅱ）
	中部地区	73	63	94	40	50	70	四（Ⅰ）
	江西	69	64	100	38	66	71	四（Ⅰ）
2019	全国	95	100	100	67	72	92	四（Ⅱ）
	中部地区	78	100	61	52	60	75	四（Ⅰ）
	江西	77	83	56	57	70	71	四（Ⅰ）

资料来源：参见附录二。

首先，依据表1对于江西省工业化主要指标的汇总结果，从人均GDP指标来看，2019年全国人均GDP水平为11759.0美元，中部地区人均GDP水平为8750.1美元，而江西省人均GDP水平为8628.5美元，低于同期中部地区及全国平均水平，显示出其总体经济发展水平无论是与中部地区还是与全国相比，都处于相对落后的水平。同时，从1995年至2019年的纵向时间序列来看，江西省人均GDP水平慢慢接近中部地区省份的平均水平，但是与全国平均水平的差距正在逐步拉大，经济追赶形势依然严峻。近年来，江西经济发展较慢的现象越来越为经济研究者们所关注，相较于周边如安徽、湖南、福建等省份的高速发展，江西省经济发展缓慢有目共睹，也日益成为决策者所迫切需要解决的难题。

从产业产值比数据来看，2019年江西省三次产业结构为8.3∶44.2∶47.5，第三产业在国内生产总值中占据主要地位。第一产业产值比相较全国水平高出1.2个百分点；第二产业相较全国水平高出5.2个百分点；第三产业相较全国水平低6.4个百分点。第一产业产值比相较中部地区平均水平高出0.5个百分点；第二产业相较中部地区平均水平高0.6个百分点；第三产业相较中部地区平均水平低1.6个百分点。三次产业占比中，第一产业较高、第三产业较低的特点显示出江西省无论是与全国平均水平相比较还是与中部地区相比较，产业发展都处于相对落后的水平。同时，从1995年至2019年的纵向时间序列来看，江西省产业产值比数据显示出江西省第一产业和第二产业占比逐步降低、第三产业占比逐步升高的趋势，这体现出江西省在经济发展过程中经济结构的

不断优化，也符合经济发展的客观规律。

从制造业增加值占比数据来看，江西省 2019 年制造业增加值占比水平为 46.9%，低于中部地区平均水平 1.6 个百分点，也低于全国平均水平 14.7 个百分点。这显示出江西省与中部地区中的其他省份一样，整体经济增长对制造业的依赖性更低，工业对于地方经济发展的推动作用尚未得到最大限度地发挥，地区工业的持续增长还有很大空间。同时，从 1995 年至 2019 年的纵向时间序列来看，在全国制造业增加值占比水平不断上升的大背景下，中部地区及江西省的制造业增加值占比水平表现出一种先上升后下降的趋势。这总体说明相较于全国而言，中部地区当下在经历一个"去工业化"的过程，江西省也不例外。

从城镇化率水平来看，江西省 2019 年的城镇化水平为 57.4%，高于中部地区 55.7% 的平均水平，但低于全国 60.6 的平均水平。从 1995 年至 2019 年的纵向时间序列来看，一直以来，江西省的城镇化率水平是高于中部地区的平均水平的，显示出地区城镇化进程对于工业化和经济发展的强大促进作用。其中，江西省城镇化率由 2015 年的 51.6% 提升至 2019 年的 57.4%，显示出地区城镇化发展的强大动力。这与"十三五"期间，江西省大力促进农业转移人口和其他常住人口落户城镇的工作举措是密不可分的。

从产业就业比水平来看，江西省 2019 年三大产业的产业就业比分别为 27.5:32.9:39.6。与中部地区以及全国水平相比：在第一产业就业占比方面，江西省略高于全国平均水平同时低于中部地区平均水平；在第二产业就业占比方面，江西省略高于全国平均水平同时高于中部地区平均水平；在第三产业就业占比方面，江西省低于全国平均水平同时高于中部地区平均水平；这个指标与产业产值比数据相对照，说明江西省第一产业发展具有较高的劳动生产率，它以低于中部地区平均水平的第一产业产业就业比，生产出了高于中部地区平均水平的产业产值比。另外，江西省第三产业发展具有较低的劳动生产率，它以高于中部地区平均水平的第三产业产业就业比，生产出了低于中部地区平均水平的产业产值比。同时，从 1995 年至 2019 年的纵向时间序列来看，江西省第一产业就业占比呈现一种不断下降的趋势；江西省第二产业就业占比大致呈现上升的趋势；江西省第三产业就业占比呈现一种不断上升的趋势；就业结构的一个侧面，展现出江西省产业发展稳中向优的发展趋势。

综合各项指标计算，在表 2 的结果汇总中我们可以看出，2019 年江西省工业化水平综合指数为 71，处于工业化后期的前半阶段。与中部地区工业化水平综合指数基本持平，处于相同的工业化阶段；但与全国工业化水平综合指数有较大差距，工业化进程仍处于发展期。从 1995 年至 2019 年的纵向时间序列来看，江西省全国工业化水平综合指数一直与中部地区的平均水平持平，与全国工业化水平综合指数的差距并没有缩小，反而有所拉大。2016～2019 年，江西省的工业化进程一直处于工业化后半段的前半阶段，工业化发展程度与中部省份的平均水平持平，但是与全国平均水平仍有较大差距。

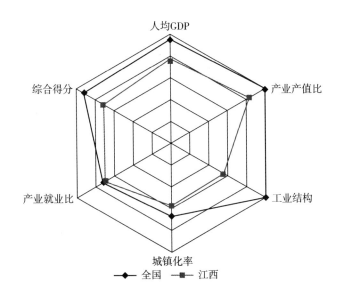

图 1　2019 年江西省工业化各指标得分雷达图

三　江西省工业化进程的特征

依据上述我们对于江西省工业化水平的评价结果及其简单分析和江西省经济社会发展的实际成果，我们总结"十三五"期间江西省工业化进程的基本特征如下。

1. 工业化水平持续提高，全国排名继续攀升

从表 3 可以看出，2019 年江西省工业化水平综合指数为 71，处于工业化

后半段的前半阶段。相较于"十二五"结束的 2015 年，工业化水平综合指数持续提高。然而，2016～2019 年，其工业化水平综合指数的全国排名也由 2015 年的第 14 位下降到 2019 年的第 16 位，这表明在 2016～2019 年相对于全国其他地区而言，江西省工业化虽然持续发展，但是发展速度较慢，如前所述，"十三五"期间江西省属于工业增长较慢的地区。然而，从 1995 年至 2019 年的纵向时间序列来看，"十二五"和"十三五"期间，江西省工业化综合指数在全国的排名保持基本不变甚至略有下降的局面，这是必须为江西省各级政府机关所重视的重要问题，江西省工业及经济发展的形势非常严峻。

表 3　江西省工业化进程综合评价结果排名变化情况（1995～2019 年）

地区	1995 年			2000 年			2005 年		
	工业化指数	工业化阶段	全国排名	工业化指数	工业化阶段	全国排名	工业化指数	工业化阶段	全国排名
全国	14	二（Ⅰ）		26	二（Ⅱ）		49	三（Ⅰ）	
中部地区	6	二（Ⅰ）	6	12	二（Ⅰ）	6	28	二（Ⅱ）	6
江西	2	二（Ⅰ）	25	8	二（Ⅰ）	26	23	二（Ⅱ）	24

地区	2010 年			2015 年			2019 年		
	工业化指数	工业化阶段	全国排名	工业化指数	工业化阶段	全国排名	工业化指数	工业化阶段	全国排名
全国	69	四（Ⅰ）	—	84	四（Ⅱ）	—	92	四（Ⅱ）	—
中部地区	60	三（Ⅱ）	6	70	四（Ⅰ）	7	75	四（Ⅰ）	6
江西	59	三（Ⅱ）	17	71	四（Ⅰ）	14	71	四（Ⅰ）	16

资料来源：参见附录二。

2. 工业化速度持续放缓，工业可持续发展压力较大

从表 4 可以看出，2019 年江西省工业化进程评分为 71，低于中部地区平均水平的 75，也远低于全国平均水平的 92，显示出江西省工业化发展仍有待进一步深化。就年均增速而言，相较于"十二五"期间年均 2.4、全国排名第 4 的增速而言，"十三五"期间，江西省工业化进程评分年均增速为 0，全国排名第 19。而 2015～2019 年，中部地区工业化进程评分平均增速为 1.3，在全国诸多区域中排名第 2。这说明江西省工业化速度与自身相比较显著放

慢的同时，也远远落后于同期中部地区的其他省份，工业可持续发展压力较大。

表4　江西省工业化速度

地区	工业化进程（100分制）			年均增速					
	1995年	2000年	2005年	1996~2019年	排名	1996~2000年	排名	2001~2005年	排名
全国	14	26	49	3.3	—	2.4	—	4.6	—
中部地区	6	12	28	2.9	2	1.2	6	3.2	5
江西	2	8	23	2.9	5	1.2	20	3.0	14
地区	工业化进程（100分制）			年均增速					
	2010年	2015年	2019年	2006~2010年	排名	2011~2015年	排名	2016~2019年	排名
全国	69	84	92	4.0	—	3.0	—	2.0	—
中部地区	60	70	75	6.4	1	2.0	2	1.3	2
江西	59	71	71	7.2	2	2.4	4	0	19

资料来源：参见附录三。

从表5汇总的工业化加速度情况可以看出，和"十二五"期间相同，"十三五"期间江西省工业化加速度仍展现出负增长趋势，但是相较于"十二五"-4.8的低水平，"十三五"期间-2.4的工业化加速度水平显示出江西省工业化速度增长减缓趋势有所缓和。与中部地区的平均水平相比，"十三五"期间江西省工业化加速度显著低于中部地区的平均水平，工业可持续发展压力较大。

表5　江西省工业化加速度

年度\地区	1996~2000年平均增速	2001~2005年平均增速	2006~2010年平均增速	"十五"加速度	"十五"加速度排序	"十一五"加速度	"十一五"加速度排序
全国	2.4	4.6	4.0	2.2	—	-0.6	—
中部地区	1.2	3.2	6.4	2.0	2	3.2	3
江西	1.2	3.0	7.2	1.8	14	4.2	3
年度\地区	2011~2015年平均增速	2016~2019年平均增速	"十二五"加速度	"十二五"加速度排序	"十三五"加速度	"十三五"加速度排序	
全国	3.0	2.0	-1.0	—	-1.0	—	
中部地区	2.0	1.0	-4.4	6	-1.5	5	
江西	2.4	0.0	-4.8	23	-2.4	22	

资料来源：参见附录三。

从表6可以看出，2016～2019年，江西省各指标对地区工业化综合指数增长的贡献度数据缺失，依照我们的指标计算方法这是由2016～2019年江西省工业化综合指数没有变化导致的，说明"十三五"期间江西工业化发展速度开始放缓、工业化发展动力有待进一步加强。2016～2019年，中部地区人均GDP和产业产值比对于工业化水平提高的贡献度分别为36.00%和162.80%；从全国层面而言，人均GDP和产业产值比对于工业化水平提高的贡献度分别为49.50%和0；同时，如表7所示，从1996年至2019年的纵向时间序列来看，人均GDP和产业产值比一直是助推江西省工业化水平提高的"两驾马车"，贡献最大。

3. 人均GDP和产业产值比对于工业化水平提高的贡献更为突出

表6中，2016～2019年江西省各指标对地区工业化综合指数增长的贡献度指标数据为空值，这主要是由于2016～2019年江西省工业化水平的综合指数没有变化导致的（均为71，如表2所示），但是我们可以放宽时间跨度，从表7分析1996～2019年各指标对江西省工业化综合指数增长的贡献度。从表7中我们可以看出，相对而言，人均GDP和产业产值比指标对于江西省工业化水平提高的贡献更为突出。两指标的贡献度分别为40.17%和24.87%，与中部地区的平均水平持平。同时，可以看出，相较于全国平均水平而言，工业结构对于江西省工业化综合指数增长的贡献度明显不足。

表6　各指标对地区工业化综合指数增长的贡献度

年份	地区	人均GDP(%)	产业产值比(%)	工业结构(%)	城镇化率(%)	产业就业比(%)	工业化指数累计增加值
1996～2000	全国	48.00	27.50	9.17	10.00	3.33	12
	中部地区	54.00	58.67	-7.33	0.00	-1.33	6
	江西	24.00	62.33	0.00	0.00	10.67	6
2001～2005	全国	32.87	9.57	47.83	5.74	3.83	23
	中部地区	42.75	16.50	23.38	8.25	8.00	16
	江西	40.80	26.40	17.60	9.60	6.93	15
2006～2010	全国	48.60	9.90	29.70	7.20	7.20	20
	中部地区	29.25	8.25	52.25	4.50	5.25	32
	江西	27.00	10.39	53.78	3.67	4.00	36

年份	地区	人均GDP(%)	产业产值比(%)	工业结构(%)	城镇化率(%)	产业就业比(%)	工业化指数累计增加值
2011~2015	全国	38.40	49.87	-13.20	16.00	9.60	15
	中部地区	68.40	15.40	-13.20	20.40	6.40	10
	江西	63.00	12.83	0.00	15.00	11.33	12
2016~2019	全国	49.50	0.00	24.75	21.00	3.00	8
	中部地区	36.00	162.80	-145.20	28.80	16.00	5
	江西	—	—	—	—	—	—

资料来源：参见附录三。

表 7　各指标对地区工业化综合指数增长的贡献度（1996~2019 年）

地区	人均GDP(%)	产业产值比(%)	工业结构(%)	城镇化率(%)	产业就业比(%)	工业化指数累计增加值
全国	42.00	19.18	23.13	10.31	5.64	78
中部地区	40.70	26.78	1.51	9.04	6.26	69
江西	40.17	24.87	1.62	9.91	6.96	69

资料来源：参见附录三。

四　江西省工业化进程存在的主要问题

1. 总体经济发展水平较低，恐成工业化发展拖累

地区经济发展的滞后会妨碍地区产品市场的形成，无法形成对于工业化产品的多样化和高层次需求，进而限制了工业企业的发展；地区经济发展的滞后会降低地区对于人才、资本等稀缺要素的吸引力，在周边省份不断发展的同时，形成一个资金与人才的地区"黑洞"，进而限制地区工业经济发展的潜力；地区经济发展的滞后还会造成地区竞争力的下降，使得本地资本和人才纷纷奔向外地或周边省份寻求更高的回报，造成本地资本和人才的流失，进一步削弱地区工业发展的动力。江西省人均 GDP 与全国平均水平的差距正在逐步拉大的趋势如果无法得到扭转，恐成为地区工业化发展的拖累。

2. 工业增长持续性不足，后继增长乏力

首先，在工业化速度方面，"十三五"期间，江西省工业化进程评分年均增速为0，全国排名第19。而2016～2019年，中部地区工业化进程评分平均增速为1.3，在全国诸多区域中排名第二。这说明江西省工业化速度与自身相比较显著放慢的同时，也远远落后于同期中部地区的其他省份，工业可持续发展压力较大。其次，在工业化加速度方面，与中部地区的平均水平相比，"十三五"期间江西省工业化加速度显著低于中部地区的平均水平，工业可持续发展压力较大。最后，在全国排名方面，从1995年至2019年的纵向时间序列来看，"十二五"和"十三五"期间，江西省工业化综合指数在全国的排名保持基本不变甚至略有下降的局面，这是必须为江西省各级政府机关所重视的重要问题，江西省工业及经济发展的形势非常严峻。总体而言，江西省面临在地区经济发展尚处于起飞阶段时工业增长持续性不足后继增长乏力的难题，这将削弱江西省赶超周边省份以及沿海地区的潜力，也是江西省推进地区经济高质量发展的障碍。

3. 工业结构贡献不足，高质量发展尚不充分

结构调整是工业经济发展的重要内容，结构优化水平也是判断一个国家工业经济发展质量的重要指标。促进产业结构转型升级，是推动高质量发展的重点。从表7中可以看出，相较于全国平均水平而言，工业结构对于江西省工业化综合指数增长的贡献度明显不足，表6中2011～2015年各项指标数据也可以印证。2019年江西省工业化水平已经处于工业化后期的前半阶段，实现地区产业转型和工业结构转变是推动江西下一阶段产业和经济发展的重要驱动力。尤其是在当下国内国外不确定性增加、经济下行压力下日益加大的情况下更是如此。

五 进一步推进江西省工业化进程的建议

1. 优化升级产业结构，推动地区经济高质量发展

工业发展仍然是带动地区和区域发展的重要动力，是地区和区域实现现代化发展的主导力量，是地区和区域经济社会发展的根基所在。目前我国经济发展正处于向高质量发展迈进的关键期，地区工业化发展也迎来前所未有的新机

遇和新挑战。江西省要利用好我国经济向高质量发展转型的时间窗口，引进先进的科学技术，大幅提升工业企业效率水平，提高第二产业产值在江西省经济总产值的贡献度。利用国家提供的政策优势，大力发展如人工智能等战略性新兴产业，促进江西省第二产业的迅速发展和整体产业结构调整优化。同时，进一步鼓励第三产业的发展，借助先进的互联网技术，促进第三产业的崛起。同时，大力推进战略性新兴产业倍增、传统产业转型升级、新经济新动能培育"三大工程"，重点抓好航空制造、中医药、新能源汽车、新材料、新一代电子信息、移动物联网、虚拟现实、大数据等一批新兴产业。大力发展工业设计，推动重点企业建立网上设计中心，培育 10 家省级工业设计中心；启动产业集群创新综合体建设，推进南昌、赣州产融合作试点建设，启动实施创新创业高层次人才"双千计划"，促进协同创新发展。

2. 统筹市县一体化，推动区域工业化协调发展

地区发展不充分不均衡是江西省经济社会发展的主要特征之一，江西省想在新阶段实现经济的跨越式发展，需要努力统筹和推进市县一体化，推动区域工业化在地区发展间的协调。首先，江西省政府需要加大对于地级市政府的宏观调节力度，给予经济发展落后地区一定的政策倾斜，尤其在引进外贸、金融发展和融资条件等多方面给予优惠，引导社会资金、技术流向落后地区。其次，健全市场机制，发挥市场在资源配置中的决定性作用，并打破各行政区域界限，健全合作机制，鼓励和支持各地区开展经济、技术和人才合作形成互助机制，以先富带后富的形式，促进较发达地区与欠发达地区的协同发展。最后，积极推进城乡统筹发展。大力发展县域经济，加快社会主义新农村建设步伐，努力缩小城乡差距，实现以城带乡、以工促农、城乡互动、协调发展。立足县（市）域单元，进一步培育特色农林经济、特色矿产经济和特色旅游产业。

3. 以信息化带动工业化，推动工业化进程

地区工业化的快速健康发展是地区信息化发展的必要前提，同时，地区信息化的发展可以有力带动工业化迈向更高的发展阶段。在信息化社会，传统的第一产业和第二产业的发展潜力已接近停滞，所以我们必须结合科学技术尤其是信息技术实现工业现代化水平的提升和层次的提高。相对而言，江西省信息产业发展与东部发达地区存在很大差距，要实现信息化带动工业化。首先，要

从工业着手，从企业着眼，积极推进和提高地区工业企业信息化水平，保证信息产业快速发展，推动地区企业建立属于自己的知识产权结构、有特色的产业服务体系、完整的产业供应链，同时还要注重知识创新人才的培养。其次，采用高新技术尤其是信息技术改造传统产业，提高传统企业在整体产业链中的位置，努力引导企业将 CAD、DEA、计算机远程监控等应用到生产经营中，同时要把握市场机遇与挑战，引进先进、高科技的技术，同发达国家企业进行交流。最后，政府需要加大资金投入和时间精力支持信息化发展，以信息化带动工业化可以极大地提高工业企业的劳动生产率，加快地区工业化的发展步伐，提高发展水平。

4. 开放对接、联动区域，推动与周边地区的经济协调发展

发挥江西省出省交通大通道与地处长江中下游，空港、内河港和内陆港兼备的门户口岸优势，加强与周边省市的合作对接。努力促进与周边地区的商贸合作，进行生态建设、设施对接以及一体化市场建设。以鄱阳湖生态城市群为主体，全面对接长江三角洲地区、珠江三角洲地区和海峡西岸经济区（福建省），主动联动武汉城市圈、长株潭城市群，共建长江中游城市群；以赣中南、赣西、赣东地区的都市区、城镇群为主体，全面对接周边省份的城镇群或都市圈，积极承接加工贸易产业转移。以"长珠闽"地区为重点，大力引进加工贸易龙头企业和配套企业。与东部地区建立对口合作机制，鼓励各地开发区与沿海省市的开发区结对，共建加工贸易产业园区。加强国家开发区、综合保税区（出口加工区）与国内加工贸易转型升级试点城市、示范区的合作。积极争取国家相关部委支持，开展海关特殊监管区域企业增值税一般纳税人资格试点和内销选择性征收关税政策试点。通过开放对接国内国际市场、联动周边尤其是较发达地区和区域，推动与周边地区的经济共同发展。

参考文献

陈帆帆：《中部地区新型工业化与新型城镇化协调发展研究》，河南财经政法大学硕士学位论文，2017。

戴静怡、李秀香：《产业升级与就业结构的联动分析——以江西省为例》，《对外经

贸》2019 年第 12 期。

高颖：《"一带一路"战略下江西产业升级问题研究》，江西科技师范大学硕士学位论文，2019。

林良、程可心、童金杰：《江西省高新技术企业培育发展与对策研究》，《科技广场》2018 年第 2 期。

施永：《江西省产业转型升级测度及其影响因素的实证分析》，《老区建设》2018 年第 12 期。

涂建：《江西省工业化发展水平的测度及实证分析》，《荆楚理工学院学报》2019 年第 6 期。

吴旭晓：《我国中部地区城市化、工业化和农业现代化"三化"协调发展研究——以赣湘鄂豫四省为例》，《农业现代化研究》2012 年第 1 期。

吴星旗：《江西省产业结构升级水平实证研究》，江西师范大学硕士学位论文，2017。

夏霄：《欠发达地区产业转型升级过程中地方政府行为研究》，南昌大学硕士学位论文，2019。

杨县生：《新常态下江西省经济增长动力转换研究》，东北财经大学硕士学位论文，2017。

尹继东、陈斐：《中部地区工业化水平比较与发展对策》，《经济研究参考》2003 年第 75 期。

易庆萍：《工业主导产业发展：特点、问题与建议——以江西省上饶市为例》，《金融教育研究》2018 年第 6 期。

《2018 年江西统计年鉴》，2019。

《2019 年江西省国民经济和社会发展统计公报》，2020。

B.21
山西省

山西，简称"晋"，为中华人民共和国省级行政区，省会太原，位于中国华北，东与河北为邻，西与陕西相望，南与河南接壤，北与内蒙古毗连。截至2019年末，常住人口3729.22万人，其中，城镇常住人口2220.75万人，占常住人口比重为59.55%，户籍人口城镇化率为41.87%。"十三五"期间，全省坚持高质量跨越式发展首要战略，坚持以供给侧结构性改革为主线，扎实做好稳就业、稳金融、稳外贸、稳外资、稳投资、稳预期工作，全省经济总量稳步增加，经济结构持续优化，动力、活力持续释放，质量、效益持续改善。

一 "十三五"山西省经济社会发展基本情况

"十三五"期间，面对国内外风险挑战明显上升的复杂局面，在山西省委、省政府的坚强领导下，全省上下坚持以习近平新时代中国特色社会主义思想为指导，全面贯彻落实党的十九大和十九届二中、三中、四中全会精神，全省经济平稳健康运行，转型发展呈现良好态势，人民生活福祉持续增进，各项社会事业积极进步，决胜全面建成小康社会迈出坚实步伐。

经济增长一改"十二五"颓势，重迈快速增长新台阶。经国家统计局统一核算，山西省地区生产总值17026.68亿元，相较于2015年的12802.6亿元大幅增长，年均增长率为7.4%。其中，第一产业增加值824.72亿元；第二产业增加值7453.09亿元；第三产业增加值8748.87亿元。人均国内生产总值45724元，按年平均汇率计算，折合6628美元。对比之下，2015年山西省人均生产总值35018元，按年均汇率折算为5624美元，实现了在"十二五"之后，"十三五"期间经济持续快速增长的目标。这里需要说明的是，自2008年经济危机及后续全国层面的去产能风暴冲击之后，山西省经济发展曾经历"断崖式"下跌的尴尬境地，各项经济指标排名在中部地区乃至全国范围内可谓"一落千丈"。

然而在历经"十二五"和"十三五"的厉兵秣马之后，山西省经济增长终于重回快速持续增长的轨道，可为资源型省份转型发展的典型案例。

工业结构调整加快，第二产业发展止跌回升，助力经济增长新动能。在作为"十二五"收官之年的2015年末，山西省有规模以上工业企业3731家，比上年末仅增加11家。全年全省规模以上工业增加值比上年末下降2.8%。规模以上工业企业实现主营业务收入14393.7亿元，比上年末下降16.9%。规模以上工业实现利税631.8亿元，比上年末下降35.7%。而在"十三五"末尾的2019年，全年全省规模以上工业增加值比上年增长5.3%。其中，规模以上工业中，战略性新兴产业增加值比上年增长7.4%。其中，新能源汽车产业增加值比上年增长61.6%，节能环保产业增加值比上年增长12.1%，新材料产业增加值比上年增长9.8%，新一代信息技术产业增加值比上年增长5.9%。"十三五"期间，山西省工业结构调整加快，第二产业尤其是其中的战略性新兴产业发展为地方经济增长提供新动能。

固定资产投资持续高速增长，助推地区工业化再上新台阶。2019年末山西省固定资产投资（不含跨省、农户）比上一年增长9.3%。其中，国有及国有控股投资比上一年增长10.1%，民间投资比上一年增长7.9%。工业投资中，企业技改投资比上一年增长20.9%；制造业投资比上一年增长0.1%；煤炭工业投资比上一年增长16.7%，非煤工业投资比上一年增长3.1%。房地产开发投资也由2015年的1494.9亿元增长到2019年的1656.5亿元。持续而高效的投资，专注于工业领域的技术革新与改造，为山西省产业转型和经济发展奠定了坚实的基础。

政府预算收支水平不断提高。2019年全省一般公共预算收入由2015年的1642.2亿元增加到2347.6亿元，年均增长率为9.3%。2019年全年一般公共预算支出由2015年的3443.4亿元增加到4713.1亿元，年均增长率为8.2%。其中，教育、卫生健康、社会保障和就业、住房保障、交通运输、节能环保、城乡社区等民生支出由2015年的2900亿元增长到2019年的2929.1亿元。

国内国际贸易持续发展，产品市场竞争力不断增强。在国内贸易方面，2019年山西省实现社会消费品零售总额由2015年的6030.0亿元增长到7909.2亿元，年均增长7.0%。其中城镇市场零售额由2015年的4913.5亿元增长到2019年的6408.5亿元，年均增长6.9%。乡村市场零售额由2015年的

1116.5 亿元增长到 2019 年的 1500.7 亿元，年均增长 7.7%。在对外经济方面，2019 年山西省进出口总额由 2015 年的 914 亿元增长到 1446.9 亿元，年均增长 12.2%。其中出口值由 2015 年的 523.4 亿元增长到 2019 年的 806.9 亿元，年均增长 11.4%。进口值由 2015 年的 390.6 亿元增长到 2019 年的 640 亿元，年均增长 13.1%。

人民生活水平持续提高，社会保障水平有所提升。2019 年末山西省城镇居民人均可支配收入由 2015 年的 27352 元增长到 2019 年的 33262 元，年均增长率为 5.0%；农村居民人均可支配收入由 2015 年的 10082 元增长到 2019 年的 12902 元，年均增长率为 6.4%。2019 年末山西省参加城镇职工基本养老保险 871.3 万人，比上年末增加 33.8 万人；参加城乡居民基本养老保险 1627.8 万人，比上年增加 48.5 万人；参加城镇职工基本医疗保险 702 万人，比上年增加 15.4 万人；参加城乡居民基本医疗保险 2564.3 万人，比上年减少 16 万人；参加失业保险 443.9 万人，比上年增加 12.8 万人；参加工伤保险 624.2 万人，比上年增加 27.4 万人；参加生育保险 489.6 万人，比上年增加 7.7 万人，显示出人民生活水平不断提高的同时，社会保障水平也有所提升。

二　山西省工业化水平评价

在本节中，我们首先在表 1 中列出 1995～2019 年山西省各项工业化水平的指标数据，并与中部地区及全国同期水平进行比较；然后在表 2 中给出同期山西省的工业化水平评价结果和其与中部地区及全国平均水平的对比情况。

表 1　山西省工业化主要指标（1995～2019 年）

单位：美元，%

年份	地区	人均GDP	产业产值比			制造业增加值占比	城镇化率	产业就业比		
			一	二	三			一	二	三
1995	全国	1857.8	20.5	48.8	30.7	30.7	29	52.2	23	24.8
	中部地区	1263.6	26.8	43.7	29.4	25.2	19.6	57.1	19.7	23.1
	山西	1345.4	15.4	49.9	34.7	25.3	24.3	43.5	29.8	26.6

续表

年份	地区	人均GDP	产业产值比			制造业增加值占比	城镇化率	产业就业比		
			一	二	三			一	二	三
2000	全国	2681.4	15.9	50.9	33.2	33.7	36.2	50.0	22.5	27.5
	中部地区	2091.6	20.2	44.6	35.2	24.2	29.7	57.8	17.0	25.2
	山西	1946.1	10.9	50.3	38.7	24.7	34.9	46.7	24.9	28.4
2005	全国	4144.1	12.6	47.5	39.9	52.0	43.0	44.8	23.8	31.4
	中部地区	3067.6	16.7	46.8	36.6	34.8	36.5	50.5	21.1	28.4
	山西	3603.9	6.3	56.3	37.4	33.2	42.1	43.5	26.1	30.4
2010	全国	6902.1	10.1	46.8	43.1	60.4	49.9	36.7	28.7	34.6
	中部地区	5432.7	13.0	52.4	34.6	62.0	43.9	40.7	27.5	31.7
	山西	5888.3	6.0	56.9	37.1	31.1	46.0	38.3	26.4	35.2
2015	全国	9835.6	8.9	40.9	50.2	57.6	56.1	28.3	29.3	42.4
	中部地区	7869.7	10.8	46.8	42.4	58.4	51.2	37.2	27.6	35.2
	山西	6865.1	6.1	40.7	53.2	23.5	55.0	35.6	26.3	38.1
2019	全国	11759.0	7.1	39.0	53.9	61.6	60.6	26.1	27.6	46.3
	中部地区	8750.1	7.8	43.6	49.1	48.5	55.7	32.6	29.6	37.8
	山西	8245.4	4.8	48.3	51.4	27.3	59.6	33.7	23.1	43.2

资料来源：参见附录一。

表2 山西省工业化进程：综合及分项得分

年份	地区	人均GDP（权重=36）	产业产值比（权重=22）	工业结构（权重=22）	城镇化率（权重=12）	产业就业比（权重=8）	综合得分	工业化阶段
1995	全国	4	32	18	0	17	14	二（Ⅰ）
	中部地区	0	16	9	0	6	6	二（Ⅰ）
	山西	0	48	9	0	36	15	二（Ⅰ）
2000	全国	20	47	23	10	22	26	二（Ⅱ）
	中部地区	9	32	7	0	5	12	二（Ⅰ）
	山西	6	63	8	8	29	21	二（Ⅱ）
2005	全国	41	57	73	21	33	49	三（Ⅰ）
	中部地区	28	44	24	11	21	28	二（Ⅱ）
	山西	36	79	22	20	36	40	三（Ⅰ）
2010	全国	68	66	100	33	51	69	四（Ⅰ）
	中部地区	54	56	100	23	42	60	三（Ⅱ）
	山西	59	79	18	26	48	50	三（Ⅰ）

续表

年份	地区	人均GDP (权重=36)	产业产值比 (权重=22)	工业结构 (权重=22)	城镇化率 (权重=12)	产业就业比 (权重=8)	综合 得分	工业化 阶段
2015	全国	84	100	91	53	69	84	四（Ⅱ）
	中部地区	73	63	94	40	50	70	四（Ⅰ）
	山西	67	100	6	50	54	58	三（Ⅱ）
2019	全国	95	100	100	67	72	92	四（Ⅱ）
	中部地区	78	100	61	52	60	75	四（Ⅰ）
	山西	75	100	12	65	58	64	三（Ⅱ）

资料来源：参见附录二。

首先，依据表1对于山西省工业化主要指标的汇总结果，从人均GDP指标来看，2019年全国人均GDP水平为11759.0美元，中部地区人均GDP水平为8750.1美元，而山西省人均GDP水平为8245.4美元，低于同期中部地区及全国平均水平，显示出其总体经济发展水平无论是与中部地区还是与全国相比，都处于相对落后的水平，经济发展的潜力仍然很大。同时，从1995年至2019年的纵向时间序列来看，在经历2010年的短暂下跌之后，山西省人均GDP水平慢慢接近中部地区省份的平均水平，但是与全国平均水平的差距正在逐步拉大，经济追赶形势依然严峻，追赶压力巨大。

从产业产值比数据来看，2019年山西省三次产业结构为4.8∶43.8∶51.4，第三产业在国内生产总值中占据主要地位。然而，第一产业产值比相较全国水平低2.3个百分点；第二产业相较全国水平高出4.8个百分点；第三产业相较全国水平低2.5个百分点。第一产业产值比相较中部地区平均水平低3.0个百分点；第二产业相较于中部地区平均水平高0.2个百分点；第三产业相较于中部地区平均水平高出2.3个百分点。总体而言，在产业产值比方面，山西省相较于中部省份产业结构第一产业的占比更低、第二产业的占比更高，这也与山西省传统工业型省份的身份相一致。同时，从1995年至2019年的纵向时间序列来看，山西省产业产值比数据显示出山西省第一产逐步降低，第二产业占比逐步升高、降低再升高的过程，体现出山西省经济转型发展的独特过程。

从制造业增加值占比数据来看，山西省2019年制造业增加值占比水平为27.3%，远低于中部地区和全国平均水平。这与山西省独特的产业结构有关。

同时，从 1995 年至 2019 年的纵向时间序列来看，在全国制造业增加值占比水平不断上升的大背景下，中部地区及山西省的制造业增加值占比水平表现出一种先上升后下降的趋势，并且山西省一直处于较低水平。

从人口城镇化率水平来看，山西省 2019 年的城镇化水平为 59.6%，高于中部地区 55.7% 的平均水平，但低于全国 60.6 的平均水平。从 1995 年至 2019 年的纵向时间序列来看，一直以来山西省的城镇化率水平是高于中部地区的平均水平的，同时略低于全国平均水平。全国在经历了 2010 年前后城镇化率增速的一次短暂的下跌之后，开始重新恢复到正常水平。

从产业就业比水平来看，山西省 2019 年三大产业的产业就业比分别为 33.7:23.1:43.2。与中部地区以及全国水平相比：在第一产业就业占比方面，山西省略高于中部地区平均水平同时远高于全国平均水平；在第二产业就业占比方面，山西省略低于全国平均水平同时低于中部地区平均水平；在第三产业就业占比方面，山西省略低于全国平均水平同时高于中部地区平均水平；这个指标与产业产值比数据相对照，说明山西省第一产业发展具有较低的劳动生产率，它以高于中部地区平均水平的第一产业就业比，生产出低于中部地区平均水平的产业产值比。另外，山西省第二产业发展具有较高的劳动生产率，它以低于中部地区平均水平的第二产业就业比，生产出了高于中部地区平均水平的产业产值比。同时，从 1995 年至 2019 年的纵向时间序列来看，山西省第一产业就业占比大致呈现一种不断下降的趋势；山西省第二产业就业占比呈现先上升再下降的趋势；山西省第三产业就业占比呈现一种不断上升的趋势；就就业结构的一个侧面，展现出山西省独特的产业结构特点，以及产业发展稳中向优的发展趋势。

综合各项指标计算，在表 2 的结果汇总中我们可以看出，2019 年山西省工业化水平综合指数为 64，处于工业化中期的后半阶段。与中部地区工业化水平综合指数具有较大差距，处于不同的工业化阶段；与全国工业化水平综合指数相比，也有较大差距，说明其工业化进程仍处于发展期。从 1995 年至 2019 年的纵向时间序列来看，自 2005 年被中部省份平均水平赶超之后，山西省全国工业化水平综合指数一直处于低于中部地区的平均值的水平，与全国工业化水平综合指数并没有缩小，反而有所拉大。

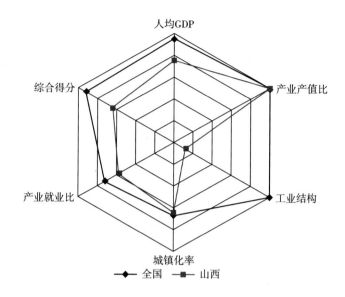

图1 2019年山西省工业化各指标得分雷达图

三 山西省工业化进程的特征

依据上述我们对于山西省工业化水平的评价结果及其简单分析和山西省经济社会发展的实际成果，我们总结"十三五"期间山西省工业化进程的基本特征如下。

1. 工业化水平持续提高，全国排名继续攀升

从表3可以看出，2019年山西省工业化水平综合指数为64，处于工业化中期的后半阶段。相较于"十二五"结束的2015年，工业化水平综合指数持续提高。同时，工业化水平综合指数的全国排名也由2015年的第24上升为2019年的第21，显示出工业化发展持续向好的势头。然而，从1995年至2019年的纵向时间序列来看，自从2005年山西工业化进程因经济周期因素开始滑坡之后，其工业化水平综合指数在全国的排名，由2005年的第10名骤然下降到2010年的第24名，直到"十三五"期间才有所好转，全国排名小幅上升到第21名，显示出其经济形势开始转好的趋势。

表 3 山西省工业化进程综合评价结果排名变化情况

地区	1995 年			2000 年			2005 年		
	工业化指数	工业化阶段	全国排名	工业化指数	工业化阶段	全国排名	工业化指数	工业化阶段	全国排名
全国	14	二(Ⅰ)	—	26	二(Ⅱ)	—	49	三(Ⅰ)	—
中部地区	6	二(Ⅰ)	6	12	二(Ⅰ)	6	28	二(Ⅱ)	6
山西	15	二(Ⅰ)	11	21	二(Ⅱ)	14	40	三(Ⅰ)	10

地区	2010 年			2015 年			2019 年		
	工业化指数	工业化阶段	全国排名	工业化指数	工业化阶段	全国排名	工业化指数	工业化阶段	全国排名
全国	69	四(Ⅰ)	—	84	四(Ⅱ)	—	92	四(Ⅱ)	—
中部地区	60	三(Ⅱ)	6	70	四(Ⅰ)	7	75	四(Ⅰ)	6
山西	50	三(Ⅱ)	24	58	三(Ⅱ)	24	64	三(Ⅱ)	21

资料来源：参见附录二。

2. 工业化速度放缓，工业可持续发展压力较大

从表 4 可以看出，2019 年山西省工业化进程评分为 64，低于中部地区平均水平的 75，也远低于全国平均水平的 92，显示出山西省工业化发展仍有待进一步深化。就年均增速而言，相较于"十二五"期间年均 1.6、全国排名第 17 的增速而言，"十三五"期间，山西省工业化进程评分年均增速为 1.5，全国排名第 10。而 2016～2019 年，中部地区工业化进程评分平均增速为 1.3，在全国诸多区域中排名第 2。这说明山西省工业化速度不仅在全国范围内处于较高水平，即使是在工业化速度较快的中部地区内部，也处于发展较快的水平，凸显出地区工业化蓬勃发展的态势。

表 4 山西省工业化速度

地区	工业化进程(100 分制)			年均增速					
	1995 年	2000 年	2005 年	1996～2019 年	排名	1996～2000 年	排名	2001～2005 年	排名
全国	14	26	49	3.3	—	2.4	—	4.6	—
中部地区	6	12	28	2.9	2	1.2	6	3.2	5
山西	15	21	40	2.0	21	1.2	20	3.8	7

地区	工业化进程(100分制)			年均增速					
	2010年	2015年	2019年	2006~2010年	排名	2011~2015年	排名	2016~2019年	排名
全国	69	84	92	4.0	—	3.0	—	2.0	—
中部地区	60	70	75	6.4	1	2.0	2	1.3	2
山西	50	58	64	2	26	1.6	17	1.5	10

资料来源:参见附录三。

从表5汇报的工业化加速度情况可以看出,和"十二五"期间相同,"十三五"期间山西省工业化加速度仍展现出负增长趋势,但是相较于"十二五"-0.4的低水平,"十三五"期间-0.1的工业化加速度水平显示出山西省工业化速度增长减缓趋势有所缓和。与中部地区的平均水平相比,"十三五"期间山西省工业化加速度显著高于中部地区的平均水平,工业可持续发展形势良好。

表5 山西省工业化加速度

地区	1996~2000年平均增速	2001~2005年平均增速	2006~2010年平均增速	"十五"加速度	"十五"加速度排序	"十一五"加速度	"十一五"加速度排序
全国	2.4	4.6	4.0	2.2	—	-0.6	—
中部地区	1.2	3.2	6.4	2.0	2	3.2	3
山西	1.2	3.8	2.0	2.6	6	-1.8	25

地区	2011~2015年平均增速	2016~2019年平均增速	"十二五"加速度	"十二五"加速度排序	"十三五"加速度	"十三五"加速度排序
全国	3.0	2.0	-1.0	—	-1.0	—
中部地区	2.0	1.0	-4.4	6	-1.5	5
山西	1.6	1.5	-0.4	4	-0.1	9

资料来源:参见附录三。

3. 人均GDP和城镇化率对于工业化水平提高的贡献更为突出

从表6可以看出,2016~2019年,山西省人均GDP和城镇化率对于工业化水平提高的贡献度分别达到48.0%和30.0%,在影响工业化水平的诸多因素里名列前茅。与中部地区以及全国的平均水平相比,均处于较高水平。2016~2019年,中部地区人均GDP和城镇化率对于工业化水平提高的贡献度分别为 36.0% 和 28.8%；就全国层面而言，人均 GDP 和城镇化率比对于工业化水平提高的贡献度分别为 49.5% 和 21.0%；同时，如表 7 所示，从 1996 年至 2019 年的纵向时间序列来看，人均 GDP 和城镇化率一直是助推山西省工业化水平提高的"两驾马车"，贡献最大。

表6　各指标对地区工业化综合指数增长的贡献度

年份	地区	人均GDP(%)	产业产值比(%)	工业结构(%)	城镇化率(%)	产业就业比(%)	工业化指数累计增加值
1996～2000	全国	48.00	27.50	9.17	10.00	3.33	12
	中部地区	54.00	58.67	−7.33	0.00	−1.33	6
	山西	36.00	55.00	−3.67	16.00	−9.33	6
2001～2005	全国	32.87	9.57	47.83	5.74	3.83	23
	中部地区	42.75	16.50	23.38	8.25	8.00	16
	山西	56.84	18.53	16.21	7.58	2.95	19
2006～2010	全国	48.60	9.90	29.70	7.20	7.20	20
	中部地区	29.25	8.25	52.25	4.50	5.25	32
	山西	82.80	0.00	−8.80	7.20	9.60	10
2011～2015	全国	38.40	49.87	−13.20	16.00	9.60	15
	中部地区	68.40	15.40	−13.20	20.40	6.40	10
	山西	36.00	57.75	−33.00	36.00	6.00	8
2016～2019	全国	49.50	0.00	24.75	21.00	3.00	8
	中部地区	36.00	162.80	−145.20	28.80	16.00	5
	山西	48.00	0.00	22.00	30.00	5.33	6

表7　1996～2019 年各指标对地区工业化综合指数增长的贡献度

地区	人均GDP(%)	产业产值比(%)	工业结构(%)	城镇化率(%)	产业就业比(%)	工业化指数累计增加值
全国	42.00	19.18	23.13	10.31	5.64	78
中部地区	40.70	26.78	1.51	9.04	6.26	69
山西	55.10	23.35	1.35	15.92	3.59	49

资料来源：参见附录三。

另外，我们还应注意到，1996～2019 年山西省工业结构转变和产业就业比对于工业化综合指数增长的贡献度一直处于较低水平。

四　山西省工业化进程存在的主要问题

1. 工业化水平有待提高，赶超压力巨大

2019年全国人均GDP为11759.0美元，中部地区人均GDP为8750.1美元，而山西省人均GDP为8245.4美元，低于同期中部地区及全国平均水平，显示出其总体经济发展水平无论是与中部地区还是与全国相比，都处于相对落后的水平，经济发展的潜力仍然很大。同时，2019年山西省工业化水平综合指数为64，处于工业化中期的后半阶段。相较于"十二五"结束的2015年，工业化水平综合指数持续提高。同时，工业化水平综合指数的全国排名也由2015年的第24上升为2019年的第21，显示出工业化发展持续向好的势头。但是其经济势头最好的时候曾在2005年位居全国第10位置。自2005年山西工业化进程因经济周期因素开始滑坡之后，其工业化水平综合指数在全国的排名，由2005年的第10骤然下降到2010年的第24，直到"十三五"期间才有所好转，全国排名小幅上升到第21，显示出其经济形势开始转好的趋势。然而受2008年经济危机的影响，其与其他省份的发展差距逐步拉大，虽然目前形势有所好转，处于工业化中期的后半阶段。但是与中部地区其他省份的工业化水平已经有了阶段性差异。目前来看，中部地区中经济转型难度最大的就是山西省，在经济转型的同时要实现赶超其他省份的目标，压力巨大。

2. 就业结构不合理，地区劳动力资源错配严重

总体而言，山西省的劳动力资源错配严重，第一产业集聚了太多闲置的劳动力，造成资源的严重浪费。这也导致2016～2019年山西省产业劳动比对于工业化程度的贡献低于中部地区的均值。

3. 产业产值比贡献度太低，地区产业发展仍需提速

"十三五"时期，产业产值比对于山西工业化进程的贡献度为0。另外，从总量和分产业的详细数据来看，虽然山西省2019年地区生产总值17026.68亿元，相较于2015年的12802.6亿元大幅增长。这是山西省经济发展在经历"断崖式"下跌的尴尬境地，重回快速持续增长的轨道。但是其产业发展和经济增长速度相较于中部地区的其他省份仍有较大的差距。例如同为中部地区之一的安徽省，"十三五"期间，安徽省地区生产总值由2015年的22005.6亿元增加到 2019 年的 37114 亿元，年平均增速高达 13.9%。山西省仍需快马加鞭，加快改革和清理一切阻碍产业和地区经济发展的因素，助力产业和经济发展再上新台阶。

五 进一步推进山西省工业化进程的建议

尽管自 2008 年以来山西省一直以经济转型发展为目标，但是其经济主体对于资源的依赖度依然较高，山西的资源经济转型依然面临诸多问题。山西以能源和原材料工业为主体的重型工业结构，导致产业科技含量低、三次产业发展不够协调、第二产业内部结构不优、整体发展水平较低。转型发展在今后很长一段时间里仍将是山西经济发展的主线、根本和重中之重。山西经济转型与发展是由资源依赖型经济向非资源依赖型经济转变。在产业结构上要实现由"一煤独大"的单一资源型主导产业向多元化新兴产业尤其是向文化产业转变。在经济增长方式上要实现由粗放式、高能耗、高污染的传统增长方式向高效型、集约型、技术型的现代增长方式转变。

1. 加快推进经济体制改革，着力振兴实体经济

要加快推进国有企业和重点行业改革，打破行业垄断和地方保护，完善产权保护制度，激发和保护企业家精神。加快培育壮大经济发展新动能，按照国务院相关部门安排，落实新兴产业监管规则，引导和促进新兴产业健康发展，进一步激发市场活力和社会创造力，增强微观主体内生动力。大力改造提升传统产业，增强企业对市场需求变化的反应和调整能力，加强激励，鼓励创新，提高资源配置效率和全要素生产率。同时针对山西省第一产业就业人口比重过大的情况，积极完善就业政策，发展特定劳动密集型产业，优化收入分配和社会保障体制机制，加快教育、医药卫生、文化、社会治理等领域改革，织密扎牢民生保障网，进一步提高社会事业和公共服务供给质量和水平，加快新型城镇化和城乡一体化体制创新，不断满足人民群众对美好生活的新期待。

2. 努力推广煤炭工业技术革新，合理谋划多元化发展新布局

长期以来，煤炭开采和销售一直是山西煤炭产业的主要业务，一支独大的产业发展模式使得山西省经济发展因整体宏观经济走势的波动而"起伏不定"，成为经济平稳快速发展的隐患。要扭转这一局势，山西需要首先在煤炭

产业链上做好文章,山西不仅要挖好煤,更要用好煤;不仅要做好煤炭本身的文章,更要做好煤炭延伸发展的文章。按照"板块化经营、专业化管理"的多元经营思路,打造一条完整的煤炭开采和加工一体的煤炭生产产业链。同时,政府应积极扶持以物联网技术应用为核心的物流信息平台建设,积极推动建立以煤炭储配加工中心、煤炭超市、公路煤炭物流通道、公路煤炭物流配送能力、铁路煤炭集运站及专用线、港口及省外煤炭消费区集散地为重点的五个物流节点建设,从而打造完整的现代化煤炭物流营销产业链。在成功打造煤炭产品产业链、做好煤炭生产和煤炭物流营销这两个主业的同时,秉持"以煤为基,多元发展"的理念,积极进行如焦炭化工、电力、装备制造、文化旅游、金融投资、贵金属等板块的开拓,谋划多元化发展新布局,为地区产业升级和经济发展谋求新出路。

3. 积极推进山西老工业基地改造,大力发展循环经济

山西老工业基地,是指以太原、长治、大同、阳泉、晋中、临汾等为主的山西省区域的老工业基地。山西老工业基地目前自身正处于加速工业化和市场化的社会转型时期,由于存在巨大的城乡之间和地区之间的发展差距以及各种过渡期的双轨制度,在众多的需要做出艰难选择的问题当中,就业可能是最为突出的问题之一。加快老工业基地改造是山西全面建设小康社会的重要举措,如20世纪90年代末在东北进行的国有企业改革为东北下一阶段的经济起飞奠定了制度基础。促进就业是山西老工业基地改造与全面建设小康社会的突破口,山西省要大力发展劳动密集型产业,积极解决地区人民就业和生活保障问题,就业是民生之本。发展循环经济是山西老工业基地改造和全面建设小康社会的根本途径,力促实现地区煤炭生产和销售在全产业链的拓展,并推动以新产业新业态为主要内容的循环经济的发展,实现经济新旧动能的转换。总体而言,山西省要不断加快产业结构调整步伐,在"去旧"的同时"育新",积极开展煤基科技重大项目研究,推动黑色煤炭绿色发展、高碳资源低碳发展,从原煤到发电的废渣、从废水到发电的余热,基本实现"闭路循环、废物利用"。在提高地区能源利用效率的同时,为煤炭行业创造了新的经济增长点,促使老工业基地通过改造焕发新活力。

4. 深化国有企业改革,释放市场主体活力

调整产业结构,关键是调整资本结构。山西省政府要把握全球科技和产业

变革趋势，以市场为导向，通过深化改革，让半睡的国有资本进一步活起来。积极开展地区内国有企业混合所有制改革，让国有企业重新焕发活力。同时，积极优化国有资本布局，在关键领域继续发挥主导和核心作用的同时从一部分竞争性领域退出，从而更好地服务转型、引领转型。总体上推动国有资本向能源革命方向进军，发挥好基础性作用；推动国有资本向新兴产业方向集结，发挥好牵引性作用；推动国有资本在公共服务领域优化，发挥好保障性作用。大力推进中央企业和地方企业结合、国有企业与民营企业结合、自身发展与引进外资结合和军地结合，促进优势资产重组和整合，促进资产存量向优势产品和优势企业流动，最大限度地提高企业资产运营的效率，释放市场主体活力。以企业为龙头，以产业为支出，不断推进地区经济的快速发展和升级。

参考文献

本刊记者：《山西省国资委部署省属国企深化改革转型发展工作》，《支部建设》2018 年第 17 期。

常金宏：《山西省工业绿色发展水平测度及提升研究》，内蒙古师范大学硕士学位论文，2020。

巩蓉蓉：《山西省经济发展质量测度及提升研究》，内蒙古师范大学硕士学位论文，2019。

李慧：《基于全链条视角的山西省资源型产业转型分析》，《商业经济》2020 年第 1 期。

李慧：《经济新常态下山西省战略性新兴产业发展对策研究》，《现代营销》（下旬刊）2019 年第 11 期。

李青：《资源型地区经济转型中科技创新驱动效应研究》，山西大学硕士学位论文，2019。

李欣：《"十三五"期间山西省对外开放国内外经济环境分析》，《现代商业》2014 年第 34 期。

李颖：《山西国企改革历程回顾与当前改革重点的战略分析》，《前进》2019 年第 9 期。

庞舒雅：《去工业化视角下：山西省产业结构调整研究》，《科技和产业》2018 年第 12 期。

牛娜：《山西省综改区政策驱动产业转型的作用路径研究》，山西财经大学硕士学位

论文，2019。

苏建军、翟艳、王艺橦：《山西省区域产业结构转化比较分析》，《江苏商论》2014年第 12 期。

沈琼、王少朋：《技术创新、制度创新与中部地区产业转型升级效率分析》，《中国软科学》2019 年第 4 期。

《2018 年山西统计年鉴》，2019。

《2019 年山西省国民经济和社会发展统计公报》，2020。

B.22

河南省

河南省位于我国中东部、黄河中下游，面积 16.7 万平方公里，2019 年末人口为 10952 万人[①]。"十三五"期间，河南省经济综合实力大幅提升，工业化进程持续推动，实现了从工业化中期的后半阶段向工业化后期的前半阶段的跨越，工业化综合指数年均增速较快，工业化水平在全国排名上升。

一 "十三五"河南省经济社会发展基本情况

"十三五"时期，河南省粮食生产核心区、中原经济区、郑州航空港经济综合实验区三大国家战略规划相继实施，在全国发展大局中的地位不断提升。全省国民经济保持两位数增长，经济实力大幅提升，经济大省、新兴工业大省、农业大省地位更加凸显。地区生产总值实现了从 3 万亿元到 5 万亿元的突破，2019 年生产总值超过 5.4 万亿元，年均增长 9.6%。人均生产总值 56388 元，是 2015 年的 1.44 倍，年均增长 10.05%。全部工业增加值突破 1 万亿元，2019 年超过 2.3 万亿元，是 2015 年的 1.44 倍。2019 年财政总收入突破 6000 亿元，其中一般公共预算收入 4041.6 亿元，增长 7.3%，相比 2015 年增长 1.34 倍，年均增长 7.62%，地方级税收收入增长 6.9%。金融机构各项本外币存款余额 2019 年达 8.9 万亿元，相比 2015 年翻了将近一番，年均增长 16.69%。粮食生产实现新突破，2019 年粮食产量 6695.36 万吨，相比 2015 年增加 628.26 万吨。

产业转型升级成效凸显。2015～2019 年，河南省产业结构不断优化，二、三产业比重由 88.6% 提高到 91.5%，第三产业增加值占生产总值比重由 40.2% 上升到 48.0%，成为拉动经济增长、扩大就业的主导力量。现代服务

---

① 《2019 年河南省国民经济和社会发展统计公报》。

业比重 2019 年也达到 48%，相比 2015 年提高 8.5 个百分点。自 2016 年以来，以化解煤炭钢铁过剩产能为重点，统筹推进火电、水泥、玻璃、电解铝等行业过剩产能退出，关停煤电机组 168 万千瓦，淘汰煤炭过剩产能 1064 万吨。累计退出煤炭产能 4400 万吨，压减炼钢产能 240 万吨，关停 103 万千瓦煤电机组，全面取缔 22 家"地条钢"制售企业。着眼高端化、智能化、绿色化、融合化发展目标，持续实施转型攻坚，以装备制造、新型材料、能源化工、绿色食品、电子信息、建筑装配、现代物流、文化旅游、健康养老、高效种养、烟草、酒业等 12 个重点产业为突破口，大力推进制造业绿色、智能、技术三大改造，创建国家级绿色工厂 28 家，培育建设智能工厂（车间）150 家。围绕降低生产要素、制度交易等成本出台 50 条政策措施，帮助实体企业有效降低成本。

创新能力持续跟进。"十三五"期间河南省继续加大创新能力培育，共有省级以上企业技术中心 1114 个，其中国家级 91 个；省级以上工程实验室（工程研究中心）784 个，其中国家级 49 个。省级工程技术研究中心 1685 个，国家级工程技术研究中心 10 个。省级重点实验室 206 个，国家级重点实验室 16 个。启动实施 35 个省重大科技专项。获得省级科学技术奖 297 项（人），获得国家科学技术奖 16 项。实施超大直径硬岩盾构、燃料电池客车等五大创新引领专项，23 项重大关键技术面向国内外揭榜攻关。郑东新区龙子湖智慧岛建设取得突破性进展。国家超级计算郑州中心、国家农机装备创新中心顺利落户，省部共建食管癌防治、作物逆境适应与改良国家重点实验室获批建设。国家级创新平台达到 167 家，新建国家级博士后科研流动站 17 家、省级院士工作站 29 家，新增高新技术企业超过 1400 家。招才引智"绿色"通道机制进一步完善。

重大基础设施持续推进。"十三五"期间，河南省全社会固定资产投资累计超 18.5 万亿元，比"十二五"期间增加将近 6 万亿元，年均增长率为 9.25%。加快中原城市群发展，出台支持郑州建设国家中心城市政策，制定郑州大都市区空间规划，郑汴、郑许、郑新、郑焦一体化融合发展步伐加快。加快洛阳中原城市群副中心城市建设，启动编制洛阳都市圈发展规划。支持各区域中心城市错位发展，强化多点带动。推动百城建设提质，增强城市承载能力。

对外开放水平不断提升。"十三五"期间，河南省适应国际经贸形势变化，出台稳外贸、增外资、促外经政策措施，扩大开放持续推进。郑州航空港经济综合实验区被确定为空港型国家物流枢纽，郑州新郑国际机场客货吞吐量保持中部双第一，中欧班列（郑州）开行班次增长33%，跨境电商进出口增长20%以上，海铁联运城市和班列扩容加密。开放平台作用进一步发挥，自贸区160项试点任务基本完成，举办第十三届中国（河南）国际投资贸易洽谈会等一系列招商活动，实际吸收外资超过185亿美元。参加第二届中国国际进口博览会，成交额增长48.3%。

民生福祉继续改善。全力推进脱贫攻坚。着力解决"两不愁三保障"突出问题，聚焦深度贫困地区和特殊贫困群体，统筹推进产业扶贫、金融扶贫、交通扶贫、健康扶贫、教育扶贫、生态扶贫等政策落实，脱贫攻坚取得显著成效。贫困地区农民人均可支配收入增幅高于全省农民平均增幅。改造农村危房10.6万户，933个贫困村饮水安全得到巩固提升。"十三五"易地扶贫搬迁26万人入住任务全面完成，黄河滩区居民迁建20万人安置区基本建成。实现68.7万农村贫困人口脱贫、1169个贫困村退出，14个贫困县有望如期脱贫摘帽。稳定扩大社会就业。实施全民技能振兴工程和职业技能提升行动，抓好高校毕业生、退役军人、下岗职工、农民工等重点群体就业创业，组织各类技能培训338万人次；城镇新增就业138.3万人，城镇登记失业率3.17%；新增农村劳动力转移就业45.8万人，新增外出务工人员返乡下乡创业25.7万人。提高社会保障水平，适当提高城乡居民基础养老金最低标准，增加企业和机关事业单位退休人员基本养老金，为全省226万名80岁以上老人发放高龄津贴。医保范围内住院医疗费用平均报销比例稳定在75%左右。残疾人权益保障得到加强。

二 河南省工业化水平评价

表1给出了1995年、2000年、2005年、2010年、2015年、2019年河南省、中部地区和全国的各项工业化水平指标的数据；表2列示了同期河南省工业化水平的评价结果及其与全国、中部地区的比较情况。

表1　河南省工业化主要指标（1995～2019年）

单位：美元，%

年份	地区	人均GDP	产业产值比			制造业增加值占比	城镇化率	产业就业比		
			一	二	三			一	二	三
1995	全国	1857.8	20.5	48.8	30.7	30.7	29	52.2	23	24.8
	中部地区	1263.6	26.8	43.7	29.4	25.2	19.6	57.1	19.7	23.1
	河南	1261.9	25.4	47.3	27.3	24.5	16.2	60.0	19.8	20.2
2000	全国	2681.4	15.9	50.9	33.2	33.7	36.2	50.0	22.5	27.5
	中部地区	2091.6	20.2	44.6	35.2	24.2	29.7	57.8	17.0	25.2
	河南	2062.4	22.6	47.0	30.4	24.6	23.2	64.1	17.5	18.4
2005	全国	4144.1	12.6	47.5	39.9	52.0	43.0	44.8	23.8	31.4
	中部地区	3067.6	16.7	46.8	36.6	34.8	36.5	50.5	21.1	28.4
	河南	3272.5	17.9	52.1	30.0	33.4	30.7	55.4	22.1	22.5
2010	全国	6902.1	10.1	46.8	43.1	60.4	49.9	36.7	28.7	34.6
	中部地区	5432.7	13.0	52.4	34.6	62.0	43.9	40.7	27.5	31.7
	河南	5476.8	14.1	57.3	28.6	66.1	38.8	44.9	29.0	26.1
2015	全国	9835.6	8.9	40.9	50.2	57.6	56.1	28.3	29.3	42.4
	中部地区	7869.7	10.8	46.8	42.4	58.4	51.2	37.2	27.6	35.2
	河南	7691.6	11.4	48.4	40.2	58.6	46.9	40.7	30.6	28.7
2019	全国	11759.0	7.1	39.0	53.9	61.6	60.6	26.1	27.6	46.3
	中部地区	8750.1	7.8	43.6	49.1	48.5	55.7	32.6	29.6	37.8
	河南	9188.4	8.5	43.5	48.0	59.1	53.2	35.4	30.6	34.0

资料来源：参见附录一。

表2　河南省工业化进程：分项及综合得分（1995～2019年）

年份	地区	人均GDP	产业产值比	工业结构	城镇化率	产业就业比	综合得分	所处阶段
1995	全国	4	32	18	0	17	14	二（Ⅰ）
	中部地区	0	16	9	0	6	6	二（Ⅰ）
	河南	0	19	7	0	0	6	二（Ⅰ）
2000	全国	20	47	23	10	22	26	二（Ⅱ）
	中部地区	9	32	7	0	5	12	二（Ⅰ）
	河南	8	26	8	0	0	10	二（Ⅰ）
2005	全国	41	57	73	21	33	49	三（Ⅰ）
	中部地区	28	44	24	11	21	28	二（Ⅱ）
	河南	32	40	22	1	10	26	二（Ⅱ）

续表

年份	地区	人均GDP	产业产值比	工业结构	城镇化率	产业就业比	综合得分	所处阶段
2010	全国	68	66	100	33	51	69	四（Ⅰ）
	中部地区	54	56	100	23	42	60	三（Ⅱ）
	河南	55	52	100	15	33	58	三（Ⅱ）
2015	全国	84	100	91	53	69	84	四（Ⅱ）
	中部地区	73	63	94	40	50	70	四（Ⅰ）
	河南	72	61	95	28	42	67	四（Ⅰ）
2019	全国	95	100	100	67	72	92	四（Ⅱ）
	中部地区	78	100	61	52	60	75	四（Ⅰ）
	河南	81	100	96	44	54	82	四（Ⅰ）

资料来源：参见附录二。

从人均收入指标看，2019 年河南省人均 GDP 为 9188.4 美元，低于全国平均水平的 11759.0 美元和中部地区平均水平的 8750.1 美元。该指标的工业化评分为 81，刚刚进入工业化后期的前半阶段。

从三次产业产值比指标看，2019 年河南省的三次产业结构为 8.5：43.5：48.0；第一产业比重分别高于全国和中部地区的平均水平 1.4 个百分点和 0.7 个百分点；第二产业比重高于全国平均水平 4.5 个百分点且略低于中部地区平均水平；第三产业比重低于全国和中部地区的平均水平 5.9 个百分点和 1.1 个百分点。该指标的工业化评分为 100，处于工业化后期的前半阶段。

从工业结构指标看，2019 年河南省制造业增加值比重为 59.1%，略低于全国平均水平 2.5 个百分点而高于中部地区平均水平 10.6 百分点。该项指标工业化评分 96，远高于全国和中部地区的平均水平，是河南省工业化水平得分较高的单项指标。从城镇化率指标看，2019 年河南省城镇人口占比为 53.2%，分别低于全国和中部地区的平均水平 7.4 个百分点和 2.5 个百分点。该指标工业化评分为 44，分别低于全国和中部地区的平均水平 23 和 8，与全国发展水平差距较大，仍处于工业化后期的前半阶段。

从三次产业就业结构看，2019 年河南省第一、二、三产业就业人数的比重为 35.4：30.6：34.0，第一产业就业比重分别高于全国和中部地区平均水平

9.3 个百分点和 2.8 个百分点，第二产业就业比重分别高于全国和中部地区的平均水平 3 个百分点和 1 个百分点，第三产业就业比重分别低于全国和中部地区的平均水平 12.3 个百分点和 3.8 个百分点。该指标的工业化进程得分为 54，低于全国平均水平 18，处于工业化中期的前半阶段。

综合计算，2019 年河南省工业化综合指数为 82，刚刚进入工业化后期的前半阶段。从历史比较来看，2019 年河南省工业化综合指数分别比 1995 年、2000 年、2005 年、2010 年和 2015 年提高 76、72、56、24 和 15，工业化水平呈现大幅向前迈进。"十三五"期间，河南省在工业化后期前半阶段进行转型发展，但仍然落后于全国平均水平，和中部地区平均水平处于同一阶段。单项指标得分中，除产业产值比指标外，河南省工业化各项指标得分都落后于全国平均水平，城镇化率和产业就业比两项指标得分与全国平均水平差距最大，分别相差 23 和 18。除了工业结构指标外，河南省工业化各项指标得分也都小幅落后于中部地区平均水平，其中城镇化率和产业就业比差距最大，得分分别落后 8 和 6。

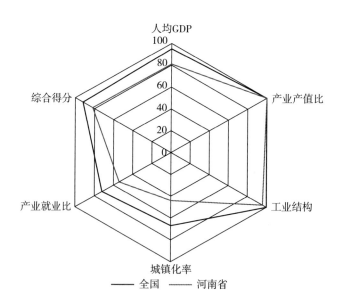

图 1　河南省工业化各指标得分雷达图（2019）

三 河南省工业化进程的特征

根据对河南省工业化水平的评价结果和河南省经济社会发展状况的分析，我们总结"十三五"期间河南省工业化进程的基本特征如下。

1. 工业化水平稳步提高

2015 年，河南省工业化综合指数为 67，与全国平均水平和中部地区平均水平差距为 17 和 3，尚处于工业化后期的前半阶段，在全国排名第 19。"十三五"期间，河南省工业化水平稳步前进，2019 年工业化综合指数为 82，得分相比 2015 年增加 15，保持在工业化后期前半阶段，工业化综合指数的全国排名比"十二五"末更加靠前，位居第 12，但工业化综合指数与全国平均水平和中部地区平均水平差距有小幅缩小，分别为 10 和 7，但在中部地区的排名从 2015 年的第 5 提升到第 2。

表3 河南省工业化指数排名变化情况（1995～2019 年）

年份	地区	指数	阶段	排名	年份	地区	指数	阶段	排名
1995	全国	14	二（Ⅰ）	—	2010	全国	69	四（Ⅰ）	—
	中部地区	6	二（Ⅰ）	6		中部地区	60	三（Ⅱ）	6
	河南	6	二（Ⅰ）	20		河南	58	三（Ⅱ）	19
2000	全国	26	二（Ⅱ）	—	2015	全国	84	四（Ⅱ）	—
	中部地区	12	二（Ⅰ）	6		中部地区	70	四（Ⅰ）	7
	河南	10	二（Ⅰ）	23		河南	67	四（Ⅰ）	19
2005	全国	49	三（Ⅰ）	—	2019	全国	92	四（Ⅱ）	—
	中部地区	28	二（Ⅱ）	6		中部地区	75	四（Ⅰ）	6
	河南	26	二（Ⅱ）	20		河南	82	四（Ⅰ）	12

资料来源：参见附录二。

2. 工业化进程增速加快

从工业化速度上看（见表4），"十二五"期间河南省工业化综合指数的年均增速为 1.8，低于全国平均水平和中部地区平均水平 1.2 和 0.2。"十三五"期间，河南省的工业化综合指数的增速开始加快，年均增速增加到 3.8，高于河南省之前时期的增长速度，比历史增速较快的"十一五"时期的增长速度还快 0.6，高于全国平均水平和中部地区的平均水平 1.8 和 2.5，这与河南省"十三五"时期产业结构转型调整有关，而同期全国和中部地区工业化进程增速小幅下降从另一方面说明河南省工业化转型发展的工作是成功的。总体上看，经过"十三五"的发展，河南保持在工业化后期的前半阶段，大致与中部地区平均工业化水平处于同一阶段。

从工业化加速度来看（见表5），"十三五"时期河南省工业化加速度增加明显。"十二五"时期，河南省工业化加速度为 -4.6，"十三五"时期工业化加速度由负转正，增加到 2.0，高于全国平均水平和中部地区平均水平加速度 -1.0 和 -1.5，在全国 31 个省区市的排名从 2015 年末的第 19 上升到 2019 年的第 3，工业化加速度明显加快。

表4 河南省与各地区的工业化速度比较（1995~2019 年）

地区	工业化进程（100 分制）						"十五"年均增速	"十一五"年均增速	"十二五"年均增速	"十三五"年均增速
	1995 年	2000 年	2005 年	2010 年	2015 年	2019 年				
全国	14	26	49	69	84	92	2.4	4.6	3.0	2.0
中部地区	6	12	28	60	70	75	1.2	3.2	2.0	1.3
河南省	6	10	26	58	67	82	0.8	3.2	1.8	3.8

资料来源：参见附录三。

表5 河南省与各地区的工业化加速度比较（1995~2019 年）

地区	"十五"加速度	排序	"十一五"加速度	排序	"十二五"加速度	排序	"十三五"加速度	排序
全国	2.2	—	-0.6	—	-1.0	—	-1.0	—
中部地区	2.0	2	3.2	3	-4.4	6	-1.5	5
河南省	2.4	8	3.2	10	-4.6	19	2.0	3

资料来源：参见附录三。

3. 工业化各项指标加速发展且呈现集中态势

"十三五"期间，河南省工业化各单项指标的得分相比"十二五"时期都有显著提升，处于加速发展中。与全国平均发展水平相比，河南省工业化各单项指标呈现集中态势。"十三五"时期城镇化率、产业就业比等所有指标与全国平均水平差距较"十二五"时期有所缩小。2019 年河南省产业产值比指标得分与全国平均水平保持一致，2019 年河南省工业结构指标得分与全国水平的差距缩小为 4。2015 年产业产值比、城镇化率、产业就业比与全国平均水平的差距分别为 39、27、27，2019 年这一差距分别增加值 0、23、18，各指标的均衡发展格局开始呈现。工业结构指标远超中部地区平均水平，其他指标与中部地区平均水平齐平。

表 6　河南工业化指标与全国、中部地区平均水平的比较（1995～2019 年）

年份	地区	人均GDP	产业产值比	工业结构	城镇化率	产业就业比	工业化指数
1995	与全国差距	−4	−13	−9	0	−17	−8
	与中部地区差距	0	−3	−2	0	−6	0
	河南省	0	19	7	0	0	6
2000	与全国差距	−12	−19	−15	−10	−22	−16
	与中部地区差距	−1	−6	1	0	−5	−2
	河南省	8	26	8	0	0	10
2005	与全国差距	−9	−17	−51	−20	−23	−23
	与中部地区差距	4	−4	−2	−10	−11	−2
	河南省	32	40	22	1	10	26
2010	与全国差距	−13	−14	0	−18	−18	−9
	与中部地区差距	1	−4	0	−8	−9	−2
	河南省	55	52	100	15	33	58
2015	与全国差距	−12	−39	4	−27	−27	−17
	与中部地区差距	−1	−2	1	−12	−8	−3
	河南省	72	61	95	28	42	67
2019	与全国差距	−6	0	−4	−23	−18	−10
	与中部地区差距	−3	0	35	−8	−6	7
	河南省	81	100	96	44	54	82

资料来源：参加附录二。

4. 产业产值比指标对工业化进程的贡献度最大

如表 7 所示，2016～2019 年，河南省产业产值比指标对工业化综合指数增长的贡献度为 57.20%，远高于其他指标对工业化综合指数的贡献度，是"十三五"期间河南工业化进程最重要的推动力。人均 GDP 和城镇化率两个指

标的贡献度超过 10% ，分别为 21.6% 和 12.8% ，也是河南省工业化进程的重要驱动因素。工业结构指标的贡献度在 10% 以下，为 1.47% ，对工业化进程的推动作用较小。从纵向比较来看，相比于"十二五"，"十三五"期间产业产值比对工业化综合指数增长的贡献度增加最大，城镇化率等指标的贡献度也有不同程度增加。横向比较表明，"十三五"期间，中部各分项指标的贡献度与河南省较为接近，"十三五"期间河南省的工业化模式与中部地区基本一致。

表7　各指标对河南省工业化综合指数增长的贡献度（2016～2019年）

地区	人均 GDP（%）	产业产值比（%）	工业结构（%）	城镇化率（%）	产业就业比（%）	工业化指数累计增加值
全国	49.50	0.00	24.75	21.00	3.00	8
中部地区	36.00	162.80	-145.20	28.80	16.00	5
河南	21.60	57.20	1.47	12.80	6.40	15

资料来源：参见附录三。

四　河南省工业化进程存在的主要问题

根据"十三五"期间河南省工业化单项指标得分情况，河南省工业化进程中存在城镇化率偏低、经济总量水平低、就业结构失衡等问题。具体如下。

1. 城镇化率偏低影响河南省工业化进程的发展

工业化是加快经济社会发展的动力，工业化的发展会有效促进城镇化，而城镇化会推动工业化。可以认为工业化是城镇化的基础，城镇化是工业化的载体和平台。"十三五"期间，河南省城镇化率严重滞后于全国平均水平，也滞后于中部地区的平均水平，是严重拉低河南省工业化综合指数得分的关键指标。工业化与城镇化二者之间应该是螺旋上升的发展关系。因为，工业化本身的集聚效应和乘数效应使区域经济得以发展，从而促进城市规模的扩大，其高效的生产方式和先进的技术为新型城镇化发展提供巨大动力，实现资源的优化配置；同时，随着城镇化的快速发展，完善的公共服务体系和优质的生活资源吸引着农村的劳动力，从而解决了工业发展过程中的人口成本问题，同时也为新型工业化提供了资金、技术和市场。现阶段，河南省的城镇化成为影响工业化水平发展的关键因素，河南省城镇化水平亟待提高。

2. 经济总量水平低限制了河南省工业化进程的发展

人均 GDP 在一定程度上衡量地区经济总量水平，而地区经济总量水平从供给和需求为工业化进程的发展提供了要素市场和商品市场，工业化提高资源配置效率从而提高经济总量水平，二者之间是螺旋上升的发展关系。2019 年河南省人均 GDP 为 9188.4 美元，低于全国平均水平的 11759.0 美元和中部地区平均水平的 8750.1 美元，人均 GDP 水平偏低说明当前的经济容量有待提升。

3. 产业就业比失衡

河南省"十三五"时期就业集中在第一、第二产业，一、二产业就业比重远高于全国平均水平和中部地区平均水平，造成第三产业就业比例偏低，远低于全国平均水平，不利于产业结构转型发展。产业就业比失衡是城镇化发展滞后于工业化发展的结果之一。已有研究表明，随着经济不断发展，农业的产值和就业比重将逐渐下降，而服务业则不断增加，与此同时，劳动力也随之在产业间发生转移，从农业转移到服务业，从而提高了城市化率。

五 推动河南省经济社会进一步发展的建议

"十三五"时期，河南省工业化进程稳步推进，与中部地区大致处于同一水平，在工业化后期的前半阶段实现转型，各个工业化单项指标也稳步提升。但作为中部省份和后发地区，河南省工业化水平总体还不高，制约河南省工业化水平进一步提升的因素仍较多，人均 GDP、城镇化率、产业就业比等三项指标与全国平均水平差距有所扩大，工业化进程的增长速度有所下降，人均 GDP 水平不高，城镇化水平仍不高，创新能力相对较弱，投资增长后劲不足，部分行业困难加剧等问题依然存在。"十四五"时期是河南省实现工业化的关键时期，也是河南省实现经济转型发展的紧要关口，河南省应该找准比较优势，实施转型发展，不断纵向深化改革，不断提升科技支撑能力，通过项目建设推动社会经济发展，推进制造业高质量发展，推进新型城镇化，提升外向经济发展水平，促进实现由工业大省向工业强省跨越，综合实力进入全国第一方

阵，成为促进中部崛起的核心支撑。

1. 通过项目建设实现社会经济发展目标

聚焦基础设施、社会民生、生态环保等领域，统筹实施重大项目，继续加大基础设施项目建设力度。具体如下。第一，加大公共交通设施项目建设。包括以太焦高铁河南段、郑济高铁河南段为重心的高铁建设项目；以郑州新郑国际机场三期工程为主的机场建设项目；继续落实高速公路的"双千工程"；补齐交通基础设施短板，加快构建综合交通运输体系。第二，继续加强水利基础设施建设。包括前坪水库建设、引江济淮工程、南水北调观音寺调蓄工程等。第三，加大民生工程项目建设。包括青电入豫工程、液化天然气应急储备中心、平顶山盐穴储气库等。第四，以大运河文化保护传承利用为中心，建设河道水系治理、生态环境保护修复、文化旅游融合发展等项目。第五，加快实施重大信息网络基础设施项目。

2. 通过创新发展推进制造业高质量发展

以创新引导为导向，深化供给侧结构性改革，推动产业基础能力和产业链现代化水平提升，推动制造业高质量发展。第一，在人工智能、新能源及网联汽车等领域加快实施新兴产业发展行动，促进数字经济发展，以鲲鹏生态创新中心和黄河牌鲲鹏服务器基地为中心建设鲲鹏软件小镇，培育经济增长极。第二，继续巩固装备、食品、新型材料、汽车和电子信息五大制造业的主导产业优势地位，通过推进食品产业转型攻坚、加快各类新材料基地建设，推进格力智能制造、通用电气风电设备制造基地、双汇倍增工程等重大项目建设，实现产业链稳定基础、提升水平的目标。第三，继续推进传统产业减量、延长链条、提质发展，完善淘汰落后生产工艺目录，对钢铁、炼焦装备进行大型化改造。第四，大力发展绿色建筑和装配式建筑，加快建筑业转型发展。第五，培育和建设工业行业互联网平台和生产性服务业公共服务平台，推动生产服务专业化和价值链高端化发展，加快发展专业服务业。促进先进制造业和现代服务业深度融合发展。

3. 通过打造产业链优化升级创新链

围绕国家战略布局和河南省优势领域，启动农业供给安全实验室、地下工程装备技术创新中心等建设，布局建设省实验室和省技术创新中心，创建国家级制造业创新中心。引导郑洛新国家自主创新示范区围绕智能传感器、智能装备、小分子药物等优势产业，建设一批共性关键技术创新与转化平台。依托高校和科研院所科研力量及研究成果，开展共性技术协同创新攻关。不断落实创新政策，鼓励和支持企业自主创新，着力培育创新龙头企业、"瞪羚"企业，新增一批国家高新技术企业。完善体制机制，实现招才引智常态化，发展市场化新型研发机构，推动产业转型升级融合发展。

4. 通过整体推进与重点突破相结合推动改革走深走实

第一，推动国有资本改革。加快优化和调整国有经济布局及结构，推动混合所有制改革提质扩面，做强做优做大国有资本；加快向管资本转变，推动国有资本投资、运营试点工作，继续深化国资国企改革；坚持一企一策、逐企推进，突出去行政化、强市场化，全面完善国有企业治理结构和运营机制。第二，支持民营经济发展。全面落实放宽民营企业市场准入的政策措施，破除各种隐性壁垒，保障各类市场主体依法平等使用资源要素、公开公平公正参与竞争；引导民营企业聚焦实业、做精主业，建立现代企业制度，提升企业发展质量；保护民营企业和企业家合法财产，给予民营企业家发展现代企业的信心。第三，深化金融改革创新。以建立现代银行制度为核心加快农信社改革，推动城商行规范、聚焦服务中小微企业；鼓励科技金融、普惠金融、绿色金融发展，支持更多企业利用境内外资本市场融资；支持郑商所创新发展，丰富上市品种，更好发挥套期保值和价格发现功能。第四，深化科技创新体制改革，尤其是重大科技成果转化激励机制。放大高校、科研机构在科研经费使用、职务科技成果权配等方面的自主权，激励科技研发人员的创新积极性。

5. 通过融入"一带一路"推动更高水平对外开放

借助"一带一路"建设，以开放倒逼改革。完善法治化的营商环境，吸引国内外资本来豫投资；扩大文化、旅游、教育、医疗、养老等领域对外合作，加快产业模式和业态创新升级；通过国际投资贸易洽谈会平台，拓展国际营销网络，开展对外工程承包和劳务合作，积极主动承接国内外产业转移；加快发展基地航空，拓宽优化航线网络，开通郑州—卢森堡"空中丝绸之路"运邮业务，拓展开放通道优势；提升中欧班列（郑州）运贸一体化运营质量，启动建设郑州国际陆港第二节点，拓展南欧线路；组建省级多式联运平台，制定多式联运标准规范，推行国际物流全程"一单制"和标准化运输。完善自贸区管理体制，调动各自贸区试点、改革积极性，通过支持洛阳、开封片区申

建综合保税区建设制度创新和扩大开放。提升郑州航空港经济综合实验区枢纽功能，推进临空产业发展，支持新郑综合保税区扩区，建成运营药品进口口岸，建设邮政枢纽口岸。

6. 通过产业发展构建现代城镇化体系

推进郑州国家中心城市和郑州大都市区建设，通过发挥郑州在现代物流、先进制造、高端服务方面的优势，深化郑州与周边城市一体化融合发展，拓宽郑州大都市区发展所需要的发展要素空间。根据百城发展优势，促进城市产业发展，支撑城市产业发展能力和潜力，通过县域产业联动发展，推动河南省现代城镇化建设进程。

参考文献

《2018年河南统计年鉴》，2019。

《2019年河南省国民经济和社会发展统计公报》，2020。

《2019年河南省政府工作报告》，2020。

《河南省政府投资管理办法》，2020。

《河南省人民政府关于加快高速公路建设的意见》，2020。

《河南省人民政府关于印发中国（洛阳）跨境电子商务综合试验区实施方案的通知》，2020。

《河南省人民政府关于坚持三链同构加快推进粮食产业高质量发展的意见》，2020。

《河南省人民政府关于在市场监管领域全面推行部门联合"双随机、一公开"监管的实施意见》，2020。

《河南省推进制造业供给侧结构性改革专项行动方案（2016~2018年)》，2016。

《河南省智能制造和工业互联网发展三年行动计划（2018~2020年)》，2020。

B.23
湖北省

湖北省是我国中部地区重要的工业大省,面积18.59万平方公里,2019年末人口为5927万。"十三五"期间,湖北省工业化进程快速推进,综合实力显著增长,呈现"总量跨越、质效提升、位次前移"的发展格局,保持高于全国、中部地区靠前的良好发展态势,工业化进程从后期的前半阶段进入后期的后半阶段,中部工业大省的地位稳固。

一 "十三五"湖北省经济社会发展基本情况

"十三五"时期,湖北省经济实力继续实现跨越式发展,全省地区生产总值从2015年的2.95万亿元上升到2019年的4.58万亿元,在全国的位次由"十二五"末的第8位上升到第7位。人均生产总值超过1.1万美元,达到12117美元,进入中等偏上收入阶段。地方一般公共预算收入稳中有增,2019年达3388.39亿元,比2015年增加383.39亿元。金融机构本外币存贷款余额为59747.7亿元,"十三五"期间增长1.48倍,年均增长率为8.02%。

着力调结构促转型,质量效益稳步提升。大力推进"一芯两带三区"区域和产业发展布局,牢牢把握供给侧结构性改革不松劲,加快新旧动能转换。坚持改旧育新"两手抓",万企万亿技改工程全面完成,累计实施技改项目1.16万个,投入1.2万亿元;四大国家级产业基地加快建设,集成电路、智能制造等战略性新兴产业快速成长。"芯屏端网"产业规模突破3000亿元。28项成果获国家科学技术奖。东湖实验室正式组建。6个工业互联网二级节点上线运行。新增高新技术企业1200家、国家级科技企业孵化器9家。统筹区域发展,"一主两副"经济总量突破2.5万亿元,孝感、荆门跨入2000亿元城市行列,仙桃、潜江、天门等8个县市入围全国百强。大力推进乡村振兴战略,重要农产品产供总体稳定,特色种养、休闲农业、乡村旅游让更多农民的

荷包鼓起来。非洲猪瘟疫情稳定控制。美丽乡村建设纵深推进。

区域创新能力持续增强，新产业成长迅速。坚持把扩大有效投资作为主抓手，推动重大项目落地见效。华星光电 T4、京东方 10.5 代线、小米武汉总部、荆州方特等 370 个重大产业项目建成运营。

基础设施建设突飞猛进，发展条件大为改善。我国首款 64 层三维闪存芯片在汉量产。汉十高铁通车运营。新一轮农村电网改造升级提前完成。水利补短板四大工程全面竣工，鄂北水资源配置一期建成通水，向解决"水袋子""旱包子"问题迈进一大步。

节能减排效果显著，生态文明加速发展。坚持标本兼治，统筹治气治水治土。长江经济带发展"双十"工程全面推进，15 个专项战役、91 个绿色发展重大项目和 58 个重大事项有力有效推进。关改搬转沿江化工企业 110 家，整治"散乱污"企业 2172 家，消除城市黑臭水体 212 个。南水北调中线工程水源地持续安全稳定供水。"四个三"重大生态工程进展顺利，改造农村户厕 163.6 万座，精准灭荒造林 80.2 万亩，828 个乡镇污水处理厂建成并投入试运行，乡镇垃圾中转站实现全覆盖。城乡垃圾分类全面推开。十堰、恩施等 6 地成功创建国家生态文明建设示范市县。咸宁向阳湖等 13 个国家湿地公园试点通过验收。

积极融入"一带一路"倡议，开放型经济水平进一步提升。深入推进"放管服"改革。"一网通办"基本实现。"3550 + 100"推进顺利。"鄂汇办"可办事项增加到 849 项。撤销高速公路省界收费站，实现 ETC 全国并网。新增企业类市场主体 26.4 万家。长投集团和清能集团完成重组。湖北自贸区 16 项制度创新成果在全国推广。在鄂投资世界 500 强企业新增 34 家，达到 314 家。中国 2019 世界集邮展览、中国 - 北欧经贸合作论坛、中印武汉对话会、华创会、楚商大会等活动成果丰硕。

社会保障体系逐步建立，民生福祉大幅提升。压减财政一般性支出 10%，集中更多财力用于民生保障，民生支出占比保持 75% 以上。援企稳岗 257 万个，帮扶困难人员就业、失业人员再就业 50.6 万人。社保持卡人数达到 5920 万人。普惠性幼儿园覆盖率达到 75%，义务教育城乡一体化、高考综合改革、职业教育扩招、高校"双一流"建设扎实推进。现代医院管理制度进一步完善，组建县域医共体 125 个，县域就诊率稳定在 90% 左右。基层综合文化服务中心建设三年任务全面完成。县乡公共法律服务中心（站）实现全覆盖。退役军人五级服务中心（站）全面建成。城乡社区治理效能提升，安全生产和食品药品安全形势总体平稳，扫黑除恶专项斗争取得阶段性成效，社会大局和谐稳定。

二 湖北省工业化水平评价

表1给出了1995年、2000年、2005年、2010年、2015年和2019年湖北省、中部地区、长江经济带和全国的各项工业化水平指标的数据；表2列示了同期湖北省工业化水平的评价结果及其与全国、中部地区、长江经济带的比较情况。

表1 湖北省工业化主要指标（1995~2019年）

单位：美元，%

年份	地区	人均GDP	产业产值比			制造业增加值占比	城镇化率	产业就业比		
			一	二	三			一	二	三
1995	全国	1857.8	20.5	48.8	30.7	30.7	29.0	52.2	23.0	24.8
	中部地区	1263.6	26.8	43.7	29.4	25.2	19.6	57.1	19.7	23.1
	湖北	1405.1	25.9	43.1	31.0	32.0	26.2	51.1	22.0	26.9
2000	全国	2681.4	15.9	50.9	33.2	33.7	36.2	50.0	22.5	27.5
	中部地区	2091.6	20.2	44.6	35.2	24.2	29.7	57.8	17.0	25.2
	湖北	2723.1	15.5	49.7	34.9	31.9	40.2	48.0	18.3	33.6
2005	全国	4144.1	12.6	47.5	39.9	52.0	43.0	44.8	23.8	31.4
	中部地区	3067.6	16.7	46.8	36.6	34.8	36.5	50.5	21.1	28.4
	湖北	3297.0	16.6	43.1	40.3	42.1	43.2	42.4	19.5	38.1
2010	全国	6902.1	10.1	46.8	43.1	60.4	49.9	36.7	28.7	34.6
	中部地区	5432.7	13.0	52.4	34.6	62.0	43.9	40.7	27.5	31.7
	湖北	6252.0	13.4	48.6	37.9	67.5	49.7	29.5	29.1	41.3
2015	全国	9835.6	8.9	40.9	50.2	57.6	56.1	28.3	29.3	42.4
	中部地区	7869.7	10.8	46.8	42.4	58.4	51.2	37.2	27.6	35.2
	长江经济带	10425.5	8.3	44.3	47.4	64.7	55.5	32.9	29.6	37.5
	湖北	9958.6	11.2	45.7	43.1	63.7	56.9	38.4	22.8	38.8
2019	全国	11759.0	7.1	39.0	53.9	61.6	60.6	26.1	27.6	46.3
	中部地区	8750.1	7.8	43.6	49.1	48.5	55.7	32.6	29.6	37.8
	长江经济带	12243.4	6.7	40.0	53.3	54.8	60.6	30.0	29.4	40.7
	湖北	12117.8	8.3	41.7	50.0	52.8	61.0	34.0	23.5	42.6

资料来源：参见附录一。

表2　湖北省工业化进程：分项及综合得分（1995～2019年）

年份	地区	人均GDP	产业产值比	工业结构	城镇化率	产业就业比	综合得分	工业化阶段
1995	全国	4	32	18	0	17	14	二（Ⅰ）
	中部地区	0	16	9	0	6	6	二（Ⅰ）
	湖北	0	18	20	0	20	10	二（Ⅰ）
2000	全国	20	47	23	10	22	26	二（Ⅱ）
	中部地区	9	32	7	0	5	12	二（Ⅰ）
	湖北	21	48	20	17	26	27	二（Ⅱ）
2005	全国	41	57	73	21	33	49	三（Ⅰ）
	中部地区	28	44	24	11	21	28	二（Ⅱ）
	湖北	33	44	40	22	39	36	三（Ⅰ）
2010	全国	68	66	100	33	51	69	四（Ⅰ）
	中部地区	54	56	100	23	42	60	三（Ⅱ）
	湖北	62	55	100	32	67	66	三（Ⅱ）
2015	全国	84	100	91	53	69	84	四（Ⅱ）
	中部地区	73	63	94	40	50	70	四（Ⅰ）
	长江经济带	88	100	100	51	60	87	四（Ⅱ）
	湖北	85	62	100	56	48	77	四（Ⅰ）
2019	全国	95	100	100	67	72	92	四（Ⅱ）
	中部地区	78	100	61	52	60	75	四（Ⅰ）
	长江经济带	98	100	74	67	66	89	四（Ⅱ）
	湖北	97	100	75	68	57	86	四（Ⅱ）

资料来源：参见附录一。

从人均收入指标看，2019年湖北省人均GDP为12117.8美元，高于全国、中部地区的平均水平11759.0美元和8750.1美元，低于长江经济带的平均水平12243.4美元。该指标的工业化评分为97，高于全国的95和中部地区的78，略低于长江经济带的98。该指标处于工业化后期的后半阶段，与全国平均水平处于同一阶段。

从三次产业产值比指标看，2019年湖北省的三次产业结构为8.3∶41.7∶50.0；第一产业比重高于全国、中部地区、长江经济带平均水平1.2个、0.5

个、1.6个百分点；第二产业比重高于全国和长江经济带平均水平2.7个和1.7个百分点，低于中部地区平均水平1.9个百分点；第三产业比重低于全国和长江经济带平均水平3.9个和3.3个百分点，高于中部地区平均水平0.9个百分点。该指标的工业化评分为100，是目前湖北省唯一实现工业化的单项指标。

从工业结构指标看，2019年湖北省制造业增加值占比为52.8%，低于全国和长江经济带平均水平8.8个和2.0个百分点，高于中部地区平均水平4.3个百分点。该项指标工业化评分为75。

从城镇化率指标看，2019年湖北省城镇人口占比为61.0%，略高于全国和长江经济带平均水平0.4个和0.4个百分点，高于中部地区平均水平5.3个百分点。该指标工业化评分为68，高于全国和长江经济带平均水平的67，远高于中部地区平均水平的52，仍处于工业化后期的后半阶段。

从三次产业就业结构看，2019年湖北省第一、二、三产业就业人数的比重为34.0∶23.5∶42.6，第一产业就业比重高于全国、中部地区和长江经济带平均水平7.9个、1.4个和4.0个百分点，第二产业就业比重低于全国、中部地区和长江经济带平均水平4.1个、6.1个和5.9个百分点，第三产业就业比重低于全国平均水平3.7个百分点但高于中部地区、长江经济带平均水平4.8个和1.9个百分点。该指标的工业化进程得分为57，处于工业化后期的前半阶段。综合计算，2019年湖北省的工业化综合指数为86，处于工业化后期的前半阶段。

从发展变化看，2019年湖北省工业化综合指数分别比2000年、2005年、2010年和2015年提高59、50、20和9。"十三五"期间，湖北省实现了从工业化后期的前半阶段向工业化后期的后半阶段跨越，领先于中部地区平均发展水平（75），与全国（92）和长江经济带（89）保持在同一平均工业化水平。单项指标得分中，湖北省人均GDP和城镇化率指标得分都领先于全国平均水平，工业结构、产业就业比指标得分低于全国平均水平，特别是与全国平均水平的差距较大。总体而言，湖北省工业化各指标高于中部地区的平均水平，与长江经济带平均水平较为接近。

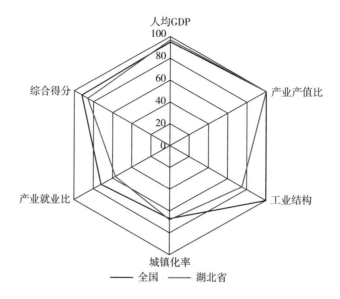

图1 湖北省工业化各指标得分雷达图（2019）

三 湖北省工业化进程的特征

根据湖北省工业化水平的评价结果和对湖北省经济社会发展状况的分析，我们总结"十三五"期间湖北省工业化进程的基本特征如下。

1. 工业化水平稳步提升

"十三五"末的2019年，湖北省工业化指数为86，落后于全国平均水平，但高于中部地区平均水平，处于工业化后期的后半阶段，工业化指数在全国31个省区市中排名第9，比2015年上升2位。"十三五"期间，湖北省工业化进程持续提升，工业化指数从77增加到86，实现了从工业化后期的前半阶段到工业化后期的后半阶段跨越。

表3 湖北省工业化指数排名变化情况（1995~2019年）

年份	地区	指数	阶段	排名	年份	地区	指数	阶段	排名
1995	全国	14	二（Ⅰ）	—	2000	全国	26	二（Ⅱ）	—
	中部地区	6	二（Ⅰ）	6		中部地区	12	二（Ⅰ）	6
	湖北	10	二（Ⅰ）	17		湖北	27	二（Ⅱ）	11

续表

年份	地区	指数	阶段	排名	年份	地区	指数	阶段	排名
2005	全国	49	三(Ⅰ)	—	2015	全国	84	四(Ⅱ)	—
	中部地区	28	二(Ⅱ)	6		中部地区	70	四(Ⅰ)	7
	湖北	36	三(Ⅰ)	12		湖北	77	四(Ⅰ)	11
2010	全国	69	四(Ⅰ)	—	2019	全国	92	四(Ⅱ)	—
	中部地区	60	三(Ⅱ)	6		中部地区	75	四(Ⅰ)	6
	湖北	66	四(Ⅰ)	13		湖北	86	四(Ⅱ)	9

资料来源：参见附录二。

2. 工业化进程追赶速度加快

"十三五"期间，全国工业化进程有所放缓，特别是中部地区工业化指数年均增速下降至1.3。但是这个时期湖北省工业化水平增速在加快，工业化综合指数年均增速为2.3，高于全国年均增速0.3，高于中部地区的年均增速1，领先于中部地区发展水平，工业化进程追赶速度继续加快。

从工业化加速度来看，"十三五"时期湖北工业化加速度由下降转为上升。"十二五"时期，湖北省工业化加速度为-3.8，"十三五"时期工业化加速度由负转正，上升到0.1，高于全国平均水平加速度-1.0，高于中部地区平均水平-1.5，在全国31个省区市的排名也从2015年末的第14上升至第7，工业化加速度增加明显（见表5）。

表4　湖北省与各地区的工业化速度比较（1995~2019年）

地区	工业化进程（100分制）						"十五"年均增速	"十一五"年均增速	"十二五"年均增速	"十三五"年均增速
	1995年	2000年	2005年	2010年	2015年	2019年				
全国	14	26	49	69	84	92	2.4	4.6	3.0	2.0
中部地区	6	12	28	60	70	75	1.2	3.2	2.0	1.3
湖北省	10	27	36	66	77	86	3.4	1.8	2.2	2.3

资料来源：参见附录三。

表5 湖北省与各地区的工业化加速度比较（1995～2019年）

地区	"十五"加速度	排序	"十一五"加速度	排序	"十二五"加速度	排序	"十三五"加速度	排序
全国	2.2	—	-0.6	—	-1.0	—	-1.0	—
中部地区	2.0	2	3.2	3	-4.4	6	-1.5	5
湖北省	-1.6	29	4.2	3	-3.8	14	0.1	7

资料来源：参见附录三。

3. 工业化各项指标的发展结构呈现均衡趋势

"十三五"期间，湖北省工业化各单项指标得分呈现均衡状态，部分指标结构不断优化，与全国水平差距不断缩小。2015年，湖北省产业产值比、产业就业比两个指标得分别为62和48，落后于全国平均水平值分别为38和21。2019年，产业产值比、产业就业比两个指标增长明显，分别高于全国平均水平值0和15，与全国平均水平齐平。产业产值比指标评分为100分，是湖北省实现工业化的分项指标（见表6）。

表6 湖北工业化进程与全国、中部地区平均水平的比较（1995～2019年）

年份	地区	人均GDP	产业产值比	工业结构	城镇化率	产业就业比	工业化指数
1995	与全国差距	-4	-14	2	0	3	-4
	与中部地区差距	0	2	11	0	14	14
	湖北省	0	18	20	0	20	10
2000	与全国差距	1	1	-3	7	4	1
	与中部地区差距	13	16	-13	17	19	15
	湖北省	21	48	20	17	26	27
2005	与全国差距	-8	-13	-33	1	6	-13
	与中部地区差距	5	0	16	11	18	8
	湖北省	33	44	40	22	39	36
2010	与全国差距	-6	-11	0	-1	16	-3
	与中部地区差距	8	-1	0	9	25	6
	湖北省	62	55	100	32	67	66

续表

年份	地区	人均GDP	产业产值比	工业结构	城镇化率	产业就业比	工业化指数
2015	与全国差距	1	−38	−9	3	−21	−13
	与中部地区差距	12	−1	6	16	−2	7
	湖北省	85	62	100	56	48	77
2019	与全国差距	2	0	−25	1	15	−6
	与中部地区差距	19	0	14	16	−3	9
	湖北省	97	100	75	68	57	86

资料来源：参加附录二。

4. 产业产值比指标对工业化进程的贡献最大

如表7所示，2016~2019年，产业产值比、人均GDP、城镇化率等指标对工业化综合指数增长的贡献度分别为92.89%、48.00%和16.00%，是"十三五"期间湖北省工业化进程最重要的推动力，其中，产业产值比对湖北省工业化综合指数增长的贡献度远高于全国平均水平，但低于中部地区的平均水平；人均GDP对湖北省工业化综合指数的贡献度略低于全国平均水平，但高于中部地区平均水平12个百分点；城镇化率对湖北省工业化综合指数增长的贡献度低于全国和中部地区的平均水平；产业产值比对湖北省工业化综合指数增长的贡献度高于全国平均水平，但是低于中部地区的平均水平。工业结构对湖北省工业化综合指数增长的贡献度为负，说明湖北省工业结构面临结构转型的压力。

表7 各指标对湖北省工业化综合指数增长的贡献度（2016~2019年）

地区	人均GDP（%）	产业产值比（%）	工业结构（%）	城镇化率（%）	产业就业比（%）	工业化指数累计增加值
全国	49.50	0.00	24.75	21.00	3.00	8
中部地区	36.00	162.80	−145.20	28.80	16.00	5
湖北	48.00	92.89	−61.11	16.00	8.00	9

资料来源：参见附录三。

四　湖北省工业化进程存在的主要问题

湖北省工业化水平与全国平均水平存在距离。"十三五"期间湖北省工业化水平综合得分86，低于全国平均水平92。根据"十三五"时期湖北省工业化单项指标得分可知，湖北省工业化进程中存在工业结构失衡、工业化单项指标失衡等问题。具体如下。

1. 制造业在工业中占比偏小影响湖北省工业化发展

2019年湖北省制造业增加值占比为52.8%，该项指标工业化评分为75。2008年全球金融危机后，欧美等主要发达国家纷纷实行再工业化战略，强化实体经济发展。这体现了自工业革命以来，以工业部门为代表的实体经济始终是经济增长的根本动力，其中，制造业更是实现国家贸易优势、创建强大国民经济的必要条件，其衰落将导致实体经济不断虚化和弱化。制造业的转型升级发展不仅可以强化对已有产业高附加值环节的再造，并推动新兴产业的诞生与发展。同时制造业发展需要大量劳动力，能够解决就业问题。

2. 湖北省工业化水平系统发展失衡不利于工业化发展

五大单项指标得分差异较大，与全国平均水平也存在差异明显的现象。在单项指标中，产业产值比得分100，是唯一实现工业化的指标，与全国平均水平保持一致；人均GDP和城镇化率指标得分略高于全国平均水平；工业结构得分75，比全国平均水平低25；产业就业比得分57，低于全国平均水平。由此可知，与全国平均水平的比较中，产业产值比是湖北省工业化水平测算的优势指标，而工业结构则是湖北省工业化水平测算的不利指标。根据五大指标得分，进行有针对性的政策引导，缓解当前的失衡状况。

五　推动湖北省经济社会进一步发展的建议

"十三五"时期，湖北省工业化持续发展，工业化水平进一步提升，实现了从工业化后期的前半阶段向工业化后期的后半阶段跨越，经济发展基础更加坚实。但是作为中部省份和后发地区，湖北省工业化水平总体还不高，经济下行压力加大、新冠肺炎疫情后续影响、新旧动能持续不足、工业结构失衡等制约湖北省工业化水平进一步提升。"十四五"时期,湖北省应抓住发展机遇,发展后发优势,进一步优化工业结构,改造和升级传统产业,壮大战略性新兴产业,培育特色产业集群,加深工业化与城镇化融合程度,力争在全国发展方阵中总量进位、质量升级,在中部地区率先实现工业化。

1. 通过项目建设做强做实有效投资

紧扣国家重大战略和重大部署,抓住编制"十四五"规划契机,部署湖北省经济高质量发展系列项目建设,包括建设武汉至仙桃城际铁路、黄冈至黄梅高铁、十堰至西安高铁、沿江高铁武汉至宜昌段、呼南高铁襄阳至荆门段、荆门至荆州城际铁路、武汉枢纽直通线、沿江高铁武汉至合肥段,力争"十四五"期间湖北省高铁里程实现翻番,补齐高铁短板问题。加快公路体系"提质、增密、互通",实现二级及以上公路比例达到85%,开展公路桥梁"三年消危行动",优化湖北省公路运输体系。加快建设天河机场枢纽、湖北国际物流核心枢纽、支线运输和通航服务网络三大项目,解决湖北省航空发展滞后问题。加快建设鄂北水资源配置二期、引江补汉、"一江三河"、引隆补水等水利项目,解决湖北省"水袋子""旱包子"等切实与民生相关的问题。加速推进金沙江水电和陕北火电送湖北特高压输电项目,提高三峡电能湖北消纳比例,实施城市供电能力提升工程,解决湖北省能源瓶颈问题。超前布局"新基建",改造基于互联网的教育、医疗等网络硬件平台,加快5G、工业互联网、冷链物流等新型基础设施项目建设,适应新时代创新发展要求。

2. 通过开拓"一带一路"市场加大对外开放力度

推进"百展行动",重点开拓"一带一路"市场,推动出口市场多元化,加大对外开放力度。提高高技术、高品质、高附加值"三高"产品出口产值占比。依托重大节庆博览会平台,创建进口贸易创新示范区。发展"一县一特"外贸产业,实现外贸转型升级。补齐跨境电商产业生态链,健全"一站式"外贸综合服务体系。在襄阳、宜昌、黄石、鄂州申报建设综合保税区,建立实施国际贸易"单一窗口",缩短通关时间,降低成本。开通与北欧空中通道、日韩近洋直航通道,提升中欧班列(武汉)运营能力,助推对外开放。加快建设武汉中法生态示范城、荆州中德生态示范城、孝感日商国际产业园,打造武汉、黄石、仙桃海峡两岸产业合作区,推进中外合作高科技产业园建设。

3. 依托智能制造加快传统产业改造升级

启动新一轮重大技术改造升级工程，促进汽车、食品等重点产业向数字化、网络化、智能化、绿色化发展。实施智能制造工程和制造业数字化转型行动，加强对制造业龙头企业支持，打造先进制造业集群。新开工 268 个重点技改项目。推动东风本田三厂、三宁化工乙二醇、华新水泥新生产线等重大新增长点发力见效。支持宜昌打造国家仿制药生产基地、随州全面深化"中国专用汽车之都"建设。

4. 加快培育壮大以"芯屏端网"为重点的世界级产业集群

聚焦四大国家级产业基地和十大重点产业，瞄准集成电路、新型显示、光通信、新能源和智能网联汽车等细分领域，培植一批龙头企业，集聚更多第二总部和独角兽企业。加快国家存储器基地二期、天马 G6 二期等重大项目建设。依托 3 个国家级创新中心，重点突破中高端芯片等关键核心技术。支持武汉打造全球智能终端高地。培育工业互联网顶级节点产业生态，加快 IPv6 规模化改造和 5G 商业应用。

5. 提升产业基础能力助推"质量""品牌"强省

实施产业基础再造工程，编制"四基"创新突破项目库，推动协同攻关和应用示范。加快建设 10 个省级制造业创新中心。实施强链补链稳链工程，培育壮大核心产业链，打造千亿元级产业生态主导型企业，壮大百亿元级龙头骨干企业规模，培植一批专精特新的单项冠军和行业"小巨人"。大力实施中小企业成长工程，继续壮大新增规模以上工业企业。推动产业链上下游企业协同配套，建立产业协作联盟。

6. 通过市场机制和现代科技创新加快产业融合发展

通过市场机制和现代科技创新推动服务业发展，推动生产性服务业向专业化和价值链高端延伸、生活性服务业向高品质和多样化升级，促进先进制造业和现代服务业深度融合。大力发展多式联运、"互联网＋"高效物流，加快建成现代物流服务体系。支持荆门建设国家通用航空产业示范区，支持随州、咸宁建设国家应急产业示范基地。深入推进信息化和工业化两化融合，强化大数据、云计算、物联网、区块链等新型通用技术引领带动，加快新技术、新产业、新业态、新模式发展应用。数字经济是未来发展竞争的主战场。湖北不仅要巩固提升"九省通衢"枢纽地位，更要奋力抢占流量风口，成为重要数据枢纽。推动军民融合深度发展，加快发展航空航天、北斗导航、海洋装备等重点产业。

7. 通过改革体制做大做强创新引擎

通过发挥科技创新策源功能，激活蛰伏的发展潜能，将科教优势转化为创新优势、发展优势。打造武汉综合性国家科学中心、武汉综合性国家产业创新中心等创新中心，推动已有高新区、经开区提质升级。

襄阳、宜昌创建区域创新中心。推动 19 家国家高新区、国家级经济技术开发区创新提升。支持十堰、恩施创建国家高新区。推动光谷科技创新大走廊向鄂州、黄石、黄冈、咸宁延伸。加快建设光谷科学岛。东湖实验室争进"国家队"。推进生物医学成像等重大科技基础设施建设，打造更多"国之重器"。鼓励在汉高校与市州合作办学、建设产业研究院。支持各类孵化器和众创空间提升服务能力。建立企业创新主体梯次培育工作机制，培育引进一批具有全国影响力的科技领军企业。新认定高新技术企业 1000 家以上。鼓励科技型企业上市。发展市场化新型研发机构。推动重大科研设施、基础研究平台开放共享。支持十堰与中国工程院合作开展"双百行动"。倡导创新文化，加强知识产权创造、保护、运用。实施楚才引领计划，培养更多高端人才和高技能人才，引进一批世界级科学家、企业家和投资家。大力发展院士经济。赋予科研机构和人员更大自主权，全力为科研人员加油减负，最大限度地降低各种表格、报销、"帽子"、"牌子"等对科研的干扰。创新的核心是人才。锁定创新主赛道，用优良生态广纳天下英才，用事业舞台成就各类人才。

8. 推动区域协调发展新型城镇化

聚焦"一芯两带三区"，完善国土空间规划体系，形成主体功能明显、优势互补、高质量发展的区域经济布局。增强中心城市和城市群承载能力。发挥武汉超大城市优势，推动武汉建设国家中心城市，做强全省高质量发展"火车头"。支持襄阳、宜昌建设区域性中心城市，提升城市能级和核心竞争力。鼓励其他城市各展所长，形成更多亮点板块。支持县域特色发展、错位发展，加快建成一批新型工业强县、特色农业大县、魅力文旅名县。加强跨省交流协作，拓展长江中游城市群合作重点事项，支持市县参与汉江生态经济带、三峡生态经济合作区、洞庭湖生态经济区、淮河生态经济带协同发展。加大对重点生态功能区、农产品主产区和民族地区、困难地区支持力度。促进劳动力和人

才社会性流动，完善武汉积分落户政策，其他城市全面取消落户限制。加快构建全民覆盖、普惠共享、城乡一体的基本公共服务体系，推动农业转移人口有序市民化。

参考文献

《2018 年湖北统计年鉴》，2019。

《2019 年湖北省国民经济和社会发展统计公报》，2020。

《2019 年湖北省政府工作报告》，2020。

《湖北省 5G 产业发展行动计划（2019～2021 年）》，2019。

《湖北省"互联网＋监管"系统建设方案》，2019。

《湖北省加快推进信息化与工业化深度融合行动方案（2014～2017 年）》，2014。

《湖北省加强质量认证体系建设促进全面质量管理的实施方案》，2019。

《湖北省降低社会保险费率综合实施方案》，2019。

《聚焦企业关切进一步推动优化营商环境政策落实重点工作清单》，2019。

《深化制造业与互联网融合发展的实施意见》，2017。

《支持全省沿江化工产业转型升级实施意见》，2018。

《中国（武汉）跨境电子商务综合试验区实施方案》，2019。

《中国制造 2025 湖北行动纲要》，2015。

B.24

湖南省

湖南省位于长江中游南部，面积 21.18 万平方公里，2019 年全省总人口 7300 万人。"十三五"期间，湖南省经济实力快速提升，经济转型带动产业转型，保持在工业化后期的前半阶段，工业化水平高于中部地区平均水平。

一 "十三五"湖南省经济社会发展基本情况

"十三五"时期，湖南省经济总量即将突破 4 万亿元台阶，2019 年全省生产总值达到 3.98 万亿元，是 2015 年的 1.37 倍，年均增长 8.24%，高于全国年均增长率，与全国差距日益缩小。地方一般公共预算收入达到 3006.99 亿元，是 2015 年地方一般公共预算收入的 75%。全年社会消费品零售总额 17239.5 亿元，是 2015 年的 1.42 倍。"十三五"期间年均增长率为 9.1%。全省金融机构本外币各项存款余额达 52660.4 亿元，是 2015 年的 1.45 倍，"十三五"期间年均增长率为 9.81%。

精准施策稳定经济增长。不折不扣落实国家减税降费政策，新增减税超过 460 亿元，企业社保缴费减负 60 亿元。出台促进中小企业健康发展、降低企业经营成本等政策措施，规模工业企业每百元营业收入成本下降 1.6% 左右。持续开展产业项目建设年活动，新开工投资 5000 万元以上的产业项目 2300 多个，开工建设或建成投产 100 亿元以上的重大产业项目 12 个。坚持做强大企业、培育小巨人，新增千亿工业企业 1 家、国家认定的"专精特新"小巨人企业 10 家、制造业单项冠军 4 个。军民融合重大示范项目进展顺利，省军民融合公共服务平台上线运行。国家网络安全产业园区落户湖南。出台支持物流等服务业发展政策，旅游收入增长 13% 左右，最终消费对经济增长的贡献率超过 50%。金融服务实体经济能力增强，金融机构存、贷款余额分别突破 5 万亿元、4 万亿元，存贷比超过 80%，中小微企业、民营企业贷款分别增长

13.5%、13.7%，制造业贷款增长 8.6%。建立覆盖市州的再担保体系，新增直接融资超过 850 亿元。

多措并举优化经济结构。三次产业结构调整为 9.2∶37.6∶53.2。投资结构进一步改善，工业投资、技改投资、民间投资分别增长 17.8%、35.7% 和 18.3%。新旧动能加快转换，战略性新兴产业增长 10% 左右，电子信息、新能源、新材料加速发展，大数据、人工智能等增速超过 30%，移动互联网主营业务收入超过 1300 亿元。打造"135"工程升级版，新增千亿园区 4 家，达 12 家，园区技工贸收入增长 9.3%，达 4.8 万亿元。农业结构进一步调整，粮食播种面积和总产保持稳定，超级杂交稻亩产再创新高，生猪生产逐步恢复，"一县一特""一特一片"深入实施，确定重点支持 30 个农业、工贸、文旅特色产业小镇，农产品加工业营业收入增长 9%。区域保持协调发展，长株潭一体化取得新进展，洞庭湖生态经济区绿色发展水平提升，湘南湘西承接产业转移示范区实际使用外资增幅超过全省平均水平。

继续打造创新开放高地，加快创新型省份建设。出台实施科技成果转化、高新技术企业经济贡献奖励、科研人员股权和分红激励等法规和文件。优化长株潭国家自主创新示范区空间布局，启动郴州国家可持续发展议程创新示范区建设。岳麓山实验室、生物种业创新中心、先进轨道交通装备创新中心建设稳步推进，保持岳麓山大学科技城、马栏山视频文创产业园创新活力。实施 115 个重大科技创新项目。

发挥"一带一路"区位优势，深入实施开放崛起专项行动。积极应对中美经贸摩擦，加强与共建"一带一路"国家贸易。机电和高新技术产品出口分别增长 52.9%、71.1%。进出口额过亿元、过十亿元企业分别新增 277 家、9 家。引进 112 家"三类 500 强"企业投资项目 201 个，实际使用外资、到位内资分别增长 11.8%、18.8%。客运航线覆盖五大洲，开通国际全货机航线 8 条，湘欧快线跻身全国中欧班列第一方阵。常德桃花源机场航空口岸获批开放。海关机构实现市州全覆盖，外商投资负面清单管理模式全面实施，国际贸易"单一窗口"主要业务申报率达 100%，海关特殊监管区域实现进出口额增长 64.9%。积极参与中俄"两河流域"地方合作，新结国际友城 4 对。不断加强与中部地区和泛珠三角区域合作，全国红色旅游融合发展创新区创建、"湘赣红"品牌打造等工作进展顺利，湘赣边区域合作实现良好开局；湖南—

粤港澳大湾区投资贸易洽谈周取得丰硕成果。与央企对接合作更加紧密。2019年，湖南成功举办了外交部湖南全球推介、"中国航天日"主场活动、世界计算机大会、国际工程机械展、国际轨道交通和装备制造产业博览会等重大活动，扩大了湖南的国际影响力，为更好地利用国际国内两个市场、两种资源开辟了空间、搭建了平台。

加强基础设施投资建设，加快构建内外无缝对接的陆路、水运、航空、能源、信息大通道，浩吉、黔张常铁路开通运营，怀芷、南益高速公路建成通车，常益长铁路、平益高速公路全面开工，长益复线、龙琅高速公路加快建设，铁路、高速公路出省通道分别达 19 个、25 个，新增铁路通车里程 564 公里；湘江 2000 吨级水运主通道上溯至衡阳；成功组建湖南首家航空公司，长沙机场改扩建前期工作进展顺利，长沙"四小时航空经济圈"正在形成；新粤浙管道工程湖南段全线贯通，鲤鱼江电厂转接湖南电网取得积极进展；长沙、株洲纳入全国 5G 试点城市，4G 和光纤网络覆盖所有城镇和行政村。地下综合管廊等市政基础设施加快建设，农村危房改造、棚户区改造、公租房建设稳步推进。新建商品房销售面积和价格保持基本稳定。全省城镇化率提高 1.2 个百分点。实施乡村振兴战略，建设自然村通水泥（沥青）路 1.66 万公里；以"一拆二改三清四化"为抓手，实施"千村美丽、万村整治"工程，整治农业"大棚房"、农村"空心房"，完成 117 万户农村改厕任务，新建美丽乡村 300 个。

脱贫攻坚成绩斐然。出台《关于贯彻落实习近平总书记等中央领导对湖南脱贫攻坚工作重要指示批示精神的实施方案》，新增统筹整合涉农资金的 50% 用于深度贫困地区，实施控辍保学行动，完善义务教育阶段资助政策，实行"扶贫扶志扶智十二条"，大力开展驻村扶贫、对口帮扶和"户帮户、亲帮亲，互助脱贫奔小康"行动，务实推进东西部扶贫协作，形成了"四带四推""百里脐橙连岚山"等促进扶贫产业发展的新经验、新模式。全年投入产业扶贫资金 200 多亿元，带动 350 万贫困人口稳定增收。建档立卡贫困人口基本医疗、住房安全和饮水安全突出问题动态清零，"十三五"易地扶贫搬迁建设任务全部完成。

污染防治成效显著。出台洞庭湖水环境综合治理规划实施方案、湘江保护和治理第三个三年行动计划、湖南省长江经济带发展负面清单和流域生态保护补偿机制实施方案，率先建立省级环保督察和自然资源督察体制机制。狠抓中

央环保督察"回头看"、长江经济带生态环境、长株潭绿心保护等突出问题整改，稳步推进"一江一湖四水"系统联治，大力开展违建别墅、张家界大鲵保护区小水电、大通湖水环境、洞庭湖矮围网围、河道采砂等综合整治。完成"夏季攻势"十大类1256项任务。加强城乡环境基础设施建设，全面启动地级城市生活垃圾分类，推动工业园区污水处理在线监测全覆盖，推进矿业绿色发展和化工、船舶、尾矿库污染治理。开展山水林田湖草生态保护修复试点。全省森林覆盖率达59.9%，湿地保护率达75.8%。

坚持不懈保障和改善民生。财政民生支出增长7.7%，占财政支出的70.3%。城乡居民人均可支配收入分别增长8.6%和9.2%，居民消费价格涨幅为2.9%。新增城镇就业80.8万人、农村劳动力转移就业45.5万人。率先实施企业职工养老保险省级统筹。建立城乡居民基本养老保险待遇确定和基础养老金正常调整机制。省职业年金基金正式运营。社会救助和保障标准与物价上涨挂钩联动。健全各级教育经费保障机制。高校"双一流"和教育信息化2.0建设加快。着力解决留守儿童监护缺失以及失学辍学问题。出生缺陷综合防治、医养结合不断强化。开展药品集中带量采购试点，部分药品价格非正常上涨势头得到有效遏制。现代公共文旅服务体系建设加强，炎帝陵景区成为全省第9家5A级景区，新开放公共文化场馆12个，4部作品获得"五个一工程奖"。民族、宗教工作推进有力。开展集中化解信访积案百日行动和突出信访问题专项治理，"网格化＋信息化"社会治理广泛推行。"一村一辅警"实现全覆盖，"城市快警"平台全面铺开。集中打击突出违法犯罪，深入推进新一轮禁毒人民战争。扫黑除恶专项斗争取得重大阶段性成果，促进了治安秩序、社会风气和发展环境持续改善，群众满意度明显提高。

二　湖南省工业化水平评价

表1给出了1995年、2000年、2005年、2010年、2015年和2019年湖南省与中部地区、长江经济带和全国的各项工业化水平指标的数据；表2列示了同期湖南省的工业化水平评价结果及其与全国、中部地区、长江经济带的比较情况。

表1 湖南省工业化主要指标（1995～2019年）

单位：美元，%

年份	地区	人均 GDP	产业产值比			制造业增加值占比	城镇化率	产业就业比		
			一	二	三			一	二	三
1995	全国	1857.8	20.5	48.8	30.7	30.7	29.0	52.2	23.0	24.8
	中部地区	1263.6	26.8	43.7	29.4	25.2	19.6	57.1	19.7	23.1
	湖南省	1285.6	31.2	37.2	31.6	21.7	18.0	61.4	16.3	22.2
2000	全国	2681.4	15.9	50.9	33.2	33.7	36.2	50.0	22.5	27.5
	中部地区	2091.6	20.2	44.6	35.2	24.2	29.7	57.8	17.0	25.2
	湖南省	2136.3	21.3	39.6	39.1	20.0	29.8	60.8	14.7	24.6
2005	全国	4144.1	12.6	47.5	39.9	52.0	43.0	44.8	23.8	31.4
	中部地区	3067.6	16.7	46.8	36.6	34.8	36.5	50.5	21.1	28.4
	湖南省	3007.2	19.6	39.9	40.5	35.1	37.0	53.6	17.5	28.9
2010	全国	6902.1	10.1	46.8	43.1	60.4	49.9	36.7	28.7	34.6
	中部地区	5432.7	13.0	52.4	34.6	62.0	43.9	40.7	27.5	31.7
	湖南省	5538.0	14.5	45.8	39.7	63.9	46.7	46.7	21.5	31.8
2015	全国	9835.6	8.9	40.9	50.2	57.6	56.1	28.3	29.3	42.4
	中部地区	7869.7	10.8	46.8	42.4	58.4	51.2	37.2	27.6	35.2
	长江经济带	10425.5	8.3	44.3	47.4	64.7	55.5	32.9	29.6	37.5
	湖南省	8405.5	11.5	44.3	44.1	60.0	50.9	40.8	23.7	35.5
2019	全国	11759.0	7.1	39.0	53.9	61.6	60.6	26.1	27.6	46.3
	中部地区	8750.1	7.8	43.6	49.1	48.5	55.7	32.6	29.6	37.8
	长江经济带	12243.4	6.7	40.0	53.3	54.8	60.6	30.0	29.4	40.7
	湖南省	9631.7	9.2	37.6	53.2	52.1	57.2	39.1	22.4	38.5

资料来源：参见附录一。

表2 湖南省工业化进程：分项及综合得分（1995～2019年）

年份	地区	人均 GDP	产业产值比	工业结构	城镇化率	产业就业比	综合得分	工业化阶段
1995	全国	4	32	18	0	17	14	二（Ⅰ）
	中部地区	0	16	9	0	6	6	二（Ⅰ）
	湖南省	0	5	3	0	0	2	二（Ⅰ）
2000	全国	20	47	23	10	22	26	二（Ⅱ）
	中部地区	9	32	7	0	5	12	二（Ⅰ）
	湖南省	10	30	0	0	0	10	二（Ⅰ）

续表

年份	地区	人均GDP	产业产值比	工业结构	城镇化率	产业就业比	综合得分	工业化阶段
2005	全国	41	57	73	21	33	49	三（Ⅰ）
	中部地区	28	44	24	11	21	28	二（Ⅱ）
	湖南省	27	34	25	12	14	25	二（Ⅱ）
2010	全国	68	66	100	33	51	69	四（Ⅰ）
	中部地区	54	56	100	23	42	60	三（Ⅱ）
	湖南省	55	51	100	28	29	59	三（Ⅱ）
2015	全国	84	100	91	53	69	84	四（Ⅱ）
	中部地区	73	63	94	40	50	70	四（Ⅰ）
	长江经济带	88	100	100	51	60	87	四（Ⅱ）
	湖南省	76	61	100	36	42	70	四（Ⅰ）
2019	全国	95	100	100	67	72	92	四（Ⅱ）
	中部地区	78	100	61	52	60	75	四（Ⅰ）
	长江经济带	98	100	82	67	66	89	四（Ⅱ）
	湖南省	83	100	73	57	46	79	四（Ⅰ）

资料来源：参见附录二。

从人均收入指标看，2019年湖南省人均GDP为9631.7美元，低于全国平均水平11759.0美元和长江经济带平均水平12243.4美元，高于中部地区平均水平8750.1美元。该指标工业化评分为83，低于全国和长江经济带平均水平，高于中部地区平均水平，刚刚进入工业化后期的前半阶段。

从三次产业产值比指标看，2019年湖南省的三次产业结构为9.2∶37.6∶53.2；第一产业比重分别高于全国、中部地区和长江经济带的平均水平2.1个、1.4个和2.5个百分点；第二产业比重低于全国、中部地区和长江经济带平均水平1.4个、6个和2.4个百分点，该项指标工业化评分为100，与全国、中部地区和长江经济带保持在同一水平，是目前湖南省唯一实现工业化的单项指标。

从工业结构指标看，2019年湖南省制造业增加值占比为52.1%，分别低于全国和长江经济带的平均水平9.5个和2.7个百分点，高于中部地区平均水平3.6个百分点。

从城镇化率指标看，2019年湖南省城镇化率为57.2%，低于全国和长江经济带的平均水平3.4个和3.4个百分点，高于中部地区平均水平1.5个百分点。该指标工业化评分为57，低于全国和长江经济带的平均水平，高于中部地区平均水平，仍处于工业化中期的前半阶段。

从三次产业就业结构看，2019年湖南省第一、二、三产业就业人数的比重为39.1∶22.4∶38.5。第一产业就业比重高于全国、中部地区和长江经济带平均水平13个、6.5个和9.1个百分点；第二产业就业比重低于全国、中部地区和长江经济带平均水平5.2个、7.2个和7.0个百分点；第三产业就业比重低于全国和长江经济带平均水平7.8个、2.2个百分点。该指标的工业化得分为46，分别低于全国、中部地区和长江经济带的平均水平26、14和20，处于工业化中期的前半阶段。

综合计算，2019年湖南省工业化综合指数为79，处于工业化后期的前半阶段。从发展变化看，2019年湖南省工业化综合指数分别比1995年、2000年、2005年、2010年和2015年提高了77、69、54、20和9。"十三五"期间，湖南省工业化水平保持在工业化后期的前半阶段，与中部地区处于同一工业化阶段。

在单项指标得分中，除产业产值比指标外，湖南省工业化各项指标得分都低于全国平均水平，工业结构和产业就业比指标得分与全国平均水平差距较大，分别相差27和26。总体而言，湖南工业化各指标与中部地区平均水平处于同一发展阶段。

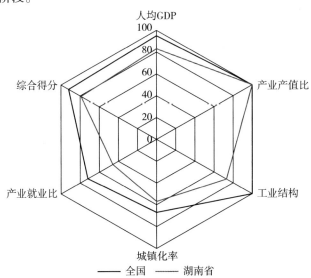

图1 湖南省工业化各指标得分雷达图（2019年）

三 湖南省工业化进程的特征

根据湖南省工业化水平的评价结果和湖南省的经济社会发展状况，我们总结"十三五"期间湖南省工业化进程的基本特征如下。

1. 工业化水平持续提升，在全国的排名稳步推进

2015 年，湖南省工业化指数为 70，落后于全国平均水平，与中部地区处于同一水平，尚处于工业化后期的前半阶段，工业化综合指数在全国的排名为第 16。"十三五"时期，湖南省工业化步伐加快，保持在工业化后期前半阶段转型发展，工业化指数上升至 79，高于中部地区平均水平，在全国 31 个省区市排名升至第 13，相比 2015 年排名上升 3 位。

表 3　湖南省工业化指数排名变化情况（1995～2019 年）

年份	地区	指数	阶段	排名	年份	地区	指数	阶段	排名
1995	全国	14	二（Ⅰ）	—	2010	全国	69	四（Ⅰ）	—
	中部地区	6	二（Ⅰ）	6		中部地区	60	三（Ⅱ）	6
	湖南	2	二（Ⅰ）	25		湖南	59	三（Ⅱ）	17
2000	全国	26	二（Ⅱ）	—	2015	全国	84	四（Ⅱ）	—
	中部地区	12	二（Ⅰ）	6		中部地区	70	四（Ⅰ）	7
	湖南	10	二（Ⅰ）	23		湖南	70	四（Ⅰ）	16
2005	全国	49	三（Ⅰ）	—	2019	全国	92	四（Ⅱ）	—
	中部地区	28	二（Ⅱ）	6		中部地区	75	四（Ⅰ）	6
	湖南	25	二（Ⅱ）	21		湖南	79	四（Ⅰ）	13

资料来源：参见附录二。

2. 工业化进程增速有所放缓

从工业化速度上看，湖南省"十三五"时期工业化综合指数年均增速为 2.3，分别高于全国和中部地区的年均增速 0.3 个和 1.0 个百分点，与全国的平均工业化水平差距有所缩小。"十三五"期间，湖南省工业化水平稳步发展，在全国整体工业化水平增速下降的大背景下，湖南省的工业化增速加快，工业化综合指数年均增速增加到 2.3。同期，湖南省在整个中部地区显示出赶超发展的势头。经过"十三五"时期的稳步发展，湖南已经进入我国工业化

中等水平省份的行列，无论是工业化综合指数的绝对值还是年均增长速度，甚至都高于中部地区平均的工业化水平（见表4）。从工业化加速度来看，"十三五"时期湖南工业化加速度加快明显。"十二五"时期，湖南省工业化加速度为 -4.6，"十三五"时期工业化加速度由负转正，上升到0.1，高于全国平均水平加速度（-1.0），也高于中部地区平均水平加速度（-1.5），在全国31个省区市的排名从2015年末的第19上升到2019年的第7，工业化加速度增加明显（见表5）。

表4 湖南省与各地区的工业化速度比较（1995～2019年）

地区	工业化进程（100分制）						"十五"年均增速	"十一五"年均增速	"十二五"年均增速	"十三五"年均增速
	1995年	2000年	2005年	2010年	2015年	2019年				
全国	14	26	49	69	84	92	2.4	4.6	3.0	2.0
中部地区	6	12	28	60	70	75	1.2	3.2	2.0	1.3
湖南省	2	10	25	59	70	79	1.6	3.0	2.2	2.3

资料来源：参见附录三。

表5 湖北省与各地区的工业化加速度比较（2001～2019年）

地区	"十五"加速度	排序	"十一五"加速度	排序	"十二五"加速度	排序	"十三五"加速度	排序
全国	2.2	—	-0.6	—	-1.0		-1.0	—
中部地区	2.0	2	3.2	3	-4.4	6	-1.5	5
湖南省	1.4	16	3.8	6	-4.6	19	0.1	7

资料来源：参见附录三。

3. 工业化各项指标发展结构呈现分化态势

"十三五"期间，湖南省工业化各单项指标得分呈现分化状态，部分指标结构不断优化，部分指标与全国水平差距加大。2015年湖南省产业产值比指标落后于全国平均水平，2019年该指标持续优化，持平于全国和中部地区平均水平；2015年人均GDP指标方面，湖南省落后于全国平均水平8，到2019年该指标得分与全国平均水平差距扩大到12，但高于中部地区平均水平5。2015年湖南省产业就业比和城镇化率指标得分落后于全国平均水平27和17，

2019 年这一差距有所缓和，缩小至 26 和 10，但产业就业比指标得分与中部地区的平均水平的差距有所扩大，从 2015 年 8 扩大至 2019 年的 14，这一指标依然落后于全国和中部地区发展水平。工业结构指标也存在类似情况，2015 年湖南省工业结构指标得分为 100，是 2015 年湖南省唯一实现工业化的指标；但是 2019 年该指标得分为 73，落后全国平均水平 27，与全国工业结构平均水平的差距在加大（见表 6）。

表 6 湖南工业化与全国、中部地区平均比较（1995～2019 年）

年份	地区	人均 GDP	产业产值比	工业结构	城镇化率	产业就业比	工业化指数
1995	与全国差距	−4	−28	−16	0	−17	−12
	与中部地区差距	0	−11	−6	0	−6	−4
	湖南省	0	5	3	0	0	2
2000	与全国差距	−10	−17	−23	−10	−22	−16
	与中部地区差距	1	−2	−7	0	5	−2
	湖南省	10	30	0	0	0	10
2005	与全国差距	−14	−23	−48	−9	−19	−24
	与中部地区差距	−1	−10	1	−1	−7	−3
	湖南省	27	34	25	12	14	25
2010	与全国差距	−13	−15	0	−5	−22	−10
	与中部地区差距	1	−5	0	5	−13	−1
	湖南省	55	51	100	28	29	59
2015	与全国差距	−8	−39	9	−17	−27	−14
	与中部地区差距	3	−2	6	−4	−8	0
	湖南省	76	61	100	36	42	70
2019	与全国差距	−12	0	−27	−10	−26	−13
	与中部地区差距	5	0	12	5	−14	4
	湖南省	83	100	73	57	46	79

资料来源：参加附录二。

4. 产业产值比对工业化进程的贡献度最大

2016～2019 年，各个单项指标对工业化进程的贡献度均呈现稳步增长态势。湖南省产业产值比对工业化综合指数增长的贡献度最大，达到 95.33%，是湖南省工业化进程最重要的推动力。人均 GDP 和城镇化率对工业化指数增长的贡献次之，均为 28.00%，也是推动湖南省工业化指数增长的重要驱动力。产业就业比对工业化进程增长的贡献度为 3.56%。工业结构对湖南省工业化进程起到了阻碍作用，贡献度为负。从横向比较来看，"十三五"期间，湖南省工业化大部分指标对综合指数的贡献度与中部地区的平均水平接近，总体上看湖南省的工业化模式和发展阶段与中部地区基本一致（见表7）。

表7　各指标对湖南省工业化综合指数增长的贡献度（2016~2019 年）

地区	人均 GDP（%）	产业产值比（%）	工业结构（%）	城镇化率（%）	产业就业比（%）	工业化指数累计增加值
全国	49.50	0.00	24.75	21.00	3.00	8
中部地区	36.00	162.80	-145.20	28.80	16.00	5
湖南省	28.00	95.33	-66.00	28.00	3.56	9

资料来源：参见附录三。

四　湖南省工业化进程存在的主要问题

湖南省工业化综合得分偏低。"十三五"期间湖南省工业化水平综合得分为 79，低于全国平均水平 92。根据湖南省"十三五"时期工业化单项得分情况可知，湖南省工业化进程中在工业结构失衡、产业就业比失衡、经济发展水平不高、城镇化率偏低、工业化综合得分偏低等方面的问题。具体如下。

1. 制造业在工业中占比偏小影响湖北省工业化发展

2019 年湖南省制造业增加值占比为 60.0%。2008 年全球金融危机后，欧美等主要发达国家和地区纷纷实行再工业化战略，强化实体经济发展。这体现了自工业革命以来，以工业部门为代表的实体经济始终是经济增长的根本动力，其中，制造业更是实现国家贸易优势、创建强大国民经济的必要条件，其衰落将导致实体经济不断虚化和弱化。制造业的转型升级发展不仅可以强化对已有产业高附加值环节的再造，而且推动新兴产业的诞生与发展。同时制造业发展需要大量劳动力，可以解决就业的问题。

2. 产业就业比失衡

湖南省"十三五"时期就业集中在第一产业，一产就业比重远高于全国平均水平和中部地区平均水平，造成第二、三产业就业比例偏低，远低于全国平均水平，不利于产业结构转型发展。产业就业比失衡是城镇化发展滞后于工业化发展的结果之一。已有研究表明，随着经济不断发展，农业的产值和就业比重将逐渐下降，而服务业则不断增加，与此同时，劳动力也随之在产业间发生转移，从农业转移到服务业，从而提高城镇化率。

3. 经济总量水平低限制了湖南省工业化进程的发展

人均 GDP 在一定程度上衡量地区经济总量水平，而地区经济总量水平从供给和需求为工业化进程的发展提供了要素市场和商品市场，工业化提升资源配置效率从而提升经济总量水平，二者之间是螺旋上升的发展关系。2019 年湖南省人均 GDP 为 9631.7 美元，低于全国和长江经济带平均水平，人均 GDP 水平偏低说明当前的经济容量有待提升。

4. 城镇化率偏低影响湖南省工业化进程的发展

工业化是加快经济社会发展的动力，工业化的发展会有效促进城镇化，而城镇化会推动工业化。可以认为工业化是城镇化的基础，城镇化是工业化的载体和平台。"十三五"期间湖南省城镇化率严重滞后于全国平均水平，也滞后于中部地区的平均水平，是严重拉低湖南省工业化综合指数得分的关键指标。工业化与城镇化二者之间应该是螺旋上升的发展关系。因为，工业化本身的集聚效应和乘数效应使区域经济得以发展，从而促进城市规模的扩大，其高效的生产方式和先进技术为新型城镇化发展提供了巨大动力，实现资源的优化配置；同时，随着城镇化的快速发展，完善的公共服务体系和优质的生活资源吸引着农村的劳动力，从而解决了工业发展过程中的人口成本问题，同时也为新型工业化提供了资金、技术和市场。

五 推动湖南省经济社会进一步发展的建议

"十三五"时期，湖南省工业化进程快于中部地区，与全国工业化发展水平差距不断缩小，在工业化后期的前半阶段实施转型发展，各项指标对工业化进程的贡献稳步提高。但作为中部省份后发地区，湖南省工业化整体发展水平不高，仍面临一些制约因素：经济总量不大、人均水平较低、工业结构失衡等。"十四五"时期是湖南省工业化从工业化后期的前半阶段向后半阶段迈进的重要时期，应采取多层面举措有效推动全省工业化水平进一步提升。

1. 加快建设制造强省，推动制造业高质量发展

强化顶层设计，贯彻制造业发展新要求，实施《关于进一步提升工业新兴优势产业链现代化水平的意见》，通过产业链发展带动制造业经济发展。梳理并培育工程机械、轨道交通装备、中小航空发动机、电子信息、新材料、节能环保、新能源、装配式建筑产业链龙头企业，开展产业链产品有效整合，提升湖南省工业新兴优势产业链现代化水平，打造制造业高质量发展基地。引导制造业和传统产业数字化、网络化、智能化、绿色化发展，创建培育人工智能、区块链、5G 与大数据等领域的示范点，积极打造智能现代制造业基地。加快国家军民融合重点区域和网络安全产业园区建设，积极创建国防科技工业军民融合创新示范基地，推进军民融合深度发展。积极推进三一能源装备产业园、惠科超高清显示器、华为智能终端、岳阳己内酰胺搬迁扩能等重大项目实施，以产业项目实施推进现代制造业基地建设。

2. 做强大企业、培育小巨人，实现创新驱动发展

实施高新技术企业"量质双升"行动，完善"微成长、小升高、高壮大"的梯度培育机制，建立层次分明的高新技术企业梯度培育体系。对重点行业、产业和企业，开展"一业一策、一企一策"精细化服务。出台专项鼓励扶持政策，布局符合湖南经济发展优势和特色的总部经济区，争取国内外知名企业来湘设立区域总部，培育一批自主创新能力强、技术先进、市场占有率高的大型企业和集团进一步做强做优做大，建设本土企业总部，发展总部经济，培育龙头企业。继续实施企业研发财政奖补、技术改造税收增量奖补政策。促进中小企业走"专精特新"之路，鼓励细分领域标杆企业参与工业新兴优势产业和工业"四基"建设，培育一批小巨人企业，力争全年新增规模工业企业1000 家。

3. 提升现代服务业发展水平，继续优化产业结构

促进先进制造业与现代服务业深度融合，实施服务业高质量发展三年行动。大力发展数字经济，加快发展基于移动互联网、云计算、区块链、物联网等新技术的信息服务。重点发展工业设计、技术转移转化、创业孵化、知识产

权保护及应用等科创服务，积极发展法律咨询、会计审计、信用中介、检测检验认证、博览会展等商务服务，推动生产性服务业向专业化和价值链高端延伸。增加文化旅游、健康养老、家政和托育等生活服务有效供给，促进生活性服务业向高品质和多样化升级。加快发展高端生产性服务业，打造长沙区域性金融中心、长株潭岳现代物流集聚区、长株潭衡高技术服务产业基地、长浏宁国家再制造示范基地等产业集群。大力发展高效安全、绿色普惠、开放创新的现代金融服务，构建科技金融、文化金融、绿色金融、供应链金融协同发展体系，加快湘江新区金融中心和基金小镇建设。在湖南股权交易所设立专板，培育科创板上市后备资源，推动企业上市。完善政府性融资担保体系，推动政银风险分担机制落地。

4. 推动政府职能转变，营造透明公正便捷高效的营商环境

以"抓战略、抓规划、抓政策、抓服务"为中心，推动政府职能转变。充分发挥高端智库、优质中介机构的服务优势，强化创新型省份开展决策咨询、项目评估等服务。深化商事制度"一照多址""一址多照""集群注册"等改革。落实《优化营商环境条例》和《湖南省优化经济发展环境规定》，继续开展市州营商环境评价，实行市场准入负面清单和公平竞争审查制度，加快打造市场化、法治化、国际化营商环境。优化营商环境是高质量发展的内在要求，市场经济的竞争本质上是营商环境的竞争。推进"一件事一次办"改革，进一步推行政务服务标准化，加强线上线下政务服务平台建设，推进政务数据多跨联通，精简办事流程，提升政务服务效能。围绕企业投资落地全过程分阶段规范，实行市场准入负面清单制度和公平竞争审查制度，严禁非法干预市场主体的投资自主权，严格兑现招商引资优惠政策和承诺，完善投资贸易环境。加强各项税费规范，降低企业生产成本，保障企业有序生产经营。严格落实"双随机一公开"监管体制，实施联合检查，重点加强食品、药品等行业的安全监管。健全覆盖全社会的征信体系，落实"黑名单"制度，加大失信惩戒力度。弘扬优秀企业家精神，保护企业家合法权益，构建亲清政商关系。

5. 加快建设创新型省份，打造内陆开放新高地

系统推进全域创新，以长沙"科创谷"、株洲"动力谷"、湘潭"智造谷"建设为引领，打造长株潭自主创新核心增长极，建设长株潭国家自主创新示范区展示中心暨湖南科技创新中心。发挥国家创新型城市创新引领作用。加快长

沙、株洲、衡阳三市建成国家创新型城市，以创新型城市为依托，发挥联动效应，扩大全省创新合作网络，有力支撑创新型省份建设。加快县域创新发展。聚焦县域支柱产业发展、特色产业培育和重点企业技术创新需求，打造县域科技创新支撑载体。推进园区创新发展。依托园区紧扣国家科技重大专项和科技创新重大项目，实施重大装备、自主可控计算机、人工智能与机器人等重大专项，开展生物与农业、环境与生态、新材料与先进制造、人口与健康等领域基础研究和原始创新，努力在工程机械、轨道交通、新材料、电子信息等领域培育千亿级别产业集群。完善以企业为主体的技术创新机制。促进创新要素向企业集聚，促进企业成为技术决策、研发投入、科研组织和成果转化的主体，增强企业家在创新决策体系中的话语权，推动形成"人力资本与知识技术资本控股"的新型企业股权结构与治理模式，构筑人力资本、科技创新和大数据"新三要素"支撑的新经济增长模式与现代产业体系。构建对外开放新格局，增强长株潭城市群的创新开放引领带动作用，积极参与长江黄金水道建设与发展，构筑湖南省西部陆路出海大通道。加快临空临港经济区建设，打造长沙"四小时航空经济圈"和具有区域竞争优势的国际航空枢纽。进一步建设包括长沙、岳阳、湘潭、郴州在内的4个跨境电子商务综合试验区建设，打造"一核多极多园区"的跨境电商差异化发展格局，力争把湘潭综试区打造成具有中国内陆特色的跨境电商综合试验区，打造以郴州综试区为核心的粤港澳大湾区跨境电商副中心物流基地、分拨中心、总部基地和创业基地，并开展"万企融网闯国际"跨境电商产业带对接活动，带动全省建立多个跨境电商产业生态圈，培育外贸新增长点，促进外贸转型升级。

6. 加强基础设施建设，推动形成优势互补高质量发展的区域经济布局

加快市市通高铁的建设步伐，实现县县通高速、村村通硬化路。加快建设张吉怀、常益长、渝怀复线铁路，长益扩容、祁常、安慈、官新高速和湘西、郴州机场等在建项目，加快长沙机场改扩建，加快高等级航道和重点港口建设，缓解当前湖南省内及周边省份之间交通拥挤问题。大力实施市政设施、城乡环境、产业配套、防灾减灾、公共服务等五大补短板惠民生工程。建立国土空间规划体系，统筹划定落实生态保护红线、永久基本农田、城镇开发边界三条控制线。加快推动长株潭一体化，推进"三干两轨"建设，打造长株潭"半小时经济圈"，建设高质量发展的示范区、基本实现现代化的先行区、区

域一体化发展的样板区。加快推进洞庭湖生态经济区建设,着力创建长江经济带绿色发展先行区,构筑综合立体交通走廊,建设更加秀美富饶的大湖经济区。加快湘南湘西承接产业转移示范区建设,大力引进创新型企业和先进制造业企业,建设粤港澳重要的科技产业配套基地、制造业转移承接基地。继续推进娄底产业转型升级。

7. 提高新型城镇化质量,激发县域经济发展活力

加快实施以促进人的城镇化为核心、以提高质量为导向的新型城镇化战略,促进城市群、大中小城市和小城镇合理布局、协调发展,力争城镇化率达到58%。以中心城市引领城市群发展,拓展湘江新区新片区,增强长沙辐射带动能力。统筹城市地上地下空间开发利用、城市特色风貌营造和历史文化保护,加大城市公共基础设施建设改造力度,推进停车设施、地下综合管廊、智慧城市管理建设。全面开展地级城市生活垃圾分类,推进建筑垃圾资源化利用。坚持"房子是用来住的,不是用来炒的",完善住房市场体系和保障体系,推进住房租赁市场发展试点,建立健全房地产市场平稳健康发展长效机制。加快城镇棚户区、城市D级危房、城镇老旧小区改造和城区老工业区搬迁改造,做好城市困难群众住房保障工作,把住有所居落到实处。制定促进县域经济高质量发展的政策措施,引导各地发展特色优势产业,促进城乡生产、生活、生态一体发展,推动一、二、三产业融合发展。加快省级特色产业小镇建设,加大财政、金融、土地等政策支持力度,推动城镇基础设施、公共服务向农村延伸。深化扩权强县改革,推进符合条件的县撤县设市(区),加快经济发达镇行政管理体制改革。完善一般性转移支付支持市县抓重点、补短板、强弱项工作机制,选择48个县市区开展预算编制事前审核。

参考文献

《2018 年湖南统计年鉴》,2019。

《2019 年湖南省国民经济和社会发展统计公报》,2020。

《2019 年湖南省政府工作报告》,2020。

《湖南创新型省份建设实施方案》，2019。

《湖南省人民政府关于推进全省产业园区高质量发展的实施意见》，2020。

《湖南省优化经济发展环境规定》，2019。

《中国（郴州）跨境电子商务综合试验区实施方案》，2020。

《中国（湘潭）跨境电子商务综合试验区实施方案》，2020。

大西南地区工业化进程

Industrialization Process of Great Southwest

B.25
大西南地区

不同于自然地理中的西南地区的概念，本报告采用九大经济区域中的大西南的概念，将其界定为包括重庆市、贵州省、四川省、云南省、西藏自治区和广西壮族自治区 6 个省区市在内的经济地理区域。2019 年末大西南地区常住人口 25291 万人，占全国总人口的 18.06%。大西南地区土地辽阔，土地面积在九大经济区域中仅小于西北地区，居于第二，其中重庆、四川地区是该区域人口最密集、交通最通达、经济最繁荣的区域。大西南地区内部自然资源丰富，少数民族人口较多，工业化水平相对较低，该地区是中国 21 世纪以来实施"西部大开发战略"的重要发展区域之一。"十二五"时期，在世界经济复苏疲软和全国经济回落的大环境下，大西南地区工业化进程缓中趋稳。进入"十三五"时期，大西南地区工业化规模持续扩大但总体增速有所降低，到 2019 年底处于工业化中期后半阶段。

一 "十三五"大西南地区经济社会发展基本情况

"十三五"期间，大西南地区坚持稳中求进工作总基调，着力抓好"六稳"工作，积极有效应对国内外风险和挑战，推动经济社会稳步发展。2019
年，大西南地区实现生产总值 133149.64 亿元，是 2015 年的 1.5 倍，年均增
长 16.47%，占国内生产总值的 13.47%，较 2015 年提高 0.67 个百分点，在九
大区域中高于大西北地区和东三省；人均生产总值从 2015 年的 35642 元增加
到 2019 年的 46347 元，年均增长 19.2%，经济发展总体进入中等收入阶段，
为决胜全面建成小康社会奠定了坚实基础（见表1）。

表1　大西南地区经济总量及其占全国比重的变化

单位：亿元，%

年份	重庆	广西	四川	贵州	云南	西藏	大西南地区合计	占全国比重
1995	—	1606.15	3534.00	610.71	1206.68	55.98	7013.52	11.54
2000	1589.34	2050.14	4010.25	993.53	1955.09	117.46	10715.81	10.80
2005	3066.92	4075.75	7385.11	1979.06	3472.89	250.21	20229.94	10.94
2006	3907.23	4746.16	8690.24	2338.98	3988.14	290.76	23961.51	11.08
2007	4676.13	5823.41	10562.39	2884.11	4772.52	341.43	29059.99	10.93
2008	5793.66	7021.00	12601.23	3561.56	5692.12	394.85	35064.42	11.17
2009	6530.01	7759.16	14151.28	3912.68	6169.75	441.36	38964.24	11.43
2010	7925.58	9569.85	17185.06	4602.16	7224.18	507.46	47014.71	11.72
2015	15717.27	16803.12	30053.10	10502.56	13619.17	1026.39	87721.61	12.80
2019	23605.77	21237.14	46615.82	16769.34	23223.75	1697.82	133149.64	13.47

资料来源：《中国统计年鉴》相关年份。

经济结构进一步优化。大西南地区的三次产业结构从 2015 年的 12.75：
43.29：43.96 调整为 2019 年的 11.4：36.5：52.1，农业和工业占比适当降低，
现代服务业发展加快，产业结构升级特征增强。现代化生态农业加快发展，技
术研发水平提高，一、二、三次产业呈现融合态势，粮食产量稳定增长；工业
发展模式向质量效益型转变，传统产业加速改造升级，新型制造业和战略性新
兴产业发展迅猛，产业园区建设顺利进行，产业集聚发展，多点多极支撑格局
也加快形成；信息化和信息产业快速发展，科技创新能力不断增强，数字产业
化、产业数字化水平提高，5G 智能布局拉开帷幕。

对外开放成绩斐然。"十三五"期间，大西南地区紧抓长江经济带、"一
带一路"和西部陆海新通道等发展机遇，着力提升自身对外开放水平，尤其

在进出口方面，譬如，随着产业结构转型，相较 2015 年，大西南地区对外贸易额大幅度攀升，2019 年底进出口总额近 3000 亿美元，占全国比重达到 6.4%。同时，大西南对外开放质量也进一步提升，利用外资不仅注重数量，而且注重质量提升、技术领先以及引导结构调整；出口结构中技术密集型产品比重逐年上升；人们的开放共赢意识进一步增强。

基础设施水平进一步提升。2019 年末，大西南地区高速公路通车里程突破 30000 公里，城市道路和市政设施不断完善，长江上游航运中心地位进一步巩固，国家级互联网骨干直联点开通运行，一大批水利工程项目建设完成。其中，四川航空运输建设加快，巴中恩阳、宜宾五粮液和甘孜格萨尔三个机场通航，成都第二大国际机场——天府国际机场主体建成；重庆高速公路通车总里程达到 3235 公里，省界收费站全部取消，江北国际机场航线增至 95 条，旅客吞吐量达到 4479 万人次[1]，枢纽功能明显增强；广西铁路总里程超过 5200 公里，农村公路总里程突破 10 万公里；西藏 1288 条农村公路加快建设，"3 + 1"机场科学试验工程等一系列重大项目开工建设，川藏铁路规划全面启动；云南高速公路通车里程超过 6000 公里。截至 2019 年，大西南地区基本形成立体交通骨架网络。

城镇化建设取得新的进展。经过"十三五"时期的快速发展，大西南地区的城镇化建设得以不断向前推进，发展成效显著，城镇化率从 2015 年的 47.27% 提高到 2018 年的 50.2%。大西南地区结合区位环境优势和地方特色，深入推进核心驱动战略，以点带面，拉动城镇化发展。其中，西部陆海新通道、北部湾经济区作为关键增长极带动广西壮族自治区经济增长；重庆市现代综合立体交通网络不断完善，"两江四岸"十大公共空间加快建设，改造棚户区 5 万户；以成都、重庆为增长极的成渝城市群加快建设，成渝两地的辐射带动作用进一步强化，引领了大西南地区开放城市群的建设，形成城市与城镇"以点带面"的协同发展格局。

人民生活水平进一步提升。"十三五"时期，大西南地区的城乡居民人均可支配收入进一步提高，脱贫攻坚工作落到实处。其中，广西实现 125 万以上

---

① 《重庆市人民政府工作报告》，http：//www. cq. gov. cn/zwgk/zfgzbg/202001/t20200122 _ 4785464. html。

贫困人口脱贫，1268 个贫困村出列，预计 21 个贫困县摘帽，全区农村贫困率降至 1%以下，脱贫成效位于全国前列；贵州省完成 188 万人易地扶贫搬迁任务，减少农村贫困人口 124 万人，贫困发生率下降到 0.85%；云南省累计实现 95%的贫困人口脱贫、150 万人易地扶贫搬迁。城乡居民基本养老保险、基本医疗保险、城乡低保等社会保障水平逐年提高。教育普及水平全面提高，学前教育普惠率、义务教育巩固率稳定增长，高中高职教育及高等教育毛入学率稳定增长，以职业技术为导向的中专高职高专教育和民办教育加快发展。城乡基层医疗卫生基础条件有效改善，基本药物制度不断健全。社会治理加强，安全生产、食品药品安全、防灾减灾救灾工作取得积极成效，社会保持和谐稳定。

二 大西南地区工业化水平评价

表 2 给出了 2019 年大西南地区与全国和其他区域各项工业化水平指标的原始数据，表 3 列示了 1995 年、2000 年、2005 年、2010 年、2015 年和 2019 年大西南地区、大西北地区和全国工业化水平评价结果的比较情况。

表 2　九大区域和大西南地区的工业化原始数据（2019 年）

单位：美元，%

地区	人均GDP	产业产值比			制造业增加值占比	城镇化率	产业就业比		
		一	二	三			一	二	三
全国	11759.0	7.1	39.0	53.9	61.6	60.6	26.1	27.6	46.3
九大区域									
京津冀	13742.1	4.5	28.7	66.8	66.7	66.7	23.2	29.4	47.4
环渤海	13790.7	5.7	33.8	60.5	57.0	64.3	25.5	32.3	42.2
长三角	20361.9	3.2	40.8	55.9	60.4	73.0	12.5	42.0	45.5
长江经济带	12243.4	6.7	40.0	53.3	54.8	60.6	30.0	29.4	40.7
珠三角	15465.9	5.2	42.0	52.8	71.2	69.5	21.9	36.5	41.3
中部地区	8750.1	7.8	43.6	49.1	48.5	55.7	32.6	29.6	37.8
大西北	9759.4	10.1	40.6	49.4	46.0	56.3	42.9	16.1	36.3
大西南	8360.5	11.4	36.5	52.1	51.0	52.9	42.5	21.1	36.4
东三省	9526.9	13.2	34.4	52.4	51.4	63.2	33.7	20.5	45.8

续表

地区	人均GDP	产业产值比			制造业增加值占比	城镇化率	产业就业比		
		一	二	三			一	二	三
大西南地区									
广西	7547.0	16.0	33.3	50.7	41.4	51.1	49.3	17.4	33.4
重庆	11993.5	6.6	40.2	53.2	84.2	66.8	27.2	25.9	46.9
四川	8892.1	10.3	37.3	52.4	56.1	53.8	35.9	27.2	36.9
贵州	7502.5	13.6	36.1	50.3	39.5	49.0	53.8	18.4	27.8
云南	6755.2	13.1	34.3	52.6	30.9	48.9	48.4	13.8	37.8
西藏	7894.3	8.2	37.4	54.4	5.9	31.5	36.5	19.7	43.8

资料来源：参见附录一。

表3　大西南地区工业化进程：分项及综合得分（1995～2019年）

年份	地区	人均GDP	产业产值比	工业结构	城镇化率	产业就业比	综合得分	工业化阶段
1995	全国	0	32	18	0	17	12	二（Ⅰ）
	大西北	0	12	5	0	0	4	二（Ⅰ）
	大西南	0	14	15	0	0	6	二（Ⅰ）
2000	全国	0	47	23	10	22	18	二（Ⅱ）
	大西北	0	25	1	2	1	6	二（Ⅰ）
	大西南	0	29	11	0	0	9	二（Ⅰ）
2005	全国	20	57	73	21	33	41	三（Ⅰ）
	大西北	8	40	10	11	11	16	二（Ⅱ）
	大西南	0	41	24	6	12	16	二（Ⅱ）
2010	全国	68	66	100	33	51	69	四（Ⅰ）
	大西北	57	60	46	24	28	49	三（Ⅰ）
	大西南	39	52	98	16	27	51	三（Ⅱ）
2015	全国	84	100	91	53	69	84	四（Ⅱ）
	大西北	78	63	39	38	35	58	三（Ⅱ）
	大西南	67	57	72	29	30	58	三（Ⅱ）
2019	全国	95	100	100	67	72	92	四（Ⅱ）
	大西北	83	60	42	54	37	66	三（Ⅱ）
	大西南	76	61	69	43	38	64	三（Ⅱ）

资料来源：参见附录二。

从人均收入指标看，2019 年大西南地区人均 GDP 为 8360.5 美元，低于全国平均水平，在九大区域中居末位。2019 年大西南地区的人均 GDP 相当于全国平均水平的 71.10%，而 2015 年大西南地区的人均 GDP 相当于全国人均水平的 71.30%，2010 年相当于全国人均水平的 65.53%，说明大西南地区经济发展稳中有进。人均 GDP 指标工业化评分为 76，在五大指标中评分最高，处于工业化后期的前半阶段。

从三次产业产值比指标看，2019 年末大西南地区三次产业产值比为 11.4∶36.5∶52.1，其中，第一产业比重高于全国平均水平 4.3 个百分点；第二产业比重低于全国平均水平 2.5 个百分点；第三产业低于全国平均水平 1.8 个百分点。相比 2015 年与全国平均水平的差距，这一阶段大西南地区的第三产业有了较大程度的发展，而第一、第二产业差距依然存在，说明大西南地区的产业结构仍处于转型期。该指标的工业化评分为 61，较上一阶段有所上升但仍大幅低于全国平均水平，处于工业化中期的后半阶段。

从工业结构指标看，2019 年大西南地区制造业增加值的占比为 51.0%，低于全国平均水平 61.6%，在九大区域中居倒数第三位。该指标的工业化评分为 69，相比 2015 年的 72 有所回落，处于工业化后期的前半阶段，说明"十三五"期间大西南地区的制造业增加值后续乏力。

从城镇化率指标看，2019 年大西南地区城镇人口占全部人口的比重为 52.9%，低于全国平均水平 7.7 个百分点，与全国平均水平的差距进一步拉大，在九大区域中居于末位。该指标的工业化评分为 43，处于工业化中期的前半阶段，是大西南地区评分倒数第二低的工业化指标，但是纵向对比"十二五"时期城镇化水平有所增长，这说明"十三五"时期大西南地区的城镇化进程处于加速推进的态势。

从三次产业就业结构指标看，2019 年大西南地区第一、二、三产业就业人数的比重为 42.5∶21.1∶36.4。其中，一产就业比高于全国平均水平 16.4 个百分点，二产就业比低于全国平均水平 6.5 个百分点，三产就业比低于全国平均水平 9.9 个百分点。说明大西南地区的第一产业从业人员比重过高，第二和第三产业的从业人员比重偏低。该指标的工业化评分为 38，处于工业化中期的前半阶段。

总体来看，2019 年大西南地区的工业化综合指数为 64，处于工业化中期

的后半阶段。图1将2019年大西南地区与全国的工业化分指标评分及综合指数评分情况进行对比，可以看出，2019年大西南地区各个指标评分均低于全国平均水平。其中，产业就业比、工业结构和城镇化率指标与全国平均水平的差距较大。可以看出，"十三五"期间，大西南地区人均收入过低问题有所缓解，三次产业总产值有所提升；从未来的发展空间来看，城镇化率、工业结构和产业就业比还有较大的提升空间，应当作为"十四五"时期的发展重点。

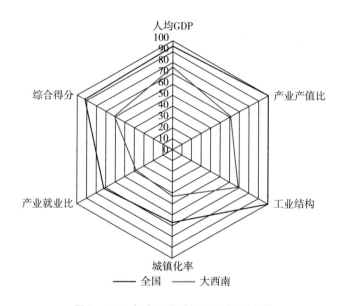

图1 2019年大西南地区工业化雷达图

三 大西南地区工业化进程的特征

基于对大西南地区工业化水平的评价结果和大西南地区经济社会发展状况的分析，我们认为目前大西南地区工业化进程有如下三个明显特征。

1. 地区发展不均衡，工业化整体指标低于全国平均水平

2019年，大西南地区的工业化指数为64，处于工业化中期的后半阶段，在九大区域中排在最后一位。同一时期，全国平均水平已进入工业化后期的后半阶段，九大区域中除大西南地区外，其余区域均已进入工业化后期。其中，

长三角、珠三角、京津冀、环渤海和长江经济带五大区域均已进入工业化后期的后半阶段。与2015年比较，大西南地区工业化指数被大西北地区反超，这表明"十三五"期间，大西南地区的工业化进程速度明显低于大西北地区。

从地区角度看，大西南内部六省区市工业化进程差距较大，重庆市具有先发优势且增速持续维持在较高水平，2005年已在区域内领先，2010年进入工业化后期。而四川、云南、广西、贵州和西藏等5省区均处于工业化中期，在全国处于滞后水平。从排名来看，除重庆市在全国排名前10以外，其余5省区在全国的排名均在15位以外，属于工业化落后省区。从发展历程看，2016~2019年，重庆、四川、西藏、贵州四地工业化全国排名上升，云南、广西两地排名下降。其中广西、重庆、四川变化幅度较大。西藏的提升较为明显，14年间从第31名上升至第25名；而云南省一直没能实现工业化腾飞，2005年以来工业化指数排名不断下降；四川、广西两省区在2006~2015年发展较快，但广西在"十三五"期间出现了回落。由此可见，大西南地区各省区市工业化水平整体呈现进程反复、地区不均衡的现状（见表4）。

表4　九大区域与大西南各省区市的工业化指数及全国排名（2005~2019年）

地区	2005年			2010年			2015年			2019年		
	工业化指数	工业化阶段	全国排名	工业化指数	工业化阶段	全国排名	工业化指数	工业化阶段	全国排名	工业化指数	工业化阶段	全国排名
全国	49	三（Ⅰ）		69	四（Ⅰ）	—	84	四（Ⅱ）	—	92	四（Ⅱ）	—
珠三角	70	四（Ⅰ）	3	81	四（Ⅰ）	4	94	四（Ⅱ）	3	97	四（Ⅱ）	2
长三角	83	四（Ⅱ）	1	92	四（Ⅱ）	1	98	四（Ⅱ）	1	99	四（Ⅱ）	1
京津冀	71	四（Ⅰ）	2	90	四（Ⅱ）	2	95	四（Ⅱ）	2	96	四（Ⅱ）	3
环渤海	70	四（Ⅰ）	3	85	四（Ⅱ）	3	94	四（Ⅱ）	3	93	四（Ⅱ）	4
长江经济带	—	—	—	—	—	—	87	四（Ⅱ）	5	89	四（Ⅱ）	5
中部地区	28	二（Ⅱ）	6	60	三（Ⅱ）	6	70	四（Ⅰ）	7	75	四（Ⅰ）	6
东三省	44	三（Ⅰ）	5	72	四（Ⅰ）	5	77	四（Ⅱ）	6	71	四（Ⅰ）	7
大西北	24	二（Ⅱ）	7	51	三（Ⅱ）	8	58	三（Ⅱ）	9	66	四（Ⅰ）	8
大西南	22	二（Ⅱ）	8	53	三（Ⅱ）	7	59	三（Ⅱ）	8	64	三（Ⅱ）	9
重庆	32	二（Ⅱ）	15	72	四（Ⅰ）	10	89	四（Ⅱ）	9	94	四（Ⅱ）	6
四川	23	二（Ⅱ）	24	53	三（Ⅱ）	22	64	三（Ⅱ）	20	71	四（Ⅰ）	16
西藏	7	二（Ⅰ）	31	29	二（Ⅱ）	31	48	三（Ⅰ）	26	53	三（Ⅱ）	25
广西	16	二（Ⅰ）	28	50	三（Ⅱ）	24	59	三（Ⅱ）	22	50	三（Ⅱ）	27
贵州	13	二（Ⅰ）	30	36	三（Ⅰ）	28	40	三（Ⅰ）	31	49	三（Ⅰ）	30
云南	19	二（Ⅱ）	26	43	三（Ⅰ）	27	42	三（Ⅰ）	30	46	三（Ⅰ）	31

资料来源：参见附录二。

分指标看，如表5所示，除产业产值比、工业结构以外，大西南地区其余四项工业化指数在全国九大区域中均处于末位，平均处于工业化中期阶段。其中，城镇化率指标的评分与其他区域的差距最大，而相比2015年，工业结构指数则出现了最大幅度的倒退。除此之外，人均GDP的评分达到76，是大西南地区横向中六个分指标中得分最高的，属于工业化后期的水平，但纵向上仍居于九大区域末位。

表5 九大区域工业化指数的比较（2019年）

地区	人均GDP	产业产值比	工业结构	城镇化率	产业就业比	工业化指数	工业化阶段
京津冀	100	100	100	81	77	96	四（Ⅱ）
环渤海	100	100	89	75	73	93	四（Ⅱ）
长三角	100	100	100	95	95	99	四（Ⅱ）
长江经济带	98	100	82	67	66	89	四（Ⅱ）
珠三角	100	100	100	87	79	97	四（Ⅱ）
中部地区	78	100	61	52	60	75	四（Ⅰ）
大西北	84	66	53	54	38	66	四（Ⅰ）
大西南	76	61	69	43	38	64	三（Ⅱ）
东三省	83	55	70	73	58	71	四（Ⅰ）

资料来源：参见附录二。

2. 工业化基础较弱，工业化发展速度放缓

长期以来，大西南地区工业化的基础较弱，工业化水平较低，部分地区的工业化进程严重滞后。2005年大西南地区工业化指数仅为22，2010年快速提高到53，2015年大西南地区工业化指数上升到59，2019年上升到64如表6所示，说明大西南地区的工业化进程一直在推进。"十一五"时期出现了跨越式发展，工业化指数年均增长6.2，与中部地区是同期全国工业化进程较快的地区，工业化综合指数超过大西北地区。但"十二五"期间，大西南地区工业化进程速度放缓，2011~2015年工业化指数仅提高了6，年均增长1.2，在全国九大区域中位列第五。"十三五"时期，工业化指数提高了5，年均增长1.3，在全国九大区域中排名第二。分省区看，西藏、四川、重庆和贵州在"十三五"期间年均增长速度在全国排名前列，而广西和云南年均增长速度较慢。

表6　九大区域和大西南各省市区工业化速度（2010～2019年）

地区	工业化进程(100分制)			年均增速					
	2010年	2015年	2019年	2006～2010年	排名	2011～2015年	排名	2016～2019年	排名
全国	69	84	92	4.0	—	3.0	—	2.0	
九大区域									
珠三角	81	94	97	2.2	7	2.6	1	0.8	4
中部地区	60	70	75	6.4	1	2.0	2	1.3	2
环渤海	85	94	93	3.0	6	1.8	3	-0.3	8
京津冀	90	95	96	3.8	5	1.0	7	0.3	6
大西北	51	58	66	5.4	4	1.4	4	2.0	1
长三角	92	98	99	1.8	8	1.2	5	0.3	6
大西南	53	59	64	6.2	2	1.2	5	1.3	2
东三省	72	77	71	5.6	3	1.0	7	-1.5	9
长江经济带	—	87	89	—	—	—	—	0.5	5
大西南地区									
四川	53	64	71	6	10	2.2	7	1.8	9
西藏	29	48	53	4.4	19	3.8	1	1.3	12
广西	50	59	50	6.2	3	1.8	14	-2.3	28
贵州	36	40	49	4.6	18	0.8	24	2.3	4
云南	43	42	46	4.8	17	-0.2	27	1	15
重庆	72	89	94	8	1	3.4	2	1.3	12

资料来源：参见附录三。

　　"十三五"期间，大西南地区的工业化进程放缓，如表7所示，大西南地区工业化加速度为0.1，在全国九大区域中位列第二，仅次于大西北地区。同期，全国多数区域的工业化进程加速度处于减速阶段，说明"十三五"时期在世界经济复苏疲软和全国经济回落的大环境下，各个区域的工业化进程都进入平稳过渡期。分省区市看，"十三五"期间大西南地区中，贵州、云南两省工业化加速度为正，其余4省区市的工业化加速度均为负，其中，广西的加速度达到-4.1，居于全国末五位。重庆已处于工业化后期的后半阶段，工业化加速度减缓是正常现象，但广西和四川工业化水平还很低，工业化速度减慢对其经济社会发展将会产生较大影响。

表7 大西南地区的工业化加速度（2011～2019年）

地区	2011～2015年平均增速	2016～2019年平均增速	"十二五"加速度	"十二五"加速度排序	"十三五"加速度	"十三五"加速度排序
全国	3.0	2.0	-1.0	—	-1.0	—
九大区域						
大西北	1.4	2.0	-4.0	5	0.6	1
京津冀	1.0	0.3	-2.8	4	-0.7	3
长三角	1.2	0.3	-0.6	2	-0.9	5
大西南	1.2	1.3	-5.0	8	0.1	2
中部地区	2.0	1.3	-4.4	6	-0.7	3
珠三角	2.6	0.8	0.4	1	-1.8	6
环渤海	1.8	0.3	-1.2	3	-2.1	7
东三省	1.0	1.5	-4.6	7	-2.5	8
长江经济带	—	0.5	—	—	—	—
大西南地区						
贵州	0.8	2.3	-3.8	14	1.5	4
云南	-0.2	1.0	-5.0	24	1.2	5
四川	2.2	1.8	-3.8	14	-0.4	11
重庆	3.4	1.3	-4.6	19	-2.1	20
西藏	3.8	1.3	-0.6	5	-2.5	23
广西	1.8	-2.3	-5.0	24	-4.1	27

资料来源：参见附录三。

随着工业化进程的减慢，大西南地区与东部发达地区工业化水平的相对差距有所减小。2015年，大西南地区的工业化综合指数评分已相当于长三角地区的59%、珠三角地区的60%、环渤海地区的63%。到2019年，大西南地区的工业化综合指数评分相当于长三角地区的64.6%、珠三角地区的66%、环渤海地区的68.8%。同时，大西南地区与发达地区工业化的绝对差距也进一步缩小。如表8所示，2015年，大西南地区的工业化综合指数评分与长三角地区相差40，与京津冀相差35，与珠三角地区相差38，与环渤海地区相差34。到2019年，大西南地区工业化综合指数评分与长三角地区相差35，与珠三角地区相差33，与京津冀相差32，与环渤海地区相差29。

表8　大西南地区与其他地区工业化水平的差距（2000～2019年）

年份	2000	2005	2010	2015	2019
与全国差距	-9	-25	-15	-26	-31
与长三角差距	-38	-56	-37	-40	-35
与珠三角差距	-26	-51	-30	-38	-33
与京津冀差距	-30	-49	-33	-35	-32
与环渤海差距	-17	-41	-26	-34	-29
与东三省差距	-15	-21	-20	-18	-7
与中部地区差距	0	-5	-7	-11	-11
与大西北差距	3	0	2	0	-2
大西南地区综合指数	9	22	53	59	64

资料来源：参见附录二。

3. 人均 GDP 是推动工业化水平提升的重要因素，工业结构相对成为短板

"九五"期间，三次产业结构的调整对大西南地区的工业化进程贡献最大，人均 GDP 增长、城镇化水平提高和农业就业人口转移对大西南地区的工业化进程没有贡献，工业结构的变迁不但没有带动地区的工业化，反而起到了反作用。

"十五"期间，三次产业结构和工业结构的调整对大西南地区工业化进程贡献较大。其中，工业结构的贡献度达到 40.85%，是这一时期大西南地区工业化进程的主要推动力，西部大开发带来的经济结构调整效果逐步显现出来。相比之下，城镇化率和产业就业比两项指标的变化对工业化进程的贡献较低。

"十一五"期间，大西南地区各项指标明显改善，人均 GDP 迅速提高，对工业化进程的贡献度达到 40.11%，同时工业结构不断优化，对工业化进程贡献度达到 46.52%，这两项指标是这一时期推动地区工业化进程的主要力量。三次产业产值比的变化对工业化进程的贡献显著下降，仅为 6.91%。城镇化率和产业就业比指标的贡献度有所下降，均为 3.43%。

"十二五"期间，大西南地区人均 GDP 继续提高，对工业化进程的贡献度达到 144%，是这一时期推动地区工业化进程的主导力量，产业产值比和城镇化率的贡献度略有上升，产业就业比的贡献度没有改变，对工业化进程的贡献较弱。而工业结构出现了较大的负贡献，贡献率高达 -81.71%。说明在世界

经济复苏疲软和全国经济回落的大环境下，成本增加、需求不足等给大西南地区的制造企业带来了巨大的压力。

"十三五"期间，大西南地区工业发展整体出现颓势，人均GDP对工业化进程的贡献度降低到57%，但同时产业产值、产业就业情况不断优化，贡献度分别为17.6%、12.8%。同时工业结构对工业化进程的贡献度回升到−13.2%。说明此时大西南地区正处于产业结构转型关键时期，产业结构优化、就业方式转变，但制造业发展后劲不足，缺乏转型动力。

1996～2019年，对大西南地区工业化进程贡献度最大的指标由"九五"时期的三次产业产值比，"十五"和"十一五"时期的工业结构，转变为"十二五"和"十三五"时期的人均GDP。这表明，三次产业结构变化、工业结构调整和人均GDP增长先后成为推动大西南地区工业化进程的主导力量，城镇化率和产业就业比对大西南地区的工业化进程贡献一直较小（见表9）。目前，大西南地区的城镇化水平低，城镇化进程过慢，地区间两极分化严重，工业增加值大幅降低，缺乏有力的投资动力和供给动力。这些都是大西南地区在下一阶段工业化进程中亟待解决的问题。

表9　各工业化指标对大西南工业化进程的贡献度（1996～2019年）

指标 时段	人均GDP （%）	产业产值比 （%）	工业结构 （%）	城镇化率 （%）	产业就业比 （%）	工业化综合 指数增加量
"九五"	0	106.55	−27.06	0	0	3
"十五"	0	37.71	40.85	10.28	13.71	7
"十一五"	40.11	6.91	46.52	3.43	3.43	35
"十二五"	144	15.71	−81.71	22.29	3.43	7
"十三五"	57.00	17.60	−13.20	33.60	12.80	5

资料来源：参见附录三。

四　大西南地区工业化进程存在的主要问题

基于对大西南地区经济社会状况、工业化水平的评价结果和大西南地区工业化特征的分析，我们认为目前大西南地区工业化进程主要存在如下问题。

1. 整体工业化水平低，两极分化明显

由上文可知，2019 年末大西南地区的整体工业化指数为 64，处于工业化中期的后半阶段，在全国九大区域中排列最后一位。同期，全国整体已经进入工业化后期的后半阶段。进一步看，大西南地区的 6 个省区市中除了重庆、四川进入工业化后期以外，云南、广西、贵州和西藏等 4 省区还都处于工业化中期，滞后于全国平均水平。从排名来看，除重庆在全国排名前 10 以外，其余 5 省区在全国的排名均在 15 名以外，均属于工业化落后省区（见表 10）。

表 10　大西南各省市区的工业化指数及全国排名（2005～2019 年）

地区	2005 年			2010 年			2015 年			2019 年		
	工业化指数	工业化阶段	全国排名	工业化指数	工业化阶段	全国排名	工业化指数	工业化阶段	全国排名	工业化指数	工业化阶段	全国排名
全国	49	三（Ⅰ）	—	69	四（Ⅰ）	—	84	四（Ⅱ）	—	92	四（Ⅱ）	—
大西南	22	二（Ⅱ）	8	53	三（Ⅱ）	7	59	三（Ⅱ）	8	64	三（Ⅱ）	9
重庆	32	二（Ⅱ）	15	72	四（Ⅰ）	10	89	四（Ⅱ）	9	94	四（Ⅱ）	6
四川	23	二（Ⅱ）	24	53	三（Ⅱ）	22	64	三（Ⅱ）	20	71	四（Ⅰ）	16
西藏	7	二（Ⅰ）	31	29	二（Ⅱ）	31	48	三（Ⅰ）	26	53	三（Ⅰ）	25
广西	16	二（Ⅰ）	28	50	三（Ⅱ）	24	59	三（Ⅱ）	22	50	三（Ⅱ）	27
贵州	13	二（Ⅰ）	30	36	三（Ⅰ）	28	40	三（Ⅰ）	31	49	三（Ⅰ）	30
云南	19	二（Ⅱ）	26	43	三（Ⅰ）	27	42	三（Ⅰ）	30	46	三（Ⅰ）	31

资料来源：参见附录二。

受到政策条件、制度变迁、区位条件、思想观念、过度依赖资源输出等多重因素影响，大西南地区工业在长期以来仍然保持了传统工业化道路的典型特点：技术上以传统支柱产业技术为主，缺乏自主创新的能力，核心技术和关键设备主要基于进口；高能源消耗、高环境污染、低生产效率，奉行先污染后治理；重物不重人，以低素质廉价劳动力为主；低水平重复建设等。在产业结构上，轻工业、加工制造业水平较低，以承接东部地区产业转移为主；煤炭、石油、天然气、水能等能源工业发展方式粗放，资源能源消耗高、效率低，在产业结构中占比高，处于制造业产业链的中低端；新兴产业创新能力不强，技术水平低，自主研发能力差；军民脱离，军工业与地方经济脱节，不能形成与经济建设的良性互动等因素都是长期以来制约大西南地

区工业化腾飞的主要原因。

同时，在大西南地区内部，重庆市2019年工业化指数评估排名全国第六，与地区内第二名的四川省全国排名有着16个位次的差距，是大西南地区工业发展的经济增长极，带动整个西部经济的发展。而云南省工业化指数评估排名位于全国最末。工业基础坚实，人均GDP水平高，工业基础设施完备，城镇化水平高，产业结构比、产业就业比较为协调等因素是重庆市工业化发展的主要原因，也是大西南地区其他省市工业化发展的潜力所在。

2. 工业化发展后劲不足，增速过慢

2005年大西南地区工业化指数仅为22，2010年快速提高到53，2015年大西南地区工业化指数上升到59，2019年上升到64。可以看出，"十三五"期间，大西南地区的工业化进程平稳，地区工业化加速度为0.1。分省区看，西藏、重庆和贵州在"十三五"期间年均增长速度在全国排名前列，而广西、四川和云南年均增长速度较慢。其中，广西的加速度为－4.1，居于全国末五位，说明"十三五"时期在世界经济复苏疲软、全国经济回落以及世界范围内抗击疫情的特殊大环境下，各个区域的工业化进程都进入低谷期，而工业化速度减慢对地区经济社会发展将会产生较大影响。

该阶段影响地区工业化加速度的因素众多，主要有投资增长下行压力大、新冠肺炎疫情对全球生产和需求造成全面冲击、政策影响下财政注意力向脱贫攻坚转移等。在外部环境深刻变化、困难挑战极大的情况下，稳定市场经济、扩大有效投资、支持实体经济发展、稳定就业、促进进出口贸易额稳定增长成为支撑经济可持续发展的重要要求。

其中，工业化增长放缓最严重的广西，经济下行压力加大，主要支撑指标低于预期；国际经济和贸易摩擦对电子、粮油等基础工业产生了重大影响；政策调整的影响导致汽车生产和销售急剧下降，从而大大减缓了工业增长；非洲猪瘟的流行严重损害了畜牧业生产，猪肉等食品价格的上涨影响了人民的生计。这些不利因素叠加在一起，与区域工业基础薄弱、经济结构薄弱、创新能力不足等深刻矛盾产生了共鸣，给经济运行带来了巨大挑战。

3. 产业结构与就业结构不协调

从三次产业产值比指标看，2019年大西南地区的三次产业结构为11.4：36.5：52.1，其中，第一产业占比高于全国平均水平4.3个百分点；第二产业占比低于全国平均水平2.5个百分点；第三产业占比低于全国平均水平1.8个百分点。可见这一阶段大西南地区的一、二、三产业与全国水平的差距依然存在，产业结构仍处于转型期。从三次产业就业结构指标看，2019年大西南地区三次产业就业人数的比重为42.5∶21.1∶36.4。其中，第一产业就业比高于全国平均水平16.4个百分点，第二产业就业比重低于全国平均水平6.5个百分点，第三产业就业比低于全国9.9个百分点。可见大西南地区的第一产业从业人员比重过高，第二和第三产业的从业人员比重偏低。

表11 大西南地区的工业化原始数据（2019年）

单位：美元，%

地区	人均GDP	产业产值比			制造业增加值占比	城镇化率	产业就业比		
		一	二	三			一	二	三
全国	11759.0	7.1	39.0	53.9	61.6	60.6	26.1	27.6	46.3
大西南	8360.5	11.4	36.5	52.1	51.0	52.9	42.5	21.1	36.4
广西	7547.0	16.0	33.3	50.7	41.4	51.1	49.3	17.4	33.4
重庆	11993.5	6.6	40.2	53.3	84.2	66.8	27.2	25.9	46.9
四川	8892.1	10.3	37.3	52.4	56.1	53.8	35.9	27.2	36.9
贵州	7502.5	13.6	36.1	50.3	39.5	49.0	53.8	18.4	27.8
云南	6755.2	13.1	34.3	52.6	30.9	48.9	48.4	13.8	37.8
西藏	7894.3	8.2	37.4	54.4	5.9	31.5	36.5	19.7	43.8

资料来源：参见附录一。

产业结构和产业就业结构对于地区工业化发展有着两两影响的三种相互作用，产业结构的调整带动城乡就业人口的流动和转移，促进地区工业化效率的提高和新兴产业的发展；产业就业结构的调整倒逼产业结构与之适应，以劳动力供给方的变动引起劳动力需求方的调整；而现代工业化增长的自然趋势使工业资源向城市集中，形成工业集聚，同时城镇化率提高，第三产业比重增加，一、二产业比重降低，产业结构得到优化，一、二产业剩余劳动人口向第三产业转移，产业就业结构得到优化。

在地区内部，广西、贵州、云南三省区第一产业产值均在13%以上，高出全国平均水平6个百分点，其中广西壮族自治区第一产业产值最高达到16.0%，第二产业则呈现明显弱势。而从三次产业就业结构来看，大西南地区

内部六省区均存在第一产业就业比高于全国平均水平的现象，最低重庆高出 1.1 个百分点，最高贵州高出 27.7 个百分点。可见地区内部农业人口比重过高是制约工业化进程飞跃的一大阻力。

五　进一步推进大西南地区工业化进程的建议

"十三五"期间，相对于全国其他地区而言，大西南地区仍处于欠发达阶段，经济基础较为薄弱，投资增长后劲不足，传统消费进入瓶颈期，新兴消费增长尚弱，产业结构处于深度调整期。"十四五"时期是大西南地区解决工业化发展深刻矛盾、加快转型升级的重要阶段。针对上一部分提出的问题，该时期需要着力在保持经济稳定增长，以中心城市为"增长极"拉动地区发展；继续深化对内改革、扩大对外开放，增强发展动力；优化就业产业结构，推动产业结构转型升级，促进经济社会健康发展等 3 个方面取得突破性进展。

1. 保持经济稳定增长，以中心城市为"增长极"拉动地区发展

在经济下调压力日益增加、国内及国际的经济环境持续深刻变化的背景下，工业化水平整体低下的大西南地区应保持稳中求进的发展节奏，以不同地区发展目标为导向，具体地区具体分析，坚持质量第一、效益优先，加快现代化经济体系建设，确保经济实现量的合理增长和质的稳步提升。对于地区工业化实力较强的重庆，要更加突出制造业高质量发展，加快构建现代化产业体系。深入实施以大数据智能化为引领的创新驱动发展战略行动计划和军民融合发展战略行动计划，重点建设国家数字经济创新发展试验区，打造"智慧名城"；而对于工业化实力中等的四川、西藏、广西等地区，则应用好国家加大宏观政策逆周期调节力度的机遇，扩大有效投资，帮助民营企业变革转型和发展，增加消费，稳定对外贸易和国外投资，推动全省经济持续平稳健康发展。①

同时，在"十四五"时期，大西南地区应借助西部大开发、"一带一路"等国家发展战略，积极承接国内外产业转移，从而推动产业发展与升级。参与

---

① 《中共中央　国务院关于新时代推进西部大开发形成新格局的指导意见》，http：//www. gov. cn/xinwen/2020 – 05/17/content_ 5512456. htm。

和融入"一带一路"建设，加快重庆、四川发挥综合优势，打造内陆开放高地和开发开放枢纽。支持贵州深化国内外生态合作，推动绿色丝绸之路建设。提升云南与澜沧江—湄公河区域开放合作水平。除此之外，建设丝绸之路经济带战略，也在西部大开发战略基础上，为大西南地区产业集聚创造条件，以产业集聚为方式，推动中东部地区产业转移和大西南地区产业承接。有效承接产业转移有助于劳动力、资本等要素的回流、集聚，进而在此基础上的要素升级，为大西南地区产业升级和多样化创造条件。

此外，还要推动成渝地区双城经济圈建设，努力在西部形成高质量发展的重要增长极。科学规划现代化城市群，加强大都市对周边地区经济发展的辐射力和带动力，使周边中小城市及城镇得到发展，是"十四五"阶段推动区域经济一体化协调发展的重要任务。其实现路径是通过逐步消除行政壁垒，促进两地市场、交通及公共服务一体化，从而提高都市的辐射力和带动力。把双城经济圈建设作为"十四五"规划的重要内容，科学做好规划编制，积极参与国家成渝地区双城经济圈建设规划纲要编制工作；推动重点领域先行突破，加快成渝中线高铁等项目前期工作，打造成渝一小时通勤圈；深入推进干支联动，建立财税分享激励、用地指标协同供给等机制，促进设施互通、产业协作、开放共享、环境共治。以此，通过增强成渝都市圈的实力，使城市群内的核心城市发挥吸引力、集聚力，辐射和带动周边地区发展，促进都市圈同城化；同时，大西南地区其他城市也能够发挥优势、分工合作，加强联系与合作，逐步由区域性中心城市转变为功能性城市。在都市的引领和带动下，周边中小城市和城镇将获得发展机遇，周边的农村也将获得发展机遇，大中小城市协调发展的城镇体系逐步形成。此外，城市群应对周边地区发挥辐射带动作用，通过产业转移、对接合作、知识溢出等途径促进周边地区发展。①

2. 继续深化对内改革、扩大对外开放，增强发展动力

大西南地区受到区域内资源禀赋和地理位置的局限，成为我国工业化建设的后发地区。虽然随着西部大开发战略和"一带一路"倡议的推进，大西南地区的发展机遇在逐步增加，但是总体水平低于全国平均水平，且在"十三五"时期工业结构指标下降幅度大，工业发展后劲不足成为制约大西南地区

---

① 肖金成：《"十四五"区域发展四大战略方向》，《瞭望》2020年第21期。

经济社会发展的重要因素。因此在"十四五"时期，大西南地区应加强深化对内改革、扩大对外开放，为地区经济发展不断注入活力，为投资者和消费者巩固地区经济发展信心，促进地区经济的长期可持续发展。

对内改革方面，在"十四五"时期大西南地区应继续深化供给侧结构性改革，持续巩固去产能成果，推动企业降本减负；深化财政金融改革，创新投资机制，拓宽资金渠道，强化金融创新；深化国资国企改革，积极探索建立中国特色现代国有企业制度；激发民营经济活力，完善中小企业发展的政策体系，引导民营市场主体"个转企""微升小""小升规"；营造市场化、法治化、国际化营商环境，推进市场化，纵深推进"放管服"改革，推进国际化，加强与国际通行经贸规则对接，提升跨境贸易投资便利化水平，完善国际化公共服务体系。[①]

扩大大西南地区的对外开放程度，包括拓展区际互动、加快延边地区开放以及进一步融入"一带一路"建设。首先，在区域合作框架内，积极对接京津冀城市群、长江经济带、粤港澳大湾区建设等重大战略。在广西壮族自治区内，加快北部湾经济区和珠江—西江经济带建设，并积极参与粤港澳大湾区建设和海南自由贸易港建设。促进东西部自由贸易试点地区交流协作，加强合作和开放。支持区域间产业园区联合建设，加强西北与西南地区的工业化协作与互动。其次，完善建设沿边经济合作区、重点开发试验区、跨境经济合作区布局，支持在跨境旅游、跨境金融、通关执法、人员出入境管理等方面创新合作与交流。大力推进边境旅游试验区、跨境旅游合作项目、对外农业合作试验区的建设。最后，寻求与共建"一带一路"国家合作，扎实推进中新（重庆）互联示范项目落地，完善北部湾等港口建设，优化中欧班列组织运营模式，加快中国—东盟信息港建设，以西藏为基地，加强我国与周边各国在能源、战略性新兴产业和循环经济领域的合作与交流，辐射带动大西南地区商品的出口。当然新时期的开放不能只满足于贸易、外资的数字，还应注重开放的质量和效率，充分发挥人力、资金、技术等要素的作用，提高技术效益、规模效益，促进开放型经济平稳健康发展。

---

① 刘雪娇、蒋梅英、李文佳：《西三角经济区产业结构与就业结构互动关系研究》，《资源开发与市场》2016 年第 2 期。

3. 优化就业产业结构，推动产业结构转型升级，促进经济社会健康发展

产业结构与产业就业结构的协调性是衡量一个国家或地区的经济是否健康发展的重要标志。随着经济社会的发展，大西南地区的产业结构不断优化，第三产业的发展在快速推进，成为推动该地区经济增长的重要力量。但大西南地区就业结构的调整远远落后于其产业结构的演变，第一产业就业比重过高，第二、三产业就业比重偏低，第二、三产业的产值份额远大于其他就业份额。与此同时，我们还可以看到，大西南地区第二产业对经济增长的贡献远远大于第三产业，但第二产业的就业比例长期以来一直低于第三产业。简而言之，大西南地区的就业结构和产业结构不协调，第一产业对于吸收和转移过剩劳动力的压力更大；虽然第二产业是区域经济增长的主要动力，但并没有带来就业的显著增长；第三产业则面临着巨大的转型压力。

"十四五"时期，为了缓解地区就业结构与产业结构之间的不协调，促进地区经济发展和就业同步增长，可以从以下三方面来优化大西南地区的就业产业结构。

首先，以城镇化建设推进现代服务业发展，使第一产业剩余劳动力内部吸收并向第二、三产业转移。第一，要充分发挥比较优势，在大西南地区，促进一批支柱产业集群化发展，进一步促进传统动能的改造和升级，并推动信息技术在传统产业中的广泛应用，建立现代化的、富有竞争力的工业体系。第二，促进农村地区第一、第二、第三产业的深度融合，促进整个农牧业价值链的转型和现代化升级。鼓励农村小企业、私营企业和个体经济的发展，并努力确保一部分剩余的农村劳动力在第一产业内部充分就业。第三，积极引导过剩劳动力从第一产业转移到第二产业和第二产业，实现劳动力资源的合理配置。

其次，促进产业转型升级，提高第二、三产业对经济增长和就业的贡献率。第一，要把制造业高质量发展放到更加突出的位置，加快构建现代产业体系。实施以大数据智能化为引领的创新驱动发展战略，促进智能产业、智能制造、智慧城市协同发展，提高工业水平，释放产业转型和现代化的发展潜力，创造更多就业机会，增加就业。第二，在这一阶段，劳动密集型加工和制造业仍然是大西南地区经济增长和就业的重要组成部分。技术密集型和相关产业的发展可以促进和刺激劳动密集型制造业的发展，形成强有力的制造业产业集群，增强开拓新市场的能力，扩大就业。第三，优化传统服务业的发展模式，

促进先进制造业和现代服务业的综合发展。顺应制造业服务化、服务业制造化趋势，促进研发和生产、制造及金融服务的有效整合，现代物流和制造业紧密融合，生产型制造和服务型制造深度融合，平台经济和产业发展创新融合，不断扩展第三产业的发展空间。①

最后，重视人力资本的积累和人力资源的开发。结合西南地区经济发展和产业结构调整的需要，有关部门要把教育放在更加突出的位置，大力推动职业培训和再教育，提高劳动者的技能和质量；培养大批专业性技术人员，确保工人的技能可以适应不同岗位的工作，缓解结构性就业矛盾，促进就业；制定优惠政策，鼓励大西南地区的优秀人才返回工作；继续增加大西南地区的教育投入，力图从根本上解决人力资本水平低的问题。

参考文献

黄平、曾绍伦、龙志：《西部地区工业化质量时空演变及高质量发展路径研究》，《中国人口·资源与环境》2019 年第 8 期。

刘雪娇、蒋梅英、李文佳：《西三角经济区产业结构与就业结构互动关系研究》，《资源开发与市场》2016 年第 32 期。

肖金成：《"十四五"区域发展四大战略方向》，《瞭望》2020 年第 21 期。

《中共中央　国务院关于新时代推进西部大开发形成新格局的指导意见》，新华社，2020 年 5 月 17 日。

---

① 黄平、曾绍伦、龙志：《西部地区工业化质量时空演变及高质量发展路径研究》，《中国人口·资源与环境》2019 第 8 期。

B.26
重庆市

重庆市地处中国西南部，是我国四大直辖市之一，也是我国中西部地区唯一的直辖市。全市共辖 23 个区、15 个县（自治县），辖区总面积 8.24 万平方公里，占全国总面积的 0.86%，2019 年末常住人口 3124 万人，占全国总人口的 2.23%。重庆市地处长江上游经济带核心地区，是西部大开发的重要战略支点、"一带一路"和长江经济带的连接点，也是内陆开放高地、山清水秀美丽之地、国家历史文化名城、全国综合交通枢纽。"十三五"期间，重庆市工业化进程进入工业化后期的后半阶段。虽然重庆市工业化进程的跨度不大，但是考虑到工业化的规律以及产业结构升级的影响，重庆市的工业化进程仍取得了不错的成绩。

一 "十三五"重庆市经济社会
发展基本情况

"十三五"期间，重庆市经济社会发展态势良好。2019 年末，重庆市生产总值达 23606 亿元，占 GDP 的比例升至 2.38%，全市四年年均增长率高达 8.1%，增长速度位居全国前列；人均地区生产总值为 11993.52 美元（65933 元），年均增长率 9.7%；社会消费品零售总额从 7271 亿元增长至 8667 亿元，增长速度较"十二五"期间放缓。全市实现进出口总额 840 亿美元，较"十二五"末增长 1.13 倍。全市一般公共预算收入 2135 亿元，较 2016 年下降 5.2%。居民人均可支配收入从 20110 元增长至 28920 元。

产业结构持续优化升级。产业结构由 2015 年的 7.3∶45.0∶47.7 调整为 2019 年的 6.6∶40.2∶53.2。传统产业转型升级步伐加快，新产业新业态新模式不断发展。重庆市以大数据智能化为引领，发挥创新对经济转型的驱动作用，推动产业向数字化、智能化方向发展。2019 年，全社会研发经费支出达到

460 亿元，年均增长 15%，科技创新能力稳步增强。智能产业销售收入达到 5290 亿元。十大战略性新兴制造业快速发展，集成电路产业增长超过 20%，核心产业链基本成形。出台专项行动方案，提升制造业发展质量，装备、生物医药、材料、消费品等产业较快发展。巩固支柱产业，出台汽车产业"1 + 2"专项政策，加速汽车产业转型。电子产业累计实现产值 8056 亿元，年均增长 17.5%。重庆市建成全球最大的笔记本电脑生产基地，手机产业产值实现千亿元。服务业支撑作用增强。2019 年，服务业对经济增长的贡献率高达 51.3%，对经济的拉动作用强劲。电子商务迅猛发展。网络零售额突破 1200 亿元，占社会消费品零售总额的 13.7%。超 5 万家电子商务平台、服务企业，13 万家实物型网商入驻重庆。旅游业发展迅速，2018 年接待游客 5.97 亿人次，三年年均增长 15.2%；旅游总收入为 4344.15 亿元，连续三年年均增长率高达 24.6%。

城乡区域统筹发展。"十三五"以来，重庆市政府推动"一区两群"协调发展。重庆市立足于自身资源禀赋，优化空间布局，将全市划分为主城都市区、渝东北三峡库区城镇群、渝东南武陵山区城镇群，促进各片区发挥优势，协同发展。主城都市区以提升国际影响力和竞争力为目标，发挥辐射效应，促进城市内部的融合发展。重庆市突出培育现代产业体系。重庆市集聚一批总部基地，建设税收亿元楼宇经济集群。华为鲲鹏计算产业生态重庆中心、海康威视重庆基地二期等项目落地重庆，将推动重庆市利用信息技术实现制造、产品、应用的全面智能化升级，助力数字经济产业新高地建设。2019 年，主城都市区实现地区生产总值 1.8 亿元，占全市生产总值的 76%，对于重庆市经济的发展具有重要作用。渝东北三峡库区城镇群和渝东南武陵山区城镇群坚持生态优先，绿色发展。渝东北三峡库区森林覆盖率稳步提升，长江流域水环境质量持续改善。2019 年，长江干流重庆段水质为优，优于年度目标 7.1 个百分点。2019 年，渝东北三峡库区城镇群实现地区生产总值 4078 亿元，同比增长 15.7%。渝东南武陵山区城镇群实现地区生产总值 1290.49 亿元，同比增长 15.4%。各功能分区的区域协调性、发展多样性增强，全市一体化进程加快。

改革开放创新深化。重庆市努力在新时代西部大开发中发挥支撑作用、在共建"一带一路"中发挥带动作用、在长江经济带绿色发展中发挥示范作用，加快建设内陆开放高地。2017～2019 年，中欧班列（重庆）开行由 663 班增长到超 1500 班，年均增长超 60%，覆盖了我国主要的铁路边境路口岸。中新互联互通项目累计签约 204 个，总金额超过 300 亿美元。重庆市 9 区县获批国家城乡融合发展试验点，将为城乡生产要素双向自由流动提供经验。推进农村产权制度改革试点，全面推进乡村振兴。坚持行政审批制度改革，政务服务的效率大幅度提升。重庆市政府助力"双一流"建设，启动建设中科院大学重庆学院[①]，24 家国内外知名高校院所在重庆设立分院分所。实施重庆英才计划，255 名"两院"院士等高层次人才和 7000 余名各类紧缺优秀人才被引进。

保障和改善民生。"十三五"以来，重庆市城镇新增就业累计超过 290 万人。城镇居民人均可支配收入达 37939 元，年均增长 8.6%；农村居民人均可支配收入达 15133 元，年均增长 9.2%。脱贫攻坚取得阶段性进展，贫困发生率降至 0.12%。连续三年提高城乡低保标准和特困人员救助供养标准，保障人民生活水平。教育公共服务水平稳步提高，学前教育普汇率达到 81.6%，区县义务教育基本均衡，义务教育巩固率高达 95%，教育质量有所提高。截至 2019 年，累计分配公租房超 52.7 万套，近两年主城新增停车位 3.25 万个。医药卫生体制改革持续深化，城乡养老、医保参保率超过 95%。12 条医改便民措施在公立医院全面推行。社会治理方式不断创新。在全市范围内推进扫黑除恶专项斗争，建设和谐社会。[②]

二 重庆市工业化水平评价

表 1 给出了 1995 年、2000 年、2005 年、2010 年、2015 年和 2019 年重庆市与大西南地区、西部和全国的各项工业化指标的原始数据；表 2 列示了同期重庆市的工业化水平评价结果及其与全国、西部和大西南地区的比较情况。

---

① 唐良智：《重庆市人民政府工作报告——2019 年 1 月 27 日在重庆市第五届人民代表大会第二次会议上》，《重庆市人民政府公报》2019 年第 2 期。
② 唐良智：《重庆市人民政府工作报告——2020 年 1 月 11 日在重庆市第五届人民代表大会第三次会议上》，《重庆市人民政府公报》2020 年第 2 期。

表1　重庆市的工业化指标原始数据（1995～2019 年）

单位：元，%

年份	地区	人均GDP	产业产值比			制造业增加值占比	城镇化率	产业就业比		
			一	二	三			一	二	三
1995	全国	4854	20.5	48.8	30.7	30.7	29.0	52.2	23.0	24.8
	西部	3067	27.7	40.6	31.6	26.6	17.0	64.0	15.1	20.9
	大西南	2852	27.3	41.8	30.9	28.9	13.8	65.3	14.8	19.9
	重庆	—	—	—	—	—	—	—	—	—
2000	全国	7078	15.9	50.9	33.2	33.7	36.2	50.0	22.5	27.5
	西部	4687	22.3	41.5	36.2	24.2	28.7	61.7	12.9	25.4
	大西南	4470	21.7	42.3	36	26.6	27.4	62.6	13.0	24.4
	重庆	5157	17.8	41.4	40.8	26.1	33.1	56.6	15.3	28.1
2005	全国	14368	12.6	47.5	39.9	52.0	43.0	44.8	23.8	31.4
	西部	9828	17.7	42.8	39.5	30.9	34.6	54.8	15.0	30.2
	大西南	8472	17.5	43.1	39.5	34.6	33.5	54.7	15.8	29.5
	重庆	10982	15.1	41.0	43.9	32.0	45.2	45.3	21.5	33.2
2010	全国	30808	10.1	46.8	43.1	60.4	49.9	36.7	28.7	34.6
	西部	23482	13.1	50.0	36.9	52.3	41.3	47.7	19.7	32.6
	大西南	19654	14.1	48.3	37.5	59.7	39.5	47.9	19.8	32.3
	重庆	27596	8.6	55.0	36.4	74.2	53.0	33.1	29.1	37.8
2015	全国	50028	8.9	40.9	50.2	57.6	56.1	28.3	29.3	42.4
	西部	40410	12.0	44.6	43.4	47.7	48.7	45.7	20.9	33.4
	大西南	35823	12.8	43.3	44.0	51.7	47.3	46.5	20.8	32.7
	重庆	52321	7.3	45.0	47.7	62.8	60.9	30.8	27.8	41.4
2019	全国	64644	7.1	39.0	53.9	61.6	60.6	26.1	27.6	46.3
	西部	49371	11	37.9	51.1	49.3	54.1	42.6	19.5	36.4
	大西南	46347	11.4	36.5	52.1	51.0	52.9	42.5	21.1	36.4
	重庆	65933	6.6	40.2	53.2	84.2	66.8	27.2	25.9	46.9

资料来源：参见附录一。

表2 重庆市的工业化进程:分项及综合得分（1995～2019 年）

年份	地区	人均GDP	产业产值比	工业结构	城镇化率	产业就业比	综合得分	工业化阶段
1995	全国	0	32	18	0	17	12	二（Ⅰ）
	西部	0	13	11	0	0	5	二（Ⅰ）
	大西南	0	14	15	0	0	6	二（Ⅰ）
	重庆	—	—	—	—	—	—	—
2000	全国	20	47	23	10	22	18	二（Ⅱ）
	西部	3	27	7	0	0	8	二（Ⅰ）
	大西南	0	29	11	0	0	9	二（Ⅰ）
	重庆	6	40	10	5	7	12	二（Ⅰ）
2005	全国	41	57	73	21	33	41	三（Ⅰ）
	西部	24	41	18	8	11	16	二（Ⅱ）
	大西南	16	41	24	6	12	16	二（Ⅱ）
	重庆	30	49	20	25	32	24	二（Ⅱ）
2010	全国	68	66	100	33	51	66	四（Ⅰ）
	西部	52	56	76	19	27	50	三（Ⅱ）
	大西南	43	52	98	16	27	51	三（Ⅱ）
	重庆	62	79	100	43	59	69	四（Ⅰ）
2015	全国	84	100	91	53	69	84	四（Ⅱ）
	西部	74	59	58	31	31	58	三（Ⅱ）
	大西南	68	57	72	29	30	58	三（Ⅱ）
	重庆	87	100	100	68	64	89	四（Ⅱ）
2019	全国	95	100	100	67	72	92	四（Ⅱ）
	西部	79	63	55	47	38	63	三（Ⅱ）
	大西南	76	61	69	43	38	64	三（Ⅱ）
	重庆	97	100	100	81	71	94	四（Ⅱ）

资料来源:参见附录二。

从人均 GDP 指标看,2019 年,重庆市人均 GDP 从 2015 年的 52321 元增长至 65933 元,略高于全国平均水平 64644 元,高于西部地区 49371 元和大西南地区 46347 元的平均水平。重庆市人均 GDP 的工业化评分为 97,高于西部79 和大西南地区 76 的平均水平,领先全国平均水平,处于工业化后期的后段。

从三次产业结构指标看,2019 年重庆市的三次产业结构为

6.6∶40.2∶53.2,农业比重持续降低，低于全国平均水平0.5个百分点，分别低于西部和大西南地区平均水平4.4个和4.8个百分点。与"十二五"相比，农业和工业比重分别降低0.7个和4.8个百分点。该指标的工业化评分维持在100，等于全国平均水平，并且遥遥领先于西部和大西南地区的平均水平，处于后工业化阶段。

从工业结构指标来看，2019年重庆市制造业增加值占比为84.2%，较2015年增加了21.4个百分点，高出全国平均水平22.6个百分点，分别高出西部和大西南地区平均水平34.9个和33.2个百分点。该指标工业化评分维持在100，仍处于后工业化阶段。

从城镇化率指标来看，2019年重庆市的城镇化率为66.8%，较2015年提升了5.9个百分点，高出全国平均水平6.2个百分点，分别高出西部和大西南地区的平均水平12.7个和13.9个百分点。城镇化率指标的工业化评分从68提升至为81，进入工业化后期的中段。与其他直辖市相比，重庆市的城镇化率仍然较低，但是重庆市和北京、上海、天津的差距逐渐缩小。

从三次产业就业结构看，2019年重庆市第一、二、三产业就业人数的比重是27.2∶25.9∶46.9。第一产业就业人数比重高出全国平均水平1.1个百分点，低于西部地区平均水平的15.4个百分点。第三产业就业比重从"十二五"期间略低于全国平均水平，提升至"十三五"高于全国平均水平0.6个百分点。该指标的工业化评分从"十二五"期间的64提升至71，比全国平均水平低1，从2015年的工业化中期后半阶段跃至工业化后期的前半阶段。

综合计算，2019年重庆市工业化进程的综合得分为94，位于工业化后期的后半阶段。"十二五"期间，重庆市从工业化后期的前半阶段跃至工业化后期的后半阶段，"十三五"则进入工业化后期的后半阶段。图1是2019年重庆市工业化评分与全国平均水平的比较。

三　重庆市工业化进程的特征

根据重庆市工业化水平的评价结果和对重庆市经济社会发展状况的分析，我们总结"十三五"期间重庆市工业化进程的基本特征如下。

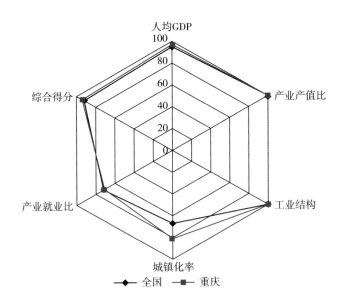

图1　2019年重庆市工业化雷达图

1. 工业化水平超过全国平均水平，在西部和大西南地区大幅领先

"十二五"末的2015年，重庆市的工业化指数为89，略高于全国84的平均水平，大幅领先西部和大西南地区，但是落后于东部地区，进入工业化后期后半阶段。"十三五"期间，重庆市工业化进程放缓，但是工业化指数提高速度快于东部地区的平均水平，也明显快于西部地区平均水平。2019年，重庆市工业化指数达到94，高于全国平均水平，是西部地区唯一工业化指数超过全国平均水平的省区市。2019年重庆工业化指数在全国排名第6，较2015年末上升3位（见表3）。

表3　重庆市工业化指数排名变化情况（2005～2019年）

地区	2005年			2010年			2015年			2019年		
	指数	阶段	排名	指数	阶段	排名	指数	阶段	排名	指数	阶段	排名
全国	49	三（Ⅰ）	—	69	四（Ⅰ）	—	84	四（Ⅱ）	—	92	四（Ⅱ）	—
西部	23	二（Ⅱ）	4	52	三（Ⅱ）	4	59	三（Ⅱ）	4	63	三（Ⅱ）	4
大西南	22	二（Ⅱ）	8	53	三（Ⅱ）	7	59	三（Ⅱ）	8	64	三（Ⅱ）	9
重庆	32	二（Ⅱ）	15	72	四（Ⅰ）	10	89	四（Ⅱ）	9	94	四（Ⅱ）	6

资料来源：参见附录二。

2. 工业化进程速度较"十二五"放缓

从工业化速度来看，"十二五"期间重庆市工业化综合指数的年均增速为3.4，快于全国平均增长速度0.4，是西部地区平均增速的2.4倍、大西南地区平均增速的2.8倍。这说明"十二五"期间，重庆市工业化进程取得巨大进步。"十三五"期间，重庆市工业化进程放缓，低于西部年均增长速度0.2，与大西南地区年均增长速度持平。但重庆市与东部发达地区的差距进一步缩小，重庆市工业化进程正迈向高质量发展阶段。

表4 重庆市与全国、西部和大西南地区的工业化速度比较（2000～2019年）

地区	工业化进程(100分制)					"十一五"年均增长速度	"十二五"年均增长速度	"十三五"年均增长速度
	2000年	2005年	2010年	2015年	2019年			
全国	26	49	69	84	92	4.00	3.00	2.00
西部	9	23	52	59	63	5.80	1.40	1.50
大西南	9	22	53	59	64	6.20	1.20	1.30
重庆	14	32	72	89	94	8.00	3.40	1.30

资料来源：参见附录三。

3. 工业化各项指标得到优化，与东部地区差距缩小

"十三五"期间，重庆市工业化总体水平有所推进，工业化各指标也进一步优化。2015年，重庆市产业就业比的评分略低于全国平均水平，除了产业就业比之外，其他指标已经超过全国平均水平。但重庆市的人均GDP、城镇化率、产业就业比和工业化指数仍低于东部发达地区，且差距较大。2019年，重庆市人均GDP的工业化评分与东部地区平均水平的差距缩小，两者差距由13降低到3。城镇化率指标的评分在高于全国14的同时，也落后了东部地区4。产业就业比的评分与全国平均水平的差距仅为1，但与东部地区的差距为11。总体而言，重庆市与东部地区的工业化差异进一步缩小（见表5）。

表5 重庆市工业化与全国、东部的比较（2005～2019年）

年份	地区	人均GDP	产业产值比	工业结构	城镇化率	产业就业比	工业化指数
2005	与全国差距	−11	−8	−53	4	−1	−17
	与东部差距	−43	−32	−77	−17	−28	−43
	重庆	30	49	20	25	32	32

年份	地区	人均GDP	产业产值比	工业结构	城镇化率	产业就业比	工业化指数
2010	与全国差距	−5	13	0	10	8	3
	与东部差距	−31	−3	0	−19	−14	−15
	重庆	62	79	100	43	59	72
2015	与全国差距	3	0	9	15	−5	5
	与东部差距	−13	0	0	−9	−14	−6
	重庆	87	100	100	68	64	89
2019	与全国差距	2	0	0	14	−1	2
	与东部差距	−3	0	0	−4	−11	−31
	重庆	97	100	100	81	71	94

资料来源：参见附录二。

4. 人均GDP指标对工业化进程的贡献度最大，产业产值比的贡献度下降为零

如表6所示，2016～2019年，重庆市人均GDP指标对工业化进程的贡献最大，高达72.00%，高于"十二五"期间的人均GDP的52.94%的贡献率。这说明"十三五"期间，人均GDP对工业化的拉动作用强劲。工业化进程贡献度第二的是城镇化率，贡献率为31.20%；再次为产业就业比，贡献率为11.20%。由于工业结构的工业化评分于2010年已达最优，重庆市产业产值比的工业化评分于2015年末已达最优，这两个指标对本轮工业化的推动作用最小。横向比较，大西南地区工业结构对工业化综合指数增长的贡献率为−13.20%，说明其工业结构布局未拉动"十三五"工业化增长。其贡献率最高的指标是人均GDP，达57.00%。其次为城镇化率，贡献率高于重庆2.4个百分点。

表6　各指标对重庆工业化综合指数增长的贡献度（2016～2019年）

指标	人均GDP（%）	产业产值比（%）	工业结构（%）	城镇化率（%）	产业就业比（%）	工业化指数累计增加值
全国	49.50	0.00	24.75	21.00	3.00	8
西部	30.00	14.67	22.00	32.00	9.33	6
大西南	57.00	17.60	−13.20	33.60	12.80	5
重庆	72.00	0.00	0.00	31.20	11.20	5

资料来源：参见附录三。

四 重庆市工业化进程存在的主要问题

"十三五"时期是全面建成小康社会的决胜阶段，是重庆市向后工业化阶段迈进的重要阶段，也是提高工业化发展质量和效益的关键时期。虽然重庆市经济发展态势良好，工业化进程进入工业化后期的后段，但是也要看到，重庆市发展不平衡、不充分问题仍然突出。与高质量发展的要求相比，重庆市工业化进程还存在一些问题和短板，主要是：工业创新能力较弱，科技发展水平总体不高；产业结构转型升级的压力较大；生态环境压力大，污染防治任务较重；城乡发展不协调，区域发展差异较大；产业结构与结业结构失衡。

1. 工业创新能力较弱，科技发展水平总体不高

创新驱动正成为经济转型的主要抓手。重庆市作为老工业基地，其工业体系属于"傻、大、黑、粗"工业。在重庆市工业发展中，产业体系以中低端制造业为主体，工业生产缺乏技术创新并且自主研发能力较弱，产品技术附加值也较低。与一线城市相比，科教和人才的综合实力较弱，集聚创新资源的能力仍需提升。2018 年，重庆市预计全社会研发经费支出增长 9%①，但与经济发达省市相比，仍有较大的差距。重庆市研发经费投入 410.2 亿元。全国研发经费前三的省市是广东、江苏和北京，其研发经费投入分别是重庆市研发经费投入的 6.6 倍、6.1 倍和 4.6 倍。全年研发经费投入强度为 1.95%，低于全国 2.19% 的平均水平。

2019 年，重庆市每万人发明专利拥有量为 10.5 件，增长 15.2%，但仍低于 13.3 件的全国平均水平。与同为直辖市的北京和上海相比，2018 年北京市万人发明专利拥有量为 112 件，是重庆市的 12.3 倍；上海市每万人发明专利拥有量为 47.5 件，是重庆市的 5.23 倍。

从高新技术企业数量来看，2018 年，三个一线城市北京、深圳、上海的高新技术企业数量分别为 2.5 万家、1.44 万家和 1.1 万家。而重庆市仅为 2504 家，差距较大。从创新企业行业分布来看，重庆市创新企业多为制造业，

---

① 唐良智：《重庆市人民政府工作报告——2019 年 1 月 27 日在重庆市第五届人民代表大会第二次会议上》，《重庆市人民政府公报》2019 年第 2 期。

其高新技术产业、智能产业较少。由此可见，重庆市科研创新能力不及其他省市。因此提升重庆市科技创新能力，提高发展的质量和效益，任重而道远。

2. 产业结构转型升级压力较大

目前，重庆市处于产业结构的深度调整期，支柱产业核心竞争力亟待提升，战略性新兴产业支撑能力不足。"十二五"时期，汽车产业是拉动重庆增长的两大引擎之一。"十三五"期间，汽车行业处于加速转型阶段，加之重庆市汽车产业接近饱和，汽车产业增长力衰减。2016～2019年，重庆汽车产量连续四年下降，从315.62万辆下降到138.3万辆。汽车产业的产值降到5000亿元以下，没有进一步提升。汽车产业产值下滑使重庆市经济发展降速。电子信息产业也是重庆市的支柱产业之一。近年来，重庆市电子信息产业保持快速发展的趋势，但是仍属于劳动密集型产业，对出口的依赖度较高。同时，新兴产业的支撑能力较弱。虽然十大战略性新兴产业产值在重庆市的布局规划下实现了快速增长，但体量还不足以拉动重庆市经济的快速发展，部署的八大产业集群也尚未形成。

3. 生态环境压力大，污染防治任务较重

重庆市处于四川盆地东部，多山地丘陵，地质构造复杂。由于人口众多，植被破坏严重，土地垦殖过度，生态环境较为脆弱。加之重庆市工业体系以重工业为主，工业生产产生的废水、废气和固体废弃物的排放量较大，对生态环境造成了较大的压力。2019年，重庆市规模以上工业产能利用率为75.9%，比全国工业产能利用率低0.7个百分点。2018年，重庆市大气污染攻坚战中仍存在16个突出问题，主要涉及所在区域臭氧浓度较高、PM2.5浓度不降反升、优良天数不增反降、执法监测废气排放超标，影响重庆市大气质量。2019年，重庆市黑色金属冶炼和压延加工业增长27.4%，有色金属冶炼和压延加工业增长24.3%[1]，增长较快。有色金属行业是重金属污染防控的主战场，属于高能耗、高污染产业。重庆市在产能扩张的同时，也要强化源头预防和过程控制，提升末端治理水平。[2]

---

① 重庆市统计局重庆调查总队：《2019年重庆市国民经济和社会发展统计公报》，重庆市统计局，2020。

② 张小红：《坚决打好有色金属行业生态污染防治攻坚战》，《中国有色金属》2019年第19期。

4. 城乡发展不协调，区域发展差异较大

一般而言，工业化与城市化进程呈正相关关系。重庆市工业化进程已经步入工业化后期的后半阶段。但人口城镇化率仅为 66.8%，处于城市化进程的中期阶段，落后于重庆市工业化进程。与其他直辖市相比，人口城镇化进程也相对落后。目前，重庆市城乡发展差异较大，从人均可支配收入看，城镇居民人均可支配收入是农村居民人均可支配收入的 2.5 倍，影响有效需求，不利于经济的持续增长。"十三五"末，重庆市交通、水利、能源等基础设施仍有欠账。农村地区生活环境仍有提升空间。生活垃圾处理体系还不完善，厕所无害化改造仍不彻底，危房和旧房改造不完全，影响村容村貌的改善。

5. 产业结构和就业结构失衡

"十三五"期间，重庆市工业化指标中产业就业指标得分仍略低于全国平均水平，并且与东部发达地区相比，仍有较大距离。虽然与"十二五"相比，产业结构与就业结构协调程度提高，但是仍有调整与改善的空间。重庆市产业结构与就业结构不平衡、不协调表现在：受地理环境影响，重庆市优良耕地资源较少，但有大量的剩余劳动力聚集在第一产业。产业结构的优化升级使第二产业的比重下降，同时第二产业的相对生产效率在下降，第二产业在就业结构中的比例也随之下降。第三产业有较强的吸附劳动力的能力，但是产业占比较低，不能吸收太多劳动力。另外产业结构的变动和就业结构的调整存在时滞性，产业结构调整对于经济的拉动作用相对较弱，导致重庆市就业分布和产业格局失衡的状况，没有充分发挥出人力资源的优势。

五　进一步推进重庆市工业化进程的建议

"十四五"时期是开启全面建设社会主义现代化国家新征程的第一个五年规划。因此未来五年内，重庆市在工业化后期的后半阶段向后工业化迈进的阶段，应坚持创新发展理念，提高发展质量和效益；坚持绿色发展，在加强污染防治的同时，推进产业转型升级；推进城乡区域协调发展，共享发展成果；协调产业结构和就业结构，加快工业化进程。

1. 坚持创新发展理念，提高发展质量和效益

创新是引领发展的第一动力。当前重庆受产业调整、发展动能转换、发展基础夯实的影响，经济发展压力增大。重庆市制造业的附加值较低，产生的利润低。因此，在重庆市工业化进程中，工业产业应向研发和营销两端发展。

首先，依靠国家战略，吸引高新技术和资源，建设内陆开放高地。利用中新互联互通项目、陆海新通道、中欧班列（重庆）、"一带一路"和长江经济带建设，吸引高端人才，引进高端技术，提高工业生产自主创新能力，增加工业附加值，推进产业向中高端迈进。

其次，建设西部制造业创新中心，利用大数据智能化引领重庆市创新发展进程。充分发挥科技创新对产业发展的支撑引领作用，推动高质量发展。坚定不移地推行科教兴市和人才强市行动计划，引进、培养各类紧缺优秀人才，通过激励机制，调动全社会的积极性、主动性和创造性。

最后，建立健全创新机制。建立健全高校产学研协同创新体制机制，建立知识产权与技术成果转换机制，促进要素的协同联动和创新资源的无障碍流动。深化国有资本投资改革，推动国有经济布局向战略性新兴产业、基础设施、公共服务领域聚焦。激发民营经济活力。引入民营资本参与市属国企层面混改，增强企业竞争力。

2. 坚持绿色发展，推进产业转型升级

重庆市农业生产过程中化学物质污染严重，牲畜粪便增长快速，给生态环境造成了较大的压力。在重庆市产业结构中，工业占比较高。在工业发展的同时，废水、废气、固体废弃物的排放问题也显现出来。"十四五"期间，重庆市应在重视生态保护、防治污染的同时，坚持绿色发展，走可持续发展道路。

首先，发展生态农业，减少碳排放量。夯实农业绿色发展基础，评测资源环境承载能力，因地制宜发展农业。优化农业生产结构，推广生态循环农业。推进农业机械化，创建现代农业产业园，提升农业资源利用效率。

其次，大力发展低碳工业，淘汰低端落后产能。"十三五"期间，重庆市工业污染排放总量居高不下，产业层次低，资源消耗大。因此，未来五年，重庆市应加大科技攻关力度，改进生产工艺，研发清洁生产技术，减少污染物的排放。通过利用再生资源和废旧物资，提升资源利用效率，减少资源浪费和损耗。加快发展十大战略性新兴产业，巩固支柱产业，推进以现代信息技术和智

能应用为核心的产业革新，强化"人工智能＋"对重庆产业升级和经济转型动力源作用。大力发展以数字经济、人工智能为代表的新产业，推进产业智能化进程。

最后，加强政府监管，强化环保执法，打击环境污染犯罪。加快对高污染、高能耗、高排放行业的整治与改造，实现废水、废气、固体废弃物的超低排放，减少无组织排放。发挥财政资金的引导作用，重点投向工业污染深度治理、清洁能源改造、清洁技术生产等项目，推动更多社会资金流入绿色产业。

3. 推进城乡区域协调发展，共享发展成果

区域发展不协调需要统筹城乡发展，促进城乡融合。一方面，加强基础设施建设。完善交通设施，提高农村公路修建质量，消除农村经济发展的障碍。构建城市综合交通枢纽，加快高铁、轨道交通建设，实现基础设施的互联互通，构建内畅外联、便捷高效的综合交通体系。改善农村用水、用电条件，保障农村饮水安全，进行农村电网改造。推动公共资源免费开放，进行5G网络基础设施建设，完善新型基础设施，强化投资对经济增长的拉动作用。

另一方面，持续推动"一区两群"的协调发展，发挥各片区优势，协同发展。以"一区"带动"两群"，促进重庆市区域协调向更高水平迈进。主城都市区是高质量发展的重要增长极，在引领产业升级突出创新链顶端、产业链顶端，推进制造业向中高端迈进方面发挥重要作用。对于渝东北三峡库区城镇群和渝东南武陵山区城镇群，要坚持共抓大保护，不搞大开发。探索生态优先、绿色发展道路。

4. 协调产业结构和就业结构，助力工业化发展

鉴于重庆市产业结构与就业结构不协调的问题，重庆市应采取以下措施协调产业就业比。

一方面，重庆市应协调好三大产业间的比例关系，合理规划产业布局，正确处理劳动密集型产业与技术密集型产业的关系。大力发展第三产业，吸纳城镇化过程中的剩余劳动力。重点发展旅游业，提升产品供给质量和效益，强化全行业发展。

另一方面，加大人力资本投入。产业结构的转型升级促使重庆市对高端技术人才的需求激增。然而劳动力市场的供需不平衡，低端人才供过于求，高端人才短缺。因此重庆市政府应提供职业技术培训；高校教育应紧贴企业需求，

紧跟产业结构变化，促进教育和产业的联动发展。落实高层次人才优惠政策，提高人才政策竞争力。与此同时，加强高端人才的培养与选拔，补齐人才短板，对人才与发展进行有效匹配，推进工业化进程，驱动经济发展。

参考文献

《2018 年重庆统计年鉴》，2019。

《2019 年重庆市国民经济和社会发展统计公报》，2020。

重庆市统计局重庆调查总队：《2019 年重庆市国民经济和社会发展统计公报》，重庆市统计局，2020。

唐良智：《重庆市人民政府工作报告——2019 年 1 月 27 日在重庆市第五届人民代表大会第二次会议上》，《重庆市人民政府公报》2019 年第 2 期。

唐良智：《重庆市人民政府工作报告——2020 年 1 月 11 日在重庆市第五届人民代表大会第三次会议上》，《重庆市人民政府公报》2020 年第 2 期。

张小红：《坚决打好有色金属行业生态污染防治攻坚战》，《中国有色金属》2019 年第 19 期。

B.27
广西壮族自治区

广西壮族自治区地处中国西南沿海地区，位于我国大陆东部、中部、西部三个地带的交汇点，是华南经济圈、西南经济圈与东盟经济圈的接合部，且陆、海、内河交通运输便利，在区域工业合作与发展中发挥着重要的战略作用。广西陆地面积 23.67 万平方公里，矿产、生物、水力等自然资源丰富。截至 2019 年末，全区常住人口达到 4960 万人，城镇人口 2534.3 万人，占常住人口的 51.09%。[①] "十三五"时期，广西壮族自治区在国内外风险挑战上升、影响经济运行的不确定性因素增加、经济下行压力进一步加大的情况下，坚持稳中求进工作总基调，深入贯彻新发展理念，坚持以供给侧结构性改革为主线，积极融入"一带一路"建设，加快推进西部陆海新通道建设，全区经济总体平稳运行，社会大局稳定和谐。

一 "十三五"广西经济社会发展基本情况

"十三五"期间，广西壮族自治区经济社会持续健康发展，且更加注重高质量发展，人民生活水平有了进一步的提高。2019 年全区生产总值为21237.14 亿元，比 2015 年增加了 4434.02 亿元，年均增长率 6.03%。截至2019 年，广西人均 GDP 达到 7547.0 美元，较"十二五"末的 6918.4 美元增加 628.6 美元。全年全区财政收入 2969.22 亿元，是"十二五"末的 1.3 倍。[②]一般公共预算收入 1811.89 亿元，其中税收收入 1146.78 亿元，在一般公共预算收入中所占的比重为 63.3%。年末全区金融机构本外币各项存款余额31646.01 亿元；上市公司（A 股）数量 38 家，市价总值达 2891.44 亿元。固定资产投资增速放缓，由 2015 年的 17.8% 下降为 9.5%；货物进出口总额

---

① 《2019 年广西壮族自治区国民经济和社会发展统计公报》。

② 《2019 年广西壮族自治区国民经济和社会发展统计公报》。

4694.70 亿元，是 2015 年的 1.5 倍。经济发展水平总体进入中等收入阶段。

基础设施建设实现新跨越。2019 年，广西成为国家首批交通强国建设试点，交通投资首次突破 1000 亿元大关，达 1222 亿元。在铁路方面，时速 350 公里的南宁至玉林高速铁路进入施工阶段。[①] 广西铁路旅客发送量突破 1 亿人次，铁路营业总里程 5206 公里，比"十二五"末增加 120 公里。在公路方面，广西高速公路通车总里程突破 6000 公里，高速公路通达率由"十二五"末的 80% 提高到 92%，乡镇二级或三级公路通达率达到 76%，建制村沥青路通畅率由"十二五"末的 97% 提升到 100%，与全国同步取消高速公路省界收费站。在海运、水运方面，截至 2019 年，北部湾港货物吞吐量为 2.56 亿吨，相比 2015 年北部湾港货物吞吐量增加 1 倍；集装箱吞吐量 382 万标箱，增长 35%，增速全国第一，达到 2015 年集装箱吞吐量的 2.7 倍。西江长洲水利枢纽过闸货运量 1.45 亿吨。在航空方面，机场旅客吞吐量超过 2900 万人次。在网络通信方面，所有贫困县、边境县农网完成改造升级，行政村实现光纤网络全覆盖，区市 5G 网络建设全面启动，互联网基础设施 IPv6 改造完成。[②]

社会民生事业迈上新台阶。2019 年，广西全面建成小康社会取得新的重大进展，地区生产总值、居民人均可支配收入比 2010 年翻一番，提前一年实现了两个翻番目标。[③] 实现 125 万人以上贫困人口脱贫，1268 个贫困村出列，预计 21 个贫困县摘帽，全区农村贫困发生率降至 1% 以下，脱贫攻坚取得重大成果，在全国名列前茅。全年全区居民人均可支配收入为 23328 元，相比"十二五"末增长 38.3%；农村居民人均可支配收入 13676 元，相比"十二五"末增长 44.5%。贫困地区（33 个国家贫困县）农村居民人均可支配收入达到 11958 元。[④] 新增城镇就业 38.7 万人、农村劳动力转移就业 73.9 万人次，城镇登记失业率为 2.62%，低于全国城镇登记失业率 1 个百分点。实现基本医疗保险全覆盖，城乡居民健康主要指标持续优于全国平均水平，民生福祉得到全面保障。

工业发展进入新阶段。"十三五"期间，广西工业结构升级出现一定程度

---

① 《2020 广西政府工作报告》。
② 《2019 年广西壮族自治区国民经济和社会发展统计公报》。
③ 《2020 广西政府工作报告》。
④ 《2019 年广西壮族自治区国民经济和社会发展统计公报》。

的停滞，工业进一步转型升级要求迫切。截至2019年，广西实施了工业高质量发展行动计划，突出抓好650项工业跨越发展项目，加大力度支持汽车、铝、机械等重点产业；高技术制造业和电子信息产业投资增长迅速；出台创新驱动发展"1+8"系列政策措施，糖、铝等传统产业向精深加工发展；出台中国制造2025广西实施意见，深入实施质量品牌提升、降成本增效益、产业转型升级三大专项行动，新增工业企业名牌产品107个；新能源汽车产量增长1.5倍，智能电视机产量增长67.6%；电子信息、新材料等新兴产业加快成长，轻工业振兴取得突破。大力推动柳工、玉柴、南南铝等龙头企业发展，打造汽车、工程机械、铝精深加工等产业链及产业集群。此外，广西继续加大力度开展供给侧结构性改革，开展"三去一降一补"各项工作。举办广西工业博览会等活动，促进工业经济平稳运行。

开放优势和战略地位更加凸显。在政策优势方面，2019年广西获批建设中国（广西）自由贸易试验区、西部陆海新通道、中国－东盟信息港、防城港国际医学开放试验区等重大战略性项目。广西北部湾经济区开放开发龙头带动作用明显，"双核驱动、三区统筹"区域协调发展新格局逐渐形成，58个"一带一路"重点突破工程项目列入国家项目库。在对外措施方面，广西通过了实施外贸稳增长12条措施；南宁跨境电商综合试验区获批设立并投入运营；北海出口加工区升格为综合保税区，国际贸易"单一窗口"主要业务应用率达100%，进出口整体通关时效明显优于全国平均水平。在国际交通方面，西部陆海新通道海铁联运班列开行2243列，与中欧班列无缝链接；北部湾港至中国香港、新加坡班轮实现常态化运行。在对外交流方面，广西获批建设面向东盟的金融开放门户，担负起为国家全面深化金融改革开放探索经验的新重任并成功举办了第15届中国－东盟博览会、中国－东盟商务与投资峰会。①

二 广西工业化水平评价

表1给出了1995年、2000年、2005年、2010年、2015年和2019年广西

---

① 《2019年广西政府工作报告》。

壮族自治区与全国、西部和大西南地区各项工业化水平指标的数据；表 2 列示了同期广西工业化水平的评价结果及其与全国、西部和大西南地区的比较情况。

表 1　广西工业化指标原始数据（1995～2019 年）

单位：美元，%

年份	地区	人均GDP	产业产值比			制造业增加值占比	城镇化率	产业就业比		
			一	二	三			一	二	三
1995	全国	1857.8	20.5	48.8	30.7	30.7	29.0	52.2	23.0	24.8
	西部	1203.2	27.7	40.6	31.6	26.6	17.0	64.0	15.1	20.9
	大西南	1085.0	27.3	41.8	30.9	28.9	13.8	65.3	14.8	19.9
	广西	1264.6	30.4	37.7	31.9	21.6	16.4	66.4	11.8	21.7
2000	全国	2681.4	15.9	50.9	33.2	33.7	36.2	50.0	22.5	27.5
	西部	1823.9	22.3	41.5	36.2	24.2	28.7	61.7	12.9	25.4
	大西南	1649.1	21.7	42.3	36.0	26.6	27.4	62.6	13.0	24.4
	广西	1636.2	26.3	36.5	37.2	20.0	28.2	62.2	10.2	27.6
2005	全国	4144.1	12.6	47.5	39.9	52.0	43.0	44.8	23.8	31.4
	西部	2834.5	17.7	42.8	39.5	30.9	34.6	54.8	15.0	30.2
	大西南	2443.5	17.5	43.1	39.5	34.6	33.5	54.7	15.8	29.5
	广西	2534.7	22.4	37.1	40.5	26.8	33.6	56.2	11.2	32.6
2010	全国	6902.1	10.1	46.8	43.1	60.4	49.9	36.7	28.7	34.6
	西部	5260.9	13.1	50.0	36.9	52.3	41.3	47.7	19.7	32.6
	大西南	4301.0	14.1	48.3	37.5	59.7	39.5	47.9	19.8	32.3
	广西	4529.8	17.5	47.1	35.4	61.0	40.1	53.3	21.0	25.6
2015	全国	9835.6	8.9	40.9	50.2	57.6	56.1	28.3	29.3	42.4
	西部	7944.7	12.0	44.6	43.4	47.7	48.7	45.7	20.9	33.4
	大西南	7042.8	12.8	43.3	44.0	51.7	47.3	46.5	20.8	32.7
	广西	6918.4	15.3	45.9	38.8	55.4	47.1	51.9	19.3	28.8
2019	全国	11759.0	7.1	39.0	53.9	61.6	60.6	26.1	27.6	46.3
	西部	8832.7	11.0	37.9	51.1	49.3	54.1	42.6	19.5	36.4
	大西南	8360.5	11.4	36.5	52.1	51.0	52.9	42.5	21.1	36.4
	广西	7547.0	16.0	33.3	50.7	41.4	51.1	49.3	17.4	33.4

资料来源：参见附录一。

表2 广西的工业化进程：分项及综合得分（1995~2019年）

年份	地区	人均GDP	产业产值比	工业结构	城镇化率	产业就业比	综合得分	工业化阶段
1995	全国	4	32	18	0	17	14	二（Ⅰ）
	西部	0	13	11	0	0	5	二（Ⅰ）
	大西南	0	14	15	0	0	6	二（Ⅰ）
	广西	0	7	3	0	0	2	二（Ⅰ）
2000	全国	20	47	23	10	22	26	二（Ⅱ）
	西部	3	27	7	0	0	9	二（Ⅰ）
	大西南	0	29	11	0	0	9	二（Ⅰ）
	广西	0	17	0	0	0	4	二（Ⅰ）
2005	全国	41	57	73	21	33	49	三（Ⅰ）
	西部	24	41	18	8	11	23	二（Ⅱ）
	大西南	16	41	24	6	12	22	二（Ⅱ）
	广西	18	27	11	6	8	16	二（Ⅰ）
2010	全国	68	66	100	33	51	69	四（Ⅰ）
	西部	52	56	76	19	27	52	三（Ⅱ）
	大西南	43	52	98	16	27	53	三（Ⅱ）
	广西	45	41	100	17	15	50	三（Ⅰ）
2015	全国	84	100	91	53	69	84	四（Ⅱ）
	西部	74	59	58	31	31	59	三（Ⅱ）
	大西南	68	57	72	29	30	59	三（Ⅱ）
	广西	68	49	84	28	18	59	三（Ⅱ）
2019	全国	95	100	100	67	72	92	四（Ⅱ）
	西部	79	63	55	47	38	63	三（Ⅱ）
	大西南	76	61	69	43	38	64	三（Ⅱ）
	广西	71	46	38	37	24	50	三（Ⅱ）

资料来源：参见附录二。

从人均GDP指标看，2019年广西人均GDP为7547.0美元，低于全国和西部以及大西南地区的平均水平。自2010年起，该指标与全国的差距呈缓慢扩大趋势，截至2019年底已由2010年的2372.3美元扩大到4212美元；和西部地区的平均水平差距有所拉开，但幅度相对较小。与大西南相比，广西该指标在2005~2010略微高于大西南一段时期后，又回落到低于大西南的水平，差距由 2015 年末的 124.4 美元扩大到 2019 年末的 813.5 美元。2019 年，该指标工业化评分为 71，处于工业化后期的前半阶段。

从三次产业产值比指标看，2019 年广西的三次产业结构为 16.0∶33.3∶50.7，第一产业比重高于全国、西部和大西南地区的平均水平，第二和第三产业比重低于全国、西部和大西南地区的平均水平。第一产业比重比 2015 年末上升 0.7 个百分点。第二产业比重比 2015 年末下降 12.6 个百分点，第三产业比重比 2015 年末上升 11.9 个百分点。该指标工业化评分为 46，处于工业化中期的前半阶段。

从工业结构指标看，2019 年广西制造业增加值占比为 41.4%，低于全国平均水平 20.2 个百分点，低于西部平均水平 7.9 个百分点和大西南地区平均水平 9.6 个百分点。与 2015 年末相比，下降了 14 个百分点。在"十二五"期间，广西制造业增加值占比已有回稳的迹象。2010 年、2015 年、2019 年，广西的制造业增加值占比依次为 61%、55.4%、41.4%，呈阶梯形下降。"十三五"期间，该指标增速进一步放缓，但对经济增长的贡献仍占比较大。2019 年，该指标得分 38，处于工业化中期的前半阶段。

从城镇化率指标看，2019 年广西城镇化率为 51.1%，比 2015 年末增长 4 个百分点，但仍低于全国平均水平 9.5 个百分点，同时略低于西部和大西南的平均水平。结合"十一五""十二五"的数据，广西的城镇化进程长期处于较为落后的局面。2019 年，该指标工业化评分为 37，处于工业化中期的前半阶段。

从三次产业就业结构指标看，2019 年广西第一、二、三产业就业人数的比重为 49.3∶17.4∶33.4，第一产业就业比重将近达到全国平均水平的两倍，约高于西部和大西南地区 7 个百分点。相比 2015 年，第一产业就业下降了 2.6 个百分点，第二产业就业下降了 1.9 个百分点，第三产业就业上升了 4.6 个百分点。自 2010 年末以来，第三产业就业占比稳步上升，就业人口有向三产转移的趋势。2019 年，该指标工业化评分为 24，尚处于工业化初期的后半阶段。

综合计算，2019 年广西的工业化综合指数为 50，仍暂时位于工业化中期，距全国平均水平仍有一段距离。在"十三五"期间，广西壮族自治区虽然总体发展势头良好，但由于工业化基础薄弱、工业体量全国落后，因此整体成绩

依然与全国平均水平有较大差距。图 1 反映的是 2019 年广西工业化综合得分、分项指标得分与全国平均水平的比较。

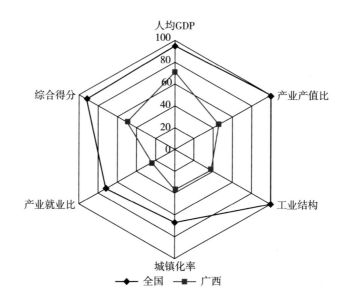

图 1　2019 年广西工业化水平雷达图

三　广西工业化进程的特征

在对广西工业化进程以及经济社会发展状况进行分析评估后，我们可以发现，"十三五"期间广西的工业化进程同时具有以下几个特征。

1. 工业化水平仍落后于全国平均水平，并处于西部和大西南地区中低水平

从 1995 年计算至今，广西的工业化水平一直位居全国低位，且与全国平均水平相比始终具有较大的差距。2000～2019 年，广西工业化水平与全国工业化水平的差距总体呈现波动状态。"十一五"期间广西工业化水平和全国平均水平差距由之前的 33 缩小到 19，"十二五"期间差距则又重新扩大到 25。而由于国内外经济形势的影响，"十三五"期间此差距进一步扩大到 42。目前，广西处于工业化进程的三（Ⅱ）阶段，与全国的四（Ⅱ）阶段相比仍有距离。

表3　广西壮族自治区工业化指数排名变化情况（2005~2019年）

地区	2005年			2010年			2015年			2019年		
	工业化指数	工业化阶段	全国排名	工业化指数	工业化阶段	全国排名	工业化指数	工业化阶段	全国排名	工业化指数	工业化阶段	全国排名
全国	49	三（Ⅰ）	—	69	四（Ⅰ）	—	84	四（Ⅱ）	—	92	四（Ⅱ）	—
西部	23	二（Ⅱ）	4	52	三（Ⅱ）	4	59	三（Ⅱ）	4	63	三（Ⅱ）	4
大西南	22	二（Ⅱ）	8	53	三（Ⅱ）	7	59	三（Ⅱ）	8	64	三（Ⅱ）	9
广西	16	二（Ⅰ）	28	50	三（Ⅰ）	24	59	三（Ⅱ）	22	50	三（Ⅱ）	27

资料来源：参见附表2~9。

从各项指标来看，广西人均GDP得分为71，在五项指标中遥遥领先。其余各项皆处于相对较低的水平，并且与全国平均水平的差距同样较大。在大西南地区，广西虽然落后于地区整体水平，但与整体水平的差距并不像与全国的差距那样大。而在人均GDP和城镇化率两个指标上广西将与大西南的差距缩小到了个位数。由此可见，尽管先天基础薄弱，广西工业依然有巨大的发展潜力和发展空间（见表4、表5）。

表4　广西各工业化指标得分与各地区平均水平的比较（2019年）

地区	人均GDP	产业产值比	工业结构	城镇化率	产业就业比	工业化指数
全国	95	100	100	67	72	92
东部	100	100	100	85	82	97
西部	79	63	55	47	38	63
大西南	76	61	56	43	38	64
广西	71	46	38	37	24	50

资料来源：参见附表2~8。

表5　广西工业化各项指标与全国和地区平均水平的差距（2019年）

地区	人均GDP	产业产值比	工业结构	城镇化率	产业就业比	综合得分	工业化阶段
与全国差距	-24	-54	-62	-30	-48	-42	四（Ⅱ）
与东部差距	-29	-54	-62	-48	-58	-47	四（Ⅱ）
与西部差距	-8	-17	-17	-10	-14	-13	三（Ⅱ）
与大西南差距	-5	-15	-31	-6	-14	-14	三（Ⅱ）
广西	0	0	0	0	0	0	三（Ⅱ）

资料来源：作者整理。

2. 全国排名略微下降，工业化指数有所停滞

2006～2010年，广西经历了一段工业化迅速推进的时期，年均增速一度高至6.8，增速排名国内第三，工业化指数排名更是一跃到达第24位，工业化面貌与2005年以前相比大不相同。

2011～2015年，由于国外经济压力增大以及国内经济形势下行的影响，广西高速发展的工业化进程逐渐减速，但仍旧保持了年均1.8的增长速度，增速排名回落至第14，工业化指数排名较"十一五"末上升两位，稳中有进。

2016～2019年，由于国内外经济格局的巨大变化以及随之而来的经济压力，广西稳中有进的发展格局受到影响，年均增速出现了负增长现象，数值到达-2.3，增速排名落至第28，工业化指数排名也由"十二五"末的第22下降到现如今的第27。尽管广西已经发展起一套具有部分特色的工业化方案，但在面对复杂多变的经济现象和庞大繁杂的世界市场时，广西的抗压与适应能力相较于国内其他较发达地区依旧略有不足（见表6）。

表6　广西壮族自治区与全国、地区的工业化速度比较（2005～2019年）

地区	工业化进程（100分制）				年均增速					
	2005年	2010年	2015年	2019年	2006～2010年	排名	2011～2015年	排名	2016～2019年	排名
全国	49	69	84	92	4.0	—	3.0	—	2.0	—
西部	23	52	59	65	5.8	2	1.4	3	1.5	1
大西南	22	53	59	64	6.2	2	1.2	5	1.3	2
广西	16	50	59	50	6.8	3	1.8	14	-2.3	28

资料来源：参见附表1。

3. 人均GDP与城镇化率贡献较大，工业结构指标产生负效应

"十三五"期间，在广西工业化各指标中对工业化贡献最大的是工业结构与产业产值比，在工业化累计指数负增长的时期，尽管工业结构和产业产值比的增长速度减缓，但仍然发挥着支撑的作用，是广西壮族自治区工业化发展的重要指标。

在"十三五"期间国内外经济格局巨变以及2018年垦区集团化和农场企业改革完成①等背景下，广西壮族自治区工业结构指标出现了较大幅度的跌

①　广西壮族自治区统计局：《广西统计年鉴2018》，中国统计出版社，2018，第543页。

落，下降幅度较之"十二五"期间的变化更加明显。从 2015 年的 84 降至 2019 年的 38，总计下降了 46 个点。工业结构的短板在"十三五"期间严重制约着广西壮族自治区整体工业化水平的提高。这一现象在数据上表现为广西工业化指数的增长减速以及负增长（见表 7、表 8）。

同样值得注意的还有产业产值比的变化，"十三五"以前，广西壮族自治区的产业产值比的数值一直呈上升趋势，在"十三五"期间首次出现了下降。尽管与工业结构指数相比下降幅度较小，但同样对广西壮族自治区的工业化发展产生了不利影响。

表 7　广西壮族自治区各项指标历年变化（2005～2019 年）

年份	人均 GDP	产业产值比	工业结构	城镇化率	产业就业比	工业化指数
2005	18	27	11	6	8	16
2010	45	41	100	17	15	50
2015	68	49	84	28	18	59
2019	71	46	38	37	24	50

资料来源：作者整理。

表 8　各指标对地区工业化综合指数增长的贡献度（2000～2019 年）

年份	人均 GDP（%）	产业产值比（%）	工业结构（%）	城镇化率（%）	产业就业比（%）	工业化指数累计增加值
2000～2005	54.00	18.33	20.17	6.00	5.33	12
2006～2010	28.59	9.06	57.59	3.88	1.65	34
2011～2015	92.00	19.56	-39.11	14.67	2.67	9
2016～2019	-12.00	7.33	112.44	-12.00	-5.33	-9

资料来源：作者整理。

四　广西工业化进程存在的主要问题

"十三五"期间，广西在工业领域所取得的成绩是不容忽视的，广西在汽车制造等众多领域都取得了显著的成就。然而，"十三五"期间广西壮族自治区工业化指数出现的停滞不前现象说明广西在推进工业化方面依旧存在不小的

问题，值得我们进一步关注。如何在国内外经济环境复杂多变的背景下，扎住落脚点，抓住发力点，成为广西工业化发展亟须回答的问题。分析过往数据与现象，广西壮族自治区工业化进程当中存在的主要问题如下。

1. 总体上工业体量小，个体上龙头企业少，抗风险能力弱

无论从现有的总量规模还是工业化进展的速度来讲，广西与东部发达地区或重庆四川等中西部省市都有较大的距离需要追赶。而在近几年国内外经济波动影响广泛、深刻的背景下，广西的工业增速一再减缓甚至停滞，进一步拉大了与国内工业化水平第一梯队的差距。根据 2017 年数据，广西工业增加值为5822.93 亿元，重庆为 6587.08 亿元，而江苏为 34013.6 亿元。广西工业增加值总体呈现持续下降趋势，2017 年工业增加值增速仅为 0.5%，远低于"十二五"期间的 3.2%，而工业增速全国排名也从"十二五"期间的第 7 下降到第17，而在大西南，则与重庆、四川、云南、贵州等省市差距进一步拉大。

广西县域经济单位的体量直接影响着广西各市以及广西整体的工业体量。2019 年，南宁青秀区地区生产总值为 986.74 亿元，居广西第一。河池凤山县仅为 26.11 亿元，居广西末位。而相较于国内更发达省市的县域，青秀区的地区生产总值则略显单薄，重庆主城区都市圈为 1566.71 亿元，而江苏苏州昆山为 3832.06 亿元。广西发展起步晚、难度高，地区发展滞后长期影响着本地企业的发展与进步，制约着地区工业化水平的进一步提高。

而在"十三五"期间，广西企业的表现也平平无奇。数据上，2019 年中国制造业企业 500 强中，广西仅占 11 席。2018 年，广西规模以上工业企业单位数为 6058 个，为全国的 1.6%。大中型工业企业个数为 1418 个，仅占全国的 2.4%。现实中，大企业常有大而不强的现象存在，它们往往缺乏竞争力，无法有力地支撑广西工业化发展的持续向好；大部分中小企业则存在户均资产低于平均、发挥作用小、平均寿命较短等问题。①

而从工业投资的总量和增速来看，广西工业投资占总投资比重约为 20%，相较于全国的 30% 则低了 10 个百分点，而随着市场环境的改变，广西工业投资的增长速度也进一步减缓，重大工业项目甚至出现青黄不接的现象，同时还

---

① 伍贤洪：《"工业 4.0"趋势下广西先进制造业布局探讨》，《南宁职业技术学院学报》2019年第 4 期。

有众多工地仍然处在停工、受阻的状态。[1]

2. 县市差距制约工业化发展，地区发展不平衡

在外部对比中，广西各市由于发展时间短、工业基础薄弱等种种因素差距较大，而在内部对比中，广西各市之间同样出现了较大的差距。而广西内县市差距则制约着广西工业化进展的稳定，是广西工业自生动力薄弱的重要原因。

广西内，第一梯队柳州市独占鳌头，2019 年工业生产总值为 1454. 20 亿元，为第二名南宁市 780. 32 亿元的将近两倍。第二梯队则主要包括桂林市、梧州市、北海市等七个市级单位，平均工业产值在 400 亿元左右，约为南宁市的 1/2。而防城港市、贺州市、河池市、来宾市、崇左市则组成了第三梯队，平均工业产值仅为 200 亿元左右，为第二梯队的 1/2。与之对应，柳州市、南宁市处于工业化后期，资金流量大，人才资源足，企业规模相对较大，工业附加值相对较高。而第二梯队则主要承接和发展来自周边省市转移过来的产业，发展成本相对较小。但无论市场规模、企业效益还是资金投入等各方面相比第一梯队依旧有着明显的弱势。而居于末尾的第三梯队往往偏向于非金属矿物制品、石油化工等传统重化工产业和制糖等传统轻工业。高能耗、低技术含量、低附加值是这些行业的常态，环境收益也相对较差。这些市区无论是从发展综合水平和专业化水平，还是从效益和结构水平考量都存在较大的差距。[2] 倘若我们把视线聚焦到县级单位，我们会发现南宁市青秀区地区生产总值总量竟为河池市凤山县的 40 倍之多，县域之间差距之大，可见一斑。

在工业化发展进程中，广西内部出现"富集"现象，资本投入、工业人才大量涌入工业化水平较高、发展要求并不迫切的南宁、柳州等市的发达县域。而在第二、第三梯队的那些发展迫切、形势严峻的城市则出现资金荒、人才荒现象。广西内部县市工业化水平差距过大，影响了生产要素的分配。因此在经济剧烈波动、市场前景不明朗的情况下，往往实力较弱的城市出现漏洞，进一步影响到第一、第二梯队较发达城市，最终演变成广西工业化发展的波动常态。

---

[1] 李勇、居青、温丹丹等：《近三年广西工业投资状况对经济运行质量的影响分析》，《广西经济》2019 年第 8 期。

[2] 王威峰、卢玉桂：《基于熵权法的广西市域工业发展综合水平评价探究》，《河池学院学报》2020 年第 1 期。

3. 制造业结构层次低，产业链条不完整，转型升级压力大

广西自然资源丰富，农产矿产条件优良，在汽车行业、有色金属冶炼、非金属矿物制品、制糖、农产品加工等行业有着较长的发展历史。然而随着时代的发展，信息化、全球化带来了新的要求与任务，而广西在完成这项任务的旅途上刚刚出发不久。

农副食品加工、木材加工作为传统优势行业尽管已经形成一定规模，但其行业技术含量低、竞争门槛低、产品附加值低决定了其结构层次不高的事实，而作为广西工业另一传统支柱的石油加工、有色金属冶炼、非金属矿物制品等传统重化工产业也或多或少存在产品附加值低之类的问题。而无论前者还是后者，都非常依赖广西丰富的自然资源，这些行业的发展以及行业规模的维持都势必会造成不小的资源消耗。而此类行业在当前也显然到达一个瓶颈期，不力图改变则难寻进一步发展的机会。而更严峻的问题则是这些行业在造成大量资源消耗的同时不可避免地造成了一系列的环境问题，解决当下的困难已然不是广西唯一迫切的需要，为未来着想也成为广西不能逃避的重要命题。广西过往的工业发展经验已逐渐变得不适应于时代。如何淘汰掉低效的、落后的、过剩的产能成为当今广西亟须解决的重大难题。例如，以平果县工业发展为代表的铝产业集群，已然产生了对"铝"的依赖，在这些地区，其他产业的发展空间被不断挤压。与此同时，铝产业集群内部还存在资源消耗量大、环境问题严重、结构不合理、加工程度低、产业链短等多种问题。[1]

而即便在传统行业内，广西也存在"重工业过重、轻工业过轻"的弊病，在 21 世纪产业转移的大趋势下，广西未能重轻工业两手抓，像安徽、江西等省市抓住了来自长三角、珠三角的轻工业机遇。广西轻工业内部结构产业链缺失、断链，食品、造纸等低附加值日用轻工业发展尚可，而家电、高端服装等附加值更高的轻工业则寥寥无几。广西手机等产品的产量只有广东、重庆等城市的百分之零点几到百分之几。[2]

① 李世泽、甘日栋、李桂森等：《基于工业化城镇化视角的广西县域经济发展研究》，《南宁职业技术学院学报》2017 年第 6 期。

② 杨鹏、张润强、张鹏飞：《广西工业高质量发展：理论逻辑、现实挑战与应有对策》，《改革与战略》2019 年第 6 期。

4. 新兴产业发展缓慢，创新能力有所欠缺

传统行业改造未完，新兴产业却方兴未艾。"十二五"期间，广西着眼于时代发展的需要制订了一系列新兴产业培育计划，力图跟紧时代的步伐，甚至尝试找寻弯道超车的机会。然而"十三五"已至尾声，我们可以观察到广西的新兴产业尽管有所进步，但同比而言，其新兴产业总体发展缓慢。在全国范围内比较，广西高新技术产业所带来的工业增加值在总工业增加值中的占比以及装备制造业在广西工业的占比都居于低位。广西高新技术产业对于经济以及工业的贡献都普遍较低。而即便是与同属大西南的重庆、四川相比，高新技术产业规模也有很大的差距，这些新兴产业带来的工业增加值相比于重庆低了将近 8 个百分点。无论在规模上，还是在增速上都有待提高。

旧动能向新动能的转换步伐缓慢。而观察产业内部则不难发现，具有较强行业竞争力、能起到引领示范作用的独角兽企业尚未出世，过于平静的蓝海中没有鲜艳的信标。战略性新兴产业企业数量占全部规模以上工业企业总数的比重仅为 8.1%，而这些企业给区域带来的工业增加值也仅占总工业增加值的 6.9%，在全国范围内处于较低的水平。这些企业能够提供的新产品、新市场也同样相对有限。新一代电子信息技术产业长期停留在组装、加工等低附加值环节。涉及产品种类少，产品产量不高，品质不顶尖，效益不佳。①

而新兴产业发展缓慢的根本原因之一则是创新能力的不足。首先，广西制造业的研发投入就相对较少，有研发经费投入的规模以上企业在全部企业中的占比仅为全国平均水平的一半，研发人员在全部工业人员中的占比仅为 2.1%。2017 年南宁市的研发投入只占全部投入的 1.59%，为 58.72 亿元。其次，行业内没有产生龙头企业，企业规模未能催生出企业的创新能力成为"老大难"问题。企业也尚未摆脱路径依赖，工业投资长期集中在非金属矿物制品等传统优势产业②，畏难、安于现状的企业风气严重阻碍了广西新兴产业和新兴企业开辟新天地的能力发展。

---

① 杨鹏、张润强、张鹏飞：《广西工业高质量发展：理论逻辑、现实挑战与应有对策》，《改革与战略》2019 年第 6 期。
② 李勇、居青、温丹丹等：《近三年广西工业投资状况对经济运行质量的影响分析》，《广西经济》2019 年第 8 期。

5.产业特色不鲜明，空间布局不优，内部同质化

因地制宜发展特色产业是广西工业发展战略的重要一环，但就本地特色产业的选择却在广西内部各市之间出现了简单模仿、高度雷同、重复建设的现象。县市之间产业特色不鲜明，产业分工不明确，地区优势未良好利用。

广西北部湾经济区内的新材料、新能源、节能环保、健康养老成为热门的话题。重复建设、低水平恶性竞争成为广西内各市存在的普遍现象。敢于争先，勇于创新的精神是值得鼓励的，然而一味地开拓新的领域必然意味着资源的过度分散，导致资源优势利用的不充分。

而即便是在已经逐渐饱和的中低端制造业也同样出现了此类趋同的问题。整体区域产业布局向此行业倾斜，然而中低端制造业本身的特点决定了其无法像新兴产业一样形成较高的准入门槛和技术壁垒。各市趋利而往，石化、有色金属冶炼、建材、农林产品加工、食品等资源型产业的布局重叠率高达80%。尽管当下尚未出现明显的产业链缺失问题，然而过往轻工业发展的例子已经很好地揭示了同质化严重、显著偏科可能会带来的种种恶果。

而忽视本地相对优势的现状也进一步导致很多地区无法培养出属于自己的支柱产业，以至于根基不牢，依赖性严重。

6.基础薄弱，竞争力不足，开放水平较低，吸引力欠缺

工业的发展离不开基础设施的建设，"要致富先修路"是投身新中国建设的前辈们总结出的普适又朴实的发展经验。

广西地貌复杂，气候多变，在带来丰富资源和秀丽风景的同时也同样带来了对于基础设施和公共服务领域的重大挑战。以北部湾为重点的港口建设，承担着联通国内东西南北、国外东盟各成员的重要职责，尽管体量不算小，然而近年来，港口建设的发展速度十分缓慢，既有广州港、深圳港的发展先行典范，又有粤港澳大湾区各港口建设的后起之秀，广西港口建设算不上出彩。而陆路交通不仅是传统重工业资源输送的桥梁，更是当今新兴产业离不开的物流行业所赖以生存的饭碗，如何在水域众多、天象繁杂的地区保障陆路交通的稳定和便捷，是广西发展的首要解决的问题之一。在教育方面，对外许多高等院校名声不显，对内院校地区分配不均成为广西工业人才流失的重要原因。种种基础条件的不足导致当今广西在国内竞争力的不足，如何把工业人才留在广西，如何把大西南、全国范围的工业投资吸引到这，是广西不得不认真回答的课题。

另外，不同于我国东部沿海基础好、开放早，粤港澳及海南省政策帮、位置优的先天优势，广西的开放之旅显得倍加艰难。国内竞争力的不足导致广西对于"开放"一词一贯履行着保守谨慎的行为风格，偶尔存在眼光不尖锐、胆量不足够的问题。开放程度低与吸引力小的循环，让广西在开放问题上一直以来显得有些低迷。然而"一带一路"倡议的到来给了广西全新的发展机遇，如何抓住作为"一带一路"沿线地区的有利条件和历史机遇是广西工业当前最需要思考的问题之一。

五　进一步推动广西壮族自治区工业化进程的建议

"十三五"期间，广西壮族自治区工业化进展相对缓慢。然而就 2020 年前半阶段呈现的诸多积极的变化来看，广西当前的经济形势以及工业发展的势头已然有所恢复。如何改变传统产业旧的增长方式，夯实稳固好工业产业基础，提高内生工业动力和对外抗压能力，做到区域、城乡以及各行业发展的平衡有序，成为未来广西亟须回答的问题。结合广西壮族自治区工业化发展的特点和存在的问题，提出以下建议。

1. 审视发展大势，稳中有进，笃定前行

广西位于我国西南边陲，地理位置和历史发展等多种原因决定了广西工业基础薄、发展晚的特点。步入 21 世纪，广西通过阶段性的发展，目前已经拥有一定的工业底蕴和进一步发展的潜在动力。体量小、抗压能力不足是现状，但并非不能弥补。补足广西工业化先天不足的关键是"稳"，要点是"进"。

第一，重点优化市场秩序，完善市场相关规则，求"稳"。长叶首先要扎根，扎根首先要沃土，广西工业当前体量小，抗风险能力弱，不能盲目追逐市场风潮，忽视市场风险，实体工业要紧抓手中。应不遗余力地健全各类工作以及监督制度；完善计划制订、政策制定的规则流程；保证政策切实实施，确保惠企政策落到实处；狠打扰乱市场秩序、破坏市场规则的行为；并建立一套公民、企业、政府共同参与的高效反馈机制，实时反映市场变化以及民情民愿，建立一个稳定的、总体宽松的企业生存发展环境。[①]

---

① 本刊编辑部：《千方百计推进全区工业稳步增长》，《广西经济》2019 年第 8 期。

第二，加大对于企业的帮扶和对重点行业的支持，求"进"。确立一套行之有效的企业帮扶机制，建立一个了解民情、通晓市场大观的对口领导班子，做好企业发展的背景板，打好企业求进的"强心针"。无论是"强龙头、补链条、聚集群"还是任何其他方略，助力广西工业化首先少不了的就是对于国内外经济形势和市场未来的透彻审视。找到潮流、顺应潮流是当前广西的首要任务，积极借鉴周边省市的发展经验，筛选出具有建设性、先进性的方案、建言，结合广西工业自身的特点，确认禀赋，找到优势，对症下药。顺应潮流以求将来引领潮流。

广西工业化的发展并非一蹴而就的事情，学会利用"滚雪球"的技巧才能让广西工业从相对较低的水平逐渐向时代要求的目标靠近。

2. 注重协调发展，聚众力才能加快工业化脚步

广西不仅与外省存在差距，广西内各市区也由于经济发展水平、工业化基础、区位优势、政策方针有异等多种因素存在诸多差距。无论是工业化的规模、工业化的专业程度、工业所带来的效益，还是工业结构水平都存在或大或小的差距。而减小差距的重点则在于做到资源的合理运用和优化调配。

工业化进程必然出现地区分工不同的现象，然而分工的不同不应成为工业化水平差距的借口。广西在推进部分市区重点产业、重点项目发展的同时也应同时注意周边工业基础较弱、发展势能较弱的市区的发展与规划。要适时、适度借助工业强市的带动和引领作用，积极向周边市区扩散工业化的影响。一方面潜移默化地重塑部分弱市的工业基础，另一方面利用教育教学的方式反省当前自身发展的方式是否正确，时刻提问自己，本市在工业化方面的成功究竟根基在何处；本市工业化发展进程加速的原因是外力的影响，还是内生动力的逐渐强大；本市工业化这一次卓越的成功是历史偶然的馈赠，还是背后潜藏了普遍适用的经济发展规律和工业发展窍门。"每日三省吾身"并且"择其善者而从之其不善者而改之"，才能真正学会发展的"硬道理"，才能更好地把握自身的优势与不足。

而反过来想，唯有地区内工业化齐头并进，发展势头同向同行，才能形成广西内各市工业化的一种"时尚"。主动塑造出工业化的"大势"，不仅仅是工业化水平较高的城市帮助扶持工业化水平较低的城市，而且也是拉高整个广西工业化的底线，补足木桶的短板，以图积蓄更多工业化的活水。"水涨船

高"聚集市与市、区与区的力量,利用好各市区的区位优势,规划好各市区的分工合作,合理调配发展资源,才能让整个广西的工业化水平"扶摇直上九万里"。

而在政策方面,出台完善并切实实施诸如《北部湾经济区工业协调发展行动计划》等统一性的指导方针,组织好工业强市之间的强强联合、强市弱市之间的互利共赢,让企业做到不依赖某个市区,当企业能拥有跨市区但依然享受保持不变的政策条件时,市级企业将会有更强的意愿在广西内做到"走出去",更好地利用已有的和可探索的区位优势,而不再局限于某一个市、某一种区位优势。[1]

建立产业园区,积极推动高等院校在省内各市的发展。鼓励在工业较为薄弱的省市建立分校区,引入国内名校入驻广西,促进国内外院校的交流与联合办学。例如,发挥园区集群效应,在有条件的地区优先建设一个工业化水平高、工业化基础好的点,由点到面,带动整个地区工业的开发与发展。

3. 助力产业升级,优化地区工业结构

广西壮族自治区由于历史条件的局限性,目前呈现"重工业过重,轻工业过轻"的瘸腿偏科现象,长期以来借助诸如非金属矿物制品、制糖业等传统高能耗、低附加值的产业促进工业发展,以量促长。在历史的发展中,这样的策略有着它独特的优势,然而随着时代的发展与进步,此类行业与这种消耗性的工业发展方式已经到了其瓶颈期,找到突破瓶颈和打破旧瓶的方式是摆脱资源损耗、环境污染等问题所带来的窒息感的根本途径。

一方面,在传统行业,淘汰落后的、低效的产能。避免"劣币驱逐良币"。在轻工业上,补足过往瘸腿偏科问题,积极引进来自周边省市的产业转移,合理审视各市区区位优势,安排重点,关注发展态势,以期弥补历史发展过程中的漏洞与不足。着力于构建现代化产业体系,解决要素供给及其质量的诸多问题,从供给侧找抓手,保证转移进的产业和过往的产业被改造成适宜于广西本地发展、合乎地区工业发展趋势的状态。[2] 促进要素交流、协同发展,

---

[1] 王威峰、卢玉桂:《基于熵权法的广西市域工业发展综合水平评价探究》,《河池学院学报》2020年第1期。

[2] 杨鹏、张润强、张鹏飞:《广西工业高质量发展:理论逻辑、现实挑战与应对对策》,《改革与战略》2019年第6期。

利用高精尖人才和高新技术对传统重工业做整体性的改造，着力于装备、流程、技术、原理以及管理等方面的重点升级，从某一个方面出发，一步一步拉高整体传统行业的水准。同时注意保障信息的开放与透明，确保企业能够及时快速做出反应，或者尝试进入新行业，并尽可能地减少工业产业全面升级中可能出现的多种问题，让可能过剩的工业人口前往更亟须发展的地区。从而全方面、全地区地改造和升级传统行业。

另一方面，引进新兴技术、新兴产业、新兴企业，力图塑造新兴的工业生态和市场环境。将落后产能，从深度、广度、高度三个层面利用到广西新兴工业的筑基大业中。将广西在食品、汽车、机械、有色金属、石化、造纸等传统行业的传统优势以及改造后剩余的力量利用在新兴技术的开发上，并将新产业和旧产业有机结合，发展如"智能化＋汽车"等合作项目，减少新老更替间可能出现的碰撞。做好各个项目和领域的统筹升级，推动产业链向高端延伸。

4. 增强创新能力，推动工业的高质量发展

推进创新驱动发展和供给侧结构性改革，提高发展的质量和效益，在经济发展新常态中寻找新的经济增长点。在广西工业化发展的进程中，一定要始终深刻认识到"科学技术是第一生产力"，保障新兴产业蓬勃发展，做到新技术、新思想的灵活运用。

首先，努力培育出独角兽企业、龙头企业，将企业的规模实力切实转换成为企业的创新能力。市场重要的主体是企业，企业的创新能力是整个市场创新能力的源泉。通过政策扶持和风向引导，让企业将发展的重点落实到创新上来，加快推进"双百双新"重大产业项目建设。组织好南宁博世科等200多个技术改造项目的投入建设，确实实施"千企技改"工程，着力于改变当前企业科研经费投入少、畏难、安于现状的现象。再专门扶持培育一批"专精特新"的中小企业，同样做好市场内部大小企业的势力均衡，避免市场垄断等现象对于创新能力的削弱。充分利用好当今世界上层出不穷的高新技术，充分利用好当今市场上活跃存在的资本力量，科技赋能改造传统企业，发展新兴行业，提升工业附加值，促进广西工业化水平的进步。

其次，做好社会力量的整合、产学研合作转换，积极利用广西大学等高等院校已经存在的孵化器项目，积极促成高等院校与高新技术企业的合作开发。提高理论知识的现实转化率，让知识真正成为社会上驱动进步的生产力。促成

政府部门与企业的合作，利用两者在资源、信息等方面的不同优势，共同攻克技术难关，更好地哺育新技术的发展。促成民间力量的整合，加强行业公共创新平台的建设，帮助企业与企业之间实现技术互利，充分利用双方的长处并努力补足短处；企业与科研机构等实现技术合作开发，利用科研机构的创新能力，结合企业经营能力，保障一项技术能够得以发现、发展与发挥。

最后，要充分利用好国内国际的创新发展机遇，抓紧国家"新基建"建设的机遇，建设诸如5G网络、数据中心等技术含量较高的基础设施，推动工业和数字经济的融合发展。推动产业数字化的进程，建立一套全面的、长久的、详尽的工业数据的链接。全面推动工业产业流水线的自动化改造，企业管理的信息化改造，末端销售的网络化改造。全面部署IPv6，推进建设工业互联网标识解析体系。打造"企业上云"的全新面貌。再利用"一带一路"建设机遇，积极引入国外先进的科学技术，做到工业创新上的灵感碰撞。[①]

5. 优化产业空间和项目的区域分配，因地制宜发挥优势

资源优化配置的一个重要观察窗口就是产业空间布局方式，唯有基于地区内资源禀赋建立一批"有搞头、有盼头"的独特产业项目，建设一个未来可期的长期支柱产业才能促进各要素的有效流动和资源的有效利用。在规划和管理产业项目的维度上，政府要积极发挥宏观调控的作用，掌全局、知细节，合理创新分配企业用地与重要资源的供给。

加快推进产城互动建设，积极建成一批产业园区，迈好产城一体化的前进脚步。深入基层，实地调研，充分挖掘各地区的工业发展潜力，利用独特区位优势，合理参考其他省市和广西内其他市区的发展经验，找到最适宜的、最有益的产业发展方向。建设好桂林深科技智能制造、数字贺州产业园、中国—东盟网络视听产业基地等。

研究好当前各产业的发展实况，避免盲目跟风、重复建设；建立一套专家政府对话机制，邀请行业内顶尖专家学者分析研究行业的必要发展条件和未来发展前景，切实考察行业内已建立企业的发展状况和各省市同行业其他企业的发展历史与发展经验。专业化的规划离不开大量的事前调研与认真学习。

---

① 徐莉青：《挖掘工业大数据蓝海 推动工业高质量发展》，《中国电子报》2020年6月23日。

通过调整工业投资的结构塑造产业的发展趋势，在部分地区稳固好农副产品加工、非金属矿物制品行业等基本盘的问题。再在部分地区通过招商引资、政府投资等手段按照合理的规划发展一批医药制造、电子设备制造等高新产业。

产业转移和产业升级方面确立好每个地区的不同承接对象和升级对象，做好功课预案。在临港、沿江、沿边等区域建设一批木竹制品和家居家装产业，承接来自东部地区转移的纺织服装、家用电器等轻工业，补足广西长期以来轻工业链条缺失。在来宾、贵港等地区做好有色金属冶炼的精深加工项目，同一个产业要做出不同产品、不同特色，以此更好地应对市场更多的要求。在柳州重点建设智能化汽车项目，实施上汽通用五菱"跨十工程"等，做好新能源汽车产业发展，助力发展汽车行业智能化。以此达到在广西各市之间工业产业布局的合理优化。①

6. 固本夯基，以开放姿态迎接"一带一路"带来的工业机遇

抓好重大基础设施建设补短板的工作，加快统筹发展陆路、水路、空路三路交通，做好水利、能源、信息方面基础设施的建设和升级工作，并以更加开放的姿态迎接新一轮"一带一路"发展的种种考验，利用好时代给予的发展机遇，促进广西工业化水平进一步提高。

基础设施方面，陆路方面，扩建兰海高速钦州到北海段高速，开工吴圩机场至隆安等多条高速路，续建扩建大塘至浦北、南宁经玉林至珠海等多条省内互通、省外互联高速路段。建设好南宁至玉林等多条铁路项目，争取早日做到"市市通高铁"。水运方面，加快建设贵港至梧州的三千吨级航道，督促各地枢纽升船机和船闸项目，维护运营钦州铁路集装箱中心保税港区站，实现海铁联运的无缝连接。解决好海铁联运"最后一公里"的难题，并积极鼓励中远海运集团等企业加入北部湾港区的建设中，在健全班轮班列不住、推进区域总部的设立等更多方面深化政企合作。民航方面则加快推进南宁机场的改扩建、南宁国际空港枢纽等项目建设。利用好广西已有的工业基础为未来的工业发展添砖铺路，促进物流等行业在广西的发展，进而反哺广西工业的高质量发展。②

① 陈武：《政府工作报告（摘要）2019 年 1 月 26 日在广西壮族自治区第十三届人民代表大会第二次会议上》，《广西经济》2019 年第 1 期。
② 陈武：《政府工作报告（摘要）2019 年 1 月 26 日在广西壮族自治区第十三届人民代表大会第二次会议上》，《广西经济》2019 年第 1 期。

在水利建设上，利用大藤峡水利枢纽大江截流，完成维护落久水利枢纽工作，并开启多项支流干流河流整治工作，继续推进多项湖泊灌区治理项目。在能源建设上，搞好防城港核电站、乌东德电站等项目，并尝试更广泛地运用和开发太阳能、风能等可再生的环保能源。在数字基础设施建设上，做好中国—东盟信息港的建设，推动多个大数据中心和信息港的开工和建设。① 跟随国家"新基建"的步伐，做好5G商用准备，在广西各地全面改造网络基础设施，实现IPv6的运用。建好一系列基础设施的建设，打好硬件基础，为广西工业提供动力以及更好的发展平台，让广西在面对国际声音时拥有更充足的底气和信心。而在教育等社会建设方面则努力推进高等院校的建立与交流，减少工业人才的外流，并促进工业人才在广西各个工业区内的流动，以促进人力资源要素的优化配置。

"一带一路"倡议作为国际性战略，对中国与其沿线国家加强经贸合作、扩大和深化改革提供了新的载体，而广西作为"一带一路"倡议中重要的沿线区域，必须把握这个重要的平台和相应的机遇。建立健全跨境合作协调机制和跨境产业机制，找到广西工业在"一带一路"发展链条中的环节位置，做好准备，应对挑战。建设好浪潮东盟运营总部，鼓励跨境高校、社会之间的人才交流和文化交流，增加广西软实力，充沛广西工业的发展潜力。

参考文献

《2018年广西统计年鉴》，2019。

《2019年广西壮族自治区国民经济和社会发展统计公报》，2020。

本刊编辑部：《千方百计推进全区工业稳步增长》，《广西经济》2019年第8期。

陈武：《广西壮族自治区政府工作报告——2019年1月26日在广西壮族自治区第十三届人民代表大会第二次会议上》，广西壮族自治区统计局，2019。

陈武：《广西壮族自治区政府工作报告——2020年1月12日在广西壮族自治区第十三届人民代表大会第三次会议上》，广西壮族自治区统计局，2020。

---

① 陈武：《政府工作报告（摘要）2019年1月26日在广西壮族自治区第十三届人民代表大会第二次会议上》，《广西经济》2019年第1期。

方晶晶:《广西北部湾经济区与粤港澳大湾区的工业化阶段分析》,《区域金融研究》2019年第12期。

李世泽、甘日栋、李桂森等:《基于工业化城镇化视角的广西县域经济发展研究》,《南宁职业技术学院学报》2017年第6期。

李勇、居青、温丹丹等:《近三年广西工业投资状况对经济运行质量的影响分析》,《广西经济》2019年第8期。

王威峰、卢玉桂:《基于熵权法的广西市域工业发展综合水平评价探究》,《河池学院学报》2020年第1期。

伍贤洪:《"工业4.0"趋势下广西先进制造业布局探讨》,《南宁职业技术学院学报》。

徐莉青:《挖掘工业大数据蓝海 推动工业高质量发展》,《中国电子报》2020年6月23日。

杨鹏、张润强、张鹏飞:《广西工业高质量发展:理论逻辑、现实挑战与应有对策》,《改革与战略》2019年第6期。

B.28
四川省

　　四川省地处中国西南腹地，位于长江上游，辖区面积达 48.6 万平方公里，位居国内第五。与 7 个省（区、市）接壤。2019 年，四川省年末常住人口 8375 万人，其中城镇人口 4504.9 万人，乡村人口 3870.1 万人。四川省是多民族聚居地，有 56 个民族。全省矿产资源丰富，矿产资源种类齐全，已发现各种矿产包括金属和非金属共计 132 种，占全国总数的 70%。四川是中国西部实力强劲的工业基地，机械、冶金、航空航天、核工业等多个行业在西部甚至在全国范围内有显著的地位。"十三五"期间，四川省工业化进程的速度有所减缓，增速低于全国平均水平。2019 年，四川省工业增加值 13365.7 亿元，比上年增长 7.9%，对经济增长的贡献率为 37.4%，同年工业化水平综合指数评分为 71，处于工业化后期前半阶段。

一　"十三五"四川省经济社会发展基本情况

　　"十三五"期间，在经济下行的压力下，四川全省经济保持平稳运行，经济规模持续扩大，在国内外复杂的背景下，经济社会发展依然取得显著成效。截至 2019 年，"十三五"规划的完成程度符合之前预估结果，其中全面建成小康社会这一任务取得重大决定性进展①。2019 年，四川省 GDP 为 46615.82 亿元，占全国 GDP 的 4.7%，与上一年度相比增长 7.5%，增速比全国平均水平高出 1.4 个百分点。消费品市场总体稳定，社会消费品零售总额实现 20144 亿元，增长 10.4%；外贸进出口总额保持增长态势，目前总额达 6766 亿元，增幅为 13.8%。总体来看，四川全省经济运行平稳，但在经济运行过程中存在的不确定因素以及经济下行压力加大等一系列问题，仍然

---

① 四川省发展和改革委员会：《关于四川省 2019 年国民经济和社会发展计划执行情况及 2020 年计划草案的报告》，《四川日报》2020 年 5 月 22 日。

需要相关部门密切关注。

经济运行平稳展开。2019 年四川省经济延续稳中有进、持续发展的态势，地区生产总值上涨 3714 亿元，经济总量排名西部第 1、全国第 6，"十三五"规划目标提前实现。其中重大工程投资项目稳步推进，全省共计投资项目额 7286.6 亿元，高出年度投资计划总额 26.3%；消费升级行动计划深入实施，消费基础性作用不断增强，"双十一"当天，全省实现网络零售额 240.4 亿元，同比增长 30.1%；外资外贸稳步发展，省内世界 500 强企业新增 5 家，截至目前，省内共计落户世界 500 强企业 352 家，其中境外世界 500 强企业有 247 家。

全面小康基础夯实。2019 年，全省以打好三大攻坚战为基本目标，全面建成小康社会的基础得到夯实。首先，脱贫攻坚任务得到扎实推进，聚焦"两不愁三保障"，攻坚深度贫困地区，全年实现 50 万人脱贫、1482 个贫困村退出、31 个贫困县摘帽，藏区贫困县全部成功摘帽①。其次，省内生态环境逐步改善，空气质量优良天数率达 89.1%；落实开展植树造林活动，森林覆盖率达到 39.6%，增长 0.8 个百分点。

开放新态势形成加快。2019 年在"一带一路"倡议的引领下，四川省与沿线国家产生的进出口总额达到 1980 亿元，较上期增长 20%，在沿线国家开展了超过九成对外承包工程。同时，四川省的国际友城和友好合作关系达 311 对，在川设立外国领事机构共计 19 家，并且成功举办多次国际会议及论坛。除此之外，四川省推进建设开放通道，主动对接国家西部陆海新通道总体规划，与 13 个省（区、市）签订了合作共建西部陆海新通道框架协议。

二 四川省工业化水平评价

表 1 给出了 1995 年、2000 年、2005 年、2010 年、2015 年和 2019 年四川省与大西南、西部和全国的各项工业化水平指标的数据；表 2 列出了同期四川省的工业化水平评价结果及其与全国、西部和大西南的比较情况。

---

① 四川省发展和改革委员会：《关于四川省 2019 年国民经济和社会发展计划执行情况及 2020 年计划草案的报告》，《四川日报》2020 年 5 月 22 日。

表1　四川省工业化指标的原始数据（1995～2019 年）

单位：元，%

年份	地区	人均GDP	产业产值比			制造业增加值占比	城镇化率	产业就业比		
			一	二	三			一	二	三
1995	全国	4854	20.5	48.8	30.7	30.7	29.0	52.2	23.0	24.8
	西部	3067	27.7	40.6	31.6	26.6	17.0	64.0	15.1	20.9
	大西南	2852	27.3	41.8	30.9	28.9	13.8	65.3	14.8	19.9
	四川	3081	27.6	42.1	30.3	23.7	16.8	63.1	15.9	21.0
2000	全国	7086	16.4	50.2	33.4	33.7	36.1	50.0	22.5	27.5
	西部	4687	22.3	41.5	36.2	28.7	24.2	61.7	12.9	25.4
	大西南	4470	21.7	42.3	36.0	26.6	27.4	62.6	13.0	24.4
	四川	4784	23.6	42.4	34.0	22.4	26.7	59.6	14.5	25.9
2005	全国	14040	12.6	47.5	39.9	52.0	43.0	44.8	23.8	31.4
	西部	9310	17.7	42.8	39.5	30.9	34.6	54.8	15.0	30.2
	大西南	8548	17.5	43.1	39.5	34.6	33.5	54.7	15.8	29.5
	四川	9060	20.1	41.5	38.4	37.8	33.0	50.6	18.4	31.0
2010	全国	29992	10.1	46.8	43.1	60.4	50.0	36.7	28.7	34.6
	西部	22570	13.2	50.0	36.9	52.3	41.3	47.7	19.7	32.6
	大西南	19654	14.1	48.4	37.5	59.7	39.5	47.9	19.8	32.3
	四川	21182	14.5	50.5	35.1	57.0	40.2	42.9	23.1	34.1
2015	全国	50028	8.9	40.9	50.2	57.6	56.1	28.3	29.3	42.4
	西部	40410	12.0	44.6	43.4	47.7	48.7	45.7	20.9	33.4
	大西南	35823	12.8	43.3	44.0	51.7	47.3	46.5	20.8	32.7
	四川	36775	12.2	44.1	43.7	56.1	47.7	38.6	26.6	34.8
2019	全国	64644	7.1	39.0	53.9	61.6	60.6	26.1	27.6	46.3
	西部	49371	11.5	37.8	50.7	49.3	53.3	42.6	18.7	37.4
	大西南	46347	11.3	36.4	52.3	51.0	50.2	41.9	20.4	37.8
	四川	48883	10.3	37.3	52.4	56.1	53.8	35.9	27.2	36.9

资料来源：参见附录一。

表2　四川省的工业化进程：分项及综合得分（1995～2019年）

年份	地区	人均GDP	产业产值比	工业结构	城镇化率	产业就业比	综合得分	工业化阶段
1995	全国	4	32	18	0	17	14	二（Ⅰ）
	西部	0	13	11	0	0	5	二（Ⅰ）
	大西南	0	14	15	0	0	6	二（Ⅰ）
	四川	0	14	6	0	0	4	二（Ⅰ）
2000	全国	20	47	23	10	22	26	二（Ⅱ）
	西部	3	27	7	0	0	9	二（Ⅰ）
	大西南	0	29	11	0	0	9	二（Ⅰ）
	四川	3	24	4	0	1	7	二（Ⅰ）
2005	全国	41	57	73	21	33	49	三（Ⅰ）
	西部	24	41	18	8	11	23	二（Ⅱ）
	大西南	16	41	24	6	12	22	二（Ⅱ）
	四川	19	33	29	5	21	23	二（Ⅱ）
2010	全国	68	66	100	33	51	69	四（Ⅰ）
	西部	52	56	76	19	27	52	三（Ⅱ）
	大西南	43	52	98	16	27	53	三（Ⅱ）
	四川	47	51	90	17	38	53	三（Ⅱ）
2015	全国	84	100	91	53	69	84	四（Ⅱ）
	西部	74	59	58	31	31	59	三（Ⅱ）
	大西南	68	57	72	29	30	59	三（Ⅱ）
	四川	70	59	86	29	47	64	三（Ⅱ）
2019	全国	95	100	100	67	72	92	四（Ⅱ）
	西部	79	63	55	47	38	63	三（Ⅱ）
	大西南	76	61	69	43	38	64	三（Ⅱ）
	四川	79	65	42	46	53	71	四（Ⅰ）

资料来源：参见附录二。

从人均GDP指标来看，2019年末四川人均GDP为48883元，低于全国平均水平，介于西部平均水平和大西南地区平均水平。从1995年开始，四川省人均GDP和全国平均水平的差距逐渐拉大，差距从1995年末的1773元拉大到2019年末的15761元。在2000年之前，四川省平均水平高于西部平均水平，2000年之后和西部平均水平的差距逐渐拉大，2015年差距为3635元，为历年最大，2019年差距缩小为488元。自1995年以来，四川省人均GDP一直领先于大西南平均水平，2015 年末领先大西南平均水平 952 元。2019 年四川省人均 GDP 的工业化评分是 79，属于工业化后期前半阶段。从这一指标看，与全国平均水平差距逐年缩小，2019 年差距变大，与西部和大西南平均水平的差距基本保持不变。

从产业产值比指标来看，2019 年四川的三次产业结构为 10.3∶37.3∶52.4。第一产业产值所占比例比全国平均水平高 3.2 个百分点，低于西部平均水平 1.2 个百分点，低于大西南平均水平 1.0 个百分点；第二产业产值所占比重低于全国平均水平 1.7 个百分点，在西部和大西南平均水平之间。该项指标显示，四川省第三产业比重大于第一产业和第二产业比重总和，相比 2015 年有了很大进步。2019 年，产业产值比的工业化评分是 65，属于工业化中期后半阶段。

从工业结构来看，2019 年全省制造业增加值占比为 56.1%，低于全国平均水平 5.5 个百分点，比西部平均水平高 6.8 个百分点，比大西南平均水平高出 5.1 个百分点。截至 2019 年末，四川省制造业发展虽然增速放缓，但是发展路径是明晰的，发展质量是上升的，推进制造业高质量发展是四川省 2019 年经济工作的重点任务。2019 年四川工业结构评分为 42，低于西部和大西南平均水平，说明四川省在西部和大西南工业化进程中起到较强的支撑作用，处于工业化中期的前半阶段。对比 2015 年，四川省以工业结构衡量的工业化水平出现了倒退。

从城镇化率来看，2019 年城镇人口数量占全省人口的 53.8%，比全国平均水平低 6.8 个百分点，比西部平均水平高 0.5 个百分点，比大西南平均水平高出 3.6 个百分点，相比 2015 年增加 6.1 个百分点。该指标的工业化评分为 46，和 2015 年相比有明显进步，基于该指标的工业化进程从工业化初期后半阶段进步为工业化中期前半阶段。

从产业就业比来看，2019 年省内第一、二、三产业就业比为 35.9∶27.2∶36.9。第一产业就业比例比全国平均水平高出 9.8 个百分点，分别低于西部、大西南平均水平 6.7 个和 6.0 个百分点；第二产业就业占比与全国平均水平基本持平，比西部平均水平高 8.5 个百分点，比大西南平均水平高出 6.8 个百分点；第三产业就业占比与全国平均水平相差 9.4 个百分点，与西部和大西南平均水平基本保持同步。这一指标工业化评分为 53，和 2015 年相比有明显进

步，基于该指标的工业化进程从工业化中期前半阶段发展为工业化中期后半阶段。

总体来看，2019年四川省工业化水平综合指数为71，处于工业化后期前半阶段，与2015年相比有所进步。图1反映的是四川省工业化综合指标得分、各项指标得分与全国平均水平的比较。

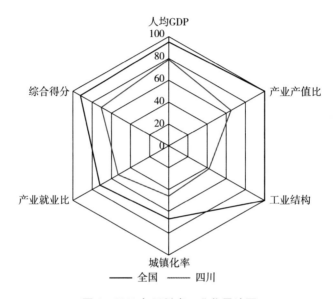

图1 2019年四川省工业化雷达图

三 四川工业化进程特征

从以上内容来看，截至2019年，四川省工业化进程的基本特征如下。

1. 工业化进程仍处后期，与西部和大西南地区平均水平基本持平

2019年四川省工业化水平综合指数为71，与全国平均水平的差距继续拉大，落后全国平均水平21，与东部地区的差距拉大，落后东部平均水平26。四川省工业化水平综合指数高于西部和大西南平均水平（见表3）。随着"一带一路"建设的推进、西部大开发的实施和产业转型的发展，西部和大西南地区的发展紧紧相连，四川省作为西南地区的极具代表性的省份，其发展与西部和大西南步调基本一致，略微领先。

表3　2019年四川省各工业化指标得分与各地区平均水平的比较

地区	人均GDP	产业产值比	工业结构	城镇化率	产业就业比	综合得分	工业化阶段
全国	95	100	100	67	72	92	四（Ⅱ）
东部	100	100	100	85	82	97	四（Ⅱ）
西部	79	63	55	47	38	63	三（Ⅱ）
大西南	76	61	69	43	38	64	三（Ⅱ）
四川	79	65	42	46	53	71	四（Ⅰ）

资料来源：参见附录二。

2. 工业化进程排名下降，与全国的绝对差距进一步拉大

2019年，四川省工业化水平综合指数与全国平均水平相差21，比"十二五"末的2015年扩大了1，在全国排名第16，比"十二五"末的2015年上升4个位次（见表4）。1996～2000年，四川省工业化水平综合指数和全国平均水平的差距从8扩大为12；2001～2005年，差距进一步扩大到25；"十一五"过后，差距变为16；但截至2019年，差距扩大为21。虽然四川省的工业化水平与全国平均水平的差距逐渐增大，但依然略高于西部和大西南。2019年西部、大西南仍处于工业化中期后半阶段，四川省进入工业化后期。

表4　四川省工业化指数排名变化情况（2010～2019年）

地区	2010年			2015年			2019年		
	指数	阶段	排名	指数	阶段	排名	指数	阶段	排名
全国	69	四（Ⅰ）	—	84	四（Ⅱ）	—	92	四（Ⅱ）	—
西部	52	二（Ⅱ）	4	63	二（Ⅱ）	4	63	三（Ⅱ）	4
大西南	53	三（Ⅱ）	7	59	三（Ⅱ）	8	64	三（Ⅱ）	9
四川	53	三（Ⅱ）	22	64	三（Ⅱ）	20	71	四（Ⅰ）	16

资料来源：参见附录二。

3. 工业化进程减速

从四川省历年的发展状况来看，四川省工业化速度从"十一五"开始下降，2019年年均增速降为1.8。从表5中可以看到，2006～2010年工业化水平综合指数的年均增速为6.0，2011～2015年降为2.2，2016～2019年年均增速

为 1.8，在全国的排名由"十一五"时期第 10 位，上升至"十二五"时期的第 7 位。"十三五"期间，排名降为第 9 位。

相比全国、西部和大西南的平均水平，2006～2010 年，四川省工业化年均增速高于全国和西部的平均水平，与大西南的平均水平基本持平；2011～2015 年，四川省工业化年均增速低于全国平均水平，但高于西部和大西南平均水平；2015～2019 年，四川省工业化年均增速低于全国，高于西部平均水平和大西南平均水平。

表 5　四川省与全国、地区的工业化速度比较（2005～2019 年）

地区	工业化进程（100 分制）				年均增速					
	2005 年	2010 年	2015 年	2019 年	2006～2010 年	排名	2011～2015 年	排名	2016～2019 年	排名
全国	49	69	84	92	4.0	—	3.0	—	2.0	—
西部	23	52	59	65	5.8	2	1.4	3	1.5	1
大西南	22	53	59	64	6.2	2	1.2	5	1.3	2
四川	23	53	64	71	6.0	10	2.2	7	1.8	9

资料来源：参见附录三。

4.城镇化率的贡献显著增加，工业结构贡献度转负为零

2011～2015 年，四川省所有指标除工业结构以外都是正的。其中，人均 GDP 以 75.27% 的贡献率成为"十二五"期间四川省工业化的主要动力，其次是产业产值比，贡献率为 16.00%。工业结构对工业化产生负面效应。

2016～2019 年，四川省各项指标对工业化水平综合指数增长的贡献度发生了变化。首先，工业结构在"十二五"期间对工业化产生负效应，而在 2016～2019 年，工业结构的贡献度变为 0，这可能与四川省经济结构的调整有关。其次，2016～2019 年人均 GDP 的贡献度为 46.29%，相比 2011～2015 年有所减少。再次，产业产值比、城镇化率和产业就业比的贡献率分别为 18.86%、29.14% 和 6.86%，较上期均有所增加，其中产业就业比的变化是各指标中最小的。最后，工业化指数累计增加值为 7，小于"十二五"期间的工业化指数累计增加值。总的来说，2016～2019 年，人均 GDP 仍是四川工业化的主要推动力（见表 6）。

表6　各指标对地区工业综合指数增长的贡献度（2001～2019年）

年份	人均GDP（%）	产业产值比（%）	工业结构（%）	城镇化率（%）	产业就业比（%）	工业化指数累计增加值
2001～2005	36.00	12.38	34.38	3.75	10.00	16
2006～2010	33.60	13.20	44.73	4.80	4.53	30
2011～2015	75.27	16.00	-8.00	13.09	6.55	11
2016～2019	46.29	18.86	0.00	29.14	6.86	7

资料来源：作者整理。

四　四川省工业化进程中存在的问题

"十三五"时期是四川省实现全面建成小康社会、确保全面深化改革取得可靠成果以及实现经济发展方式转型的重要阶段和关键时期。目前，四川省工业化进程已取得显著成效，但仍处于工业化中期阶段，工业发展不足和发展不充分与工业转型升级和向中高端迈进同时并存，还需要继续努力。基于对四川省工业化进程现状的分析，发现其存在的经济发展结构性失衡、基于工业结构的工业化水平表现欠佳、区域发展不均衡、开放程度不够高等问题制约着工业化进程发展。

1. 三次产业结构有待进一步平衡

2019年四川省以人均GDP衡量的工业化水平为工业化后期的前半阶段，高于以三次产业结构衡量的中国工业化水平（工业化中期的后半阶段），表明四川省经济增长领先于产业结构的变化。但从全国来看，结果却大大相反，以三次产业结构衡量的中国工业化水平处于后工业化阶段，高于以人均GDP衡量的工业化水平（工业化后期后半阶段），表明中国产业结构的变化领先于经济增长。这点反映出"十三五"期间四川省经济发展的结构性失衡问题，亟须促进产业结构的转型与发展。

2. 基于工业结构的工业化水平表现欠佳

从上文可知，2019年四川省基于工业结构的工业化评分为42，同期，基于该指标的全国平均水平为100，西部平均水平为55，大西南平均水平为69。

可见，四川的工业结构水平低于西部和大西南平均水平，同时与全国平均水平仍有很大差距。同时，截至 2019 年末，四川省制造业发展增速放缓，以工业化结构衡量的工业化水平出现倒退，由 2015 年的工业化后期的后半阶段掉入 2019 年的工业化中期前半阶段。综合来看，四川省基于工业结构的工业化水平表现明显欠佳，这与中国目前特有的发展阶段有关，也体现了四川工业转型的迫切性，亟须进一步改善。

3. 区域经济发展不均衡问题依然突出

经调查，2019 年四川省共实现 GDP 466186 亿元，与上年相比，增加了 5937 亿元，其中成都市贡献了 1670 亿元，占总增量的 28%。成都市 2019 年实现 GDP 17013 亿元，在省内排名第一，占全省 GDP 的 36.5%。成都市人均 GDP 达到 104180 元，首次突破 10 万元，与中东部地区城市的差距正在慢慢减小。

作为第二城市的绵阳市，其经济总量与成都差距巨大。2019 年绵阳市实现的 GDP 为 2856 亿元，约为成都市 GDP 的 1/6，仅占全省 GDP 的 6.1%。宜宾在 2019 年实现 GDP 2602 亿元，约为成都市 GDP 的 15.3%，仅占全省 GDP 的 5.6%。省内 GDP 超过 2000 亿元的城市已经达到 7 座，是一种很大的进步。但与此同时，区域经济发展不均衡问题依然突出。另外，攀枝花和资阳两座地级市的 GDP 出现了负增长，其中资阳的 GDP 由 1066 亿元跌落至 777 亿元，差距接近 300 亿元。

综合来讲，尽管除成都以外的大部分市州在"十三五"期间迅速崛起，但是与成都的差距依然很大，省内区域发展不均衡的情况始终存在。

4. 地区开放程度有待提升

由于地处西南，并且受政策及文化等因素的影响，四川省对外开放的时间比较晚，对外开放广度和深度小，投资渠道窄，仅限少数几个重点区域，与国外经济合作的机会不多。虽然在近几年内，由于"一带一路"项目带来的机遇，四川省的开放程度显著扩大，工业化进程脚步加快，但仍然需要加大开放力度①。

---

① 杨淞任、李辉：《"一带一路"背景下四川省开放型经济发展的问题与对策》，《商业经济》2020 年第 1 期。

五　推动四川省经济社会进一步发展的建议

四川省在过去的时间里在经济社会领域取得了显著的成就，工业化进程逐步推进，人民生活水平进一步提高，居民幸福感在全国名列前茅。但与此同时，省内发展中暴露出的问题也需要更快地解决。"十四五"期间必须深刻把握新一轮产业变革的大趋势，加强顶层设计，加大工业投资力度，抢抓发展机遇，深入推进区域协调发展，有效应对各种压力和挑战，全面提升工业经济核心竞争力和发展质效，为建成工业强省和先进制造强省打下坚实基础。针对上面提出的问题，该时期需要在加快促进产业体系转型，平衡经济发展结构；全力建设内陆开放战略高地，加大全省开放力度等方面继续努力。

1. 加快促进产业体系转型，平衡经济发展结构

促进服务业高质量发展。出台促进服务业高质量发展的实施意见，落实现代服务业产业培育方案。同时，协助成都使其打造成为国家发展服务业的核心城市，合理规划现代服务业集聚区建设，推进成都及其周边城市建设国家物流枢纽；推动旅游业继续发展，让三线城市的文化旅游资源得到开发和利用。除此以外，进一步落实促进服务业发展的指导意见，帮扶餐饮、运输等在疫情中受损严重的行业[①]。

壮大五大支柱产业发展。在合理规划下实施工业强基工程，发挥工业"挑大梁"的作用，打造集成电路、新能源汽车、轨道交通、新型材料等产业集群。另外还要促进传统产业转型升级，大力发展新兴产业，加快推进新兴产业园区建设；鼓励发展特色产业，打造优势产业集聚区；推动制造业高质量发展，开展高新技术企业培育行动，发展壮大领头羊企业[②]。

加快数字经济发展。实施数字经济发展计划，贯彻落实网络强省行动计划，推动5G网络建设和5G产业发展及其示范应用；推动区块链、工业互联网等新兴产业和信息技术产业发展；将实体经济与互联网、人工智能、大数据

[①]　四川省发展和改革委员会：《关于四川省2019年国民经济和社会发展计划执行情况及2020年计划草案的报告》，《四川日报》2020年5月22日。

[②]　四川省发展和改革委员会：《关于四川省2019年国民经济和社会发展计划执行情况及2020年计划草案的报告》，《四川日报》2020年5月22日。

融合在一起，用科技推动经济发展①。

2. 促进全省工业转型，提升工业化水平

调整实施资源战略。这一战略包括调整能源生产结构和科学规划土地与矿物资源。工业转型的重要一点就是推动能源生产结构变革，构建符合当前条件的现代能源产业体系。这样，一方面可以在保证能源安全供应的前提下，高效利用清洁能源，另一方面可以加快新能源开发，逐步达成清洁能源替代化石能源的结果。四川省能源资源丰富，以水能、煤炭和天然气为主，水能资源约占75%，煤炭资源占23.5%，天然气及石油资源占1.5%。但是四川省人均拥有能源资源远低于全国和世界水平。随着经济社会的快速发展和工业化进程的不断推进，四川省表现出来的能源供需紧张的问题越来越突出，调整能源生产结构势在必行②。

调整三次产业结构。重点优化制造业的组成结构，提高制造业的集约化程度，同时，还要在大、中、小型制造业企业之间形成有效的竞争。然后在建立发达制造业的基础上，逐步提高服务业的比重，增加现代服务业在整个服务业中的比例。要做到一、二、三次产业之间的分工合理、关系明确③。

发展新兴产业。重点关注新兴技术产业，包括新能源、节能产业等方面。当下，全世界都在寻找可以接替传统产业成为未来的主导和支柱的新兴产业。如果四川省可以通过工业转型升级，成功发展起新一代产业，那么四川省将向世界最先进的工业基地迈进，成为中国工业化历程中一个具有重要意义的里程碑④。

3. 推进区域协调发展，推动成渝双城经济圈建设

深入推进区域协同发展。在这个过程中，四川省可以将成渝地区双城经济圈的建设计划与"一干多支"的发展战略相融合。同时，积极建成一体化成都平原经济区整体，实现内圈同城化、铁路公交化，建立"一小时通勤圈"，

---

① 四川省发展和改革委员会：《关于四川省2019年国民经济和社会发展计划执行情况及2020年计划草案的报告》，《四川日报》2020年5月22日。

② 《四川省中长期能源发展战略研究报告（2011~2030）》。

③ 金碚：《中国工业的转型升级》，《中国工业经济》2011年第7期。

④ 金碚：《中国工业的转型升级》，《中国工业经济》2011年第7期。

将资源要素集聚起来，借以带动区域发展。

贯彻落实成渝战略部署。推进重大战略实施，重点关注"两中心两地"的核心定位和7项重大任务。同时，加强和国家相关部门的对接，推进国土空间规划、轨道交通专项规划、科技创新中心、综合交通、生态环境保护、金融中心、水安全保障等规划编制，推进川渝综合开发示范区规划，形成"1 + n"规划政策体系①。

4. 加大全省开放力度，建设开放发展战略高地

发展开放经济体系。四川省要整合全省经济发展与"一带一路"建设，制定相关市场发展规划；新时期，政府部门可以出台促进对外开放的政策，促进外资外贸平稳发展，争取进出口总额增长超过全国平均水平；推动发展跨境电商等新业态，打造国家进口贸易创新示范区；充分发挥四川—香港、四川—澳门合作会议的作用，深化与广东、香港、澳门地区以及北部湾经济区的对接与合作，促进四川进一步发展②。

推进开放通道建设。在现有条件下，积极推进互联互通城际铁路建设，努力打通进川、出川通道。进一步发展水运，开辟货运出海新通道。同时推进成都天府国际机场和成都双流机场一体运营筹备，进一步提高四川省的开放程度③。

构建先进开放平台。在这方面，四川省需要开展对开发区考核评价，促进国家级与省级开发区联动发展；促进国际合作园区和自由贸易合作中心持续健康发展；推进共建"一带一路"国家馆群等平台的发展。另外还要重视投资活动，吸引外商投资重大项目。在这一过程中，我们可以灵活运用网上谈判、在线签约等线上合作方式，提高工作效率④。

① 四川省发展和改革委员会：《关于四川省 2019 年国民经济和社会发展计划执行情况及 2020 年计划草案的报告》，《四川日报》2020 年 5 月 22 日。
② 四川省发展和改革委员会：《关于四川省 2019 年国民经济和社会发展计划执行情况及 2020 年计划草案的报告》，《四川日报》2020 年 5 月 22 日。
③ 四川省发展和改革委员会：《关于四川省 2019 年国民经济和社会发展计划执行情况及 2020 年计划草案的报告》，《四川日报》2020 年 5 月 22 日。
④ 四川省发展和改革委员会：《关于四川省 2019 年国民经济和社会发展计划执行情况及 2020 年计划草案的报告》，《四川日报》2020 年 5 月 22 日。

参考文献

《2018 年四川统计年鉴》，2019。

《2019 年四川省国民经济和社会发展统计公报》，2020。

《2020 年成都市政府工作报告出炉》，《产城》2020 年第 5 期。

金碚：《中国工业的转型升级》，《中国工业经济》2011 年第 7 期。

四川省发展和改革委员会：《关于四川省 2019 年国民经济和社会发展计划执行情况及 2020 年计划草案的报告》，《四川日报》2020 年 5 月 22 日。

《四川省中长期能源发展战略（2011~2030）研究报告》。

杨淞任、李辉：《"一带一路"背景下四川省开放型经济发展的问题与对策》，《商业经济》2020 年第 1 期。

贵州省

　　贵州简称"黔"或"贵",位于长江经济带上游,是我国西南地区的重要交通枢纽。2019 年末,贵州常住人口 3622.95 万人,占全国总人口的2.59%①。"十三五"期间,尽管贵州工业化进程年均增速赶超全国平均水平,但由于发展基础薄弱,其工业化进程依旧停留在工业化中期的前半阶段,工业化综合指数排名靠后,高质量发展还任重道远。从问题来看,城镇化水平偏低、现代化经济体系建设滞后、就业结构和产值结构"倒挂"严重是制约贵州工业化进程的突出因素。展望"十四五",应当着力推动资源要素向实体经济集聚、政策措施向实体经济发力,着力提升贵州城镇化水平和综合承载力,着力提升产业基础能力和产业链现代化水平,统筹好乡村振兴和城镇发展,加快形成推动高质量发展的区域增长极。

一　"十三五"贵州经济社会发展基本情况

　　"十三五"期间,贵州经济增速持续领先,综合实力不断提升,全社会固定资产投资、一般公共预算收入、社会消费品零售总额、市场主体注册资本额、金融机构贷款余额和投资总量也均实现较快稳步增长。2019 年,贵州省GDP 已达 16769 亿元,较 2018 年增长 8.3%,增长速度连续九年处于全国前列,GDP 占全国 GDP 的比重也由 2015 年的 1.55% 提高到 2019 年的 1.69%,比 2010 年提高了 0.56 个百分点,赶超进位实现新突破。

　　1. 重大工程建设加速推进,基础设施支撑能力不断提升

　　"十三五"期间,贵州实施了一批重大工程建设,交通枢纽地位更加巩固,在区域发展中的战略地位极大提升。2019 年,贵州入选交通强国建设首

---

　　①　如无特别说明,本报告数据根据贵州省历年统计年鉴、政府工作报告和统计公报整理计算。

批试点，"成贵高铁"建成通车，高铁运营里程已达1432公里，高速公路通车里程突破7000公里，高等级航道建成里程突破1000公里，全省民航旅客吞吐量突破3000万人次，启动实施3万公里县乡公路路面改善提升工程，建成城市地下管网3750公里，全面建成7.87万公里农村"组组通"硬化路。世界最大单口径射电望远镜"中国天眼"顺利通过国家验收，正式开放运行。2019年，贵州省通信光缆达到114万公里，5G正式启动商用。开工建设凤山大型水库，发电装机容量突破6500万千瓦，提前一年完成国家新一轮农村电网改造升级。

2. 营商环境持续优化，经济社会发展活力和竞争力进一步增强

"十三五"期间，贵州不断深化改革、扩大开放，大力破除体制机制障碍，持续优化营商环境、激发市场活力，大力推进产业招商，开通服务民营企业直通车，成功举办了中国—东盟教育交流周、国际山地旅游暨户外运动大会、首届贵阳工业产品博览会、生态文明贵阳国际论坛等重大活动。2019年，贵州电子政务网络实现省、市、县、乡、村五级全覆盖，"一网通办"省级政务服务事项网上可办率达到100%，建筑许可审批事项省级层面压减至84项，企业开办时间平均压缩至2.2天，不动产一般登记、抵押登记实现5个工作日内办结，营商环境持续优化。2016年贵州成为首个国家级大数据综合试验区，是我国第一个全省覆盖推进大数据与实体经济深度融合的省份。随着国家大数据综合试验区建设加快，大数据引领高质量发展成果加快显现。"十三五"期间，贵州以大数据引领传统产业转型升级，利用大数据、人工智能等新一代信息技术，对传统产业进行全方位、多角度、全链条的升级改造，数字经济增速稳居全国第一，探索建立了全国首个面向大数据与实体经济深度融合指标评估体系，大数据也成为世界认识贵州的新途径，"中国数谷"已是贵阳最耀眼的名片之一。

3. 民生和社会事业扎实推进，生态文明先行示范区建设取得较大成效

"十三五"期间，贵州坚持以脱贫攻坚统揽经济社会发展全局，贫困发生率由2015年的14.3%下降到2019年的0.85%。截至2019年末，贵州基本完成行政村卫生室建设和合格村医配备，基本完成农村危房改造、老旧住房透风漏雨和人畜混居整治任务，基本解决农村人口饮水安全问题，农民合作社已达6.81万户。"十三五"期间，贵州坚持山青、天蓝、

水清、地洁四条生态底线，深入践行绿色发展理念，有序推进山水林田湖草系统治理，深入推进污染防治攻坚战，在全国率先实施磷化工企业"以渣定产"，全域取缔网箱养鱼，切实加强农村人居环境整治，主要生态系统步入良性循环。从数据看，2019年贵州淘汰工业炉窑33台，关停取缔"散乱污"企业206家，整合搬迁69家，升级改造78家，县城以上城市空气质量优良天数比例为98.3%，全省森林覆盖率为58.5%，地表水水质状况总体优良。

二　贵州工业化水平评价

表1和表2分别给出了1995～2019年贵州与全国及相关地区各项工业化水平指标的原始数据及其对比情况。

表1　贵州省工业化指标原始数据（1995～2019年）

单位：美元，%

年份	地区	人均GDP	产业产值比			制造业增加值占比	城镇化率	产业就业比		
			一	二	三			一	二	三
1995	全国	1857.8	20.5	48.8	30.7	30.7	29	52.2	23	24.8
	西部	1203.2	27.7	40.6	31.6	26.6	17.0	64.0	15.1	20.9
	大西南	1085.0	27.3	41.8	30.9	28.9	13.8	65.3	14.8	19.9
	贵州	698.9	36.0	37.2	26.8	25.1	13.5	73.7	10.0	16.3
2000	全国	2681.4	15.9	50.9	33.2	33.7	36.2	50.0	22.5	27.5
	西部	1823.9	22.3	41.5	36.2	24.2	28.7	61.7	12.9	25.4
	大西南	1649.1	21.7	42.3	36.0	26.6	27.4	62.6	13.0	24.4
	贵州	1008.5	27.3	39.0	33.7	26.8	23.9	67.3	9.3	23.4
2005	全国	4144.1	12.6	47.5	39.9	52.0	43.0	44.8	23.8	31.4
	西部	2834.5	17.7	42.8	39.5	30.9	34.6	54.8	15	30.2
	大西南	2443.5	17.5	43.1	39.5	34.6	33.5	54.7	15.8	29.5
	贵州	1457.1	18.6	41.8	39.6	32.5	26.9	57.4	10.3	32.3
2010	全国	6902.1	10.1	46.8	43.1	60.4	49.9	36.7	28.7	34.6
	西部	5260.9	13.1	50.0	36.9	52.3	41.3	47.7	19.7	32.6
	大西南	4301.0	14.1	48.3	37.5	59.7	39.5	47.9	19.8	32.3
	贵州	2939.1	13.6	39.1	47.3	47.2	33.8	49.6	11.9	38.5

457

年份	地区	人均 GDP	产业产值比			制造业增加值占比	城镇化率	产业就业比		
			一	二	三			一	二	三
2015	全国	9835.6	8.9	40.9	50.2	57.6	56.1	28.3	29.3	42.4
	西部	7944.7	12.0	44.6	43.4	47.7	48.7	45.7	20.9	33.4
	大西南	7042.8	12.8	43.3	44.0	51.7	47.3	46.5	20.8	32.7
	长江经济带	10425.5	8.3	44.3	47.4	64.7	55.5	32.9	29.6	37.5
	贵州	5868.0	15.6	39.5	44.9	36.3	42.0	59.7	16.2	24.1
2019	全国	11759.0	7.1	39.0	53.9	61.6	60.6	26.1	27.6	46.3
	西部	8832.7	11.0	37.9	51.1	49.3	54.1	42.6	19.5	36.4
	大西南	8360.5	11.4	36.5	52.1	51.0	52.9	42.5	21.1	36.4
	长江经济带	12243.4	6.7	40.0	53.3	54.8	60.6	30.0	29.4	40.7
	贵州	7502.5	13.6	36.1	50.3	39.5	49.0	53.8	18.4	27.8

资料来源：参见附录一。本表及后续相关表格中人均 GDP 以 2010 年不变价美元衡量，系汇率法和购买平价法的平均值。鉴于长江经济带是 2014 年才被确立为重大国家战略、《长江经济带发展规划纲要》2016 年 9 月才正式印发，本表及后续相关表格只测算其 2015 年和 2019 年的相应数据。

表2 贵州省工业化进程：分项及综合得分（1995～2019 年）

年份	地区	人均 GDP	产业产值比	工业结构	城镇化率	产业就业比	综合得分	工业化阶段
1995	全国	4	32	18	0	17	14	二（Ⅰ）
	西部	0	13	11	0	0	5	二（Ⅰ）
	大西南	0	14	15	0	0	6	二（Ⅰ）
	贵州	0	0	8	0	0	2	二（Ⅰ）
2000	全国	20	47	23	10	22	26	二（Ⅱ）
	西部	3	27	7	0	0	9	二（Ⅰ）
	大西南	0	29	11	0	0	9	二（Ⅰ）
	贵州	0	14	11	0	0	6	二（Ⅰ）
2005	全国	41	57	73	21	33	49	三（Ⅰ）
	西部	24	41	18	8	11	23	二（Ⅱ）
	大西南	16	41	24	6	12	22	二（Ⅱ）
	贵州	0	38	21	0	6	13	二（Ⅰ）

年份	地区	人均GDP	产业产值比	工业结构	城镇化率	产业就业比	综合得分	工业化阶段
2010	全国	68	66	100	33	51	69	四（Ⅰ）
	西部	52	56	76	19	27	52	三（Ⅱ）
	大西南	43	52	98	16	27	53	三（Ⅱ）
	贵州	26	54	57	6	23	36	三（Ⅰ）
2015	全国	84	100	91	53	69	84	四（Ⅱ）
	西部	74	59	58	31	31	58	三（Ⅱ）
	大西南	68	57	72	29	30	59	三（Ⅱ）
	长江经济带	88	100	100	51	60	87	四（Ⅱ）
	贵州	59	47	27	20	1	40	三（Ⅰ）
2019	全国	95	100	100	67	72	92	四（Ⅱ）
	西部	79	63	55	47	38	63	三（Ⅱ）
	大西南	76	61	69	43	38	64	三（Ⅱ）
	长江经济带	98	100	74	67	66	89	四（Ⅱ）
	贵州	71	54	32	31	14	49	三（Ⅰ）

资料来源：参见附录二。

从人均 GDP 指标看，1995 年、2000 年、2005 年、2010 年、2015 年、2019 年贵州的人均 GDP 绝对额低于全国、西部和大西南地区的平均水平。从增长速度看，贵州人均 GDP 在"十一五"期间已经开始提速，"十二五"期间贵州进入高速发展阶段，人均 GDP 年均增长达 17.8%，超过同期全国、西部和大西南地区。"十三五"期间发展速度有所放缓，人均 GDP 年均增长8.42%，但仍超过全国、西部、大西南和长江经济带平均水平。贵州经济的持续快速增长使其人均 GDP 指标评分从 2015 年的 59 提升到 2019 年的 71，该指标的工业化阶段由"十二五"期间工业化中期后半阶段进入"十三五"期间工业化后期前半阶段。

2019 年，贵州三次产业的产值结构为 13.6∶36.1∶50.3，第一产业产值比重高于全国、西部、大西南地区和长江经济带的平均水平，第二产业和第三产业的产值比重则均低于全国、西部、大西南和长江经济带的平均水平。与2015 年相比，贵州第一产业、第二产业增加值的占比在"十三五"期间分别下降了 2 个百分点、3.4 个百分点，第三产业增加值的占比上升了 5.4 个百分

点，这使得贵州产业产值比指标评分由 2015 年的 47 上升到 2019 年的 54，该指标的工业化阶段也由"十二五"期间的工业化中期前半阶段进入工业化中期后半阶段。

工业结构方面，"十三五"期间，贵州积极推动大数据与实体经济的深度融合，制造业发展势头良好，制造业增加值的比重也由 2015 年的 36.3% 增加到 2019 年的 39.5%。进而，2019 年工业结构指标评分从 2015 年的 27 增加到 32，但该指标的工业化进程仍停留在工业化初期后半阶段。尽管贵州在区域发展中的战略地位不断提升，与西部、大西南地区、长江经济带的差距逐渐缩小，但与全国平均水平的相比仍有较大差距。①

从城镇化率指标看，"十三五"期间，贵州城镇常住人口稳步增长，城镇化速度加快，2019 年其城镇化率已达 49.0%，比"十二五"末增加了 7 个百分点，与全国、西部和大西南地区的差距进一步缩小。由此，2019 年贵州人口城镇化率指标评分从 2015 年的 20 上升到 31，但依旧停留在工业化初期的后半阶段，存在较大的上升空间。

就业结构方面，2019 年贵州三次产业的就业比为 53.8：18.4：27.8，第一产业的就业比重远高于全国、西部、大西南地区和长江经济带的平均水平，比全国平均水平高 27.7 个百分点，第三产业的就业比重则比全国平均水平低 18.5 个百分点，且大大落后于西部、大西南地区和长江经济带的平均水平。"十三五"期间，贵州就业结构逐渐从第一产业向第二产业、第三产业转移，2019 年第一产业就业比重较 2015 年下降 5.9 个百分点，第二产业、第三产业就业比重则分别上升 2.2 个、3.7 个百分点，就业结构逐步优化。因此，2019 年该指标的工业化评分从 2015 年的 1 上升到 14，从前工业化阶段跨越到工业化初期前半阶段。

综上可知，2016～2019 年贵州工业化指数的构成指标均有增长趋势，但由于工业基础薄弱，其工业化进程依然停留在工业化中期的前半阶段。图 1 对贵州与全国工业化主要指标评价值及综合指数进行了对比，可知贵州工业化的各个指标皆低于全国平均水平。

---

① 本文将工业化分为前工业化、工业化初期、工业化中期、工业化后期和后工业化等五个工业化时期，其中，工业化初期、工业化中期、工业化后期又都分为前半阶段和后半阶段。

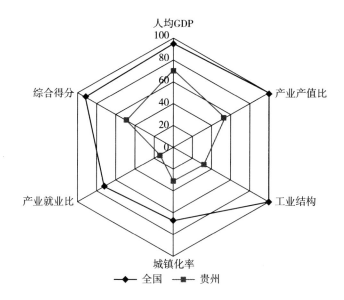

图1　2019 年贵州工业化雷达图

三　贵州工业化进程的特征

综合贵州工业化进程的评价结果和贵州经济社会发展状况，可对 1995～2019 年贵州工业化进程的特征做如下归纳。

1. 贵州总体上停留在工业化中期前半阶段，其工业化进程依然处于全国下游水平

1995～2015 年全国工业化进程差不多是每隔五年跃升一个工业化阶段，2015 年进入工业化后期后半阶段。随着国内外经济形势发生变化，"十三五"期间全国工业化进程有所放缓，2019 年末仍停留在工业化后期后半阶段（见表3）。相形之下，贵州工业化进程的跃升要缓慢得多，"十二五""十三五"期间其工业化进程总体上停留在工业化中期前半阶段。从工业化进程综合指数来看，贵州工业化指数评分呈上升趋势，但仍一直落后于全国、西部、大西南地区的平均水平。不过，"十三五"期间贵州与西部、大西南地区的差距正进

一步缩小，贵州与大西南的工业化综合指数差距从 2015 年的 19 缩小到 2019 年的 15。从全国排名来看，2000 年、2005 年、2010 年、2015 年、2019 年贵州工业化指数分别排在全国第 29 位、30 位、28 位、31 位、30 位，可见贵州工业化进程依然处于全国下游水平。

表 3　贵州省工业化指数排名变化情况

项目	指数	阶段	排名	指数	阶段	排名	指数	阶段	排名
地区	1995 年			2000 年			2005 年		
全国	14	二（Ⅰ）	—	26	二（Ⅱ）	—	49	三（Ⅰ）	—
西部	5	二（Ⅰ）	4	9	二（Ⅰ）	4	23	二（Ⅱ）	4
大西南	6	二（Ⅰ）	6	9	二（Ⅰ）	7	22	二（Ⅱ）	8
贵州	2	二（Ⅰ）	25	6	二（Ⅰ）	29	13	二（Ⅰ）	30
地区	2010 年			2015 年			2019 年		
全国	69	四（Ⅰ）	—	84	四（Ⅱ）	—	92	四（Ⅱ）	—
西部	52	三（Ⅱ）	4	59	三（Ⅱ）	4	65	三（Ⅱ）	4
大西南	53	三（Ⅱ）	7	59	三（Ⅱ）	8	64	三（Ⅱ）	9
贵州	36	三（Ⅰ）	28	40	三（Ⅰ）	31	49	三（Ⅰ）	30

资料来源：参见附录二。

2. "十三五"期间贵州工业化进程加快，工业化加速度超过全国平均水平

"十三五"期间，中国经济转向高质量发展新阶段，全国工业化增速有所放缓，2016～2019 年全国工业化的平均增速为 2，西部、大西南工业化平均增速分别为 1.5、1.3，均低于全国平均水平。贵州依托大数据优势，奋起直追，平均增速达到 2.3，反超全国平均水平，全国排名也从"十二五"时期的第 24 跃升至第 4。从加速度来看，"十二五"和"十三五"期间，全国工业化速度有不同程度的回落，加速度为负值。尽管"十二五"时期贵州工业化进程出现迟滞，但在"十三五"期间迅速提高，加速度由"十二五"时期的 -3.8 提高到 1.5，相应地，加速度排名从"十二五"时期的第 14 上升到"十三五"时期的第 4（见表 4）。

表4　贵州与全国、西部和大西南工业化加速度的对比（2001～2019年）

地区	2001～2005年平均增速	排名	"十五"加速度	排序	2006～2010年平均增速	排名	"十一五"加速度	排序
全国	4.6	—	2.2	—	4.0	—	-0.6	—
西部	2.8	3	2.0	1	5.8	2	3.0	3
大西南	2.6	7	2.0	2	6.2	2	3.6	1
贵州	1.4	26	0.6	21	4.6	18	3.2	10

地区	2011～2015年平均增速	排名	"十二五"加速度	排序	2016～2019年平均增速	排名	"十三五"加速度	排序
全国	3.0	—	-1.0	—	2.0	—	-1.0	—
西部	1.4	3	-4.4	3	1.5	1	0.1	1
大西南	1.2	5	-5.0	8	1.3	4	0.1	2
贵州	0.8	24	-3.8	14	2.3	4	1.5	4

资料来源：参见附录三。

3. 人均GDP指标对贵州工业化进程的贡献最大，其他指标的贡献较为均衡

如表5所示，1996～2019年人均GDP指标对贵州工业化进程的贡献达54.38%，是所有指标中贡献最大的，其次是产业产值比和工业结构指标，贡献度分别为25.28%和11.23%。分时期考察，1996～2000年、2001～2005年产业产值比对贵州工业化进程的贡献最大，其次是工业结构，说明1996～2005年贵州工业化主要是依靠第二、三产业产值比重的提高和工业结构的调整推动。2006～2010年人均GDP的贡献凸显，成为推动贵州工业化新的主导力量，产业产值比的贡献度明显下降，城镇化率对工业化的贡献实现零的突破。2011～2015年，产业产值比、工业结构和产业就业比指标对贵州工业化进程的贡献均为负，尤其是工业结构指标贡献度为-165%。这与"十二五"时期贵州制造业增加值的比重比"十一五"期间下降了10多个百分点、第一产业的产值比重和就业比重都在上升、产业结构严重劣化密切相关。"十三五"时期，人均GDP依旧是推动贵州工业化的主导力量，但贡献度从"十二五"期间的297%下降到48%，产业产值比、工业结构、城镇化率、产业就业比这四个指标对工业化进程的贡献较为均衡，分别为17.11%、12.22%、14.67%、11.56%。

表5　各指标对贵州工业化综合指数增长的贡献度（1996～2019 年）

年份	人均GDP（%）	产业产值比（%）	工业结构（%）	城镇化率（%）	产业就业比（%）	工业化指数累计增加值
1996～2000	0.00	77.00	16.50	0.00	0.00	4
2001～2005	0.00	75.43	31.43	0.00	6.86	7
2006～2010	40.70	15.30	34.43	3.13	5.91	23
2011～2015	297.00	-38.50	-165.00	42.00	-44.00	4
2016～2019	48.00	17.11	12.22	14.67	11.56	9
1996～2019	54.38	25.28	11.23	7.91	2.38	47

四　贵州工业化进程中存在的主要问题

"十三五"期间，贵州经济社会发展过程中存在经济下行压力较大、经济发展方式粗放、产业结构不合理、转型升级步伐缓慢、债务和金融风险加大、区域发展不平衡、公共产品和基本公共服务供给不足等突出问题。就评估指标来看，主要是城镇化水平偏低、工业结构不尽合理、就业结构和产值结构"倒挂"严重等因素影响其工业化进程。

1. 城镇化水平偏低，制约了区域经济发展和竞争力提升

著名城市经济学家爱德华·格莱泽在《城市的胜利》中盛赞"城市是人类最伟大的发明与最美好的希望，它们使人类社会变得更加富有、智慧、绿色、健康和幸福"。从人才集聚和经济效率的角度考察，格莱泽的论断无疑是比较精当的。这是因为城市有更大的灵活性和适应新趋势、新模式的能力，城市能让观察、倾听和学习变得更加方便，是创新的发动机。城镇化水平大幅提高，显然是中国现代化进程取得重大突破、经济发展步入新阶段的一个重要标志。尽管"十三五"期间贵州城镇化速度有所加快，常住人口城镇化率已达49%，比2015 年增加了 7 个百分点，但依然比全国平均水平低 11.6 个百分点，与西部和大西南地区也还存在一定差距。城镇化水平偏低既不利于各类生产要素的流动集聚，也难以发挥中心城市的辐射作用和集聚效应，进而制约区域经济发展和竞争力的提升。

2. 工业结构不尽合理，科技创新能力仍然比较薄弱

党的十九大提出建设现代化经济体系。总体来看，尽管贵州在互联网、大

数据、人工智能和实体经济深度融合方面取得了比较显著的成效，但其现代化经济体系建设还比较滞后，高技术产业和现代金融业发展水平低下，科技创新能力仍比较薄弱。分行业看，酒、饮料和精制茶制造业、采矿业、烟草制品业是贵州工业的大头，这三大行业规模以上企业增加值占到了贵州规模以上工业增加值的51.6%，而医药制造、电子及通信设备制造、计算机及办公设备制造、信息化学品制造以及航空、航天器及设备制造等高技术产业比重很低，譬如医药制造业增加值仅占贵州规模以上工业增加值的3.3%。科技创新能力方面，2018年贵州省规模以上工业企业专利申请数5976件，仅占全国规模以上工业企业专利申请数的0.62%；2018年贵州省技术市场成交额171亿元，仅占全国技术市场成交总额的0.97%①。

3. 就业结构和产值结构"倒挂"严重

2019年，贵州第一产业以高达53.8%的就业份额创造了13.6%的产值份额，就业份额比产值份额高出40多个百分点，"倒挂"非常严重。从第一产业就业份额看，贵州是农业大省，但产值份额却表明事实并非如此。虽然从时间轴看，贵州的就业结构和产值结构都在逐步优化，但与全国、西部、大西南地区和长江经济带的平均水平还有较大差距。特别是，三次产业就业结构和产值结构的严重"倒挂"，会在一定程度上影响贵州工业化的质量。"十四五"及未来时期，贵州需进一步壮大非农经济部门，推动农业劳动力向第二、三产业转移就业，尽可能地降低第一产业就业比重，提高就业结构和产值结构的适配性。

五 推动贵州经济社会发展的几点建议

"十四五"时期，贵州当着力推动资源要素向实体经济集聚、政策措施向实体经济发力，加强人力资源开发，优化人力资本配置，统筹推进乡村振兴和新型城镇化建设，着力提升产业基础能力和产业链现代化水平，系统推进农业、旅游、文化、康养等产业融合发展。

---

① 根据《贵州统计年鉴2019》数据测算。

1. 充分发挥中心城市和城市群带动作用，着力提升城镇化水平和综合承载力

坚持规划引领，统筹推进耕地保护与土地利用管理，完善新型城镇化格局，促进各类要素合理流动和加速集聚。支持贵阳做强实体经济，提升省会城市首位度，形成推动高质量发展的增长极。大力支持贵阳－贵安－安顺都市圈和遵义都市圈集聚要素资源，增强对贵州全省发展的支撑作用。大力发展六盘水、铜仁、凯里等城镇组群，形成带动力强的区域中心城市。依托各类经济技术开发区、高新技术产业开发区和工业园区，围绕主导产业延链、补链、强链，培育百亿级乃至千亿级特色产业集群，提升产业集聚区引领带动能力，增强发展后劲。结合资源优势和区位条件，因地制宜加快小城镇建设，发展一批各具特色的农产品精深加工小镇、文化旅游小镇、商贸物流小镇，借此培育创建一批城乡融合典型项目。

2. 大力提升产业基础能力和产业链现代化水平，强化各类产业园区的发展支撑作用

坚持高端化、绿色化、集约化，聚焦航空、航天、电子信息等产业，实施一批产业层次高、带动能力强的重大产业项目。超前谋划、大力推进新型基础设施建设。加快淘汰退出煤炭落后产能，加快完成煤矿智能化、机械化改造。加快各类经济技术开发区、高新技术产业开发区和工业园区转型升级、提质增效，强化各类产业园区的发展支撑作用。加大对产业园区生产性服务业发展的扶持，通过资金投入、税收减免等政策，着重强化生产性服务的发展，重点推动节能和环保服务、信息技术服务、研发与设计服务、知识产权及相关法律服务仓储物流服务等服务功能的不断完善。在基础设施水平较高的产业园区推进智慧化建设，不断提升产业数字化、网络化、智能化水平。建设好中国南方数据中心示范基地、数字丝路跨境数据自由港，推动实体经济企业与大数据深度融合。

3. 建立健全城乡融合发展体制机制和政策体系，系统推进城乡融合发展

结合中央文件精神和贵州实际，加快研究制定贵州城乡融合发展重点领域的政策体系，与乡村振兴战略相衔接，深入实施"十百千"乡村振兴示范工程，深入开展农村人居环境整治，建设美丽乡村。明确农村集体林权、农民房屋财产权、承包地经营权、宅基地使用权等各类资产权属，建立农村资产价值评估体系和交易平台。拆旧腾出的农村建设用地指标，优先保证农村新居建设、环境建设、基础设施和公共服务配套设施建设，注意加强对特色村寨、传

统村落的保护。用活节余挂钩指标，通过自行使用、与民间资本入股联营、出让指标等方式，用于发展农村特色产业，壮大农村集体经济。探索以出租、合作等方式盘活利用空闲农房及宅基地，改造建设民宿民俗、创意办公、休闲农业、乡村旅游等乡村体验活动场所。建立公益性和经营性农技推广融合发展机制，健全县市农技推广中心、乡镇农技推广区域站、村科技示范主体和科技示范户三级科技服务网络，鼓励社会力量参与农技推广服务，支持龙头企业、农民专业合作社、行业协会等开展农技推广服务，提高农民应用先进技术的组织化程度。

4. 大力发展金融、物流、文旅、康养等现代服务业，推进多业态融合发展

针对贵州第一产业就业比重很高的省情，因地制宜拓展农业产业功能和业态，树立"大农业"思维，适度发展生态农业，着力培育采摘种养、主题农园、精品民宿、乡村旅游等乡村新业态，推进乡村多业态融合发展，就地转移、吸纳农村劳动力就业。与此同时，加快重点物流枢纽建设，提升城乡物流双向配送能力，推动"农产品进城、工业品下乡"。进一步完善地方金融服务体系，增强金融服务实体经济和乡村振兴战略的能力。大力发展"全域旅游"、智慧旅游和民族风情游，完善乡村旅游设施，提升旅游服务功能，积极引进知名康养服务机构，推进文化旅游、医疗护理、康复疗养等业态深度融合发展。

5. 加强人力资源开发、加速人才集聚，为工业化进程奠定坚实的人才基础

加大产业工人队伍建设改革力度，研究建立人才需求目录和紧缺职业目录，定期更新发布，以产业需求推动人才供给侧改革，提高产业人才供求匹配精准度。深入实施终身职业技能培训制度，打造一批技能人才培训基地和公共就业实训基地。加强农村人力资源开发，加大农业科技、电子商务等乡村紧缺人才的培养和引进力度。支持社会化培训基地的投资建设与运营，创建一批返乡创业孵化实训基地，促进农村转移劳动力就近就地就业，加大对大中专毕业生、就业困难人员、贫困家庭劳动力、返乡创业农民工等重点群体的就业创业扶持力度。以人才需求目录为指引，用好人才博览会等人才交流合作平台，重点引进贵州经济社会发展急需的各类专业技术人才和技能人才，加速人才集聚。与此同时，进一步破除体制机制障碍，持续营造风清气正的用人环境，让人才创新创造的活力充分迸发。

参考文献

《2018 年贵州统计年鉴》，2019。

《2019 年贵州省国民经济和社会发展统计公报》，2020。

云南位于我国西南边陲，辖区面积 39.4 万平方公里，占全国土地面积的 4.1%。2019 年末，云南省常住人口 4858 万人，占全国总人口的 3.47%。① 云南是我国民族种类最多的省份，少数民族人口约占全省人口的 1/3，拥有灿若星河、瑰丽多姿的民族文化。从发展水平看，"十三五"时期云南仍处于工业化中期前半阶段，工业化进程远远落后于全国、西部和大西南地区的平均水平，工业化指数排名处于全国最后一位。辩证地看，差距也意味着潜力，后发可转化为优势。云南若能依托区位优势、抓住"国际陆海贸易新通道"等发展机遇，进一步深化改革开放、推进"澜湄合作"，走"两型三化"发展路子，必能推动经济社会迈上新台阶。

一 "十三五"云南经济社会发展基本情况

"十三五"期间，云南省经济运行总体上延续稳中有进、稳中向好的发展态势。2019 年云南地区生产总值已达 23223 亿元，同比增长 8.1%，高出全国平均水平 2 个百分点，GDP 规模比 2015 年增加了 9500 亿元。人均 GDP 也由 2015 年的 5663.3 美元增加到 2019 年的 6755.2 美元。其他发展指标也有较大幅度的增长，城镇化进程稳步推进，常住人口城镇化率由 2015 年的 43.3% 提升到了 2019 年的 48.9%。分产业看，2019 年云南第一、二、三产业的增加值分别为 3037 亿元、7961 亿元和 12224 亿元，三次产业的产值结构从 2015 年的 15.1∶39.8∶45.1 调整为 2019 年的 13.1∶34.3∶52.6，产业结构进一步优化。

1. 经济总量实现新跨越，经济结构呈现深层次变化

"十三五"期间，云南保持较高的经济增长速度，经济发展呈现深层次结构

---

① 如无特别说明，本报告数据皆根据云南省人民政府网、历年统计年鉴和政府工作报告整理计算。

性变化，地区生产总值规模已由 2012 年的 1.03 万亿元增加到 2019 年的 2.32 万亿元，实现了翻番目标，在全国的排位跃升 6 个位次，位居第 18。产业结构不断优化，新的发展动能逐步形成，制造业、高原特色现代农业等重点产业得到质的提升，新材料、生物医药、现代服务业等新兴产业也在快速发展。云南建成运营茶叶、花卉、咖啡等多个大宗商品国际现货交易中心，全省主要农作物绿色防控覆盖率达到 31%，农产品出口连续多年稳居西部省区第一。近年来，云南深入推进旅游革命"三部曲"，重构旅游生态，正由"旅游大省"向"旅游强省"迈进。

2. 基础设施建设迈上新台阶，绿色能源优势逐步显现

"十三五"期间，云南基础设施建设迈上了新台阶，县域高速公路"能通全通"工程全面推进，水网、能源网、信息网、物流网等加快建设，支撑高质量发展、服务"一带一路"建设的综合基础设施体系在加快形成。截至2019 年底，云南 90 个县通高速公路，高速公路通车里程已超过 6000 公里。绿色能源方面，一批大型水电工程启动建设或已建成发电，云南清洁能源交易占比居全国第一位，非化石能源占一次能源消费比重达 43%，也排在全国首位。需要指出的是，云南还是全国第一家"西电东送"省份，其发展速度也居全国第一位。

3. 民生保障水平持续提升，边疆和谐稳定局面不断巩固

"十三五"期间，云南全域实现义务教育基本均衡发展，基本医疗保障持续全覆盖，存量危房全面清零，农村和偏远地区饮水安全问题得到有效解决，食品药品监管、文化体育、公共就业服务、广播电视等各项工作也取得新进展，民生保障水平得到新提升。截至 2019 年底，云南累计实现 95% 的贫困人口脱贫、95% 的贫困村出列、90% 的贫困县摘帽，150 万人通过易地扶贫搬迁实现"挪穷窝""斩穷根"，剩下的贫困人口、贫困村和贫困县于 2020 年全部脱贫或出列。通过边境小康村建设、边境经济合作区建设，云南沿边地区和偏远地区的生产生活条件也在不断改善，民族团结进步、边疆和谐稳定的良好局面不断巩固。

二 云南工业化水平评价

表 1、表 2 分别列示了 1995~2019 年云南与全国、大西南地区、西部和长

江经济带的各项工业化水平指标原始数据，以及云南与全国、西部和大西南地区的比较情况。

表1 云南和相关地区工业化指标原始数据

单位：美元，%

年份	地区	人均GDP	产业产值比			制造业增加值占比	城镇化率	产业就业比		
			一	二	三			一	二	三
1995	全国	1857.8	20.5	48.8	30.7	30.7	29.0	52.2	23.0	24.8
	西部	1203.2	27.7	40.6	31.6	26.6	17.0	64.0	15.1	20.9
	大西南	1085.0	27.3	41.8	30.9	28.9	13.8	65.3	14.8	19.9
	云南	1180.0	25.3	44.5	30.2	44.4	13.6	75.8	9.9	14.3
2000	全国	2681.4	15.9	50.9	33.2	33.7	36.2	50.0	22.5	27.5
	西部	1823.9	22.3	41.5	36.2	24.2	28.7	61.7	12.9	25.4
	大西南	1649.1	21.7	42.3	36.0	26.4	27.4	62.6	13.0	24.4
	云南	1756.7	22.3	43.1	34.6	36.0	23.4	73.9	9.2	17.0
2005	全国	4144.1	12.6	47.5	39.9	52.0	43.0	44.8	23.8	31.4
	西部	2834.5	17.7	42.8	39.5	30.9	34.6	54.8	15.0	30.2
	大西南	2443.5	17.5	43.1	39.5	34.6	33.5	54.7	15.8	29.6
	云南	2259.8	19.3	41.2	39.5	38.4	29.5	69.4	10.0	20.6
2010	全国	6902.1	10.1	46.8	43.1	60.4	49.9	36.7	28.7	34.6
	西部	5260.9	13.1	50.0	36.9	52.3	41.3	47.7	19.7	32.6
	大西南	4301.0	14.1	48.3	37.5	59.7	39.5	47.9	19.8	32.3
	云南	3529.0	15.3	44.6	40.0	56.0	34.8	59.4	13.6	27.0
2015	全国	9835.6	8.9	40.9	50.2	57.6	56.1	28.3	29.3	42.4
	西部	7944.7	12.0	44.6	43.4	47.7	48.7	45.7	20.9	33.4
	大西南	7042.8	12.8	43.3	44.0	51.7	47.3	46.5	20.8	32.7
	长江经济带	10425.5	8.3	44.3	47.4	64.7	55.5	32.9	29.6	37.5
	云南	5663.3	15.1	39.8	45.1	38.8	43.3	53.7	13.2	33.1
2019	全国	11759.0	7.1	39.0	53.9	61.6	60.6	26.1	27.6	46.3
	西部	8832.7	11.0	37.9	51.1	49.3	54.1	42.6	19.5	36.4
	大西南	8360.5	11.4	36.5	52.1	51.0	52.9	42.5	21.1	36.4
	长江经济带	12243.4	6.7	40.0	53.3	54.8	60.6	30.0	29.4	40.7
	云南	6755.2	13.1	34.3	52.6	30.9	48.9	48.4	13.8	37.8

资料来源：参见附录一。本表及后续相关表格中人均 GDP 以 2010 年不变价美元衡量，系汇率法和购买平价法的平均值。鉴于长江经济带是 2014 年才被确立为重大国家战略、《长江经济带发展规划纲要》2016 年 9 月才正式印发，本表及后续相关表格只测算其 2015 年和 2019 年的相应数据。

表2　云南和相关地区工业化进程：分项及综合得分

年份	地区	人均GDP	产业产值比	工业结构	城镇化率	产业就业比	综合得分	工业化阶段
1995	全国	4	32	18	0	17	14	二（Ⅰ）
	西部	0	13	11	0	0	5	二（Ⅰ）
	大西南	0	14	15	0	0	6	二（Ⅰ）
	云南	0	20	48	0	0	15	二（Ⅰ）
2000	全国	20	47	23	10	22	26	二（Ⅱ）
	西部	3	27	7	0	0	9	二（Ⅰ）
	大西南	0	29	11	0	0	9	二（Ⅰ）
	云南	2	27	26	0	0	12	二（Ⅰ）
2005	全国	41	57	73	21	33	49	三（Ⅰ）
	西部	24	41	18	8	11	23	二（Ⅱ）
	大西南	16	41	24	6	12	22	二（Ⅱ）
	云南	12	35	30	0	0	19	二（Ⅱ）
2010	全国	68	66	100	33	51	69	四（Ⅰ）
	西部	52	56	76	19	27	52	三（Ⅱ）
	大西南	43	52	98	16	27	53	三（Ⅱ）
	云南	35	48	86	8	1	43	三（Ⅰ）
2015	全国	84	100	91	53	69	84	四（Ⅱ）
	西部	74	59	58	31	31	59	三（Ⅱ）
	大西南	68	57	72	29	30	59	三（Ⅱ）
	云南	57	49	31	22	14	42	三（Ⅰ）
2019	全国	95	100	100	67	72	92	四（Ⅱ）
	西部	79	63	55	47	38	63	三（Ⅱ）
	大西南	76	61	69	43	38	64	三（Ⅱ）
	云南	67	56	18	31	25	46	三（Ⅰ）

资料来源：参见附录二。

　　从人均GDP指标来看，2019年该指标工业化评分为67，由工业化中期的后半阶段跃升至工业化后期的前半阶段。尽管"十三五"期间云南人均GDP大幅提高，增长速度也高于全国平均水平，但由于基础薄弱，与全国、西部和大西南地区的绝对差距还很大，其绝对值比全国平均水平要低5000美元左右，与西部和大西南地区也有2000美元左右的差距。

　　从产值结构看，2019年云南省三次产业的产值比为13.1∶34.3∶52.6，产业结构持续优化，第一产业和第二产业的产值比重分别比 2015 年下降了 2 个、5.5 个百分点，第三产业的产值比重则增加了 7.5 个百分点。与西部其他省区相比，云南旅游资源丰富，旅游业对经济增长贡献较大，2019 年云南旅游业总收入 11035.20 亿元，增长 22.7%。"十三五"时期，云南产业产值比指标的工业化评分从 2015 年的 49 提升到 2019 年的 56，由工业化中期的前半阶段进入工业化中期的后半阶段。

工业结构方面，1995～2019 年云南制造业增加值占比变化较大，2010 年达到考察期内的最大值 56.0%，高于全国、西部的平均水平，2015 年则降到 38.8%，2019 年进一步下降到 30.9%，制造业增加值比重远低于同期全国、西部、大西南地区和长江经济带的平均水平。由此，云南的工业结构评分从 2010 年 86 骤降至 2015 年 31，2019 年继续下降至 18，该指标的工业化评分依然停留在工业化初期后半阶段。

城镇化方面，2019 年云南城镇化率为 48.9%，比全国平均水平低 11.7 个百分点，也低于西部、大西南地区和长江经济带的平均水平。当然，云南城镇化仍在持续深入地推进，2019 年的城镇化率比 2015 年高出 5.6 个百分点，因此，该指标的工业化评分由 2015 年 22 提高到 2019 年 31，但仍停留在工业化初期后半阶段。

从就业结构指标看，2019 年云南三次产业的就业比重为 48.4∶13.8∶37.8，第一产业的就业比重远高于全国、西部、大西南和长江经济带的平均水平，第二产业就业比重低于全国、西部、大西南和长江经济带的平均水平。1995 年以来，云南第一产业就业比重在逐步下降，但"十二五"和"十三五"期间下降速度明显放缓（"十一五"下降 10 个百分点，"十二五"下降 5.7 个百分点，2016～2019 年下降 5.3 个百分点），第二产业的就业比重则相对稳定，农业部门的剩余劳动力基本上是被第三产业吸收。随着就业结构持续优化，2019 年就业结构指标工业化评分上升到了 25，但仍处于工业化初期后半阶段。

总体来看，2019 年云南工业化综合指数为 46，自"十一五"由工业化初期进入工业化中期以来，目前仍处于工业化中期前半阶段。图 1 对 2019 年云南和全国工业化评价值进行了直观刻画。显然，云南工业化各项指标的分值皆落后于全国平均水平，特别是工业结构指标，差距尤其大。

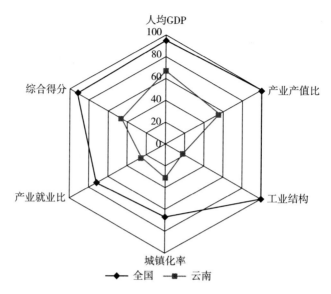

图 1　2019 年云南省工业化雷达图

三　云南工业化进程的特征

过去 25 年，云南工业化主要呈现以下三方面突出特征。

1. 云南工业化进程在"十一五"期间跃升至工业化中期前半阶段后一直停滞不前，综合指数与全国的差距呈扩大趋势，在全国的排名不断下降

云南工业化指数综合得分在 1995 年接近全国平均水平，随后与全国平均水平的差距逐渐扩大，"十一五"是云南工业化发展的转折期，其工业化指数从 19 提升到 43，也使得与全国平均水平差距从 30 缩小为 26，但自 2010 年进入工业化中期前半阶段以来，云南工业化指数评分变化不大，且远远落后于全国平均水平，"十二五"和"十三五"期间云南与全国平均水平的差距又进一步扩大，令人担忧的是，这种差距还有强化的趋势。总体来看，近十年云南一直停留在工业化中期前半阶段，落后全国平均水平一个工业时期。从具体排名看（见图 2、表 3），1995 年云南工业化指数全国排名第 11，随后不断下跌，2019 年跌至全国最后一名，由此可见，云南工业化进程缓慢，在过去 20 余年里未能迎头赶上其他省区市。

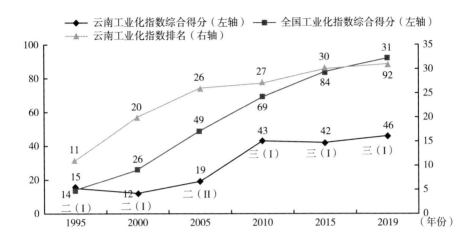

图2　1995～2019年云南工业化指数综合得分（左）及排名（右）变化情况

表3　云南工业化指数排名变化情况

项目	指数	阶段	排名	指数	阶段	排名	指数	阶段	排名
地区		1995 年			2000 年			2005 年	
全国	14	二（Ⅰ）	—	26	二（Ⅱ）	—	49	三（Ⅰ）	—
西部	5	二（Ⅰ）	4	9	二（Ⅰ）	4	23	二（Ⅱ）	4
大西南	6	二（Ⅰ）	6	9	二（Ⅰ）	7	22	二（Ⅱ）	8
云南	15	二（Ⅰ）	11	12	二（Ⅰ）	20	19	二（Ⅱ）	26
地区		2010 年			2015 年			2019 年	
全国	69	四（Ⅰ）	—	84	四（Ⅱ）	—	92	四（Ⅱ）	—
西部	52	三（Ⅱ）	4	59	三（Ⅱ）	4	65	三（Ⅱ）	4
大西南	53	二（Ⅱ）	7	59	三（Ⅱ）	8	64	三（Ⅱ）	9
云南	43	三（Ⅰ）	27	42	三（Ⅰ）	30	46	三（Ⅰ）	31

资料来源：参见附录二。表中的排名分别针对四大板块（东部、东北、中部、西部）、八大区域（长三角、珠三角、京津冀、环渤海、东三省、中部地区、大西南、大西北）和大陆 31 个省（自治区、直辖市），表 4 的排名方式与此类似。

2. 云南工业化发展基础薄弱，除"十一五"外其他时期平均增速均低于全国平均水平，"十三五"时期全国工业化进程放缓，云南工业化加速度排名前移

1996～2019 年云南工业化年均增速 1.3，远低于全国、西部、大西南的平

均水平。表4列示了不同时期云南与全国、西部、大西南地区工业化速度，表5列示了云南工业化各项指标得分与全国、西部和大西南地区平均水平的差距。可以看出，2000～2019年全国工业化平均增速逐渐放缓，从2001～2005年的4.6下降到2016～2019年的2.0。从加速度看，2001～2005年云南与全国、西部、大西南地区工业化加速度持平，随后各地加速度出现分化。"十一五"时期，云南工业化加速推进，持续了近十年的工业低速发展困境开始逆转，取得了年均递增4.8的佳绩，快于全国平均增速，在全国的排名上升到第17位。遗憾的是，受宏观政策及云南工业化特殊性的影响，"十二五"时期云南工业化进程出现后退现象，工业化指数迟迟不前，年均增速为－0.2，在全国的排名跌落至第27名。"十三五"期间，由于宏观经济增速放缓，全国工业化进程也全面减速，相形之下，云南大力推进智能化技术改造，推动制造业与互联网融合发展，工业化进程在"十二五"的基础上有所加快，年均增速从2011～2015年的－0.2上升至2016～2019年的1.0，在全国的排名也上升至第15名，工业化加速度的排名更是进一步提高到全国第5名。

表4 云南与全国、西部和大西南工业化速度的对比

地区	2001～2005年平均增速	排名	"十五"加速度	"十五"加速度排序	2006～2010年平均增速	排名	"十一五"加速度	"十一五"加速度排序
全国	4.6	—	2.2	—	4.0	—	－0.6	—
西部	2.8	3	2.0	1	5.8	2	3.0	3
大西南	2.6	7	2.0	2	6.2	2	3.6	1
云南	1.4	26	2.0	11	4.8	17	3.4	8

地区	2011～2015年平均增速	排名	"十二五"加速度	"十二五"加速度排序	2016～2019年平均增速	排名	"十三五"加速度	"十三五"加速度排序
全国	3.0	—	－1.0	—	2.0	—	－1.0	—
西部	1.4	3	－4.4	3	1.5	1	0.1	1
大西南	1.2	5	－5.0	8	1.3	4	0.1	2
云南	－0.2	27	－5.0	24	1.0	15	1.2	5

表5 云南工业化指标得分与全国、西部和大西南地区平均水平的比较

年度		人均GDP	产业产值比	工业结构	城镇化率	产业就业比	综合得分
	与全国差距	−4	−12	30	0	−17	1
1995	与西部差距	0	7	37	0	0	10
	与大西南差距	0	6	33	0	0	9
	与全国差距	−18	−20	3	−10	−22	−14
2000	与西部差距	−1	0	19	0	0	3
	与大西南差距	2	−2	15	0	0	3
	与全国差距	−29	−22	−43	−21	−33	−30
2005	与西部差距	−12	−6	12	−8	−11	−4
	与大西南差距	−4	−6	6	−6	−12	−3
	与全国差距	−33	−18	−14	−25	−50	−26
2010	与西部差距	−17	−8	10	−11	−26	−9
	与大西南差距	−8	−4	−12	−8	−26	−10
	与全国差距	−27	−51	−60	−31	−55	−42
2015	与西部差距	−17	−10	−27	−9	−17	−17
	与大西南差距	−11	−8	−41	−7	−16	−17
	与全国差距	−28	−44	−82	−36	−47	−46
2019	与西部差距	−12	−7	−37	−16	−13	−17
	与大西南差距	−9	−5	−51	−12	−13	−18

3. 各项指标对云南工业化进程的贡献度在不同时期跳跃性很大，未能保持稳健均衡

表6展示了各项指标对云南工业化综合指数增长的贡献度。由表6可知，1996～2019年，云南工业化指数累计增加了31，其中"十一五"期间累计增加了24，是云南工业化发展的黄金时期；"十二五"期间云南工业化指数从43变为42，工业化进程滞缓；"十三五"期间工业化指数略微增加，但工业化进程依旧缓慢。从各项指标的贡献度看，1996～2019年人均GDP指标对云南工业化进程的贡献度最大，其次是产业产值比，而工业结构贡献度为负、产业就业比贡献度较低是制约云南工业化进程的重要因素。"十二五"时期各指标对工业化进程的贡献度极不均衡，人均GDP、产业产值比、城镇化率、产业就业比的贡献度均为负，分别为−792%、−22%、−168%、−104%，而工业结构的贡献度达到考察期内的最大值，高达1210%，尽管如此，工业化综合

指数仍出现下降趋势。"十三五"期间人均GDP对工业化进程的贡献度最大，工业结构的贡献度最小，产业产值比、城镇化率、产业就业比的贡献度相对平稳。

表6　各指标对云南省工业化综合指数增长的贡献度

年份	人均GDP（%）	产业产值比（%）	工业结构（%）	城镇化率（%）	产业就业比（%）	工业化指数累计增加值
1996～2000	-24.00	-51.33	161.33	0.00	0.00	-3
2001～2005	51.43	25.14	12.57	0.00	0.00	7
2006～2010	34.50	11.92	51.33	4.00	0.33	24
2011～2015	-792.00	-22.00	1210.00	-168.00	-104.00	-1
2016～2019	90.00	38.50	-71.50	27.00	22.00	4
1996～2019	77.81	25.55	-21.29	12.00	6.45	31

四　云南工业化进程中存在的主要问题

云南还属于欠发达地区，工业化进程落后于全国、西部、大西南地区以及长江经济带的平均水平，经济社会发展不平衡、不充分问题还比较突出，其工业化进程面临经济下行压力较大、现代产业体系基础薄弱、新型城镇化进程不快、自主创新能力不强、各州市工业经济互补性不高、城乡和区域发展差距较大等一系列挑战。特别是，在第三产业增加值已占云南GDP"半壁江山"的情况下（2019年云南第三产业增加值占GDP的52.64%），新冠肺炎疫情给云南旅游、餐饮、住宿等行业带来的巨大冲击，势必会影响当前及今后一段时期的整体经济表现，进而影响其工业化进程。就工业化评估指标来看，云南工业化进程中存在的问题与贵州类似，主要是制造业增加值大幅下降和城镇化速度放缓、水平过低，以及第一产业就业转移缓慢、产值结构和就业结构"倒挂"严重。

1. 制造业增加值大幅下降，工业结构呈倒退趋势，工业化增速不稳定

云南工业基础相对薄弱，工业经济发展在很大程度上依赖自然资源，工业化增速不稳定，工业化水平相对落后。1995年云南工业化发展处于全国平均水平，工业结构指标更是领先于全国平均。然而，随着东、中部的快速发展，

全国工业化进程速度加快，从 2000 年开始，云南工业化指数综合得分低于全国平均水平（见图 3）。具体而言，云南工业结构得分在 1995 年、2000 年均高于全国平均水平，2005 年全国工业结构得分已赶超云南，2010 年云南制造业增加值占比达到 56.0% 的峰值后，2015 年回落到 38.8%，2019 年又进一步跌落至 30.9%，工业结构呈倒退趋势，与全国工业结构得分差距也不断扩大。在传统产业转型升级和供给侧结构性改革大背景下，云南工业经济高质量发展面临巨大压力，突出表现为重点产品优势不强、竞争力较弱，各地市工业发展水平差异较大、互补性不高。由此，2019 年云南工业结构得分仅为 18，落后全国平均水平 82。显然，制造业增加值大幅下降、工业结构倒退是云南工业化综合指数评分排名进一步下降的主要动因。

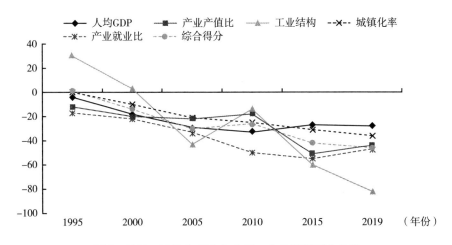

图 3　1995～2019 年云南与全国工业化指标得分差距

2. 城镇化速度放缓、水平过低，工业化发展的区域不均衡问题甚为突出

2019 年，云南常住人口城镇化率比全国平均水平要低近 12 个百分点，其城镇化进程大约落后全国十年，与西部和大西南地区的平均水平差距也较大。值得注意的是，与"十二五"时期比较，"十三五"期间云南城镇化进程有所放缓，2011～2015 年云南城镇化率提高了 8.5 个百分点，2016～2019 年则只提高 5.6 个百分点，即便加上 2020 年的城镇化增量，也低于"十二五"时期的城镇化速度。城镇化速度放缓、水平过低，不仅不利于集聚各类生产要素，也不利于城市与乡村、城市与城市之间的联系互动，进而制约整体经济效能的

提升。从自然地理条件看，云南西边是横断山脉，东部是云贵高原，境内坡陡弯多、山高谷深，盆地和坝子空间有限，不利于大规模的工业化和城镇化，工业化、城镇化水平呈现由滇中向周边递减的格局，区域发展不均衡问题甚为突出。应当说，自然地理条件是云南工业化的重要制约因素。

3. 第一产业就业转移缓慢，产值结构和就业结构"倒挂"严重

云南第一产业就业比重依然很高，从数据看，1995～2019 年云南第一产业的就业比重仅从 75.8% 降到 48.4%，而同期全国第一产业的就业比重则从 52.2% 降到了 26.1%。尽管云南和全国第一产业就业比重下降的绝对值差不多，但由于云南农业部门吸纳的劳动力过多（1995 年吸纳了全省四分之三的就业人口），加之存量释放缓慢，以致云南农业部门的就业份额仍维持在较高水平，2019 年云南第一产业就业比重高出全国平均水平 22.3 个百分点。从产值比重看，2019 年云南第一产业增加值只占 GDP 的 13.1%，产值比重远远低于就业比重，"倒挂"严重，这点与贵州等经济欠发达地区很相似。"十四五"及更长时期，云南亟须优化劳动力就业结构，不断提高产值结构和就业结构的适配性。

五　云南高质量发展的政策着力点

2020 年 1 月，习近平总书记在云南调研考察时强调，云南要努力在建设我国民族团结进步示范区、生态文明建设排头兵、面向南亚东南亚辐射中心上不断取得新进展，谱写好中国梦的云南篇章①。习近平总书记的重要讲话精神是云南当前和今后工作的根本遵循，为云南工业化进程指明了前进方向、明确了奋斗目标。"十四五"及今后时期，云南当立足省情、发挥优势，坚持绿色发展，走开放型、创新型和高端化、信息化、绿色化的产业发展路子，着力打造世界一流的绿色能源、绿色食品、健康生活目的地三张牌。与此同时，进一步优化城乡教育资源配置、健全城乡医疗卫生服务体系，在发展中保障和改善民生。

---

① 张勇：《云南：绿色三张牌撬动高质量发展》，《光明日报》2020 年 7 月 23 日。

1. 走"两型三化"产业发展路子，着力推动重点产业高质量发展

深入贯彻落实新发展理念，按照开放型、创新型、高端化、信息化、绿色化方向，加快建设现代化产业体系。以加快增长动能转换、构建科技创新驱动力为主线，促进科技创新与产业融合发展。重点围绕新材料、新能源、生物医药、智能制造、现代服务业等新兴产业进行"延链、补链、强链"，整合优化各类经济技术开发区和高新技术产业园区，打造若干先进制造业集群和特色产业集聚区。坚持生态产业化、产业生态化，持续开展生态环境综合整治工作，加强固体废弃物源头削减和循环利用，加快产业园区内储存、处理、处置设施建设，提高固体废弃物处置污染防治能力和水平。鼓励工业固体废弃物资源化技术研发和推广，提高工业固体废弃物综合利用率，实现固体废弃物无害化、减量化、资源化管理。严禁新增低端落后产能入驻产业园区，研究制定产业市场准入负面清单，防范过剩和落后产能跨地区转移。

2. 谋划重大基础设施建设，促进区域协调发展，全力推动更高水平对外开放

立足云南中长期发展的战略需要，全面加快高速公路建设，推进铁路"补网提速"，深化航空"强基拓线"，加强电网改造，完善电网覆盖，实施重点水网工程，推进国家物流枢纽建设，大力发展跨境物流，加快培育数据要素市场，全力推动各类基础设施建设迈上新台阶。坚持"做强滇中、搞活沿边、多点支撑、联动廊带"的发展思路，构建以滇中城市群为核心、以区域性中心城市为带动的城市化格局。大力推进滇中崛起，统筹推进滇东北、滇西北等高寒山区和少数民族聚居地区加快发展。抓住"国际陆海贸易新通道"等发展机遇，推进沿边高速公路等重要基础设施建设，全面提升沿边开放水平。加快建设中老、中缅边境经济合作区，主动参与中缅经济走廊实质性建设，推进"澜湄合作"。与此同时，高标准推进云南自由贸易试验区改革创新发展，创新贸易监管制度，健全贸易投资促进服务体系，着力打造市场化、法治化、国际化营商环境。

3. 大力培育城乡产业多元化融合主体，不断提升城乡融合发展水平

培育创建一批城乡融合典型项目，促进农业类、工业类和文化类特色产业园着力提质增效，发挥主体带动作用；美丽乡村着力特色化、差异化发展，实现"一村一品"；田园综合体着力整合循环农业、创意农业、农事体验。健全完善城乡物流体系，打造"农产品进城、工业品下乡"的双向流通体系。突

出关键环节，着力培育加工聚集型、龙头企业带动型、股份合作型、合作社引领型的新型农业经营主体。引导农业产业化龙头企业通过品牌嫁接、资本运作、产业延伸等方式联合重组，开展以"运行规范化、生产标准化、经营品牌化、社员技能化、产品安全化"为主要内容的农民专业合作社"五化"创建活动。支持发展家庭农场，鼓励农户以土地、林地承包经营权作价入股农民专业合作社。培育专业种植型、专业养殖型、种养结合型、产销结合型等不同类型专业种养大户。鼓励新型农业服务主体开展资金互助、信用担保、互助保险、供应链融资等服务。引导新型农业服务主体由提供关键环节服务向提供全程服务转变，鼓励开展多元化、常态化服务模式创新。

4.进一步优化城乡教育资源配置，健全城乡医疗卫生服务体系

优化学校布局，探索师生集中化、区域集约化教育供给机制。优化公办教育资源配置，加强寄宿制学校建设，提高农村幼儿园覆盖率，发展普惠性幼儿园。推动义务教育阶段学校结对共建，探索推进"名校＋新校""强校＋弱校""城镇校＋农村校"等办学模式。建立有利于教学能力和教育质量双提升的名师薪金等级挂钩的政策体系，在薪资待遇、职称评定、评奖评优等方面向乡村教师倾斜。推行"互联网＋教育"模式，推动与名校名师的多元化合作，以远程共享方式促进优质教育资源共建共享。依托城乡教育联合体和教育信息化平台，搭建教学资源共享板块，及时为乡村学生推送优质课程。推进县级医院、乡镇卫生院、村卫生室布局优化和提升改造，完善分级诊疗制度。加快县域紧密型医共体建设，大力实施"互联网＋医疗"，将救治网络延伸到村卫生室。强化"农村订单定向医学生"等基层医生培养工作，加强以全科医生为重点的基层医疗卫生队伍建设。适当提高乡镇卫生院专业技术中高级岗位结构比例，逐步试行乡村医生"乡聘村用"，不断提升乡村医疗卫生服务水平。

参考文献

《2018年云南统计年鉴》，2019。
《2019年云南省国民经济和社会发展统计公报》，2020。

西藏自治区位于青藏高原西部和南部，面积 122.84 万平方公里，素有"世界屋脊"之称，海拔 4000 米以上的地区占全区总面积的 85%。2019 年末，西藏常住人口 350.56 万人，其中城镇人口 110.57 万人，占总人口的 31.5%，乡村人口 239.99 万人，占总人口的 68.5%①。党的十八大以来，习近平总书记从战略高度为新形势下西藏工作绘制宏伟蓝图，为西藏经济社会全面发展和长治久安指明了方向、提供了根本遵循。西藏牢记习近平总书记嘱托，紧密围绕发展、稳定、生态三件大事，取得了一系列发展成就。"十三五"期间，西藏自治区工业化进程有所加快，由"十二五"时期的工业化中期前半阶段跃升到了工业化中期后半阶段，形成了高原生物产业、旅游文化、清洁能源、绿色工业、现代服务业、高新数字产业和边贸物流业等七大产业，新型工业化不断推进。

一 "十三五"西藏经济社会发展基本情况

"十三五"期间，西藏着力解决基础设施和产业基础薄弱等问题，经济发展的交通、能源、电力等历史性瓶颈被一一打破，富民兴藏加速推进，脱贫攻坚任务全面完成，各项事业取得长足进步，主要经济发展指标增速居全国前列，同时，良好的生态环境得以保持，西藏迄今仍然是世界上生态环境最好的地区之一。

1. 主要经济指标增速居全国前列，内生发展动力进一步增强

2019 年，西藏全区生产总值达 1697 亿元，较 2018 年增长 8.1%，增速位居全国第二；市场主体总数已达 32.5 万户，注册资金 1.5 万亿元；农户贷款

---

① 数据来自西藏自治区人民政府网站，网址：http://www.xizang.gov.cn/。如无特别说明，本报告数据皆根据西藏自治区人民政府网站、历年统计年鉴、政府工作报告和统计公报整理计算。

增长 11.9%，小微企业贷款余额增长 21%，普惠金融领域贷款增长 31.8%；40 万农牧民参与旅游产业，第二、三产业从业人数超过 125 万人。2020 年上半年，西藏全区生产总值为 838 亿元，比 2019 年同期增长 5.1%，增长速度居全国首位，新冠肺炎疫情冲击下仍能取得这样的经济增速，殊为不易。与此同时，重点改革不断深化，内生动力不断增强。一是"放管服"改革持续深化，企业开办时间压缩至 5 个工作日。二是民营企业和中小企业清欠减负扎实推进，中小企业公共服务平台基本建成，民营企业法律服务得到增强，营商环境持续优化。三是完成农村集体土地所有权确权登记发证和农村集体资产清产核资，农业行政审批制度改革被国家评为优秀做法。四是区域格局加快完善，藏中经济圈辐射带动作用进一步提升，青藏铁路经济带和川藏、滇藏、新藏公路经济走廊建设扎实推进。

2. 各族人民群众福祉持续增进，社会和谐稳定大局持续巩固

多年来，西藏把本级财政收入的 70% 以上用于保障和改善民生，把党的关怀送到各族群众的心坎上，民族团结基础不断夯实，社会和谐稳定大局持续巩固。目前，西藏已全面完成脱贫攻坚任务，全区 62.8 万建档立卡贫困人口全部脱贫，全区 74 个贫困县全部脱贫摘帽，稳步实现了"两不愁三保障"目标。截至 2019 年底，西藏 38.9% 的学校实现智慧教育覆盖，现代教育体系和义务教育"三包"政策不断完善；人均预期寿命从 2010 年的 68.2 岁提高到 70.6 岁；广播电视综合人口覆盖率分别达到 98.1% 和 98.6%；各类社会保险参保已达 658 万人次，城乡居民基本养老保险基础养老金和城乡居民基本医保财政补贴标准、城镇居民大病保险和农牧民大病保险保费均有不同程度的提高，实现了西南片区跨省门诊费用直接结算。

3. 美丽西藏建设深入推进，国家生态安全屏障不断筑牢

"十三五"期间，西藏深入推进生态安全屏障保护与建设工作，重点区域生态公益林、防沙治沙、重点流域造林绿化持续开展，领导干部自然资源资产离任审计试点稳步实施，生态保护红线、环境质量底线、资源利用上线和生态环境准入清单编制有序推进。同时，不断健全自然资源资产产权和用途管制制度，大力改革矿山地质环境治理恢复基金制度，持续推进历史遗留矿山生态修复。生态利民与示范创建工作也深入推进，"生态＋农牧""生态＋旅游"等产业不断壮大，全区地级以上城市空气质量优良天数比例达到 98.1%。

二 西藏工业化水平评价

表 1 和表 2 分别给出了 1995～2019 年西藏与全国、西部和大西南地区各项工业化水平指标的原始数据及其比较情况。

表 1 西藏工业化指标原始数据（1995～2019 年）

单位：美元，%

年份	地区	人均GDP	产业产值比			制造业增加值占比	城镇化率	产业就业比		
			一	二	三			一	二	三
1995	全国	1857.8	20.5	48.8	30.7	30.7	29.0	52.2	23.0	24.8
	西部	1203.2	27.7	40.6	31.6	26.6	17.0	64.0	15.1	20.9
	大西南	1085.0	27.3	41.8	30.9	28.9	13.8	65.3	14.8	19.9
	西藏	902.5	41.9	23.8	34.3	6.1	13.5	77.2	4.6	17.9
2000	全国	2681.4	15.9	50.9	33.2	33.7	36.2	50.0	22.5	27.5
	西部	1823.9	22.3	41.5	36.2	24.2	28.7	61.7	12.9	25.4
	大西南	1649.1	21.7	42.3	36.0	26.6	27.4	62.6	13.0	24.4
	西藏	1727.1	30.9	23.2	45.9	9.5	18.9	74.0	5.9	20.5
2005	全国	4144.1	12.6	47.5	39.9	52.0	43.0	44.8	23.8	31.4
	西部	2834.5	17.7	42.8	39.5	30.9	34.6	54.8	15.0	30.2
	大西南	2443.5	17.5	43.1	39.5	34.6	33.5	54.7	15.8	29.5
	西藏	2628.7	19.1	25.3	55.6	8.6	26.7	61.4	9.2	29.3
2010	全国	6902.1	10.1	46.8	43.1	60.4	49.9	36.7	28.7	34.6
	西部	5260.9	13.1	50.0	36.9	52.3	41.3	47.7	19.7	32.6
	大西南	4301.0	14.1	48.3	37.5	59.7	39.5	47.9	19.8	32.3
	西藏	3880.1	13.5	32.3	54.2	21.9	23.6	53.1	11.1	35.8
2015	全国	9835.6	8.9	40.9	50.2	57.6	56.1	28.3	29.3	42.4
	西部	7944.7	12.0	44.6	43.4	47.7	48.7	45.7	20.9	33.4
	大西南	7042.8	12.8	43.3	44.0	51.7	47.3	46.5	20.8	32.7
	西藏	6291.0	9.6	36.7	53.8	9.6	27.7	41.2	13.3	45.5
2019	全国	11759.0	7.1	39.0	53.9	61.6	60.6	26.1	27.6	46.3
	西部	8832.7	11.0	37.9	51.1	49.3	54.1	42.6	19.5	36.4
	大西南	8360.5	11.4	36.5	52.1	51.0	52.9	42.5	21.1	36.4
	西藏	7894.3	8.2	37.4	54.4	5.9	31.5	36.5	19.7	43.8

表2 西藏和相关地区工业化进程：分项及综合得分（1995～2019年）

年份	地区	人均GDP	产业产值比	工业结构	城镇化率	产业就业比	综合得分	工业化阶段
1995	全国	4	32	18	0	17	14	二（Ⅰ）
	西部	0	13	11	0	0	5	二（Ⅰ）
	大西南	0	14	15	0	0	6	二（Ⅰ）
	西藏	0	0	0	0	0	0	—
2000	全国	20	47	23	10	22	26	二（Ⅱ）
	西部	3	27	7	0	0	9	二（Ⅰ）
	大西南	0	29	11	0	0	9	二（Ⅰ）
	西藏	1	0	0	0	0	1	二（Ⅰ）
2005	全国	41	57	73	21	33	49	三（Ⅰ）
	西部	24	41	18	8	11	23	二（Ⅱ）
	大西南	16	41	24	6	12	22	二（Ⅱ）
	西藏	19	0	0	0	0	7	二（Ⅰ）
2010	全国	68	66	100	33	51	69	四（Ⅰ）
	西部	52	56	76	19	27	52	三（Ⅱ）
	大西南	43	52	98	16	27	53	三（Ⅱ）
	西藏	39	54	8	0	15	29	二（Ⅱ）
2015	全国	84	100	91	53	69	84	四（Ⅱ）
	西部	74	59	58	31	31	59	三（Ⅱ）
	大西南	68	57	72	29	30	59	三（Ⅱ）
	西藏	63	100	0	0	41	48	三（Ⅰ）
2019	全国	95	100	100	67	72	92	四（Ⅱ）
	西部	79	63	55	47	38	63	三（Ⅱ）
	大西南	76	61	69	43	38	64	三（Ⅱ）
	西藏	73	100	0	2	52	53	三（Ⅱ）

综合来看，西藏工业化指数综合得分在2000年以前为0，2000年以后工业化指数持续增长，人均GDP、产业产值比和产业就业比指标的评分在"十一五""十二五""十三五"期间都有很大提升，西藏工业化也借此取得了五年迈上一个新台阶的佳绩，2019年西藏工业化指数综合得分为53，工业化进程也跃升至工业化中期的后半阶段。

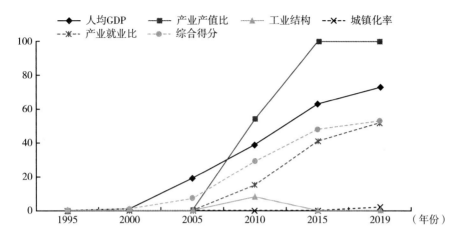

图1 1995～2019年西藏工业化指数评分

从人均GDP指标看，2019年西藏人均GDP为7894.3美元，相当于全国平均水平的67.1%、大西南平均水平的94.4%。但从增速来看，西藏人均GDP在"十五"期间已经开始提速，"十二五""十三五"期间经济增速居全国前列，2019年西藏GDP增速8.1%。经济的持续快速增长使其人均GDP指标评分从2015年的63提升到2019年的73，该指标的工业化阶段由"十二五"期间工业化中期的后半阶段进入"十三五"期间工业化后期的前半阶段。

从产业产值比来看，2019年西藏三次产业的产值比为8.2∶37.4∶54.4，第一产业、第三产业产值比重均高于全国平均水平。与2015年相比，第一产业的产值比重下降了1.4个百分点，第二产业、第三产业的产值比重均增长约0.7个百分点，"三二一"的产值结构进一步稳固。事实上，自"十五"以来，西藏国民经济中第三产业的产值就已开始占主导地位（2005年占比高达55.6%）。"十二五"末，该项评分已取得最高值100，与北京、上海、广东、江苏、浙江等发达省市的评分趋同，进而跃升到后工业化阶段。"十三五"时期，尽管西藏的产值结构有所优化，但产值比指标评分却维持不变，依旧保持在后工业阶段。

工业结构方面，2015年、2019年西藏工业结构指标评分皆为0，排在全国最后。这跟西藏制造业增加值占比较小有关，在考察期内制造业增加值占比均小于全国、西部、西南地区平均水平，1995年西藏制造业增加占比为

6.1%，比全国平均水平低24.6个百分点，2010年西藏制造业增加值占比达到考察期内的最大值21.9%，工业结构评分也实现零突破。但是，2015年制造业增加值占比回落至9.6%，2019年又进一步降至5.9%，与全国平均水平的差距扩大至55.7个百分点，该指标的工业化进程停留在前工业化阶段。

从城镇化率指标看，西藏城镇化发展相对缓慢，与全国、西部、大西南地区存在较大差距。1995~2015年城镇化率小于30%，该指标评分一直为0，2019年西藏城镇化率为31.5%，相比"十二五"末增加3.8个百分点，而全国同期增加了4.5个百分点。2019年，西藏城镇化率指标评分为2，实现了20多年来零的突破，进入工业化初期前半阶段。

就业结构方面，2019年西藏第一、二、三产业的就业比为36.5：19.7：43.8，第一产业就业比重高于全国平均水平，但低于西部、大西南地区的平均水平；第二产业和第三产业就业比重均低于全国平均水平，但高于西部、大西南地区的平均水平。与2015年相比，西藏第一产业、第三产业就业的占比在"十三五"期间分别下降了4.7个百分点、1.7个百分点，第二产业增加值的占比上升了6.4个百分点，就业结构正逐步优化。因此，2019年该指标的工业化评分从2015年的41上升到52，从工业化中期前半阶段跃升至工业化中期的后半阶段。

综合计算，2019年西藏工业化综合指数为53，进入工业化中期后半阶段。从2019年西藏工业化雷达图来看（见图2），西藏的产业产值比评分已达到全国平均水平，城镇化率和工业结构评分则远远落后于全国均值。

三　西藏工业化进程的主要特征

自1995年以来，西藏工业化进程主要呈现以下特征。

1. 工业化进程由快到缓，综合指数大幅增长，但在全国排名呈下降趋势

西藏于2000年结束前工业化阶段进入工业化初期的前半阶段，从"十五"开始西藏工业化进程开始加快，综合指数得分大幅度增长，综合指数排名也由2005年的全国第31位升至2019年的全国第25位，"十一五""十二五""十三五"均实现了五年跃升一个台阶的好成绩，但与全国、西部、大西南地区仍存在一定差距（见图3）。

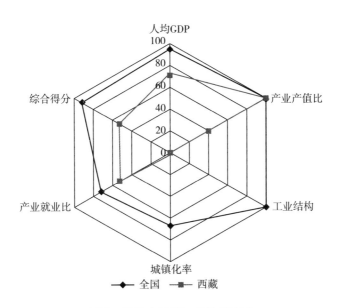

图2 2019年西藏工业化雷达图

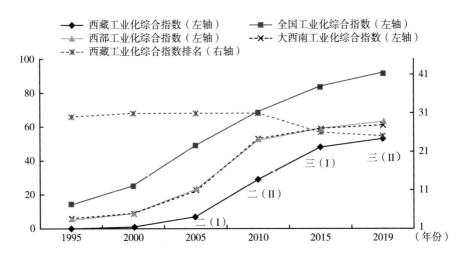

图3 1995~2019年西藏、全国、西部及大西南工业化综合指数得分与排名

从增长速度看，"十一五"和"十二五"西藏工业化平均增速分别为4.4和3.8，高于全国平均水平。虽然"十一五"期间其平均增速快于"十二五"时期，但从全国排名来看，"十二五"期间西藏工业化加快。"十三五"期间，

西藏工业化平均增速为1.3，工业化进程有所放缓，落后全国平均水平，但在西部、大西南地区属于中上水平。从加速度看，"十二五""十三五"西藏工业化加速度均为负值，尤其是"十三五"期间，西藏工业化速度放缓，加速度排名全国第23。

表3 西藏与全国、西部、大西南工业化速度的对比

地区	2001~2005年平均增速	"十五"加速度	"十五"加速度排序	2006~2010年平均增速	"十一五"加速度	"十一五"加速度排序
全国	4.6	2.2	—	4.0	-0.6	—
西部	2.8	2.0	1	5.8	3.0	3
大西南	2.6	2.0	2	6.2	3.6	1
西藏	1.2	1.0	18	4.4	3.2	10

地区	2011~2015年平均增速	"十二五"加速度	"十二五"加速度排序	2016~2019年平均增速	"十三五"加速度	"十三五"加速度排序
全国	3.0	-1.0	—	2.0	-1.0	—
西部	1.4	-4.4	3	1.5	-0.4	1
大西南	1.2	-5.0	8	1.3	-0.7	2
西藏	3.8	-0.6	5	1.3	-2.5	23

2. 制造业增加值占比较小、城镇化水平低严重制约西藏工业化进程

图4直观展示了西藏与全国工业化的各指标得分差距。可以看到，西藏工业化进程一直都落后于全国平均水平，西藏工业结构、城镇化率与全国平均水平的差距呈扩大趋势。具体而言，西藏制造业增加值占比在"九五"时期小幅度增长，"十一五"时期增长较快，但在其他时期都有不同程度的下降（见表1），因此工业结构指标评分仅在"十一五"时期不为0，"十二五"时期制造业增加值占比从最大值（21.9%）跌落至9.6%，导致工业结构指标对工业化的贡献度从0转为负向影响。此外，西藏城镇化进程缓慢，对工业化进程的贡献长期为0，直至2019年终于实现零突破。2019年，西藏城镇化率为31.5%，比全国平均水平低了将近30个百分点，比西部和大西南地区的平均值要低20多个百分点。制造业增加值比重难有较大提升，城镇化水平低下，无疑严重制约着西藏的工业化进程。

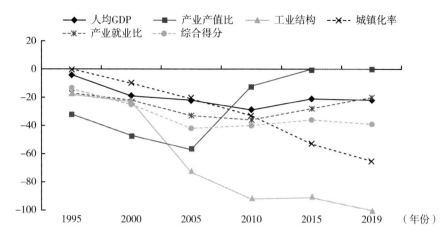

图4 1995～2019年西藏与全国工业化指数得分差距

3. "十三五"期间人均GDP对西藏工业化的贡献最大，就业结构的贡献逐渐显现，城镇化率对西藏工业化进程的贡献终于实现零的突破

表4列示了各项指标对西藏工业化综合指数增长的贡献度。由表可知，1996～2019年，西藏工业化指数累计增加了53，其中"十一五""十二五"期间分别累计增加了22、19，是西藏工业化发展的黄金时期，工业化指数从2005年的7提高到2015年的48；"十三五"期间西藏工业化进程有所放缓。从各项指标的贡献度来看，在整个考察期内，人均GDP对西藏工业化的贡献最大，其次是产业产值比，产业就业比、城镇化率对工业化的贡献较小，工业结构对工业化的贡献为0。2005年以前，只有人均GDP对西藏工业化存在贡献，其他指标对西藏工业化的贡献皆为0。"十一五"和"十二五"期间，西藏第三产业的产值已占主导地位，"三二一"的产值结构特征越发明显，产业产值比对西藏工业化的贡献最大，产业就业比的贡献度逐渐明显，人均GDP的贡献则有所减弱。"十三五"期间，人均GDP对西藏工业化进程的贡献最大；由于产业产值比评分在2015年、2019年均为100，产业产值比对工业化进程的贡献在"十三五"期间为0；制造业增加值比重于2010年达到最大值（21.9%），随后不断跌落，2019年进一步降到5.9%，导致工业结构对西藏工业化的贡献为0；2019年西藏城镇化率提升至31.5%，城镇化率的贡献度终于实现了20多年来零的突破。

表4　1996～2019年各指标对西藏工业化综合指数增长的贡献度

年份	人均GDP（%）	产业产值比（%）	工业结构（%）	城镇化率（%）	产业就业比（%）	工业化指数累计增加值
1996～2000	36.00	0.00	0.00	0.00	0.00	1
2001～2005	108.00	0.00	0.00	0.00	0.00	6
2006～2010	32.73	54.00	8.00	0.00	5.45	22
2011～2015	45.47	53.26	-9.26	0.00	10.95	19
2016～2019	72.00	0.00	0.00	4.80	17.60	5
1996～2019	49.58	41.51	0.00	0.45	7.85	53

四　西藏工业化进程中存在的主要问题

总体上，近年来西藏工业化进程有所加快，2019年跃升到工业化中期后半阶段，成就显著。但在快速工业化的过程中，也存在一些较为突出的问题，亟须重视并妥善解决。这些问题既有欠发达地区普遍存在的共性问题，比如城镇化水平低、制造业增加值比重低、产值结构和就业结构"倒挂"等，也有西藏自身面临的、具有地域特征的一些问题。

1. 市场规模小，财政能力薄弱

2019年西藏自治区常住人口350万人，地区生产总值1697亿元，创历史新高。然而从人口、财政收入等指标可以看出，西藏市场规模小，发展水平低，竞争力缺乏，各县（区）一般公共预算收入普遍不高，且公共预算支出基本上是公共预算收入的10余倍。人口规模小、经济总量少，限制了区域市场的进一步扩大；财政能力薄弱则制约了社会保障和基本公共服务水平的提升，使之较大程度上依赖转移支付和对口支援。

2. 产业关联度较低，县域经济辐射带动能力偏弱

值得注意的是，现代工业并不是西藏传统经济自然演化的结果，而是呈嵌入式的发展特征，其第二产业、第三产业与第一产业的关联度较低，第一产业为现代经济部门提供的支持微弱。产业结构、农牧业生产条件等因素的影响，使得西藏农牧业发展水平较低，现代经济部门与传统经济部门在一定程度上呈现相互孤立、绝缘的特征。这不仅不利于西藏三次产业的融合发展，也不利于

第一产业发展新业态、延长价值链。而且，西藏县域经济辐射带动能力偏弱，多数区县缺乏规模以上产业，民营经济发育较为迟缓，对农牧民的就业带动和周边地区的辐射效果不尽理想。

3. 城镇化水平低，人口分布呈高度集中态势，县域发展还很不平衡

受自然地理等因素制约，西藏自治区的城镇化水平还很低，2019 年其常住人口城镇化率只有 31.50%，比全国平均水平低 29 个百分点，大量人口生活在乡村，以从事农牧业生产经营为主，西藏呈现出农牧业从业人口多、第一产业产值低的"倒挂"特点。西藏的人口分布呈高度集中态势，大量人口集中在"一江两河"流域，该流域包括拉萨、山南与日喀则等人口集中、经济发达地区，该区域只占西藏全域面积的 5%，但人口却占全区总人口的 40% 以上。人口分布高度集中也在一定程度上加剧了西藏县域经济发展的不平衡性，县域竞争力排名前十的区县主要集中在拉萨、林芝、山南和那曲地区，阿里地区垫底。

五　关于西藏工业化的几点思考

2020 年 8 月 28～29 日，中央第七次西藏工作座谈会在北京召开。习近平总书记在讲话中强调，面对新形势新任务，必须全面贯彻新时代党的治藏方略，坚持统筹推进"五位一体"总体布局，协调推进"四个全面"战略布局，坚持稳中求进工作总基调，铸牢中华民族共同体意识，提升发展质量，保障和改善民生，推进生态文明建设，加强党的组织和政权建设，确保国家安全和长治久安，确保人民生活水平不断提高，确保生态环境良好，确保边防巩固和边境安全，努力建设团结富裕文明和谐美丽的社会主义现代化新西藏[1]。习近平总书记的重要讲话具有很强的政治性、思想性、理论性，是指导新时代西藏工作的纲领性文献。

结合中央会议精神，我们就西藏"十四五"及今后时期的工业化提几点建议。基本方向上，西藏工业化的推进需认真贯彻落实习近平总书记重要讲话

---

① 习近平：《全面贯彻新时代党的治藏方略　建设团结富裕文明和谐美丽的社会主义现代化新西藏》，中国共产党新闻网，http://jhsjk.people.cn/article/31841590。

精神、正确处理"十三对关系"①，巩固脱贫攻坚成果，做大、做优、做强七大产业，切实加强生态环境保护，稳步推进基本公共服务均等化，进一步提高城镇化质量，不断增强西藏各族人民群众的获得感、幸福感。

1. 提倡"适度工业化"，推进西藏七大重点产业高质量发展

青藏高原特殊的地理和气候条件决定了其生态系统非常脆弱，一旦被破坏，恢复起来非常困难，而且地缘、民族等方面的特殊性，也决定了西藏工业化不能通过常规路径实现，而应提倡"适度工业化"，共抓大保护、不搞大开发。当一以贯之统筹好经济社会发展与生态环境保护，在保护好生态环境基础上，做大、做优、做强七大产业。一是做大、做优、做强高原生物产业。打造青稞、牦牛、奶牛、藏羊、藏猪、藏药材等高原生物产业基地和区域品牌，积极发展林草产业，进一步提高农畜产品加工综合转化率。二是做大、做优、做强旅游文化产业。降低游客进藏成本，提高旅游便利性，深化文旅融合，发展文创产业，培育"旅游+"新业态，推动旅游业从门票经济向全产业链转变。三是做大、做优、做强清洁能源产业。加快重点水电站项目和清洁能源基地建设，加快地热、风电、光伏项目建设。四是做大、做优、做强绿色工业。加快工业领域绿色体系建设，推进天然饮用水品牌整合，大力发展民族手工业和藏医药产业。五是做大、做优、做强现代服务业。大力发展普惠金融，推进金融服务便利化。大力拓展仓储物流、家政养老、文化娱乐、健康餐饮等产业，积极发展服务贸易。六是做大、做优、做强高新数字产业。加快信息和数字技术运用，助推教育医疗、社会治理、政务服务等，推进北斗卫星和5G应用示范，实现农牧区电商服务全覆盖。七是做大、做优、做强边贸物流业。降低物流成本，推进拉萨、日喀则国家物流枢纽建设，加快现代商贸物流向农牧区延伸。完善边境贸易设施建设，优化外贸结构，扩大自产产品出口。

2. 强化产业集聚区和重点城镇引领带动作用，持续推进区域协调发展

以产业集聚区为主要依托，以提升绿色发展和智能化改造、体制机制改革为主要途径，围绕七大重点产业延链、补链、强链，推进一个地市一个特色核心园区建设，大力培育特色产业集群，引导企业增品种、提品质、创品牌，不

① 自2016年以来，西藏自治区党委提出了正确处理好"十三对关系"这一贯彻习近平总书记关于治边稳藏重要论述的根本工作方法。

断提升产业集聚区的引领带动能力。深化国家新型城镇化试点建设，完善城镇基础设施，推进极高海拔地区生态搬迁，加快提高常住人口城镇化率。推进拉萨山南一体化，加强藏中河谷经济带建设。强化重点城镇引领带动作用，做大、做优、做强县域经济。酌情发展以旅游产业为主导的小城镇，统筹城乡劳动力流动、人口布局优化与基础设施规划建设，促进城乡劳动就业一体化和城乡建设一体化，以此加大城镇对农牧区的辐射带动作用。试点推进边疆明珠小镇建设，发展沿边经济带。强化藏东地区门户连通功能，加强与四川、云南的经济联系和协同发展。强化藏西北主体功能区建设，密切北向青海、甘肃、新疆、宁夏的经济联系，加强区域协作。

3. 持续保障和改善民生，不断提升经济社会发展成果的共享水平

一是努力做好就业工作。动态消除城镇零就业家庭，促进农村转移劳动力就近就地就业，加大对大中专毕业生、就业困难人员、贫困家庭劳动力、返乡创业农民工等重点群体的就业创业扶持力度，深入实施职业技能提升行动，不断提高农牧民的职业技能和就业能力。二是优先发展教育事业。完成高中阶段普及攻坚，深化产教融合、校企合作，推进西藏大学等重点院校内涵式发展，大力发展职业教育。充分发挥社会教育资源效能，完善特殊教育、在职教育和农牧民教育体系。三是健全城乡医疗卫生服务体系。推进县级医院、乡镇卫生院、村卫生室布局优化和提升改造，完善分级诊疗制度，提升危重症救治能力。加快藏医药健康技术和产品研发，完善食品药品标准和检验检测体系，提高妇幼健康保障能力，提升医疗人才"组团式"援藏效能。四是推进城乡公共文化服务体系建设。办好文化产业园区，加快智慧广电、融媒体建设，打造思想文化教育和政策法规宣介平台，夯实基层文化阵地。推动公共文化传承市场化载体建设，支持文化类社团发展。适当以政府购买服务的方式引导文化类社团承担乡村公共文化服务任务，建立健全适合新时代特征的文化传播激励机制。

4. 把生态文明建设摆在更加突出的位置，着力打造生态文明高地

切实按照习近平总书记在中央第七次西藏工作座谈会上强调的，把生态文明建设摆在更加突出的位置，守护好高原的生灵草木、万水千山，把青藏高原打造成为全国乃至国际生态文明高地。实行最严格的生态环境保护制度，严格资源开发监管，深入实施生态安全屏障保护与建设工程，加大水资源和森林、

草原、湿地、荒漠生态系统保护力度。推进建立生态环境分区管控体系，优化布局生态环境监测网络，建立健全环境保护网格化系统，实施网格化监测，打通从环境监测到环境监管的通道。探索完善生态补偿方式，研究形成森林、流域、湿地等不同类型生态系统服务价值的核算方法和核算技术规范，将有关指标作为实施地区生态补偿和绿色发展绩效考核的重要内容。

参考文献

《2018 年西藏统计年鉴》，2019。

《2019 年西藏自治区国民经济和社会发展统计公报》，2020。

习近平：《全面贯彻新时代党的治藏方略　建设团结富裕文明和谐美丽的社会主义现代化新西藏》，http：//www. xinhuanet. com/politics/leaders/2020 - 08/29/c_ 1126428221. htm。

大西北地区工业化进程

Industrialization Process of Northwest

B.32
大西北地区

　　大西北地区包括陕西省、甘肃省、青海省以及宁夏回族自治区、新疆维吾尔自治区、内蒙古自治区六个省级行政单位，常住人口 12888.94 万人，占全国总人口的 9.21%[①]；地域面积 426.6 万平方公里，占全国土地面积的 44.26%[②]。大西北地区地形地貌多样，同印度、巴基斯坦、阿富汗、塔吉克斯坦、吉尔吉斯斯坦、哈萨克斯坦、俄罗斯、蒙古国八个国家接壤，是我国少数民族聚居最为集中的地区之一。大西北地区经济社会发展水平整体较低，不同地区存在明显差异，工业化和城镇化进程相对滞后。经过"十三五"期间的持续发展，大西北地区的工业化进程已经由工业化中期的后半阶段进入工业化后期的前半阶段。目前，相较于全国平均水平，大西北地区的工业化水平依然不高，在九大区域的排名中依然存在提升空间。随着新时代推进西部大开发形成新格局等一系列举措的不断推出，以及西北地区在国家"一带一路"倡议中区位优势的不断彰显，大西北地区将迎来进一步加速工业化进程的新机遇。

---

① 全国和六地 2019 年统计公报。
② 民政部"中华人民共和国行政区划统计表"，不包括台湾省数据。

一 "十三五"大西北地区经济社会
发展基本情况

"十三五"时期，大西北地区三省三区经济社会转型发展持续提速，经济总量占全国的比重进一步提升。在地区生产总值方面，2019年，大西北六个省级行政单位地区生产总值达到72035.51亿元，占全国GDP的比重为7.27%，是2015年57297.31亿元的1.26倍；在人均地区生产总值方面，2019年，大西北六个省级行政单位人均GDP为9759.4美元，不仅显著高于大西南地区和中部地区，而且高于东三省，在九大区域中排名第6，排名较"十二五"期间上升1位。在进出口总额方面，2019年，大西北六个省级行政单位进出口总额为1000.91亿美元，较2015年的765.25亿美元增长了30.80%。在全社会固定资产投资方面，2019年，大西北六个省级行政单位社会固定资产投资总额为51178.29亿元，在2015年58567.80亿元的基础上降低了12.62%。在社会消费品零售总额方面，2019年，大西北六个省级行政单位社会消费品零售总额为26178.05亿元，在2015年19679.60亿元的基础上增加了33.02%。

"十三五"期间，大西北三省三区主动适应经济由高速增长阶段到高质量发展阶段的新常态，大西北地区经济高质量发展的产业支撑进一步巩固，有力地推动了大西北地区的工业化进程。在工业增加值方面，2019年，大西北地区总体工业增加值增加到23667.78亿元，较2015年的21834.1亿元增加了108.98%。依托各自优越的资源禀赋和坚实的产业基础，大西北地区能源化工、农牧加工、冶金建材、航空航天、装备制造、生物医药等优势产业不断发展壮大，在助推当地经济高质量发展的同时，为当地创造了大量就业岗位。其中，内蒙古自治区农牧业综合生产能力持续稳定，粮食生产能力基本稳定，畜牧业生产能力持续提高，农牧业结构不断优化，2019年，农牧业再获丰收，粮食产量达到730.5亿斤，肉类总产量257万吨；优势特色产业转型升级步伐加快，能源产业发展水平不断提升，新型化工产业积极发展，冶金建材工业持续优化做强，绿色农畜产品加工业大力发展，2019年，锡林郭勒至山东特高压配套煤电项目顺利推进，乌海赛思普非高炉冶炼项目开工建设，冶炼工艺由"碳冶金"向"氢冶金"转变；积极发展战略性新兴产业，不断发展壮大先进装备制造业，持续做大做强新材料产业，不断培育壮大生物产业，加快壮大煤炭清洁高效利用产业，加快发展新能源产业，持续发展节能环保产业，进一步培育电子信息产业，2019年，全区可再生能源并网装机达到4240万千瓦，占总装机的三分之一，国电投乌兰察布风电基地一期600万千瓦示范项目开工建设，该项目是全球陆上单体规模最大风电项目，全球首个5G无人驾驶矿用车在白云鄂博投入运行，显鸿科技"蒙芯"射频芯片应用在区内外交通、电力、物流等领域，计算机、通信和其他电子设备制造业增长58.6%，稀土化合物、石墨及碳素制品产量分别增长11.4%和9.6%；现代服务业加快发展，旅游业总收入增长12%，呼伦贝尔森林草原旅游列车正式运行。宁夏回族自治区积极实施农业提质增效工程，以"一特三高"为引领，聚焦"1+4"主导产业，加快发展现代农业，不断推进特色农业做优做强，截至2019年，全区建设高标准农田149万亩，粮食生产实现"十六连丰"、总产373万吨，特色优势产业占到农业总产值的87.4%；战略性新兴产业继续培育壮大，国家新能源综合示范区、西部新材料产业基地初步建成，装备制造业核心竞争力稳步提升，生物医药产业升级步伐持续加快，节能环保产业加快发展，截至2019年，全区新能源装机突破2000万千瓦，制造业和战略性新兴产业占比分别达64%和13%；现代服务业加快发展，商贸物流、现代金融、信息服务等生产性服务业发展迅速，医疗健康、养老托育、文化体育等生活性服务业快速发展，截至2019年，新培育5个现代服务业聚集区，2019年，沙坡头区成功创建国家全域旅游示范区，服务业对经济增长的贡献率超过50%。新疆维吾尔自治区稳粮、优棉、促畜、强果、兴特色农业提质增效工作持续推进，农业供给侧结构性改革持续深化，农业产业化步伐不断加快，农村经济稳步发展，2019年，新疆粮食总产量达1527.07万吨，实现区内平衡、略有结余；棉花总产量500.2万吨，占全国总产量的84.9%；猪肉、羊肉、禽肉产量160.6万吨；特色林果产量1729.44万吨。工业转型升级不断取得新成效，2019年，全部工业增加值为3861.66亿元，同比增长4.5%，规模以上工业企业利润623.36亿元，规模以上工业企业产品销售率达98.9%，完成工业品出口交货值135.32亿元，同比增长27.2%。服务业加快发展，旅游兴疆战略深入实施，商贸物流、电

子商务、育幼养老、文化体育、休闲娱乐等服务业快速发展，2019 年，新疆全年规模以上服务业企业实现营业收入 2263.9 亿元，同比增长 5.6%，营业利润 223.7 亿元，同比增长 20.5%，全年批发和零售业增加值 766.09 亿元，交通运输、仓储和邮政业增加值 953.72 亿元，住宿和餐饮业增加值 181.89 亿元，金融业增加值 1015.31 亿元，其他服务业增加值 3382.81 亿元。青海省高原特色现代生态农牧业持续壮大，农牧业综合生产能力不断提高，农牧业产业化水平稳步提升，新型现代农牧业经营体系基本形成，2019 年，农作物总播种面积 553.54 千公顷，粮食产量 105.54 万吨，达到近五年来最高，年末牛、羊、生猪、家禽存栏量分别为 494.61 万头、1326.88 万只、34.65 万头、149.38 万只，出栏量分别为 148.06 万头、804.43 万只、98.77 万头、498.19 万只，肉类产量 37.40 万吨；新型工业化大力推进，传统产业转型升级持续推进，战略性新兴产业不断发展壮大，工业新业态大力拓展，工业生产力布局持续优化，2019 年，全省完成 60 万吨煤炭去产能任务，制造业增加值增长 8.8%，循环工业增加值占比达到 60%，钾资源综合回收率提升到 75% 以上，新材料、新能源、装备制造业增加值分别增长 30.8%、8.9% 和 26.5%，高性能碳纤维项目落地，自主研发的 IBC 电池打破国外垄断，清洁能源发电量占比达 86.5%，集中式光伏装机居全国首位，外送清洁电量 166 亿千瓦时，布局国际互联网数据专用通道和根镜像服务器，建成青藏高原数据灾备中心等大数据项目，高原能效测试实验室落户青海；服务业大发展不断加快，旅游支柱产业不断做强，不断形成"一圈三线三廊道三板块"旅游发展格局，生产性服务业专业化水平不断提升，截至 2020 年，金融业增加值占生产总值的比重将达到 10% 左右，生活性服务业品质不断提高，全社会消费品零售总额将突破千亿元，"十四五"年均增长 10% 左右。陕西省特色优势产业持续壮大，能源化工产业进一步向高端化发展，传统产业改造提升力度不断加大。2019 年，陕西实施重点技术改造项目 127 个，13 家企业获国家级绿色工厂认定。淘汰煤炭落后产能，清理取缔"明盘""炮采"3700 多万吨；工业强基战略稳步推进，围绕新能源汽车、能源装备、航空、航天、机器人、轨道交通、电子信息等优势领域的核心基础零部件（元器件）、先进基础工艺、关键基础材料和产业技术基础等"四基"发展取得明显进展，制造业智能化水平不断提升；战略性新兴产业不断培育壮大，新一代信息技术、增材制造、新材料、生物技术、绿色环保等行业发展取得积极进展，2019 年，奕斯伟硅材料、华天集成电路等重大项目进入设备调试阶段，新舟700 飞机全面试制，C919 中机身数字化装配生产线首架机下线，战略性新兴产业增加值增长 8% 左右；服务业提质增效取得积极进展，金融、物流、信息服务、旅游、电子商务和商贸、健康养老等行业加快发展，2019 年，陕西省规上文化企业营业收入增长 20%，境内外游客和旅游总收入分别增长12.2% 和 20.3%；现代农业加快发展，农产品安全保障能力不断增强，现代农业经营体系进一步构建，农业产业化经营持续推进，农业科技和信息化水平不断提高，农产品质量安全监督体系基本构建，2019 年，陕西粮食产量1231 万吨，新增国家现代农业产业园 2 个；信息经济发展新空间不断拓展，"互联网＋"、大数据与云计算应用不断取得新进展，2019 年，陕西百度云计算中心、华为中国区运营商总部项目落户，5G 网络建设和规模化商用稳步推进。甘肃省工业提质增效和转型发展取得积极进展，传统优势产业质量和效益持续提升，战略性新兴产业不断培育壮大，工业结构调整和转型升级逐渐加快，2019 年，全省全部工业增加值 2319.7 亿元，比上年增长 4.9%。规模以上工业增加值增长 5.2%；服务业发展水平持续提升，传统服务业发展水平进一步提升，现代服务业加快发展，生产性服务业持续向专业化和价值链高端延伸，生活性服务业持续向精细和高品质转变，2019 年，大敦煌文化旅游经济圈完成规划并启动建设，敦煌市创建为首批国家全域旅游示范区；嘉峪关市成为中国地级市全面小康指数百强市；农业现代化进程持续加快，农业发展基础地位更加牢靠，国家绿色生态农产品生产加工基地建设持续推进，现代农业服务体系持续完善，2019 年，全省全年粮食产量 1163 万吨，蔬菜产量 1388.8 万吨，肉类产量 101.7 万吨。

"十三五"期间，国家持续推进西部大开发形成新格局，深入推动"一带一路"倡议落地，不断推出一系列政策举措，全方位支持大西北地区在新时代高质量发展。支持内蒙古深度参与中蒙俄经济走廊建设；支持宁夏建设"互联网＋医疗健康"示范；支持新疆加快丝绸之路经济带核心区建设；深入开展对青海等省藏族聚居区对口支援；支持陕西发挥综合优势，打造内陆开放高地和开发开放枢纽，充分发掘历史文化优势，发挥丝绸之路经济带重要通道、节点作用；支持甘肃等加快建设长江上游生态屏障，探索协同推进生态优

先、绿色发展新路径。

"十三五"期间，在国家西部大开发形成新格局等一系列政策举措的推动下，大西北地区传统基础设施和新型基础设施双轮驱动、双向发力，不断取得新进展。在内蒙古，开启建设呼和浩特至银川客运专线、包头至西安客运专线（包榆段）、齐齐哈尔至海拉尔至满洲里客运专线、集宁至大同客运专线、巴彦浩特至银川铁路、绥满高速公路（海拉尔至满洲里段）、锡林浩特至张家口铁路、乌兰浩特至阿尔山铁路，进行集通铁路电气化改造、集宁至二连浩特铁路电气化改造，建设通辽扎鲁特至山东青州特高压外送电通道；在宁夏，加速建设环县至海原铁路；在新疆，建设伊宁至巴仑台铁路、乌鲁木齐至伊宁铁路、中巴铁路（国内段）、中吉乌铁路（国内段）、G318精河至阿拉山口高速公路、G7巴里坤至木垒高速公路、G3012疏勒经叶城至墨玉高速公路（二期）；在青海，建设西宁城市轨道交通1号线；在陕西，加速建设陕西省米字形高铁网、陕西省运输机场、国际航空物流枢纽、西安港；在甘肃，建设大兰州城际综合快速路网，进行兰新铁路陇海铁路既有线路改造建设定西至平凉至庆阳铁路等基础设施。

"十三五"期间，大西北地区城乡居民生活水平和质量进一步提升，民生保障力度不断迈上新台阶。实施农村人居环境改善工程，修订完善县域乡村建设规划和村庄规划，加强乡村规划管理；实施村庄亮化工程，全面推进农村垃圾治理，促进农村整体风貌改善提升；加强农村供水供电供气设施建设，全面推进城乡用电同网同价；加快推进农村地区散煤清洁化替代工作，配套实施农网改造，大力推广以电代煤做法；巩固提升农村饮水安全，推动城镇供水管网向农村延伸，有序推进农村生活污水治理；加强农村文化建设，建设和谐文明乡村，推进美丽乡村标准化试点；就业质量不断提升，城乡居民收入水平稳步提高，社会保障体系更加健全。

"十三五"期间，大西北地区深入贯彻"两山"精神，持续加强生态环境保护工作，不断取得新成绩。实施重大生态工程，对25°以上陡坡耕地、严重沙化耕地、严重污染耕地以及重要水源地15～25°坡耕地实施退耕还林还草；加快建设河西走廊、天山北坡谷地、南疆河谷荒漠绿洲防风固沙林和黄土高原保水固土林；在西北地区和内蒙古开展工程固沙治沙和封禁保护工作。加大生态环境保护力度，加大黄河上游生态修复与保护工作力度，启动实施黄河白银段和宁夏段、甘肃"两江一水"（白龙江、白水江、西汉水）、渭河源头等生

态环境综合治理工程；对天山北坡、吐（鲁番）哈（密）盆地、河西走廊等
地区实施地下水保护和超采漏斗区综合治理。

表1 1995～2019年大西北地区经济总量及其占全国比重的变化趋势

单位：亿元，%

年份	内蒙古	陕西	甘肃	青海	宁夏	新疆	大西北地区	占全国比重
1995	857.06	1036.85	557.76	167.80	175.19	814.85	3609.51	5.94
2000	1539.12	1804.00	1052.88	263.68	295.02	1363.56	6318.26	6.37
2005	3905.03	3933.72	1933.98	543.32	612.61	2604.19	13532.85	7.32
2006	4944.25	4743.61	2276.70	648.50	725.90	3045.26	16384.22	7.57
2007	6423.18	5757.29	2702.40	797.35	919.11	3523.16	20122.49	7.57
2008	8496.20	7314.58	3166.82	1018.62	1203.92	4183.21	25383.35	8.08
2009	9740.25	8169.80	3387.56	1081.27	1353.31	4277.05	28009.24	8.22
2010	11672.00	10123.48	4120.75	1350.43	1689.65	5437.47	34393.78	8.57
2011	14359.88	12512.30	5020.37	1670.44	2102.21	6610.05	42275.25	8.64
2012	15880.58	14453.68	5650.20	1893.54	2341.29	7505.31	47724.60	8.83
2013	16916.50	16205.45	6330.69	2122.06	2577.57	8443.84	52596.11	8.84
2014	17770.19	17689.94	6836.82	2303.32	2752.10	9273.46	56625.83	8.79
2015	17831.51	18021.86	6790.32	2417.05	2911.77	9324.80	57297.31	8.36
2016	18128.10	19399.59	7200.37	2572.49	3168.59	9649.70	60118.84	8.12
2017	16096.21	21898.81	7459.90	2624.83	3443.56	10881.96	62405.27	7.60
2018	17289.22	24438.32	8246.07	2865.23	3705.18	12199.08	68743.10	7.64
2019	17212.5	25793.17	8718.30	2965.95	3748.48	13597.11	72035.51	7.27

资料来源：《中国统计年鉴》相关年份；2019年数据来源全国及各地2019年统计公报。

二 大西北地区工业化水平评价

表2提供了2019年大西北地区与全国和其他地区各项工业化水平指标的
数据，表3列示了1995年、2000年、2005年、2010年、2015年和2019年大
西北地区、大西南地区、西部和全国工业化水平评价结果的比较情况。基于以
上两个表，对大西北地区工业化水平进行分析。

表2　大西北地区工业化的原始数据（2019年）

单位：美元，%

地区		人均GDP	产业产值比			制造业增加值占比	城镇化率	产业就业比		
			一	二	三			一	二	三
全国		11759.0	7.1	39.0	53.9	61.6	60.6	26.1	27.6	46.3
九大区域	京津冀	13742.1	4.5	28.7	66.8	66.7	66.7	23.2	29.4	47.4
	环渤海	13790.7	5.7	33.8	60.5	57.0	64.3	25.5	32.3	42.2
	长三角	20361.9	3.2	40.8	55.9	60.4	73.0	12.5	42.0	45.5
	长江经济带	12243.4	6.7	40.0	53.3	54.8	60.6	30.0	29.4	40.7
	珠三角	15465.9	5.2	42.0	52.8	71.2	69.5	21.9	36.5	41.3
	中部地区	8750.1	7.8	43.6	49.1	48.5	55.7	32.6	29.6	37.8
	大西北	9759.4	10.1	40.6	49.4	46.0	56.3	42.9	16.1	36.3
	大西南	8360.5	11.4	36.5	52.1	51.0	52.9	42.5	21.1	36.4
	东三省	9526.9	13.2	34.4	52.4	51.4	63.2	33.7	20.5	45.8
大西北地区	内蒙古	12424.5	10.8	39.6	49.6	41.8	63.4	42.8	16.8	40.4
	陕西	11546.8	7.7	46.5	45.8	51.2	59.4	38.1	15.9	38.0
	甘肃	5700.2	12.1	32.8	55.1	45.0	48.5	53.9	15.4	23.0
	青海	8674.9	10.2	39.1	50.7	41.0	55.5	33.4	21.1	45.5
	宁夏	9840.0	7.5	42.3	50.2	39.6	59.9	51.1	18.7	30.2
	新疆	8999.7	13.1	35.3	51.6	37.2	51.9	40.9	14.4	44.7

资料来源：参见附录一。

表3　大西北地区工业化进程：分项及综合得分（1995~2019年）

年份	地区	人均GDP	产业产值比	工业结构	城镇化率	产业就业比	综合得分	工业化阶段
1995年	全国	0	32	18	0	17	12	二（Ⅰ）
	西部	0	13	11	0	0	5	二（Ⅰ）
	大西北	0	12	5	0	0	4	二（Ⅰ）
	大西南	0	14	15	0	0	6	二（Ⅰ）
2000	全国	0	47	23	10	22	18	二（Ⅱ）
	西部	0	27	7	0	0	8	二（Ⅰ）
	大西北	0	25	1	2	1	6	二（Ⅰ）
	大西南	0	29	11	0	0	9	二（Ⅰ）

年份	地区	人均GDP	产业产值比	工业结构	城镇化率	产业就业比	综合得分	工业化阶段
2005	全国	20	57	73	21	33	41	三（Ⅰ）
	西部	2	41	18	8	11	16	二（Ⅱ）
	大西北	8	40	10	11	11	16	二（Ⅱ）
	大西南	0	41	24	6	12	16	二（Ⅱ）
2010	全国	60	66	100	33	51	66	四（Ⅰ）
	西部	45	56	76	19	27	50	三（Ⅱ）
	大西北	57	60	46	24	28	49	三（Ⅰ）
	大西南	39	52	98	16	27	51	三（Ⅱ）
2015	全国	82	100	91	53	69	84	四（Ⅱ）
	西部	71	59	58	31	31	58	三（Ⅱ）
	大西北	78	63	39	38	35	58	三（Ⅱ）
	大西南	67	57	72	29	30	58	三（Ⅱ）
2019	全国	95	100	100	67	72	92	四（Ⅱ）
	西部	79	63	55	47	38	65	三（Ⅱ）
	大西北	84	66	53	54	38	66	四（Ⅰ）
	大西南	76	61	56	43	38	64	三（Ⅱ）

资料来源：参见附录二。

从人均GDP指标看，2019年大西北地区人均GDP为9759.4美元，低于全国平均水平11759.0美元，在九大区域中居中下游位置，高于中部地区、大西南地区和东三省。2019年大西北地区人均GDP相当于全国平均水平的83%，2015年相当于全国平均水平的90%，2010年相当于全国平均水平的90%，说明大西北地区人均GDP与全国平均水平的相对差距稳中有升，这种转变符合经济发展新常态预期，说明大西北地区更加注重推进工业化进程的质量和效益。2019年，该指标的工业化评分为84，处于工业化后期的后半阶段，是2019年大西北地区评分中最高的工业化指标。

从产业产值比指标看，2019年大西北地区的三次产业结构为

10.1∶40.6∶49.4,其中,第一产业产值比高于全国平均水平3个百分点,第二产业产值比高于全国平均水平1.6个百分点,第三产业产值比低于全国平均水平4.5个百分点。这说明大西北地区的产业结构仍处于转型期,第三产业产值比需继续增加。2019年,该指标的工业化评分为66,显著低于全国平均水平,在九大区域中居中下游位置,处于工业化后期的前半阶段。

从工业结构指标看,2019年大西北地区制造业增加值占比为46.0%,显著低于全国平均水平61.6%,在九大区域中居末位。2019年,该指标的工业化评分为53,处于工业化中期的后半阶段。从历年的情况来看,2010年大西北地区的工业结构指标的工业化评分为46,2015年大西北地区的工业结构指标的工业化评分为39,2019年大西北地区的工业结构指标的工业化评分显著提高,说明虽然大西北地区制造业增加值占比在九大区域中排名末位,但"十三五"时期仍然实现了较大进步。

从城镇率指标看,2019年大西北地区城镇化率为56.3%,低于全国平均水平4.3个百分点,仅高于大西南地区和中部地区。2019年,该指标的工业化评分为54,处于工业化中期的后半阶段。纵向来看,2010年城镇化率评分为24,2015年城镇化率评分为38,2019年城镇化率评分达到54,逐年递增趋势突出,说明"十三五"时期大西北地区的城镇化进程呈现加速推进的态势。

从产业就业比指标看,2019年大西北地区第一、二、三产业就业人数的比重为42.9∶16.1∶36.3,其中,第一产业就业比重高于全国平均水平16.8个百分点,第二产业就业比重低于全国平均水平11.5个百分点,第三产业就业比重低于全国水平10个百分点。2019年,该指标的工业化评分为38,处于工业化中期的前半阶段,是大西北地区评分最低的工业化指标。这说明大西北地区第一产业就业人员比重过高,第二产业和第三产业就业人员比重过低的问题仍然存在。

总体来看,2019年大西北地区的工业化水平综合指数为66,处于工业化后期的前半阶段。图1对2019年大西北地区与全国的工业化分项指标得分及综合指数得分情况进行了对比。如图所示,大西北地区工业化水平的各个指标均低于全国平均水平。产业产值比、工业结构和产业就业比三个指标与全国平均水平的差距比较大，人均 GDP 和城镇化率指标与全国平均水平的差距较小。这说明，"十三五"期间，大西北地区人均收入过低问题有所缓解，城镇化进程加速推进，但受资源禀赋、发展基础等综合因素影响，大西北地区服务业发展缓慢、制造业比较落后、农业就业人口比重高等成为其工业化进程中面临的主要障碍。

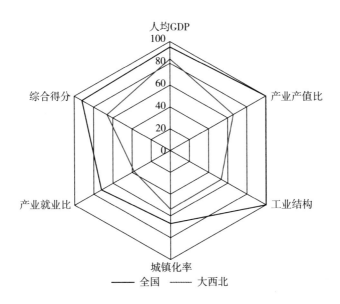

图 1　2019 年大西北地区工业化雷达图

三　大西北地区工业化进程的特征

根据大西北地区的工业化水平评价结果和经济社会发展状况的变化，"十三五"期间，大西北工业化进程的基本特征如下。

1. 工业化进程稳步推进，但与全国平均水平差距较大

2019 年，大西北地区工业化指数为 66，在九大区域中位列第 8，总体处于工业化后期的前半阶段。与全国相比，大西北地区工业化指数明显低于全国平均水平，仅高于大西南地区。与"十二五"相比，大西北地区工业化进程由工业化中期的后半阶段向工业化后期的前半阶段转变，工业化

指数排名从末位提前1位到第8位，实现了排名的提高。甘肃、新疆等省区工业化水平明显滞后于全国平均水平，是大西北地区工业化水平提升的主要阻力。陕西的工业化水平与全国平均水平的差距在合理区间，处于工业化后期的前半阶段，是大西北地区推进工业化进程的排头兵。内蒙古、青海、宁夏的工业化水平相近且处于中间位置。与全国其他区域相比，特别是与珠三角、长三角等发达地区相比，大西北地区的工业化水平还存在很大差距（见表4）。

表4　1995～2019年大西北地区工业化指数

年份		1995			2000			2005		
地区		工业化指数	工业化阶段	全国排名	工业化指数	工业化阶段	全国排名	工业化指数	工业化阶段	全国排名
全国		14	二（Ⅰ）	—	26	二（Ⅱ）	—	49	三（Ⅰ）	—
九大区域	珠三角	23	二（Ⅱ）	4	44	三（Ⅰ）	3	70	四（Ⅰ）	3
	长三角	40	三（Ⅰ）	1	62	三（Ⅱ）	1	83	四（Ⅱ）	1
	京津冀	34	三（Ⅰ）	2	48	三（Ⅰ）	2	71	四（Ⅰ）	2
	环渤海	27	二（Ⅱ）	3	42	三（Ⅰ）	4	70	四（Ⅰ）	3
	长江经济带	—	—	—	—	—	—	—	—	—
	中部地区	6	二（Ⅰ）	6	12	二（Ⅰ）	6	28	二（Ⅱ）	6
	东三省	22	二（Ⅱ）	5	34	三（Ⅰ）	5	44	三（Ⅰ）	5
	大西北	4	二（Ⅰ）	8	9	二（Ⅰ）	7	24	二（Ⅱ）	7
	大西南	6	二（Ⅰ）	6	9	二（Ⅰ）	7	22	二（Ⅱ）	8
大西北地区	内蒙古	4	二（Ⅰ）	21	12	二（Ⅰ）	20	36	三（Ⅰ）	12
	宁夏	11	二（Ⅰ）	15	14	二（Ⅰ）	16	32	二（Ⅱ）	17
	青海	7	二（Ⅰ）	19	14	二（Ⅰ）	16	27	二（Ⅱ）	19
	陕西	10	二（Ⅰ）	17	14	二（Ⅰ）	16	28	二（Ⅱ）	18
	甘肃	15	二（Ⅰ）	11	11	二（Ⅰ）	22	19	二（Ⅱ）	26
	新疆	5	二（Ⅰ）	21	16	二（Ⅰ）	15	24	二（Ⅱ）	22

年份		2010			2015			2019		
地区		工业化指数	工业化阶段	全国排名	工业化指数	工业化阶段	全国排名	工业化指数	工业化阶段	全国排名
全国		69	四（Ⅰ）	—	84	四（Ⅱ）	—	92	四（Ⅱ）	—
九大区域	珠三角	81	四（Ⅰ）	4	94	四（Ⅱ）	3	97	四（Ⅱ）	2
	长三角	92	四（Ⅱ）	1	98	四（Ⅱ）	1	99	四（Ⅱ）	1
	京津冀	90	四（Ⅱ）	2	95	四（Ⅱ）	2	96	四（Ⅱ）	3
	环渤海	85	四（Ⅱ）	3	94	四（Ⅱ）	3	93	四（Ⅱ）	4
	长江经济带	—	—	—	87	四（Ⅱ）	5	89	四（Ⅱ）	5
	中部地区	60	三（Ⅱ）	6	70	四（Ⅰ）	7	75	四（Ⅰ）	6
	东三省	72	四（Ⅰ）	5	77	四（Ⅰ）	6	71	四（Ⅰ）	7
	大西北	51	三（Ⅱ）	8	58	三（Ⅱ）	9	66	四（Ⅰ）	8
	大西南	53	三（Ⅱ）	7	59	三（Ⅱ）	8	64	三（Ⅱ）	9
大西北地区	内蒙古	69	四（Ⅰ）	11	76	四（Ⅰ）	12	70	四（Ⅰ）	19
	宁夏	61	三（Ⅱ）	15	59	三（Ⅱ）	22	69	四（Ⅰ）	20
	青海	61	三（Ⅱ）	15	63	三（Ⅱ）	21	61	三（Ⅱ）	23
	陕西	56	三（Ⅱ）	21	70	四（Ⅰ）	16	79	四（Ⅰ）	13
	甘肃	45	三（Ⅰ）	26	43	三（Ⅰ）	28	51	三（Ⅱ）	26
	新疆	34	三（Ⅰ）	29	45	三（Ⅰ）	27	55	三（Ⅱ）	24

资料来源：参见附录二。

分指标看，2019 年，大西北地区人均 GDP 的工业化评分在九大区域中第 6 位，产业产值比的工业化评分在九大区域中排第 7 位，工业结构的工业化评分在九大区域中排第 9 位，城镇化率的工业化评分在九大区域中排第 7 位，产业就业比的工业化评分在九大区域中并列第 8 位。总体上讲，大西北地区各分项指标与珠三角、长三角、京津冀、环渤海等发达区域的差距比较大，与中部地区、大西南、东三省的差距相对较小（见表 5）。

表 5　2019 年九大区域工业化指标的比较

地区	人均 GDP	产业产值比	工业结构	城镇化率	产业就业比	综合得分	所处阶段
京津冀	100	100	100	81	77	96	四（Ⅱ）
环渤海	100	100	89	75	73	92	四（Ⅱ）
长三角	100	100	100	95	95	97	四（Ⅱ）
长江经济带	98	100	82	67	66	87	四（Ⅱ）

续表

地区	人均GDP	产业产值比	工业结构	城镇化率	产业就业比	综合得分	所处阶段
珠三角	100	100	100	87	79	97	四（Ⅱ）
中部地区	78	100	61	52	60	75	四（Ⅰ）
大西北	84	66	53	54	38	66	四（Ⅰ）
大西南	76	61	69	43	38	61	三（Ⅱ）
东三省	83	55	70	73	58	71	四（Ⅰ）

资料来源：参见附录二。

2. 工业化年均增速排名全国第一，与其他地区的差距有所减小

长期以来，大西北地区工业基础较差，工业化水平较低，局部地区工业化进程严重滞后。如表6所示，1995年，大西北地区工业化指数仅为4，2000年上升有限，"十五"和"十一五"期间，提高较快，2010年大西北地区工业化指数上升到51，为1995年的12.75倍，"十二五"期间继续增长，但是增长的速度有所缓和，2015年大西北地区工业化指数上升到58，为1995年的14.5倍，1995～2015年年均增长为2.7，明显低于同期全国平均增速3.6的水平，与大西南地区、东三省地区增速相当。2019年大西北地区工业化指数上升到66，为1995年的16.5倍，1995～2019年年均增长为4.1。分时期看，"十一五"期间是大西北地区工业进程推进最快的时期，2005～2010年工业化指数提高了33，年均增长6.6，低于中部地区、东三省和大西南地区；"十二五"期间大西北地区工业化进程迅速跌落，2010～2015年工业化指数提高了9，年均增长1.8，低于珠三角、中部地区和环渤海地区，与长三角和京津冀相当；"十三五"期间大西北地区工业化进程速度有所回升，2016～2019年工业化水平提高了8，与全国持平，增速在九个区域中排名第一。分省区看，陕西是大西北地区工业化水平最高的地区，新疆和甘肃是工业化水平比较低的地区，滞后于全国其他地区。

"十三五"期间，我国经济下行压力较大，各区域工业化进程加速不足，大西北地区工业化加速度为0.6，列九大区域第1位，表明大西北地区工业化道路进程加速，后劲十足，在全国工业化进程均放缓的前提下实现快速提升。从地区内部看，宁夏和甘肃的追赶趋势明显，其中，宁夏加速度最高，为2.9，列全国第1位，甘肃加速度为2.4，位列全国第2，新疆加速度为0.3，陕西、内蒙古、青海三省区处于减速状态，分别位列全国第12、第24、第14（见表7）。

表6 大西北地区的工业化速度

分组	地区	工业化进程（100分制）						1996～2019年	排名	年均增速									
		1995年	2000年	2005年	2010年	2015年	2019年			1996～2000年	排名	2001～2005年	排名	2006～2010年	排名	2011～2015年	排名	2016～2019年	排名
	全国	14	26	49	69	84	92	3.3	—	2.4	—	4.6	—	4.0	—	3.0	—	2.0	—
四大板块	中部	6	12	28	60	71	75	2.9	1	1.2	3	3.2	2	6.4	1	2.2	1	1.0	1
	东部	31	48	75	87	95	97	2.8	2	3.4	1	5.4	1	2.4	4	1.6	2	0.5	3
	西部	5	9	23	52	59	65	2.5	3	0.8	4	2.8	3	5.8	2	1.4	3	1.5	1
	东北	22	34	44	72	77	71	2.0	4	2.4	2	2.0	4	5.6	3	1.0	4	-1.5	4
九大区域	珠三角	23	44	70	81	94	97	3.1	1	4.2	2	6.0	1	2.2	7	2.6	1	0.8	4
	中部地区	6	12	28	60	70	75	2.9	2	1.2	6	3.2	5	6.4	1	2.0	2	1.3	2
	环渤海	27	42	70	85	94	93	2.8	3	3.0	3	5.6	2	3.0	6	1.8	3	-0.3	8
	京津冀	34	48	71	90	95	96	2.6	4	2.8	4	4.6	3	3.8	5	1.0	7	0.3	6
	大西北	4	9	24	51	58	66	2.6	4	1.0	7	3.0	6	5.4	4	1.4	4	2.0	1
	长三角	40	62	83	92	98	99	2.5	6	4.4	1	4.2	4	1.8	8	1.2	5	0.3	6
	大西南	6	9	22	53	59	64	2.4	7	0.6	8	2.6	7	6.2	2	1.2	5	1.3	2
	东三省	22	34	44	72	77	71	2.0	8	2.4	5	2.0	8	5.6	3	1.0	7	-1.5	9
	长江经济带	—	—	—	—	87	89	—	—	—	—	—	—	—	—	—	—	0.5	5
大西北六省区	内蒙古	4	12	36	69	76	70	2.8	11	1.6	16	4.8	4	6.6	6	1.4	20	-1.5	26
	陕西	10	13	28	56	70	79	2.9	5	0.6	24	3.0	14	5.6	13	2.8	3	2.3	4
	新疆	5	16	24	34	45	55	2.1	19	2.2	13	1.6	24	2	26	2.2	7	2.5	2
	甘肃	15	11	19	45	43	51	1.5	25	-0.8	31	1.6	24	5.2	15	-0.4	28	2	8
	青海	7	14	27	61	63	61	2.3	17	1.4	18	2.6	18	6.8	3	0.4	25	-0.5	22
	宁夏	11	14	32	61	59	69	2.4	15	0.6	24	3.6	8	5.8	12	-0.4	28	2.5	2

资料来源：参见附录三。

表7 中国各地区的工业化加速度

地区		1996~2000年平均增速	2001~2005年平均增速	2006~2010年平均增速	2011~2015年平均增速	2016~2019年平均增速	"十五"加速度	"十五"加速度排序	"十一五"加速度	"十一五"加速度排序	"十二五"加速度	"十二五"加速度排序	"十三五"加速度	"十三五"加速度排序
全国		2.4	4.6	4.0	3.0	2.0	2.2	—	-0.6	—	-1.0	—	-1.0	—
四大板块	西部	0.8	2.8	5.8	1.4	1.5	2.0	1	3.0	3	-4.4	3	0.1	1
	东部	3.4	5.4	2.4	1.6	0.5	2.0	1	-3.0	4	-0.8	1	-1.1	2
	中部	1.2	3.2	6.4	2.2	1.0	2.0	1	3.2	2	-4.2	2	-1.2	3
	东北	2.4	2.0	5.6	1.0	-1.5	-0.4	4	3.6	1	-4.6	4	-2.5	4
九大区域	大西北	1.0	3.0	5.4	1.4	2.0	2.0	2	2.4	4	-4.0	5	0.6	1
	京津冀	2.8	4.6	3.8	1.0	0.3	1.8	5	-0.8	5	-2.8	4	-0.7	3
	长三角	4.4	4.2	1.8	1.2	0.3	-0.2	7	-2.4	6	-0.6	2	-0.9	5
	大西南	0.6	2.6	6.2	1.2	1.3	2.0	2	3.6	1	-5.0	8	0.1	2
	中部地区	1.2	3.2	6.4	2.0	1.3	2.0	2	3.2	3	-4.4	6	-0.7	3
	珠三角	4.2	6.0	2.2	2.6	0.8	1.8	5	-3.8	8	0.4	1	-1.8	6
	环渤海	3.0	5.6	3.0	1.8	0.3	2.6	1	-2.6	7	-1.2	3	-2.1	7
	东三省	2.4	2.0	5.6	1.0	-1.5	-0.4	8	3.6	1	-4.6	7	-2.5	8
	长江经济带	—	—	—	—	0.5	—	—	—	—	—	—	—	—
大西北六省区	新疆	2.2	1.6	2.0	2.2	1.0	-0.6	26	0.4	23	2.5	2	0.3	6
	陕西	0.6	3.0	5.6	2.8	2.3	2.4	8	2.6	17	-2.8	11	-0.5	12
	甘肃	-0.8	1.6	5.2	-0.4	2.0	2.4	8	3.6	7	-5.6	27	2.4	2
	内蒙古	1.6	4.8	6.6	1.4	-1.5	3.2	1	1.8	20	-5.2	26	-2.9	24
	青海	1.4	2.6	6.8	0.4	-0.5	1.2	17	4.2	3	-6.4	29	-0.9	14
	宁夏	0.6	3.6	5.8	-0.4	2.5	3.0	3	2.2	18	-6.2	28	2.9	1

资料来源：参见附录三。

随着工业化进程的加快，大西北地区与其他地区工业化水平的差距总体处于先扩大后缩小的态势。1995 年，大西北地区工业化综合指数相当于长三角的 14%、珠三角和环渤海的 24%；2015 年，大西北地区工业化综合指数相当于长三角的 59%、珠三角的 60%、环渤海的 63%；2019 年，大西北地区工业化综合指数相当于长三角的 68%、珠三角的 68%、环渤海的 73%。同时，大西北地区与发达地区工业化的绝对差距仍然很大。1995 年，大西北地区工业化综合指数与长三角相差 30，与珠三角相差 19，与环渤海相差 23；2015 年，大西北工业化综合指数与长三角相差 40，与珠三角相差 36，与环渤海相差 36；2019 年，大西北工业化综合指数与长三角相差 33，与珠三角相差 31，与环渤海相差 27，具体见表 8。

表 8　1995～2019 年西北地区与其他地区工业化水平的差距

项目	1995 年	2000 年	2005 年	2010 年	2015 年	2019 年
与全国差距	-10	-17	-25	-18	-26	-26
与京津冀差距	-30	-39	-47	-39	-37	-30
与环渤海差距	-23	-33	-46	-34	-36	-27
与长三角差距	-36	-53	-59	-41	-40	-33
与长江经济带差距	—	—	—	—	-29	-23
与珠三角差距	-19	-35	-46	-30	-36	-31
与中部地区差距	-2	-3	-4	-9	-12	-9
与大西南差距	-2	0	2	-2	-1	2
与东三省差距	-18	-25	-20	-21	-19	-5
大西北工业化综合指数	4	9	24	51	58	66

资料来源：参见附录三。

3. 工业结构和城镇化率对工业化进程的贡献增大，产业产值比和产业就业比调整潜力很大

"九五"期间，大西北地区工业化主要依靠产业产值比的贡献，是三次产业结构调整推动的结果，人均 GDP 增长、城镇化率和产业就业比对工业化的

贡献小，工业结构变化不但没有加速大西北地区的工业化进程，反而起到适得其反的作用。

"十五"期间，人均GDP增长、产业产值比和工业结构的调整对大西北地区工业化进程的贡献度较高。其中，人均GDP增长的贡献度达到57.60%，西部大开发带来的经济效果逐步显现出来，产业结构调整也是推动工业化水平提高的重要因素。相比之下，城镇化率和产业就业比两项指标的变化对工业化进程的贡献程度仍然很低。

"十一五"期间，大西北地区各项指标明显改善，人均GDP的提高和工业结构调整优化对工业化进程的贡献度分别达到41.33%和29.33%，是该时期推动地区工业化进程演进的主要力量。但是城镇化率和产业就业比指标的贡献度仍然较低，分别为5.78%和5.04%。

"十二五"期间，大西北地区各项指标变化明显，其中，人均GDP的进一步提升和城镇化率的提高对工业化进程的贡献度分别达到87.43%和24.00%，是该时间段工业化进程的主导贡献力量。同时，产业就业比对工业化进程的贡献有所上升，贡献度为8.00%，产业产值比和工业结构对工业化进程的贡献显著减少，其中工业结构对工业化进程的贡献度为负，抑制了大西北地区工业化发展。

"十三五"期间，大西北地区各项指标变化明显，其中，工业结构对工业化进程的贡献度达到38.50%，是这一时期工业化进程的主导贡献力量。同时，人均GDP和城镇化率对工业化进程的贡献率分别达到22.50%和24.00%，人均GDP对工业化进程的贡献率明显降低，城镇化率对工业化进程的贡献率保持稳定。产业产值比和产业就业比分别为8.25%和3.00%，对工业化进程的贡献比较小，是大西北地区工业化发展的主要阻力。

1996～2019年，人均GDP等五项指标对大西北地区工业化进程贡献程度的变化较大，"九五"期间，人均GDP、产业产值比对大西北地区工业化进程的贡献度较大；而"十三五"期间，工业结构、城镇化率对大西北地区工业化进程的贡献度较大。目前，大西北地区产业产值比、产业就业比水平不高，局部地区进展缓慢，上升空间很大（见表9）。

表9 1996～2019 年工业化指标对大西北工业化进程的贡献度

时期	人均GDP （%）	产业产值比 （%）	工业结构 （%）	城镇化率 （%）	产业就业比 （%）	工业化指数 累计增加值
"九五"	50.40	57.20	-17.60	4.80	1.60	5
"十五"	57.60	22.00	13.20	7.20	5.33	15
"十一五"	41.33	16.30	29.33	5.78	5.04	27
"十二五"	87.43	9.43	-22.00	24.00	8.00	7
"十三五"	22.50	8.25	38.50	24.00	3.00	8
1996～2019 年	48.77	19.16	1.55	10.45	4.90	62

资料来源：参见附录三。

四　大西北地区工业化推进存在的主要问题

尽管大西北地区在"十三五"期间工业化取得了突出的成绩，但是，大西北地区推进工业化进程依然存在一定的问题，主要体现在如下几个方面。

1. 工业化进程不断推进，但依然滞后于全国平均水平

"十三五"期间大西北地区的工业化进程不断推进，由工业化中期的后半阶段进入工业化后期的前半阶段，但是，同全国的平均水平相比，大西北地区的工业化水平依然相对滞后，低于全国的平均水平。因此，对于大西北而言，面临加速推进工业化进程的巨大压力，大西北各省区需要结合自身工业化进程的阶段性以及全国工业化的总体发展阶段，做好工业化进程的对标分析，不断补足短板，推进自身产业结构的优化升级，不断提升大西北地区的工业化水平。除此之外，西北地区不同省区的工业化进程存在极大的差异，大西北地区工业化进程的推进不能一蹴而就，大西北各省区在推进工业化进程的过程中，需要同自身的工业化的实际阶段相匹配，才能科学推进工业化。

2. 生态环境脆弱，对于工业化进程快速推进约束明显

大西北地区地形地貌复杂多样，由于人口较少、大部分地区水量较少，大西北地区总体的生态环境较为脆弱，从而导致在推进工业化过程中所需要做出的环境考量更多，推进工业化进程过程中的环境成本相对更高，最终使大西部地区的工业化进程受到当地生态环境脆弱性的极强约束。尤其

是对于新疆、内蒙古、甘肃、青海等地区，荒漠化等问题依然是萦绕在当地工业化进程之上的"达摩克利斯之剑"。为此，大西北地区在推进工业化进程过程中务必将生态环境保护作为重中之重，在此基础上深度推进工业化进程。

3. 大西北地区区域差别明显，不平衡问题严重

大西北地区区域差异明显，不仅存在严重的城乡不平衡问题，而且也存在不同地区之间的经济社会发展水平的多样性。一方面，大西北地区新疆、宁夏、内蒙古为少数民族区域自治地区，而陕西、甘肃、青海尽管局部地区分布较多的少数民族，但是不是少数民族省份。另一方面，大西北地区地域面积广阔，人口相对稀少，导致大西北地区不同地域存在极大的差异。除此之外，大西北地区不同省区的经济社会发展水平不同，因此，不同地区所面临的经济发展问题不一样，并且，各地拥有的资源禀赋也表现出较大的差异，因此，在推进大西北不同地区的经济发展过程中也需要将不同地区的差异性进行深入的考量。

4. 大西北产业数字化、数字产业化潜力巨大，战略性新兴产业、高端制造业发展依然是高质量发展的短板

大西北地区数字经济发展整体处于相对落后的水平，因此，不仅产业数字化的水平依然没有达到较高的水平，而且数字产业化的潜力也没有完全发挥；这就导致大西北地区的相关产业的数字化的渗透程度普遍不高。与此同时，西北地区传统产业增加值占比较高，而战略性新兴产业、高端制造业的发展却举步维艰，大西北地区的经济发展质量有待进一步提升。

五 进一步推动大西北地区工业化进程的建议

为了积极应对大西北地区工业化进程中的相关问题，建议大西北地区各省区可结合自身的实际情况，以如下四个方面为重点，切实推动大西北地区的工业化进程。

1. 持续咬定工业化的基础性任务不放松

大西北地区要结合工业化进程的基本任务，切实开展工作，通过工业化进程基本任务的完成来推动自身的工业化进程，比如，大西北地区要积极推进数

字经济对于传统产业的数字化转型。再如，大西北地区要着力通过提高经济发展质量、积极推进产业结构的高级化的过程来为工业化进程的推进打下坚实的基础。除此之外，大西北地区还要积极推进战略性新兴产业、高端制造业的发展，从而不仅成为工业化进程的重要组成部分，而且也成为推进各行业提高发展质量的重要基础。

2. 做好生态环境保护不放松

随着我国经济社会发展的推进，我国居民的生产生活条件不断提升，在这种情况下，从宏观视角来看，我国社会主要矛盾发生了根本性的变化，已经从人民日益增长的物质文化需求同落后的社会生产之间的矛盾转变为人民日益增长的美好生活需要和不平衡不充分的发展之间的矛盾。在此背景下，我国居民对于生态环境的关注不断深刻，我国需要顺应经济社会发展阶段性的需求，积极做好生态环境保护工作，为当地创造绿水青山。

3. 积极推动区域协同发展不放松

推动区域协同发展需要做好如下几方面的工作。一是将大西北地区作为一个整体，从总体的视角对大西北地区进行战略布局，推动各个省区结合自身的优势以及产业基础，分别发展不同的行业，从而打造形成大西北地区的高效产业联动，并将大西北地区融入整个中国经济大循环过程。二是大西北地区各省区要对自身内部的区域经济不平衡问题投以高度的关注，在制定区域发展战略的过程中，各省区尤其要关注对于不同的区县经济社会发展个性问题，推动各省区内部各县市的经济社会均衡发展。三是要做好城乡协调发展。通过对大西北地区各省区的城乡发展状况进行考察可以看到，西部地区均存在严重的城乡差异问题。下一步，大西北地区需要做好城乡差异的评估工作，并且通过科学规划城乡发展，推动城乡差异问题的解决。

4. 围绕高质量发展相关产业不放松

高新技术企业、新产业新动能、战略性新兴产业、高端制造业等相关产业的发展是经济高质量发展的根基，推进大西北地区的工业化进程需要围绕高质量发展下功夫，从而积极引领大西北地区的工业化进程。不仅如此，积极推进大西北地区的经济高质量发展也是积极融入国内经济、做好"一带一路"建设工作参与的重要组成部分，从而放在更广泛的平台推进大西北地区的高质量发展。

参考文献

《2020 年甘肃省人民政府工作报告》，2020。

《2020 年内蒙古自治区人民政府工作报告》，2020。

《2020 年宁夏回族自治区人民政府工作报告》，2020。

《2020 年青海省人民政府工作报告》，2020。

《2020 年陕西省人民政府工作报告》，2020。

《2020 年新疆维吾尔自治区人民政府工作报告》，2020。

刘少生、胡雅南、陈湘敏：《"新"潮澎湃　行稳致远　天津推进高质量发展调研行》，《新湘评论》2019 年第 24 期。

任保平：《西部大开发新格局"新"在何处》，《中国发展观察》2020 年第 11 期。

新华社：《中共中央国务院关于新时代推进西部大开发形成新格局的指导意见》，http：//www. gov. cn/zhengce/2020 - 05/17/content_ 5512456. htm。

B.33

陕西省

围绕"同步够格全面建成小康社会,'三个陕西'建设迈上更高水平"的总体目标,陕西省在持续提升经济发展质量效益的基础上,不断推进经济中高速增长、切实提高人民生活水平和质量。经过"十三五"时期的快速发展,陕西省已经进入工业化后期的前半段阶段。不过,陕西省当前的工业化水平依然落后于全国平均水平。下一步,在全面建成小康社会的基础上,陕西省需要持续推进产业结构升级,不断提升工业化发展水平,为实现2030年基本迈入高收入省份行列的目标努力。

一 "十三五"陕西省经济社会发展基本情况

陕西省土地面积为21万平方公里,占全国土地面积的2.18%。截至2019年末,陕西省全省人口达到3876.21万人,占全国总人口的比例为2.77%。地区生产总值为25793.17亿元,占全国GDP的比重为2.60%;人均地区生产总值为11546.8美元,是全国平均水平的98.19%,是大西北地区平均水平的1.18倍。

"十三五"期间,陕西省综合经济实力又取得长足的进步。陕西省地区生产总值从2015年的18021.86亿元上升到2019年的25793.17亿元,地区生产总值年均增长速度为7.4%。2019年,陕西省人均地区生产总值由2015年的9363.3美元提高到11546.8美元,人均地区生产总值年均增长速度为5.38%。在财政收入方面,以2019年为例,陕西省财政一般预算收入和支出分别为2287.73亿元和5721.56亿元,分别是2015年的1.11倍和1.31倍。具体来看,2019年,陕西省社会保障和就业支出1920.1亿元,是2015年的3.04倍;教育支出为1467.40亿元,是2015年的1.94倍;固定资产投资总额为26556.63亿元。

"十三五"期间,陕西省产业结构优化升级步伐进一步加快,产业结构调整不断取得新成效。以2019年为例,当年三次产业占比分别为7.7∶46.5∶45.8,较2015年的8.9∶50.4∶40.7持续优化,战略性新兴产业增加值增长8%左右,全年共申请专利92087件,获授权专利44101件,其中发明专利9843件,实用新型专利26574件,外观设计专利7684件。

"十三五"期间,陕西省基础设施建设取得新成就。截至2019年,陕西省建成安康新机场。继续推进西安地铁和西延、延榆、西十、西康高铁建设,建成西银高铁。建成太白至凤县、清涧至子长、安康至岚皋、平利至镇坪等12条高速公路。加快引汉济渭、东庄水利枢纽、古贤水利枢纽、泾河综合治理、榆林"马镇引黄"等水利工程建设。加强5G网络基础设施建设。

"十三五"期间,陕西省城镇化水平稳步提升,城镇化建设质量不断提高。截至2019年,陕西省城镇化率达到59.4%,较2015年增长了5.5个百分点。2019年,全省完成重点示范镇、文化旅游名镇投资163.72亿元,关中平原城市群建设稳步推进,汉中、商洛成功创建国家森林城市。

"十三五"期间,陕西省城乡区域发展更趋协调。陕西省西部创新港建成投用,国家增材制造创新中心成功揭牌,渭南、韩城两地入选国家级工业资源综合利用基地。陕北资源利用、产业转型、新旧动能转换速度持续加快,煤炭分质利用、煤油气综合利用等一批优质项目快速推进,榆林象道国际物流园区等项目建成投运。旅游业发展取得新进展,延安革命纪念地景区获评国家5A级景区。陕南绿色循环发展态势良好,生物医药、装备制造、绿色有机食品、生态康养等产业链延长、智能化水平不断提高。

"十三五"期间,陕西省居民生活水平进一步提升,社会保险保障力度不断加大。2019年,全省居民人均可支配收入24666元,其中,城镇居民人均可支配收入36098元,为2015年26420元的1.37倍,农村居民人均可支配收入12326元,为2015年8689元的1.42倍。城乡居民相对收入差距持续缩小,2019年,全省城乡居民收入比为2.93∶1,较2015年的3.04∶1进一步下降。全年城镇新增就业46.09万人,城镇登记失业率3.23%,处于较低水平。2019年,陕西省参加城镇职工养老保险、城镇职工医疗保险、失业保险、工伤保险、生育保险人数分别有1080.73万人、712.87万人、426.36万人、577.41万人和

454.53 万人；纳入城市低保 11.68 万户，共计 21.57 万人，纳入农村低保 35.23 万户，共计 85.66 万人；农村特困人员救助涉及人员 12.34 万人。

二 陕西省工业化水平评价

表 1 报告了 1995 年、2000 年、2005 年、2010 年、2015 年和 2019 年陕西省各项工业化指标的数据，并与大西北、西部和全国的平均水平进行比较；表 2 列出了同期陕西省工业化水平评价结果及其与全国、西部和大西北地区的比较情况。

表 1　陕西省工业化主要指标（1995~2019 年）

单位：美元，%

年份	地区	人均GDP	产业产值比			制造业增加值占比	城镇化率	产业就业比		
			一	二	三			一	二	三
1995	全国	1857.8	20.5	48.8	30.7	30.7	29.0	52.2	23.0	24.8
	西部	1203.2	27.7	40.6	31.6	26.6	17.0	64.0	15.1	20.9
	大西北	1321.4	28.3	39.0	32.7	23.3	23.2	60.6	16.2	23.2
	陕西	1134.8	22.7	40.6	36.7	31.4	20.5	59.5	19.2	21.2
2000	全国	2681.4	15.9	50.9	33.2	33.7	36.2	50.0	22.5	27.5
	西部	1823.9	22.3	41.5	36.2	24.2	28.7	61.7	12.9	25.4
	大西北	1998.7	23.0	40.5	36.5	20.5	31.4	59.6	12.9	27.5
	陕西	1723.4	16.8	44.1	39.1	25.9	32.3	55.7	16.5	27.8
2005	全国	4144.1	12.6	47.5	39.9	52.0	43.0	44.8	23.8	31.4
	西部	2834.5	17.7	42.8	39.5	30.9	34.6	54.8	15.0	30.2
	大西北	3225.5	18.0	42.7	39.3	26.0	36.6	55 0	13.5	31.5
	陕西	2855.2	11.9	50.3	37.8	27.6	37.2	50.8	18.5	30.7
2010	全国	6902.1	10.1	46.8	43.1	60.4	49.9	36.7	28.7	34.6
	西部	5260.9	13.1	50.0	36.9	52.3	41.3	47.7	19.7	32.6
	大西北	6220.8	11.8	52.2	36.0	42.4	44.7	47.1	19.6	33.3
	陕西	6078.8	9.8	53.8	36.4	44.6	45.7	43.9	25.0	31.2
2015	全国	9835.6	8.9	40.9	50.2	57.6	56.1	28.3	29.3	42.4
	西部	7944.7	12.0	44.6	43.4	47.7	48.7	45.7	20.9	33.4
	大西北	8846.6	10.8	46.7	42.5	41.7	51.6	44.0	19.8	36.2
	陕西	9363.3	8.9	50.4	40.7	48.6	53.9	38.1	25.8	36.1

续表

年份	地区	人均GDP	产业产值比			制造业增加值占比	城镇化率	产业就业比		
			一	二	三			一	二	三
2019	全国	11759.0	7.1	39.0	53.9	61.6	60.6	26.1	27.6	46.3
	西部	8832.7	11.0	37.9	51.1	49.3	54.1	42.6	19.5	36.4
	大西北	9759.4	10.1	40.6	49.4	46.0	56.3	42.9	16.1	36.3
	陕西	11546.8	7.7	46.5	45.8	51.2	59.4	38.1	15.9	38.0

资料来源：参见附录一。

表2　陕西省工业化进程：分项及综合得分（1995～2019年）

年份	地区	人均GDP	产业产值比	工业结构	城镇化率	产业就业比	综合得分	工业化阶段
1995	全国	4	32	18	0	17	14	二（Ⅰ）
	西部	0	13	11	0	0	5	二（Ⅰ）
	大西北	0	12	5	0	0	4	二（Ⅰ）
	陕西	0	26	19	0	1	10	二（Ⅰ）
2000	全国	20	47	23	10	22	26	二（Ⅱ）
	西部	3	27	7	0	0	9	二（Ⅰ）
	大西北	7	25	1	2	1	9	二（Ⅰ）
	陕西	1	44	10	4	9	14	二（Ⅰ）
2005	全国	41	57	73	21	33	49	三（Ⅰ）
	西部	24	41	18	8	11	23	二（Ⅱ）
	大西北	31	40	10	11	11	24	二（Ⅱ）
	陕西	24	60	13	12	20	28	二（Ⅱ）
2010	全国	68	66	100	33	51	69	四（Ⅰ）
	西部	52	56	76	19	27	52	三（Ⅱ）
	大西北	62	60	46	24	28	51	三（Ⅱ）
	陕西	61	79	48	26	36	56	三（Ⅱ）
2015	全国	84	100	91	53	69	84	四（Ⅱ）
	西部	74	59	58	31	31	59	三（Ⅱ）
	大西北	79	63	39	38	35	58	三（Ⅱ）
	陕西	82	81	61	46	48	70	四（Ⅰ）
2019	全国	95	100	100	67	72	92	四（Ⅱ）
	西部	79	63	55	47	38	63	三（Ⅱ）
	大西北	84	66	53	54	38	66	四（Ⅰ）
	陕西	94	82	70	64	48	79	四（Ⅰ）

资料来源：参见附录二。

从人均收入指标看，2019 年陕西省人均 GDP 为 11546.8 美元，略低于全国平均水平 11759.0 美元，远高于西部平均水平 8832.7 美元和大西北平均水平 9759.4 美元。从纵向的历史数据来看，1995～2015 年，陕西省人均 GDP 持续低于全国平均水平的趋势没有变，但陕西省从 2005 年开始人均 GDP 超过西部平均水平，从 2015 年开始人均 GDP 超过大西北地区平均水平，说明陕西省人均 GDP 的增速快于西部和大西北地区，与全国平均水平的差距正在缩小。2019 年，该指标的工业化评分为 94，处于工业化后期的后半阶段，显著高于西部地区的 79 和大西北地区的 84，略低于全国的 95。

从三次产业产值指标看，2019 年陕西省三次产业结构为 7.7∶46.5∶45.8，其中，第一产业产值比重高于全国平均水平 0.6 个百分点，低于西部和大西北地区 3.3 个和 2.4 个百分点；第二产业产值比重持续高于全国、西部和大西北地区平均水平；第三产业比重分别低于全国、西部和大西北地区 8.1 个、5.3 个和 3.6 个百分点。自 2010 年以来，陕西省第一产业和第二产业比重持续下降，第三产业比重持续增长，基本符合工业化进程的一般特征。2019 年，该指标的工业化评分为 82，处于工业化后期的前半阶段，显著高于西部地区的 63 和大西北地区的 66，但低于全国的 100。

从工业结构指标看，2019 年陕西省制造业增加值占比为 51.2%，显著低于全国水平（61.6%），高于西部地区的 49.3% 和大西北地区的 46.0%。自 2000 年以来，陕西省制造业增加值占比持续增加，从 20.5% 增长到 51.2%，说明制造业在陕西省经济和社会发展中的作用越发重要，制造业的优势正在逐步释放。2019 年，该指标的工业化评分为 70，处于工业化后期的前半阶段，显著高于西部地区的 55 和大西北地区的 53，但低于全国的 100。

从城镇化率指标看，2019 年陕西省城镇化率为 59.4%，略低于全国水平的 60.6%，高于西部地区 5.3 个百分点，高于大西北地区 3.1 个百分点。从历史维度来看，陕西省城镇化水平持续提升，2015～2019 年城镇化率年均提高 1.4 个百分点，与全国平均水平的差距明显缩小。2019 年，该指标的工业化评分为 64，处于工业化中期的后半阶段，显著高于西部地区的 47 和大西北地区的 54，但低于全国的 67。

从三次产业就业结构看，2019 年陕西省第一、二、三产业就业人数的比重分别为 38.1、15.9 和 38.0，第一产业就业比重高于全国平均水平 12 个百分点，但低于西部地区和大西北地区的平均水平；第二产业就业比重均低于全国、西部地区和大西北地区平均水平；第三产业就业比重低于全国平均水平 8.3 个百分点，但高于西部地区和大西北地区的平均水平。2019 年，该指标的工业化评分为 48，处于工业化中期的前半阶段，显著高于西部地区的 38 和大西北地区的 38，但低于全国的 72。

综合来看，2019 年，陕西省工业化水平综合指数为 79，处于工业化后期的前半阶段。图 1 对 2015 年陕西省与全国工业化主要指标评价值及综合指数情况进行了对比。从动态比较看，2019 年陕西省的工业化水平综合指数分别比 1995 年、2000 年、2005 年、2010 年和 2015 年提高 69、65、51、23 和 9。从单向指标得分看，陕西省工业化各项指标得分均落后于全国平均水平，其中，人均 GDP 和城镇化率与全国平均水平差距非常小，但产业产值比、工业结构和产业就业比与全国平均水平还存在一定差距。

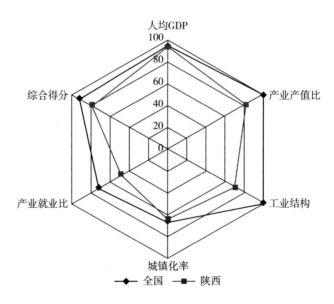

图 1　2019 年陕西省工业化雷达图

三　陕西省工业化进程的特征

从陕西省工业化水平的评价结果和陕西省经济社会的发展状况看，"十三五"期间陕西省工业化进程具有以下一些基本特征。

1. 工业化水平仍处于工业化后期前半段，与全国工业化平均水平的差距比较稳定

自"九五"以来，陕西省工业化水平实现了跨越式发展，工业化指数大幅度提升。如表3所示，"九五"末的2000年，陕西省工业化指数只有14，尚处于工业化初期的前半阶段；"十五"末的2005年，陕西省工业化指数提高到28，已经进入工业化初期的后半阶段；到"十一五"末的2010年，陕西省的工业化指数上升到56，已经进入工业化中期的后半阶段；到"十二五"末的2015年，陕西省的工业化指数提高到70，进入工业化后期的前半阶段；到"十三五"末的2019年，陕西省的工业化指数进一步提高到79，虽仍然处于工业化后期的前半阶段，但工业化水平保持稳步提升。25年来，陕西省实现了从工业化初期前半阶段向工业化后期前半阶段的跨越发展。与此同时，陕西省工业化指数与全国的差距保持稳定，2010年，陕西省工业化指数比全国平均水平低12；2015年陕西省工业化指数比全国平均水平低14；2019年，陕西省工业化指数比全国平均水平低13。此外，陕西省的工业化水平持续领跑西部地区和大西北地区，2019年，陕西省工业化指数分别比西部地区平均水平和大西北地区平均水平高14和13。

表3　1995～2019年陕西工业化指数排名变化情况

地区	1995年			2000年			2005年		
	工业化指数	工业化阶段	全国排名	工业化指数	工业化阶段	全国排名	工业化指数	工业化阶段	全国排名
全国	14	二（Ⅰ）	—	26	二（Ⅱ）	—	49	三（Ⅰ）	—
西部	5	二（Ⅰ）	4	9	二（Ⅰ）	4	23	二（Ⅱ）	4
大西北	4	二（Ⅰ）	8	9	二（Ⅰ）	7	24	二（Ⅱ）	7
陕西	10	二（Ⅰ）	17	14	二（Ⅰ）	16	28	二（Ⅱ）	18

续表

地区	2010 年			2015 年			2019 年		
	工业化指数	工业化阶段	全国排名	工业化指数	工业化阶段	全国排名	工业化指数	工业化阶段	全国排名
全国	69	四（Ⅰ）	—	84	四（Ⅱ）	—	92	四（Ⅱ）	—
西部	52	三（Ⅱ）	4	59	三（Ⅱ）	4	65	三（Ⅱ）	4
大西北	51	三（Ⅱ）	8	58	三（Ⅱ）	9	66	四（Ⅰ）	8
陕西	56	三（Ⅱ）	21	70	四（Ⅰ）	16	79	四（Ⅰ）	13

资料来源：参见附录二。

2. 工业化发展速度有所放缓，但领先全国、西部和大西北地区平均水平

从工业化速度来看，"十三五"时期，陕西省工业化水平综合指数年均增速为 2.3，明显慢于"十二五"时期的 2.8。不过，横向与全国、西部和大西北地区年均增速相比，陕西"十三五"时期工业化水平综合指数位列全国第4，年均增速明显快于全国、西部和大西北地区。"十三五"时期，陕西省工业化加速度为 -0.5，在全国排名第 11。

表4　陕西与各地区的工业化速度比较

地区	工业化进程（100 分制）						"十五"年均增速	"十一五"年均增速	"十二五"年均增速	"十三五"年均增速
	1995 年	2000 年	2005 年	2010 年	2015 年	2019 年				
全国	14	26	49	69	84	92	4.6	4.0	3.0	2.0
西部	5	9	23	52	59	65	2.8	5.8	1.4	1.5
大西北	4	9	24	51	58	66	3.0	5.4	1.4	2.0
陕西	10	13	28	56	70	79	3.0	5.6	2.8	2.3

资料来源：参见附录三。

表5　陕西省与全国、西部工业化加速度的对比

地区	2006～2010 年平均增速	2011～2015 年平均增速	2016～2019 年平均增速	"十二五"加速度	"十二五"加速度排序	"十三五"加速度	"十三五"加速度排序
全国	4.0	3.0	2.0	-1.0	—	-1.0	—
西部	5.8	1.4	1.5	-4.4	3	0.1	1
大西北	5.4	1.4	2.0	-4.0	5	0.6	1
陕西	5.6	2.8	2.3	-2.8	11	-0.5	11

资料来源：参见附录三。

3. 人均 GDP 对推动工业化的贡献最大，其他因素的推动作用呈现弱化态势

从表 6 可以看出，2016~2019 年，陕西省工业化指数累计只增加了 9。其中，产业就业比对工业化综合指数增长的贡献度为 0，是拖累陕西省工业化指数增长缓慢的主要因素；人均 GDP 对工业化水平综合指数增长的贡献度达到 48%，是推动陕西省工业化进程的主要因素和第一大动力；城镇化率和工业结构对工业化水平综合指数增长的贡献度分别为 24% 和 22%，是推动陕西省工业化的第二大和第三大动力；而产业产值比的贡献度为 2.44%，对工业化的推动作用微弱。从表 7 可以看出，与"十二五"时期相比，"十三五"时期陕西省工业化发展的推动因素呈现单一化态势，人均 GDP 对工业化的贡献最大，但其对工业化的推动力有所减弱，产业产值比的推动作用不足且有所减少，工业结构和城镇化率对工业化的推动作用在不断加强，产业就业比对工业化的推动作用可以忽略不计。

表 6　各项指标对陕西工业化水平综合指数增长的贡献度（2016~2019 年）

地区	人均 GDP（%）	产业产值比（%）	工业结构（%）	城镇化率（%）	产业就业比（%）	工业化指数累计增加值
全国	49.50	0.00	24.75	21.00	3.00	8
西部	30.00	14.67	22.00	32.00	9.33	6
大西北	22.50	8.25	38.50	24.00	3.00	8
陕西	48.00	2.44	22.00	24.00	0.00	9

资料来源：参见附录三。

表 7　不同时期各指标对陕西工业化水平综合指数增长的贡献度比较

时期	人均 GDP（%）	产业产值比（%）	工业结构（%）	城镇化率（%）	产业就业比（%）	工业化指数累计增加值
"九五"	9.00	99.00	-49.50	12.00	16.00	4
"十五"	59.14	25.14	4.71	6.86	6.29	14
"十一五"	47.57	14.93	27.50	6.00	4.57	28
"十二五"	54.00	3.14	20.43	17.14	6.86	14
"十三五"	48.00	2.44	22.00	24.00	0.00	9

资料来源：参见附录三。

四 陕西省工业化推进存在的主要问题

1. 产业结构不优，产业结构调整面临诸多挑战

产业结构的调整需要建立在坚实的产业基础之上，经过"十三五"期间的工业化进程的不断推进，陕西省三次产业结构更加合理，已经由 2015 年 8.9∶50.4∶40.7 转变为 2019 年的 7.7∶46.5∶45.8，第三产业占比进一步提升，第一产业和第二产业的比重均有所下降，显示陕西省产业结构不断优化。不过，相较于全国的产业结构以及先进国家的产业结构，陕西省的产业结构依然存在进一步优化空间，第三产业的占比有待进一步提升，从而形成更加优化的产业结构。然而，由于陕西省传统产业体量依然较大，传统产业的数字化转型依然没有根本实现，新产业、新业态、新模式等也正处于起步发展阶段，从而使得陕西省产业结构调整面临一定的约束，从而制约了陕西省产业结构的进一步调整和优化。

2. 战略性新兴产业、先进制造业体量偏小

经过"十三五"时期的发展，陕西省战略性新兴产业、先进制造业不断迎来大发展。根据陕西省统计局披露的数据，截至 2019 年，陕西省全省认定有效期内高新技术企业 4371 家；2019 年，战略性新兴产业增加值增长 8% 左右，7 家企业成功上市，其中科创板居中西部第一。然而，相较于经济发展的现实需求而言，陕西省医药制造、航空航天器及设备制造等战略性新兴产业、先进制造业的体量依然偏小。高质量发展建立在战略性新兴产业、先进制造业坚实的基础之上，陕西省战略性新兴产业较小的规模使其对于当地高质量发展的引领作用有限，尚不能成为引领当地经济高质量发展的新动能，陕西省需要加大战略性新兴产业、先进制造业的发展，推动形成当地经济社会发展的新动能。

3. 科技创新及成果转化的体制机制不够完善

"十三五"期间，陕西省加大科技创新力度，全方位推进科技成果转化，推动当地科研水平不断提升。以 2019 年为例，当年实施重点产业创新链 32 个、关键技术创新点 289 个，新增加的高新技术企业首次突破 1000 家，实施重点技术改造项目超过 100 家，为 127 家，可以说，陕西省科技创新和成果转

化取得很大成绩。然而，相较于陕西省经济社会发展而言，陕西省科技创新体制机制依然不够完善，主要表现为四个方面。第一，在企业研发投入层面，陕西省属地企业的研发投入依然不高，制约了企业的科技创新步伐。第二，在高新技术企业数量层面，尽管陕西省新增加高新技术企业较多，但是，陕西省高新技术企业存量依然偏少。第三，在企业创新活力方面，无论是高新技术企业，还是其他类型的市场主体，陕西省企业的创新活力依然不高。第四，从企业的发展规模来看，陕西省企业尤其是高新技术企业的发展规模整体还不大，制约了陕西省企业尤其是高新技术企业更好地发展。

4. 区域发展不均衡，城乡二元结构矛盾突出

"十三五"期间，陕西省秉承"强关中、稳陕北、兴陕南"的发展思路，着力解决当地区域发展不平衡问题，有力地推进了陕西省生产要素的自由流动以及三大区域的创新发展。然而，相较于陕西省工业化阶段的需求而言，陕西省区域发展不均衡的问题依然没有得到根本解决，陕西省城乡二元结构的矛盾依然突出。具体来看，一是陕西省关中、陕北、陕南三大区域的发展差距依然较大。以 2018 年为例，在关中，第三产业增加值占当地地区生产总值的比重为 49.4%，与之相比，陕北和陕南第三产业增加值占当地地区生产总值的比重不足 40%，分别为 31.3% 和 36%。二是陕西省县域经济发展不均衡。以 2018 年为例，陕西省 77 个县（市）中，排名前十的县（市）地区生产总值是排名后十位的县（市）地区生产总值的 16.6 倍。三是陕西省存在严重的城乡发展不均衡问题。以 2019 年为例，陕西省全省居民人均可支配收入为 24666 元，其中，城镇居民人均可支配收入为 36098 元，农村居民人均可支配收入为 12326 元，城镇居民人均可支配收入是农村居民人均可支配收入的将近 3 倍；并且，绝对差距依然有拉大趋势，2019 年，陕西省城镇居民人均可支配收入较上年增加了 2779 元，而农村居民人均可支配收入较上年仅增加 1113 元，城镇居民人均可支配收入增加的金额是农村居民增加金额的 2 倍多。

五　进一步推进陕西省工业化进程的建议

为了积极应对"十三五"期间陕西省工业化进程中依然存在的突出矛盾和问题，从而更好地推进陕西省的工业化进程、提升陕西省经济发展质量，建

议陕西省围绕如下几个方面进一步开展相关工作，推进陕西省经济社会更好地发展。

1. 以创新为重点，推动陕西省提升产业发展质量

以创新为重点，围绕推动陕西省产业高质量发展，着力开展如下几个方面工作。一是聚焦制造业，推动高质量发展。加大对传统产业的改造力度，继续发展和壮大新兴产业，做好关键元器件零部件、先进工艺、基础材料等的公关。加快发展高新技术的推广和应用，推动云大物智移等新兴产业的发展，以园区为抓手，打造产业链，加快建设航空产业综合示范区、新型显示产业园、新材料产业基地、增材制造基地、航空智慧新城等，培育一批制造业行业的龙头企业。二是聚焦服务业，推动服务业高质量发展。实施服务业创新发展行动，加快发展研究设计等高端生产性服务业，加快推动数字经济、数字服务业的发展，实现数字技术和传统产业的融合。加快推进文化旅游业的发展，持续引入数字娱乐等新业态、新模式。持续发展现代物流业，充分发挥国家物流枢纽承载城市的作用。加大金融业改革力度，加快提升陕西省上市公司质量。三是加强科技创新、提升科技的支撑作用。加快建设无人机、复合材料等创新平台建设，推进集成电路、卫星应用等重点产业创新，持续深化税收制度改革，形成有利于企业创新的税收制度。加大创新人才、团队的培育和引进力度，为陕西省经济高质量发展提供人才支撑。

2. 科学开展区域布局，形成与陕西省经济高质量发展相适应的区域布局

以建立科学的区域布局为重点，着力打造形成同陕西省经济高质量发展相适应的区域布局。一是将陕西省产业的区域布局同国家战略相适应。推动相关重大项目和政策上升为国家战略。做好黄河流域生态环境治理，进一步开展三北防护林、退耕还林、天然林保护等工作，主动融入新一轮西部大开发。二是做好陕西省区域发展格局的优化工作。在坚持生态保护红线和永久基本农田边界以及城镇开发边界的基础上，统筹推进关中地区、陕北地区和陕南地区的循环发展。三是加快做好陕西省县域经济的发展。以省级示范县域工业集中区及产业集群建设为突破口，鼓励和支持各县做好特色优势产业的打造工作。继续实施"百镇建设行动"，推进陕西省城乡融合发展。

3. 加大改革力度，打造陕西工业化进程新动能

以打造陕西省工业化快速发展的新动能为重点，加大改革开放力度。一方

面，加强重点领域的体制机制改革。围绕优化营商环境，做好"放管服"改革的深化，持续优化政府服务事项，分类推进国有企业改革，深化劳动、人事和分配改革。对于民营经济，加大对于民营企业的支持力度，做好对企业纾困基金的科学使用，加大对民营技术改造的支持力度。规范政企沟通机制，形成支持民营企业积极发展的亲清新型政商关系。另一方面，围绕"一带一路"倡议，做好五大中心建设，做好临空经济示范区建设，推进西部陆海新通道建设，加快发展进口商品交易分拨中心，推进陕西省跨境电子商务发展。充分发挥丝绸之路博览会等展会的平台作用和功能，围绕重点产业和产业链，做好产业链的打造。加大面向共建"一带一路"国家和地区的布局，通过项目建设、园区开发、"海外仓"建设等，推动陕西省出口产品市场的多元化。

参考文献

《2018 年陕西统计年鉴》，2019。

《2019 年陕西省国民经济和社会发展统计公报》，2020。

《2020 年陕西省人民政府工作报告》，2020。

陈艳：《同步够格全面建成小康社会　推动"三个陕西"建设迈上更高水平》，《陕西日报》2015 年 11 月 25 日。

王昕：《"三个经济"稳步推进　居民收入较快增长》，《西安日报》2020 年 3 月 1 日。

张端、刘雪妮：《去年　全省上下砥砺奋进干出来 6 大亮点　今年　陕西聚焦高质量发展紧抓 8 项工作》，http://www.xa.gov.cn/xw/xayw/5e1fbde2f99d65775039dbfa.html。

中国人民政治协商会议陕西省委员会：《砥砺奋进　谱写追赶超越新篇章》，《各界导报》2020 年 1 月 16 日。

B.34
甘肃省

甘肃省地处大西北内陆地区，长期以来，其工业化和城镇化进程相对滞后，经济发展水平不高，经济总体实力在全国 31 个省区市中处于比较靠后的位置。"十三五"时期，甘肃省工业经济发展较快，新能源等新兴产业成为增长的亮点，资源优势向经济优势转化的能力不断增强，但是仍停留在工业化中期的前半阶段。未来五年，在国家西部大开发战略的有力支持下，甘肃省将继续坚持走新型工业化道路，加速推动工业化进程，实现工业强省、产业富民、跨越发展。

一 "十三五"甘肃省经济社会发展基本情况

甘肃省土地面积 4.3 万平方公里，占全国土地面积的 4.46%①。2019 年，全省年末人口 2647.43 万人，占全国人口的 1.89%；地区生产总值为 8718.3 亿元，占全国 GDP 的 0.88%；人均地区生产总值 5700.2 美元，在全国范围处于较低水平，工业化进程已经由工业化中期的前半阶段进入工业化中期的后半阶段，工业化水平依然较低。

"十三五"期间，甘肃省经济运行保持总体平稳、稳中向好发展态势。同 2015 年相比，2019 年地区生产总值增加到 8718.3 亿元，是 2015 年地区生产总值的 1.28 倍，年均增长 6.45%；全社会固定资产投资总额 5835.44 亿元，较 2015 年有所下降。2019 年，甘肃省社会消费品零售总额 3700.3 亿元，较 2015 年增长了 1.27 倍，年均增长 6.21%；甘肃省外贸进出口总额 55.07 亿美元，较 2015 年有所下降；甘肃省一般预算财政收入 850.2 亿元，较 2015 年的 743.9 亿元，增加 0.14 倍，年均增长 3.40%。

---

① 不包括台湾省。

"十三五"期间，甘肃省新一轮西部大开发战略政策红利进一步释放。2019 年，定西安定区、临洮县成功创建国家现代农业产业园，张掖海升现代农业智能玻璃温室成为现代丝路寒旱农业及"一带一路"国际合作示范项目。兰州陆港型物流枢纽被列为首批国家物流枢纽，国际货运班列发运车数增长 50% 以上，新开运"金张掖"号中欧货运班列。对共建"一带一路"国家进出口占到外贸总值的一半以上。兰州新区获批国家外贸转型升级基地。

"十三五"期间，甘肃省产业结构持续优化。2019 年，甘肃全省三次产业结构已由 2015 年的 14.1 : 36.7 : 49.2 优化为 12.1 : 32.8 : 55.1。清洁能源快速发展，截至 2019 年，甘肃水电、风电、太阳能发电装机容量分别增加 943.1 万千瓦、1297.2 万千瓦和 921.5 万千瓦，弃风率由 2016 年的 43% 下降至 2019 年的 7.6%，弃光率由 2016 年的 30% 下降到 2019 年的 4.3%。

"十三五"期间，甘肃省新型城镇化建设推进力度持续增大。甘肃省全面放宽省会城市落户条件，全面放开中小城市落户条件，实现居住证制度全覆盖，加快农业转移人口市民化；截至 2019 年，甘肃省城镇人口增加为 1283.74 万人，常住人口城镇化率增加为 48.49%，较 2015 年的 43.2% 大幅提升。甘肃省全面落实因城施策调控房地产市场长效机制，建立和完善住房保障体系，持续推进城市棚户区、城中村、危旧住房、老旧小区改造；2019 年，甘肃省全年棚户区住房改造开工和基本完成数量分别达到 18.27 万套、12.35 万套，农村危房改造 3.92 万户。

"十三五"期间，甘肃省就业数量和质量稳步提升，城乡居民收入和社会保障水平持续提高。2019 年，甘肃省城乡居民人均可支配收入分别达到 32323.4 元和 9628.9 元，分别是 2015 年的 23767 元和 6936 元的 1.36 倍和 1.39 倍。2019 年，甘肃省全省就业人员 1549.45 万人，城镇就业和城镇新增就业分别为 656.66 万人、39.22 万人，城乡富裕劳动力转移 518.5 万人，城镇登记失业率为 3.0%，处于较低水平。2019 年，甘肃省全省共建各类社区养老机构、设施 7829 个，其中，社区服务中心、社区服务站、社区服务指导中心分别达到 589 个、2377 个和 13 个；截至 2019 年，甘肃省全省享受城市和农村居民最低生活保障的人数分别达到 40 万人和 138 万人，9.3 万人享受农村特困救助。

二 甘肃省工业化水平评价

表1报告了1995年、2000年、2005年、2010年、2015年和2019年甘肃省各项工业化指标的数据，并与大西北、西部和全国的平均水平进行比较；表2列出了同期甘肃省工业化水平评价结果及其与全国、西部和大西北地区的比较情况。

表1　1995~2019年甘肃省工业化主要指标

单位：美元，%

年份	地区	人均GDP	产业产值比			制造业增加值占比	城镇化率	产业就业比		
			一	二	三			一	二	三
1995	全国	1857.8	20.5	48.8	30.7	30.7	29.0	52.2	23.0	24.8
	西部	1203.2	27.7	40.6	31.6	26.6	17.0	64.0	15.1	20.9
	大西北	1321.4	28.3	39.0	32.7	23.3	23.2	60.6	16.2	23.2
	甘肃	886.4	20.0	46.7	33.3	40.2	17.8	58.4	17.5	24.1
2000	全国	2681.4	15.9	50.9	33.2	33.7	36.2	50.0	22.5	27.5
	西部	1823.9	22.3	41.5	36.2	24.2	28.7	61.7	12.9	25.4
	大西北	1998.7	23.0	40.5	36.5	20.5	31.4	59.6	12.9	27.5
	甘肃	1454.0	19.7	44.7	35.6	29.7	24.0	59.7	13.8	26.5
2005	全国	4144.1	12.6	47.5	39.9	52.0	43.0	44.8	23.8	31.4
	西部	2834.5	17.7	42.8	39.5	30.9	34.6	54.8	15.0	30.2
	大西北	3225.5	18.0	42.7	39.3	26.0	36.6	55.0	13.5	31.5
	甘肃	2156.6	15.9	43.4	40.7	32.7	30.0	57.2	13.7	29.1
2010	全国	6902.1	10.1	46.8	43.1	60.4	49.9	36.7	28.7	34.6
	西部	5260.9	13.1	50.0	36.9	52.3	41.3	47.7	19.7	32.6
	大西北	6220.8	11.8	52.2	36.0	42.4	44.7	47.1	19.6	33.3
	甘肃	3609.9	14.5	48.2	37.3	54.5	36.1	51.1	15.1	33.8
2015	全国	9835.6	8.9	40.9	50.2	57.6	56.1	28.3	29.3	42.4
	西部	7944.7	12.0	44.6	43.4	47.7	48.7	45.7	20.9	33.4
	大西北	8846.6	10.8	46.7	42.5	41.7	51.6	44.0	19.8	36.2
	甘肃	5144.1	14.1	36.7	49.2	46.4	43.2	58.0	16.1	25.9
2019	全国	11759.0	7.1	39.0	53.9	61.6	60.6	26.1	27.6	46.3
	西部	8832.7	11.0	37.9	51.1	49.3	54.1	42.6	19.5	36.4
	大西北	9759.4	10.1	40.6	49.4	46.0	56.3	42.9	16.1	36.3
	甘肃	5700.2	12.1	32.8	55.1	45.0	48.5	53.9	15.4	23.0

资料来源：参见附录一。

表2 甘肃省工业化进程：分项及综合得分（1995～2019 年）

年份	地区	人均GDP	产业产值比	工业结构	城镇化率	产业就业比	综合得分	工业化阶段
1995	全国	4	32	18	0	17	14	二（Ⅰ）
	西部	0	13	11	0	0	5	二（Ⅰ）
	大西北	0	12	5	0	0	4	二（Ⅰ）
	甘肃	0	33	34	0	4	15	二（Ⅰ）
2000	全国	20	47	23	10	22	26	二（Ⅱ）
	西部	3	27	7	0	0	9	二（Ⅰ）
	大西北	7	25	1	2	1	9	二（Ⅰ）
	甘肃	0	34	16	0	1	11	二（Ⅰ）
2005	全国	41	57	73	21	33	49	三（Ⅰ）
	西部	24	41	18	8	11	23	二（Ⅱ）
	大西北	31	40	10	11	11	24	二（Ⅱ）
	甘肃	10	47	21	0	6	19	二（Ⅱ）
2010	全国	68	66	100	33	51	69	四（Ⅰ）
	西部	52	56	76	19	27	52	三（Ⅱ）
	大西北	62	60	46	24	28	51	三（Ⅱ）
	甘肃	36	51	82	10	20	45	三（Ⅰ）
2015	全国	84	100	91	53	69	84	四（Ⅱ）
	西部	74	59	58	31	31	59	三（Ⅱ）
	大西北	79	63	39	38	35	58	三（Ⅱ）
	甘肃	51	53	44	22	4	43	三（Ⅰ）
2019	全国	95	100	100	67	72	92	四（Ⅱ）
	西部	79	63	55	47	38	63	三（Ⅱ）
	大西北	84	66	53	54	38	66	四（Ⅰ）
	甘肃	61	59	49	31	13	51	三（Ⅱ）

资料来源：参见附录二。

从人均收入指标看，2019 年甘肃省人均生产总值为5700.2 美元，远低于全国平均水平11759.0 美元，也显著低于西部地区的平均水平8832.7 美元和大西北地区的平均水平9759.4 美元。从纵向的历史维度来看，1995 年、2000

年、2005 年、2010 年、2015 和 2019 年甘肃省人均生产总值为全国平均水平的
47.7%、54.2%、53.3%、53.7% 和 48.5%，甘肃省人均生产总值长期低于全
国、西部地区和大西北地区的平均水平，且呈现下降的趋势。2019 年，该指
标的工业化评分为 61，处于工业化中期的后半阶段，显著低于全国的 95、西
部地区的 79 和大西北地区的 84。

从产业产值比看，2019 年甘肃省三次产业结构为 12.1∶32.8∶55.1，其中，
第一产业产值比重高于全国平均水平 5 个百分点，也高于西部地区和大西北地
区平均水平；第二产业产值比重低于全国平均水平 6.2 个百分点，也低于西部
地区和大西北地区平均水平；第三产业产值比重高于全国平均水平 1.2 个百分
点，也高于西部地区和大西北地区平均水平。2019 年，该指标的工业化评分
为 59，处于工业化中期的后半阶段，显著低于全国的 100，也低于西部地区的
63 和大西北地区的 66。

从工业结构指标看，2019 年甘肃省制造业增加值占比为 45.0%，低于全
国平均水平的 61.6%。从历史数据来看，甘肃省制造业增加值占比一直低于
全国平均水平，"十三五"时期与全国平均水平差距比较稳定，但是甘肃省制
造业增加值占比在"十二五"时期高于大西北地区平均水平，"十三五"时期
低于大西北地区平均水平，说明甘肃省在"十三五"时期的差距有拉大趋势。
2019 年，该指标的工业化评分为 49，处于工业化中期的前半阶段，显著低于
全国的 100，也低于西部地区的 55 和大西北地区的 53。

从城镇化率指标看，2019 年甘肃省城镇化率为 48.5%，分别低于全国平
均水平、西部地区平均水平和大西北地区平均水平 12.1 个、5.6 个和 7.8 个百
分点。这说明甘肃省推进城镇化进程的任务比较突出和艰巨。2019 年，该指
标的工业化评分为 31，处于工业化初期的后半阶段，显著低于全国的 67，也
低于西部地区的 47 和大西北地区的 54。

从产业就业比指标看，2019 年甘肃省第一、二、三次产业的就业比重为
53.9∶15.4∶23.0，其中，第一产业就业比重明显高于全国平均水平 27.8 个百
分点，分别高于西部地区平均水平和大西北地区平均水平 11.3 个和 11 个百分
点；第二产业就业比重明显低于全国、西部和大西北地区的平均水平，说明甘
肃省第二产业对就业的吸纳能力有限；第三产业也低于全国、西部和大西北地
区的平均水平，自 2010 年以来，甘肃省第三产业就业比重持续下滑，通过第

三产业促进就业还存在较大困难。

总体而言，2019 年甘肃省工业化综合指数为 51，处于工业化中期的后半阶段。图 1 对 2019 年甘肃省与全国工业化分项指标评价值及综合指数情况进行了对比。从历史比较来看，甘肃省 2019 年工业化水平综合指数分别比 1995 年、2000 年、2005 年、2010 年和 2015 年提高 36、40、32、6 和 8。"十三五"时期，甘肃省进入工业化中期后半阶段，但与全国、西部和大西北差距仍然较大。单向指标得分中，甘肃省工业化各项指标均落后于全国平均水平，且差距比较大。

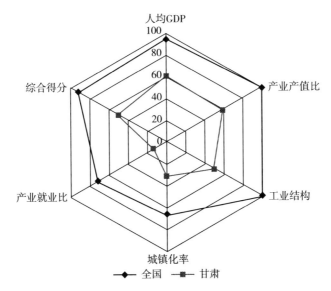

图 1　2019 年甘肃省工业化雷达图

三　甘肃省工业化进程的特征

根据甘肃省工业化进程的评价结果及对甘肃省经济社会发展状况的分析，可以发现"十三五"时期甘肃省的工业化进程具有如下特征。

1. 工业化进程落后于全国、西部和大西北地区的平均水平

1995～2019 年，甘肃的工业化水平一直处于较低水平。在"九五"期间，甘肃省工业化指数与全国的差距为 15；"十五"期间甘肃省与全国工业

化指数的差距扩大到 30;"十一五"时期甘肃省发展较快,与全国工业化指数的差距减小到 24;"十二五"期间甘肃省工业化指数与全国的差距再次扩大到 41;"十三五"期间,甘肃省工业化指数与全国的差距仍然保持在 41。不仅如此,"十三五"期间,甘肃省工业化指数仍然低于西部和大西北地区工业化水平综合指数。2019 年甘肃省工业化水平综合指数上升 2 个位次,位于全国第 26 位。

表3 甘肃工业化指数排名变化情况 (1995～2019 年)

地区	1995 年			2000 年			2005 年		
	工业化指数	工业化阶段	全国排名	工业化指数	工业化阶段	全国排名	工业化指数	工业化阶段	全国排名
全国	14	二(Ⅰ)	—	26	二(Ⅱ)	—	49	三(Ⅰ)	—
西部	5	二(Ⅰ)	4	9	二(Ⅰ)	4	23	二(Ⅱ)	4
大西北	4	二(Ⅰ)	8	9	二(Ⅰ)	7	24	二(Ⅱ)	7
甘肃	15	二(Ⅰ)	11	11	二(Ⅰ)	22	19	二(Ⅱ)	26

地区	2010 年			2015 年			2019 年		
	工业化指数	工业化阶段	全国排名	工业化指数	工业化阶段	全国排名	工业化指数	工业化阶段	全国排名
全国	69	四(Ⅰ)	—	84	四(Ⅱ)	—	92	四(Ⅱ)	—
西部	52	三(Ⅱ)	4	59	三(Ⅱ)	4	65	三(Ⅱ)	4
大西北	51	三(Ⅱ)	8	58	三(Ⅱ)	9	66	四(Ⅰ)	8
甘肃	45	三(Ⅰ)	26	43	三(Ⅰ)	28	51	三(Ⅱ)	26

资料来源:参见附录二。

2. 工业化进程提档加速,工业化发展势头强劲有力

"十三五"时期,甘肃省工业化水平综合指数年均增速与全国和大西北地区平均水平持平,高于西部地区工业化速度,全国排名第 8。"十一五"时期是甘肃省迅速发展的时期,工业化水平综合指数年均增速达到 5.2,然而,"十二五"时期,甘肃省工业化进程突然减速,工业化水平综合指数年均增速为 - 0.4,终于在"十三五"期间实现扭负为正,在世界发生复杂深刻变化和国内外经济下行压力加大的客观条件下,甘肃省仍旧保持了 2 的增长速度,实属不易。"十三五"时期,甘肃省工业化加速度为 2.4,在全国排名第 2,显示出强劲的工业化势头。

表4　甘肃与各地区的工业化速度比较（1995～2019年）

地区	工业化进程（100分制）						"十五"年均增速	"十一五"年均增速	"十二五"年均增速	"十三五"年均增速
	1995年	2000年	2005年	2010年	2015年	2019年				
全国	14	26	49	69	84	92	4.6	4.0	3.0	2.0
西部	5	9	23	52	59	65	2.8	5.8	1.4	1.5
大西北	4	9	24	51	58	66	3.0	5.4	1.4	2.0
甘肃	15	11	19	45	43	51	1.6	5.2	-0.4	2.0

资料来源：参见附录三。

表5　甘肃省与全国、西部工业化加速度的对比（2005～2019年）

地区	2005～2010年平均增速	2011～2015年平均增速	2016～2019年平均增速	"十二五"加速度	"十二五"加速度排序	"十三五"加速度	"十三五"加速度排序
全国	4.0	3.0	2.0	-1.0	—	-1.0	—
西部	5.8	1.4	1.5	-4.4	3	0.1	1
大西北	5.4	1.4	2.0	-4.0	5	0.6	1
甘肃	5.2	-0.4	2.0	-5.6	27	2.4	2

资料来源：参见附录三。

3. 人均GDP指标贡献最大，工业化各项指标发展水平显著改善

从表6可以看出，"十三五"期间，甘肃省工业化指数累计只增加了8，与"十二五"期间的增加值相同，其中，甘肃省各指标中对工业化贡献最大的是人均GDP，贡献度达到45.00%，这也是该指标从"九五"以来贡献度最高的时期，成为推动甘肃省工业化的最主要指标。产业产值比、工业结构和城镇化率对甘肃省工业化的贡献相差不大，分别为16.50%、13.75%和13.50%，是推动甘肃省工业化的第二大、第三大和第四大动力。相比来讲，产业就业比对推进甘肃省工业化进程的贡献度最小，为9.00%。从表7可以看出，"十三五"期间，推动甘肃省工业化的各项指标发展水平均显著改善，其中人均GDP、产业产值比和城镇化率均从"十二五"时期的负效应转为正效应，且涨幅非常明显。不过，工业结构对工业化的推动作用大幅度减少，产业就业比的贡献度大幅降低。

表6 各项指标对甘肃工业化水平综合指数增长的贡献度（2016~2019年）

地区	人均GDP（%）	产业产值比（%）	工业结构（%）	城镇化率（%）	产业就业比（%）	工业化指数累计增加值
全国	49.50	0.00	24.75	21.00	3.00	8
西部	30.00	14.67	22.00	32.00	9.33	6
大西北	22.50	8.25	38.50	24.00	3.00	8
甘肃	45.00	16.50	13.75	13.50	9.00	8

资料来源：参见附录三。

表7 不同时期各指标对甘肃工业化水平综合指数增长的贡献度比较

时期	人均GDP（%）	产业产值比（%）	工业结构（%）	城镇化率（%）	产业就业比（%）	工业化指数累计增加值
"九五"	0.00	-5.50	99.00	0.00	6.00	-4
"十五"	45.00	35.75	13.75	0.00	5.00	8
"十一五"	36.00	3.38	51.62	4.62	4.31	26
"十二五"	-270.00	-22.00	418.00	-72.00	64.00	-2
"十三五"	45.00	16.50	13.75	13.50	9.00	8

资料来源：参见附录三。

四 甘肃省工业化存在的主要问题

"十三五"期间，甘肃省充分发扬"人一之、我十之，人十之、我百之"的精神，按照同全国一道全面建成小康社会的要求，着力打造六大支撑，切实实施十大工程，有力地推进了甘肃省经济社会发展。但是，与此同时，由于国际国内形势复杂多变、甘肃省抗风险能力依然不足，甘肃省在推进工业化进程中还面临一定的问题，具体如下。

1. 甘肃省生态环保形势不容乐观

随着甘肃省"十三五"期间加大生态环境保护工作，甘肃省生态环境局部改善的势头持续推进。但是，由于甘肃省土地面积广阔，水资源区域分布不均衡，生态污染自然修复能力较弱，甘肃省生态环境总体恶化的趋势尚未得到根本扭转。甘肃省生态环境污染治理设施建设依然存在短板，相较于甘肃省生态环境污染治理需求而言，相对落后，部分地区生态环境污染依然存在死角，一些地方基层生态环境保护工作负责人员履职不到位，生态环境污染负面案例依然时有发生，甘肃省生态环境保护工作任重道远，做好生态环境治理工作依然不能有任何的松懈。

2. 甘肃省高质量发展新动力源依然没有切实建立

受到各类体制性、结构性因素的制约，甘肃省经济社会发展的潜力依然没有全面发挥，不仅各类投资增长后劲有所不足，而且各类市场主体的活力也有待进一步提升，从而使得甘肃省经济发展的新旧动能转化速度和效能依然不能全面发挥，在传统产业进一步发展面临"天花板"、战略性新兴产业的发展依然没有得到巩固的情况之下，甘肃省尚不能切实建立起高质量发展的新动力源。究其原因，在工业方面，甘肃省原材料工业的占比依然较高，并且表现为较短的产业链以及较低的产品层次；在新能源方面，尽管甘肃省新能源装机容量快速增长，但是受限于当地消纳能力不够，以及向外输送能力不足，甘肃省新能源产业的发展面临约束。与此同时，甘肃省重化工业等传统产业也面临严峻的产能过剩问题，传统产业的可持续性问题面临严峻挑战，甘肃省产业结构优化升级的要求更加迫切。为此，甘肃省需要进一步建立同高质量发展相适应的新的动力源，从而为经济高质量发展打下坚实的基础。

3. 甘肃省基础设施亟待提升

完善的基础设施是推进经济高质量发展、实现工业化加快发展的重要基础。经过"十三五"期间的基础设施建设热潮，甘肃省基础设施进一步完善，甘肃省基础设施对于当地经济社会发展的支撑作用不断发挥。然而，与甘肃省经济发展目标以及工业化进程不断加快的要求相比，甘肃省基础设施建设水平依然亟待提升，主要表现为：交通基础设施建设依然滞后，水利基础设施建设水平依然有待进一步提升，信息基础设施建设有待进一步加快等。在城市，一些城市的公共基础设施老化问题严重；在农村，农村水利基础设施也表现出老化问题；在县际互联互通方面，甘肃省县县通高速公路取得突出进展，但是，由于地域面积广阔，甘肃省县县通高速公路的质量和水平有待进一步提升；在市州层面，甘肃省市州通铁路在"十三五"期间取得突出成绩，但是，依然不能满足甘肃省经济社会发展对于铁路运力的需求，尤其是与作为"丝绸之路"经济带的重要区位相比，甘肃省市州通铁路有待进一步加速；在自然村

方面，村村通硬化路任务依然较为繁重，需要在未来经济社会建设进程中置于更加重要的地位。总体而言，甘肃省公共基础设施建设依然薄弱，对于经济社会发展的保障能力有待进一步提升。

4. 甘肃省营商环境有待进一步突破

"十三五"期间，甘肃省积极推进营商环境建设，甘肃省营商环境不断改善，市场主体的获得感进一步提升，在登记注册、获得电力、办理纳税、政府采购、跨境贸易等方面的手续大幅减少、费用不断降低、时间持续压缩。但是，相较于广大市场主体的需求以及相较于国内其他省份营商环境改善而言，甘肃省的营商环境建设还有待进一步突破。当前，甘肃省在优化企业营商环境的相关政策的执行和落实方面，还存在"中梗阻"，对于相关政策的执行"打折扣"问题也不同程度地存在，部分政策的落实和执行还存在"一刀切"的问题，不能较好地应对企业的个性化需求。不仅如此，部分一线干部、办事人员还存在不担当不作为的问题，乱作为的现象也不同程度地存在，这些均对企业的生产运营造成了一定的负面影响，不利于企业更好地发展。除此之外，甘肃省在优化企业营商环境方面的制度建设也存在不足，在关于企业营商环境治理体系和治理能力的建设方面也存在一定的不足，企业营商环境建设需要进一步突破。正是由于甘肃省营商环境建设依然需要进一步突破，甘肃省非公有制经济的发展潜力尚不能充分发挥；鉴于非公有制经济市场主体占所有市场主体的比重在90%以上，所以，营商环境建设的现状也使甘肃省市场主体发育面临约束。

五　进一步推动甘肃省工业化进程的建议

为了进一步推动工业化进程，建议甘肃省围绕五个方面继续开展工作，不断推动工业化进程取得更好的发展，具体如下。

1. 以黄河流域生态保护为重点，持续改善生态环境质量

以黄河流域生态保护为重点，切实做好环境保护工作，为甘肃省乃至全国工业化进程的推进奠定良好的生态环境基础保障。一是做好黄河生态环境治理工作。以工业污染源、城镇生活污染源、农业面源污染源和尾矿库污染源为重点，做好重点治理项目的生态环境保护工作，推进河道、滩区实现有效的治

理。二是加大生态环境的保护力度、做好生态环境破坏的修复工作。围绕"四屏一廊"、"两江一水"、祁连山、渭河源区等重点区域,加大生态环境的保护工作力度,形成自然保护地体系,进一步推广"八步沙"治沙经验,抓好固沙带建设。继续推进退耕还林、退耕还草、退牧还草等重点生态工程,做好生态环境修复。三是持续实施蓝天碧水净土工程。以工业、燃煤、机动车、扬尘等污染源的治理为关键,重点加大企业环境综合整治力度,持续加大对火电行业超低排放的改造力度。四是做好生态环境保护的制度建设。围绕生态环境治理,持续推出和实施河长制、湖长制、林长制等机制,推进河湖监测、水资源监测、水土保持和重大工程监测工作,推行跨区域生态补偿机制等。

2. 以推动产业基础高级化和产业链现代化发展为重点,构建更具竞争力的现代产业格局

以推动产业基础高级化和产业链现代化发展为重点,切实做好相关产业工作,构建形成更具竞争力的现代产业格局。一是聚焦于石油化工、装备制造、煤炭建材、有色金属等重点领域,大力推进智能化、数字化等改造工作,提升产业基础能力。二是以工业园区、产业园区为重点,着力打造特色产业集群,切实形成一批特色产业集群,比如,精细化工、石化通用装备、碳素新材料、集成电路、轨道交通装备等。三是支持打造一批"单打冠军"的龙头企业、富有创新力的中小微企业以及具有核心竞争力的高新技术企业,为甘肃省更具竞争力的现代产业格局打造提供产业支撑。四是加紧推进十大生态产业带动工程,包括推进丝绸之路能源综合示范基地建设、煤电化冶产业基地建设、电力外输和消纳工作、陇东煤炭生产基地建设、文化旅游景区建设、绿色生产产业园区建设、信息港建设等工作。五是全方位推进甘肃省创新发展。包括国家自主创新区建设、试验区建设、综合性国家科学中心等重大科技平台建设、"科技走廊"建设等。

3. 以重大工程项目建设为引领,夯实经济高质量发展的基础

以重大工程项目建设为突破口,为经济高质量发展打好基础。一是加快交通基础设施建设。持续做好银西铁路、中兰客专、兰州至张掖相关路段、酒泉至额齐纳铁路相关路段、兰州轨道交通2号线等工程建设工作,加快实施国家高速公路、省际高速公路以及普通高速公路的项目建设工作。二是加快重大水利工程建设工作。包括生态移民扶贫供水、引洮供水、白龙江饮水、引哈济党

等重点工程建设，加大对于甘肃盐碱地的治理工作。三是加快"数字甘肃"建设工作。做好5G网络基础设施建设，持续推进区块链产业布局，加快移动支付便民工程建设，大力推行"智慧政务"。以三个方面的重大工程项目为引领，为甘肃省经济高质量发展提供不竭动力。

4. 以优化营商环境为重点，持续推动微观主体活力释放

围绕优化企业注册登记、税收办理、产权保护、政府采购、跨境贸易等营商环境内容，切实做到营商环境优化，形成各类所有制企业公平发展和竞争的基本市场格局，持续推动微观主体活力释放。一是继续加大国资国企改革力度。制定和实施国企改革三年行动方案，推动混合所有制改革，优化国有资本布局，推行混合所有制企业员工持股制度，做好国有企业离退休人员的社会化管理工作，加大对传统优势产业、基础设施行业、公用事业企业的改革力度，形成一批混合所有制企业，加快建立现代企业制度。二是千方百计鼓励民营经济发展。围绕拖欠民营企业中小企业账款、民营企业和中小企业融资难融资贵首贷难等问题，积极推进"金政企""银税互动"等机制，缓解中小企业、民营企业融资难题。做好企业家财产和人身安全的保护工作，稳定中小企业、民营企业的预期。三是深化推进降成本工作。围绕中小企业、民营企业要素投入成本、人工成本、税收成本、社保成本等，优化体制机制，最大限度地降低企业运营成本，增强企业竞争力。四是深化推进"放管服"改革，全面推行政务"一站式"服务，精简审批环节，简化办事流程，推行行政许可，提升群众和企业办事满意度。五是积极推进城镇气暖等价格改革，深化集体产权等改革，加强工人队伍、技术技能工人队伍建设工作。

5. 深度参与"一带一路"建设，加快构建对外开放新格局

甘肃省要以"一带一路"建设为契机，结合自身的区位优势，深度参与"一带一路"建设工作，以"一带一路"建设的深度参与，实现自身工业化进程的加快推动，形成甘肃省对外开放的新格局，从对外开放中提升自身的工业化建设水平。一是充分参与和发挥"一带一路"建设对于甘肃省的联动效应，做好甘肃省文化、枢纽、技术、信息、生态五个制高点建设工作，通过"一带一路"建设加强同中亚、东南亚、南亚等相关国家的合作，拓展对外开放的深度和广度，巩固甘肃国家空中物流枢纽地位，加快打造成为国家多式联运综合体试点省份、加快建立"一带一路"进口商品集散地分拨中心，活跃甘

肃省口岸经济。二是推进对外贸易的高质量发展。加快推进中国甘肃自由贸易试验区建设工作，着力打造兰州新区、国家级经开区、国家级高新区、海关特殊监管区域等平台，培育甘肃省外贸集聚区。大力发展跨境电子商务公司，鼓励建设境外仓储物流配送中心，形成甘肃省跨境贸易高地。三是加强对外交流互动。在国内，做好同兄弟省区的合作交流，加大招商引资力度，提升自身发展能力；在国外，依托中国—中亚合作平台等，做好甘肃省的对外开放交流，在对外开放合作中提升自身的经济实力。

参考文献

《2018 年甘肃统计年鉴》，2019。

《2019 年甘肃省国民经济和社会发展统计公报》，2020。

《2020 年甘肃省人民政府工作报告》，2020。

公欣：《甘肃抢占五大制高点，更有效融入"一带一路"》，《中国经济导报》2020年 6 月 19 日。

B.35

青海省

"十三五"期间，青海省围绕实现"一个同步"、奋力建设"三区"、打造一个"高地"的总体要求，在推进经济稳定增长、全面提高经济发展质量和效益、加快推进新型城镇化建设以及稳步提升居民收入等方面开展了大量的工作，不断取得经济成效。当前，青海省工业化发展水平依然处于工业化中期的后半阶段，工业化转型任重道远。在进一步推动工业化进程的过程中，青海省需要进一步转变经济发展方式，不断提升经济发展质量，持续推进新型城镇化建设。

一 "十三五"青海省经济社会发展基本情况

青海省土地面积72万平方公里，位居全国第四，仅次于新疆、西藏、内蒙古三个少数民族自治区，占全国土地面积的比重为7.47%。截至2019年，青海全省常住人口为607.82万人，较2015年的588.43万人增加了19.39万人，占全国人口的比重为0.43%。2019年，青海省全省地区生产总值2965.95亿元，占全国GDP的比重仅为0.30%；人均地区生产总值为8674.9美元，在全国范围处于较低水平。"十三五"期间，青海省工业化水平依然处于工业化中期的后半阶段，工业化进程没有取得突破性进展。

"十三五"期间，青海省经济运行稳中有升，经济综合实力进一步提高。2019年，青海省全省实现地区生产总值2965.95亿元，同比增长6.3%，为2015年的1.23倍。其中，三次产业增加值分别达到301.90亿元、1159.75亿元和1504.30亿元。2019年，青海省全省一般公共预算收入456.85亿元，同比增长1.8%，为2015年的1.71倍。2019年，青海省全社会固定资产投资同比增长5.0%，其中，三次产业投资分别表现为下降3.6%、增长21.5%和下降1.9%，而科学研究和技术服务业增长223.4%，工业投资增长23.5%，民间投资增长 8.2%，惠民投资增长 6.1%，青海省投资结构不断经历深刻调整。

"十三五"期间，青海省经济发展质量和效益全面提高，产业转型升级步伐加快。2019 年，青海省三次产业结构为 10.18：39.10：50.72。青海省高技术制造业、新材料产业、装备制造业、煤化工产业、生物产业、新能源产业增长较快，2019 年，上述六大行业增加值分别增长 32.2%、30.8%、26.5%、11.4%、9.3% 和 8.9%。青海省循环工业增加值占比不断提升，2019 年达到60%，钾资源综合回收率进一步提升，2019 年达到 75% 以上。"十三五"期间，青海旅游业取得全面发展，2019 年，民航旅客年吞吐量超过 800 万人次，已连续四年实现百万量级的年度增长，旅游人次突破 5000 万，旅游收入增长超过 20%。2019 年，青海省清洁能源发电量占比达 86.5%。

"十三五"期间，青海省加快推进新型城镇化建设，城镇化发展速度进一步加快。2019 年，青海省城镇常住人口增加为 337.48 万人，常住人口城镇化率达到 55.52%，较 2015 年的 50.30% 增加了 5.22 个百分点。2019年，青海省新开工城镇棚户区改造和城镇老旧销售改造套数分别为 1 万套和 3 万套，农牧民危旧房改造和农牧民居住条件改善工程分别为 1.5 万户和 3 万户。

"十三五"期间，青海省居民收入、劳动就业和社会保障水平稳步提升。2019 年，青海省居民人均可支配收入达到 22618 元，同比增长 9.0%，其中，工资性收入、经营净收入、财产净收入、转移净收入分别为 13204 元、3306元、1141 元和 4967 元；城乡居民可支配收入分别为 33830 元和 11499 元，同比分别增长 7.3% 和 10.6%，城乡居民相对收入差距为 2.94 倍，相对收入差距不断缩小。青海省就业质量和数量不断提升，2019 年，青海省新增城镇就业人员 6.3 万人，城镇登记失业率仅为 2.3%，处于较低水平，农牧区劳动力转移就业 113.07 万人次。2019 年，青海省养老保险参保人数增加到 413.88 万人，其中，参加城镇职工养老保险和城乡居民养老保险的人数分别达到120.73 万人和 261.15 万人；医疗保险参保人数 557.92 万人，其中，城镇职工医疗保险和城乡居民医疗保险参保人数分别为 103.75 万人和 454.17 万人；事业保险参保人数、工伤保险参保人数、生育保险参保人数分别为 43.75 万人、73.99 万人和 61.82 万人；2019 年，青海省享受城镇最低生活保障和农村最低生活保障的人数分别达到 6.44 万人和 28.07 万人。

二 青海省工业化水平评价

表1报告了1995年、2000年、2005年、2010年、2015年和2019年青海省各项工业化指标的数据，并与大西北、西部和全国的平均水平进行比较；表2列出了同期青海省工业化水平评价结果及其与全国、西部和大西北地区的比较情况。

表1 1995~2019年青海省工业化主要指标

单位：美元，%

年份	地区	人均GDP	产业产值比			制造业增加值占比	城镇化率	产业就业比		
			一	二	三			一	二	三
1995	全国	1857.8	20.5	48.8	30.7	30.7	29.0	52.2	23.0	24.8
	西部	1203.2	27.7	40.6	31.6	26.6	17.0	64.0	15.1	20.9
	大西北	1321.4	28.3	39.0	32.7	23.3	23.2	60.6	16.2	23.2
	青海	1344.6	23.5	39.6	36.9	23.4	26.7	59.9	18.1	22.0
2000	全国	2681.4	15.9	50.9	33.2	33.7	36.2	50.0	22.5	27.5
	西部	1823.9	22.3	41.5	36.2	24.2	28.7	61.7	12.9	25.4
	大西北	1998.7	23.0	40.5	36.5	20.5	31.4	59.6	12.9	27.5
	青海	1927.2	14.6	43.2	42.1	19.1	34.8	60.8	13.3	25.7
2005	全国	4144.1	12.6	47.5	39.9	52.0	43.0	44.8	23.8	31.4
	西部	2834.5	17.7	42.8	39.5	30.9	34.6	54.8	15.0	30.2
	大西北	3225.5	18.0	42.7	39.3	26.0	36.5	55.0	13.5	31.5
	青海	2897.3	12.0	48.7	39.3	24.7	39.3	49.2	17.4	33.5
2010	全国	6902.1	10.1	46.8	43.1	60.4	49.9	36.7	28.7	34.6
	西部	5260.9	13.1	50.0	36.9	52.3	41.3	47.7	19.7	32.6
	大西北	6220.8	11.8	52.2	36.0	42.4	44.7	47.1	19.6	33.3
	青海	5402.6	10.0	55.1	34.9	54.1	44.8	41.9	22.6	35.5
2015	全国	9835.6	8.9	40.9	50.2	57.6	56.1	28.3	29.3	42.4
	西部	7944.7	12.0	44.6	43.4	47.7	48.7	45.7	20.9	33.4
	大西北	8846.6	10.8	46.7	42.5	41.7	51.6	44.0	19.8	36.2
	青海	8110.2	8.6	49.9	41.4	43.1	50.3	35.8	23.0	41.2
2019	全国	11759.0	7.1	39.0	53.9	61.6	60.6	26.1	27.6	46.3
	西部	8832.7	11.0	37.9	51.1	49.3	54.1	42.6	19.5	36.4
	大西北	9759.4	10.1	40.6	49.4	46.0	56.3	42.9	16.1	36.3
	青海	8674.9	10.2	39.1	50.7	41.0	55.5	33.4	21.1	45.5

资料来源：参见附录一。

表 2　青海省工业化进程：分项及综合得分（1995～2019 年）

年份	地区	人均GDP	产业产值比	工业结构	城镇化率	产业就业比	综合得分	工业化阶段
1995	全国	4	32	18	0	17	14	二（Ⅰ）
	西部	0	13	11	0	0	5	二（Ⅰ）
	大西北	0	12	5	0	0	4	二（Ⅰ）
	青海	0	24	6	0	0	7	二（Ⅰ）
2000	全国	20	47	23	10	22	26	二（Ⅱ）
	西部	3	27	7	0	0	9	二（Ⅰ）
	大西北	7	25	1	2	1	9	二（Ⅰ）
	青海	5	51	0	8	0	14	二（Ⅰ）
2005	全国	41	57	73	21	33	49	三（Ⅰ）
	西部	24	41	18	8	11	23	二（Ⅱ）
	大西北	31	40	10	11	11	24	二（Ⅱ）
	青海	25	59	8	15	24	27	二（Ⅱ）
2010	全国	68	66	100	33	51	69	四（Ⅰ）
	西部	52	56	76	19	27	52	三（Ⅱ）
	大西北	62	60	46	24	28	51	三（Ⅱ）
	青海	54	79	80	24	40	61	三（Ⅱ）
2015	全国	84	100	91	53	69	84	四（Ⅱ）
	西部	74	59	58	31	31	59	三（Ⅱ）
	大西北	79	63	39	38	35	58	三（Ⅱ）
	青海	75	81	43	34	53	63	二（Ⅱ）
2019	全国	95	100	100	67	72	92	四（Ⅱ）
	西部	79	63	55	47	38	63	三（Ⅱ）
	大西北	84	66	53	54	38	66	四（Ⅰ）
	青海	78	65	36	51	59	61	三（Ⅱ）

资料来源：参见附录二。

从人均收入指标看，2019 年青海省人均 GDP 为 8674.9 美元，低于全国平均水平、西部地区平均水平和大西北地区平均水平。纵向来看，1995

年、2000年、2005年、2010年、2015年和2019年青海省人均GDP为全国平均水平的72.4%、71.9%、69.6%、78.3%、82.5%和73.8%，"十三五"时期与全国平均水平的差距加大。2019年，该指标的工业化评分为78，处于工业化后期的前半阶段，低于全国的95、西部地区的79和大西北地区的84。

从产业产值比指标看，2019年青海省的三次产业结构为10.2∶39.1∶50.7，其中，第一产业产值比重高于全国水平3.1个百分点，第二产业产值与全国平均水平持平；第三产业产值低于全国平均水平3.2个百分点。青海省三次产业结构与大西北地区的三次产业结构基本一致。2019年，该指标的工业化评分为65，处于工业化中期的后半阶段，低于全国的100和大西北地区的66，高于西部地区的63。

从工业结构指标看，2019年青海省制造业增加值占比为41.0%，明显低于全国水平的61.6%，也低于西部地区的平均水平49.3%和大西北地区的平均水平46.0%。2019年，该指标的工业化评分为36，处于工业化中期的前半阶段，低于全国的100、大西北地区的53和西部地区的55。

从城镇化率指标看，2019年青海省城镇人口占全部人口的比重为55.5%，低于全国平均水平的60.6%和大西北地区的平均水平56.3%，高于西部地区的平均水平54.1%。2019年，该指标的工业化评分为51，处于工业化中期的后半阶段，低于全国的67和大西北地区的54，但高于西部地区的47。

从产业就业比指标来看，2019年青海省第一、二、三次产业的就业比重为33.4∶21.1∶45.5，其中，第一产业就业比重明显高于全国平均水平的26.1%，第二产业低于全国平均水平的27.6%，第三产业略低于全国平均水平的46.3%。2019年，该指标的工业化评分为59，处于工业化中期的后半阶段，低于全国的72，高于大西北地区的38和西部地区的38。

综合计算，2019年青海省工业化水平综合指数为61，处于工业化中期的后半段。图1对2019年青海省与全国工业化主要指标评价值及综合指数情况进行了对比。从历史比较来看，2019年青海省工业化水平综合指数分别比1995年、2000年、2005年、2010年和2015年提高54、47、34、0和-2。"十三五"时期青海省的工业化水平未增反降，明显落后于全国平均水平，与西部地区处于同一阶段。单项指标得分中，青海省各项指标得分均落后于全国平均水平，其中工业结构指标差距最大，得分落后64。

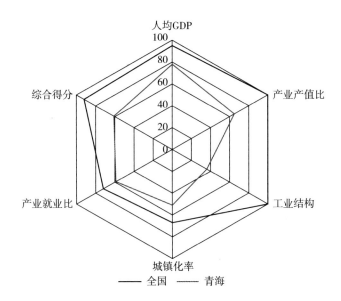

图1 2019年青海省工业化雷达图

三 青海省工业化进程的特征

从青海省工业化水平评价结果及青海省及经济社会的发展状况看，"十二五"期间，青海省工业化进程的基本特征如下。

1. 工业化水平出现倒退，落后于西部和大西北地区工业化水平

1995～2019年，青海省的工业化水平一直处于较低位置。在"九五"期间，青海省工业化指数与全国的差距为12；"十五"期间青海省与全国工业化指数的差距扩大到22；"十一五"时期青海省发展较快，与全国工业化指数的差距减小到8；"十二五"期间青海省工业化指数与全国的差距再次扩大到21；"十三五"期间，青海省工业化指数与全国的差距进一步扩大到31。此外，"十二五"期间，青海省的工业化水平综合指数高于西部和大西北地区，而

"十三五"时期，青海省的工业化水平综合指数滑落，落后于西部和大西北地区工业化水平，青海省工业化水平呈现倒退趋势，在全国排名下滑到第23位（见表3）。

表3　1995～2019年青海工业化指数排名变化情况

地区	1995年			2000年			2005年		
	工业化指数	工业化阶段	全国排名	工业化指数	工业化阶段	全国排名	工业化指数	工业化阶段	全国排名
全国	14	二（Ⅰ）	—	26	二（Ⅱ）	—	49	三（Ⅰ）	—
西部	5	二（Ⅰ）	4	9	二（Ⅰ）	4	23	二（Ⅱ）	4
大西北	4	二（Ⅰ）	8	9	二（Ⅰ）	7	24	二（Ⅱ）	7
青海	7	二（Ⅰ）	19	14	二（Ⅰ）	16	27	二（Ⅱ）	19

地区	2010年			2015年			2019年		
	工业化指数	工业化阶段	全国排名	工业化指数	工业化阶段	全国排名	工业化指数	工业化阶段	全国排名
全国	69	四（Ⅰ）	—	84	四（Ⅱ）	—	92	四（Ⅱ）	—
西部	52	三（Ⅱ）	4	59	三（Ⅱ）	4	65	三（Ⅱ）	4
大西北	51	三（Ⅱ）	8	58	三（Ⅱ）	9	66	四（Ⅰ）	8
青海	61	三（Ⅱ）	15	63	三（Ⅱ）	21	61	三（Ⅱ）	23

资料来源：参见附录二。

2. 工业化进程速度放缓，但在全国排名中有所提高

青海省是我国工业化水平较低的省份之一，且工业化增速有所放缓。从工业化指数增长速度来看，"十五"时期青海省工业化指数年均增速为2.6；"十一五"时期，青海省工业化加速推进，工业化指数年均增速达到6.8；然而，进入"十二五"时期，青海省工业化速度放缓，开始进入发展困境，工业化指数年均增速仅为0.4；"十三五"时期，青海省工业化指数年均递减0.5，工业化水平综合指数止步不前，推进工业化进程更加吃力。"十三五"以来，各省区市工业化进程都相对放缓，青海省"十三五"加速度虽然仅为－0.9，但仍排在全国第14位。

表4   1995~2019年青海与各地区的工业化速度比较

地区	工业化进程（100分制）						"十五"年均增速	"十一五"年均增速	"十二五"年均增速	"十三五"年均增速
	1995年	2000年	2005年	2010年	2015年	2019年				
全国	14	26	49	69	84	92	4.6	4.0	3.0	2.0
西部	5	9	23	52	59	65	2.8	5.8	1.4	1.5
大西北	4	9	24	51	58	66	3.0	5.4	1.4	2.0
青海	7	14	27	61	63	61	2.6	6.8	0.4	-0.5

资料来源：参见附录三。

表5   1995~2019年青海省与全国、西部工业化加速度的对比

地区	2006~2010年平均增速	2011~2015年平均增速	2016~2019年平均增速	"十二五"加速度	"十二五"加速度排序	"十三五"加速度	"十三五"加速度排序
全国	4.0	3.0	2.0	-1.0	—	-1.0	—
西部	5.8	1.4	1.5	-4.4	3	0.1	1
大西北	5.4	1.4	2.0	-4.0	5	0.6	1
青海	6.8	0.4	-0.5	-6.4	29	-0.9	14

资料来源：参见附录三。

3. 工业化各项指标发生深刻调整，工业结构对甘肃省工业化的贡献由最小变为最大

从表6可以看出，"十三五"期间，青海省工业化指数累计减少2。其中，城镇化率对工业化水平综合指数增长的贡献度为负（-102%），是拖累青海省推进工业化进程的首要因素；人均GDP和产业就业比对工业化水平综合指数增长的贡献度也为负值，分别为-54%和-24%，也是导致青海省工业化水平迟滞的两个重要因素；产业产值比对工业化水平综合指数增长的贡献度达到176%，成为推动青海省工业化进程的主要因素和第一大动力；工业结构对工业化水平综合指数增长的贡献度达到77%，对推动青海省工业化起到了重要作用。表7列示了不同时期各指标对青海省工业化综合指数增长的贡献度。由表7可知，"十二五"时期是青海省推进工业化的黄金时期；"十三五"时期，受产业结构调整和国内外宏观经济环境的影响，青海省工业化出现了滞缓甚至倒退。综合来看，"十三五"时期，青海省工业化各项指标发生深刻调整，变动比较大，诸多因素的叠加使得青海省的工业化进程推动放缓。

表6 各项指标对青海工业化水平综合指数增长的贡献度（2016～2019年）

地区	人均GDP（%）	产业产值比（%）	工业结构（%）	城镇化率（%）	产业就业比（%）	工业化指数累计增加值
全国	49.50	0.00	24.75	21.00	3.00	8
西部	30.00	14.67	22.00	32.00	9.33	6
大西北	22.50	8.25	38.50	24.00	3.00	8
青海	−54.00	176.00	77.00	−102.00	−24.00	−2

资料来源：参见附录三。

表7 不同时期各指标对青海工业化水平综合指数增长的贡献度比较

时期	人均GDP（%）	产业产值比（%）	工业结构（%）	城镇化率（%）	产业就业比（%）	工业化指数累计增加值
"九五"	25.71	84.86	−18.86	13.71	0.00	7
"十五"	55.38	13.54	13.54	6.46	14.77	13
"十一五"	30.71	12.94	46.59	3.18	3.76	34
"十二五"	378.00	22.00	−407.00	60.00	52.00	2
"十三五"	−54.00	176.00	77.00	−102.00	−24.00	−2

资料来源：参见附录三。

四 青海省工业化推进存在的主要问题

经过"十三五"期间的不断发展，青海省工业化进程取得了积极成效，但是，青海省的工业化进程依然面临一定的问题，主要表现为四个方面，具体如下。

1. 推动青海省发展的动能尚未根本转变

借助于青海省自身所具有的特色资源禀赋以及低电价的优势，青海省工业经济迎来发展的机遇。但是，在经济新常态的背景下，我国经济已经由高速增长阶段进入高质量发展阶段，依靠资源投入获取竞争优势正在减弱，青海省依靠资源优势所支撑的经济高速增长在高质量发展阶段显得"力有不逮"。在高质量发展阶段，青海省产业结构层次进一步提升的压力更大，青海省产业竞争力不强的窘境更加凸显，青海省产业结构优化升级的速度降低的趋势有待根本扭转。与此同时，随着云大物智移等新技术对于青海省经济社会影响不断凸显，青海省新产业、新业态、新模式大量涌现，并且实现快速发展。但是，由于青海省人口较少，市场规模优势尚不能得到充分发挥，所以，青海省新产业、新业态、新模式等新的就业形态存在规模小、占比低、对整个经济的带动和引领作用不高的问题，青海省有待结合自身的特点，千方百计推进新经济形态更好地发展。

2. 青海省工业化进程的持续推动受到多方面深层次矛盾的约束

如何在保护生态环境的同时更好更快地推动工业化进程是世界各国和各地区推动工业化进程所面临的重要问题。青海省生态环境脆弱，推动工业化进程面临更加突出的生态环境保护问题。近年来，青海省围绕生态环境保护工作开展了大量的工作，有效地保护了生态环境，取得了突出的成绩。但是，重点地区、局部地区的生态环境受损问题依然存在，青海省推进生态环境保护工作依然艰难。加上青海省正处于推动工业化进程的关键时期，工业化发展和生态环境保护之间的矛盾更加突出，如何平衡青海省工业化发展阶段特征、做好经济布局、推进产业结构优化同青海省人口、资源和环境之间的矛盾更加突出，青海省需要围绕生态环境保护、经济社会更好地发展以及改善民生等开展大量工作。

3. 青海省工业化进程面临多层次协调发展问题

青海省地域面积广阔，人口总数和人口密度较小，不仅不同地区、不同城市之间人口分布规模不同，而且不同地区的资源禀赋也存在极大的差异。比如，不同功能区之间的功能定位不同，使得不同功能区的经济发展状况和工业化进程不同。再如，青海省存在较大的城乡差距，城乡之间的发展不平衡问题依然严峻。如何协调城乡之间的发展不平衡问题也是青海省需要解决的重要问题，包括城乡之间的收入差距、城乡之间的公共服务均等化问题以及乡村、牧区等贫困人口分布重点区域的脱贫问题等。除此之外，青海省还存在尚未开放地区、部分开放地区以及开放地区之间发展的不平衡问题，未开放地区在对外互联互通、对外交流合作、参与国际分工等方面均存在严重的不足，如何平衡开放地区、未开放地区以及部分开放地区之间的发展不平衡问题也是需要当地协调的重要内容。

4.青海省工业化进程中面临多方面的社会和谐稳定压力

一方面，青海省少数民族众多，少数民族人口占全省总人口的比重较高，少数民族聚居区占全省总面积的比重较高，青海省长期以来面临较为重要的各民族的团结问题，社会和谐稳定对于青海省的经济社会发展至关重要，也是青海省经济社会发展工作的根本；可以说，青海省处于反分裂斗争的第一线，面临严峻的同反分裂势力进行斗争的压力。另一方面，随着工业化进程的持续推动，青海省产业结构不断调整，在产业结构优化升级的过程中，同产业结构相适应的就业结构也需要做出一定的调整，传统的去产能重点行业的就业需求下降，高新技术产业的就业需求增加，但是对于员工的技术水平要求提高；如此一来，青海省在产业结构优化升级的过程中面临因就业结构调整而带来的社会稳定压力。

五 进一步推动青海省工业化进程的建议

为了进一步推动青海省的工业化进程，建议青海省在生态环境保护、社会和谐稳定以及区域协同发展上下功夫，充分发挥新产业、新业态、新模式的引领作用，不断实现自身产业结构的优化升级。

1.青海省要筑牢国家生态安全屏障

青海省要围绕人与自然和谐共生的美丽中国青海画卷描画，全面落实主体功能区规划，精心做好国家生态安全屏障。一是着力做好"中华水塔"保护，围绕稳固水资源涵养功能、提升生态系统功能等五大领域25项重点生态工程，进一步做好青藏高原综合科考，全力构建"中华水塔"保护三环层级。二是做好"极地保护"青海工作，切实做好生态环境保护、山水人文影响、气候变化等多方面的协作推进。三是全面实施国家公园示范省建设，构建覆盖全省的天空地一体化的生态监测系统，围绕三江源、祁连山生态保护、退牧还草、"三北"防护林建设、湿地保护、水土保持等工程，统筹推进山水林田湖生态系统治理。四是深度融入长江黄河国家战略，围绕"源头责任"和"干流担当"，协同推进长江黄河大治理，推进长江黄河的生态恢复工作。

2.青海省要持续做好民族团结进步工作，切实做好就业工作

以民族工作和就业工作为重点，着力维护社会稳定，为经济社会发展奠定

良好社会基础。一方面，立足于青海省少数民族数量众多、宗教情况复杂的特点，围绕民族团结进步示范省建设工作，做好深化民族团结进步的宣传教育工作，采取多种措施做好各民族大家庭的交流工作，推动建立更加牢靠的中华民族共同体意识。加强宗教事务的管理工作，保护好少数民族信仰自由，依法开展宗教活动。加强和睦民族工作建设，推动各民族更加团结。另一方面，将就业作为重中之重，综合采用财政、货币、就业等各项举措，以高校毕业生、下岗职工、农民工、牧民等人群为重点，着力解决好就业问题。以开展职业技能提升培训和社会培训为重点，做好产业结构优化调整过程的就业结构调整。做好牧民转移就业工作，通过充分发挥特色产业带动效应，推动牧民增收致富。

3. 青海省要切实推进区域协同发展共进工作

围绕充分发挥各地区的比较优势，青海省要加速构建当地国土空间规划体系，在科学划定"三条"控制线的基础上，推进各类生产要素在不同区域的有效流动。青海省要全面取消限制人口自由流动的城市落户限制，加快消除城乡之间的户籍壁垒，推进城乡公共服务均等化，进一步提升当地的城市化水平。青海省要进一步建立科学的区域发展机制，加快建设大西宁、"新海东"，切实推进海西经济转型发展，助力环青海湖地区的特色发展，做好青南地区的绿色发展，推动泛共和盆地成为绿色发展新增长极，确保河湟谷地和柴达木盆地的协调联动，实现不同地区、不同地形地貌经济的协同发展。

4. 青海省要持续强化生态经济、循环经济、数字经济、飞地经济发展

青海省要以推进产业结构优化升级为重点，围绕经济发展新产业、新业态、新模式，切实做好生态经济、循环经济、数字经济、飞地经济发展，构建更加科学合理的现代化经济体系。一是持续强化生态环境保护。加快推进生态与农业、工业等产业的深度融合，推动产业生态化和生态产业化，加快培育节能环保产业、清洁生产技术以及清洁能源，持续拓宽生态产品的价值实现路径，稳妥推进生态综合补偿机制。二是持续强化循环经济发展。青海省要持续坚持"种养结合、农牧互补、草畜联动、循环发展"的原则，做好循环农牧业的发展，做好重点地区的循环化改造，建设一批循环经济产业集群，形成资源能够有效实现循环利用的经济结构和产业布局。三是持续强化数字经济发展。青海省要充分发挥自身高原气候冷凉干燥的资源优势，以大数据产业园、数字经济发展展示运行平台为重点，围绕建设"云上青海"，加快推动数字经

济集团式发展。青海省要以国际互联网数据专用通道和根镜像服务器布局为契机，加快布局5G网络、物联网、大数据、区块链、人工智能等新一代信息技术，进一步推动青海的产业数字化和数字产业化进程。四是持续强化飞地经济建设。青海省要将飞地经济建设作为推动自身经济发展的重要一环，以对口援青等为契机，充分利用和开拓省内飞地经济，围绕锂高新材料、装备制造、生物医药等产业，加大资源的统筹力度，借助发达地区的人力资源优势、技术优势和市场优势，切实打造形成一批具有较强牵引力的特色优势产业。

参考文献

《2018年青海统计年鉴》，2019。

《2019年青海省国民经济和社会发展统计公报》，2020。

《2020年青海省人民政府工作报告》，2020。

崔雅丽：《砥砺初心使命 奋力担当尽责》，《青海党的生活》2020年第2期。

国家发展和改革委员会：《关于2019年国民经济和社会发展计划执行情况与2020年国民经济和社会发展计划草案的报告》，http://www.gov.cn/xinwen/2020 – 05/30/content_5516227.htm。

江源平、雷欣钰：《深入学习贯彻"四个扎扎实实"重大要求 奋力建设更加富裕文明和谐美丽新青海》，《青海日报》2020年8月22日。

B.36
宁夏回族自治区

　　"十三五"期间，围绕供给侧结构性改革主线和新发展理念，宁夏回族自治区稳中求进，经济转型发展步伐继续加快。全区经济呈现稳中有进的运行态势，经济社会发展实现巨大跨越。粮食生产"十六连丰"，农业发展保持稳定；工业生产稳中向好，发展动能显著增强，质量效益稳步提高，民生建设持续改善。宁夏工业化进程较"十二五"期末有所提升，迈进工业化后期前半阶段行列。

一　"十三五"宁夏回族自治区经济社会发展基本情况

　　宁夏回族自治区疆域南北狭长，南北相距逾450公里，东西相距约250公里，土地面积6.6万平方公里，占全国土地面积的0.69%。区内光、热、水、土、气候等自然条件优越，资源富集度高，素有"塞上江南"的美誉，是我国西北最具发展潜力的地区。2019年，全区年末常住人口694.66万人，占全国人口的0.50%。其中城镇人口415.81万人，城镇化率为59.9%，比"十二五"期末提高4.67个百分点。人均生产总值为54217元，低于全国平均水平，但略高于西部和大西北地区平均水平。

　　经济运行稳中提质。"十三五"期间，宁夏经济保持快速增长，2019年末，全区实现生产总值3748.48亿元，比上年增长6.5%，增速比全国高出0.4个百分点，经济运行保持在合理区间。第一、二、三产业增加值分别为279.93亿元、1584.72亿元、1883.83亿元，比上年分别增长3.2%、6.7%、6.8%。全区一般公共预算总收入747.76亿元，增长6.6%。农业发展稳定，全区粮食总产量373.15万吨，实现"十六连丰"，绿色有机及地理标志农产品达到377个。投资结构不断优化，固定资产投资下降10.3%，制造业投资占

工业投资比重提高8.2个百分点；六大高耗能工业投资占全区工业投资比重由66.1%下降至63.4%。重点建设项目累计预计完成投资570亿元。充分发挥空间规划的引领作用，银川都市圈一体化、固原海绵城市建设加速推进，区域发展的协同性、联动性、整体性不断增强。

转型发展步伐加快。产业结构持续优化，淘汰落后产能409万吨。工业经济增长较快。全区规模以上工业增加值比上年增长7.6%，增速居全国第9位、西北第1位。新动能、新产业、新业态加速成长。全区第三产业增加值占地区生产总值比重达50.2%，对经济增长的贡献率达到51.4%；制造业和战略性新兴产业占比分别达到64%和13%。宁夏组建了新材料、化工、先进装备制造3个产业联盟。创新能力不断增强。区域创新能力综合排名从全国第27位升至第23位。组织实施东西部科技合作项目147项。创建5个自治区高新区。新增国家高新技术企业50家。新增各类国家级"双创"载体6家。发放创业担保贷款11亿元。加快工业园区改革创新，吴忠金积工业园入选国家绿色园区行列，宁东基地位列全国第6，成为西北第一个产值过千亿元的化工园区。

生态环境显著改善。围绕蓝天碧水净土"三大行动"，扎实推进贺兰山、六盘山、罗山自然保护区生态修复，634处人类活动点全部完成整治。新能源装机规模突破2000万千瓦。落实五级河（湖）长制，黄河干流宁夏段出入境断面保持在Ⅱ类优水质，地表水劣Ⅴ类水体实现"清零"目标。地级城市空气优良天数比例达到87.9%。全区完成营造林面积138.38万亩，森林覆盖率提升至15.2%。全区自然保护区达到14个，其中9个跻身国家级自然保护区，5个为自治区级自然保护区。沿黄河区域生态经济带生产总值达到3089.31亿元，在全区生产总值中占比达到82.4%。

民生建设持续完善。聚焦事关群众切身利益的实事好事，全区3/4的财政资金用于民生事业发展。城乡居民收入保持较快增长态势。全区居民人均可支配收入24412元，增长9.0%。其中，城镇常住居民、农村常住居民人均可支配收入分别达到34328元、12858元，增幅分别为7.6%、9.8%。加大脱贫攻坚力度，全区累计投入扶贫资金101.6亿元，10.3万贫困人口脱贫，贫困发生率由3%降至0.47%，脱贫攻坚工作迈出关键步伐。全年全区城镇新增就业7.8万人，完成年度目标任务的104.5%，城镇登记失业率为3.74%，低于国家和自治区控制目标。农村劳动力转移就业79.42万人。

二 宁夏回族自治区工业化水平评价

表 1 报告了 1995 年、2000 年、2005 年、2010 年、2015 年和 2019 年宁夏回族自治区各项工业化指标的数据，并与大西北地区、西部和全国平均水平进行比较；表 2 列出了同期宁夏的工业化水平评价结果及其与全国、西部和大西北地区的比较情况。

表 1 宁夏回族自治区工业化主要指标（1995～2019 年）

单位：美元，%

年份	地区	人均GDP	产业产值比			制造业增加值占比	城镇化率	产业就业比		
			一	二	三			一	二	三
1995	全国	1857.8	20.5	48.8	30.7	30.7	29.0	52.2	23.0	24.8
	西部	1203.2	27.7	40.6	31.6	26.6	17.0	64.0	15.1	20.9
	大西北	1321.4	28.3	39.0	32.7	23.3	23.2	60.6	16.2	23.2
	宁夏	1319.7	20.8	43.7	35.5	29.7	26.9	58.9	19.1	21.9
2000	全国	2681.4	15.9	50.9	33.2	33.7	36.2	50.0	22.5	27.5
	西部	1823.9	22.3	41.5	36.2	24.2	28.7	61.7	12.9	25.4
	大西北	1998.7	23.0	40.5	36.5	20.5	31.4	59.6	12.9	27.5
	宁夏	1833.2	17.3	45.2	37.5	28.5	32.4	57.9	18.1	24.1
2005	全国	4144.1	12.6	47.5	39.9	52.0	43.0	44.8	23.8	31.4
	西部	2834.5	17.7	42.8	39.5	30.9	34.6	54.8	15.0	30.2
	大西北	3225.5	18.0	42.7	39.3	26.0	36.6	55.0	13.5	31.5
	宁夏	2953.2	11.9	46.4	41.7	32.7	42.3	48.4	22.3	29.3
2010	全国	6902.1	10.1	46.8	43.1	60.4	49.9	36.7	28.7	34.6
	西部	5260.9	13.1	50.0	36.9	52.3	41.3	47.7	19.7	32.6
	大西北	6220.8	11.8	52.2	36.0	42.4	44.7	47.1	19.6	33.3
	宁夏	6017.6	9.4	49.0	41.6	49.4	48.0	39.4	26.4	34.2
2015	全国	9835.6	8.9	40.9	50.2	57.6	56.1	28.3	29.3	42.4
	西部	7944.7	12.0	44.6	43.4	47.7	48.7	45.7	20.9	33.4
	大西北	8846.6	10.8	46.7	42.5	41.7	51.6	44.0	19.8	36.2
	宁夏	8612.1	8.2	47.4	44.5	31.8	55.2	45.3	19.2	35.5
2019	全国	11759.0	7.1	39.0	53.9	61.6	60.6	26.1	27.6	46.3
	西部	8832.7	11.0	37.9	51.1	49.3	54.1	42.6	19.5	36.4
	大西北	9759.4	10.1	40.6	49.4	46.0	56.3	42.9	16.1	36.3
	宁夏	9840.0	7.5	42.3	50.2	39.6	59.9	51.1	18.7	30.2

资料来源：参见附录一。

表2 宁夏回族治区工业化进程：分项及综合得分（1995～2019年）

年份	地区	人均GDP	产业产值比	工业结构	城镇化率	产业就业比	综合得分	工业化阶段
1995	全国	4	32	18	0	17	14	二（Ⅰ）
	西部	0	13	11	0	0	5	二（Ⅰ）
	大西北	0	12	5	0	0	4	二（Ⅰ）
	宁夏	0	31	16	0	2	11	二（Ⅰ）
2000	全国	20	47	23	10	22	26	二（Ⅱ）
	西部	3	27	7	0	0	9	二（Ⅰ）
	大西北	7	25	1	2	1	9	二（Ⅰ）
	宁夏	4	42	14	4	5	14	二（Ⅰ）
2005	全国	41	57	73	21	33	49	三（Ⅰ）
	西部	24	41	18	8	11	23	二（Ⅱ）
	大西北	31	40	10	11	11	24	二（Ⅱ）
	宁夏	26	60	21	20	26	32	二（Ⅱ）
2010	全国	68	66	100	33	51	69	四（Ⅰ）
	西部	52	56	76	19	27	52	三（Ⅱ）
	大西北	62	60	46	24	28	51	三（Ⅱ）
	宁夏	60	81	64	30	45	61	三（Ⅱ）
2015	全国	84	100	91	53	69	84	四（Ⅱ）
	西部	74	59	58	31	31	59	三（Ⅱ）
	大西北	79	63	39	38	35	58	三（Ⅱ）
	宁夏	77	82	19	50	32	59	三（Ⅱ）
2019	全国	95	100	100	67	72	92	四（Ⅱ）
	西部	79	63	55	47	38	63	三（Ⅱ）
	大西北	84	66	53	54	38	66	四（Ⅰ）
	宁夏	84	100	32	66	20	69	四（Ⅰ）

资料来源：参见附录二。

从人均收入指标看，2019年宁夏人均GDP为9840.0美元，比2015年有所提升，略高于大西北平均水平；但仍然低于全国平均水平，且差距在扩大。

三次产业比重由 2015 年的 8.2∶47.4∶44.5 调整到 2019 年的 7.5∶42.3∶50.2，产业产值比评分为 100，评分显著高于西部（63）和大西北（66），与全国平均水平一致。基于该指标衡量的宁夏工业化水平由 2015 年的工业化后期前半阶段进入后工业化阶段，产业结构转型进程加快，跻身全国后工业化阶段 16 个省区市之一。其中，第一产业比重 7.5%，略高于全国（7.1%），但分别低于西部（11.0%）和大西北地区平均水平（10.1%）3.5 个、2.6 个百分点；第二产业比重均高于全国、西部和大西北地区平均水平，石油石化、硅基、先进装备制造等产业发展较快；第三产业比重低于全国、西部平均水平，但略高于大西北地区的平均水平，旅游休闲、商贸物流、电子商务等行业在本地区蓬勃发展。

从工业结构指标来看，宁夏制造业增加值占比从 2015 年的 31.8% 调整为 2019 年的 39.6%，提升 7.8 个百分点。相较"十二五"期末，2019 年宁夏该指标的工业化评分继续低于全国、西部和大西北平均水平，但差距略有收缩；"十五"至"十三五"期间，工业结构指标得分呈现快速上升后急剧下降又缓慢提升的趋势，从 2005 年末的 21 快速增长到 2010 年末的 64，到 2015 年掉落到 19，2019 年又提升至 32。从工业结构指标评分看，宁夏依然处于工业化初期的后半阶段。

从城镇化率指标看，2019 年宁夏城镇人口占全部人口的 59.9%，仅比全国平均水平（60.6%）低 0.7 个百分点，仍高于西部的平均水平（54.1%）和大西北地区的平均水平（56.3%），但差距在缩小。该指标的工业化得分为 66，处于工业化后期前半阶段。

从产业就业比指标看，2019 年宁夏第一、二、三产业就业比重为 51.1∶18.7∶30.2。一产就业占比最高，达 51.1%，比 2015 年有所增长，远高于全国平均水平 26.1% 达 25 个百分点，也高于西部和大西北地区平均水平，二产就业比重偏低，调整就业结构的任务比较艰巨。从历史维度看，宁夏第一产业就业比重近三个五年规划期间呈上涨趋势。二产就业占比低于全国及西部平均水平，但略高于大西北地区的平均水平。三产就业占比均低于全国、西部及大西北地区的平均水平。该指标工业化评分为 20，有所下降，处于工业化初期后半阶段。

综合来看，宁夏回族自治区工业化综合指数从 2015 年的 59 提高至 2019

年的69，但仍低于全国工业化水平得分92，略高于西部和大西北地区，处于工业化后期的前半阶段。图1是2019年宁夏回族自治区与全国工业化主要指标评分及综合指数情况的比较结果。

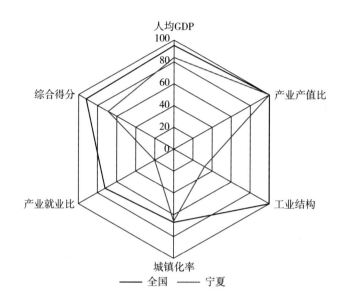

图1　2019年宁夏回族自治区工业化雷达图

三　宁夏回族自治区工业化进程的特征

根据宁夏工业化水平评价结果和宁夏经济社会发展的变动状况，我们总结"十三五"期间宁夏工业化进程的基本特征如下。

1. 工业化阶段与大西北地区保持同步，高于西部地区

2019年，宁夏回族自治区工业化指数得分为69，比"十二五"期间工业化指数得分提升10，进位到工业化后期的前半阶段，列全国第20位。但得分低于全国平均水平，略高于西部和大西北地区的平均水平。目前，宁夏的工业化水平与大西北地区保持一致，高于西部地区。从历史维度看，经过了"十二五"停滞不前的阶段后，"十三五"期间宁夏工业化进程加快，工业化水平有所提升（见表3）。

表3 宁夏回族自治区工业化水平在全国的排名情况（2005～2019 年）

地区	2005 年			2010 年			2015 年			2019 年		
	指数	阶段	排名	指数	阶段	排名	指数	阶段	排名	指数	阶段	排名
全国	49	三（Ⅰ）	—	69	四（Ⅰ）	—	84	四（Ⅱ）	—	92	四（Ⅱ）	—
西部	23	二（Ⅱ）	4	52	三（Ⅱ）	4	59	三（Ⅱ）	4	65	三（Ⅱ）	4
大西北	24	二（Ⅱ）	7	51	三（Ⅱ）	8	58	三（Ⅱ）	9	66	四（Ⅰ）	8
宁夏	32	二（Ⅱ）	17	61	三（Ⅱ）	15	59	三（Ⅱ）	22	69	四（Ⅰ）	20

资料来源：参见附录二。

2. 工业化进程加速推进，呈现跨越式发展态势，工业化水平上升的潜力较大

从工业化速度上看，2005～2010 年，宁夏工业化加速推进，年均增速达到 5.8，快于全国和大西北地区平均增速，与西部地区保持同步，全国排名第 12。但是，2010～2015 年，宁夏工业化的年均增速倒退到 -0.4，低于全国、西部和大西北地区平均水平，排名下滑到第 28 位。2015～2019 年，从全国情况看，东部地区工业化速度趋缓，西部及大西北地区工业化处于加速发展阶段，年均增速均列全国首位。宁夏工业化年均增速从 -0.4 跃升为 2.5，快于全国、西部及大西北地区平均水平，排名升至第 2。

表4 宁夏与全国、西部、大西北工业化速度的对比（2000～2019 年）

地区	工业化进程（100 分制）					年均增速					
	2000 年	2005 年	2010 年	2015 年	2019 年	2006～2010 年	排名	2011～2015 年	排名	2016～2019 年	排名
全国	26	49	69	84	92	4.0	—	3.0	—	2.0	—
西部	9	23	52	59	65	5.8	2	1.4	3	1.5	1
大西北	9	24	51	58	66	5.4	4	1.4	4	2.0	1
宁夏	14	32	61	59	69	5.8	12	-0.4	28	2.5	2

资料来源：参见附录三。

3. 各项指标有所提升，工业化综合指数与全国和东部的差距缩小

宁夏第一产业就业占比较高，产业就业比指标评分下降明显，与全国、东部差距在扩大。从历史数据来看，2019 年工业结构与全国、东部差距较"十

二五"期末在缩小，但绝对差值仍高达68，在各项指标中差距最大。表明宁夏制造业比较薄弱，具有较大发展空间。

目前，宁夏人均GDP指标得分为84，已基本与全国平均得分保持一致。产业产值比得分为100，与"十二五"相比得分提升较快，已与全国平均水平一致。城镇化率指标得分66，已基本接近全国平均水平，但和东部平均水平的差距仍然较大。总体而言，宁夏在"十三五"期间，工业化指数与全国和东部平均水平的差距在减小。

表5 宁夏工业化指标评分与全国、东部平均水平的比较（1995～2019年）

年份	地区	人均GDP	产业产值比	工业结构	城镇化率	产业就业比	工业化指数
1995	与全国差距	-4	-1	-2	0	-15	-3
	与东部差距	-32	-15	-13	0	-34	-20
	宁夏	0	31	16	0	2	11
2000	与全国差距	-16	-5	-9	-6	-17	-12
	与东部差距	-52	-19	-24	-21	-32	-34
	宁夏	4	42	14	4	5	14
2005	与全国差距	-14	3	-52	-1	-7	-17
	与东部差距	-39	-21	-76	-22	-34	-43
	宁夏	26	60	21	20	26	32
2010	与全国差距	-6	15	-36	-3	-6	-8
	与东部差距	-27	-1	-36	-32	-28	-26
	宁夏	60	81	64	30	45	61
2015	与全国差距	-7	-18	-72	-3	-37	-25
	与东部差距	-23	-18	-81	-27	-46	-36
	宁夏	77	82	19	50	32	59
2019	与全国差距	-11	0	-68	-1	-52	-23
	与东部差距	-16	0	-68	-19	-62	-28
	宁夏	84	100	32	66	20	69

资料来源：参见附录二。

4. 过去20余年，人均GDP对宁夏工业化的贡献最大，"十三五"期间产业产值比的贡献明显加大，产业就业比的贡献呈负增长

如表6所示，1996～2019年所有指标对宁夏综合指数的贡献度都为正，其中人均GDP指标对宁夏工业化的贡献最大，达到52.14%。产业产值比和城镇化率贡献率分别为26.17%、13.66%，属于贡献较大的指标。

分期来看，2006～2010年，人均GDP、工业结构两项指标对工业化贡献最大，分别为42.21%和32.62%；其次是产业产值比，贡献率为15.93%。此间人均GDP是宁夏工业化的主要推动力。

"十二五"时期，各指标对宁夏工业化水平综合指数增长的贡献度发生急剧变化。人均GDP、产业产值比、城镇化率指标对宁夏工业化的贡献都是负的，人均GDP指标尤其突出，为－306%。

"十三五"期间，产业产值比、工业结构成为宁夏工业化的主导力量，其中产业产值比贡献度高于全国、西部及大西北地区平均水平；工业结构贡献度高于全国和西部平均水平，但低于大西北地区平均水平。人均GDP的贡献次之，但与全国和西部地区平均水平还有较大差距。城镇化率的贡献率有较大提高，从2006～2010年的4.14%升到了19.20%（见表7）。产业就业比对工业化产生了负效应。目前宁夏产值结构呈现"三二一"分布，而就业结构呈"一三二"分布，一产就业比过大，二产就业比重偏低，可见宁夏产值结构与就业结构存在较大偏离，可能是因为第一产业剩余劳动力无法向第二产业顺利转移，导致第二产业就业比重偏低和产业结构调整速度缓慢。第二、三产业的劳动力吸纳能力有待提高。

2016～2019年，宁夏的工业化指数累计增加值低于"十五""十一五"期间。

表6　各指标对宁夏工业化综合指数增长的贡献度（1996～2019年）

指标 年份	人均GDP （%）	产业产值比 （%）	工业结构 （%）	城镇化率 （%）	产业就业比 （%）	工业化指数 累计增加值
1996～2000	48.00	80.67	－14.67	16.00	8.00	3
2001～2005	44.00	22.00	8.56	10.67	9.33	18
2006～2010	42.21	15.93	32.62	4.14	5.24	29
2011～2015	－306.00	－11.00	495.00	－120.00	52.00	－2
2016～2019	25.20	39.60	28.60	19.20	－9.60	10
1996～2019	52.14	26.17	6.07	13.66	2.48	58

资料来源：参见附录三。

表7　各指标对宁夏工业化综合指数增长的贡献度（2016～2019年）

地区	人均GDP（%）	产业产值比（%）	工业结构（%）	城镇化率（%）	产业就业比（%）	工业化指数累计增加值
全国	49.50	0.00	24.75	21.00	3.00	8
西部	30.00	14.67	22.00	32.00	9.33	6
大西北	22.50	8.25	38.50	24.00	3.00	8
宁夏	25.20	39.60	28.60	19.20	-9.60	10

资料来源：参见附录三。

四　宁夏回族自治区工业化进程存在的主要问题

当前，宁夏回族自治区在西部各省区中经济增速较快，产业转型升级力度较大，工业化进程加速推进，工业化水平不断提升，与全国、东部地区的差距在逐步缩小，但是全区发展中仍然存在一些问题和困难，发展走势分化，经济稳定运行的基础仍不牢固。

1. 产业结构仍需优化

在经历了多年的工业化发展后，宁夏地区形成了以煤炭、电力、原材料为支撑的工业体系，虽然宁夏地区矿产资源丰富，煤炭和电力行业基础雄厚，但这种体系仍然呈现粗放式资源拉动型工业增长模式。第三产业发展不平衡，地区间差异较大，并且优势主导产业缺乏。自西部大开发战略实施以来，宁夏回族自治区第三产业取得了快速发展，但对标东部发达地区、全国平均水平，第三产业对区域经济效益提升的贡献率仍有很大空间。

2. 就业结构与产业结构不协调

"十三五"期间，产业就业比指标对宁夏工业化产生了负效应。目前宁夏产值结构呈现"三二一"分布，而就业结构呈"一三二"分布，第一产业从业人员数量大于第二、三产业，而其产出水平相对较低，过剩的就业人员严重影响了第一产业效率的提升。可见宁夏产值结构与就业结构存在较大偏离，就业结构相较于产业结构的调整显示出滞后现象，农村劳动力转移速度较为缓慢、任务艰巨，第二、三产业的劳动力吸纳能力有待提高，这不仅不利于农村居民收入水平的提高和人力资本的积累，也会直接影响宁夏工业和服务业发展。

3. 创新驱动能力不强，新旧动能转换不快

在经济新常态下，创新发展被提到核心位置，成为引领经济发展的第一动力。近年来宁夏回族自治区创新发展虽然取得较大进步，但是与实现高质量发展的目标要求相比，还有一定差距。例如，现代煤化工处于产业化初级中级阶段，产品结构相对单一，附加值不高；下游高端产品的核心技术被国际化工巨头垄断和封锁；专业技术和经营管理拔尖领军人才较为稀缺；生态环境约束增强，"三废"综合利用水平不高；园区公用基础设施配套相对滞后；等等。

五　进一步推动宁夏回族自治区工业化进程的建议

为进一步加快推动宁夏回族自治区工业化进程，建议宁夏紧抓新一轮西部大开发、黄河流域生态保护和高质量发展等国家重大战略的机遇期，围绕绿色生态发展，加大科技创新力度，推动产业转型升级，探索高质量发展的新路径，努力推动工业化进程。

1. 聚焦产业转型升级，构建现代化经济体系

一是改造传统产业。全面落实转型发展"十大行动"，紧盯行业发展前沿技术，动态调整行业对标指标体系，促进传统产业绿色转型。加大节能环保技改贴息支持力度，引导和支持企业运用自动化、数字化、网络化、智能化等新技术、新工艺，推动石化、冶金、有色、建材等传统产业绿色化改造提升。二是大力培育新兴产业，引进非资源型产业、高新技术产业、现代服务业等领域的项目。在新能源、新材料、大数据、人工智能、节能环保、生物医药、电子信息等领域强化绿色发展导向，全面推行"互联网＋先进制造业"模式，推动数字经济与实体经济深度融合。三是大力发展服务业和知识密集型产业，推动第三产业均衡发展。加快推进具有竞争优势的区域特色、主导产业体系的形成。

2. 加快科技创新步伐，加快推动新旧动能转换

一是把创新作为引领发展的第一动力，加快推动新旧动能转换，为高质量发展插上科技翅膀。建设区域创新体系，深化东西部科技合作，整合优化各类

创新资源，建设一批重点实验室及基地，加快宁东科技孵化园、新能源产业孵化园建设，实现科技投入成果化、科技成果效益化。二是实施产业集群培育工程，打造煤制油、煤基烯烃、精细化工、高端装备制造等一批特色产业集群，推进煤化工与石油化工、现代纺织、节能环保等产业融合发展，形成集聚集群效应。三是加快园区优化升级。突出建链补链延链强链，打造集中度高、竞争力强的特色产业基地。强化宁东基地与太阳山园区等一体化发展，打通煤化工、石油化工、现代纺织产业链条，建设国内领先的现代煤化工基地。

3. 聚焦绿色生态保护，推动区域一体化发展

立足全境位于黄河流域的实际，大力实施生态立区战略，持续推进蓝天、碧水、净土"三大行动"，推动生态保护和绿色发展。开展大规模国土绿化行动，加强贺兰山、六盘山、罗山生态保护修复，建设森林、湿地、流域、农田、城市五大生态系统。年营造林120万亩以上，治理荒漠化土地90万亩、水土流失800平方公里。实行最严格的生态环境保护制度，环境质量底线不容放松。严控高耗能、高污染行业新增产能项目。另外，优化区域发展布局，加快形成特色鲜明、优势互补的区域发展新格局。实施银川都市圈协同发展规划，推进城际交通、信息通信等基础设施互联互通，加快教育、医疗、养老等公共服务共建共享。发挥银川龙头作用，带动石嘴山市、吴忠市、宁东基地融合发展，增强都市圈的承载力、辐射力。通过建设固原市区域中心城市、中卫市区域物流中心和全域旅游城市，打造带动高质量发展的动力源。因地制宜培育县域特色产业，提高城镇集聚能力，加快新型城镇化建设。

4. 主动融入"一带一路"，打造开放发展新格局

一是复制推广自贸区经验，探索中国（宁夏）自贸区改革试点工作，完善开放体制机制，做好保障支撑。二是借力中阿博览会等平台功能，引导企业向多元领域拓展，推动跨境电商等新业态发展，优化外贸综合服务，扩大影响力。三是加快推进银川国际公铁物流港建设，推动银川综合保税区与河东国际机场融合发展，培育临空产业集聚区。深化公铁联运、铁海联运模式，打造国际物流聚集区和西北地区重要物流中心。四是提高制造业、服务业、农业等领域开放程度，增强外商来宁投资吸引力。加强与京津冀、长三角、粤港澳大湾区及邻居省区的战略合作，积极承接东中部产业转移，大力发展加工贸易，推动区域开放发展迈入新纪元。

参考文献

《2018 年宁夏统计年鉴》，2019。

《2019 年宁夏回族自治区国民经济和社会发展统计公报》，2020。

《宁夏回族自治区国民经济和社会发展第十三个五年规划纲要》，2016。

《宁夏回族自治区工业绿色发展行动方案（2019～2022 年)》，2019。

《2019 年宁夏回族自治区人民政府工作报告》，2019。

《2020 年宁夏回族自治区人民政府工作报告》，2020。

陈访贤：《中国欠发达地区"五化同步"发展研究》，吉林大学博士学位论文，2018。

郜海燕：《转型升级亟待推进　高质量发展任重道远》，《环渤海经济瞭望》2018 年第 8 期。

韩冀宁：《"一带一路"背景下宁夏经济发展路径研究》，《经济研究导刊》2016 年第 8 期。

胡伟：《改革开放 40 年中国工业经济发展的区域特征》，《区域经济评论》2019 年第 1 期。

黄彦平：《宁夏工业高质量发展路径探析》，《现代经济信息》2019 年第 24 期。

金碚：《关于"高质量发展"的经济学研究》，《中国工业经济》2018 年第 4 期。

李梦欣、任保平：《新时代西部地区经济新动能培育：框架、现状、评价与路径》，《西部论坛》2019 年第 6 期。

刘志攀：《实施创新驱动发展战略实现宁夏经济转型升级》，《当代经济》2017 年第 9 期。

陶少华：《争做宁夏工业经济高质量发展的领头雁》，《中国工业报》2018 年 3 月 22 日。

杨丽艳：《宁夏建设现代化经济体系的重要瓶颈与战略重点》，《北方经济》2019 年第 8 期。

赵翙：《"一带一路"背景下宁夏经济加快发展与协调发展研究》，《北方民族大学学报》2020 年第 2 期。

B.37
新疆维吾尔自治区

"十三五"期间，新疆维吾尔自治区全面实施"一带一路"倡议，着力打造新疆丝绸之路经济带核心区，经济总量、发展效益均有较大程度提高。产业结构更趋合理，三次产业发展质量和水平均显著提升，转型升级成效明显。2015年，新疆第三产业实现增加值4200.72亿元，对经济增长贡献率达51.1%，取代第二产业首次成为新疆经济增长的主动力。2019年，全区规模以上工业增加值增长4.7%，但与全国及其他地区比较，新疆工业化进程推动相对缓慢，仍处于工业化中期阶段。

一 "十三五"新疆维吾尔自治区
经济社会发展基本情况

新疆地处欧亚大陆腹地，与俄罗斯、哈萨克斯坦、吉尔吉斯斯坦等八国接壤，少数民族分布广泛。新疆土地面积166万平方公里，占全国土地面积的1/6；陆地边境线5600多公里。2019年，全区年末人口2523.22万人，占全国人口的1.80%。2016~2019年，新疆全区生产总值由9650亿元增长到13597亿元。

经济发展稳步提升。2017年新疆全区生产总值达到10920亿元，首次突破万亿元大关。2019年生产总值13597.11亿元，比上年增长6.2%。三产增加值分别达到1781.75亿元、4795.50亿元、7019.86亿元，增长率分别为5.3%、3.7%、8.1%。人均GDP达到54280元，比上年增长4.5%。一般公共预算收入1577.3亿元，增长3%；一般公共预算支出5322.3亿元，增长6.2%。全区固定资产投资增长2.5%，六大高耗能行业投资趋于理性，下降6.2%。全区城镇化率达到51.87%，比上年提高近1个百分点。

产业结构持续优化。三次产业比重由2015年的16.7∶38.6∶44.7调整到2019年的13.1∶35.3∶51.6。2019年全区工业增加值3861.66亿元，增长

4.5%。工业经济新技术、新业态、新模式相继涌现，以新材料、新能源、高端装备制造、生物医药、信息技术为主的新兴产业发展体系初现雏形，产业集中度进一步提高。全区战略性新兴产业和高新技术制造业增加值分别增长8.4%和11.4%，分别高于规模以上工业3.4个和6.4个百分点。2019年服务业增加值7019.86亿元，同比增长8.1%，对经济增长的贡献率达到66.7%，比上年提高4.4个百分点，第三产业成为拉动新疆地区经济增长的第一动力。以电子商务、数字信息、旅游休闲为重点的现代服务业蓬勃发展，2019年全区接待境内外游客2.09亿人次，增长41.6%；旅游收入3452.65亿元，增长40.4%，为新疆经济发展注入新的活力。

基础设施进一步完善。推进交通、水利、能源等关键领域设施建设，破解新疆发展的瓶颈，为经济发展、社会进步提供了有效支撑。交通方面，全疆所有地州迈入高速公路时代，高速公路通车里程达5290公里。从货物运力看，物流规模不断扩大，物流成本明显降低，有力地支撑了经济发展。全年货物运输量100062.96万吨，货物运输周转量4139.30亿吨公里。水利方面，策勒县奴尔、轮台县五一、奇台县白杨河等水库工程建成；阿尔塔什水利枢纽下闸蓄水，叶尔羌河千年水患得到根治。

开放发展取得新成效。丝绸之路经济带核心区建设步入新阶段，陆港区"集货、建园、聚产业"能力不断提升，新疆中欧班列"集拼集运"经验在全国得以复制推广。深化霍尔果斯、喀什经济开发区基础设施建设，产业聚集能力稳步提升。智慧化口岸建设实现新突破。通关效率进一步提高，出口货物通关时间比全国同期快3.69小时。发挥丝绸之路经济带的创新驱动作用，围绕试验区和乌昌石国家自主创新示范区开展20项科技创新探索，推动科技创新和经济社会发展深度融合。

民生建设持续推进。大力压减一般性支出，坚持把财政预算的70%以上用于保障和改善民生。2019年，农村居民、城镇居民人均可支配收入分别达到13122元、34664元，增长9.6%、5.8%。全区城镇新增就业48.09万人，城镇就业困难人员实现就业4.91万人，全年转移就业农村富余劳动力286万人，年末城镇登记失业率3.14%。聚焦深度贫困，实施精准扶贫，全区投入财政扶贫资金375.67亿元，比上年增长12.33%。全区脱贫人口64.57万人，贫困发生率降至1.24%。自治区"十三五"易地扶贫搬迁任务提前完成，40146户16.94万人

喜迁新居，一户至少一人实现就业。优先发展教育事业，学前教育毛入园率达到
95.95%，小学学龄儿童入学率99.9%，九年义务教育巩固率达95%以上。

二 新疆维吾尔自治区工业化水平评价

表1报告了1995年、2000年、2005年、2010年、2015年和2019年新疆
维吾尔自治区各项工业化水平指标的数据，并与大西北地区、西部和全国进行
比较；表2列出了同期新疆维吾尔自治区的工业化水平评价结果及其与全国、
西部和大西北地区的比较情况。

表1　新疆维吾尔自治区工业化主要指标（1995～2019年）

单位：美元，%

年份	地区	人均GDP	产业产值比			制造业增加值占比	城镇化率	产业就业比		
			一	二	三			一	二	三
1995	全国	1857.8	20.5	48.8	30.7	30.7	29.0	52.2	23.0	24.8
	西部	1203.2	27.7	40.6	31.6	26.6	17.0	64.0	15.1	20.9
	大西北	1321.4	28.3	39.0	32.7	23.3	23.2	60.6	16.2	23.2
	新疆	1799.3	29.2	36.7	34.2	13.6	34.6	56.9	18.8	24.3
2000	全国	2681.4	15.9	50.9	33.2	33.7	36.2	50.0	22.5	27.5
	西部	1823.9	22.3	41.5	36.2	24.2	28.7	61.7	12.9	25.4
	大西北	1998.7	23.0	40.5	36.5	20.5	31.4	59.6	12.9	27.5
	新疆	2830.0	21.1	43.0	35.9	13.5	33.8	57.7	13.8	28.6
2005	全国	4144.1	12.6	47.5	39.9	52.0	43.0	44.8	23.8	31.4
	西部	2834.5	17.7	42.8	39.5	30.9	34.6	54.8	15.0	30.2
	大西北	3225.5	18.0	42.7	39.3	26.0	36.6	55.0	13.5	31.5
	新疆	3780.7	19.6	44.7	35.7	11.7	37.2	53.3	13.3	33.4
2010	全国	6902.1	10.1	46.8	43.1	60.4	49.9	36.7	28.7	34.6
	西部	5260.9	13.1	50.0	36.9	52.3	41.3	47.7	19.7	32.6
	大西北	6220.8	11.8	52.2	36.0	42.4	44.7	47.1	19.6	33.3
	新疆	5608.5	19.8	47.7	32.5	27.6	39.8	51.2	14.1	34.8
2015	全国	9835.6	8.9	40.9	50.2	57.6	56.1	28.3	29.3	42.4
	西部	7944.7	12.0	44.6	43.4	47.7	48.7	45.7	20.9	33.4
	大西北	8846.6	10.8	46.7	42.5	41.7	51.6	44.0	19.8	36.2
	新疆	7871.1	16.7	38.6	44.7	27.1	47.2	44.1	15.2	40.8

年份	地区	人均GDP	产业产值比			制造业增加值占比	城镇化率	产业就业比		
			一	二	三			一	二	三
2019	全国	11759.0	7.1	39.0	53.9	61.6	60.6	26.1	27.6	46.3
	西部	8832.7	11.0	37.9	51.1	49.3	54.1	42.6	19.5	36.4
	大西北	9759.4	10.1	40.6	49.4	46.0	56.3	42.9	16.1	36.3
	新疆	8999.7	13.1	35.3	51.6	37.2	51.9	40.9	14.4	44.7

资料来源：参见附录一。

表2　新疆维吾尔自治区工业化进程：分项及综合得分（1995~2019年）

年份	地区	人均GDP	产业产值比	工业结构	城镇化率	产业就业比	综合得分	工业化阶段
1995	全国	4	32	18	0	17	14	二（Ⅰ）
	西部	0	13	11	0	0	5	二（Ⅰ）
	大西北	0	12	5	0	0	4	二（Ⅰ）
	新疆	3	10	0	8	7	5	二（Ⅰ）
2000	全国	20	47	23	10	22	26	二（Ⅱ）
	西部	3	27	7	0	0	9	二（Ⅰ）
	大西北	7	25	1	2	1	9	二（Ⅰ）
	新疆	23	30	0	6	5	16	二（Ⅰ）
2005	全国	41	57	73	21	33	49	三（Ⅰ）
	西部	24	41	18	8	11	23	二（Ⅱ）
	大西北	31	40	10	11	11	24	二（Ⅱ）
	新疆	38	34	0	12	15	24	二（Ⅱ）
2010	全国	68	66	100	33	51	69	四（Ⅰ）
	西部	52	56	76	19	27	52	三（Ⅱ）
	大西北	62	60	46	24	28	51	三（Ⅱ）
	新疆	56	34	13	16	19	34	三（Ⅰ）
2015	全国	84	100	91	53	69	84	四（Ⅱ）
	西部	74	59	58	31	31	59	三（Ⅱ）
	大西北	79	63	39	38	35	58	三（Ⅱ）
	新疆	73	44	12	28	35	45	三（Ⅰ）
2019	全国	95	100	100	67	72	92	四（Ⅱ）
	西部	79	63	55	47	38	63	三（Ⅱ）
	大西北	84	66	53	54	38	66	四（Ⅰ）
	新疆	80	56	28	39	42	55	三（Ⅱ）

资料来源：参见附录二。

工业化蓝皮书

从人均收入指标看，2019年新疆人均GDP为8999.7美元，低于全国和大西北地区平均水平，高于西部地区平均水平。

从产业产值比指标来看，新疆三次产业比重由2015年的16.7∶38.6∶44.7调整到2019年的13.1∶35.3∶51.6。三次产业结构评分由2015年的44提升至56，但仍低于西部（63）和大西北地区（66），与两者的差距在10左右，但与全国平均水平差距达44。其中，第一产业比重高于全国（7.1%），也高于西部（11.0%）和大西北地区（10.1%）的平均水平；第二产业比重低于全国、西部和大西北地区的平均水平，其中低于大西北地区5.3个百分点；第三产业比重略低于全国平均水平，但较"十二五"相比，有较大提高，幅度达6.9个百分点，高于西部（51.1%）和大西北地区（49.4%）的平均水平，表明旅游、商贸物流、休闲娱乐等产业在本地区处于快速发展阶段。基于该项指标衡量的新疆工业化水平，由工业化中期前半阶段上升至工业化中期后半阶段。

从工业结构指标来看，2019年新疆制造业增加值占比比2015年提升10.1个百分点，从2015年27.1%升至37.2%。相较"十二五"期末，2019年新疆该指标继续低于全国、西部及大西北地区平均水平，但差距在逐步缩小。工业结构指标得分从2015年末的12增长到2019年末的28，但在国内各省区市排名中比较靠后。从该指标的工业化评分看，新疆处于工业化初期的后半阶段。

从城镇化率指标看，2019年新疆城镇人口占全部人口的51.9%，比全国平均水平60.6%低8.7个百分点，较西部（54.1%）和大西北地区的平均水平（56.3%）偏低。该指标的工业化评分从2015年28上升为39，新疆由工业化初期后半阶段进入工业化中期前半阶段，在国内各省区市处于中下水平。

从产业就业比指标看，2019年新疆第一、二、三产业就业比重为40.9∶14.4∶44.7。一产就业占比虽然从2015年的44.1%降至40.9%，略低于西部及大西北地区平均水平，但高于全国平均水平26.1%近15个百分点，调整就业结构的任务还比较艰巨。二产就业占比低于全国、西部及大西北地区的平均水平。三产就业占比从2015年的40.8%提高到44.7%，仍低于全国平均水平，但高于西部及大西北地区的平均水平。该指标的工业化评分为42，处于工业化中期前半阶段。

综合来看，2019年新疆维吾尔自治区工业化综合指数为55，较2015年提升10，由工业化中期前半阶段进入工业化中期后半阶段。但低于全国工业化水平得分（92），同时也低于西部（63）和大西北地区（66）。和"十二五"相比，新疆工业化所处阶段有明显飞跃，但是工业结构和城镇化率指标相对落后，推进城镇建设、工业和农业现代化任务仍然艰巨。图1是对2019年新疆维吾尔自治区与全国工业化主要指标评分及综合指数情况进行比较的结果。

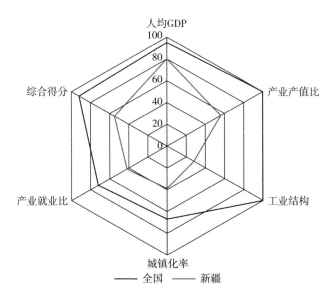

图1　2019年新疆维吾尔自治区工业化雷达图

三　新疆维吾尔自治区工业化进程的特征

根据新疆维吾尔自治区工业化水平的评价结果和经济社会发展的变动状况，我们总结"十三五"期间新疆工业化进程的基本特征如下。

1. 工业化进程继续保持加速，工业化水平相对提高但仍落后于大部分地区

2019年，新疆维吾尔自治区工业化指数得分为55，较2015年提升10，但低于全国、西部和大西北平均水平。工业化指数与全国平均水平的绝对差距从2015年的39缩小为37，工业化情况相对有所提高，但是仍然较为落后，并影响了新疆地区的经济发展，处于工业化中期的后半阶段。

从工业化速度上看，在 2006～2010 年、2011～2015 年、2016～2019 年三个考察期内新疆工业化进程在加速，年均增速分别从 2 提升至 2.2，又提升至 2.5，在全国各省排名也大幅上升，从"十一五"期间的第 26 位快速提升至"十二五"的第 7 位，2016～2019 年考察期内提高到第 2 位。工业化进程的年均增速低于全国平均水平，但高于西部及大西北地区的平均水平。

表3 2005～2019 年新疆维吾尔自治区工业化水平在全国的排名情况

地区	2005 年			2010 年			2015 年			2019 年		
	指数	阶段	排名	指数	阶段	排名	指数	阶段	排名	指数	阶段	排名
全国	49	三（Ⅰ）	—	69	四（Ⅰ）	—	84	四（Ⅱ）	—	92	四（Ⅱ）	—
西部	23	二（Ⅱ）	4	52	三（Ⅱ）	4	59	三（Ⅱ）	4	65	三（Ⅱ）	4
大西北	24	二（Ⅱ）	7	51	三（Ⅱ）	8	58	三（Ⅱ）	9	66	四（Ⅰ）	8
新疆	24	二（Ⅱ）	22	34	三（Ⅰ）	29	45	三（Ⅰ）	27	55	三（Ⅱ）	24

资料来源：参见附录二。

表4 2000～2019 年新疆与全国、西部、大西北工业化速度的对比

地区	工业化进程（100 分制）					年均增速					
	2000 年	2005 年	2010 年	2015 年	2019 年	2006～2010 年	排名	2011～2015 年	排名	2016～2019 年	排名
全国	26	49	69	84	92	4.0	—	3.0	—	3.60	—
西部	9	23	52	59	65	5.8	2	1.4	3	1.5	1
大西北	9	24	51	58	66	5.4	4	1.4	4	2.0	1
新疆	16	24	34	45	55	2.0	26	2.2	7	2.5	2

资料来源：参见附录三。

2. 各项指标均有提高，但与全国、东部平均水平的差距仍然较大

从发展变化看，表5 对新疆与全国、东部地区工业化主要指标评价值及综合指数情况进行了对比。相较"十二五"期末，新疆各项工业化指标评分均有一定程度提升，除人均 GDP 和城镇化率指标与全国平均水平的差距在扩大外，其余指标得分与全国和东部平均水平的差距呈缩小趋势，但绝对差值仍然较大，其中工业结构指标差距最大，与全国及东部平均水平的差值均为 72。

表5 新疆工业化指标评分与全国、东部平均水平的比较（1995～2019年）

年份	地区	人均GDP	产业产值比	工业结构	城镇化率	产业就业比	工业化指数
1995	与全国差距	-1	-22	-18	8	-10	-9
	与东部差距	-29	-36	-29	8	-29	-26
	新疆	3	10	0	8	7	5
2000	与全国差距	3	-17	-23	-4	-17	-10
	与东部差距	-33	-31	-38	-19	-32	-32
	新疆	23	30	0	6	5	16
2005	与全国差距	-3	-23	-73	-9	-18	-25
	与东部差距	-35	-47	-97	-30	-45	-51
	新疆	38	34	0	12	15	24
2010	与全国差距	-12	-32	-87	-17	-32	-35
	与东部差距	-37	-48	-87	-46	-54	-53
	新疆	56	34	13	16	19	34
2015	与全国差距	-11	-56	-79	-25	-34	-39
	与东部差距	-27	-56	-88	-49	-43	-50
	新疆	73	44	12	28	35	45
2019	与全国差距	-15	-44	-72	-28	-30	-37
	与东部差距	-20	-44	-72	-46	-40	-42
	新疆	80	56	28	39	42	55

资料来源：参见附录二。

表6 2019年新疆各工业化指标得分与各地区平均水平的比较

地区	人均GDP	产业产值比	工业结构	城镇化率	产业就业比	工业化指数
与全国差距	-15	-44	-72	-28	-30	-37
与东部差距	-20	-44	-72	-46	-40	-42
与西部差距	1	-7	-27	-8	4	-8
与大西北差距	-4	-10	-25	-15	4	-11
新疆	80	56	28	39	42	55

资料来源：参见附录二。

3. "十三五"期间工业结构指标对新疆工业化的贡献最大，产业产值比、人均 GDP 指标贡献度次之

如表 7 所示，"十三五"期间，工业结构对新疆工业化水平综合指数增长的贡献度最大，为 35.20%，该指标略低于大西北平均水平，但高于全国平均水平 10.45 个百分点，高于西部地区平均水平 13.2 个百分点。产业产值比贡献度比全国、西部和大西北地区平均水平都要高。产业就业比贡献度虽然低于西部平均水平 9.33%，但高于全国和大西北平均水平，后两者均为 3%。人均 GDP 指标贡献度比全国和西部地区平均水平都要低，但高于大西北 22.50% 的平均水平。城镇化率指标贡献度比全国、西部和大西北地区平均水平都要低。

在新疆不同时期的工业化进程中不同指标的贡献度不同。1996～2019 年，对工业化进程的贡献率由大到小依次是：人均 GDP、产业产值比、城镇化率、产业就业比和工业结构。"九五""十五"期间，均是人均 GDP 和产业产值比贡献最大，而"十一五"期间，则是人均 GDP 和工业结构贡献最大，"十二五"期间对新疆工业化进程贡献最大的则是人均 GDP 和产业产值比。可以看出，"十三五"之前，人均 GDP 指标始终对新疆工业化进程保持最大贡献度，而"十三五"期间新疆工业化推进主要依靠工业结构的改善，表明制造业对新疆工业化的引领作用比较突出。产业就业比、城镇化率对工业化的贡献度相对较低，某种程度上说明了新疆就业结构不合理、城镇化进程比较滞后等问题仍然比较突出，不利于工业化进程的深入推进（见表 8）。

表 7　各指标对新疆工业化综合指数增长的贡献度（2016～2019 年）

地区	人均 GDP（%）	产业产值比（%）	工业结构（%）	城镇化率（%）	产业就业比（%）	工业化指数累计增加值
全国	49.50	0.00	24.75	21.00	3.00	8
西部	30.00	14.67	22.00	32.00	9.33	6
大西北	22.50	8.25	38.50	24.00	3.00	8
新疆	25.20	26.40	35.20	13.20	5.60	10

资料来源：参见附录三。

表8　各指标对新疆工业化综合指数增长的贡献度（1996～2019年）

指标 年份	人均GDP （%）	产业产值比 （%）	工业结构 （%）	城镇化率 （%）	产业就业比 （%）	工业化指数 累计增加值
1996～2000	65.45	40.00	0.00	-2.18	-1.45	11
2001～2005	67.50	11.00	0.00	9.00	10.00	8
2006～2010	64.80	0.00	28.60	4.80	3.20	10
2011～2015	55.64	20.00	-2.00	13.09	11.64	11
2016～2019	25.20	26.40	35.20	13.20	5.60	10
1996～2019	55.44	20.24	1.12	7.44	5.60	50

资料来源：参见附录三。

四　新疆维吾尔自治区工业化进程存在的主要问题

2016～2019年，新疆维吾尔自治区加快新旧动能转换，经济稳中有进，高质量发展基础不断夯实。全区生产总值（GDP）由9650亿元增加到13597亿元。工业经济发展稳中有升，2019年工业增加值较2015年增长19.8%，全区规模以上工业企业增加值2016年为2678亿元，2019年增加到3862亿元，占GDP比重四年共提高了0.7个百分点。这些都为"十四五"开局发展奠定了坚实的基础，但也要清醒认识到全区经济社会发展特别是工业化进程中存在的问题和挑战。

1. 工业化程度相对滞后，工业结构调整优化仍不充分

新疆工业化水平有所提高，但与全国及其他地区比较，进程相对缓慢，仍处于工业化中期阶段，影响了新疆地区的经济发展。从工业生产来看，新疆全区工业规模小，工业结构相对比较单一，主要产品仍处于产业链低端。销量居全国前十的产品仍以石油、天然气、有色金属、棉纺等原材料和初级产品为主，存在高端产品供给不足、低端产品供给过剩的现象。新旧动能转换还不充分。战略性新兴产业和高新技术产业发展迅速，初步形成了新兴产业集群，软件和信息服务研发实力也在不断增强，地区战略性新兴产业的培育取得初步的成果，但两者产业规模依然非常有限，总和占新疆工业比重还不足10%，对整个工业增长的拉动力不强，新兴产业不足以消除传统工业波动带来的风险，

还未形成填补传统产业下滑空缺的强劲动力。发展环境对要素聚集的吸引力不足，工业结构升级的难度加大。目前新疆工业既存在结构不优的问题，更有发展不充分的问题。

2. 基础设施不完善，物流体系建设相对薄弱

新疆处于"丝绸之路经济带"核心区，已建成陆路口岸、国际航空港、石油天然气管道等多样化、立体化的基础设施支持体系，但由于自身多山地势，以及长期以来经济发展程度以及战略定位的限制，新疆基础设施建设不完善，既制约了工业发展，也是目前"一带一路"倡议中新疆与中亚各国贸易往来最突出的问题，影响了外向型经济的进一步发展。另外，新疆物流体系较为薄弱。新疆区域广阔，过长运距、物流设施落后等因素造成产品物流成本偏高，影响产品在内地消费市场的拓展。

3. 绿色发展形势依然比较严峻

新疆属于资源型区域，其经济增长对资源环境高度依赖。新疆经济的典型特征是重化工业结构，这一模式在短期内难有根本性改变，工业发展主要依赖煤炭、电力、化工、石油等传统重工业，单位工业增加值能耗依然维持在较高水平，工业用水超标的问题短期内难以扭转，造成资源环境约束性指标压力巨大。而新疆生态环境脆弱，部分地区资源环境承载力已超载，如天山北坡经济带重化工业、火电等集中布局地区，大气环境承载力超载严重，空气质量较差。工业化与城镇化发展聚集地绿洲生态系统的承载力也面临严重超载现象，环境污染治理成本不断加大。目前，新疆在资源开发与生态环境保护、工业发展与低碳节能减排之间的矛盾依然较为突出，这些都严重阻碍了新疆工业经济的可持续发展，绿色高质量发展任务艰巨。

五 进一步推动新疆维吾尔自治区工业化进程的建议

即将到来的"十四五"时期，是我国由全面建成小康社会向基本实现社会主义现代化迈进的重要时期。建议新疆维吾尔自治区全面贯彻实施国家新一轮西部大开发战略，不断加快丝绸之路经济带核心区建设，推动区域实现跨域发展。

1. 改造特色优势产业

一是借力"三基地一通道"建设的重大机遇，充分发挥新疆石油、天然气、煤炭、盐、矿产等资源优势，推动石油、化学、冶金、电力等传统优势产业改造升级，延伸产业链，提升价值链。实施产业基础再造工程，提升产业基础能力和产业链水平，培育高端装备制造产业集群，提升产业链协作配套能力。二是大力发展劳动密集型产业。用好国家和区域优惠政策，统筹优化产业布局，着力推进纺织服装、电子产品组装、鞋帽、玩具、箱包等轻工制品和地域特色食品、旅游品加工业等劳动密集型产业发展，逐步形成产业链，助力扶贫就业。三是做实农副产品精深加工业，推进林果、肉类深加工规模化、标准化、产业化、品牌化，发展壮大葡萄酒、乳制品、番茄酱等各类特色产业。

2. 大力实施"旅游兴疆"战略

一是完善新疆旅游发展总体规划，创建"新疆是个好地方"旅游品牌。实施"旅游+"战略模式，深入推进旅游与文化、体育、康养等产业的融合发展，形成"产业围绕旅游转、产品围绕旅游强、结构围绕旅游调、功能围绕旅游配、民生围绕旅游兴"的全域旅游发展格局。二是强化旅游基础设施和公共服务体系建设，着力打造铁路、公路、航空"三位一体"的旅游交通体系，有效利用大数据信息化手段，推进智慧旅游。三是开展"微笑新疆"旅游服务质量提升行动，加强旅游标准化建设，优化旅游软环境，提升新疆旅游软实力，彻底解决旅游业无序发展及"三难一不畅"问题。加快优质资源市场化整合，全面发展乡村民宿旅游、康养休闲旅游，发挥旅游产业对全区脱贫攻坚、乡村振兴的带动引领作用。

3. 夯实新型基础设施网络建设

一是加快重大交通基础设施建设，深化"东联西出"物流大通道建设。扎实开展国家首批交通强国建设试点，打通丝绸之路经济带大通道，加快实现"进出疆快起来、疆内环起来、南北疆畅起来、出入境联起来"目标，推动"三基地一通道"建设。二是重点做好水利工程及配套设施建设，通过完成阿尔塔什水利枢纽、大石门水利枢纽、若羌河水库等一批水利枢纽、骨干工程和大中型灌区续建配套工程与节水改造工程，增强防灾减灾能力，巩固农业基础。三是围绕建设国家能源资源陆上大通道，推进乌鲁木齐、巴州天然气储气设施等一批重大能源设施建设项目，壮大现代煤炭、煤电、煤化工产业发

展，推进能源大区向能源强区转变。四是优化城市空间布局，推进人工智能、工业互联网、物联网等新型基础设施建设。加强城镇基础设施和公共服务设施统筹规划，探索新型智慧城市构建，推动新型城镇化发展，增强城镇综合承载能力。

4. 深化"一带一路"核心区建设

一方面，全面落实国家新一轮西部大开发战略，以"一港、两区、五大中心、口岸经济带"等重点对外开放平台为载体，加快推进丝绸之路经济带核心区建设，积极拓展对外经贸合作，鼓励创新型企业拓展国际市场，提升纺织服装、机电、化工、建材、特色农产品等优势产品出口比例，培育壮大外向型产业。支持企业建立国际运营网络体系。建设境外园区，推动组团式国际产能合作，带动沿线国家产业发展。加快乌鲁木齐、哈密、库尔勒、喀什等地商贸物流中心建设，深化丝绸之路经济带创新驱动发展试验区建设，大力发展外向型经济，推进边境口岸经济带加快发展。另一方面，加大招商引资力度，创新招商方式，吸引国内外各类企业来疆投资兴业，支持各类国家级开发区（园区）积极承接东部产业转移。运用对口援疆省市优势，搭建产业交流合作平台，引导东部省市产业向新疆地区梯度转移。

参考文献

《2018 年新疆统计年鉴》，2019。

《2019 年新疆维吾尔自治区国民经济和社会发展统计公报》，2020。

《新疆维吾尔自治区新型工业化"十三五"发展规划（2016～2020）》，2017。

《2019 年新疆维吾尔自治区人民政府工作报告》，2019。

《2020 年新疆维吾尔自治区人民政府工作报告》，2020。

陈德峰：《把发展现代服务业提升到"核心区"建设重要位置》，《新疆日报》（汉）2018 年 5 月 17 日，第 11 版。

公琪、潘志刚：《基于新疆传统产业改造提升的几点思考》，《科技经济导刊》2019 年第 28 期。

古丽妮尕尔·居来提、苏来曼·斯拉木：《动力转换、产业转型与经济增长——兼论新疆经济增长动力与政策导向》，《佳木斯大学社会科学学报》2020 年第 3 期。

李小平：《新疆工业绿色转型升级面临的挑战及对策建议》，《新疆师范大学学报》

（哲学社会科学版）2018 年第 5 期。

李英峰、付路解：《2019 年上半年新疆工业经济形势分析及全年展望》，《新疆社科论坛》2019 年第 3 期。

刘守威：《新疆就业与产业结构协调发展现状与对策建议》，《北方经济》2019 年第 7 期。

刘遵乐：《中国新疆核心区对外贸易发展新趋势及相关建议——基于"一带一路"背景下的探讨》，《欧亚经济》2019 年第 6 期。

马睿、李维娜：《新疆工业发展短板分析及对策研究》，《实事求是》2017 年第 5 期。

王曼：《丝绸之路经济带背景下新疆产业结构升级路径研究》，《山东纺织经济》2017 年第 10 期。

王艳：《新疆产业结构与就业结构协调发展研究》，石河子大学博士学位论文，2018。

魏后凯、年猛、李玢：《"十四五"时期中国区域发展战略与政策》，《中国工业经济》2020 年第 5 期。

潘志刚：《新疆工业高质量发展探微》，《中国中小企业》2020 年第 6 期。

B.38
内蒙古自治区

"十三五"时期是内蒙古自治区全面建成小康社会的决胜时期、全面深化改革的攻坚时期、全面提高发展质量和效益的重要战略机遇期。面对国内外经济下行压力，内蒙古主动适应经济发展新常态，大力发展优势特色产业和现代能源经济，全区规模以上工业运行平稳，产业结构调整持续深化，工业发展的质量和效益取得新的进展，处于工业化后期的前半阶段。

一 "十三五"内蒙古自治区经济社会发展基本情况

内蒙古自治区疆域辽阔，资源丰富，全区土地面积118.3万平方公里，占全国总面积的12.3%。2019年，全区年末常住人口2539.6万人，占全国人口的1.81%，其中，城镇人口为1609.4万人，占常住人口比重达63.4%。人均GDP达到12424.5美元，高于全国平均水平。工业化水平与全国同步。

经济保持平稳增长。"十三五"期间，内蒙古注重经济的高质量增长，在产业结构优化调整、发展方式转变、人居环境改善等方面都取得了显著的成绩。2019年全区生产总值17212.5亿元，增长5.2%。一般公共预算收入2059.7亿元，增长10.9%；一般公共预算支出5097.9亿元，增长5.5%，有力支持了全区经济社会各项事业发展。全区规模以上工业增加值增长6.1%，高于全国平均水平0.4个百分点，总体呈平稳运行态势。全区固定资产投资增长6.8%。在转型升级拉动下，投资高质量发展趋势向好，投资结构逐步优化。全区工业投资高质量发展步伐加快。制造业投资增长9.1%；制造业技改投资增长33.4%，工业技改投资增长26.1%；高技术服务业投资增长17.6%。各盟市及区域间的经济保持了协同发展，差距在逐步缩小，东部盟市发展加速，呼包鄂地区继续保持快速增长势头。新农村新牧区建设稳步落实，城镇化水平进一步提高，城镇化率达到60.3%。

转型升级持续推进。三次产业比重由 2015 年的 9.1∶50.5∶40.5 调整到 2019 年的 10.8∶39.6∶49.6，初步形成了多元发展、多极支撑的产业格局。其中第三产业增加值增长 5.4%，占 GDP 的比重高达 49.6%，分别高出第一产业 38.8 个百分点、第二产业 10.0 个百分点，成为拉动区域经济的主要动力。传统产业改造升级迈出新步伐，通过淘汰落后产能、提高工业产品科技含量、发展工业型服务贸易等方式推动工业发展方式转变。大力推进新能源、新材料、大数据、节能环保、高端装备、生物科技等新型产业的发展；以物流、旅游、金融、信息等为核心的现代服务业快速发展，新动能逐步发展壮大。规模以上工业战略性新兴产业增加值比上年增长 2.3%。全区规模以上非煤产业增加值增长 6.6%，快于煤炭产业增加值 1.5 个百分点。现代煤化工产业增加值增长 8.2%。制造业增加值增长 8.7%，占规模以上工业的比重为 37.7%。

发展保障能力不断增强。京呼高铁、赤峰高铁建成通车，锡林浩特至丹东高速公路全线贯通。新建通用机场 4 个，民用机场达到 33 个。12 个盟市均开通了 5G 试验基站。完成公路投资 407 亿元，开工建设公路里程 1.9 万公里，新增农村牧区公路 8219 公里，建设林区公路 3013 公里，创建 8 个自治区级"四好农村路"示范旗县。截至 2019 年底，全区公路总里程达 20.6 万公里，其中高速公路 6633 公里、一级公路 8443 公里，国省干线路网覆盖全区 85% 以上的人口，连接了所有旗县及以上行政节点、重要资源基地和经济开发区，连通了 70% 以上的苏木乡镇。贫困地区公路通车里程 15.8 万公里，占全区公路总里程的 76.7%。

生态环境持续改善。加大对环境保护和生态治理工作的投资，全年增长 26.8%。完成营造林 1363 万亩，治理水土流失 944 万亩，生态环境修复成效良好。开展大兴安岭毁林开垦整治行动。自然保护区内 96.7% 的工矿企业退出。乌兰浩特、康巴什、根河被授予国家生态文明建设示范市（县），阿尔山市被命名为国家"绿水青山就是金山银山"实践创新基地。内蒙古举办了呼伦贝尔国际绿色发展大会。

改善民生取得新进展。坚持富民优先导向，优先保障重点民生支出。城镇常住居民人均可支配收入 40782 元，增长 6.5%；农村牧区常住居民人均可支配收入 15283 元，增长 10.7%，快于经济增长速度。新增城镇就业 26.32 万人，农牧民转移就业 254.7 万人，高校毕业生就业 15 万人，全年实现 8.8 万贫困人口就业，城镇登记失业率 3.7%，控制在合理区间。坚持把脱贫攻坚作

为第一民生工程，各级财政共投入扶贫专项资金99.23亿元，其中自治区本级投入44.87亿元，同比增长7%，农村牧区人居环境持续改善。

二 内蒙古自治区工业化水平评价

表1报告了1995年、2000年、2005年、2010年、2015年和2019年内蒙古自治区各项工业化水平指标的数据，并与大西北地区、西部和全国进行比较；表2列出了同期内蒙古自治区的工业化水平评价结果及其与全国、西部和大西北地区的比较情况。

表1 内蒙古自治区工业化主要指标（1995～2019年）

单位：美元，%

年份	地区	人均GDP	产业产值比			制造业增加值占比	城镇化率	产业就业比		
			一	二	三			一	二	三
1995	全国	1857.8	20.5	48.8	30.7	30.7	29.0	52.2	23.0	24.8
	西部	1203.2	27.7	40.6	31.6	26.6	17.0	64.0	15.1	20.9
	大西北	1321.4	28.3	39.0	32.7	23.3	23.2	60.6	16.2	23.2
	内蒙古	1443.7	31.2	37.8	31.0	23.4	32.5	52.4	22.0	25.6
2000	全国	2681.4	15.9	50.9	33.2	33.7	36.2	50.0	22.5	27.5
	西部	1823.9	22.3	41.5	36.2	24.2	28.7	61.7	12.9	25.4
	大西北	1998.7	23.0	40.5	36.5	20.5	31.4	59.6	12.9	27.5
	内蒙古	2224.6	25.0	39.7	35.3	20.1	42.7	54.4	16.5	29.1
2005	全国	4144.1	12.6	47.5	39.9	52.0	43.0	44.8	23.8	31.4
	西部	2834.5	17.7	42.8	39.5	30.9	34.6	54.8	15.0	30.2
	大西北	3225.5	18.0	42.7	39.3	26.0	36.6	55.0	13.5	31.5
	内蒙古	4710.3	15.1	45.5	39.4	31.4	47.2	53.8	15.6	30.5
2010	全国	6902.1	10.1	46.8	43.1	60.4	49.9	36.7	28.7	34.6
	西部	5260.9	13.1	50.0	36.9	52.3	41.3	47.7	19.7	32.6
	大西北	6220.8	11.8	52.2	36.0	42.4	44.7	47.1	19.6	33.3
	内蒙古	10607.4	9.4	54.6	36.1	41.2	55.5	48.2	17.4	34.4
2015	全国	9835.6	8.9	40.9	50.2	57.6	56.1	28.3	29.3	42.4
	西部	7944.7	12.0	44.6	43.3	47.7	48.7	45.7	20.9	33.4
	大西北	8846.6	10.8	46.7	42.5	41.7	51.6	44.0	19.8	36.2
	内蒙古	13978.5	9.1	50.5	40.5	43.8	60.3	39.2	18.3	42.5

续表

年份	地区	人均GDP	产业产值比			制造业增加值占比	城镇化率	产业就业比		
			一	二	三			一	二	三
2019	全国	11759.0	7.1	39.0	53.9	61.6	60.6	26.1	27.6	46.3
	西部	8832.7	11.0	37.9	51.1	49.3	54.1	42.6	19.5	36.4
	大西北	9759.4	10.1	40.6	49.4	46.0	56.3	42.9	16.1	36.3
	内蒙古	12424.5	10.8	39.6	49.6	41.8	63.4	42.8	16.8	40.4

资料来源：参见附录一。

表2 内蒙古自治区工业化进程：分项及综合得分（1995～2019年）

年份	地区	人均GDP	产业产值比	工业结构	城镇化率	产业就业比	综合得分	工业化阶段
1995	全国	4	32	18	0	17	14	二（Ⅰ）
	西部	0	13	11	0	0	5	二（Ⅰ）
	大西北	0	12	5	0	0	4	二（Ⅰ）
	内蒙古	0	5	6	4	17	4	二（Ⅰ）
2000	全国	20	47	23	10	22	26	二（Ⅱ）
	西部	3	27	7	0	0	9	二（Ⅰ）
	大西北	7	25	1	2	1	9	二（Ⅰ）
	内蒙古	11	20	0	21	12	12	二（Ⅰ）
2005	全国	41	57	73	21	33	49	三（Ⅰ）
	西部	24	41	18	8	11	23	二（Ⅱ）
	大西北	31	40	10	11	11	24	二（Ⅱ）
	内蒙古	47	49	19	28	14	36	三（Ⅰ）
2010	全国	68	66	100	33	51	69	四（Ⅰ）
	西部	52	56	76	19	27	52	三（Ⅱ）
	大西北	62	60	46	24	28	51	三（Ⅱ）
	内蒙古	89	79	52	51	26	69	四（Ⅰ）
2015	全国	84	100	91	53	69	84	四（Ⅱ）
	西部	74	59	58	31	31	59	三（Ⅲ）
	大西北	79	63	39	38	35	58	三（Ⅲ）
	内蒙古	100	81	46	67	46	76	四（Ⅰ）
2019	全国	95	100	100	67	72	92	四（Ⅱ）
	西部	79	63	55	47	38	63	三（Ⅱ）
	大西北	84	66	53	54	38	66	四（Ⅰ）
	内蒙古	100	63	39	73	38	70	四（Ⅰ）

资料来源：参见附录二。

从人均 GDP 指标看，2019 年内蒙古人均 GDP 为 12424.5 美元，高于全国平均水平的 11759.0 美元，并且高于西部和大西北地区的平均水平。但与 2015 年相比（13978.5 美元），内蒙古人均 GDP 指标有所下降。

从产业产值比指标来看，内蒙古三次产业比重由 2015 年的 9.1∶50.5∶40.5 调整到 2019 年的 10.8∶39.6∶49.6。三次产业结构评分由 2015 年的 81 降至 63，低于大西北的 66，与西部的 63 持平。基于该项指标衡量的内蒙古工业化水平由 2015 年工业化后期前半阶段退化至工业化中期后半阶段。其中，第一产业产值比重由 2015 年的 9.1% 调整为 2019 年的 10.8%，高于全国（7.1%），低于西部平均水平（11.0%），但高于大西北地区的平均水平（10.1%）；第二产业比重（39.6%）略高于全国（39.0%）及西部地区的平均水平（37.9%），但略低于大西北地区的平均水平（40.6%），该指标较 2015 年下降 10.9 个百分点。第三产业比重（49.6%）低于全国（53.9%）和西部地区的平均水平（51.1%），高于大西北地区的平均水平（49.4%），但与 2015 年该指标相比（40.5%）提升 9.1 个百分点。旅游、物流、信息科技、金融等现代服务行业在本地区快速发展，势头良好。

内蒙古制造业增加值占比有所回落，从 2015 年的 43.8% 降至 41.8%。相较"十二五"期末，2019 年内蒙古该指标的工业化评分继续低于全国、西部平均水平，且差距进一步扩大；而领先大西北的优势在"十三五"期间逐渐丧失并被反超，与大西北平均水平的差值达到 14。"十五"至"十三五"期间，工业结构指标得分呈现快速上升后持续下降的趋势，从 2005 年末的 19 快速增长到 2010 年末的 52，到 2015 年回落到 46，2019 年继续回落至 39。从该指标的工业化评分看，依然处于工业化中期的前半阶段。从城镇化率指标看，2019 年内蒙古城镇人口占全部人口的 63.4%，高于全国 60.6% 和大西北地区的平均水平 56.3%，比西部地区的平均水平 54.1% 高出 9.3 个百分点。该指标的工业化评分由 2015 年的 67 升至 73。

从产业就业比指标看，2019 年内蒙古第一、二、三产业就业比重为 42.8∶16.8∶40.4。一产就业占比最高为 42.8%，远高于全国平均水平 26.1%，与西部地区平均水平持平。二产就业占比均低于全国、西部地区的平均水平。三产就业占比低于全国平均水平，但高于西部及大西北地区的平均水平。该指标的工业化评分为38，处于工业化中期前半阶段。

综合来看，2019年，内蒙古自治区工业化综合指数为70，远低于全国工业化水平得分92，但是高于西部的63和大西北地区的66，与2015年相比有所下降，依然处于工业化后期前半阶段。图1是对2019年内蒙古自治区与全国工业化主要指标评分及综合指数情况进行比较的结果。

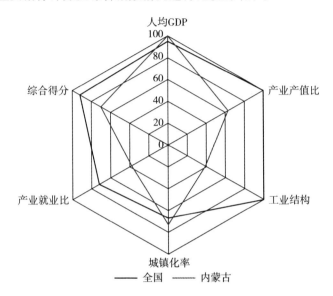

图1　2019年内蒙古自治区工业化雷达图

三　内蒙古自治区工业化进程的特征

根据内蒙古自治区工业化水平的评价结果和经济社会发展的变动状况，我们总结"十三五"期间内蒙古工业化进程的基本特征如下。

1. 工业化进程速度退步，全国排名下降，但工业化水平领先于西部地区

从2019年全国各省区市工业化进程来看，与2015年相比，内蒙古自治区工业化综合指数从76跌为70，得分低于全国平均水平。全国排名由第12跌为第18，掉落6个位次。工业化指数及序列与"十二五"期间相比均有一定程度下滑，但仍然处于工业化后期的前半阶段，领先于西部地区，与大西北工业化水平同处一个阶段（见表3）。

从工业化速度上看，2006～2010 年，内蒙古工业化加速推进，取得了年均递增 6.6 的佳绩，快于全国、西部及大西北地区平均增速，全国排名第 6。但是，2011～2015 年，内蒙古工业化的年均增速回落到 1.4，速度放缓，低于同期全国平均 3.0 的增速，排名下滑到第 20 位。2016～2019 年，工业化年均增速降为 -1.5，低于全国、西部及大西北平均水平，与全国平均水平的差距进一步拉大，排名下降至第 26 位。

表 3　内蒙古自治区工业化水平在全国的排名情况

地区	2005 年			2010 年			2015 年			2019 年		
	指数	阶段	排名	指数	阶段	排名	指数	阶段	排名	指数	阶段	排名
全国	49	三（Ⅰ）	—	69	四（Ⅰ）	—	84	四（Ⅱ）	—	92	四（Ⅱ）	—
西部	23	二（Ⅱ）	4	52	三（Ⅱ）	4	59	三（Ⅱ）	4	65	三（Ⅱ）	4
大西北	24	二（Ⅱ）	7	51	三（Ⅱ）	8	58	三（Ⅱ）	9	66	四（Ⅰ）	8
内蒙古	36	三（Ⅰ）	12	69	四（Ⅰ）	11	76	四（Ⅰ）	12	70	四（Ⅰ）	18

资料来源：参见附录二。

表 4　内蒙古与全国、西部、大西北工业化速度的对比

地区	工业化进程（100 分制）					年均增速					
	2000 年	2005 年	2010 年	2015 年	2019 年	2006～2010 年	排名	2011～2015 年	排名	2016～2019 年	排名
全国	26	49	69	84	92	4.0	—	3.0	—	2.0	—
西部	9	23	52	59	65	5.8	2	1.4	3	1.5	1
大西北	9	24	51	58	66	5.4	4	1.4	4	2.0	1
内蒙古	12	36	69	76	70	6.6	6	1.4	20	-1.5	26

资料来源：参见附录三。

2. 产业产值比、工业结构、产业就业比三项指标有所退化，工业化综合指数与全国、东部地区的差距在扩大

从发展变化看，表 5 对内蒙古与全国、东部地区工业化主要指标评价值及综合指数情况进行了对比。2015 年及 2019 年，内蒙古人均 GDP 指标得分均为 100，与全国及东部地区保持一致。城镇化率得分为 73，虽较"十二五"期末有进步，且继续高于全国平均水平，但领先全国的优势在减弱，且与东部地区

差距有所扩大。其余产业产值比、工业结构、产业就业比三项指标得分，与"十二五"末的2015年相较，均有不同程度退步，与全国及东部地区的差距拉大。其中工业结构指标差距最大，与全国及东部地区平均水平的差距均为61。总体而言，内蒙古在"十三五"期间，工业化综合指数得分下滑，与全国和东部地区平均水平的差距呈进一步扩大趋势。

表5　内蒙古工业化指标评分与全国、东部平均水平的比较（1995~2019年）

年份	地区	人均 GDP	产业 产值比	工业 结构	城镇 化率	产业 就业比	工业化 指数
1995	与全国差距	-4	-27	-12	4	0	-10
	与东部差距	-32	-41	-23	4	-19	-27
	内蒙古	0	5	6	4	17	4
2000	与全国差距	-9	-27	-23	-11	-10	-14
	与东部差距	-45	-41	-38	-4	-25	-36
	内蒙古	11	20	0	21	12	12
2005	与全国差距	6	-8	-54	7	-19	-13
	与东部差距	26	-32	-78	-14	-46	-39
	内蒙古	47	49	19	28	14	36
2010	与全国差距	21	13	-48	18	-25	0
	与东部差距	-4	-3	-48	-11	-47	-18
	内蒙古	89	79	52	51	26	69
2015	与全国差距	16	-19	-45	14	-23	-8
	与东部差距	0	-19	-54	-10	-32	-19
	内蒙古	100	81	46	67	46	76
2019	与全国差距	5	-37	-61	6	-34	-22
	与东部差距	0	-37	-61	-12	-44	-27
	内蒙古	100	63	39	73	38	70

资料来源：参见附录二。

3. "十三五"期间人均GDP及城镇化率指标对内蒙古工业化的贡献最大

在内蒙古不同时期的工业化进程中不同指标的贡献度不同。"九五""十五"期间，均是人均GDP和产业产值比贡献最大，而"十一五"期间，则是人均GDP和工业结构贡献最大，"十二五"期间对内蒙古工业化进程贡献最大的则是人均GDP和城镇化率。"十三五"期间内蒙古工业化指数累计增加值为 - 6，产业产值比和工业结构指标贡献度最大。1996～2019年，对工业化进程的贡献率由大到小依次是：人均GDP、产业产值比、城镇化率、工业结构和产业就业比。目前，内蒙古工业化进程的推进将主要从工业结构和产业就业比方面进行调整，通过推进工业转型升级，提升制造业发展水平，降低第一、二产业就业比重，并通过新型城镇化建设，提高服务业水平及城镇化率。

自1996年考察期至今，2016～2019年内蒙古工业化指数累计增加值降到最低点。

表6 各指标对内蒙古工业化综合指数增长的贡献度（2016～2019年）

地区	人均GDP（%）	产业产值比（%）	工业结构（%）	城镇化率（%）	产业就业比（%）	工业化指数累计增加值
全国	49.50	0.00	24.75	21.00	3.00	8
西部	30.00	14.67	22.00	32.00	9.33	6
大西北	22.50	8.25	38.50	24.00	3.00	8
内蒙古	0.00	66.00	25.67	-12.00	10.67	-6

资料来源：参见附录三。

表7 各指标对内蒙古工业化综合指数增长的贡献度（1996～2019年）

指标 年份	人均GDP（%）	产业产值比（%）	工业结构（%）	城镇化率（%）	产业就业比（%）	工业化指数累计增加值
1996～2000	49.50	41.25	-16.50	25.50	-5.00	8
2001～2005	54.00	26.58	17.42	3.50	0.67	24
2006～2010	45.82	20.00	22.00	8.36	2.91	33
2011～2015	56.57	6.29	-18.86	27.43	22.86	7
2016～2019	0.00	66.00	25.67	-12.00	10.67	-6
1996～2019	54.55	19.33	11.00	12.55	2.55	66

资料来源：参见附录三。

四　内蒙古自治区工业化进程存在的主要问题

内蒙古工业中能源型、资源型产业占比过大，在新常态形势下，受供给侧结构性改革影响，在中国整体由粗放型向集约型经济转变的过程中首先受到影响，全区经济增长速度逐步放缓，经济下行压力增大，工业化进程呈减速趋势。对此，内蒙古不仅积极推动传统产业转型升级，培育扩大现代服务业，也在开辟新型产业发展空间。但同时，也须清醒地看到，内蒙古工业化进程中积累的一些问题也愈加突出，仍是当前影响内蒙古工业高质量发展的主要症结。

1. 产业结构比较单一，重型化特征明显

多年来，内蒙古自治区一直受困于"四多四少"发展现状，即传统产业多、新兴产业少，低端产业多、高端产业少，资源型产业多、高附加值产业少，劳动密集型产业多、资本科技密集型产业少，目前形势依然较为严峻。内蒙古资源型初级产品特点明显，"一煤独大"的局面仍未改变，产业链短，主要产品附加值低，工业增长对能源工业的依赖程度仍然较高。依托本地优势资源现代煤化工产业增加值和稀土行业增加值的高科技产业仍较少。非煤产业中前沿、高端行业占比较小，以装备制造业为代表的高技术制造业和战略性新兴工业等新动能虽然发展迅速，但规模仍然偏小，占比仍然偏低，对工业增长的拉动力比较有限。全区在产业延伸、产业多元、产业升级上的步伐比较慢。

2. 现代服务业发展不充分，消费市场增长乏力

由于内蒙古制造业和现代服务业发展还不够充分，在服务业比重逐步上升过程中，内蒙古整体经济效益未能同步得到有效提升。服务业与工业融合发展有待加强，服务业对实体经济的升级转型支撑力度还远远不够。从发展走势看，全区金融、旅游、信息等现代服务业及一些消费升级类商品均实现较快增长，但占比均较小，消费市场外溢影响较大，网购、电商等新消费业态净流出不断扩大，对区内传统购买力分流明显。在我国当前产业体系建设进入新时代的背景下，单纯追求第三产业量的扩张已经不是经济发展的主要目标，推动建设现代化的农业、工业和服务业才是内蒙古经济转型升级的最终着力点。

3. 区域工业发展不平衡，东部五盟市增长缓慢

2019 年，呼包鄂、东部五盟市和其他四盟市规模以上工业增加值分别比上年增长 5.1%、2.2% 和 14.7%，分别占规模以上工业增加值的 59.6%、23.4% 和 17.0%，对规模以上工业增长的贡献率分别为 51.1%、9.6% 和 39.3%。其中，呼包鄂贡献带动作用突出，其他四盟市发展步伐明显加快。东部五盟市增长趋缓，带动作用减弱，影响了全区工业高质量发展。

4. 自主创新能力较弱

目前内蒙古企业重生产经营、轻科技创新的现象还比较普遍，全区创新资源缺乏统筹协调，导致利用效率较低，区域技术创新能力较为薄弱。从统计数据看，内蒙古规模以上工业企业创新活动的成效，不仅与东部发达地区存在较大落差，且落后于西部地区平均水平，这一现实差距严重制约了内蒙古产业转型升级的步伐。

五　进一步推动内蒙古自治区
工业化进程的建议

在经济新常态背景下，新一轮科技革命和产业变革正在创造历史性机遇，蕴含着巨大商机和发展空间。建议内蒙古自治区借力数字经济、智能制造等现代信息技术，以"生态优先，绿色发展"为导向，推进产业结构向中高端迈进，推动高质量发展，走出一条具有内蒙古特色的新常态发展之路，努力加速工业现代化。

1. 优化转型升级，加快现代化产业体系建设

一是延伸资源产业链，推动产业结构转型。加快推进钢铁、有色、稀土、晶硅、化工等资源型产业的产业链延伸，提高资源综合利用和精深加工效率，推进由输出原材料或初级产品向高附加值产品转变，实现对资源的"吃干榨净"，提高加工转化水平，推动产业结构转型升级。二是优化农牧业区域布局和产业结构，推动农牧业向优势地区集中，建设具有特色的农畜产品产业带和产业集群，实行标准化、规模化经营，打造一批现代农牧业产业园和高新技术产业示范区。三是以大力发展制造业为抓手，进一步壮大以装备制造为代表的高技术制造业和以新能源、新材料为主的战略性新兴工业，有效提升新动能对

工业发展的拉动力。推进互联网、大数据、人工智能赋能传统产业，发展"智能+""互联网+"新业态。四是提升现代服务业发展水平，补齐信息服务、商务服务、科技服务、工业设计等生产性服务业短板，加快促进新型服务消费。壮大文化休闲旅游市场，建成一批有影响、有实力的文旅、文创产业融合示范基地。推进乌兰察布—二连浩特等陆港型国家物流枢纽建设，加快推动内蒙古现代物流业发展。

2. 建设绿色开放生态，强化区域联动协调发展

一是协同推进大治理，加强沿黄生态廊道建设，推动流域产业绿色发展。深入实施大气、水、土壤污染防治三年攻坚计划及"一湖两海"生态环境综合治理工程，确保治理成效。二是聚力"新基建"，按照智慧交通的建设要求，围绕"铁路提速、航空加密、公路畅通"，加强战略性、网络型基础设施建设，推进水利、能源、城乡基础设施等重大工程实施，为融入全国大市场、深化区域合作提供支撑。三是贯彻落实新一轮西部开发战略。以融入"丝绸之路经济带"建设为重点，共建"一带一路"，积极参与"中蒙俄经济走廊"建设，申报设立中国（内蒙古）自由贸易试验区。统筹口岸功能定位，推进口岸与经济技术开发区、区域性中心城市协同发展，大力发展"泛口岸经济"。四是优化区域协同发展，打造区域增长带动极。推进落实"呼包鄂榆"城市群建设，促进呼包鄂及乌兰察布协同发展，打造向北开放的核心区。推动东部盟市高质量发展，以赤峰和通辽等区域性中心城市为重点，接续布局重大项目，支持东部盟市深化改革创新，扩大绿色发展和开放发展优势。推进乌海及周边地区转型发展，建设资源型地区转型发展示范区。

3. 深化数字经济发展，打造高质量发展引擎

一是完善数字经济基础设施。完成呼和浩特国家级互联网骨干直联点建设项目，加快扩大互联网出区带宽。加快物联网规划布局，将通信基础设施纳入城市规划体系。打造和林格尔超算中心、呼包鄂及乌兰察布大型数据中心基地，加快建设国家政务云北方节点、北斗内蒙古分中心，着力将自治区建设成为支撑大数据、人工智能发展的国内外知名算力中心。二是提升数字化产业水平。加快推进大数据产业集聚区和产业园建设，发展大数据核心产业。引导大数据上下游产业加速聚集，形成产业链协同发展的格局，做大做强大数据关联产业。加快推进区块链技术引进，推动区块链在多场景的应用。开展人工智能

技术研究，支持工业机器人、服务机器人、智能联网汽车、智能家居等产业发展。三是推进产业的数字化转型。加快农牧业数字化进程，重构其经济产业链、供应链、价值链。以"数字化、网络化、智能化"为引领，强化工业互联网平台建设，提升制造企业、信息通信企业、互联网企业在工业互联网新技术、新模式上的应用能力。推动能源、现代煤化工、钢铁、稀土、石墨新材料、硅材料、矿山机械、乳业、农畜产品加工等优势特色产业进行智能化改造。

4. 聚焦"科技兴蒙"，加快形成创新驱动发展格局

一方面，以"科技兴蒙"行动为抓手，大力培育高新技术企业，加大全社会研发投入，重点关注应用性研究，推进能源材料、装备制造、生态环境、农牧业等领域关键技术攻关，完善科技创新研发成果转化和应用机制，进一步提升创新驱动能力。另一方面，建议大力建设各级创新平台、创新园区。以组建国家现代能源经济示范区、国家稀土新材料创新中心为载体，打造国家级创新示范平台。创建内蒙古能源技术创新联盟，力争在区内建设国家级能源创新中心和实验室，在现代能源科技方面及时对接世界前沿技术，加速推进创新驱动发展格局。创建呼包鄂国家自主创新示范区，不断提升区域联动创新发展能力。

参考文献

《2018 年内蒙古统计年鉴》，2019。

《2019 年内蒙古自治区国民经济和社会发展统计公报》，2020。

《内蒙古自治区国民经济和社会发展第十三个五年规划纲要》，2016。

《2019 年内蒙古自治区人民政府工作报告》，2019。

《2020 年内蒙古自治区人民政府工作报告》，2020。

蔡常青：《守望相助团结奋斗——内蒙古 70 年繁荣发展的经验与启示》，内蒙古人民出版社，2017。

曹志龙：《内蒙古经济发展模式的优化路径研究》，《商业经济》2020 年第 5 期。

董晓萍：《内蒙古制造业高质量发展的问题与对策》，《北方经济》2019 年第 11 期。

郭启光：《内蒙古推动数字经济高质量发展的路径及对策研究》，《理论研究》2019 年第 5 期。

何雄浪、叶连广：《内蒙古自治区县域工业化、城市化与经济增长》，《民族学刊》2020 年第 2 期。

马桂英：《绿色发展　筑牢我国北方重要生态安全屏障》，《内蒙古日报》2019 年 9 月 13 日。

祁婧、赵秀清、冯玉龙：《推动内蒙古工业从高速度向高质量转化的路径研究》，《前沿》2018 年第 6 期。

任军：《内蒙古经济增长动力机制的重构》，《中央民族大学学报》（哲学社会科学版）2017 年第 4 期。

王品一：　《内蒙古资源型产业转型升级研究》，内蒙古财经大学硕士学位论文，2018。

杨力英：《2019 年内蒙古经济运行情况及 2020 年展望》，《北方经济》2020 年第 1 期。

张巨富、杨晓艳：《2020 年内蒙古工业化与信息化经济形势分析及展望》，《北方经济》2020 年第 1 期。

东三省工业化进程

Industrialization Process of North East

B.39
东三省

东三省地处中国东北部，由辽宁省、吉林省和黑龙江省三个省份组成，土地面积为 78.79 万平方公里，占国土面积的 10.7%，位于中国东北部。东三省是新中国成立后的工业基地，是中国经济增长的第一代增长极，东三省的工业发展为中国奠定了坚实的工业基础，但随着中国的改革开放，在"九五"、"十五"、"十一五"和"十二五"期间，东三省的工业化进程放慢了脚步，低于全国平均水平，截至"十三五"末，全国已进入工业化后期后半阶段，而东三省相较于 2015 年，依然停留在工业化后期前半阶段。

一 "十三五"东三省经济社会发展情况

东三省的经济社会发展在"十三五"期间取得了一定的成绩。

经济规模总量不断扩大，但增速有所下降。截至 2019 年底，东三省实现地区生产总值 50249.02 亿元，相较于 2015 年的 57815.8 亿元，年均下降 3.57%；人均 GDP 达到 9526.9 美元，是 2015 年 10216.8 美元的 0.99 倍；规模以上工业增加值达到 5085.84 亿元，占全国工业增加值的 1.60%，低于

2015 年的 9.12%；此外，"十三五"期间，东三省投资和出口乏力，经济增速下滑，处于全国下游。

产业结构调整取得新成绩。2019 年东三省三次产业之比为 13.2 : 34.4 : 52.4，全国三次产业之比为 7.1 : 39.0 : 53.9。"十三五"时期国家出台了一系列振兴东北等老工业基地的战略文件，尤其是 2014 年 8 月，国务院印发了《关于近期支持东北振兴若干重大政策举措的意见》（国发〔2014〕28 号），这是国家出台的第二个关于振兴东北的文件，意见共涉及 11 个方面 35 条政策措施，包括投资总额近两万亿元的 139 个重大项目。2015 年习近平总书记指出，"十三五"要加快东北老工业基地的振兴发展。随着国家领导人的重视和国家政策的扶持，东三省的经济得到了进一步发展，在这些政策的带动下，东三省产业结构进一步优化，四大经济带引领东北经济的振兴，高端装备制造、新能源、新材料、航空航天、节能环保、生物等战略性新兴产业加快发展，特色新兴产业集群初见规模；文化产业迅猛发展，出版、电影电视、演艺、动漫等行业影响力显著增强。

对外开放和机制体制创新迈上新台阶。《关于全面振兴东北地区等老工业基地的若干意见》中提到了振兴东北经济的两大要点，着力完善体制机制和着力推进结构调整。随着"一带一路"倡议的实施，东三省面向东北亚的开放格局更加辽阔，与周边国家的贸易往来上升到新高度。

社会发展水平得到显著提高。2019 年，东三省城镇化率达到 63.25%，高于全国的 60.60%，2018 年总就业 5721.24 万人，城镇登记失业率降到 4% 以下，新型农村合作医疗参合率达到 96% 以上。

二　东三省工业化水平评价

表 1 给出了 2019 年东三省与全国以及其他区域各项工业化水平指标的相关数据，表 2 给出了 1995~2019 年各区域以及全国的工业化水平评价结果的比较情况。基于这两个表，我们可以对东三省 2019 年的工业化水平进行分析和比较。

从人均收入指标来看，2019 年东三省人均 GDP 为 9526.9 美元，低于全国平均水平的 11759.0 美元，在九大区域中，位居第七，仅高于中部地区和大西

表1 东三省工业化的原始数据（2019 年）

单位：美元，%

指标 地区	人均 GDP	产业产值比			制造业 增加值 占比	城镇 化率	产业就业比		
		一	二	三			一	二	三
全国	11759.0	7.1	39.0	53.9	61.6	60.6	26.1	27.6	46.3
东三省	9526.9	13.2	34.4	52.4	51.4	63.2	33.7	20.5	45.8
京津冀	13742.1	4.5	28.7	66.8	66.7	66.7	23.2	29.4	47.4
环渤海	13790.7	5.7	33.8	60.5	57.0	64.3	25.5	32.3	42.2
长三角	20361.9	3.2	40.8	55.9	60.4	73.0	12.5	42.0	45.5
长江经济带	12243.4	6.7	40.0	53.3	54.8	60.6	30.0	29.4	40.7
珠三角	15465.9	5.2	42.0	52.8	71.2	69.5	21.9	36.5	41.3
中部地区	8750.1	7.8	43.6	49.1	48.5	55.7	32.6	29.6	37.8
大西北	9759.4	10.1	40.6	49.4	46.0	56.3	42.9	16.1	36.3
大西南	8360.5	11.4	36.5	52.1	51.0	52.9	42.5	21.1	36.4
辽宁	10551.9	8.7	38.3	53.0	64.3	68.1	31.5	23.6	44.9
吉林	10115.9	11.0	35.2	53.8	40.1	58.3	32.5	21.1	46.5
黑龙江	7871.7	23.4	26.6	50.0	38.0	60.9	37.1	16.7	46.2

资料来源：参见附录一。

表2 东三省工业化进程：分项及综合得分（1995～2019 年）

年份	地区	人均 GDP	产业 产值比	工业 结构	城镇 化率	产业 就业比	综合 得分	工业化 阶段
1995	全国	4	32	18	0	17	14	二（Ⅰ）
	东三省	9	39	16	22	52	22	二（Ⅱ）
	环渤海	29	41	26	0	26	27	二（Ⅱ）
	长三角	41	55	44	0	47	40	三（Ⅰ）
	珠三角	17	40	21	0	41	23	二（Ⅱ）
2000	全国	20	47	23	10	22	26	Ⅱ二（Ⅱ）
	东三省	34	56	8	40	33	34	三（Ⅰ）
	环渤海	54	57	28	14	28	42	三（Ⅰ）
	长三角	71	80	52	32	49	62	三（Ⅱ）
	珠三角	40	59	42	37	38	44	三（Ⅰ）
2005	全国	41	57	73	21	33	49	三（Ⅰ）
	东三省	45	57	27	50	37	44	三（Ⅰ）
	环渤海	76	80	79	28	49	70	四（Ⅰ）
	长三角	85	80	100	56	75	83	四（Ⅰ）
	珠三角	52	81	100	56	57	70	四（Ⅰ）

年份	地区	人均GDP	产业产值比	工业结构	城镇化率	产业就业比	综合得分	工业化阶段
2010	全国	68	66	100	33	51	69	四（Ⅰ）
	东三省	71	64	100	58	48	72	四（Ⅰ）
	环渤海	98	82	100	43	62	85	四（Ⅱ）
	长三角	100	82	100	72	89	92	四（Ⅱ）
	珠三角	75	81	100	71	70	81	四（Ⅰ）
2015	全国	84	100	91	53	69	84	四（Ⅱ）
	东三省	87	61	86	69	59	77	四（Ⅰ）
	环渤海	100	100	100	66	70	94	四（Ⅱ）
	长三角	100	100	100	87	92	98	四（Ⅱ）
	珠三角	94	100	100	80	77	94	四（Ⅱ）
	辽宁	100	82	100	82	68	91	四（Ⅱ）
	吉林	86	62	97	51	51	76	四（Ⅰ）
	黑龙江	73	41	31	62	46	53	三（Ⅱ）
2019	全国	95	100	100	67	72	92	四（Ⅱ）
	东三省	83	55	70	73	58	71	四（Ⅰ）
	京津冀	100	100	100	81	77	96	四（Ⅱ）
	环渤海	100	100	89	75	73	92	四（Ⅱ）
	长三角	100	100	100	95	95	97	四（Ⅱ）
	长江经济带	98	100	82	67	66	87	四（Ⅱ）
	珠三角	100	100	100	87	79	97	四（Ⅱ）
	中部地区	78	100	61	52	60	75	四（Ⅰ）
	大西北	84	66	53	54	38	66	四（Ⅰ）
	大西南	76	61	69	43	38	61	三（Ⅱ）
	辽宁	88	100	100	84	63	91	四（Ⅱ）
	吉林	86	63	33	60	61	64	三（Ⅱ）
	黑龙江	73	24	30	68	50	50	三（Ⅱ）

资料来源：参见附录二。

南地区，相较于2015年的10216.8美元，下降了6.75%，在工业化进程指标测算中，该指标的工业化得分为83，处于工业化后期的后半阶段。从历年变化情况看，1996～2000年，东三省人均GDP的增速高于全国平均增速，由全国平均水平的1.17倍上升为1.28倍；2001～2005年，东三省人均GDP增速低于全国平均增速，由全国平均水平的1.28倍下降为1.13倍；2005～2010

年，东三省人均 GDP 增速略快于全国平均水平，到 2010 年上升到全国水平的 1.14 倍；2010～2019 年，东三省人均 GDP 的增速低于全国平均增速，到 2019 年东三省人均 GDP 是全国平均水平的 0.81 倍。

从三次产业产值比指标来看，2019 年东三省三次产业之比为 13.2∶34.4∶52.4，全国三次产业之比为 7.1∶39.0∶53.9，2015 年东三省三次产业结构为 11.4∶43.0∶45.6，全国三次产业之比为 8.9∶40.9∶50.2，相较于 2015 年，东三省的产业结构有了一定的优化，第二产业比重下降，第三产业比重上升，和世界产业结构变化轨迹相似，和全国水平相比，农业比重高于全国平均水平，在九大区域中处于首位；工业比重低于全国平均水平，对于九大区域，仅仅高于京津冀和环渤海地区，在九大区域中位居第七；服务业比重低于全国平均水平，仅仅高于中部地区、大西南和大西北地区，在九大区域中处于第六位。2019 年该指标的工业化评分为 55，处于工业化中期的后半阶段。

从工业结构指标来看，2019 年东三省制造业占比 51.4%，低于 2015 年的 56.2%，亦低于 2019 年全国平均水平 61.6%，但高于中部地区、大西南和大西北地区，可以看出东三省制造业占比出现了一定的滑坡，在九大区域中处于第六位。2019 年，该指标的工业化评分为 70，呈现出工业化后期的前半阶段这一工业结构形态特征。

从城镇化率指标来看，2019 年东三省的城镇化率为 63.2%，高于 2010 年的 61.3%，高于 2019 年全国平均水平 60.6%，但低于京津冀地区、环渤海地区、长三角地区和珠三角地区的平均水平，在九大区域中处于第五位。从发展的角度来看，东三省的城镇化率始终高于全国平均水平，在地区中也属于前列。2019 年，该指标工业化评分为 73，处于工业化中期的后半阶段。

从三次产业就业结构来看，2019 年东三省三次产业就业人数比重为 33.7∶20.5∶45.8，2010 年东三省三次产业就业人数的比重为 33.4∶23.4∶43.3，从纵向来看，第一、三产业就业人数在增加，而第二产业就业人数在减少；从横向来看，2019 年东三省第一产业就业比重高于全国平均水平（26.1%），低于大西北和大西南地区，在九大区域中位居第三；第二产业就业比重低于全国平均水平（27.6%），仅高于大西北地区，在九大区域中位居第八；第三产业就业低于全国平均水平（46.3%），低于京津冀地区，在九大区域中位居第二。该指标的工业化评分为 58，处于工业化中期的后半阶段。

总体来看，2019 年东三省工业化综合指数达到 71，低于 2010 年的 72，处于工业化后期的前半阶段。图 1 为 2019 年东三省工业化各个指标与全国平均水平的比较图。

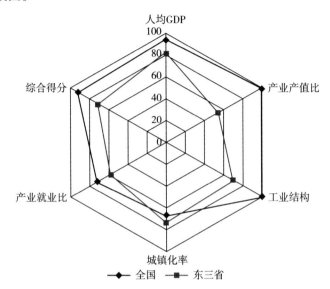

图 1　2019 年东三省工业化进程雷达图

三　东三省工业化进程的特征

根据东三省工业化水平的评价结果及对东三省经济社会发展状况的分析，我们认为东三省工业化进程具有如下特征。

1. 2005 年以来与全国平均水平相比，经历了落后到反超再到落后的历程

由于东三省是新中国成立后的工业基地，所以其工业化一直处于较高水平，1995 年和 2000 年均高于全国平均水平。但随着改革开放的推进，尤其是东部沿海地区的大发展，东三省的工业化相对优势不断丧失，到 2005 年，东三省的工业化指数开始低于全国平均水平，但随着东北老工业基地的振兴，2010 年，东三省的工业化指数为 72，高于全国平均水平 69，高于中西部地区，处于工业化后期的前半阶段。"十二五"期间，东三省投资和进出口乏力，经济增速下滑，处于全国末端，到 2015 年，东三省工业化指数为 77，低于全国

的平均水平84，仍然处于工业化后期的前半阶段，而全国已进入工业化后期的后半阶段，2019年，东三省工业化指数为71，低于全国的平均水平92，差距进一步拉大，在九大区域中，仅高于大西北和大西南地区，位列第七（见表3）。

从东三省内部来看，辽宁省工业化指数为91，进入工业化后期的后半阶段，吉林省工业化指数为64，进入工业化中期的后半阶段，黑龙江省工业化指数为50，处于工业化中期的后半阶段。从排名来看，辽宁省排在全国第8位，吉林省排在第21位，黑龙江省的排名比较靠后，为第27位。

从工业化指数各分指标来看，东三省的人均GDP排名第8，产业产值比排名第9，工业结构排名第6，城镇化率排名第5，产业就业比排名第7，产业产值比指标得分和京津冀、环渤海、长三角、珠三角和长江经济带差距最大，相差45。和2015年各指标相比全面退步，尤其是产业产值比。

2. 工业化进程呈现先增速后减速的态势，"十三五"期间工业化加速度处于全国落后水平

在"九五"和"十五"时期，东三省工业化速度比较慢，低于全国平均水平，在八大区域中位列第五和第八；在"九五"期间，全国的工业化速度为年均提升2.4，东三省与全国水平一致，也是2.4；在"十五"时期，东三省与全国的工业化发展差距扩大，全国的工业化速度为年均提升4.6，而东三省工业化速度年均提升2.0。1995年东三省的工业化综合指数为全国平均水平的1.58倍，2000年下降为1.31倍，2005年下降为全国平均水平的90%。"十一五"时期，由于对东三省老工业基地的重视，东三省经济发生了巨大变化，其工业化速度开始高于全国平均水平，达到年均5.6，在八大区域中位列第三；但在"十二五"期间，东三省的工业化速度出现断崖式下跌，工业化速度年均提升1.0，低于全国平均水平3.0；"十三五"期间，东三省工业化速度进一步下降为 - 1.5，低于全国平均水平2.0。从表4中可以看到，纵向来看，东三省的工业化速度在"十二五"之前呈现加速的态势，但"十二五"后增速大跌。分省份来看，"十三五"期间，辽宁省、吉林省和黑龙江省的工业化速度均低于全国平均水平，其中，辽宁省在全国排19位，黑龙江省排在全国第24位，吉林省比较低，排在全国第29位。其中辽宁和吉林省相较于2015年都有一定的下降。

表 3　九大区域和东三省工业化指数及全国排名情况

地区	1995年			2000年			2005年			2010年			2015年			2019年		
	工业化指数	工业化阶段	全国排名	工业化指数	工业化阶段	全国排名	工业化指数	工业化阶段	全国排名	工业化指数	工业化阶段	全国排名	工业化指数	工业化阶段	全国排名	工业化指数	工业化阶段	全国排名
全国	14	二(I)	—	26	二(II)	—	49	三(I)	—	69	四(I)	—	84	四(II)	—	92	四(II)	—
长三角	40	三(I)	1	62	三(II)	1	83	四(I)	1	92	四(II)	1	98	四(II)	1	99	四(II)	1
珠三角	23	二(II)	4	44	三(I)	3	70	四(I)	4	81	四(I)	3	94	四(II)	3	97	四(II)	2
京津冀	34	三(I)	2	48	三(I)	2	71	三(II)	2	90	四(II)	2	95	四(II)	2	96	四(II)	3
环渤海	27	二(II)	3	42	三(I)	4	70	四(I)	3	85	四(II)	3	94	四(II)	3	93	四(II)	4
长江经济带	—	—	—	—	—	—	—	—	—	—	—	—	—	—	—	—	—	—
中部地区	6	二(I)	6	12	二(I)	6	28	二(II)	6	60	三(II)	6	87	四(II)	5	89	四(II)	5
东三省	22	二(II)	5	34	三(I)	5	44	三(I)	5	72	四(I)	5	70	三(I)	7	66	三(II)	8
大西北	4	二(I)	8	9	二(I)	7	24	二(II)	7	51	三(II)	8	77	四(I)	6	75	四(I)	6
大西南	6	二(I)	6	9	二(I)	8	22	二(II)	8	53	三(II)	7	59	三(II)	9	64	三(II)	9
东三省																		
辽宁	33	二(II)	4	42	三(I)	7	60	三(II)	8	82	四(I)	7	91	四(II)	8	91	四(II)	8
吉林	13	二(I)	14	23	二(II)	12	37	三(I)	11	68	四(I)	12	76	四(I)	7	64	三(II)	21
黑龙江	17	二(I)	8	32	二(II)	10	35	三(I)	15	53	三(II)	22	53	三(II)	25	50	三(II)	27

资料来源：参见附录二。

607

表4 八大区域主要年份工业化速度对比

| 地区 | 工业化进程(100分制) | | | 年均增长速度 | | | | | |
	1995年	2000年	2005年	1996~2015年	排名	1996~2000年	排名	2001~2005年	排名
全国	14	26	49	3.3	—	2.4	—	4.6	—
九大区域									
珠三角	23	44	70	3.1	1	4.2	2	6.0	1
中部地区	6	12	28	2.9	2	1.2	6	3.2	5
环渤海	27	42	70	2.8	3	3.0	3	5.6	2
京津冀	34	48	71	2.6	4	2.8	4	4.6	3
大西北	4	9	24	2.6	4	1.0	7	3.0	6
长三角	40	62	83	2.5	6	4.4	1	4.2	4
大西南	6	9	22	2.4	7	0.6	8	2.6	7
东三省	22	34	44	2.0	8	2.4	5	2.0	8
长江经济带	—	—	—	—		—		—	
东三省									
辽宁	33	42	60	2.4	15	1.8	15	3.6	8
吉林	13	23	37	2.1	19	2.0	14	2.8	17
黑龙江	17	32	35	1.4	27	3.0	8	0.6	30
地区	工业化进程(100分制)			年均增长速度					
	2010年	2015年	2019年	2006~2010年	排名	2011~2015年	排名	2016~2019年	排名
全国	69	84	92	4.0	—	3.0	—	2.0	—
九大区域									
珠三角	81	94	97	2.2	7	2.6	1	0.8	4
中部地区	60	70	75	6.4	1	2.0	2	1.3	2
环渤海	85	94	93	3.0	6	1.8	3	-0.3	8
京津冀	90	95	96	3.8	5	1.0	7	0.3	6
大西北	51	58	66	5.4	4	1.4	4	2.0	1
长三角	92	98	99	1.8	8	1.2	5	0.3	6
大西南	53	59	64	6.2	2	1.2	5	1.3	2
东三省	72	77	71	5.6	3	1.0	7	-1.5	9
长江经济带	—	87	89					0.5	5
东三省									
辽宁	82	91	91	4.4	19	1.8	14	0.0	19
吉林	68	76	64	6.2	9	1.6	17	-3.0	29
黑龙江	53	53	50	3.6	21	0.0	26	-0.8	24

资料来源：参见附录三。

　　表5列示了1996~2019年东三省工业化速度与全国其他区域的对比情况。从表中可以看出，相较于"十二五"，"十三五"期间全国各地区工业化速度大多在下降，其中，东三省的速度下降最快，达到2.5，位列八大区域第八。

表5 八大区域主要年份工业化加速度的对比

地区	1996~2000年 平均增速	2001~2005年 平均增速	2006~2010年 平均增速	2011~2015年 平均增速	2016~2019年 平均增速	"十三五"工业化加速度	"十三五"加速/减速	加速度排序
全国	2.4	4.6	4.0	3.0	2.0	-1.0	减速	—
九大区域								
大西北	1.0	3.0	5.4	1.4	2.0	0.6	加速	1
京津冀	2.8	4.6	3.8	1.0	0.3	-0.7	减速	3
长三角	4.4	4.2	1.8	1.2	0.3	-0.9	减速	5
大西南	0.6	2.6	6.2	1.2	1.3	0.1	加速	2
中部地区	1.2	3.2	6.4	2.0	1.3	-0.7	减速	3
珠三角	4.2	6.0	2.2	2.6	0.8	-1.8	加速	6
环渤海	3.0	5.6	3.0	1.8	0.3	-2.1	减速	7
东三省	2.4	2.0	5.6	1.0	1.5	-2.5	减速	8
长江经济带	—	—	—	—	0.5	—	—	—
东三省								
辽宁	1.8	3.6	4.4	1.8	0.0	-1.8	减速	17
吉林	2.0	2.8	6.2	1.6	-3.0	-4.6	减速	28
黑龙江	3.0	0.6	3.6	0.0	-0.8	-0.8	减速	13

资料来源：参见附录三。

分省份来看，"十三五"时期辽宁省的工业化加速度为 -1.8，在全国排名第17，黑龙江省和吉林省的加速度均为 -0.8 和 -4.6，在全国分别排名第13和第28。

从东三省工业化进程和其他区域的差距来看，1995～2019 年可以分为三个阶段，即"十一五"之前、"十一五"和"十二五"之后，和全国相比，东三省的工业化进程经历了从领先到落后到领先再到落后的过程。和长三角比，1995 年两者差距最大，东三省落后18，到 2005 年差距达到最大，为39，随着"十一五"期间振兴东北老工业基地，两者之间的差距缩小到20，但随着"十二五"后东三省的经济不景气，工业化进程又扩大到26。东三省工业化进程与其他区域的具体关系见表6。

表6 东三省工业化进程与其他区域的差距

地区	1995 年	2000 年	2005 年	2010 年	2015 年	2019 年
全国	8	8	-5	3	-7	-21
京津冀	-12	-14	-27	-18	-18	-25
环渤海	-5	-8	-26	-13	-17	-21
长三角	-18	-28	-39	-20	-21	-26
长江经济带	—	—	—	—	-10	-16
珠三角	-1	-10	-26	-9	-17	-26
中部地区	16	22	16	12	7	-4
大西北	18	25	20	21	19	5
大西南	16	25	22	19	18	10

资料来源：参见附录二。

3. 人均 GDP 增长、工业结构变化的提高是工业化进程主要推动因素

1996～2019 年，人均 GDP 是对东三省工业化综合指数贡献最大的分指标，达到54.37%，其次是工业结构，达到24.24%，对东三省工业化综合指数贡献最小的是产业就业比，贡献率为0.98%，其间工业化指数累计增加值为49。纵向来看，"九五"期间，东三省的工业化进程主要依靠人均 GDP、产业产值比和城镇化率指标的推动，但工业结构和产业就业比起到了相反作用。"十五"和"十一五"期间，东三省的工业化进程主要依靠人均 GDP 增长和工业结构的提高来推动。"十二五"期间，东三省的工业化进程依然主要依靠人均

GDP 增长来推动，而工业结构的作用相对下降。"十三五"期间，东三省的工业化进程主要依靠工业结构、产业产值比和人均 GDP 指标的推动。

"十三五"期间，东三省的工业化综合指数结构发生了比较大的变动，工业结构对于综合指数的贡献最大，为 58.67%，但城镇化率对综合指数都产生了负向影响，最终，工业化指数在此阶段呈现出下降态势（见表7）。

表7　各指标对东三省工业化综合指数增长的贡献度（1996～2015 年）

年份	人均 GDP（%）	产业产值比（%）	工业结构（%）	城镇化率（%）	产业就业比（%）	工业化指数累计增加值
1996～2000	75.00	31.17	-14.67	18.00	-12.67	12
2001～2005	39.60	2.20	41.80	12.00	3.20	10
2006～2010	33.43	5.50	57.36	3.43	3.14	28
2011～2015	115.20	-13.20	-61.60	26.40	17.60	5
2016～2019	24.00	22.00	58.67	-8.00	1.33	-6
1996～2019	54.37	7.18	24.24	12.49	0.98	49

资料来源：参见附录三。

四　东三省工业化进程存在的主要问题

从对"十三五"期间东三省工业化进程的评估分析可以看到，目前东三省在人均 GDP、产业产值比、工业结构、城镇化率和产业就业比这五项指标上与其他地区仍存在较大差距，表明东三省工业化发展依然存在一些问题和短板。

1. 体制机制的深层次矛盾尚未理顺

东三省思想观念不够解放，市场化程度不高。具体表现在营商环境的人情文化浓厚，法制意识薄弱，市场开放程度不高等方面。从营商环境的社会要素看，东三省丰富的资源，以及包容的移民文化，使人们的竞争意识淡薄，促进形成了较为和谐和容易满足的生活氛围。但浓厚的人情文化，提高了企业的寻租成本。从营商环境的法治要素看，人情文化，削弱了法律的公正性、有效性，进一步阻碍了企业的公平发展。从营商环境的政治要素来看，新中国成立

阶段构建的完整的计划经济体系依然发挥余热，广泛影响政府以及企业间的决策，"企业找市长，不找市场"，早已成为一种习惯。

2. 经济增长新动力不足和旧动力减弱相互交织

东三省产业结构及经济结构不合理，经济增长的新旧动力协调不足，掣肘经济发展。东三省经济产业结构中，偏资源型、传统型、重化工型的产业和产品比重较高，而促进经济增长活力的新兴产业和服务业发展滞后，致使经济发展的惯性和路径依赖太强，不适应市场变化。从经济结构来看，国有经济成分较高，私营经济虽有一定发展，但是作为国有企业的"配套"或"龙套"，它们之间形成的生产经营上的依附、体制上的"寄生"关系十分明显。我们传统认知认为，东三省私营工业企业发展不足但国有企业仍然很强大，但如表 8 所示，东三省无论是国有还是私营工业企业的资产都远远低于全国平均值，可见东北地区的国有和私营工业企业的落后情况是一致的，表现都不尽如人意。

表 8　2016 年东北和全国国有控股与私营工业企业资产状况比较

单位：亿元，%

地区平均值	国有控股工业企业 资产总计	私营工业企业 资产总计	国有控股工业企业 资产占比	私营工业企业 资产占比
东三省	12421.12	3505.32	77.99	22.01
全国平均	13474.33	7727.18	63.55	36.45
差值(＋/－)	－1053.21	－4221.86	14.44	－14.44

资料来源：吕景春、李梁栋《以民营促国有：东北经济振兴与国企改革的现实路径》，《当代经济研究》2020 年第 9 期。

3. 城市活力下降，发展动力不足

东三省人口规模逐年递减，老年人口比例逐年上升，且人才流失严重，城市活力不足。2016 年，全国大陆总人口 138271 万人，辽宁省、吉林省和黑龙江省分别为 4377.8 万人、2733.03 万人和 3799.2 万人，合计占全国总人口的 7.89%；2019 年，全国大陆总人口 140005 万人，辽宁省、吉林省和黑龙江省分别为 4351.7 万人、2690.73 万人和 3751.3 万人，合计占全国总人口的 7.71%。"十三五"期间，东三省占全国人口比例下降了近 0.2 个百分点，人口流失了 116.3 万人，相当于一个大城市的消失①。随着自然增长率的逐年下降，65 岁老年人比例的上升，以及大批本地培育的高才生的外流，如表 9 所示，东三省毕业生有 48.9% 流向外省，东三省的城市活力正在逐渐下降。

表 9　各地区生源毕业生就业流动率对比

单位：%

	直辖市	东部	东三省	中部	西部
本省就学流失率	−4.8	−7.5	−32.9	−32.4	−15.0
外省就学流失率	−41.6	−59.8	−76.9	−76.1	−62.5
本省生源总流失率	−13.0	−20.1	−48.9	−46.8	−34.0

资料来源：邓峰、郭建如《人才竞争、跨省流动与高校毕业生就业——毕业生跨省流动的路径、空间分布与就业状况分析》，《国家教育行政学院学报》2020 年第 7 期。

4. 高校人才吸引力下降

东三省积累了丰富的高等教育资源，但对人才的吸引力却逐年下降。如表 10 所示，截至 2020 年 6 月 30 日，未包含港澳台地区高等学校，全国高等学校共计 3005 所，本科院校 1272 所中，其中辽宁省 116 所，吉林省 64 所，黑龙江省 80 所，约占中国总本科院校的 20.4%。但是从招生比例来看，却显著低于这一比例。就普通本、专科招生情况来看，2016 年，全国普通本、专科招生 748.6 万人，辽宁省、吉林省和黑龙江省分别为 26.6 万人、17.9 万人、20.6 万人，占全国的 8.70%；2019 年，全国普通本、专科招生 914.9 万人，辽宁省、吉林省和黑龙江省分别为 34.4 万人、22.0 万人、24.8 万人，占全国的 8.87%。从研究生招生情况来看，2016 年，全国研究生招生 66.7 万人，辽宁省、吉林省和黑龙江省分别为 3.4 万人、2.0 万人、2.2 万人，占全国的 11.39%；2019 年，全国研究生招生 91.7 万人，辽宁省、吉林省和黑龙江省分别为 4.4 万人、2.6 万人、2.8 万人，占全国的 10.64%。东三省研究生招生比

---

① 《国务院关于调整城市规模划分标准的通知》（国发〔2014〕51 号文），指出：城区常住人口 100 万人以上 500 万人以下的城市为大城市，其中 300 万人以上 500 万人以下的城市为 I 型大城市。

例略高于本科生，但是依然低于高等院校占比，且在"十三五"期间，研究生招生比例呈现下降趋势，吸引力逐渐下降。

表 10　全国及各地区高校数量及招生情况

分类	年份	辽宁	吉林	黑龙江	全国	占比（%）
本科院校（所）	2019	116	64	80	1272	20.4
本、专科（万人）	2016	26.6	17.9	20.6	748.6	8.70
	2019	34.4	22.0	24.8	914.9	8.87
研究生（万人）	2016	3.4	2.0	2.2	66.7	11.39
	2019	4.4	2.6	2.8	91.7	10.64

　　资料来源：全国和辽宁省、吉林省及黑龙江省 2016 年和 2019 年的国民经济和社会发展统计公报。

五　进一步推动东三省工业化进程的建议

　　科研师资与资金挂钩，东三省经济长期疲软，不仅阻碍了经济发展，高等教育、人口结构、产业发展都受到严重影响。"十三五"期间，东三省 65 周岁以上人口占总人口的比重高于全国平均水平，人口大量外流，加剧了这一趋势，致使地方养老金支付出现亏空，经济矛盾愈演愈烈。实现经济发展，是东三省摆脱当前问题的关键。实现经济发展，应从以下几个方面做出相应调整。

　　1. 倡导依法办事，完善市场经济

　　无论是计划经济体制的影响，还是人情文化的渗透，都严重地制约着东北地区经济发展。推进法治建设、做到依法办事；深化体制改革、完善市场经济，是推进法治建设进程、实现经济发展的必经之路。应明确"优化营商环境，政府自身改革是核心"的观念，政府部门当不断强化自我革弊立新意识，同时树立"法治替代人治"风尚。具体通过健全各级党委和政府的普法宣传教育机制，推动全社会树立法治意识；通过建立社会自治体系，推进多层次多领域依法治理；通过推进覆盖城乡居民的公共法律服务体系建设，建立完备的法律服务体系；深入推进社会治安综合治理，健全落实领导责任制。在法治的基础上，进一步约束政府行为，发挥市场积极作用，完善市场经济体制。

2.着力推进结构调整，同步实现公私合营

解决东北地区的结构性问题，核心是改变依靠"原"字号、"初"字号的产业结构和产品结构。通过多措并举，在改造升级"老字号"、深度开发"原字号"的同时，培育壮大"新字号"。具体可通过劳动力就业转移，加大新旧产业与高校的产学研合作，提升产业技术水平，切实提升高校科研能力。在全面推进经济结构优化升级过程中，形成供需两侧共同发力、促进信息化和工业化深度融合、新兴产业和传统产业并驾齐驱、城乡区域发展协调互动的老工业基地振兴新格局。积极发展特色产业和新兴业态。依托特色资源优势，打造农产品精深加工、现代中蒙药等特色产业集群；在家具、陶瓷、旅游用品等行业打造一批国家级知名品牌；促进"互联网＋"新业态创新，积极发展电子商务、供应链物流、互联网医疗、互联网教育等新兴业态；探寻"养老服务业"发展，解决人口发展与产业调整双重困境。

在促进产业发展的同时，注重壮大私营企业力量，进而带动国有企业改革。地方政府在建立法治社会、完善市场机制的同时，还应在积极响应国家号召的基础上，主动结合地方实际，利用好中央政策，紧抓政策红利，落实中央政策的地方性配套政策。具体来看，东三省不仅要紧抓国家推动私营企业发展的政策红利，还应结合本地特色，发挥私营企业对国有企业改革的带动作用，促进公私合营。

3.鼓励创新创业，注入经济增长新活力

创新作为驱动经济增长的新引擎，通过鼓励创新创业，为经济发展注入新活力。通过积极完善区域创新体系，促进科教机构与地方发展紧密结合，加大人才培养和智力引进力度；实施创新驱动发展战略，加快推动"大众创业、万众创新"，发挥科技创新引领作用，协同推进产业创新、企业创新、市场创新、产品创新、业态创新和管理创新；完善有利于人才发展的体制机制和政策，加快形成以创新为主要引领和支撑的经济体系和发展模式。具体可学习借鉴天津"培育创新产业发展模式"。通过构建创新型企业梯队，新建重大科技基础设施和创新平台，培育一批新型科技创新型企业。进而实现提升企业发展能级，塑造科技型企业品牌新形象；建立高成长企业分级分类

扶持体系，培育发展新动能；营造有利于企业发展的一流生态，培育竞争新优势目标。

参考文献

邓峰、郭建如：《人才竞争、跨省流动与高校毕业生就业——毕业生跨省流动的路径、空间分布与就业状况分析》，《国家教育行政学院学报》2020年第7期。

辽宁省

辽宁省位于东北地区，面积 14.8 万平方公里，占国土面积的 1.5%；2019
年末人口为 4359.3 万人，占全国总人口的 3.2%。"十三五"期间，辽宁省工业
化发展稳步前进，年均增速位居东北地区第一，已进入工业化后期的后半阶段。

一 "十三五"辽宁省经济社会发展基本情况

"十三五"时期，辽宁省综合经济实力显著提升。2019 年，地区生产总值达
到 24909.5 亿元，比上年增长 5.5%。粮食产量达到 486 亿斤，创历史最高水平。
2019 年一般公共预算收入 2652.0 亿元，比上年增长 1.4%。固定资产投资达到
1.848 万亿元，比上年增长 0.5%。与此同时，辽宁省持续改善营商环境，全面
推进深化改革，将 101 个行政许可事项取消，建设打造了一体化在线政务服务平
台，并于 2020 年投入使用。此外，辽宁省还推动政务互联网，开通了"辽事通"
App。在 8890 服务平台上，群众投诉的办结率持续提升，2019 年达 97%。

主动融入"一带一路"建设，积极推进辽宁"一带一路"综合试验区建
设，着力打造中国—中东欧"17 + 1"经贸合作示范区和东北亚经贸合作先行
区，辽宁自贸试验区 123 项国家改革试点全部落地。2019 年辽宁省进出口总
额 7255.1 亿元，其中，出口总额 3129.8 亿元，进口总额 4125.3 亿元。

科技创新力度加大，2019 年辽宁省获得国家科技奖 19 项，超过 3000 项科
技成果实现了省内转移。高新企业和科技型中小企业数量不断增加，分别达
5000 多家和 7500 多家。消费对经济增长的贡献加大。全年社会消费品零售总
额 15008.6 亿元，比上年增长 6.1%。民营经济加速发展，2019 年全省规模以
上工业私营企业增加值增长 23.7% 左右，占固定资产投资的比重为 65.6%，
11 家企业入围中国民营企业 500 强。

新型城镇化步伐加快，常住人口城镇化率由 2015 年的 67.4% 提高到 2019

年的 68.1%。沈抚改革创新示范区起步良好，形成 25 项改革创新举措。2019
年启动建设了沈白高铁，积极推进朝凌、喀赤高铁建设，构建快速高铁网络。
加快机场建设，推进沈阳桃仙机场二跑道、大连新机场建设。此外，城市内沈
阳地铁、大连湾海底隧道等工程项目也在持续建设中。中俄东线天然气管道辽
宁段、红沿河核电二期、辽西北供水二期等重大项目开工建设。2019 年辽宁
省有 6132.4 公里铁路营业里程，其中 2036.6 公里的高速铁路，4331.4 公里的
高速公路。

污染防治成效明显，辽河干流劣Ⅴ类水质断面全面消失，PM2.5 平均浓
度为 40 微克/立方米，2019 年城市（县城）生活垃圾无害化处理率 96.6%，
城市空气优良天数 295 天，占比 80.7%，51 个在用地级及以上城市集中式生
活饮用水水源地水质总达标率为 94.1%。

社会保障水平不断提高。2019 年辽宁省常住居民人均可支配收入 31820
元，城镇常住居民人均可支配收入 39777 元，农村常住居民人均可支配收入
16108 元。城镇新增就业 47.5 万人，超额完成全年目标任务。2019 年 13.25
万人顺利实现脱贫，带动 128 个贫困村和 5 个省级贫困县顺利摘帽，高质量地
完成了本年度的脱贫攻坚任务。

二　辽宁省工业化水平评价

表 1 给出了 1995 年、2000 年、2005 年、2010 年、2015 年和 2019 年辽宁
省、全国及东三省的各项工业化水平指标的数据，表 2 列示了同期辽宁省、全
国及东三省的工业化水平评价结果的比较情况。基于上述两表，我们可以对辽
宁省工业化水平进行相关分析

表 1　辽宁省工业化主要指标

单位：美元，%

年份	地区	人均GDP	产业产值比			制造业增加值占比	城镇化率	产业就业比		
			一	二	三			一	二	三
1995	全国	1857.8	20.5	48.8	30.7	30.7	29.0	52.2	23.0	24.8
	东三省	2128.6	18.3	49.3	32.5	29.6	43.1	36.5	33.8	29.7
	辽宁	2633.3	14.0	49.8	36.2	36.1	43.9	31.1	37.9	30.9

年度	地区	人均GDP	产业产值比			制造业增加值占比	城镇化率	产业就业比		
			一	二	三			一	二	三
2000	全国	2681.4	15.9	50.9	33.2	33.7	36.2	50.0	22.5	27.5
	东三省	3363.5	12.9	51.5	35.6	25.0	52.1	44.9	22.8	32.3
	辽宁	4252.9	10.8	50.2	39.0	29.6	54.2	37.7	26.3	36.0
2005	全国	4144.1	12.6	47.5	39.9	52.0	43.0	44.8	23.8	31.4
	东三省	4496.1	12.8	49.6	37.6	36.6	55.2	43.2	22.2	34.6
	辽宁	5475.2	11.0	49.4	39.6	50.7	58.7	36.3	25.5	38.2
2010	全国	6902.1	10.1	46.8	43.1	60.4	49.9	36.7	28.7	34.6
	东三省	7544.8	10.6	52.5	36.9	60.8	57.7	38.2	22.8	39.0
	辽宁	9489.1	8.8	54.1	37.1	70.8	62.1	31.3	26.2	42.5
2015	全国	9835.6	8.9	40.9	50.2	57.6	56.1	28.3	29.3	42.4
	东三省	10216.8	11.4	43.0	45.6	56.2	61.3	33.4	23.4	43.3
	辽宁	12848.7	8.3	46.6	45.1	62.7	67.4	28.6	26.4	45.0
2019	全国	11759.0	7.1	39.0	53.9	61.6	60.6	26.1	27.6	46.3
	东三省	9526.9	13.2	34.4	52.4	51.4	63.2	33.7	20.5	45.8
	辽宁	10551.9	8.7	38.3	53.0	64.3	68.1	31.5	23.6	44.9

资料来源：参见附录一。

表2 辽宁省工业化进程：分项及综合得分（1995～2019年）

年份	地区	人均GDP	产业产值比	工业结构	城镇化率	产业就业比	综合得分	工业化阶段
1995	全国	4	32	18	0	17	14	二（Ⅰ）
	东三省	9	39	16	22	52	22	二（Ⅱ）
	辽宁	20	53	27	23	64	33	二（Ⅱ）
2000	全国	20	47	23	10	22	26	二（Ⅱ）
	东三省	34	56	8	40	33	34	三（Ⅰ）
	辽宁	42	63	16	47	49	42	三（Ⅰ）
2005	全国	41	57	73	21	33	49	三（Ⅰ）
	东三省	45	57	27	50	37	44	三（Ⅰ）
	辽宁	55	63	68	62	52	60	三（Ⅱ）

年度	地区	人均GDP	产业产值比	工业结构	城镇化率	产业就业比	综合得分	工业化阶段
2010	全国	68	66	100	33	51	69	四（Ⅰ）
	东三省	71	64	100	58	48	72	四（Ⅰ）
	辽宁	82	79	100	71	63	82	四（Ⅰ）
2015	全国	84	100	91	53	69	84	四（Ⅱ）
	东三省	87	61	86	69	59	77	四（Ⅰ）
	辽宁	100	82	100	82	68	91	四（Ⅱ）
2019	全国	95	100	100	67	72	92	四（Ⅱ）
	东三省	83	55	70	73	58	71	四（Ⅰ）
	辽宁	88	100	100	84	63	91	四（Ⅱ）

资料来源：参见附录二。

从人均 GDP 指标来看，2019 年辽宁省的人均 GDP 为 10551.9 美元，低于全国平均水平（11759.0 美元），高于东三省平均水平（9526.9 美元），在东三省中排第 1 位，在全国排第 9 位，该指标的工业化评分为 88，处于工业化后期的后半阶段时期。从历年的变化情况看，1996～2005 年，辽宁省人均 GDP 增速低于全国平均增速，2006～2010 年，辽宁省人均 GDP 的增速快于全国平均增速，2011～2015 年，辽宁省人均 GDP 增速低于全国平均增速；2016～2019 年，辽宁省人均 GDP 增速低于全国平均增速；2000 年，辽宁人均 GDP 是全国平均水平的 1.59 倍，2005 年，辽宁省人均 GDP 是全国平均水平的 1.32 倍，2010 年，辽宁省人均 GDP 为全国平均水平的 1.37 倍；2015 年辽宁省人均 GDP 为全国平均水平的 1.31 倍，2019 年辽宁省人均 GDP 为全国平均水平的 0.9 倍。

从产业产值比指标来看，2019 年辽宁省的三次产业结构为 8.7∶38.3∶53，相较于 2015 年辽宁省的三次产业结构 8.3∶46.6∶45.1，辽宁省产业结构更趋合理。其中，第一产业产值比重高于全国平均水平，但低于东三省平均水平，第二产业产值比重低于全国平均水平，但高于东三省平均水平，第三产业产值比重高于东三省平均水平但低于全国平均水平。2019 年该指标的工业化评分为 100，处于后工业化阶段。

从工业结构指标来看，2019 年辽宁省制造业增加值占比为 64.3%，高于 2015 年的 62.7%，高于同期全国平均水平和东三省平均水平。该指标的工业化评分为100，处于后工业化阶段。

从城镇化率指标来看，2019年辽宁省人口城镇化率为68.1%，高于2015年的67.4%，高于同期全国平均水平和东三省平均水平。从动态变化来看，辽宁省的城镇化率一直都高于全国平均水平，也高于东三省平均水平。该指标工业化评分为84，处于工业化后期的后半阶段。

从产业就业比指标来看，2019年辽宁省第一、二、三产业就业人数的比重为31.5∶23.6∶44.9。第一产业就业比重超过全国平均水平，但低于东三省平均水平；第二产业就业比重低于全国平均水平，但高于东三省平均水平；第三产业就业比重低于全国和东三省平均水平。该指标的工业化评分为63，处于工业化中期的后半阶段。

总的来看，2019年辽宁省工业化水平综合指数达到91，与2015年持平，处于工业化后期的后半阶段。图1将辽宁省的各项工业化指标得分与全国水平进行了比较。单项指标得分中，产业产值比、工业结构得分为满分100分，与全国平均水平一致，高于东北地区平均水平。人均GDP指标高于东北地区平均水平但低于国家平均水平。城镇化率远高于全国平均水平和东三省平均水平。产业就业比低于全国平均水平，但高于东三省平均水平。

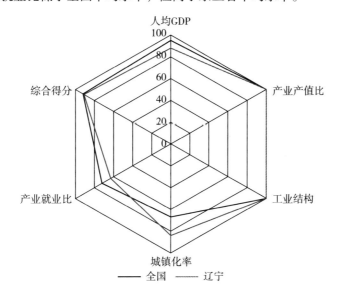

图1　2019年辽宁省工业化各指标得分雷达图

三 辽宁省工业化进程的特征

根据对辽宁省工业化水平的评价结果和对辽宁省经济社会发展状况的分析，辽宁省工业化进程主要有以下几方面特征。

1. 处于工业化后期后半阶段

长期以来，辽宁省都是中国工业化水平较高的地区，始终居于全国前十名，并始终处于东三省的第1位。2019年辽宁省工业化评价得分为91，处于工业后期的后半阶段。与2015年持平。从全国来看，全国平均水平为92，也进入工业化后期的后半阶段，辽宁和全国的工业化水平处于同一阶段。但从动态变化来看，辽宁省工业化水平相对其他省份在不断下降，在全国的排位呈现下降趋势。1995年辽宁省工业化水平在全国排名第4，2000年降为第7，2005年降为第8，2010年仅上升1个位次，列第7位，2015年辽宁省排名保持不变，为第7位。2019年继续保持在全国排名第7。

表3 辽宁省工业化指数排名变化情况（1995~2019年）

年份	1995			2000			2005		
	指数	阶段	排名	指数	阶段	排名	指数	阶段	排名
全国	14	二（Ⅰ）		26	二（Ⅱ）		49	三（Ⅰ）	
东三省	22	二（Ⅱ）	5	34	三（Ⅰ）	5	44	三（Ⅰ）	5
辽宁	33	三（Ⅰ）	4	42	三（Ⅰ）	7	60	三（Ⅱ）	8
年份	2010			2015			2019		
	指数	阶段	排名	指数	阶段	排名	指数	阶段	排名
全国	69	四（Ⅰ）		84	四（Ⅱ）		92	四（Ⅱ）	
东三省	72	四（Ⅰ）	5	77	四（Ⅰ）	6	71	四（Ⅰ）	7
辽宁	82	四（Ⅰ）	7	91	四（Ⅱ）	7	91	四（Ⅱ）	7

资料来源：参见附录二。

2. 各项工业化平均得分均高于东三省平均水平

2019年辽宁省工业化各项指标中，产业产值比、工业结构与全国平均水平同步，城镇化率指标的工业化评价得分比全国平均水平高17，人均GDP、产业就业比得分比全国平均水平分别低7和9。从东北地区内部来看，辽宁省各项指标均高于东北平均水平。与其他两省相比，辽宁省位于第1位，各项指标均全面高于其他两省，人均GDP、产业产值比、工业结构、城镇化率、产业就业比指标的工业化评价得分吉林省分别高2、37、67、24、2，显示出辽宁省工业化发展水平在东北地区的领头羊位置。

表4 辽宁省工业化与全国、东三省平均比较（2019年）

地区	人均GDP	产业产值比	工业结构	城镇化率	产业就业比	工业化指数
全国	-7	0	0	17	-9	-1
东三省	5	45	30	11	5	20
吉林	2	37	67	24	2	27
黑龙江	15	76	70	16	13	41

资料来源：参见附录二。

3. "十三五"期间工业化减速快于全国平均水平

整体来说，1996～2019年，辽宁省工业化速度较快，年均增速为2.4，低于全国年均增速3.3，但高于东三省年均增速2。分时间段来看，除"十一五"时期，辽宁省工业化年均增速略高于全国年均增速外，其余时期均低于全国年均增速。表5列示了1996～2019年辽宁省与全国和东三省的工业化速度对比情况。可以看到，不管是在整个时间段，还是分时间段，辽宁省的工业化年均增速除了"九五"和"十一五"时期外，均高于东三省年均增速。在所有省份中，辽宁省工业化年均增速"十五"时期在前十名内，其他时期基本排在中段，"十三五"时期辽宁省工业化年均增速为0，列全国第17位。

由于工业化增长速度放慢，辽宁省的工业化水平与全国平均水平的绝对差距在缩小，从1995年高于全国19，之后这一优势持续缩小，2000年、2005年、2010年、2015年和2019年，辽宁省工业化指数与全国平均水平的差值分别为16、11、13、7、-1，2019年则低于全国平均水平1。与东三省平均水平的差值分别为11、8、16、10、14和20，位居东北地区的首位，较吉林、黑龙江两地保持有较高的发展优势，是东北地区的龙头。

4. 人均GDP、工业结构是工业化的主要动力

从整个时间段来看，1996～2019年，人均GDP和工业结构是对辽宁省工

表5 吉林省与全国、东三省的工业化速度对比

地区	工业化进程（100分制）						年均增速	
	1995年	2000年	2005年	2010年	2015年	2019年	1996～2019年	排名
全国	14	26	49	69	84	92	3.3	—
东北三省	22	34	44	72	77	71	2	8
辽宁	33	42	60	82	91	91	2.4	13

地区	年均增速									
	1996～2000年	排名	2001～2005年	排名	2006～2010年	排名	2011～2015年	排名	2016～2019年	排名
全国	2.4	—	4.6	—	4	—	3	—	2	—
东北三省	2.4	5	2	8	5.6	3	1	7	-1.5	9
辽宁	1.8	15	3.6	8	4.4	19	1.8	14	0	17

资料来源：参见附录三。

表6 辽宁省工业化进程与其他地区的差距

年份	1995	2000	2005	2010	2015	2019
全国	19	16	11	13	7	-1
东三省	11	8	16	10	14	20
黑龙江	16	10	25	29	38	41
吉林	20	19	23	14	15	27

资料来源：笔者计算得出。

业化水平综合指数贡献最大的分指标，两者总体贡献率为69.90%。其次是城镇化率和产业产值比，两者贡献率相差不大，总贡献率为30.45%，产业就业比贡献为-0.14%。

分时间段来看，"九五"期间，人均GDP是推动辽宁省工业化的主要力量，贡献度达88.00%。其次是城镇化率和产业产值比，分别为32.00%和24.44%，而工业结构和产业就业比对辽宁省的工业化起到了阻碍作用，为-26.89%和-13.33%。"十五"期间，辽宁省的工业化主要依靠工业结构来推动，其贡献度达63.56%。产业产值比没有贡献。"十一五"期间，所有分指标都是正的贡献，其中人均GDP和工业结构对辽宁省工业化的影响最大，贡献达到76.18%，城镇化率和产业就业比相对影响较小，分别为4.91%、4%。"十二五"期间，工业结构对工业化进程没有影响，人均GDP的贡献最大，达到72%，工业化指数累计增加值为9。从动态来看，产业就业比对辽宁省的工业化水平综合指数增长的贡献一直较小，部分年份甚至是起到阻碍作用。

表7　各指标对辽宁省工业化水平综合指数增长的贡献度

年份	人均GDP（%）	产业产值比（%）	工业结构（%）	城镇化率（%）	产业就业比（%）	工业化指数累计增加值
1996～2000	88.00	24.44	-26.89	32.00	-13.33	9
2001～2005	26.00	0.00	63.56	10.00	1.33	18
2006～2010	44.18	16.00	32.00	4.91	4.00	22
2011～2015	72.00	7.33	0	14.67	4.44	9
2016～2019	—	—	—	—	—	0
1996～2019	42.21	17.83	27.69	12.62	-0.14	58

四　辽宁省工业化进程中存在的问题

"十三五"期间，辽宁省进入工业化后期的后半阶段，工业化水平相对较高，工业化水平综合指数达到91，但是工业化的速度在不断降低，面临发展后劲不足、产业创新能力不足、市场机制不活、产业结构不合理等问题，制约了辽宁经济社会的发展。

1. 工业化速度放缓，经济发展后劲不足

"十三五"时期，受到国内外经济形势压力的影响，辽宁省工业化速度放缓，面临经济下行压力加大，表现在投资增速放缓、有效投资不足、工业运行压力依然很大。工业企业经营能力不强，普遍存在融资难、融资渠道单一、融资成本高、手续繁杂等问题，企业利润空间被压缩，2019年辽宁省规模以上工业企业利润总额为1332亿元，较上年同期减少481.7亿元，同比下降26.6%；营业收入利润率为4.4%，同比下降2个百分点。其中石油、煤炭及其他燃料加工业利润总额下降22.7%，黑色金属冶炼和压延加工业利润总额下降77.9%。

2. 产业结构有待完善

总体上看，辽宁省工业结构和产品结构依然偏资源型、传统型、重化型，消费品工业发育不足。石油、煤炭及其他燃料加工业，化学原料及化学制品制

造业等行业仍保持支柱产业的地位，生物医药、新能源、新材料、电子信息技术等其他新兴产业增速较慢。部分地区资源型产业转型问题依然存在。在产业结构内部，国有经济占比较大但是经济效益较低，对大型国有企业依赖严重。受制于传统发展模式，辽宁市场机制仍不完善，营商环境仍然落后于沿海发达地区，民营企业发展水平有待进一步提高。

3. 技术创新能力不强

辽宁省科技创新不足，企业自主创新能力有待提升。企业研发投入经费相比发达地区，略显不足。辽宁省 R&D 经费支出总额为 300.6 亿元，居全国第 13 位，处于全国中游水平。高技术产业研发机构数、R&D 人员折合全时当量、R&D 经费内部支出三个指标，辽宁占全国的比重为 0.7%、1.2%、1.0%，远低于江苏（23.6%、15.0%、13.1%）、浙江（9.1%、9.5%、7.3%）和广东（33.9%、26.8%、30.9%）三项指标占全国的比重。而且，科技创新领军人才不足，创新环境还不完善，创新投融资体系不健全，科技成果转化存在困难，制约了技术创新，导致产业发展过程中缺少核心技术和前沿技术，制约了产业发展水平。

4. 现代服务业发展滞后

与经济发达地区相比，辽宁现代服务业发展相对滞后。一是生产性服务业明显滞后，包括信息技术服务业、金融业、租赁和商务服务业以及科学研究和技术服务业等。二是生活服务业发展也不足，以文化、旅游、电商等为代表的现代服务业发展滞后，发展水平不高，亟待进一步优化升级。

五　推动辽宁省经济社会进一步发展的建议

"十四五"时期，推动辽宁省经济社会发展，要重点做好以下几方面工作。

1. 提升传统产业

通过技术改造提升传统支柱产业，提升产业链价值水平。借助数字技术，推动产品的智能化，提升产品和服务的质量和效率，充分激发传统产业的新活力。以数字化、网络化、智能化、服务化技术改造升级装备制造业；发展高端化的石化产业；发展高端机床、工业机器人、民用航空、环保装备、高端医疗装备等产业；推动材料产业精深发展，发展化工新材料和专用化学品。发展先进钢铁、有色金属和无机非金属新材料等产业。

2. 发展新兴产业

以产业基础高级化、产业链现代化为目标，实施产业链发展工程，把新一代信息技术、生物医药、节能环保、高端装备、新材料、新能源汽车、新能源等产业作为重要的新兴产业，培育打造产业集群。重点要推进工业互联网发展，发展数字经济，推动智能制造工程和制造业数字化建设，推动人工智能、物联网、大数据、区块链等新技术在产业中的应用，培育形成一批新的支柱产业。

3. 加快发展现代服务业

大力发展研发设计、现代物流、融资租赁等生产性服务业。着力发展旅游、文化、养老、家政、健康、休闲娱乐等生活性服务业。发展全域旅游、红色旅游和冰雪经济，壮大旅游产业。推动文化和旅游融合，扩大文化、体育等服务产业规模。积极发展电子商务。以此适应市场新需求，优化产业结构，提高产业价值。

4. 优化营商环境

持续推进市场机制改革，优化营商环境，培育创新创业新环境。要加强市场改革，打破体制障碍，实现市场要素的自由流动。要深化"放管服"改革，强化全省一体化政务服务平台功能，提高政府部门的服务效率。出台促进民营经济发展的政策，降低市场准入门槛，切实解决民营企业发展的难题，打造"时时好、事事好、处处好、人人好"的营商环境，全面提升服务质量。

5. 加大科技创新力度

实施创新驱动战略。围绕智能制造、精细化工、先进材料等优势产业和领域，加大技术研发力度，攻克关键技术。完善众创空间、孵化器等创新平台，鼓励创新创业。提高科技成果转化水平，打造科技成果转化的平台，加快引进一大批技能人才、高端人才、前沿人才，增强创新能力。

6. 打造对外开放新前沿

积极参与"一带一路"建设和中国—中东欧"17＋1"经贸合作，扩大与沿线国家国际产能和装备制造合作。积极建设辽宁自贸试验区，建设沈阳、大连、抚顺跨境电商综合试验区。深化与日、韩、俄等国的经贸、教育、科技、

人文等领域合作，参与中蒙俄经济走廊建设，加大对新兴产业、资金项目、高精尖人才的引进力度，提高经济开放度。

参考文献

《2018 年辽宁统计年鉴》，2019。

《2019 年辽宁省国民经济和社会发展统计公报》，2020。

《2020 年辽宁省政府工作报告》，2020。

B.41
吉林省

吉林省位于中国东北地区的中部，面积为 18.74 万平方公里，约占国土面积的 1.95%；2019 年末人口 2690.73 万人。"十三五"时期，吉林省的工业化速度减缓转负（-3%），和全国平均水平的差距拉大。2019 年吉林省工业化指数得分 64，仍处于工业化中期的后半阶段，全国已进入工业化后期的后半阶段。

一 "十三五"吉林省经济社会发展基本情况

"十三五"期间，吉林省经济社会发展取得了一定的进展，经济增长速度放缓。2019 年吉林省 GDP 达到 11726.82 亿元，全年全省实现农林牧渔业增加值 1333.42 亿元，比上年增长 2.5%。粮食总产量达到 775.6 亿斤，净增量居全国第 1 位。粮食单产每亩达到 916 斤。2019 年全年全省固定资产投资（不含农户）比上年减少了 16.3%，第一产业投资同比减少了 51.4%，第二产业投资减少了 37.7%，第三产业投资下降了 4.9%。2019 年全省社会消费品零售总额 7777.23 亿元，比上年增长 3.4%。经济增长速度放缓后，财政收入也有所下降。2019 年全省完成地方级财政收入 1116.86 亿元，比上年下降 10.0%。常住人口城镇化率为 58.27%，比上年末提高 0.74 个百分点。

从工业内部结构来看，全省规模以上工业增加值达到 6054.6 亿元，增长 5.3%。全省工业增加值 3347.82 亿元。规模以上工业增加值增长 3.1%。在规模以上工业企业中，汽车制造、石油化工、食品、信息、医药、冶金建材、能源、纺织等八个重点产业增加值比上年增长 3.7%，石油加工、炼焦和核燃料加工业等六大高耗能行业增加值增长 5.7%，装备制造业增加值增长 1.9%。

节能减排工作见成效。2019 年天然气、水电、核电、风电等清洁能源消费量占能源消费总量的 10.1%，上升 0.6 个百分点。清洁能源利用率达到

97.7%，是近10年最高水平。全省万元地区生产总值能耗下降1.0%，全省空气质量总体保持稳定，城市环境空气质量优良天数比例为89.3%，长春市空气质量在全国169个重点城市中居第1位。全年全省主要城市27个集中式饮用水源地水质状况良好，地级及以上城市集中式饮用水水源地水质达标率为100%。

新动能效益不断显现。新能源汽车产销量分别是2018年的4倍、3.4倍，大数据、人工智能、通用航空等发展步伐加快。寒地冰雪经济、避暑休闲产业成为新增长点。营商环境持续优化。深入实施支持民营经济高质量发展30条等一系列举措。工程建设项目总体审批时间压缩到81个工作日以内。率先实现东三省小微企业应收账款线上融资"零"的突破，融资成本平均降低30%，融资时间缩短40%～50%。

积极融入"一带一路"倡议，对外开放迈上新台阶。2019年全年全省实现货物进出口总额1302.17亿元，其中，出口323.98亿元，进口978.20亿元。高新技术产品进出口额增长13.2%。实际利用外资额增长21.2%，增速高于全国18.6个百分点。对外直接投资增长125.50%，增速居全国第1位。对外招商引资到位资金2488.5亿元，增长20.2%。

人民生活持续改善。2019年全年全省城镇常住居民人均可支配收入为32299元，比上年增长7.1%；城镇常住居民人均消费支出为23394元，农村常住居民人均可支配收入为14936元，农村常住居民人均消费支出为11457元。全年全省城镇新增就业37.56万人。2019年末城镇登记失业率为3.11%。贫困发生率仅为0.07%，1489个贫困村实现了脱贫，9个贫困县正在履行摘帽程序。2019年城乡低保保障标准达到月人均526元和年人均4049元，分别比上年增长3.5%和4.6%。

二　吉林省工业化水平评价

表1给出了1995年、2000年、2005年、2010年、2015年和2019年吉林省、全国及东三省的各项工业化水平指标的数据，表2是同期吉林省、全国及东三省的工业化水平评价结果的比较情况。基于上述两表，我们可以对吉林省工业化水平进行相关分析。

表1 吉林省工业化主要指标

单位：美元，%

年份	地区	人均GDP	产业产值比			制造业增加值占比	城镇化率	产业就业比		
			一	二	三			一	二	三
1995	全国	1857.8	20.5	48.8	30.7	30.7	29.0	52.2	23.0	24.8
	东三省	2128.6	18.3	49.3	32.5	29.6	43.1	36.5	33.8	29.7
	吉林	1684.8	26.9	42.5	30.6	32.4	41.6	44.8	26.8	28.5
2000	全国	2681.4	15.9	50.9	33.2	33.7	36.2	50.0	22.5	27.5
	东三省	3363.5	12.9	51.5	35.6	25.0	52.1	44.9	22.8	32.3
	吉林	2593.9	21.9	43.9	34.2	32.9	49.7	50.2	19.1	30.7
2005	全国	4144.1	12.6	47.5	39.9	52.0	43.0	44.8	23.8	31.4
	东三省	4496.1	12.8	49.6	37.6	36.6	55.2	43.2	22.2	34.6
	吉林	3849.9	17.3	43.6	39.1	38.9	52.5	47.7	18.4	34.0
2010	全国	6902.1	10.1	46.8	43.1	60.4	49.9	36.7	28.7	34.6
	东三省	7544.8	10.6	52.5	36.9	60.6	57.7	38.2	22.8	39.0
	吉林	7079.3	12.1	52.0	35.9	64.2	53.4	42.0	21.3	36.6
2015	全国	9835.6	8.9	40.9	50.2	57.6	56.1	28.3	29.3	42.4
	东三省	10216.8	11.4	43.0	45.6	56.2	61.3	33.4	23.4	43.3
	吉林	10043.6	11.4	49.8	38.8	59.3	55.3	36.9	23.8	39.2
2019	全国	11759.0	7.1	39.0	53.9	61.6	60.6	26.1	27.6	46.3
	东三省	9526.9	13.2	34.4	52.4	51.4	63.2	33.7	20.5	45.8
	吉林	10115.9	11.0	35.2	53.8	40.1	58.3	32.5	21.1	46.5

资料来源：参见附录一。

表2 吉林省工业化进程：分项及综合得分（1995~2019年）

年份	地区	人均GDP	产业产值比	工业结构	城镇化率	产业就业比	综合得分	工业化阶段
1995	全国	4	32	18	0	17	14	二（Ⅰ）
	东三省	9	39	16	22	52	22	二（Ⅱ）
	吉林	1	15	20	19	33	13	二（Ⅰ）
2000	全国	20	47	23	10	22	26	二（Ⅱ）
	东三省	34	56	8	40	33	34	三（Ⅰ）
	吉林	19	28	21	33	22	23	二（Ⅱ）
2005	全国	41	57	73	21	33	49	三（Ⅰ）
	东三省	45	57	27	50	37	44	三（Ⅰ）
	吉林	38	42	31	41	27	37	三（Ⅰ）

年份	地区	人均GDP	产业产值比	工业结构	城镇化率	产业就业比	综合得分	工业化阶段
2010	全国	68	66	100	33	51	69	四（Ⅰ）
	东三省	71	64	100	58	48	72	四（Ⅰ）
	吉林	69	59	100	44	40	68	四（Ⅰ）
2015	全国	84	100	91	53	69	84	四（Ⅱ）
	东三省	87	61	86	69	59	77	四（Ⅰ）
	吉林	86	62	97	51	51	76	四（Ⅰ）
2019	全国	95	100	100	67	72	92	四（Ⅱ）
	东三省	83	55	70	73	58	71	四（Ⅰ）
	吉林	86	63	33	60	61	64	三（Ⅱ）

资料来源：参见附录二。

从人均GDP指标来看，2019年吉林省的人均GDP为10115.9美元，高于东三省平均水平（9526.9美元），但低于全国平均水平（11759.0美元），在东三省中排名第2，该指标的工业化评分为86，处于工业化后期的后半阶段。从历年的情况看，"九五"、"十五"、"十一五"和"十三五"期间吉林省人均GDP低于全国平均水平，但"十二五"期间吉林的人均GDP高于全国平均水平。

从产业产值比指标来看，2019年吉林省的三次产业结构为11.0∶35.2∶53.8，相较于2015年的三次产业结构11.4∶49.8∶38.8，产业结构趋于合理。其中，第一产业产值比重高于全国平均水平，低于东三省平均水平，但第二产业产值比重低于全国平均水平但高于东三省平均水平；第三产业产值比重低于全国高于东三省平均水平。2019年该指标的工业化评分为63，处于工业化中期的后半阶段。

从工业结构指标来看，2019年吉林省制造业增加值占比为40.1%，相比于2015的59.3%有所下降，均低于同期的全国平均水平和东三省平均水平。该指标的工业化评分为33，处于工业化中期的前半阶段。

从城镇率指标来看，2019年吉林省人口城镇化率为58.3%，高于2015年的55.3%，但低于同期全国平均水平和东三省平均水平。从动态变化来看，吉林省的城镇化率"十二五"之前一直领先全国平均水平,"十三五"时期出现反转。该指标工业化评分为60,处于工业化中期的后半阶段。

从产业就业比指标来看,2019年吉林省第一、二、三产业就业人数的比重为32.5:21.1:46.5,相比2015年的36.9:23.8:39.2,第一产业和第二产业就业人数比重有所下降上升,第三产业就业人数比重有所上升,第一产业就业比重超过全国平均水平但略低于东三省平均水平;第二产业就业比重低于全国平均水平,但高于东三省平均水平;第三产业就业比重高于全国和东三省平均水平。该指标的工业化评分为61,处于工业化中期的后半阶段。

总的来看,2019年吉林省工业化水平综合指数达到64,相比于2015年减少了12,处于工业化中期的后半阶段,"十三五"时期,吉林省工业化进程向后退步了半个阶段,落后于全国和东三省的平均工业化水平半个阶段。图1将吉林省的各项工业化指标得分与全国水平进行了比较。单项指标得分中,各个指标均落后于全国和东北地区发展水平,相对来说,人均GDP得分相对较高,达到86,其他指标均与全国和东三省的平均水平有较大差距,有待进一步提升。

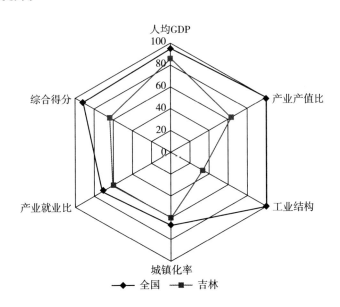

图1 吉林省工业化各指标得分雷达图(2019年)

三 吉林省工业化进程的特征

根据对吉林省工业化水平的评价结果和对吉林省经济社会发展状况的分析，吉林省工业化进程主要有以下几方面特征。

1. "十三五"工业化进程明显落后于全国平均水平和东三省整体水平

从动态来看，自1995年以来，"十三五"之前吉林省的工业化水平在全国的排名基本没有变，基本保持在全国第11~12名左右。"十三五"时期，吉林省工业化水平快速下滑，2015年吉林省的工业化评价得分为76，在工业化后期的前半阶段，2019年吉林省的工业化评价得分降至64，减少了12，回落至工业化中期的后半阶段，远低于全国和东三省的工业化水平，低于东三省平均水平7，低于全国平均水平28。全国"十三五"时期已进入工业化后期后半阶段，吉林省工业化进程明显滞后。

表3 吉林省工业化指数排名变化情况（1995~2019年）

年份	1995			2000			2005		
	指数	阶段	排名	指数	阶段	排名	指数	阶段	排名
全国	14	二（Ⅰ）		26	二（Ⅱ）		49	三（Ⅰ）	
东三省	22	二（Ⅱ）	5	34	三（Ⅰ）	5	44	三（Ⅰ）	5
吉林	13	二（Ⅰ）	14	23	二（Ⅱ）	12	37	三（Ⅰ）	11
年份	2010			2015			2019		
	指数	阶段	排名	指数	阶段	排名	指数	阶段	排名
全国	69	四（Ⅰ）		84	四（Ⅱ）		92	四（Ⅱ）	
东三省	72	四（Ⅰ）	5	77	四（Ⅰ）	6	71	四（Ⅰ）	7
吉林	68	四（Ⅰ）	12	76	四（Ⅰ）	12	64	三（Ⅱ）	20

资料来源：参见附录二。

2. 各项工业化平均得分均低于全国平均水平

2019年吉林省工业化各项指标均低于全国平均水平，人均GDP、产业产值比、工业结构、城镇化率、产业就业比指标的工业化评价得分比全国平均水平分别低9、37、67、7和11，特别是工业结构指标与全国平均水平差值在67，显示出与全国工业化发展水平的较大差距。从东北地区内部来看，除工业结构和城镇化率低于东三省平均水平之外，人均 GDP、产业产值比、产业就业比均高于东三省平均水平。与其他两省相比，吉林省位于第二位，各项指标均全面落后于辽宁省，人均 GDP、产业产值比、工业结构、城镇化率、产业就业比指标的工业化评价得分比辽宁省分别低 2、37、67、24、2，但高于黑龙江省（除城镇化率指标低于黑龙江省之外）。吉林省与辽宁省工业化水平差距正在不断扩大。

表 4　吉林省工业化与全国、东三省平均比较（2019 年）

地区	人均 GDP	产业产值比	工业结构	城镇化率	产业就业比	工业化指数
全国	−9	−37	−67	−7	−11	−28
东三省	3	8	−37	−13	3	−7
黑龙江	13	39	3	−8	11	14
辽宁	−2	−37	−67	−24	−2	−27

整体来说，1996～2019 年，吉林省工业化速度相对较快，年均增速为 2.1，低于全国年均增速 3.3，但略高于东三省年均增速 2，在全国排名第 19 位。分时间段来看，除了"十三五"时期，其余时间段吉林省的工业化年均增速都高于东三省年均增速。"十三五"时期，吉林省工业化速度转负，为 −3，全国同期为 2，东三省同期为 −1.5。表 5 列示了 1996～2019 年吉林省与全国和东三省的工业化速度对比情况。可以看到，不管是在整个时间段，还是分时间段，吉林省的工业化年均增速基本和东三省平均水平相当。在全国排名方面，"十一五"期间吉林排名第 9，但"十二五"时期之后，受经济减速影响，吉林省的工业化年均增速大幅下降，排全国第 28 位，处于全国末段了。

由于工业化速度较慢，吉林省的工业化水平与全国平均水平的绝对差距持续拉大，与东三省平均水平及辽宁省的差距也在逐步拉大。1995 年、2000 年、2005 年、2010 年、2015 年和 2019 年，吉林省工业化指数与全国平均水平的差值分别为 −1、−3、−12、−1、−8、−28，与东三省平均水平的差值分别为 −9、−11、−7、−4、−1 和 −7，与东三省工业化进程最快的辽宁省的差值分别为 −20、−19、−23、−14、−15 和 −27，说明吉林省的工业化速度越来越慢，与先进地区的差距日渐加大。

表5 吉林省与全国、东三省的工业化速度对比

地区	工业化进程（100分制）						年均增速	
	1995年	2000年	2005年	2010年	2015年	2019年	1996～2019年	排名
全国	14	26	49	69	84	92	3.3	—
东北三省	22	34	44	72	77	71	2	8
吉林	13	23	37	68	76	64	2.1	19

地区	年均增速									
	1996～2000年	排名	2001～2005年	排名	2006～2010年	排名	2011～2015年	排名	2016～2019年	排名
全国	2.4	—	4.6	—	4	—	3	—	2	—
东北三省	2.4	5	2	8	5.6	3	1	7	-1.5	9
吉林	2.0	14	2.8	17	6.2	9	1.6	17	-3	28

表6 吉林省工业化进程与其他地区的差距

年份	1995	2000	2005	2010	2015	2019
全国	-1	-3	-12	-1	-8	-28
东三省	-9	-11	-7	-4	-1	-7
黑龙江	-4	-9	2	15	23	14
辽宁	-20	-19	-23	-14	-15	-27

3. 人均GDP、城镇化率及产业产值比是工业化的主要贡献因素

从整个时间段来看，1996～2019年，人均GDP和产业产值比是对吉林省工业化水平综合指数增长贡献最大的分指标，合计贡献率为80.71%，"十三五"期间这两者贡献率下降明显，甚至转为负贡献。产业产值比的贡献逐年递减。工业结构在"十二五"期间快速下降，对综合指标的贡献为负，"十三五"时期快速增加，贡献度达到117.33%，实现了爆发式增长。但工业结构和产业就业比在整个时间段对综合指数增长的贡献最小，分别为5.61%和4.39%。

分时间段来看，"九五"期间，人均GDP和产业产值比是推动吉林省工业化的主要力量，而产业就业比对吉林省的工业化的贡献为负。"十五"期间，吉林省的工业化主要依靠人均GDP、产业产值比和工业结构来推动，产业就业比对工业化的贡献非常小。"十一五"期间，所有分指标都是正的贡献，其中工业结构和人均 GDP 对吉林省工业化的影响最大, 合计贡献度达到 84.97%, 城镇化率的影响最小。"十二五"期间, 人均 GDP 的贡献最大, 达到 76.5%, 但工业结构对综合指数的贡献为负, 为 -8.25%。"十三五"期间, 所有分指标都是正的贡献, 其中人均 GDP 的贡献最大, 达到 60%, 其次是产业产值比, 贡献达到 20.71%。

表 7   各指标对吉林省工业化水平综合指数增长的贡献度

年份	人均 GDP（%）	产业产值比（%）	工业结构（%）	城镇化率（%）	产业就业比（%）	工业化指数累计增加值
1996~2000	64.8	28.60	2.20	16.80	-8.80	10
2001~2005	48.86	22.00	15.71	6.86	2.86	14
2006~2010	36.00	12.06	48.97	1.16	3.35	31
2011~2015	76.50	8.25	-8.25	10.5	11.00	8
2016~2019	0.00	-1.83	117.33	-9.00	-6.67	-12
1996~2019	60.00	20.71	5.61	9.65	4.39	51

四   吉林省工业化进程中存在的问题

在工业化进程中, 吉林省在人均 GDP、产业产值比、工业结构、城镇化率、产业就业比指标的工业化评价得分均低于全国平均水平, 特别是"十三五"以来, 工业化进程速度放缓转负, 其存在的主要问题包括以下几个。

1. 发展质量不高

总体上看, 吉林省经济总量不大, 与发达地区存在较大差距。近年来, 发展速度落后于全国平均水平, "十三五"时期工业化增长速度为负。经济发展质量不高, 产业以传统的资源型产业和传统工业为主, 缺乏高价值和高效益的产品品牌。吉林省在全国市场具有一定影响的产品只有汽车、乙烯、原油、化学纤维、水泥、铁合金、原煤、钢材等少数几种, 缺乏高端产业布局, 也导致经济利润不高。

2. 产业结构不合理

吉林省产业发展以工业为主, 而工业产业结构又以重工业为主, 占比达到 60% 以上, 主要是汽车、石化、食品、信息、医药、冶金、能源和纺织工业,

其产业总值在吉林省工业经济中占比超过70%。其资源型特征明显，以煤炭、黑色金属采选和加工、石油和天然气开采、非金属矿物制品、木材加工、有色金属采选和加工等六大资源型产业为主，随着资源枯竭和原材料价格下降，传统产业发展缺乏新动力。而且，现有产业发展方式粗放，以初加工为主，产品加工深度低，低端产品多，经济效益不高。

3. 市场机制不完善

吉林省受计划经济影响大，市场机制不完善。一直以来国有经济为主的产业发展模式，国有经济占据主导地位，导致经济社会发展效率较低，市场营商环境有待改善，各政府部门行政效率不高，融资、审批、土地等领域市场化程度不高，制约了企业投资发展，增加了企业成本，也导致民营经济规模总量小，市场主体发育不足，产业发展层次较低，缺乏知名的民营企业，企业创新能力不强，产业发展动力不强。吉林省的科技创新仍主要局限于少数企业，科技创新投入强度显著落后于国家平均水平。吉林省的研发经费内部支出2018年仅为115亿元。

五　推动吉林省经济社会进一步发展的建议

"十三五"时期，吉林省已经进入工业化中期的后半阶段，但是工业化速度较慢，与全国和东三省工业化水平的绝对差距逐渐拉大。"十四五"期间推进吉林省产业结构升级，要做好以下几方面工作。

1. 大力发展现代农业

大力发展特色产品、绿色产品、有机产品，打造绿色水稻基地、食用菌基地、专用玉米基地、人参种植基地、优质杂粮杂豆基地等；大力发展都市农业、科技农业、节水农业、高效农业、有机农业，推动农村一、二、三产业融合发展，发展"农业+工业""农业+旅游""农业+健康养生""农业+商贸物流"等新业态，延伸农业产业链、增值链，推动吉林省实现农业现代化。

2. 优化传统产业，培育新动能

立足新兴产业，加快传统产业转型升级，加快新旧动能转换，打造现代产业集群。重点是推动"四大产业转型升级工程"，紧紧通过技术和管理创新、工业强基、军民融合发展等主要路径，运用高新技术、先进适用技术和信息化技术改造冶金、建材、轻工、纺织等传统产业，推进现代汽车及零部件产业方面、石化、农产品加工三大产业现代化发展，重塑产业新优势；借助吉林省在航空航天技术、生物医药技术、光电子技术、现代装备制造技术等方面的优势，发展节能与新能源汽车产业、先进轨道交通装备产业、生物医药及高性能医疗器械产业、卫星及通用航空产业、精密仪器与装备产业、CMOS等新一代信息技术产业、新材料产业等战略性新兴产业，重点发展智能制造及智能服务项目，推动制造业的业态创新，实现先进制造业由加工转向全球价值链的研发设计、品牌营销等环节，衍生出丰富的增值服务，推动制造业加速向智能制造、绿色制造、精益制造和服务型制造转变，提高产品质量和国际竞争力。

3. 大力发展现代服务业

大力发展生产性、生活性服务业。发挥吉林省的自然禀赋与文化资源优势，发展全域旅游，比如利用冰雪资源，发展冰雪旅游、冰雪装备制造业，加大索道缆车、造雪机、碳纤维滑雪板等冰雪装备制造企业招商引资力度。加快发展网络零售、网红经济、平台经济等新业态新模式，培育服务业新的增长点。

4. 推动市场化改革

持续推进全面深化改革，创新体制机制，破除体制机制障碍，推进国企改革向纵深发展，深化农村土地制度改革，强化知识产权保护，促进生产要素在企业间的流动，加快政府职能转变和"诚信吉林"建设，深化"放管服"改革，优化环保、消防、市场监管等执法方式，优化政务服务，营造公平竞争的市场环境、精准有效的政策环境、健全平等保护的法治环境，构建亲清政商关系，吸引全世界的人才、企业家落户投资，允分激发各类市场主体活力。同时，完善民营企业发展的政策支持体系，出台针对民营企业的优惠政策，大力营造良好的市场经济环境。

5. 推动全方位对外开放

积极融入"一带一路"建设，推进"丝路吉林"大通道、中韩（长春）国际合作示范区建设。完善长春兴隆综合保税区、中国图们江区域（珲春）国际合作示范区、中新（吉林）食品区、东北亚国际物流园、东北亚国际科技创新中心等开放平台的建设，建设图们江区域（珲春）海洋经济示范区，促进东北亚国家要素、资源、技术、人员的流动，拓宽对外开放的广度和深

度。加快吉林与浙江、长春与天津对口合作平台建设。开展多层次战略合作。推进中国（吉林）自贸试验区报批和筹建工作。

参考文献

《2018 年吉林统计年鉴》，2019。

《2019 年吉林省国民经济和社会发展统计公报》，2020。

《2020 年吉林省政府工作报告》，2020。

B.42

黑龙江省

黑龙江省位于中国最北部，面积为 47.3 万平方公里，2019 年全省总人口 3751.3 万人，黑龙江是中国的重工业基地，以煤炭、石油、木材和食品工业为主。"十三五"期间，黑龙江省工业化年均增速为 -0.8%，排全国第 22 位，工业化水平综合指数为 50，为东三省最低，低于全国平均水平（92）和东三省平均水平（71）。黑龙江省 2015 年就已经处于工业化中期后半阶段，"十三五"期间，黑龙江省工业化综合指数基本未变，仍处于工业化中期后半阶段。

一 "十三五"黑龙江省经济社会发展基本情况

"十三五"期间，黑龙江省经济社会取得一定的发展。2019 年黑龙江省实现地区生产总值 13612.7 亿元，增长率为 4.2%，人均 GDP 为 7871.7 美元，增长率为 4.7%。2019 年黑龙江省全省固定资产投资完成额同比增长 6.3%。三次产业增加值方面，第一产业增加值 3182.5 亿元，第二产业增加值 3615.2 亿元，第三产业增加值 6815.0 亿元。2019 年末黑龙江省一、二、三产业比重为 23.4∶26.6∶50.0，相较于 2015 年末的 17.5∶31.8∶50.7，农业产值占比有一定的下降，工业产值占比大幅上升，产业结构呈现工业化发展新趋势。乡村振兴战略全面推进，现代农业迈向新台阶，全省粮食总产达到 1500.6 亿斤，实现"十六连丰"，位居全国第一。2019 年末全省实现农林牧渔业增加值 3267.4 亿元，比上年增长 2.5%。

经济新动能不断增加。2019 年完成年度投资 1325.8 亿元，2019 年末全省公路线路里程增长至 16.9 万公里。全省有 17023 家科技型企业，1250 家高新技术企业，万人发明专利拥有量 6.5 件。

对外开放迈上新台阶。中国（黑龙江）自由贸易试验区积极推进，哈尔滨、绥芬河综合保税区功能进一步完善，已建设有 16 个对俄经贸合作区，相继挂牌了黑河、绥芬河、东宁 3 个跨境经济合作试验区。2019 年末全省进出

口总额 1865.9 亿元。全省实际利用外资 5.4 亿美元，增长 15.6%。

"十三五"期间大力推进新型城镇化建设。2019 年末常住城镇人口 2284.5 万人，常住人口城镇化率为 60.9%，"十三五"时期增加了 2.1 个百分点，高于全国平均水平。节能环保方面，黑龙江省持续打好原生态、蓝天、碧水、净土、美丽乡村五场保卫战，启动实施小兴安岭—三江平原山水林田湖草保护修复工程。秸秆综合利用率达到 83.2%，空气优良天数比例达到 93.3%，城市黑臭水体消除比例达到 80% 以上，生态环境质量不断改善。

民生保障水平稳步提高。2019 年末黑龙江城镇常住居民人均可支配收入 30945 元，相比 2015 年增加了 6742 元，农村常住居民人均可支配收入 14982 元，相比 2015 年增加了 3887 元。全省养老服务机构发展到 1850 个。"十三五"期间，全省城镇失业登记率持续降低。2019 年全省实现城镇新增就业 59.7 万人，全省城镇登记失业率为 3.53%，创历史同期新低。积极推进脱贫攻坚战，全省贫困发生率由 0.65% 降至 0.07%，帮助剩余 100 个贫困村全部实现脱贫，国家级贫困县完成脱贫摘帽。

二 黑龙江省工业化水平评价

表 1 给出了 1995 年、2000 年、2005 年、2010 年、2015 年和 2019 年黑龙江省、全国及东三省的各项工业化水平指标的数据，表 2 列示了同期黑龙江、全国及东三省的工业化水平评价结果的比较情况。基于上述两表，我们可以对黑龙江省工业化水平进行相关分析。

表 1　黑龙江省工业化主要指标

单位：美元，%

年份	地区	人均GDP	产业产值比			制造业增加值占比	城镇化率	产业就业比		
			一	二	三			一	二	三
1995	全国	1857.8	20.5	48.8	30.7	30.7	29.0	52.2	23.0	24.8
	东三省	2128.6	18.3	49.3	32.5	29.6	43.1	36.5	33.8	29.7
	黑龙江	2067.6	19.3	52.4	28.4	20.0	43.2	36.8	34.1	29.0
2000	全国	2681.4	15.9	50.9	33.2	33.7	36.2	50.0	22.5	27.5
	东三省	3363.5	12.9	51.5	35.6	25.0	52.1	44.9	22.8	32.3
	黑龙江	3243.6	11.0	57.4	31.6	14.9	51.5	49.4	21.2	29.3

续表

年份	地区	人均GDP	产业产值比			制造业增加值占比	城镇化率	产业就业比		
			一	二	三			一	二	三
2005	全国	4144.1	12.6	47.5	39.9	52.0	43.0	44.8	23.8	31.4
	东三省	4496.1	12.8	49.6	37.6	36.6	55.2	43.2	22.2	34.6
	黑龙江	4163.2	12.4	53.9	33.7	16.7	53.1	48.4	20.9	30.7
2010	全国	6902.1	10.1	46.8	43.1	60.4	49.9	36.7	28.7	34.6
	东三省	7544.8	10.6	52.5	36.9	60.8	57.7	38.2	22.8	39.0
	黑龙江	6066.0	12.6	50.2	37.2	40.2	55.7	44.4	19.4	36.2
2015	全国	9835.6	8.9	40.9	50.2	57.6	56.1	28.3	29.3	42.4
	东三省	10216.8	11.4	43.0	45.6	56.2	61.3	33.4	23.4	43.3
	黑龙江	7758.3	17.5	31.8	50.7	39.0	58.8	39.0	19.5	39.3
2019	全国	11759.0	7.1	39.0	53.9	61.6	60.6	26.1	27.6	46.3
	东三省	9526.9	13.2	34.4	52.4	51.4	63.2	33.7	20.5	45.8
	黑龙江	7871.7	23.4	26.6	50.0	38.0	60.9	37.1	16.7	46.2

资料来源：参见附录一。

表2　黑龙江省工业化进程：分项及综合得分（1995~2019年）

年份	地区	人均GDP	产业产值比	工业结构	城镇化率	产业就业比	综合得分	工业化阶段
1995	全国	4	32	18	0	17	14	二（Ⅰ）
	东三省	9	39	16	22	52	22	二（Ⅱ）
	黑龙江	8	35	0	22	51	17	二（Ⅱ）
2000	全国	20	47	23	10	22	26	二（Ⅱ）
	东三省	34	56	8	40	33	34	三（Ⅰ）
	黑龙江	32	63	0	38	23	32	二（Ⅱ）
2005	全国	41	57	73	21	33	49	三（Ⅰ）
	东三省	45	57	27	50	37	44	三（Ⅰ）
	黑龙江	42	58	0	43	26	35	三（Ⅰ）
2010	全国	68	66	100	33	51	69	四（Ⅰ）
	东三省	71	64	100	58	48	72	四（Ⅰ）
	黑龙江	61	58	42	52	34	53	三（Ⅱ）
2015	全国	84	100	91	53	69	84	四（Ⅱ）
	东三省	87	61	86	69	59	77	四（Ⅰ）
	黑龙江	73	41	31	62	46	53	三（Ⅱ）
2019	全国	95	100	100	67	72	92	四（Ⅱ）
	东三省	83	55	70	73	58	71	四（Ⅰ）
	黑龙江	73	24	30	68	50	50	三（Ⅱ）

资料来源：参见附录二。

从人均 GDP 指标来看，2019 年黑龙江人均 GDP 达 7871.7 美元，低于全国平均水平 11759.0 美元及东三省平均水平 9526.9 美元，在东三省排名第 3，在全国排名第 27。该指标的工业化评分为 73，处于工业化后期的前半阶段。

从产业产值比指标来看，2019 年黑龙江省的三次产业结构为 23.4:26.6:50.0，相较于 2015 年的三次产业结构 17.5:31.8:50.7，产业结构趋于合理，一产比例有所上升，二产比例下降明显，三产比例较为稳定。其中，第一产业产值比重高于东三省和全国平均水平，第二产业、第三产业产值比重低于全国和东三省平均水平。2019 年该指标的工业化评分为 24，处于工业化初期的后半阶段。

从工业结构指标来看，2019 年黑龙江省制造业增加值占比为 38.0%，低于 2015 年的 39.0%，大幅低于同期的全国平均水平（61.6%）和东三省平均水平（51.4%）。该指标的工业化评分为 30，处于后工业化初期的后半阶段。

从城镇化率指标来看，2019 黑龙江省人口城镇化为 60.9%，高于 2015 年的 58.8%，低于同期东三省平均水平（63.2%），但高于同期全国平均水平（60.6%）。从动态变化来看，黑龙江省的城镇化率始终高于全国平均水平。该指标工业化评分为 68，处于工业化后期的前半阶段。

从产业就业比指标来看，2019 年黑龙江省第一、二、三产业就业人数的比重为 37.1:16.7:46.2，第一产业就业比重远超过全国平均水平和东三省平均水平，第二产业就业比重远低于全国平均水平和东三省平均水平，第三产业就业比重低于全国平均水平但高于东三省平均水平。该指标的工业化评分为 50，处于工业化中期的后半阶段。

总的来看，2019 年黑龙江省工业化水平综合指数达到 50，相较于 2010 年减少了 3，处于工业化中期的后半阶段。图 1 将黑龙江省的各项工业化指标得分与全国水平进行了比较。2019 年黑龙江省工业化综合指数为 50，仍处于工业化后期的前半阶段。从发展变化看，相比于与 2010 年、2015 年，黑龙江工业化综合指数下降了 3。2015 年就已经处于工业化中期的后半阶段，"十三五"时期工业化综合指数基本未变，仍然落后于全国和东三省的平均工业化水平半个阶段，东三省平均已经进入工业化后期的前半阶段。单项指标得分中，各个指标均落后于全国和东三省发展水平，相对来说人均 GDP、城镇化率得分相对较高，其他指标均与全国和东北地区的平均水平有较大差距，有待进一步提升。

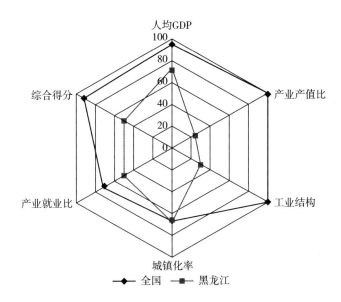

图1　2019年黑龙江省工业化各指标得分雷达图

三　黑龙江省工业化进程的特征

从工业化各项指标得分来看，黑龙江省工业化进程主要有以下几方面特征。

1. 工业化进程发展较为滞后

总体上看，黑龙江省工业化进程落后中国整体的工业化进程，也落后于东三省的工业化进程。2015年黑龙江省的工业化水平综合指数为53，低于全国和东三省的工业化水平，在全国排名第25。2019年黑龙江省的工业化水平综合指数为50，处于工业化中期的后半阶段，低于全国和东三省的工业化水平，在全国排名第27。从发展变化看，1995年黑龙江省的工业化水平高于全国平均水平，在全国排名第8，但是随后黑龙江省经济发展速度放缓，其工业化进程在全国的排名大幅下降。工业化进程发展较为缓慢，且呈现发展较为滞后的特征。

表3 黑龙江省工业化指数排名变化情况（1995～2019年）

地区	1995年			2000年			2005年		
	指数	阶段	排名	指数	阶段	排名	指数	阶段	排名
全国	14	二（Ⅰ）	—	26	二（Ⅱ）	—	49	三（Ⅰ）	—
东三省	22	二（Ⅱ）	5	34	三（Ⅰ）	5	44	三（Ⅰ）	5
黑龙江	17	二（Ⅱ）	8	32	二（Ⅱ）	9	35	三（Ⅰ）	15

地区	2010年			2015年			2019年		
	指数	阶段	排名	指数	阶段	排名	指数	阶段	排名
全国	69	四（Ⅰ）	—	84	四（Ⅱ）	—	92	四（Ⅱ）	—
东三省	72	四（Ⅰ）	5	77	四（Ⅰ）	6	71	四（Ⅰ）	7
黑龙江	53	三（Ⅱ）	22	53	三（Ⅱ）	25	50	三（Ⅱ）	27

资料来源：参见附录二。

2. 除城镇化率指标高于吉林省之外，其他指标的工业化评价得分都低于全国和东三省平均水平

从工业化指数的细分指标来看，2019年黑龙江省城镇化率指标的工业化评价得分比吉林省高8，而人均GDP、产业产值比、工业结构、城镇化率、产业就业比指标的工业化评价得分比全国平均水平分别低22、71、65、27和45；所有指标的得分都低于东三省平均水平和辽宁省平均水平。黑龙江省与其他地区工业化水平差距不断在扩大。

表4 黑龙江工业化与全国、东三省平均比较（2019年）

地区	人均GDP	产业产值比	工业结构	城镇化率	产业就业比	工业化指数
全国	-22	-71	-65	-27	-45	-45
东三省	-10	-31	-40	-5	-8	-21
吉林	-13	-39	-3	8	-11	-14
辽宁	-15	-76	-70	-16	-13	-41

3. "十三五"期间工业化速度呈现下降

整体来说，1996～2019年，黑龙江省工业化速度较慢，年均增速为1.4，低于全国平均水平3.3，也低于东三省平均水平2.0。分时间段来看，除"九五"时期，黑龙江省工业化年均增速均低于全国平均水平。与东三省相比，除了"九五""十三五"时期，不管是在整个时间段，还是分时间段，黑龙江省的工业化年均增速均低于东三省平均水平。"十三五"时期，东北地区工业化增速均为负数，其中黑龙江为-0.8%，位居全国第22，东三省为-1.5%。

表5 黑龙江省与全国、东三省的工业化速度对比

地区	工业化进程(100 分制)						年均增速	
	1995 年	2000 年	2005 年	2010 年	2015 年	2019 年	1996 ~ 2019 年	排名
全国	14	26	49	69	84	92	3.3	—
东北三省	22	34	44	72	77	71	2.2	8
黑龙江	17	32	35	53	53	50	1.4	27

地区	年均增速									
	1996 ~ 2000 年	排名	2001 ~ 2005 年	排名	2006 ~ 2010 年	排名	2011 ~ 2015 年	排名	2016 ~ 2019 年	排名
全国	2.4	—	4.6	—	4	—	3	—	2	—
东北三省	2.4	5	2	8	5.6	3	1	7	-1.5	9
黑龙江	3	8	0.6	30	3.6	21	0	26	-0.8	22

由于工业化速度较慢,黑龙江省的工业化水平与全国平均水平的绝对差距持续拉大,与东三省平均水平及辽宁省和吉林省的差距也在逐步拉大。1995年、2000年、2005年、2010年、2015年和2019年,黑龙江省工业化指数与全国平均水平的差值分别为3、6、-14、-16、-31和-42,与东三省平均水平的差值分别为-5、-2、-9、-19、-24和-21,与东三省工业化进程最快的辽宁省的差值分别为-16、-10、-25、-29、-38和-41,与吉林省的差值分别为4、9、-2、-15、-23和-14,说明黑龙江省的工业化速度越来越慢。

表6 黑龙江省工业化进程与其他地区的差距

年份	1995	2000	2005	2010	2015	2019
全国	3	6	-14	-16	-31	-42
东三省	-5	-2	-9	-19	-24	-21
吉林	4	9	-2	-15	-23	-14
辽宁	-16	-10	-25	-29	-38	-41

4. 人均GDP、城镇化率及产业就业比是工业化的主要贡献因素

从整个时间段来看,1996~2019年,人均GDP、工业结构和城镇化率是对黑龙江省工业化水平综合指数增长贡献最大的分指标,三者总体贡献率为

107.64%，产业产值比、产业就业比对黑龙江省工业化水平综合指数增长的贡献为负。分时间段来看，"九五"期间，产业产值比、城镇化率和人均 GDP 是推动黑龙江省工业化的主要力量，而工业结构对综合指数的贡献为 0，产业就业比对黑龙江省的工业化的贡献为负。"十五"期间，黑龙江省的工业化主要依靠人均 GDP 及城镇化率来推动，产业产值比起到了阻碍作用。"十一五"期间，人均 GDP 和工业结构对黑龙江的工业化影响最大，贡献度达到 89.33%，城镇化率和产业就业比相对影响较小。"十三五"期间，产业产值比的贡献最大，达到了 124.67%，工业结构的贡献为 7.33%，而城镇化率和产业就业比构对综合指数产生了负向影响。

表 7　各指标对黑龙江省工业化水平综合指数增长的贡献度

年份	人均 GDP（％）	产业产值比（％）	工业结构（％）	城镇化率（％）	产业就业比（％）	工业化指数累计增加值
1996～2000	57.60	41.07	0.00	12.8	−14.93	15
2001～2005	120.00	−36.67	0.00	20	8.00	3
2006～2010	38.00	0.00	51.33	6	3.56	18
2011～2015	—	—	—			0
2016～2019	0.00	124.67	7.33	−24	−10.67	−3
1996～2019	70.91	−7.33	20.00	16.73	−0.24	33

四　黑龙江省工业化进程中存在的问题

在工业化进程中，黑龙江省在人均 GDP、产业产值比、工业结构、城镇化率、产业就业比指标的工业化评价得分均低于全国平均水平，工业化进程存在以下几个问题。

1. 发展速度滞后，发展质量不高

总体上看，黑龙江省经济总量不大，2018 年全省规模以上工业总产值在全国排名相对靠后，不仅与发达地区存在较大差距，也落后于部分中西部省区。而且，发展速度落后于全国平均水平，"十三五"时期黑龙江工业化增长速度为负。而且，受主体资源、能源损耗枯竭的影响，黑龙江省传统产业增长乏力，一些新兴领域由于规模过小，对工业增长整体贡献度不够高。黑龙江省多数企业仍处于产业链和价值链中低端，优势产业的质量品牌效应尚未完全显现，缺乏区域品牌营造和整合能力，工业劳动生产率与工业企业利润率偏低，发展质量不高。

2. 产业结构不合理

2019 年黑龙江省的三次产业结构为 23.4∶26.6∶50.0，第一产业产值比重高于东三省和全国平均水平，第二产业、第三产业产值比重低于全国和东三省平均水平，三次产业结构的不合理制约了黑龙江省经济社会的发展。从工业内部结构来看，黑龙江省资源开采业和重化工业占比一直在 70% 以上，产业类别偏"重"，占很大比重的是能源经济，轻工业与重工业的比例 2018 年为 27∶73，这种行业之间结构的不合理，制约了工业经济和整体经济的发展。而且，传统的森林和矿产资源大多是央企直接控制，对当地经济贡献有限。2018 年黑龙江地方企业与中央企业对经济增长的贡献是 48∶52，这也限制了本地经济发展。

3. 体制机制矛盾大

受制于传统体制的影响，在黑龙江省工业经济发展过程中，市场化水平不高，国有经济占主导地位，非公有制经济比重小，发展严重滞后，导致市场经济发展受限。而且，企业发展的产权问题复杂，国企改革、资产重组面临诸多制约，这些深层次的体制机制性矛盾制约了黑龙江省经济的发展。这凸显了黑龙江省以往依赖资源要素投入的发展方式难以为继，由于创新投入不足、科技成果转化不高等问题，创新尚未成为驱动工业发展的主引擎。

五　推动黑龙江省经济社会进一步发展的建议

"十三五"时期，黑龙江省已经进入工业化中期的后半阶段，但是工业化速度较慢，与全国和东三省工业化水平的绝对差距逐渐拉大。"十四五"期间推进黑龙江省产业结构升级的关键在于利用新技术，加速推进工业化进程。

1. 发展现代农业，建设农业强省

黑龙江省是农业大省，具有发展现代农业的优势。"十四五"时期，要以建设农业强省为目标，建设一批现代农业大基地、大企业、大产业，延长农业产业链，打造农业生产的地力、种子、种植、加工、储运、销售等全过程安全

和全产业链。积极开发农作物的种子、农用机器机械、农业中使用的化肥等高科技的农业技术。重点发展绿色有机、非转基因等产品，打造优质粳稻、玉米、大豆、蔬菜、鲜食玉米、食用菌等一批绿色和有机食品认证产品，打造全国安全优质婴幼儿配方乳粉产业基地，提升农产品效益。要大力发展大米及大米加工、玉米加工、大豆加工、休闲保健食品等农副产品精深加工，推动绿色食品保鲜、加工等技术与装备发展，加快检验检测、包装设计、物流运输等绿色食品领域相关生产性服务业发展，加快建设玉米、水稻、乳、肉等一批千亿级的农业产业链。发展乡村旅游，促进产业融合发展。

2. 推动工业优化升级，建设工业强省

以工业强省为战略目标，提升制造业发展水平。重点发展机器人及智能装备、高档数控机床、轨道交通装备、海洋工程装备、农机装备、汽车及零部件、石墨及精深加工材料、有色金属等优势产业，提升产业发展水平。加快大数据、移动互联网应用和企业上云，推动工业企业围绕电力装备、航空航天、机器人等行业特色与互联网企业联合打造一批工业互联网平台，促进工业互联网产业融合应用。优化提升化工、汽车、传统能源等三大基础性产业，推动技术改造、智能改造和绿色改造，推进生产过程清洁化改造，以源头削减污染物产生为切入点，革新传统生产工艺装备；加大节能技术改造力度，鼓励企业将大数据、互联网等技术与节能减排相结合，采用先进适用清洁生产工艺技术实施升级改造，加快能源利用高效低碳化改造，重点实施高耗能设备系统节能改造，推广先进节能低碳技术装备应用，加快化工、钢铁、造纸、医药等高耗水行业节水改造。大力发展以新兴、高端、高附加值、资本和技术密集型等产业为主的寒地产业经济，全力构建多点支撑、多业并举、多元发展新的产业结构。

3. 培育经济新动能

实施科技创新战略，培育经济发展新动能。对接新一轮国家中长期发展规划和"科技创新 2030 - 重大项目"，打造科研技术创新的高端平台。要围绕装备、能源、化工、食品、新材料、生物医药及医疗器械、新一代信息技术等重点产业，整合科技创新资源，培育打造军民两用材料及制品等产业。加大科技研发和创新设计对绿色食品产业的支撑力度。打造区域性高端装备协同创新平台。通过协同创新平台整合各地创新资源，集中突破行业关键共性技术，加快产品和技术创新，面向行业需求提供技术产品升级服务。

4. 提高对外开放水平

在新时代下，要提高改革开放水平，提高对贸易、投资、通道、平台等资源的统筹利用。积极融入共建"一带一路"倡议，围绕国家赋予的沿边开放战略定位，发挥自贸区改革开放试验田作用，实现投资贸易便利化自由化国际化。以基础设施互联互通带动对俄合作。大力发展对俄跨境物流。开展与日韩在农业、文化、经贸等领域合作，就经贸、冰雪、旅游、高端装备制造等开展各个领域合作。主动学习广东改革开放成功经验，加强黑龙江自贸区与广东自贸区对口合作。

参考文献

《2018 年黑龙江统计年鉴》，2019。
《2019 年黑龙江省国民经济和社会发展统计公报》，2020。
《2020 年黑龙江省政府工作报告》，2020。

B.43
附录一
地区工业化原始数据表

　　注：以 2010 年不变价美元衡量的人均 GDP 的核算采用汇率——平价法，即汇率法和购买平价法的平均值，各省份该项指标通过各省人均 GDP（以元计价）和全国人均 GDP（以元计价）的对比获得，全国人均 GDP 以汇率法核算的人均 GDP 和以购买力平价法核算的人均 GDP 均来自世界银行数据库。各省份的各项指标分别来自《中国统计年鉴 2019》、各省份 2019 年统计年鉴和统计公报。其中需要说明的是：（1）很大一部分省份（如上海、浙江、山东等）并没有对制造业增加值进行专项统计，但由于规模以下制造业总产值占工业总产值比重较小，对于这些省份制造业增加值的获取，我们采用制造业增加值＝工业增加值×（规模以上制造业总产值/工业总产值）的方法来大体估算，并利用该方法计算已单列制造业增加值项的省份，计算结果和所公布数据对比相差不大，说明了该方法的可利用性；（2）部分省份（如河北等）2019 年统计年鉴未发布，对于这些省份第一产业就业占比数据的获取，根据相邻年份就业结构变化不大的原则，我们采用各省份 2018 年统计年鉴相应数据进行替代。以上两点会对综合得分产生一些影响，但这种影响在工业化阶段判断方面应该不大。

　　四大经济板块和九大经济区域各项指标通过所含省份相关指标计算所得，所含省份分别为：（1）京津冀：北京、天津、河北；（2）长江经济带：上海、江苏、浙江、安徽、江西、湖南、湖北、重庆、四川、贵州、云南；（3）环渤海：北京、天津、河北、山东；（4）长三角：上海、江苏、浙江；（5）珠三角：广东、海南、福建；（6）中部地区：山西、安徽、江西、河南、湖北、湖南；（7）大西北：陕西、甘肃、青海、宁夏、新疆、内蒙古；（8）大西南：重庆、广西、四川、贵州、云南、西藏；（9）东三省：黑龙江、吉林、辽宁。其中长江经济带的联合开发近几年才被提为国家的战略重点，因此该附录中只记录其 2015 年后的相关数据。

附表1 全国、四大板块、八大区域和31个省区市的工业化原始数据（1995年）

单位：美元，%

地区	人均GDP	产业产值比			制造业增加值占比	城镇化率	产业就业比		
		一	二	三			一	二	三
全国	1857.8	20.5	48.8	30.7	30.7	29.0	52.2	23.0	24.8
四大板块									
东部	3246.2	16.2	49.8	34.0	37.5	26.2	43.5	29.7	26.8
中部	1263.6	26.8	43.7	29.4	25.2	19.6	57.1	19.7	23.1
西部	1203.2	27.7	40.6	31.6	26.6	17.0	64.0	15.1	20.9
东北	2128.6	18.3	49.3	32.5	29.6	43.1	36.5	33.8	29.7
八大区域									
京津冀	3432.4	15.0	47.2	37.8	40.5	26.7	41.6	30.6	27.8
环渤海	3119.8	17.6	47.3	35.1	35.5	25.8	48.1	27.8	24.1
长三角	4145.1	13.2	53.5	33.3	43.4	27.2	38.5	34.8	26.6
珠三角	2515.7	17.9	49.0	33.1	32.6	26.0	41.4	27.1	31.5
中部地区	1263.6	26.8	43.7	29.4	25.2	19.6	57.1	19.7	23.1
大西北	1321.4	28.3	39.0	32.7	23.3	23.2	60.6	16.2	23.2
大西南	1085.0	27.3	41.8	30.9	28.9	13.8	65.3	14.8	19.9
东三省	2128.6	18.3	49.3	32.5	29.6	43.1	36.5	33.8	29.7
31个省区市									
北京	4857.0	5.8	44.1	50.1	60.2	55.7	10.6	40.1	49.3
天津	3739.1	6.9	54.5	38.7	60.6	53.9	16.9	48.4	34.7
河北	1700.9	22.2	46.4	31.4	27.6	17.1	51.4	26.1	22.5
山西	1345.4	15.4	49.9	34.7	25.3	24.3	43.5	29.8	26.6
内蒙古	1443.7	31.2	37.8	31.0	23.4	32.5	52.4	22.0	25.6
辽宁	2633.3	14.0	49.8	36.2	36.1	43.9	31.1	37.9	30.9
吉林	1684.8	26.9	42.5	30.6	32.4	41.6	44.8	26.8	28.5
黑龙江	2067.6	19.3	52.4	28.4	20.0	43.2	36.8	34.1	29.0
上海	6515.1	2.5	57.3	40.2	69.8	65.1	9.2	51.4	39.3
江苏	2801.3	16.5	52.7	30.9	41.1	24.9	41.7	33.8	24.5
浙江	3119.0	15.9	52.0	32.1	30.5	18.6	42.7	31.4	25.9
安徽	1175.0	29.0	46.9	24.1	24.9	17.2	60.7	17.9	21.4
福建	2497.8	22.2	42.1	35.7	25.3	18.2	50.4	23.7	25.9
江西	1108.4	31.1	37.4	31.5	20.2	20.2	55.4	18.1	26.5
山东	2182.0	20.5	47.4	32.4	30.8	24.9	54.4	25.1	20.5
河南	1261.9	25.4	47.3	27.3	24.5	16.2	60.0	19.8	20.2
湖北	1405.1	25.9	43.1	31.0	32.0	26.2	51.1	22.0	26.9
湖南	1285.6	31.2	37.2	31.6	21.7	18.0	61.4	16.3	22.2

续表

地区	人均 GDP	产业产值比			制造业 增加值 占比	城镇 化率	产业就业比		
		一	二	三			一	二	三
31 个省区市									
广东	3111.3	16.1	51.8	32.1	35.4	29.6	37.5	28.6	33.9
广西	1264.6	30.4	37.7	31.9	21.6	16.4	66.4	11.8	21.7
海南	1937.8	35.9	21.6	42.5	10.5	22.8	60.7	11.7	27.5
重庆	—	—	—	—	—	—	—	—	—
四川	1164.7	27.6	42.1	30.3	23.7	16.8	63.1	15.9	21.0
贵州	698.9	36.0	37.2	26.8	25.1	13.5	73.7	10.0	16.3
云南	1180.0	25.3	44.5	30.2	44.4	13.6	75.8	9.9	14.3
西藏	902.5	41.9	23.8	34.3	6.1	13.5	77.2	4.6	17.9
陕西	1134.8	22.7	40.6	36.7	31.4	20.5	59.5	19.2	21.2
甘肃	886.4	20.0	46.7	33.3	40.2	17.8	58.4	17.5	24.1
青海	1344.6	23.5	39.6	36.9	23.4	26.7	59.9	18.1	22.0
宁夏	1319.7	20.8	43.7	35.5	29.7	26.9	58.9	19.1	21.9
新疆	1799.3	29.2	36.7	34.2	13.6	34.6	56.9	18.8	24.3

附表 2　全国、四大板块、八大区域和 31 个省区市的工业化原始数据（2000 年）

单位：美元，%

地区	人均 GDP	产业产值比			制造业 增加值 占比	城镇 化率	产业就业比		
		一	二	三			一	二	三
全国	2681.4	15.9	50.9	33.2	33.7	36.2	50.0	22.5	27.5
四大板块									
东部	5638.4	11.5	49.1	39.4	41.5	45.3	43.3	27.3	29.5
中部	2091.6	20.2	44.6	35.2	24.2	29.7	57.8	17.0	25.2
西部	1823.9	22.3	41.5	36.2	24.2	28.7	61.7	12.9	25.4
东北	3363.5	12.9	51.5	35.6	25.0	52.1	44.9	22.8	32.3
八大区域									
京津冀	6076.1	10.7	47.0	42.3	38.2	38.9	41.0	27.8	31.2
环渤海	5462.0	12.7	48.3	39.0	36.8	38.5	47.1	25.7	27.2
长三角	7549.2	9.3	51.0	39.7	45.8	49.6	37.7	31.4	30.9
珠三角	3962.7	12.1	48.4	39.5	42.7	51.2	42.9	25.7	31.4
中部地区	2091.6	20.2	44.6	35.2	24.2	29.7	57.8	17.0	25.2
大西北	1998.7	23.0	40.5	36.5	20.5	31.4	59.6	12.9	27.5
大西南	1649.1	21.7	42.3	36.0	26.6	27.4	62.6	13.0	24.4
东三省	3363.5	12.9	51.5	35.6	25.0	52.1	44.9	22.8	32.3

地区	人均GDP	产业产值比			制造业增加值占比	城镇化率	产业就业比		
		一	二	三			一	二	三
31 个省区市									
北京	8508.8	3.6	38.1	58.3	64.8	77.5	11.7	32.4	55.9
天津	6816.5	4.5	50.0	45.5	57.0	72.0	19.9	41.0	39.1
河北	2903.1	16.2	50.3	33.5	25.1	26.1	48.8	25.4	25.8
山西	1946.1	10.9	50.3	38.7	24.7	34.9	46.7	24.9	28.4
内蒙古	2224.6	25.0	39.7	35.3	20.1	42.7	54.4	16.5	29.1
辽宁	4252.9	10.8	50.2	39.0	29.6	54.2	37.7	26.3	36.0
吉林	2593.9	21.9	43.9	34.2	32.9	49.7	50.2	19.1	30.7
黑龙江	3243.6	11.0	57.4	31.6	14.9	51.5	49.4	21.2	29.3
上海	13087.8	1.8	47.5	50.6	67.3	88.3	13.1	42.8	44.1
江苏	4460.1	12.0	51.7	36.3	43.5	41.5	42.2	29.7	28.1
浙江	5099.6	11.0	52.7	36.3	36.5	48.7	37.8	30.9	31.3
安徽	1843.8	24.1	42.7	33.2	20.3	27.8	59.8	15.8	24.4
福建	4394.9	16.3	43.7	40.0	29.8	41.6	46.9	24.5	28.6
江西	1837.8	24.2	35.0	40.8	19.0	27.7	51.9	14.4	33.7
山东	3619.8	14.9	49.7	35.5	35.4	38.0	53.1	23.6	23.3
河南	2062.4	22.6	47.0	30.4	24.6	23.2	64.1	17.5	18.4
湖北	2723.1	15.5	49.7	34.9	31.9	40.2	48.0	18.3	33.6
湖南	2136.3	21.3	39.6	39.1	20.0	29.8	60.8	14.7	24.6
广东	4881.4	10.4	50.2	39.3	47.9	55.0	41.1	26.2	32.7
广西	1636.2	26.3	36.5	37.2	20.0	28.2	62.2	10.2	27.6
海南	2611.7	37.9	19.8	42.3	16.4	40.1	61.2	9.6	29.1
重庆	1953.7	17.8	41.4	40.8	26.1	33.1	56.6	15.3	28.1
四川	1812.4	23.6	42.4	34.0	22.4	26.7	59.6	14.5	25.9
贵州	1008.5	27.3	39.0	33.7	26.1	23.3	67.3	9.3	23.4
云南	1756.7	22.3	43.1	34.6	36.0	23.4	73.9	9.2	17.0
西藏	1727.1	30.9	23.2	45.9	9.5	18.9	74.0	5.9	20.5
陕西	1723.4	16.8	44.1	39.1	25.9	32.3	55.7	16.5	27.8
甘肃	1454.0	19.7	44.7	35.6	29.7	24.0	59.7	13.8	26.5
青海	1927.2	14.6	43.2	42.1	19.1	34.8	60.8	13.3	25.7
宁夏	1833.2	17.3	45.2	37.5	28.5	32.4	57.9	18.1	24.1
新疆	2830.0	21.1	43.0	35.9	13.5	33.8	57.7	13.8	28.6

附表3 全国、四大板块、八大区域和31个省区市的工业化原始数据（2005年）

单位：美元，%

地区	人均GDP	产业产值比			制造业增加值占比	城镇化率	产业就业比		
		一	二	三			一	二	三
全国	4144.1	12.6	47.5	39.9	52.0	43.0	44.8	23.8	31.4
四大板块									
东部	7897.0	7.9	51.6	40.5	59.4	52.8	32.9	33.2	33.9
中部	3067.6	16.7	46.8	36.6	34.8	36.5	50.5	21.1	28.4
西部	2834.5	17.7	42.8	39.5	30.9	34.6	54.8	15	30.2
东北	4496.1	12.8	49.6	37.6	36.6	55.2	43.2	22.2	34.6
八大区域									
京津冀	9230.6	8.3	45.0	46.7	46.4	49.3	35.4	30.1	34.5
环渤海	8372.0	9.4	50.9	39.8	53.9	47.2	37.9	30.3	31.8
长三角	9973.6	6.0	53.7	40.3	64.8	57.1	24.3	39.9	35.8
珠三角	5187.1	7.8	50.3	41.9	60.5	57.0	34.3	30.8	34.9
中部地区	3067.6	16.7	46.8	36.6	34.8	36.5	50.5	21.1	28.4
大西北	3225.5	18.0	42.7	39.3	26.0	36.6	55.0	13.5	31.5
大西南	2443.5	17.5	43.1	39.4	34.6	33.5	54.7	15.8	29.5
东三省	4496.1	12.8	49.6	37.6	36.6	55.2	43.2	22.2	34.6
31个省区市									
北京	13107.3	1.4	29.5	69.1	66.6	83.6	6.8	24.6	68.6
天津	10320.8	3.0	55.5	41.5	60.7	75.1	18.9	40.6	40.5
河北	4263.6	14.9	51.8	33.3	35.4	37.7	45.1	30.2	24.7
山西	3603.9	6.3	56.3	37.4	33.2	42.1	43.5	26.1	30.4
内蒙古	4710.3	15.1	45.5	39.4	31.4	47.2	53.8	15.6	30.5
辽宁	5475.2	11.0	49.4	39.6	50.7	58.7	36.3	25.5	38.2
吉林	3849.9	17.3	43.6	39.1	38.9	52.5	47.7	18.4	34.0
黑龙江	4163.2	12.4	53.9	33.7	16.7	53.1	48.4	20.9	30.7
上海	14846.6	0.9	48.6	50.5	86.2	89.1	7.1	38.7	54.2
江苏	7083.8	8.0	56.6	35.4	64.0	50.1	27.8	38.5	33.7
浙江	7990.3	6.6	53.4	40.0	53.9	56.0	24.7	41.8	33.5
安徽	2502.1	18.0	41.3	40.7	36.2	35.5	51.0	21.9	27.1
福建	5378.0	12.8	48.7	38.5	49.8	47.3	37.6	31.2	31.2
江西	2722.7	17.9	47.3	34.8	27.4	37.0	45.9	22.0	32.1
山东	5796.3	10.6	57.4	32.0	60.5	45.0	40.2	30.5	29.3
河南	3272.5	17.9	52.1	30.0	33.4	30.7	55.4	22.1	22.5
湖北	3297.0	16.6	43.1	40.3	42.1	43.2	42.4	19.5	38.1
湖南	3007.2	19.6	39.9	40.5	35.1	37.0	53.6	17.5	28.9

续表

地区	人均GDP	产业产值比			制造业增加值占比	城镇化率	产业就业比		
		一	二	三			一	二	三
31 个省区市									
广东	7047.7	6.4	50.7	42.9	63.9	60.7	32.9	30.7	36.4
广西	2534.7	22.4	37.1	40.5	26.8	33.6	56.2	11.2	32.6
海南	3135.5	33.6	24.6	41.8	21.3	45.2	57.0	10.6	32.4
重庆	3167.5	15.1	41.0	43.9	32.0	45.2	45.3	21.5	33.2
四川	2613.2	20.1	41.5	38.4	37.8	33.0	50.6	18.4	31.0
贵州	1457.1	18.6	41.8	39.6	32.5	26.9	57.4	10.3	32.3
云南	2259.8	19.3	41.2	39.5	38.4	29.5	69.4	10.0	20.6
西藏	2628.7	19.1	25.3	55.6	8.6	26.7	61.4	9.2	29.3
陕西	2855.2	11.9	50.3	37.8	27.6	37.2	50.8	18.5	30.7
甘肃	2156.6	15.9	43.4	40.7	32.7	30.0	57.2	13.7	29.1
青海	2897.3	12.0	48.7	39.3	24.7	39.3	49.2	17.4	33.5
宁夏	2953.2	11.9	46.4	41.7	32.7	42.3	48.4	22.3	29.3
新疆	3780.7	19.6	44.7	35.7	11.7	37.2	53.3	13.3	33.4

附表 4　全国、四大板块、八大区域和 31 个省区市的工业化原始数据（2010 年）

单位：美元，%

地区	人均GDP	产业产值比			制造业增加值占比	城镇化率	产业就业比		
		一	二	三			一	二	三
全国	6902.1	10.1	46.8	43.1	60.4	49.9	36.7	28.7	34.6
四大板块									
东部	11379.4	6.3	49.4	44.3	77.9	58.8	25.6	37.1	37.3
中部	5432.7	13.0	52.4	34.6	62.0	43.9	40.7	27.5	31.7
西部	5260.9	13.1	50.0	36.9	52.3	41.3	47.7	19.7	32.6
东北	7544.8	10.6	52.5	36.9	60.6	57.7	38.2	22.8	39.0
八大区域									
京津冀	13263.3	6.5	43.3	50.2	58.0	56.0	28.6	31.1	40.3
环渤海	12249.8	7.7	48.5	43.8	71.7	53.1	32.0	31.8	36.1
长三角	13488.8	4.7	50.1	45.2	84.1	62.9	16.1	45.7	38.2
珠三角	8109.5	6.7	49.5	43.8	77.8	62.2	27.9	34.4	37.8
中部地区	5432.7	13.0	52.4	34.6	62.0	43.9	40.7	27.5	31.7
大西北	6220.8	11.8	52.2	36.0	42.4	44.7	47.1	19.6	33.3
大西南	4301.0	14.1	48.3	37.5	59.7	39.5	47.9	19.8	32.3
东三省	7544.8	10.6	52.5	36.9	60.8	57.7	38.2	22.8	39.0

续表

地区	人均GDP	产业产值比			制造业增加值占比	城镇化率	产业就业比		
		一	二	三			一	二	三
31 个省区市									
北京	17014.0	0.9	24.0	75.1	75.6	85.9	4.9	20.9	74.1
天津	16353.3	1.6	52.5	46.0	63.9	79.2	14.6	41.0	44.4
河北	6422.7	12.6	52.5	34.9	51.2	43.7	38.8	33.3	28.0
山西	5888.3	6.0	56.9	37.1	31.1	46.0	38.3	26.4	35.2
内蒙古	10607.4	9.4	54.6	36.1	41.6	55.5	48.2	17.4	34.4
辽宁	9489.1	8.8	54.1	37.1	70.8	62.1	31.3	26.2	42.5
吉林	7079.3	12.1	52.0	35.9	64.2	53.4	42.0	21.3	36.6
黑龙江	6066.0	12.6	50.2	37.2	40.2	55.7	44.4	19.4	36.2
上海	17043.3	0.7	42.1	57.3	90.1	88.6	3.9	37.6	58.5
江苏	11838.1	6.1	52.5	41.4	82.6	60.6	18.7	45.3	36.1
浙江	11585.1	4.9	51.6	43.5	83.6	61.6	15.9	48.0	36.1
安徽	4679.7	14.0	52.1	33.9	60.2	43.2	40.0	29.4	30.6
福建	8967.1	9.3	51.0	39.7	74.4	57.1	29.2	37.4	33.4
江西	4761.4	12.8	54.2	33.0	70.3	44.1	37.6	29.7	32.7
山东	9209.2	9.2	54.2	36.6	71.7	49.7	35.4	32.5	32.0
河南	5476.8	14.1	57.3	28.6	66.1	38.8	44.9	29.0	26.1
湖北	6252.0	13.4	48.6	37.9	67.5	49.7	29.5	29.1	41.3
湖南	5538.0	14.5	45.8	39.7	63.9	46.7	46.7	21.5	31.8
广东	10022.5	5.0	50.0	45.0	80.7	66.2	25.7	34.9	39.4
广西	4529.8	17.5	47.1	35.4	61.0	40.1	53.3	21.0	25.6
海南	5339.0	26.1	27.7	46.2	33.3	35.4	49.8	12.0	38.2
重庆	6182.5	8.6	55.0	36.4	74.2	53.0	33.1	29.1	37.8
四川	4745.5	14.4	50.5	35.1	57.0	40.2	42.9	23.1	34.1
贵州	2939.1	13.6	39.1	47.3	47.2	33.8	49.6	11.9	38.5
云南	3529.0	15.3	44.6	40.0	56.0	34.8	59.4	13.6	27.0
西藏	3880.1	13.5	32.3	54.2	21.9	23.6	53.1	11.1	35.8
陕西	6078.8	9.8	53.8	36.4	44.6	45.7	43.9	25.0	31.2
甘肃	3609.9	14.5	48.2	37.3	54.5	36.1	51.1	15.1	33.8
青海	5402.6	10.0	55.1	34.9	54.1	44.8	41.9	22.6	35.5
宁夏	6017.6	9.4	49.0	41.6	49.4	48.0	39.4	26.4	34.2
新疆	5608.5	19.8	47.7	32.5	27.6	39.8	51.2	14.1	34.8

附表 5 全国、四大板块、九大区域和 31 个省区市的工业化原始数据（2015 年）

单位：美元，%

地区	人均 GDP	产业产值比			制造业 增加值 占比	城镇 化率	产业就业比		
		一	二	三			一	二	三
全国	9835.6	8.9	40.9	50.2	57.6	56.1	28.3	29.3	42.4
四大板块									
东部	15032.2	5.6	43.5	50.8	75.3	65.0	22.6	35.7	41.7
中部	7869.7	10.8	46.8	42.4	67.8	52.2	37.3	26.3	36.4
西部	7944.7	12.0	44.6	43.4	47.7	48.7	45.7	20.9	33.4
东北	10216.8	11.4	43.0	45.6	56.2	61.3	33.4	23.4	43.3
九大区域									
京津冀	16692.2	5.5	38.4	56.1	64.4	62.5	24.2	31.2	44.6
环渤海	15673.0	6.6	42.4	51.0	65.4	59.9	27.5	33.0	39.5
长三角	17657.1	4.3	43.3	52.5	74.9	69.5	14.3	43.9	41.7
长江经济带	10425.5	8.3	44.3	47.4	64.7	55.5	32.9	29.6	37.5
珠三角	11552.7	6.2	45.4	48.4	69.7	66.4	23.3	38.2	38.5
中部地区	7869.7	10.8	46.8	42.4	58.4	51.2	37.2	27.6	35.2
大西北	8846.6	10.8	46.7	42.5	41.7	51.6	44.0	19.8	36.2
大西南	7042.8	12.8	43.3	44.0	51.7	47.3	46.5	20.8	32.7
东三省	10216.8	11.4	43.0	45.6	56.2	61.3	33.4	23.4	43.3
31 个省区市									
北京	20937.4	0.6	19.7	79.7	60.0	86.5	4.2	17.0	78.8
天津	21225.1	1.3	46.6	52.2	75.3	82.6	7.4	35.6	57.0
河北	7914.2	11.5	48.3	40.2	60.6	51.3	33.3	34.2	32.5
山西	6865.1	6.1	40.7	53.2	23.5	55.0	35.6	26.3	38.1
内蒙古	13978.5	9.1	50.5	40.5	43.8	60.3	39.2	18.3	42.5
辽宁	12848.7	8.3	46.6	45.1	62.7	67.4	28.6	26.4	45.0
吉林	10043.6	11.4	49.8	38.8	59.3	55.3	36.9	23.8	39.2
黑龙江	7758.3	17.5	31.8	50.7	39.0	58.8	39.0	19.5	39.3
上海	20406.4	0.4	31.8	67.8	84.5	87.6	3.3	34.9	61.8
江苏	17299.9	5.7	45.7	48.6	73.4	66.5	18.4	43.0	38.6
浙江	15264.9	4.3	46.0	49.8	73.8	65.8	13.2	48.3	38.5
安徽	7077.1	11.2	49.7	39.1	59.8	50.5	32.2	28.4	39.5
福建	13362.2	8.1	50.9	41.0	64.9	62.6	22.3	37.1	40.6
江西	7220.0	10.6	50.3	39.1	64.9	51.6	30.0	32.5	37.5
山东	12615.5	7.9	46.8	45.3	66.4	57.0	30.7	34.7	34.6
河南	7691.6	11.4	48.4	40.2	58.6	46.9	40.7	30.6	28.7
湖北	9958.6	11.2	45.7	43.1	63.7	56.9	38.4	22.8	38.8
湖南	8405.5	11.5	44.3	44.1	60.0	50.9	40.8	23.7	35.5

续表

地区	人均GDP	产业产值比			制造业增加值占比	城镇化率	产业就业比		
		一	二	三			一	二	三
31 个省区市									
广东	13271.2	4.6	44.8	50.6	73.9	68.7	22.1	41.0	36.9
广西	6918.4	15.3	45.9	38.8	55.4	47.1	51.9	19.3	28.8
海南	8024.9	23.1	23.7	53.3	23.9	55.1	41.4	12.6	46.1
重庆	10286.4	7.3	45.0	47.7	62.8	60.9	30.8	27.8	41.4
四川	7230.0	12.2	44.1	43.7	56.1	47.7	38.6	26.6	34.8
贵州	5868.0	15.6	39.5	44.9	36.3	42.0	59.7	16.2	24.1
云南	5663.3	15.1	39.8	45.1	38.8	43.3	53.7	13.2	33.1
西藏	6291.0	9.6	36.7	53.8	9.6	27.7	41.2	13.3	45.5
陕西	9363.3	8.9	50.4	40.7	48.6	53.9	38.1	25.8	36.1
甘肃	5144.1	14.1	36.7	49.2	46.4	43.2	58.0	16.1	25.9
青海	8110.2	8.6	49.9	41.4	43.1	50.3	35.8	23.0	41.2
宁夏	8612.1	8.2	47.4	44.5	31.8	55.2	45.3	19.2	35.5
新疆	7871.1	16.7	38.6	44.7	27.1	47.2	44.1	15.2	40.8

附表 6　全国、四大板块、九大区域和 31 个省区市的工业化原始数据（2019 年）

单位：美元，%

地区	人均GDP	产业产值比			制造业增加值占比	城镇化率	产业就业比		
		一	二	三			一	二	三
全国	11759.0	7.1	39.0	53.9	61.6	60.6	26.1	27.6	46.3
四大板块									
东部	16278.2	4.6	39.0	56.4	62.8	68.5	20.4	36.6	42.9
中部	8750.1	7.8	43.6	49.1	48.5	55.7	32.6	29.6	37.8
西部	8832.7	11.0	37.9	51.1	49.3	54.1	42.6	19.5	36.4
东北	9526.9	13.2	34.4	52.4	51.4	63.2	33.7	20.5	45.8
九大区域									
京津冀	13742.1	4.5	28.7	66.8	66.7	66.7	23.2	29.4	47.4
环渤海	13790.7	5.7	33.8	60.5	57.0	64.3	25.5	32.3	42.2
长三角	20361.9	3.2	40.8	55.9	60.4	73.0	12.5	42.0	45.5
长江经济带	12243.4	6.7	40.0	53.3	54.8	60.6	30.0	29.4	40.7
珠三角	15465.9	5.2	42.0	52.8	71.2	69.5	21.9	36.5	41.3
中部地区	8750.1	7.8	43.6	49.1	48.5	55.7	32.6	29.6	37.8
大西北	9759.4	10.1	40.6	49.4	46.0	56.3	42.9	16.1	36.3
大西南	8360.5	11.4	36.5	52.1	51.0	52.9	42.5	21.1	36.4
东三省	9526.9	13.2	34.4	52.4	51.4	63.2	33.7	20.5	45.8

续表

地区	人均 GDP	产业产值比			制造业 增加值 占比	城镇 化率	产业就业比		
		一	二	三			一	二	三
31 个省区市									
北京	25505.0	0.3	16.2	83.5	57.2	86.6	3.7	14.7	81.6
天津	21957.9	1.3	35.2	63.5	81.2	83.5	6.7	31.8	61.5
河北	8690.0	10.0	38.7	51.3	63.1	57.6	32.5	33.2	34.3
山西	8245.4	4.8	43.8	51.4	27.3	59.6	33.7	23.1	43.2
内蒙古	12424.5	10.8	39.6	49.6	41.8	63.4	42.8	16.8	40.4
辽宁	10551.9	8.7	38.3	53.0	64.3	68.1	31.5	23.6	44.9
吉林	10115.9	11.0	35.2	53.8	40.1	58.3	32.5	21.1	46.5
黑龙江	7871.7	23.4	26.6	50.0	38.0	60.9	37.1	16.7	46.2
上海	24553.9	0.3	27.0	72.7	75.3	88.1	3.0	30.7	66.3
江苏	20949.6	4.3	44.4	51.3	64.0	70.6	16.1	42.8	41.1
浙江	17943.6	3.4	43.6	53.0	46.8	70.0	11.4	45.1	43.5
安徽	8679.0	7.9	41.3	50.8	42.7	55.8	30.9	28.8	40.3
福建	16589.2	6.1	48.6	45.3	67.7	66.5	21.0	35.2	43.8
江西	8628.5	8.3	44.2	47.5	46.9	57.4	27.5	32.9	39.6
山东	13873.3	7.2	39.8	53.0	48.1	61.5	27.8	35.3	36.9
河南	9188.4	8.5	43.5	48.0	59.1	53.2	35.4	30.6	34.0
湖北	12117.8	8.3	41.7	50.0	52.8	61.0	34.0	23.5	42.6
湖南	9631.7	9.2	37.6	53.2	52.1	57.2	39.1	22.4	38.5
广东	15718.8	4.0	40.5	55.5	74.8	71.4	20.7	39.3	39.4
广西	7547.0	16.0	33.3	50.7	41.4	51.1	49.3	17.4	33.4
海南	9450.9	20.3	20.7	59.0	23.0	59.2	38.3	11.7	50.0
重庆	11993.5	6.6	40.2	53.2	84.2	66.8	27.2	25.9	46.9
四川	8892.1	10.3	37.3	52.4	56.1	53.8	35.9	27.2	36.9
贵州	7502.5	13.6	36.1	50.3	39.5	49.0	53.8	18.4	27.8
云南	6755.2	13.1	34.3	52.6	30.9	48.9	48.4	13.8	37.8
西藏	7894.3	8.2	37.4	54.4	5.9	31.5	36.5	19.7	43.8
陕西	11546.8	7.7	46.5	45.8	51.2	59.4	38.1	15.9	38.0
甘肃	5700.2	12.1	32.8	55.1	45.0	48.5	53.9	15.4	23.0
青海	8674.9	10.2	39.1	50.7	41.0	55.5	33.4	21.1	45.5
宁夏	9840.0	7.5	42.3	50.2	39.6	59.9	51.1	18.7	30.2
新疆	8999.7	13.1	35.3	51.6	37.2	51.9	40.9	14.4	44.7

B.44
附录二
中国地区工业化水平评价结果

注：一表示前工业化阶段，二表示工业化初期，三表示工业化中期，四表示工业化后期，五表示后工业化阶段。（Ⅰ）表示前半阶段，（Ⅱ）表示后半阶段。

附表1　东、中、西、东北四大板块的工业化进程：综合及分项得分
（1995～2019年）

年份	地区	人均GDP	产业产值比	工业结构	城镇化率	产业就业比	综合得分	工业化阶段
1995	全国	4	32	18	0	17	14	二（Ⅰ）
	东部	32	46	29	0	36	31	二（Ⅱ）
	中部	0	16	9	0	6	6	二（Ⅰ）
	西部	0	13	11	0	0	5	二（Ⅰ）
	东北	9	39	16	22	52	22	二（Ⅱ）
2000	全国	20	47	23	10	22	26	二（Ⅱ）
	东部	56	61	38	25	37	48	三（Ⅰ）
	中部	9	32	7	0	5	12	二（Ⅰ）
	西部	3	27	7	0	0	9	二（Ⅰ）
	东北	34	56	8	40	33	34	三（Ⅰ）
2005	全国	41	57	73	21	33	49	三（Ⅰ）
	东部	73	81	97	42	60	75	四（Ⅰ）
	中部	28	44	24	11	21	28	二（Ⅱ）
	西部	24	41	18	8	11	23	二（Ⅱ）
	东北	45	57	27	50	37	44	三（Ⅰ）
2010	全国	68	66	100	33	51	69	四（Ⅰ）
	东部	93	82	100	62	73	87	四（Ⅱ）
	中部	54	56	100	23	42	60	三（Ⅱ）
	西部	52	56	76	19	27	52	三（Ⅱ）
	东北	71	64	100	58	48	72	四（Ⅰ）

续表

年份	地区	人均GDP	产业产值比	工业结构	城镇化率	产业就业比	综合得分	工业化阶段
2015	全国	84	100	91	53	69	84	四（Ⅱ）
	东部	100	100	100	77	78	95	四（Ⅱ）
	中部	73	63	100	40	50	71	四（Ⅰ）
	西部	74	59	58	31	31	59	三（Ⅱ）
	东北	87	61	86	69	59	77	四（Ⅰ）
2019	全国	95	100	100	67	72	92	四（Ⅱ）
	东部	100	100	100	85	82	97	四（Ⅱ）
	中部	78	100	61	52	60	75	四（Ⅰ）
	西部	79	63	55	47	38	63	三（Ⅱ）
	东北	83	55	70	73	58	71	四（Ⅰ）

附表2 九大区域的工业化进程：综合及分项得分
（1995～2019 年）

年份	地区	人均GDP	产业产值比	工业结构	城镇化率	产业就业比	综合得分	工业化阶段
1995	京津冀	34	49	34	0	40	34	三（Ⅰ）
	环渤海	29	41	26	0	26	27	二（Ⅱ）
	长三角	41	55	44	0	47	40	三（Ⅰ）
	长江经济带	—	—	—	—	—	—	—
	珠三角	17	40	21	0	41	23	二（Ⅱ）
	中部地区	0	16	9	0	6	6	二（Ⅰ）
	大西北	0	12	5	0	0	4	二（Ⅰ）
	大西南	0	14	15	0	0	6	一（Ⅰ）
	东三省	9	39	16	22	52	22	二（Ⅱ）
2000	京津冀	61	64	30	15	42	48	三（Ⅰ）
	环渤海	54	57	28	14	28	42	三（Ⅰ）
	长三角	71	80	52	32	49	62	三（Ⅱ）
	长江经济带	—	—	—	—	—	—	—
	珠三角	40	59	42	37	38	44	三（Ⅰ）
	中部地区	9	32	7	0	5	12	二（Ⅰ）
	大西北	7	25	1	2	1	9	二（Ⅰ）
	大西南	0	29	11	0	0	9	二（Ⅰ）
	东三省	34	56	8	40	33	34	三（Ⅰ）

续表

年份	地区	人均GDP	产业产值比	工业结构	城镇化率	产业就业比	综合得分	工业化阶段
2005	京津冀	81	100	54	32	54	71	三（Ⅱ）
	环渤海	76	80	79	28	49	70	四（Ⅰ）
	长三角	85	80	100	56	75	83	四（Ⅰ）
	长江经济带	—	—	—	—	—	—	—
	珠三角	52	81	100	56	57	70	四（Ⅰ）
	中部地区	28	44	24	11	21	28	二（Ⅱ）
	大西北	31	40	10	11	11	24	二（Ⅱ）
	大西南	16	41	24	6	12	22	二（Ⅱ）
	东三省	45	57	27	50	37	44	三（Ⅰ）
2010	京津冀	100	100	93	53	68	90	四（Ⅱ）
	环渤海	98	82	100	43	62	85	四（Ⅱ）
	长三角	100	82	100	72	89	92	四（Ⅱ）
	长江经济带	—	—	—	—	—	—	—
	珠三角	75	81	100	71	70	81	四（Ⅰ）
	中部地区	54	56	100	23	42	60	三（Ⅱ）
	大西北	62	60	46	24	28	51	三（Ⅱ）
	大西南	43	52	98	16	27	53	三（Ⅱ）
	东三省	71	64	100	58	48	72	四（Ⅰ）
2015	京津冀	100	100	100	72	76	95	四（Ⅱ）
	环渤海	100	100	100	66	70	94	四（Ⅱ）
	长三角	100	100	100	87	92	98	四（Ⅱ）
	长江经济带	88	100	100	51	60	87	四（Ⅱ）
	珠三角	94	100	100	80	77	94	四（Ⅱ）
	中部地区	73	63	94	40	50	70	四（Ⅰ）
	大西北	79	63	39	38	35	58	三（Ⅱ）
	大西南	68	57	72	29	30	59	三（Ⅱ）
	东三省	87	61	86	69	59	77	四（Ⅰ）
2019	京津冀	100	100	100	81	77	96	四（Ⅱ）
	环渤海	100	100	89	75	73	93	四（Ⅱ）
	长三角	100	100	100	95	95	99	四（Ⅱ）
	长江经济带	98	100	82	67	66	89	四（Ⅱ）
	珠三角	100	100	100	87	79	97	四（Ⅱ）
	中部地区	78	100	61	52	60	75	四（Ⅰ）
	大西北	84	66	53	54	38	66	四（Ⅰ）
	大西南	76	61	69	43	38	64	三（Ⅱ）
	东三省	83	55	70	73	58	71	四（Ⅰ）

附表3　31个省区市工业化进程：综合及分项得分（1995，按照综合得分排序）

地区	人均GDP （权重=36）	产业产值比 （权重=22）	工业结构 （权重=22）	城镇化率 （权重=12）	产业就业比 （权重=8）	综合 得分	工业化 阶段
全国	4	32	18	0	17	14	二（Ⅰ）
上海	65	80	100	83	100	81	四（Ⅰ）
北京	48	100	100	52	98	75	四（Ⅰ）
天津	37	80	100	46	88	65	三（Ⅱ）
辽宁	20	53	27	23	64	33	二（Ⅱ）
广东	29	46	25	0	50	30	二（Ⅱ）
江苏	23	45	37	0	40	30	二（Ⅱ）
浙江	29	47	17	0	38	28	二（Ⅱ）
黑龙江	8	35	0	22	51	17	二（Ⅱ）
山东	11	32	18	0	12	16	二（Ⅰ）
福建	17	27	9	0	21	16	二（Ⅰ）
山西	0	48	9	0	36	15	二（Ⅰ）
云南	0	20	48	0	0	15	二（Ⅰ）
甘肃	0	33	34	0	4	15	二（Ⅰ）
吉林	1	15	20	19	33	13	二（Ⅰ）
宁夏	0	31	16	0	2	11	二（Ⅰ）
河北	1	27	13	0	19	11	二（Ⅰ）
湖北	0	18	20	0	20	10	二（Ⅰ）
陕西	0	26	19	0	1	10	二（Ⅰ）
青海	0	24	6	0	0	7	二（Ⅰ）
河南	0	19	7	0	0	6	二（Ⅰ）
新疆	3	10	0	8	7	5	二（Ⅰ）
内蒙古	0	5	6	4	17	4	二（Ⅰ）
安徽	0	10	8	0	0	4	二（Ⅰ）
四川	0	14	6	0	0	4	二（Ⅰ）
江西	0	5	0	0	10	2	二（Ⅰ）
湖南	0	5	3	0	0	2	二（Ⅰ）
广西	0	7	3	0	0	2	二（Ⅰ）
贵州	0	0	8	0	0	2	二（Ⅰ）
海南	6	0	0	0	0	2	二（Ⅰ）
西藏	0	0	0	0	0	0	—
重庆	—	—	—	—	—		

附表4　31个省区市工业化进程：综合及分项得分（2000，按照综合得分排序）

地区	人均GDP （权重=36）	产业产值比 （权重=22）	工业结构 （权重=22）	城镇化率 （权重=12）	产业就业比 （权重=8）	综合 得分	工业化 阶段
全国	20	47	23	10	22	26	二（Ⅱ）
上海	100	100	100	100	94	100	四（Ⅱ）
北京	77	100	100	100	96	91	四（Ⅱ）
天津	67	82	89	92	83	79	四（Ⅰ）
广东	49	65	59	50	41	54	三（Ⅱ）
浙江	51	63	27	31	49	46	三（Ⅰ）
江苏	44	59	45	19	39	44	三（Ⅰ）
辽宁	42	63	16	47	49	42	三（Ⅰ）
福建	44	45	16	19	29	34	三（Ⅰ）
山东	36	50	25	13	15	32	二（Ⅱ）
黑龙江	32	63	0	38	23	32	二（Ⅱ）
湖北	21	48	20	17	26	27	二（Ⅱ）
吉林	19	28	21	33	22	23	二（Ⅱ）
河北	25	46	8	0	25	23	二（Ⅰ）
山西	6	63	8	8	29	21	二（Ⅱ）
新疆	23	30	0	6	5	16	二（Ⅰ）
宁夏	4	42	14	4	5	14	二（Ⅰ）
重庆	6	40	10	5	7	14	二（Ⅰ）
青海	5	51	0	8	0	14	二（Ⅰ）
陕西	1	44	10	4	9	14	二（Ⅰ）
云南	2	27	26	0	0	12	二（Ⅰ）
内蒙古	11	20	0	21	12	12	二（Ⅰ）
甘肃	0	34	16	0	1	11	二（Ⅰ）
河南	8	26	8	0	0	10	二（Ⅰ）
湖南	10	30	0	0	0	10	二（Ⅰ）
海南	19	0	0	17	0	9	二（Ⅰ）
江西	4	22	0	0	18	8	二（Ⅰ）
四川	3	24	4	0	1	7	二（Ⅰ）
安徽	4	23	1	0	0	7	二（Ⅰ）
贵州	0	14	11	0	0	6	二（Ⅰ）
广西	0	17	0	0	0	4	二（Ⅰ）
西藏	1	0	0	0	0	1	二（Ⅰ）

附表5　31个省区市工业化进程：综合及分项得分（2005，按照综合得分排序）

地区	人均GDP（权重=36）	产业产值比（权重=22）	工业结构（权重=22）	城镇化率（权重=12）	产业就业比（权重=8）	综合得分	工业化阶段
全国	41	57	73	21	33	49	三（Ⅰ）
上海	100	100	100	100	100	100	五
北京	100	100	100	100	100	100	五
天津	87	80	100	100	84	90	四（Ⅱ）
广东	68	81	100	67	60	77	四（Ⅰ）
浙江	74	80	79	53	75	74	四（Ⅰ）
江苏	69	79	100	33	70	74	四（Ⅰ）
山东	58	64	100	25	44	63	三（Ⅱ）
辽宁	55	63	68	62	52	60	三（Ⅱ）
福建	54	57	65	29	49	54	三（Ⅱ）
山西	36	79	22	20	36	40	三（Ⅰ）
吉林	38	42	31	41	27	37	三（Ⅰ）
内蒙古	47	49	19	28	14	36	三（Ⅰ）
河北	43	50	25	13	33	36	三（Ⅰ）
湖北	33	44	40	22	39	36	三（Ⅰ）
黑龙江	42	58	0	43	26	35	三（Ⅰ）
宁夏	26	60	21	20	26	32	二（Ⅱ）
重庆	30	49	20	25	32	32	二（Ⅱ）
陕西	24	60	13	12	20	28	二（Ⅱ）
青海	25	59	8	15	24	27	二（Ⅱ）
河南	32	40	22	1	10	26	二（Ⅱ）
湖南	27	34	25	12	14	25	二（Ⅱ）
新疆	38	34	0	12	15	24	二（Ⅱ）
安徽	17	40	27	9	20	24	二（Ⅱ）
江西	21	40	12	12	31	23	二（Ⅱ）
四川	19	33	29	5	21	23	二（Ⅱ）
甘肃	10	47	21	0	6	19	二（Ⅱ）
云南	12	35	30	0	0	19	二（Ⅱ）
广西	18	27	11	6	8	16	二（Ⅰ）
海南	30	0	2	25	7	15	二（Ⅰ）
贵州	0	38	21	0	6	13	二（Ⅰ）
西藏	19	0	0	0	0	7	二（Ⅰ）

附表6 31个省区市工业化进程：综合及分项得分（2010，按照综合得分排序）

地区	人均GDP（权重=36）	产业产值比（权重=22）	工业结构（权重=22）	城镇化率（权重=12）	产业就业比（权重=8）	综合得分	工业化阶段
全国	68	66	100	33	51	69	四（Ⅰ）
北京	100	100	100	100	100	100	五
上海	100	100	100	100	100	100	五
天津	100	81	100	100	91	95	四（Ⅱ）
江苏	96	81	100	67	85	89	四（Ⅱ）
浙江	94	81	100	69	89	89	四（Ⅱ）
广东	85	82	100	80	73	86	四（Ⅱ）
辽宁	82	79	100	71	63	82	四（Ⅰ）
福建	79	80	100	56	67	80	四（Ⅰ）
山东	81	79	100	32	54	77	四（Ⅰ）
重庆	62	79	100	43	59	72	四（Ⅰ）
内蒙古	89	79	52	51	26	69	四（Ⅰ）
吉林	69	59	100	44	40	68	四（Ⅰ）
湖北	62	55	100	32	67	66	三（Ⅱ）
河北	64	58	100	23	47	64	三（Ⅱ）
宁夏	60	81	64	30	45	61	三（Ⅱ）
青海	54	79	80	24	40	61	三（Ⅱ）
湖南	55	51	100	28	29	59	三（Ⅱ）
江西	48	57	100	23	49	59	三（Ⅱ）
河南	55	52	100	15	33	58	三（Ⅱ）
安徽	47	53	100	22	44	57	三（Ⅱ）
陕西	61	79	48	26	36	56	三（Ⅱ）
四川	47	51	90	17	38	53	三（Ⅱ）
黑龙江	61	58	42	52	34	53	三（Ⅱ）
广西	45	41	100	17	15	50	三（Ⅱ）
山西	59	79	18	26	48	50	三（Ⅰ）
甘肃	36	51	82	10	20	45	三（Ⅰ）
云南	35	48	86	8	1	43	三（Ⅰ）
贵州	26	54	57	6	23	36	三（Ⅰ）
新疆	56	34	13	16	19	34	三（Ⅰ）
海南	53	17	23	9	22	31	二（Ⅱ）
西藏	39	54	8	0	15	29	二（Ⅱ）

附表7　31个省区市工业化进程：综合及分项得分（2015，按照综合得分排序）

地区	人均GDP（权重=36）	产业产值比（权重=22）	工业结构（权重=22）	城镇化率（权重=12）	产业就业比（权重=8）	综合得分	工业化阶段
全国	84	100	91	53	69	84	四（Ⅱ）
北京	100	100	100	100	100	100	五
上海	100	100	100	100	100	100	五
天津	100	100	100	100	100	100	五
浙江	100	100	100	79	94	97	四（Ⅱ）
广东	100	100	100	85	79	97	四（Ⅱ）
江苏	100	100	100	80	85	96	四（Ⅱ）
辽宁	100	82	100	82	68	91	四（Ⅱ）
福建	100	81	100	72	79	91	四（Ⅱ）
重庆	87	100	100	68	64	89	四（Ⅱ）
山东	100	82	100	59	64	88	四（Ⅱ）
湖北	85	62	100	56	48	77	四（Ⅰ）
吉林	86	62	97	51	51	76	四（Ⅰ）
内蒙古	100	81	46	67	46	76	四（Ⅰ）
河北	73	61	100	37	59	71	四（Ⅰ）
江西	69	64	100	38	66	71	四（Ⅰ）
湖南	76	61	100	36	42	70	四（Ⅰ）
陕西	82	81	61	46	48	70	四（Ⅰ）
安徽	69	62	98	35	61	69	四（Ⅰ）
河南	72	61	95	28	42	67	四（Ⅰ）
四川	70	59	86	29	47	64	三（Ⅱ）
青海	75	81	43	34	53	63	三（Ⅱ）
广西	68	49	84	28	18	59	二（Ⅱ）
宁夏	77	82	19	50	32	59	三（Ⅱ）
山西	67	100	6	50	54	58	三（Ⅱ）
黑龙江	73	41	31	62	46	53	三（Ⅱ）
西藏	63	100	0	0	41	48	三（Ⅰ）
新疆	73	44	12	28	35	45	三（Ⅰ）
海南	74	25	7	50	41	43	三（Ⅰ）
甘肃	51	53	44	22	4	43	三（Ⅰ）
云南	57	49	31	22	14	42	三（Ⅰ）
贵州	59	47	27	20	1	40	三（Ⅰ）

附表8　31个省区市工业化进程：综合及分项得分（2019，按照综合得分排序）

地区	人均GDP（权重=36）	产业产值比（权重=22）	工业结构（权重=22）	城镇化率（权重=12）	产业就业比（权重=8）	综合得分	工业化阶段
全国	95	100	100	67	72	92	四（Ⅱ）
天津	100	100	100	100	100	100	五
上海	100	100	100	100	100	100	五
江苏	100	100	100	89	89	98	五
北京	100	100	90	100	100	98	五
广东	100	100	100	91	81	97	五
重庆	97	100	100	81	71	94	四（Ⅱ）
福建	100	82	100	80	81	92	四（Ⅱ）
辽宁	88	100	100	84	63	91	四（Ⅱ）
浙江	100	100	56	88	97	89	五
湖北	97	100	75	68	57	86	四（Ⅱ）
山东	100	100	60	69	70	85	四（Ⅱ）
河南	81	100	96	44	54	82	四（Ⅰ）
湖南	83	100	73	57	46	79	四（Ⅰ）
陕西	94	82	70	64	48	79	四（Ⅰ）
河北	78	66	100	58	61	76	四（Ⅰ）
四川	79	65	42	46	53	71	四（Ⅰ）
安徽	78	100	86	52	64	71	四（Ⅰ）
江西	77	83	56	57	70	71	四（Ⅰ）
内蒙古	100	63	39	73	38	70	四（Ⅰ）
宁夏	84	100	32	66	20	69	四（Ⅰ）
山西	75	100	12	65	58	64	三（Ⅱ）
吉林	86	63	33	60	61	64	三（Ⅱ）
青海	78	65	36	51	59	61	三（Ⅱ）
新疆	80	56	28	39	42	55	三（Ⅱ）
西藏	73	100	0	2	52	53	三（Ⅱ）
甘肃	61	59	49	31	13	51	三（Ⅱ）
黑龙江	73	24	30	68	50	50	三（Ⅱ）
广西	71	46	38	37	24	50	三（Ⅱ）
海南	82	32	5	63	48	49	三（Ⅰ）
贵州	71	54	32	31	14	49	三（Ⅰ）
云南	67	56	18	31	25	46	三（Ⅰ）

附表9　地区工业化进程综合评价结果的序列分析
（1995～2019，按照2019年综合得分排序）

地区	1995年			2000年			2005年		
	工业化指数	工业化阶段	全国排名	工业化指数	工业化阶段	全国排名	工业化指数	工业化阶段	全国排名
全国	14	二（Ⅰ）		26	二（Ⅱ）		49	三（Ⅰ）	
四大板块									
东部	31	二（Ⅱ）	1	48	三（Ⅰ）	1	75	四（Ⅰ）	1
中部	6	二（Ⅰ）	3	12	二（Ⅰ）	3	28	二（Ⅱ）	3
东北	22	二（Ⅱ）	2	34	三（Ⅰ）	2	44	三（Ⅰ）	2
西部	5	二（Ⅰ）	4	9	二（Ⅰ）	4	23	二（Ⅱ）	4
九大区域									
珠三角	23	二（Ⅱ）	4	44	三（Ⅰ）	3	70	四（Ⅰ）	3
长三角	40	三（Ⅰ）	1	62	三（Ⅱ）	1	83	四（Ⅱ）	1
京津冀	34	三（Ⅰ）	2	48	三（Ⅰ）	2	71	四（Ⅰ）	2
环渤海	27	二（Ⅱ）	3	42	三（Ⅰ）	4	70	四（Ⅰ）	3
长江经济带	—	—	—	—	—	—	—	—	—
中部地区	6	二（Ⅰ）	6	12	二（Ⅰ）	6	28	二（Ⅱ）	6
东三省	22	二（Ⅱ）	5	34	三（Ⅰ）	5	44	三（Ⅰ）	5
大西北	4	二（Ⅰ）	8	9	二（Ⅰ）	7	24	二（Ⅱ）	7
大西南	6	二（Ⅰ）	6	9	二（Ⅰ）	7	22	二（Ⅱ）	8
31个省区市									
上海	81	四（Ⅰ）	1	100	五	1	100	五	1
天津	65	三（Ⅱ）	3	79	四（Ⅰ）	3	90	四（Ⅱ）	3
江苏	30	二（Ⅱ）	5	44	三（Ⅰ）	6	74	四（Ⅰ）	5
广东	30	二（Ⅱ）	5	54	三（Ⅱ）	4	77	四（Ⅰ）	4
北京	75	四（Ⅰ）	2	91	四（Ⅱ）	2	100	五	1
重庆	—	—	—	14	二（Ⅰ）	16	32	二（Ⅱ）	15
辽宁	33	三（Ⅰ）	4	42	三（Ⅰ）	7	60	三（Ⅱ）	8
福建	16	二（Ⅰ）	9	34	三（Ⅰ）	8	54	三（Ⅱ）	9
湖北	10	二（Ⅰ）	17	27	二（Ⅱ）	11	36	三（Ⅰ）	12
山东	16	二（Ⅰ）	9	32	二（Ⅱ）	9	63	四（Ⅰ）	7
浙江	28	二（Ⅱ）	7	46	三（Ⅰ）	5	74	四（Ⅰ）	5
河南	6	二（Ⅰ）	20	10	二（Ⅰ）	23	26	二（Ⅱ）	20
湖南	2	二（Ⅰ）	25	10	二（Ⅰ）	23	25	二（Ⅱ）	21
陕西	10	二（Ⅰ）	17	14	二（Ⅰ）	16	28	二（Ⅱ）	18
河北	11	二（Ⅰ）	15	23	二（Ⅱ）	12	36	三（Ⅰ）	12
江西	2	二（Ⅰ）	25	8	二（Ⅰ）	26	23	二（Ⅱ）	24
安徽	4	二（Ⅰ）	21	7	二（Ⅰ）	27	24	二（Ⅱ）	22

续表

地区	1995 年			2000 年			2005 年		
	工业化指数	工业化阶段	全国排名	工业化指数	工业化阶段	全国排名	工业化指数	工业化阶段	全国排名
31 个省区市									
内蒙古	4	二（Ⅰ）	21	12	二（Ⅰ）	20	36	三（Ⅰ）	12
宁夏	11	二（Ⅰ）	15	14	二（Ⅰ）	16	32	二（Ⅱ）	17
吉林	13	二（Ⅰ）	14	23	二（Ⅱ）	12	37	三（Ⅰ）	11
山西	15	二（Ⅰ）	11	21	二（Ⅱ）	14	40	三（Ⅰ）	10
四川	4	二（Ⅰ）	21	7	二（Ⅰ）	27	23	二（Ⅱ）	24
青海	7	二（Ⅰ）	19	14	二（Ⅰ）	16	27	二（Ⅱ）	19
新疆	5	二（Ⅰ）	21	16	二（Ⅰ）	15	24	二（Ⅱ）	22
西藏	0	—	30	1	二（Ⅰ）	31	7	二（Ⅰ）	31
甘肃	15	二（Ⅰ）	11	11	二（Ⅰ）	22	19	二（Ⅱ）	26
广西	2	二（Ⅰ）	25	4	二（Ⅰ）	30	16	二（Ⅱ）	28
黑龙江	17	二（Ⅱ）	8	32	二（Ⅱ）	9	35	三（Ⅰ）	15
海南	2	二（Ⅰ）	25	9	二（Ⅰ）	25	15	二（Ⅰ）	29
贵州	2	二（Ⅰ）	25	6	二（Ⅰ）	29	13	二（Ⅱ）	30
云南	15	二（Ⅰ）	11	12	二（Ⅰ）	20	19	二（Ⅱ）	26

地区	2010 年			2015 年			2019 年		
	工业化指数	工业化阶段	全国排名	工业化指数	工业化阶段	全国排名	工业化指数	工业化阶段	全国排名
全国	69	四（Ⅰ）	—	84	四（Ⅱ）	—	92	四（Ⅱ）	—
四大板块									
东部	87	四（Ⅱ）	1	95	四（Ⅱ）	1	97	四（Ⅱ）	1
中部	60	三（Ⅱ）	3	71	四（Ⅰ）	3	75	四（Ⅰ）	2
东北	72	四（Ⅰ）	2	77	四（Ⅰ）	2	71	四（Ⅰ）	3
西部	52	三（Ⅱ）	4	59	三（Ⅱ）	4	65	三（Ⅱ）	4
九大区域									
珠三角	81	四（Ⅰ）	4	94	四（Ⅱ）	3	97	四（Ⅱ）	2
长三角	92	四（Ⅱ）	1	98	四（Ⅱ）	1	99	四（Ⅱ）	1
京津冀	90	四（Ⅱ）	2	95	四（Ⅱ）	2	96	四（Ⅱ）	3
环渤海	85	四（Ⅱ）	3	94	四（Ⅱ）	3	93	四（Ⅱ）	4
长江经济带	—	—	—	87	四（Ⅱ）	5	89	四（Ⅱ）	5
中部地区	60	三（Ⅱ）	6	70	四（Ⅰ）	7	75	四（Ⅰ）	6
东三省	72	四（Ⅰ）	5	77	四（Ⅰ）	6	71	四（Ⅰ）	7
大西北	51	三（Ⅱ）	8	58	三（Ⅱ）	9	66	四（Ⅰ）	8
大西南	53	三（Ⅱ）	7	59	三（Ⅱ）	8	64	三（Ⅱ）	9

续表

地区	2010 年			2015 年			2019 年		
	工业化指数	工业化阶段	全国排名	工业化指数	工业化阶段	全国排名	工业化指数	工业化阶段	全国排名
31 个省区市									
上海	100	五	1	100	五	1	100	五	1
天津	95	四（Ⅱ）	3	100	五	1	100	五	1
江苏	89	四（Ⅱ）	4	96	四（Ⅱ）	6	98	五	3
北京	100	五	1	100	五	1	98	五	3
广东	86	四（Ⅱ）	6	97	四（Ⅱ）	4	97	五	5
重庆	72	四（Ⅰ）	10	89	四（Ⅱ）	9	94	四（Ⅱ）	6
福建	80	四（Ⅰ）	8	91	四（Ⅱ）	7	92	四（Ⅱ）	7
辽宁	82	四（Ⅰ）	7	91	四（Ⅱ）	7	91	四（Ⅱ）	8
浙江	89	四（Ⅱ）	4	97	四（Ⅱ）	4	89	五	9
湖北	66	四（Ⅰ）	13	77	四（Ⅰ）	11	86	四（Ⅱ）	10
山东	77	四（Ⅰ）	9	88	四（Ⅱ）	10	85	四（Ⅱ）	11
河南	58	三（Ⅱ）	19	67	四（Ⅰ）	19	82	四（Ⅰ）	12
湖南	59	三（Ⅱ）	17	70	四（Ⅰ）	16	79	四（Ⅰ）	13
陕西	56	三（Ⅱ）	21	70	四（Ⅰ）	16	79	四（Ⅰ）	13
河北	64	三（Ⅱ）	14	71	四（Ⅰ）	14	76	四（Ⅰ）	15
四川	53	三（Ⅱ）	22	64	三（Ⅱ）	20	71	四（Ⅰ）	16
江西	59	三（Ⅱ）	17	71	四（Ⅰ）	14	71	四（Ⅰ）	16
安徽	57	三（Ⅱ）	20	69	四（Ⅰ）	18	71	四（Ⅰ）	16
内蒙古	69	四（Ⅰ）	11	76	四（Ⅰ）	12	70	四（Ⅰ）	19
宁夏	61	三（Ⅱ）	15	59	三（Ⅱ）	22	69	四（Ⅰ）	20
吉林	68	四（Ⅰ）	12	76	四（Ⅰ）	12	64	三（Ⅱ）	21
山西	50	三（Ⅱ）	24	58	三（Ⅱ）	24	64	三（Ⅱ）	21
青海	61	二（Ⅱ）	15	63	二（Ⅱ）	21	61	三（Ⅱ）	23
新疆	34	三（Ⅰ）	29	45	三（Ⅰ）	27	55	三（Ⅱ）	24
西藏	29	二（Ⅱ）	31	48	三（Ⅰ）	26	53	三（Ⅱ）	25
甘肃	45	三（Ⅰ）	26	43	三（Ⅰ）	28	51	三（Ⅱ）	26
广西	50	三（Ⅱ）	24	59	三（Ⅱ）	22	50	三（Ⅱ）	27
黑龙江	53	三（Ⅱ）	22	53	三（Ⅱ）	25	50	三（Ⅱ）	27
海南	31	二（Ⅱ）	30	43	三（Ⅰ）	28	49	三（Ⅰ）	29
贵州	36	三（Ⅰ）	28	40	三（Ⅰ）	31	49	三（Ⅰ）	30
云南	43	三（Ⅰ）	27	42	三（Ⅰ）	30	46	三（Ⅰ）	31

B.45
附录三
中国地区工业化进程的特征

注：上海于2000年、北京于2005年、天津于2015年分别实现了工业化，因此仅参加工业化实现之前的排序；重庆市1995年尚未直辖，因此只参加2000以后的排序。

附表1 中国各地区工业化速度（1996~2019年）

地区	工业化进程(100分制)			年均增速					
	1995年	2000年	2005年	1996~2019年	排名	1996~2000年	排名	2001~2005年	排名
全国	14	26	49	3.3	—	2.4	—	4.6	—
四大板块									
中部	6	12	28	2.9	1	1.2	3	3.2	2
东部	31	48	75	2.8	2	3.4	1	5.4	1
西部	5	9	23	2.5	3	0.8	4	2.8	3
东北	22	34	44	2.0	4	2.4	2	2.0	4
九大区域									
珠三角	23	4.4	70	3.1	1	4.2	2	6.0	1
中部地区	6	12	28	2.9	2	1.2	6	3.2	5
环渤海	27	42	70	2.8	3	3.0	3	5.6	2
京津冀	34	48	71	2.6	4	2.8	4	4.6	3
大西北	4	9	24	2.6	4	1.0	7	3.0	6
长三角	40	62	83	2.5	6	4.4	1	4.2	4
大西南	6	9	22	2.4	7	0.6	8	2.6	7
东三省	22	34	44	2.0	8	2.4	5	2.0	8
长江经济带	—	—	—	—	—	—	—	—	—
31个省区市									
湖南	2	10	25	3.2	1	1.6	16	3.0	14
湖北	10	27	36	3.2	2	3.4	5	1.8	22
河南	6	10	26	3.2	2	0.8	22	3.2	12
福建	16	34	54	3.2	2	3.6	3	4.0	6
山东	16	32	63	2.9	5	3.2	6	6.2	1
江西	2	8	23	2.9	5	1.2	20	3.0	14
陕西	10	13	28	2.9	5	0.6	24	3.0	14

续表

地区	工业化进程（100 分制）			年均增速					
	1995年	2000年	2005年	1996~2019年	排名	1996~2000年	排名	2001~2005年	排名
31 个省区市									
广东	30	54	77	2.8	8	4.8	1	4.6	5
江苏	30	44	74	2.8	8	2.8	9	6.0	2
安徽	4	7	24	2.8	8	0.6	24	3.4	11
内蒙古	4	12	36	2.8	8	1.6	16	4.8	4
四川	4	7	23	2.8	8	0.6	24	3.2	12
河北	11	23	36	2.7	13	2.4	12	2.6	18
浙江	28	46	74	2.5	14	3.6	3	5.6	3
辽宁	33	42	60	2.4	15	1.8	15	3.6	8
宁夏	11	14	32	2.4	15	0.6	24	3.6	8
青海	7	14	27	2.3	17	1.4	18	2.6	18
西藏	0	1	7	2.2	17	0.2	29	1.2	28
吉林	13	23	37	2.1	19	2.0	14	2.8	17
新疆	5	16	24	2.1	19	2.2	13	1.6	24
山西	15	21	40	2.0	21	1.2	20	3.8	7
广西	2	4	16	2.0	21	0.4	24	2.4	20
海南	2	9	15	2.0	21	1.4	18	1.2	28
贵州	2	6	13	2.0	21	0.8	22	1 4	26
天津	65	79	90	1.5	25	2.8	9	2.2	21
甘肃	15	11	19	1.5	25	-0.8	31	1.6	24
黑龙江	17	32	35	1.4	27	3.0	8	0.6	30
云南	15	12	19	1.3	28	-0.6	30	1.4	26
北京	75	91	100	1.0	29	3.2	6	1.8	22
上海	81	100	100	0.8	30	3.8	2	—	—
重庆	—	14	32	—	—	2.8	9	3.6	8

续表

地区	工业化进程(100分制)			年均增速					
	2010年	2015年	2019年	2005~2010年	排名	2010~2015年	排名	2015~2019年	排名
全国	69	84	92	4.0	—	3.0	—	2.0	—
四大板块									
中部	60	71	75	6.4	1	2.2	1	1.0	2
东部	87	95	97	2.4	4	1.6	2	0.5	3
西部	52	59	65	5.8	2	1.4	3	1.5	1
东北	72	77	71	5.6	3	1.0	4	-1.5	4
九大区域									
珠三角	81	94	97	2.2	7	2.6	1	0.8	4
中部地区	60	70	75	6.4	1	2.0	2	1.3	2
环渤海	85	94	93	3.0	6	1.8	3	-0.3	8
京津冀	90	95	96	3.8	5	1.0	7	0.3	6
大西北	51	58	66	5.4	4	1.4	4	2.0	1
长三角	92	98	99	1.8	8	1.2	5	0.3	6
大西南	53	59	64	6.2	2	1.2	5	1.3	2
东三省	72	77	71	5.6	3	1.0	7	-1.5	9
长江经济带	—	87	89	—	—	—	—	0.5	5
31个省区市									
湖南	59	70	79	6.8	3	2.2	7	2.3	4
湖北	66	77	86	6	10	2.2	7	2.3	4
河南	58	67	82	6.4	8	1.8	14	3.8	1
福建	80	91	92	5.2	15	2.2	7	0.3	18
山东	77	88	85	2.8	25	2.2	7	-0.8	24
江西	59	71	71	7.2	2	2.4	4	0	19
陕西	56	70	79	5.6	13	2.8	3	2.3	4
广东	86	97	97	1.8	28	2.2	7	0	19
江苏	89	96	98	3	23	1.4	20	0.5	16
安徽	57	69	71	6.6	6	2.4	4	0.5	16
内蒙古	69	76	70	6.6	6	1.4	20	-1.5	26
河北	64	71	76	5.6	13	1.4	20	1.3	12
四川	53	64	71	6	10	2.2	7	1.8	9
辽宁	82	91	91	4.4	19	1.8	14	0	19
宁夏	61	59	69	5.8	12	-0.4	28	2.5	2
浙江	89	97	89	3	23	1.6	17	-2	27
青海	61	63	61	6.8	3	0.4	25	-0.5	22
西藏	29	48	53	4.4	19	3.8	1	1.3	12
吉林	68	76	64	6.2	9	1.6	17	-3	29

续表

地区	工业化进程(100 分制)			年均增速					
	2010年	2015年	2019年	2005~2010年	排名	2010~2015年	排名	2015~2019年	排名
31 个省区市									
山西	50	58	64	2	26	1.6	17	1.5	10
广西	50	59	50	6.8	3	1.8	14	-2.3	28
海南	31	43	49	3.2	22	2.4	4	1.5	10
贵州	36	40	49	4.6	18	0.8	24	2.3	4
新疆	34	45	55	2	26	2.2	7	2.5	2
天津	95	100	100	1	29	1	23	—	—
甘肃	45	43	51	5.2	15	-0.4	28	2	8
黑龙江	53	53	50	3.6	21	0	26	-0.8	24
云南	43	42	46	4.8	17	-0.2	27	1	15
北京	100	100	98	—	—	—	—	-0.5	22
上海	100	100	100	—	—	—	—	—	—
重庆	72	89	94	8	1	3.4	2	1.3	12

附表 2　中国各地区工业化加速度（1996~2019 年）

地区	1996~2000年平均增速	2001~2005年平均增速	2006~2010年平均增速	"十五"加速度	"十五"加速度排序	"十一五"加速度	"十一五"加速度排序
全国	2.4	4.6	4.0	2.2	—	-0.6	—
四大板块							
西部	0.8	2.8	5.8	2.0	1	3.0	3
东部	3.4	5.4	2.4	2.0	1	-3.0	4
中部	1.2	3.2	6.4	2.0	1	3.2	2
东北	2.4	2.0	5.6	-0.4	4	3.6	1
九大区域							
大西北	1.0	3.0	5.4	2.0	2	2.4	4
京津冀	2.8	4.6	3.8	1.8	5	-0.8	5
长三角	4.4	4.2	1.8	-0.2	7	-2.4	6
大西南	0.6	2.6	6.2	2.0	2	3.6	1
中部地区	1.2	3.2	6.4	2.0	2	3.2	3
珠三角	4.2	6.0	2.2	1.8	5	-3.8	8
环渤海	3.0	5.6	3.0	2.6	1	-2.6	7
东三省	2.4	2.0	5.6	-0.4	8	3.6	1
长江经济带	—	—	—	—	—	—	—

续表

地区	1996～2000年平均增速	2001～2005年平均增速	2006～2010年平均增速	"十五"加速度	"十五"加速度排序	"十一五"加速度	"十一五"加速度排序
31个省区市							
宁夏	0.6	3.6	5.8	3.0	3	2.2	18
甘肃	-0.8	1.6	5.2	2.4	8	3.6	7
河南	0.8	3.2	6.4	2.4	8	3.2	10
贵州	0.8	1.4	4.6	0.6	21	3.2	10
云南	-0.6	1.4	4.8	2.0	11	3.4	8
新疆	2.2	1.6	2.0	-0.6	26	0.4	23
湖南	1.6	3.0	6.8	1.4	16	3.8	6
湖北	3.4	1.8	6.0	-1.6	29	4.2	3
山西	1.2	3.8	2.0	2.6	6	-1.8	25
河北	2.4	2.6	5.6	0.2	23	3.0	14
陕西	0.6	3.0	5.6	2.4	8	2.6	17
黑龙江	3.0	0.6	3.6	-2.4	30	3.0	14
青海	1.4	2.6	6.8	1.2	17	4.2	3
江苏	2.8	6.0	3.0	3.2	1	-3.0	28
海南	1.4	1.2	3.2	-0.2	24	2.0	19
辽宁	1.8	3.6	4.4	1.8	14	0.8	22
安徽	0.6	3.4	6.6	2.8	5	3.2	10
重庆	2.8	3.6	8.0	0.8	19	4.4	1
广东	4.8	4.6	1.8	-0.2	24	-2.8	27
江西	1.2	3.0	7.2	1.8	14	4.2	3
西藏	0.2	1.2	4.4	1.0	18	3.2	10
四川	0.6	3.2	6.0	2.6	6	2.8	16
内蒙古	1.6	4.8	6.6	3.2	1	1.8	20
山东	3.2	6.2	2.8	3.0	3	-3.4	29
福建	3.6	4.0	5.2	0.4	22	1.2	21
广西	0.4	2.4	6.8	2.0	11	4.4	1
吉林	2.0	2.8	6.2	0.8	19	3.4	8
浙江	3.6	5.6	3.0	2.0	11	-2.6	26
天津	2.8	2.2	1.0	-0.6	26	-1.2	24
北京	3.2	1.8	—	-1.4	28	—	—
上海	3.8	—	—	—	—	—	—

续表

地区	2011~2015年平均增速	2016~2019年平均增速	"十二五"加速度	"十二五"加速度排序	"十三五"加速度	"十三五"加速度排序
全国	3.0	2.0	-1.0	—	-1.0	—
四大板块						
西部	1.4	1.5	-4.4	3	0.1	1
东部	1.6	0.5	-0.8	1	-1.1	2
中部	2.2	1.0	-4.2	2	-1.2	3
东北	1.0	-1.5	-4.6	4	-2.5	4
九大区域						
大西北	1.4	2.0	-4.0	5	0.6	1
京津冀	1.0	0.3	-2.8	4	-0.7	3
长三角	1.2	0.3	-0.6	2	-0.9	5
大西南	1.2	1.3	-5.0	8	0.1	2
中部地区	2.0	1.3	-4.4	6	-0.7	3
珠三角	2.6	0.8	0.4	1	-1.8	6
环渤海	1.8	0.3	-1.2	3	-2.1	7
东三省	1.0	1.5	-4.6	7	-2.5	8
长江经济带	—	0.5	—	—	—	—
31个省区市						
宁夏	-0.4	2.5	-6.2	28	2.9	1
甘肃	-0.4	2.0	-5.6	27	2.4	2
河南	1.8	3.8	-4.6	19	2.0	3
贵州	0.8	2.3	-3.8	14	1.5	4
云南	-0.2	1.0	-5.0	24	1.2	5
新疆	2.2	1.0	2.5	2	0.3	6
湖南	2.2	2.3	-4.6	19	0.1	7
湖北	2.2	2.3	-3.8	14	0.1	7
山西	1.6	1.5	-0.4	4	-0.1	9
河北	1.4	1.3	-4.2	17	-0.1	9
四川	2.2	1.8	-3.8	14	-0.4	11
陕西	2.8	2.3	-2.8	11	-0.5	12
黑龙江	0.0	-0.8	-3.6	13	-0.8	13
青海	0.4	-0.5	-6.4	29	-0.9	14
江苏	1.4	0.5	-1.6	9	-0.9	14
海南	2.4	1.5	-0.8	7	-0.9	14
辽宁	1.8	0.0	-2.6	10	-1.8	17
安徽	2.4	0.5	-4.2	17	-1.9	18
福建	2.2	-1.0	-3.0	12	-1.9	18
重庆	3.4	1.3	-4.6	19	-2.1	20
广东	2.2	0.0	0.4	1	-2.2	21

续表

地区	2011～2015 年平均增速	2016～2019 年平均增速	"十二五" 加速度	"十二五" 加速度排序	"十三五" 加速度	"十三五" 加速度排序
			31 个省区市			
江西	2.4	0.0	－4.8	23	－2.4	22
西藏	3.8	1.3	－0.6	5	－2.5	23
内蒙古	1.4	－1.5	－5.2	26	－2.9	24
山东	2.2	－0.8	－0.6	5	－3.0	25
浙江	1.6	－3.3	－1.4	8	－4.9	26
广西	1.8	－2.3	－5.0	24	－4.1	27
吉林	1.6	－3.0	－4.6	19	－4.6	28
天津	1.0	—	0.0	3	—	—
北京	—	－1.3	—	—	—	—
上海	—	—	—	—	—	—

附表3　各指标对地区工业化综合指数增长的贡献度（1996～2000年）

地区	人均 GDP （％）	产业产值比 （％）	工业结构 （％）	城镇化率 （％）	产业就业比 （％）	工业化指数 累计增加值
全国	48.00	27.50	9.17	10.00	3.33	12
			四大板块			
东部	50.82	19.41	11.65	17.65	0.47	17
东北	75.00	31.17	－14.67	18.00	－12.67	12
中部	54.00	58.67	－7.33	0.00	－1.33	6
西部	27.00	77.00	－22.00	0.00	0.00	4
			八大区域			
长三角	49.09	25.00	8.00	17.45	0.73	22
珠三角	39.43	19.90	22.00	21.14	－1.14	21
环渤海	60.00	23.47	2.93	11.20	1.07	15
京津冀	69.43	23.57	－6.29	12.86	1.14	14
东三省	75.00	31.17	－14.67	18.00	－12.67	12
中部地区	54.00	58.67	－7.33	0.00	－1.33	6
大西北	50.40	57.20	－17.60	4.80	1.60	5
大西南	0.00	110.00	－29.33	0.00	0.00	3

续表

地区	人均GDP（%）	产业产值比（%）	工业结构（%）	城镇化率（%）	产业就业比（%）	工业化指数累计增加值
31个省区市						
广东	30.00	17.42	31.17	25.00	−3.00	24
上海	66.32	23.16	0.00	10.74	−2.53	19
浙江	44.00	19.56	12.22	20.67	4.89	18
福建	54.00	22.00	8.56	12.67	3.56	18
湖北	44.47	38.82	0.00	12.00	2.82	17
北京	65.25	0.00	0.00	36.00	−1.00	16
山东	56.25	24.75	9.63	9.75	1.50	16
黑龙江	57.60	41.07	0.00	12.80	−14.93	15
天津	77.14	3.14	−17.29	39.43	−2.86	14
江苏	54.00	22.00	12.57	16.29	−0.57	14
重庆	15.43	62.86	15.71	4.29	4.00	14
河北	72.00	34.83	−9.17	0.00	4.00	12
新疆	65.45	40.00	0.00	−2.18	−1.45	11
吉林	64.80	28.60	2.20	16.80	−8.80	10
辽宁	88.00	24.44	−26.89	32.00	−13.33	9
内蒙古	49.50	41.25	−16.50	25.50	−5.00	8
湖南	45.00	68.75	−8.25	0.00	0.00	8
青海	25.71	84.86	−18.86	13.71	0.00	7
海南	66.86	0.00	0.00	29.14	0.00	7
山西	36.00	55.00	−3.67	16.00	−9.33	6
江西	24.00	62.33	0.00	0.00	10.67	6
陕西	9.00	99.00	−49.50	12.00	16.00	4
河南	72.00	38.50	5.50	0.00	0.00	4
贵州	0.00	77.00	16.50	0.00	0.00	4
宁夏	48.00	80.67	−14.67	16.00	8.00	3
安徽	48.00	95.33	−51.33	0.00	0.00	3
四川	36.00	73.33	−14.67	0.00	2.67	3
广西	0.00	110.00	−33.00	0.00	0.00	2
西藏	36.00	0.00	0.00	0.00	0.00	1
云南	−24.00	−51.33	161.33	0.00	0.00	−3
甘肃	0.00	−5.50	99.00	0.00	6.00	−4

附表4　各指标对地区工业化综合指数增长的贡献度（2001～2005 年）

地区	人均GDP（%）	产业产值比（%）	工业结构（%）	城镇化率（%）	产业就业比（%）	工业化指数累计增加值
全国	32.87	9.57	47.83	5.74	3.83	23
四大板块						
东部	22.67	16.30	48.07	7.56	6.81	27
中部	42.75	16.50	23.38	8.25	8.00	16
西部	54.00	22.00	17.29	6.86	6.29	14
东北	39.60	2.20	41.80	12.00	3.20	10
八大区域						
环渤海	28.29	18.07	40.07	6.00	6.00	28
珠三角	16.62	18.62	49.08	8.77	5.85	26
京津冀	31.30	34.43	22.96	8.87	4.17	23
长三角	24.00	0.00	50.29	13.71	9.90	21
中部地区	42.75	16.50	23.38	8.25	8.00	16
大西北	57.60	22.00	13.20	7.20	5.33	15
大西南	44.31	20.31	22.00	5.54	7.38	13
东三省	39.60	2.20	41.80	12.00	3.20	10
31 个省区市						
山东	25.55	9.94	53.23	4.65	7.48	31
江苏	30.00	14.67	40.33	5.60	8.27	30
浙江	29.57	13.36	40.86	9.43	7.43	28
内蒙古	54.00	26.58	17.42	3.50	0.67	24
广东	29.74	15.30	39.22	8.87	6.61	23
福建	18.00	13.20	53.90	6.00	8.00	20
山西	56.84	18.53	16.21	7.58	2.95	19
辽宁	26.00	0.00	63.56	10.00	1.33	18
宁夏	44.00	22.00	8.56	10.67	9.33	18
重庆	48.00	11.00	12.22	13.33	11.11	18
安徽	27.53	22.00	33.65	6.35	9.41	17
河南	54.00	19.25	19.25	0.75	5.00	16
四川	36.00	12.38	34.38	3.75	10.00	16
湖南	40.80	5.87	36.67	9.60	7.47	15
江西	40.80	26.40	17.60	9.60	6.93	15
吉林	48.86	22.00	15.71	6.86	2.86	14
陕西	59.14	25.14	4.71	6.86	6.29	14
河北	49.85	6.77	28.77	12.00	4.92	13
青海	55.38	13.54	13.54	6.46	14.77	13

续表

地区	人均GDP（%）	产业产值比（%）	工业结构（%）	城镇化率（%）	产业就业比（%）	工业化指数累计增加值
			31个省区市			
广西	54.00	18.33	20.17	6.00	5.33	12
天津	65.45	-4.00	22.00	8.73	0.73	11
北京	92.00	0.00	0.00	0.00	3.56	9
湖北	48.00	-9.78	48.89	6.67	11.56	9
新疆	67.50	11.00	0.00	9.00	10.00	8
甘肃	45.00	35.75	13.75	0.00	5.00	8
云南	51.43	25.14	12.57	0.00	0.00	7
贵州	0.00	75.43	31.43	0.00	6.86	7
海南	66.00	0.00	7.33	16.00	9.33	6
西藏	108.00	0.00	0.00	0.00	0.00	6
黑龙江	120.00	-36.67	0.00	20.00	8.00	3
上海	—	—	—	—	—	0

附表5　各指标对地区工业化综合指数增长的贡献度（2006～2010年）

地区	人均GDP（%）	产业产值比（%）	工业结构（%）	城镇化率（%）	产业就业比（%）	工业化指数累计增加值
全国	48.60	9.90	29.70	7.20	7.20	20
			四大板块			
中部	29.25	8.25	52.25	4.50	5.25	32
西部	34.76	11.38	44.00	4.55	4.41	29
东北	33.43	5.50	57.36	3.43	3.14	28
东部	60.00	1.83	5.50	20.00	8.67	12
			八大区域			
中部地区	29.25	8.25	52.25	4.50	5.25	32
大西南	31.35	7.81	52.52	3.87	3.87	31
东三省	33.43	5.50	57.36	3.43	3.14	28
大西北	41.33	16.30	29.33	5.78	5.04	27
京津冀	36.00	0.00	45.16	13.26	5.89	19
环渤海	52.80	2.93	30.80	12.00	6.93	15
珠三角	75.27	0.00	0.00	16.36	9.45	11
长三角	60.00	4.89	0.00	21.33	12.44	9

地区	人均GDP （％）	产业产值比 （％）	工业结构 （％）	城镇化率 （％）	产业就业比 （％）	工业化指数 累计增加值
31个省区市						
重庆	28.80	16.50	44.00	5.40	5.40	40
江西	27.00	10.39	53.78	3.67	4.00	36
青海	30.71	12.94	46.59	3.18	3.76	34
湖南	29.65	11.00	48.53	5.65	3.53	34
广西	28.59	9.06	57.59	3.88	1.65	34
内蒙古	45.82	20.00	22.00	8.36	2.91	33
安徽	32.73	8.67	48.67	4.73	5.82	33
河南	25.88	8.25	53.63	5.25	5.75	32
吉林	36.00	12.06	48.97	1.16	3.35	31
湖北	34.80	8.07	44.00	4.00	7.47	30
四川	33.60	13.20	44.73	4.80	4.53	30
宁夏	42.21	15.93	32.62	4.14	5.24	29
河北	27.00	6.29	58.93	4.29	4.00	28
陕西	47.57	14.93	27.50	6.00	4.57	28
福建	34.62	19.46	29.62	12.46	5.54	26
甘肃	36.00	3.38	51.62	4.62	4.31	26
云南	34.50	11.92	51.33	4.00	0.33	24
贵州	40.70	15.30	34.43	3.13	5.91	23
辽宁	44.18	16.00	32.00	4.91	4.00	22
西藏	32.73	54.00	8.00	0.00	5.45	22
黑龙江	38.00	0.00	51.33	6.00	3.56	18
海南	51.75	23.38	28.88	−12.00	7.50	16
浙江	48.00	1.47	30.80	12.80	7.47	15
江苏	64.80	2.93	0.00	27.20	8.00	15
山东	59.14	23.57	0.00	6.00	5.71	14
山西	82.80	0.00	−8.80	7.20	9.60	10
新疆	64.80	0.00	28.60	4.80	3.20	10
广东	68.00	2.44	0.00	17.33	11.56	9
天津	93.60	4.40	0.00	0.00	11.20	5
上海	—	—	—	—	—	0
北京	—	—	—	—	—	0

附表6　各指标对地区工业化综合指数增长的贡献度（2011～2015年）

地区	人均GDP（%）	产业产值比（%）	工业结构（%）	城镇化率（%）	产业就业比（%）	工业化指数累计增加值
全国	38.40	49.87	-13.20	16.00	9.60	15
四大板块						
中部	62.18	14.00	0.00	18.55	5.82	11
东部	31.50	49.50	0.00	22.50	5.00	8
西部	113.14	9.43	-56.57	20.57	4.57	7
东北	115.20	-13.20	-61.60	26.40	17.60	5
八大区域						
珠三角	52.62	32.15	0.00	8.31	4.31	13
中部地区	68.40	15.40	-13.20	20.40	6.40	10
环渤海	8.00	44.00	0.00	30.67	7.11	9
大西北	87.43	9.43	-22.00	24.00	8.00	7
大西南	150.00	18.33	-95.33	26.00	4.00	6
长三角	0.00	66.00	0.00	30.00	4.00	6
东三省	115.20	-13.20	-61.60	26.40	17.60	5
京津冀	0.00	0.00	30.80	45.60	12.80	5
31个省区市						
西藏	45.47	53.26	-9.26	0.00	10.95	19
重庆	52.94	27.18	0.00	17.65	2.35	17
陕西	54.00	3.14	20.43	17.14	6.86	14
江西	63.00	12.83	0.00	15.00	11.33	12
安徽	66.00	16.50	-3.67	13.00	11.33	12
海南	63.00	14.67	-29.33	41.00	12.67	12
广东	49.09	36.00	0.00	5.45	4.36	11
福建	68.73	2.00	0.00	17.45	8.73	11
山东	62.18	6.00	0.00	29.45	7.27	11
湖北	75.27	14.00	0.00	26.18	-13.82	11
湖南	68.73	20.00	0.00	8.73	9.45	11
四川	75.27	16.00	-8.00	13.09	6.55	11
新疆	55.64	20.00	-2.00	13.09	11.64	11
辽宁	72.00	7.33	0.00	14.67	4.44	9
河南	68.00	22.00	-12.22	17.33	8.00	9
广西	92.00	19.56	-39.11	14.67	2.67	9
浙江	27.00	52.25	0.00	15.00	5.00	8
吉林	76.50	8.25	-8.25	10.50	11.00	8
山西	36.00	57.75	-33.00	36.00	6.00	8

地区	人均 GDP （%）	产业产值比 （%）	工业结构 （%）	城镇化率 （%）	产业就业比 （%）	工业化指数 累计增加值
31 个省区市						
江苏	20.57	59.71	0.00	22.29	0.00	7
内蒙古	56.57	6.29	−18.86	27.43	22.86	7
河北	46.29	9.43	0.00	24.00	13.71	7
天津	0.00	83.60	0.00	0.00	14.40	5
贵州	297.00	−38.50	−165.00	42.00	−44.00	4
青海	378.00	22.00	−407.00	60.00	52.00	2
北京	—	—	—	—	—	0
上海	—	—	—	—	—	0
黑龙江	—	—	—	—	—	0
云南	−792.00	−22.00	1210.00	−168.00	−104.00	−1
宁夏	−306.00	−11.00	495.00	−120.00	52.00	−2
甘肃	−270.00	−22.00	418.00	−72.00	64.00	−2

附表 7　各指标对地区工业化综合指数增长的贡献度（2016～2019 年）

地区	人均 GDP （%）	产业产值比 （%）	工业结构 （%）	城镇化率 （%）	产业就业比 （%）	工业化指数 累计增加值
全国	49.50	0.00	24.75	21.00	3.00	8
四大板块						
西部	30.00	14.67	22.00	32.00	9.33	6
中部	45.00	203.50	−214.50	36.00	20.00	4
东部	0.00	0.00	0.00	48.00	16.00	2
东北	24.00	22.00	58.67	−8.00	1.33	−6
九大区域						
大西北	22.50	8.25	38.50	24.00	3.00	8
中部地区	36.00	162.80	−145.20	28.80	16.00	5
大西南	57.00	17.60	−13.2	33.60	12.80	5
珠三角	72.00	0.00	0.00	28.00	5.33	3
长江经济带	180.00	0.00	−198.00	96.00	24.00	2
京津冀	0.00	0.00	0.00	108.00	8.00	1
长三角	0.00	0.00	0.00	96.00	24.00	1
环渤海	0.00	0.00	242.00	−108.00	−24.00	−1
东三省	24.00	22.00	58.67	−8.00	1.33	−6

续表

地区	人均 GDP（%）	产业产值比（%）	工业结构（%）	城镇化率（%）	产业就业比（%）	工业化指数累计增加值
31 个省区市						
河南	21.60	57.20	1.47	12.80	6.40	15
宁夏	25.20	39.60	28.60	19.20	-9.60	10
新疆	25.20	26.40	35.20	13.20	5.60	10
湖北	48.00	92.89	-61.11	16.00	8.00	9
湖南	28.00	95.33	-66.00	28.00	3.56	9
陕西	48.00	2.44	22.00	24.00	0.00	9
贵州	48.00	17.11	12.22	14.67	11.56	9
甘肃	45.00	16.50	13.75	13.50	9.00	8
四川	46.29	18.86	0.00	29.14	6.86	7
山西	48.00	0.00	22.00	30.00	5.33	6
海南	48.00	25.67	-7.33	26.00	9.33	6
重庆	72.00	0.00	0.00	31.20	11.20	5
河北	36.00	22.00	0.00	50.40	3.20	5
西藏	72.00	0.00	0.00	4.80	17.60	5
云南	90.00	38.50	-71.50	27.00	22.00	4
江苏	0.00	0.00	0.00	54.00	16.00	2
安徽	162.00	418.00	-616.00	102.00	12.00	2
福建	0.00	22.00	0.00	96.00	16.00	1
上海	—	—	—	—	—	0
天津	—	—	—	—	—	0
广东	—	—	—	—	—	0
辽宁	—	—	—	—	—	0
江西	—	—	—	—	—	0
青海	-54.00	176.00	77.00	-102.00	-24.00	-2
北京	0.00	0.00	110.00	0.00	0.00	-2
山东	0.00	-132.00	293.33	-40.00	-16.00	-3
黑龙江	0.00	124.67	7.33	-24.00	-10.67	-3
内蒙古	0.00	66.00	25.67	-12.00	10.67	-6
浙江	0.00	0.00	121.20	-13.50	-3.00	-8
广西	-12.00	7.33	112.44	-12.00	-5.33	-9
吉林	0.00	-1.83	117.33	-9.00	-6.67	-12

附表8　各指标对地区工业化综合指数增长的贡献度（1996~2019年）

地区	人均GDP（%）	产业产值比（%）	工业结构（%）	城镇化率（%）	产业就业比（%）	工业化指数累计增加值
全国	42.00	19.18	23.13	10.31	5.64	78
四大板块						
中部	40.70	26.78	1.51	9.04	6.26	69
东部	37.09	18.00	2.15	15.45	5.58	66
西部	47.40	18.33	19.43	9.40	5.07	60
东北	54.37	7.18	2.20	12.49	0.98	49
八大区域						
珠三角	40.38	17.84	2.14	14.11	4.11	74
中部地区	40.70	26.78	1.51	9.04	6.26	69
环渤海	38.73	19.67	21.00	13.64	5.70	66
京津冀	38.32	18.10	2.13	15.68	4.77	62
大西北	48.77	19.16	1.55	10.45	4.90	62
长三角	36.00	16.78	2.88	19.32	6.51	59
大西南	47.17	17.83	20.48	8.90	5.24	58
东三省	54.37	7.18	24.24	12.49	0.98	49
31个省区市						
湖南	38.81	27.14	20.00	8.88	4.78	77
湖北	45.95	23.74	15.92	10.74	3.89	76
河南	38.37	23.45	25.76	6.95	5.68	76
福建	39.32	15.92	26.34	12.63	6.32	76
山东	46.43	21.68	13.39	12.00	6.72	69
陕西	49.04	17.86	16.26	11.13	5.45	69
江西	40.17	24.87	1.62	9.91	6.96	69
江苏	40.76	17.79	20.38	15.71	5.76	68
广东	38.15	17.73	24.63	16.30	3.70	67
安徽	41.91	29.55	11.16	9.31	7.64	67
四川	42.45	16.75	26.27	8.24	6.33	67
内蒙古	54.55	19.33	11.00	12.55	2.55	66
河北	42.65	13.20	29.45	10.71	5.17	65
浙江	41.90	19.11	14.07	17.31	7.74	61
辽宁	42.21	17.83	27.69	12.62	-0.14	58
宁夏	52.14	26.17	6.07	13.66	2.48	58
青海	52.00	16.70	12.22	11.33	8.74	54
西藏	49.58	41.51	0.00	0.45	7.85	53
吉林	60.00	20.71	5.61	9.65	4.39	51

续表

地区	人均GDP （%）	产业产值比 （%）	工业结构 （%）	城镇化率 （%）	产业就业比 （%）	工业化指数 累计增加值
31 个省区市					
新疆	55.44	20.24	1.12	7.44	5.60	50
山西	55.10	23.35	1.35	15.92	3.59	49
广西	53.25	17.88	16.04	9.25	4.00	48
贵州	54.38	25.28	11.23	7.91	2.38	47
海南	58.21	14.98	2.34	16.09	8.17	47
甘肃	61.00	15.89	9.17	10.33	2.00	36
天津	64.80	12.57	0.00	18.51	2.74	35
黑龙江	70.91	-7.33	20.00	16.73	-0.24	33
云南	77.81	25.55	-21.29	12.00	6.45	31
北京	81.39	0.00	-9.57	25.04	0.70	23
上海	66.32	23.16	0.00	10.74	0.00	19
重庆	—	—	—	—	—	—

B.46
后　记

至此为止，我们已连续发布了六本工业化蓝皮书。本书沿袭了第一本工业化蓝皮书提出的研究方法，对到 2019 年的中国工业化水平进行了综合评价，分析了全国及 31 个省级区域的工业化进程的特征及存在的问题，有针对性地提出了相关建议。在撰写此书过程中，有以下两方面问题值得在这里进一步说明和探讨。

一是中国的过快或者过早"去工业化"趋势问题。2013 年中国服务业增加值占 GDP 的比重首次超过第二产业，2015 年该占比超五成，在步入工业化后期的同时，也正经历着"配第－克拉克"产业演进规律中的第二个拐点。依据这个广泛被推崇的产业结构理论，很多国家将提高第三产业比重作为结构调整目标的政策导向，"去工业化"现象相继孕育而生。事实上，该定理所描述的仅是工业化初期到中期的阶段性规律，至于工业化后期会怎样则饱受争议。历史经验也表明，由工业化向经济服务化阶段的过渡，潜藏无限风险，虽然大概率遵循第三产业比例提升的基本规律，但不同国家具体产业演进路径有所差异，该基本规律下的增长特征和转型效果也呈现出明显分化和效率差异。这意味着，在此拐点到来之际，各国产业政策操作的目标实际上也并不十分明朗和单纯。依据我们的分析，我国已进入工业化后期阶段，离基本实现工业化的目标已非常接近，但可以很明确地说，我国的工业化还未成熟，多数区域在评测工业化阶段的各个指标中，产业产值比指标贡献度增速相对较快，而工业结构指标在工业化进程中的影响则明显滞后，国内整体虽尚未表现出明显的"去工业化"趋势，但现有的区域发展不平衡问题很有可能会引发结构性"去工业化"，即局部发达地区的"去工业化"现象。现实情况是，在国内，"十三五"时期是我国产业结构调整升级的初步推进期，"十四五"则可能是加速推进期，国内资源配置过程将加速；而国际上，全球政治经济格局动荡，全球价值链形成的动力机制、利益分配模式正值变革，各国全球资源配置过程亦将加速。面临这样的局势，业已出现的经济结构服务化转变中服务业劳动生产率较低的"逆库兹涅茨"端倪，给我国敲响了警钟。我们必须重新审视新时期工业的定位和"去工业化"问题，力争理论突破和实践跨越，避免经济发展"脱实向虚"，避免陷入"去工业化"陷阱，否则，历经曲折所取得的工业化成果可能被损失殆尽。

二是进入工业化后期或者后工业化时期的工业化进程评价问题。纵观2015年以来的中国各地区工业化进程，可以发现北京、浙江、广东等经济高度发达地区的工业化总体指标得分较上一阶段有所下降，在其实际工业发展水平并未发生明显倒退的情况下，这一现象的出现引人深思。在现有工业化进程评价体系下，通过考察上述地区的原始数据并与其他地区进行对比发现，工业化总体进程得分下降的根源在于"工业结构"指标，在其他四项指标得分稳步增长的同时，工业结构指标得分的大幅下降明显拉低了以上地区的工业化总体指数。工业结构指标在现有评价体系中的含义为：制造业增加值占总商品增加值的比重。而以上地区该项指标得分的下降则源于区域内制造业增加值的明显减少。然而，对各地实际发展情况的分析表明，北京等地制造业产值下降的同时伴随着服务业产值的迅速崛起和赶超，从而在此意义上已经跨越了工业化后期的门槛，并处于较为成熟的后工业化阶段。在此背景下，继续使用现有体系评价以上地区的工业化发展水平虽仍可反映地区部分发展现状及存在的潜在问题，但显然已不能完全适应其未来的发展方向。因此，本书针对北京、浙江等六省区的实际工业化水平进行单独讨论，并通过严谨的理论分析和对发达国家已有经验的借鉴，将其归入后工业化发展阶段；而对于福建、重庆等尚未完全进入后工业化阶段，但工业结构指标得分已出现显著反常下降的经济发展中高水平地区，则对该项指标采取沿用2015年得分的方式，以尽可能还原当前区域内向后工业化阶段艰难行进的实况。

回顾整个研究历程，我们一直在努力寻求更为科学的体系来统领和概括工业化理论与实践所对应的历史时期的特质，但后工业化阶段是一个漫长且有发展时序的系统过程，过度"去工业化"以及"再工业化"等情况的存在，使其相比工业化进程而言可能更为复杂。从全球范围来看，几乎所有发达国家的后工业化阶段发展都在产业空心化现象出现、实体经济与虚拟经济关系异化、"再工业化"收效甚微之后现出了原形。由于缺乏可借鉴的成功经验，可能难

以总结出类似现有工业化评价体系的、较为准确的后工业化进程的考察体系。事实上，正如文中所讨论的，与第一产业向第二产业转移不同，经济结构服务化的过程更多的是制造业和服务业融合发展的过程，两者的相互融合在某种程度上显示了传统产业分类方法的缺陷。很显然，对于那些积极去工业化的省份，其制造业的竞争力已不能单纯由统计意义上的数量标准来衡量了，应该更多地关注工业或制造业在整个省份经济运行中所发挥出来的功能和效应。从这个角度来讲，钱纳里等人的工业化阶段理论、以此为基础我们所构建的工业化进程评价体系都应当属于相对狭义工业化概念的范畴。在新形势下，我们需要依据我国社会主义特色工业化道路对现有评价体系进行修正。

我们认为，可能改进的方向在于现代化经济体系的建设。党的十九届五中全会提出2035年基本实现社会主义现代化的远景目标，并将"基本实现新型工业化、信息化、城镇化、农业现代化，建成现代化经济体系"作为目标之一。这是继党的十八大提出"坚持走中国特色新型工业化、信息化、城镇化、农业现代化道路，推动信息化和工业化深度融合、工业化和城镇化良性互动、城镇化和农业现代化相互协调，促进工业化、信息化、城镇化、农业现代化同步发展"、党的十九大进一步强调"推动新型工业化、信息化、城镇化、农业现代化同步发展"之后，首次提出了新型工业化、信息化、城镇化和农业现代化"新四化"基本实现的时间点。将"新四化"融入现有的工业化进程评价体系，既可以弥补传统产业分类方法的缺陷，也可以充分体现，在我国基本实现工业化后所面临的继续深化工业化进程、推进全面实现工业化的重大任务，即解决工业化与信息化融合发展不充分，以人为核心的城镇化质量水平有待提升，农业现代化成为制约我国现代化进程的短板等一系列问题，同时还反映出这种高质量工业化进程对现代化经济体系建设的强大支撑。我国的工业化是人类历史的一个伟大奇迹，究竟如何才能把中国工业化进程的全景模式用科学的体系评价或描绘出来，是课题组成员不懈努力的方向和追求。

本书由我提出整体写作框架，我和李芳芳副教授具体审阅定稿，除了我负责执笔前言部分外，具体各篇执笔情况是：B.1、B.2、B.39和附录执笔人李芳芳（北京林业大学经济管理学院）、B.3执笔人杨措（中国人民银行西宁中心支行）、李芳芳，B.4～B.7执笔人余泳泽（南京财经大学），B.8～B.11执笔人魏国江（福建师范大学），B.12、B.13、B.17执笔人杨志勇（河北经贸大学）、B.14、B.15 执笔人李芳芳、杨志勇，B.16 执笔人罗振洲（河北省社会科学院），B.18、B.22~B.24 执笔人周密（湖南城市学院），B.19~B.21 执笔人王龙（北京大学），B.25 执笔人龙少波、赵凌霄（重庆大学），B.26 执笔人龙少波、代渝（重庆大学），B.27 执笔人龙少波、唐颖欣、刘洋（重庆大学），B.28 执笔人龙少波、高颖（重庆大学），B.29 执笔人赵艺婷（中国人民大学劳动人事学院）、周灵灵（国务院发展研究中心公共管理与人力资源研究所），B.30、B.31 执笔人周灵灵、赵艺婷，B.32~B.35 执笔人石颖（国家发展和改革委员会经济体制与管理研究所），B.36~B.38 执笔人王黎明（浙江工商大学杭州商学院），B.40~B.42 执笔人廖斌（北京联合大学）。这里我要感谢来自全国各地的我的研究团队成员们对我国工业化进程的持续追踪。

本书的出版得到了社会科学文献出版社王利民社长、皮书出版分社邓泳红社长和责任编辑的大力支持。书稿厚重，数据量大，尤其感谢责编认真、高效地审阅和校对工作，同时我们研究团队的系列研究成果的出版都得到了他们的热心帮助，这里一并表示衷心感谢。当然文责自负，真诚欢迎读者们批评指正！

黄群慧

2020 年 12 月 14 日

权威报告・一手数据・特色资源

皮书数据库
ANNUAL REPORT(YEARBOOK)
DATABASE

分析解读当下中国发展变迁的高端智库平台

所获荣誉

- 2019年，入围国家新闻出版署数字出版精品遴选推荐计划项目
- 2016年，入选"'十三五'国家重点电子出版物出版规划骨干工程"
- 2015年，荣获"搜索中国正能量 点赞2015""创新中国科技创新奖"
- 2013年，荣获"中国出版政府奖・网络出版物奖"提名奖
- 连续多年荣获中国数字出版博览会"数字出版・优秀品牌"奖

成为会员

通过网址www.pishu.com.cn访问皮书数据库网站或下载皮书数据库APP，进行手机号码验证或邮箱验证即可成为皮书数据库会员。

会员福利

- 已注册用户购书后可免费获赠100元皮书数据库充值卡。刮开充值卡涂层获取充值密码，登录并进入"会员中心"—"在线充值"—"充值卡充值"，充值成功即可购买和查看数据库内容。
- 会员福利最终解释权归社会科学文献出版社所有。

社会科学文献出版社 皮书系列
SOCIAL SCIENCES ACADEMIC PRESS (CHINA)

卡号：284866198981
密码：

数据库服务热线：400-008-6695
数据库服务QQ：2475522410
数据库服务邮箱：database@ssap.cn
图书销售热线：010-59367070/7028
图书服务QQ：1265056568
图书服务邮箱：duzhe@ssap.cn

基本子库
SUB DATABASE

中国社会发展数据库（下设 12 个子库）

整合国内外中国社会发展研究成果，汇聚独家统计数据、深度分析报告，涉及社会、人口、政治、教育、法律等 12 个领域，为了解中国社会发展动态、跟踪社会核心热点、分析社会发展趋势提供一站式资源搜索和数据服务。

中国经济发展数据库（下设 12 个子库）

围绕国内外中国经济发展主题研究报告、学术资讯、基础数据等资料构建，内容涵盖宏观经济、农业经济、工业经济、产业经济等 12 个重点经济领域，为实时掌控经济运行态势、把握经济发展规律、洞察经济形势、进行经济决策提供参考和依据。

中国行业发展数据库（下设 17 个子库）

以中国国民经济行业分类为依据，覆盖金融业、旅游、医疗卫生、交通运输、能源矿产等 100 多个行业，跟踪分析国民经济相关行业市场运行状况和政策导向，汇集行业发展前沿资讯，为投资、从业及各种经济决策提供理论基础和实践指导。

中国区域发展数据库（下设 6 个子库）

对中国特定区域内的经济、社会、文化等领域现状与发展情况进行深度分析和预测，研究层级至县及县以下行政区，涉及地区、区域经济体、城市、农村等不同维度，为地方经济社会宏观态势研究、发展经验研究、案例分析提供数据服务。

中国文化传媒数据库（下设 18 个子库）

汇聚文化传媒领域专家观点、热点资讯，梳理国内外中国文化发展相关学术研究成果、一手统计数据，涵盖文化产业、新闻传播、电影娱乐、文学艺术、群众文化等 18 个重点研究领域。为文化传媒研究提供相关数据、研究报告和综合分析服务。

世界经济与国际关系数据库（下设 6 个子库）

立足"皮书系列"世界经济、国际关系相关学术资源，整合世界经济、国际政治、世界文化与科技、全球性问题、国际组织与国际法、区域研究 6 大领域研究成果，为世界经济与国际关系研究提供全方位数据分析，为决策和形势研判提供参考。

法律声明